红寺堡教育志

HONGSIBU JIAOYU ZHI

1998—2018

红寺堡教育志编纂委员会 编

方志出版社
Publishing House of Local Records

图书在版编目（CIP）数据

红寺堡教育志：1998—2018 / 红寺堡教育志编纂委员会编. —北京：方志出版社，2021.9
ISBN 978-7-5144-4841-2

Ⅰ. ①红… Ⅱ. ①红… Ⅲ. ①地方教育—教育史—吴忠—1998-2018 Ⅳ. ①G527.433

中国版本图书馆CIP数据核字（2021）第276330号

责任编辑：王海荣
责任校对：刘玉霞
责任印制：赵楚
出 版 者：方志出版社
地　　址：北京市朝阳区潘家园东里9号（国家方志馆4层）
邮　　编：100021
网　　址：http://www.zgfzcb.cn
发　　行：方志出版社图书营销中心（010-67110500）
印　　刷：银川市昊博彩色印刷有限公司
开　　本：787毫米×1092毫米　1/16
印　　张：40.5
字　　数：640千字
版　　次：2021年9月第1版
印　　次：2021年9月第1次印刷
定　　价：280.00元

《红寺堡教育志》编纂委员会

（2021年7月）

顾　　问:苏宗荣　杨进才　杨金花　黎晓芳　鄢　钰　李荣国
孙　冲　刘鹏跃

主　　任:哈小军

副 主 任:冯进海　金　晶　牛虎山　张学仁　魏国喆　伏建军

委　　员:马　龙　马　炜　马俊文　马　斌　马靖平　王东君
田　江　冯松强　吕怀春　齐增辉　李　娜　杨伟海
吴亚楠　拓生海　明小军　周治坚　胡永利　葸天英
魏留红

主　　审:陈永康

《红寺堡教育志》编纂人员

（2021年7月）

主　　编:哈小军

副 主 编:伏建军　白振国

总　　纂:白振国

编　　辑:马靖平　王丽婷　王国强　王耀斌　白振国　伏建军
刘新巧　李军庆

特邀编审:张明鹏　霍丽娜

《红寺堡教育志》编纂委员会

（2019年1月）

顾　　问：苏宗荣　杨进才　黎晓芳　鄢　钰　李荣国　孙　冲
刘鹏跃

主　　任：杨金花

副 主 任：童仲志　冯进海　牛树军　张学仁　魏国喆　伏建军

委　　员：马金发　王东君　王耀成　石海兵　吕怀春　李如峰
李　娜　吴风虎　张　财　张秉成　拓生海　明小军
金光耀　周治坚　蒋　珂

主　　审：陈永康

《红寺堡教育志》编纂人员

（2019年1月）

主　　编：杨金花

副 主 编：伏建军　白振国

总　　纂：白振国

编　　辑：马靖平　王丽婷　王国强　田硕果　白振国　伏建军
李军庆　张艳艳　陈永琪

重教篇
ZHONGJIAOPIAN

2004年5月18日，宁夏回族自治区人民政府副主席刘仲（前排左三）调研红寺堡开发区"两基"工作

2004年9月10日，红寺堡开发区庆祝第二十个教师节暨表彰大会在红寺堡中学举行

2004年10月18日，宁夏回族自治区人大常委会委员戴万忠（前排右二）调研红寺堡开发区基础教育工作

2005年4月24日，红寺堡开发区工委书记何国攀（左二）调研第二中学工程建设情况

2005年9月25日，宁夏回族自治区教育厅厅长蔡国英（右二）调研红寺堡开发区“普九”工作

2005年10月12日，红寺堡开发区举行幼教中心开园典礼

2006年6月20日，宁夏回族自治区党委副书记韩茂华（前排左二）在红寺堡幼教中心调研学前教育工作

2007年3月4日，红寺堡农村中小学现代远程教育应用年活动动员会召开

2009年8月6日，红寺堡开发区工委书记南武征（右一）、管委会主任徐军（左一）调研回民中学建设情况

2010年11月5日，吴忠市人民政府评估验收红寺堡区四乡（镇）教育强乡（镇）工作反馈大会在红寺堡区人民政府会议中心召开

2012年10月11日，吴忠市人民政府市长吴玉才（左二）调研红寺堡区基础教育工作

2013年4月27日，宁夏回族自治区人民政府副主席姚爱兴（前排右二）在自治区教育厅厅长郭虎（前排右一）陪同下在第三中学调研校园安全工作

2013年5月28日，红寺堡区人民政府区长徐军（前排中）调研第三中学建设情况

2013年9月24日，吴忠市教育局局长焦玉柱（前排右二）调研红寺堡区基础教育工作

2016年6月1日，宁夏回族自治区党委书记李建华(前排中)与大河第九小学师生共庆“六一国际儿童节”

2016年11月14日，红寺堡区教育局组织45岁以上教师体检

2017年5月31日，宁夏回族自治区人民政府主席咸辉（前排右一）在柳泉中心小学与少年儿童共庆“六一国际儿童节”

2017年8月3日，红寺堡区委书记丁建成（前排中）调研第四中学校舍建设情况

2017年8月15日，红寺堡镇首届中高考总结表彰大会在红寺堡区人民政府会议中心召开

2017年9月7日，红寺堡区庆祝第33个教师节大型文艺晚会举行

2017年9月18日，2017年全区打赢教育脱贫攻坚战推进会在红寺堡区人民政府会议中心召开

2017年10月19日，宁夏回族自治区教育厅厅长郭虎（左二）调研红寺堡区义务教育均衡发展工作

2017年12月7日，宁夏回族自治区人民政府教育督导室专职副主任衡鸣（左二）、吴忠市人民政府副市长王慧仙（左一）调研红寺堡区义务教育均衡推进工作

2017年12月8日，吴忠市人民政府市长喜清江（左四）调研红寺堡区校园文化建设工作

2018年3月25日，红寺堡区民办教育培训机构和幼儿园专项治理暨“控辍保学”工作会议在红寺堡区人民政府会议中心召开

2018年4月18日，宁夏回族自治区教育厅厅长李秋玲（左一）调研红寺堡区基础教育发展工作

2018年5月28日，红寺堡区人民政府区长谭兴玲（前排中）调研回民中学教学情况

2018年9月14日，红寺堡区接受国家义务教育基本均衡督导检查陈述答辩会在红寺堡区晋江报告厅召开

2018年9月20日，红寺堡区“互联网+教育”示范区建设合作协议签约仪式在红寺堡区教育局五楼会议室举行

助学篇
ZHUXUEPIAN

2005年4月8日，福建省云霄县教育局向红寺堡中学捐赠物资

2005年10月12日，红寺堡开发区妇联“为国教子，以德育人”报告会暨邹献朝家庭捐赠“春蕾”图书仪式在红寺堡小学举行

2009年5月12日，福建省支教教师代表向红寺堡中学捐赠物资

2011年4月6日，宋庆龄基金会工作人员与受资助学生和受援学校领导合影

2013年6月7日，福建省第十四批支教队向第三中学部分学生发放助学金

2015年11月13日，福建晋江民营企业爱心公益联盟、泉州企业家书法协会向东泉小学学生捐赠学习用品

2016年12月8日，启明公益基金会向第四中学捐赠图书

2017年3月20日，民革吴忠市委员会、明日之星教育基金会“助力教育信息化”捐赠仪式在柳泉中心小学举行

2017年6月15日，福建爱心企业家向乌沙塘小学捐赠物资

2017年9月7日，爱心企业向红寺堡区教育扶贫基金会捐资

2017年12月12日，红寺堡区与福建省德化县教育对口协作签约仪式在红寺堡区人民政府会议中心举行

开拓篇
KAITUOPIAN

2001年6月8日，红寺堡镇中学教师合影

2001年6月8日，红寺堡镇中心小学首届毕业生合影

2002年6月8日,红寺堡镇五小首届毕业生合影

2002年8月29日,红寺堡开发区高级中学在白墩乡“异地办学”

2002年9月4日，马士基希望小学竣工仪式后部分师生与嘉宾合影

2002年9月，红寺堡开发区教师在上班路上

2002 年 11 月，红寺堡开发区高级中学师生清理校园内建筑垃圾

2005 年 8 月 9 日，第二中学师生为校园路面铺砖

2006年9月24日，红寺堡开发区教育体育局机关干部与开发区工委书记何国攀合影

2008年3月12日，红寺堡镇中心学校教师在校园外墙刷写标语

2008年3月20日，红寺堡开发区教育体育局干部平整机关大院

2008年4月14日，南川中心学校学生提水浇灌树苗

2009年4月27日,第二中学师生参加红寺堡开发区义务植树活动

2009年7月2日,红寺堡中学教师合影

2009年10月28日，红寺堡区教育局机关干部与红寺堡区“四套班子”成员合影

2018年12月26日，红寺堡区职业技术学校教师合影

红寺堡开发区红寺堡镇中学校貌(2000年9月)

红寺堡开发区红寺堡中学校貌(2003年5月)

红寺堡区第一中学校貌(2018年8月)

第二小学操场(2004年9月)

第二小学操场(2018年9月)

第二中学1号教学楼(2005年6月)

第二中学1号教学楼(2018年9月)

沙泉乡红崖湾小学校园（2004年6月）

柳泉红崖湾小学校园（2018年6月）

南川乡红阳小学校园(2014年2月)

新庄集红阳小学校园(2018年4月)

太阳山开发区巴庄子教学点（2010年11月）

新庄集新一支教学点（2018年9月）

兴教篇
XINGJIAOPIAN

1999年6月1日，红寺堡开发区第一个“六一国际儿童节”庆祝活动在大河六小举行

2001年6月1日，大河二小举行庆祝“六一国际儿童节”活动

2002年6月1日，红寺堡镇五小举行拔河比赛

2002年9月28日，红寺堡开发区高级中学举行广播体操比赛

2003年5月11日，红寺堡开发区中小学生田径运动会在红寺堡中学举行

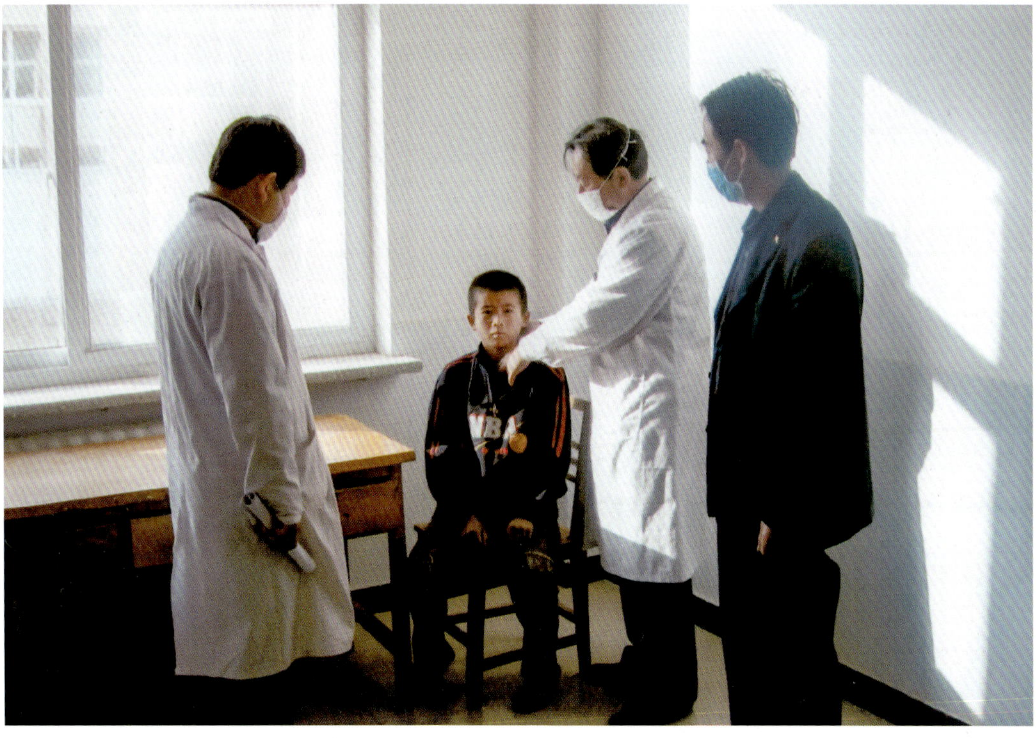

2003年5月30日，“非典”期间对学生进行晨检

2003年6月1日，学校开展“学陈真”主题队会

2004年5月10日，对学生进行安全教育

2008年4月29日，红寺堡开发区教育体育局在红寺堡中学举办“迎奥运、迎大庆”首届中学生田径运动会

2009年3月3日，学生集体注射疫苗

2009年4月22日，对学生进行防溺水安全教育

2010年5月28日，吴忠市红寺堡区首届校园文化艺术节开幕式在红寺堡中学举行

2011年5月20日，红寺堡区首届中小学阳光体育运动会开幕式在红寺堡中学举行

2011年8月28日，红寺堡区暑期教师军训活动中“女兵连”教师表演军体拳

2012年5月28日，红寺堡区第二届校园文化艺术节开幕式在第一中学举行

2013年6月14日，红寺堡区第二届中小学生阳光体育运动会开幕式在第三中学举行

2013年7月20日，全国青少年航空航天模型锦标赛开幕式在第三中学举行

2013年8月17日，学生参加“趣味”运动会

2014年7月15日，举行小学生经典诵读活动

2015年4月29日，红寺堡区“名师优课”主管人员培训会在教育局举行

2015年5月25日，红寺堡区教育系统“高效课堂”建设专题培训在第三中学举行

2015年5月15日，学生进行跆拳道表演

2015年7月11日，上海梦想中心公益亲子体验活动在第三小学梦想教室举行

2016年5月8日，农村学生食用营养早餐

2016年9月7日，学生大课间跳绳

2016年9月28日，学生进行体质健康测试

2016年10月30日，红寺堡区“国培计划”培训者团队研修班在宝鸡教育学院合影

2017年4月26日，自治区教育厅教研室专家培训红寺堡区幼儿园教师

2017年4月28日，红寺堡区教育系统举办“道德讲堂”

2017年7月18日，红寺堡区“音体美”兼职教师培训音乐班学员在第一中学结业合影

2017年9月11日，举行小学生升旗仪式

2017年9月25日，吴忠市教研室在柳泉中心学校开展教研活动

2017年9月29日,"师艺助力工程"签字仪式暨教师专业水平提升培训专题会在第三小学举行

2017年10月14日,新生军训

2017年11月30日，农村学生食用免费午餐

2018年5月8日，自治区教研室赴红寺堡区开展"送教下乡"活动

2018年5月11日，第四中学举行防震减灾应急疏散演练

2018年6月1日，幼儿进行沙水亲子游戏

2018年7月10日，职业技术学校教师在宁夏职业技术学院岗前培训结业后合影

2018年11月21日，利通区郭桥中心学校与红寺堡镇中心学校举行专题教研活动

成果篇
CHENGGUOPIAN

2014年9月，国务院授予回民中学“全国民族团结进步模范集体”奖牌

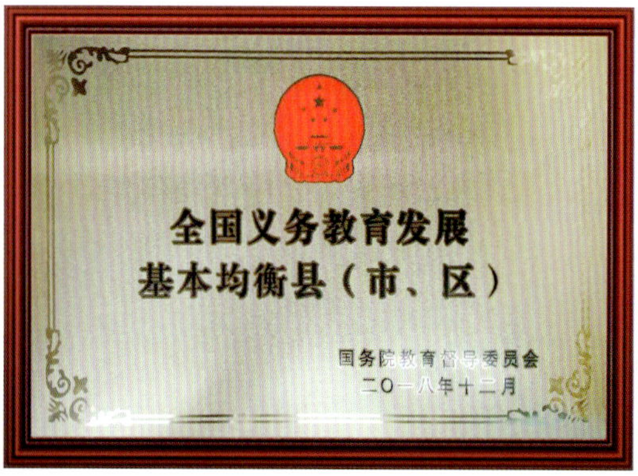

2018年12月，国务院教育督导委员会授予红寺堡区“全国义务教育发展基本均衡县（市、区）”奖牌

2013年9月，中国关心下一代工作委员会授予回民中学“五好基层关工委先进集体”奖牌

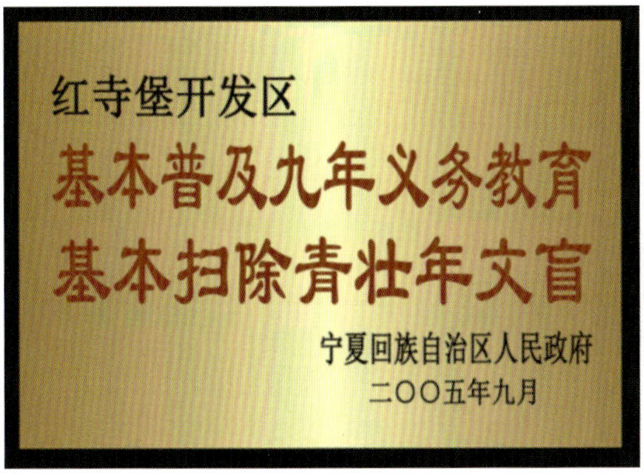

2005年9月，宁夏回族自治区人民政府授予红寺堡开发区“基本普及九年义务教育、基本扫除青壮年文盲”奖牌

2008年10月，宁夏回族自治区人民政府授予红寺堡开发区“全区‘两基’国检工作先进集体”奖牌

2010年7月，红寺堡区第一小学在第四届中国青少年创意大赛总决赛中获团体金奖，并获“2010年度中国创新型学校”称号

2010年11月，宁夏回族自治区人民政府授予红寺堡区“教育强县”奖牌

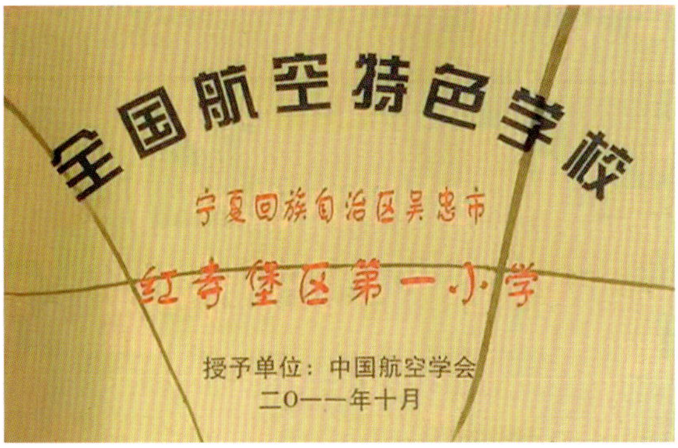

2011年10月，中国航空学会授予红寺堡区第一小学“全国航空特色学校”奖牌

2011年11月，宁夏回族自治区人民政府授予红寺堡区“基本普及高中阶段教育”奖牌

2012年12月，公安部办公厅、教育部办公厅授予回民中学“全国消防安全教育示范学校”奖牌

2009年10月，宁夏回族自治区教育厅授予回民小学“宁夏回族自治区德育示范学校”奖牌

2012年7月，红寺堡区第一中学被宁夏回族自治区教育厅评定为“自治区普通高中二级示范学校”

2014年3月，宁夏回族自治区教育厅授予第三中学“全区安全管理规范化示范学校”奖牌

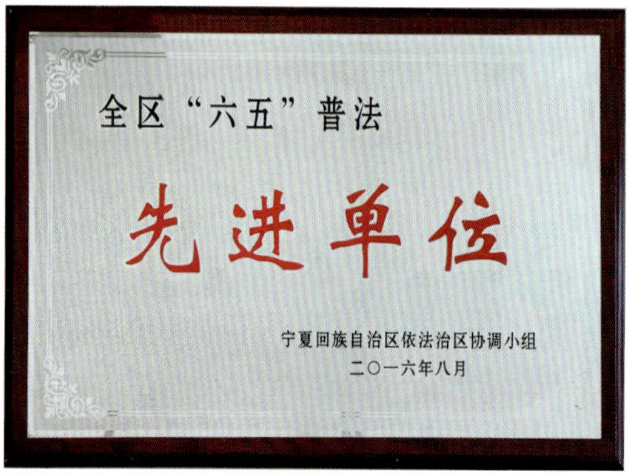

2016年8月，宁夏回族自治区依法治区协调小组授予教育局“全区‘六五’普法先进单位”奖牌

信息技术课

科学课

综合实践课

书法课

美术课

音乐课

舞蹈课

足球课

阅览室

实训室

留守儿童之家

综合实践室

地理探究室

历史探究室

多功能录播教室

安全教育基地

图书室

心理咨询室

教师书吧

运动场地

序　一

《红寺堡教育志（1998—2018）》是一部全面反映红寺堡教育发展历程的百科全书，如今付梓问世，是红寺堡教育史上的一件盛事和喜事，更是红寺堡教育史上意义深远的大事，可喜可贺！

红寺堡是全国最大的异地生态移民集中安置区。1995年，国务院立项建设宁夏扶贫扬黄灌溉一期工程（宁夏称“1236”工程），作为主战场的红寺堡，在党中央、国务院的亲切关怀下，在自治区党委、政府和吴忠市委、市政府的坚强领导下，红寺堡历届党（工）委、政府（管委会）团结带领移民群众谱写了一曲“沙丘起高楼、荒漠变绿洲”的创业壮歌，各项社会事业从无到有，发生了翻天覆地的变化。站在新的历史起点，红寺堡区委、区政府以习近平新时代中国特色社会主义思想为指导，不忘初心，牢记使命，砥砺前行，团结带领移民群众在2019年成功脱贫摘帽，步入小康，正向创建全国易地搬迁移民致富提升示范区目标迈进，红寺堡经济社会迎来了大发展的历史机遇，教育事业成功实现了“普九”“教育强区”“普高”“基本均衡发展”目标。

百年大计，教育为本。在自治区教育厅和其他业务厅局的大力支持和指导下，红寺堡区委、区政府始终坚持把教育摆在优先发展的战略地位，不断加大教育投入，办学条件大幅改善，教学装备现代化水平不断提升，教育改革和发展取得了实质性成效。师资力量不断壮大，学科结构更加健全；教师待遇切实改善，社会地位得到提升；教育质量稳步提高，中高考成绩逐年攀升；教育改革成效显著，管理体制日趋完善；教育精准扶贫，贫困学生应助尽助，人民群众对教育的获得感和幸福感不断增强。

《红寺堡教育志（1998—2018）》客观记述了红寺堡1998—2018年各级各类教育事业不平凡的发展历程，体现了教育人乐于奉献的精神，展示出非凡的教育成就，特别体现了各级党委政府对教育事业的关心和支持，社会各界对教育事业的支援和帮助，对红寺堡教育事业的发展都具有十分重要的指导意义和深远的现实意义。

以志为记，要言不烦，存史资治；以志为镜，弄清兴替，教育来者。《红寺堡教育志（1998—2018）》堪当其用，其编纂坚持辩证唯物主义和历史唯物主义的观点，尊重教育发展规律，科学求实统筹，实事求是记述，真实、客观、完整地展示了红寺堡教育发展历程。内容详略得当，字里行间无不体现着红寺堡教育事业发展的辉煌成就，蕴含着教育工作者弘文励教的执着追求。一部教育良志，当引行业新风。衷心希望广大干部特别是广大教育工作者能认真研读好志书、使用好志书，以志为据、以史为鉴，不断研究新形势下的教育工作，与时俱进，开拓创新，书写红寺堡教育更加辉煌灿烂的未来。

是为序。

吴忠市红寺堡区人民政府副区长 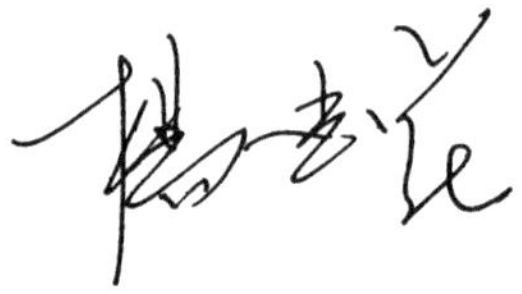

2021年9月

序　二

经过近四年的精心编纂，《红寺堡教育志（1998—2018）》即将付梓出版。这是红寺堡教育史上的一件大事，是教育系统文化建设的又一丰硕成果，意义重大，可喜可贺。

修志存史，影响深远。这部志书客观记述了1998—2018年红寺堡教育事业发展的历史与现状。这一时期正是红寺堡教育从无到有，从弱到强，快速发展的时期。红寺堡区委（工委）、区政府（管委会）不断强化教育优先发展的战略地位，加大教育投入，改善办学条件，推进教育改革，优化教育结构，加强队伍建设，有力地推动了教育事业的全面发展。为感悟得失，也为后人绘制出教育发展的轨迹，编纂一部能够全面反映红寺堡教育发展历程的志书，是很有必要的，也是很有意义的。

广察博采，终成此志。志书的编写是一项非常严肃的工作，为保证志书质量，编纂者以辩证唯物主义和历史唯物主义为指导，求实存真，秉笔直书；秉承《中国地方志工作条例》要求，严格按照志书的规范要求编写。在整个编修过程中，红寺堡教育系统上下步调一致，共襄盛举，做了大量的基础性工作。全体编辑人员尽职尽责，精益求精，倾注了大量的心血，付出了辛勤的劳动。在此，一并表示衷心的感谢！

盛世修志，感悟明志。一部红寺堡教育志，就是一部红寺堡教育发展的"百科全书"，为后来者了解和研究红寺堡教育提供了丰富的史料，为继承优秀教育遗产、探索教育规律提供了可靠的依据。一部红寺堡教育志，也是一部红寺堡教育发展的"纪实影片"，从中可以看到红寺堡教育工作者夙兴夜寐的身影，从中能读到红寺堡教育砥砺前行的步伐。一部红寺堡教育志，也是一部红寺堡教育成长史，其经验可圈可点，其教训可明可鉴，明者深思，智者启迪。一部红寺堡教育志，也是一座沟通教育与社会的连心桥，让各界人士认知教育、感悟教育、支持教育，以至激发热情,助力教育高质量发展。本志具有“存史、资政、教育”的重要价值,必将激励后来者再接再厉,攀登新的高峰,做出更大的贡献。

以史明志,昌今教育。我们正处在实现中华民族伟大复兴的关键时期,教育肩负着培养一代新人的光荣使命,是实现国家富强、民族振兴、人民幸福的根本,对于提高全民族的素质,促进社会主义物质文明和精神文明建设,都具有十分重要的意义。愿广大教育工作者以志为鉴,以“教育必须为社会主义现代化建设服务”“为当地经济和社会发展服务”为指针,不忘立德树人初心,牢记为党育人、为国育才使命,紧紧围绕教学这个中心,全面提高教育质量,为促进红寺堡经济繁荣和社会发展,开创新业绩,谱写新篇章。

祝愿红寺堡教育的明天更加美好。

中共红寺堡区教育工委书记
红寺堡区教育局党组书记、局长
2021年9月

凡　例

一、本志以马克思列宁主义、毛泽东思想、邓小平理论、“三个代表”重要思想、科学发展观、习近平新时代中国特色社会主义思想为指导，坚持辩证唯物主义和历史唯物主义的立场、观点和方法，实事求是地记述红寺堡教育发展的基本脉络，力求思想性、科学性、史料性相统一，并具有一定的地方特色。

二、本志上限始于1998年1月1日，下限至2018年12月31日。

三、本志采用章、节、目结构，概述、大事记、附录、限外辑要等未列入章节。依据横排门类、纵述史实、述而不论原则，按历史顺序记述。

四、本志采用述、记、志、图、表、录等体裁记述，以时间为顺序，以志为主，图表为辅，使用规范的现代语体文。力求文字简洁，表意准确，语言生动，内容充实。

五、本志历史纪年、数字、标点等，均按照国家有关标准规定执行。

六、本志资料主要由教育局所属各部门（股室）、直属学校、乡镇中心学校提供，数据不一致之处，均以基础教育办公室基层报表资料为准；部分资料源于档案馆、组织部、人社局档案及《红寺堡开发区志》等。

七、人物记载分为简介、表录和名录三个层次，简介收录获省部级及以上荣誉者、自治区最美乡村教师、教育行政人物，表录收录获市厅级荣誉者、自治区骨干教师、市厅级名师名校长、转行教师，名录收录获县处级荣誉者、市级骨干教师。

八、附录包含文献辑录、媒体报道、教育印象三个部分，所录文献均保持原貌。

九、机关单位名称、文件名称第一次出现时使用全称并括注简称，后面使用简称；红寺堡辖区内学校，校名前均不加行政区域标识。

十、本志记述范围为红寺堡，包括“红寺堡开发区”（1998年9月至2009年9月）和“吴忠市红寺堡区”（2009年10月至2018年12月）两个阶段。

本志重要名称全称与简称对照

中华人民共和国教育部	教育部
宁夏回族自治区	自治区
宁夏扶贫扬黄灌溉工程建设总指挥部	扬黄总指挥部
××县扶贫扬黄灌溉工程建设指挥部	××县扬黄指挥部
中国共产党宁夏回族自治区委员会	自治区党委
中国共产党宁夏回族自治区教育工作委员会	自治区教育工委
中国共产党吴忠市委员会	吴忠市委
中国共产党宁夏回族自治区红寺堡开发区工作委员会	红寺堡开发区工委
中国共产党吴忠市红寺堡区委员会	红寺堡区委
宁夏回族自治区红寺堡开发区管理委员会	红寺堡开发区管委会
中国共产党红寺堡开发区教育文体广播电视局总支委员会	教育文体广电局党总支
中国共产党红寺堡开发区教育体育局委员会	教育体育局党委
中国共产党吴忠市红寺堡区教育局委员会	教育局党委
中国共产主义青年团宁夏回族自治区委员会	自治区团委
中国共产主义青年团吴忠市委员会	吴忠市团委
中国共产主义青年团红寺堡开发区委员会	红寺堡开发区团委
中国共产主义青年团吴忠市红寺堡区委员会	红寺堡区团委
红寺堡开发区教育文体广播电视局	教育文体广电局
红寺堡开发区教育事务管理中心	教育事务管理中心
红寺堡开发区教育体育局	教育体育局
吴忠市红寺堡区教育局	教育局
中国共产党党员	中共党员
中国共产主义青年团团员	共青团员
中国少年先锋队队员	少先队员

本志部分机构名称更易图示

红寺堡

宁夏回族自治区红寺堡开发区 ——→ 吴忠市红寺堡区

（1998年9月至2009年9月） （2009年10月— ）

教育行政部门

红寺堡开发区社会事业局 ——→ 红寺堡开发区社会事业二局 →

（1998年12月至2000年5月） （2000年5月至2002年1月）

红寺堡开发区教育文体广播电视局 ——→ 红寺堡开发区教育体育局

（2002年1月至2005年10月） （2005年10月至2009年9月）

红寺堡开发区教育事务管理中心 →

（2005年12月至2009年9月）

吴忠市红寺堡区教育局

（2009年10月— ）

教学研究机构

红寺堡开发区教学研究室 ——→ 教育体育局教学研究室 →

（2003年4月至2005年1月） （2005年12月至2009年9月）

教育局教学研究室 ——→ 吴忠市红寺堡区教学研究培训中心 →

（2009年10月至2010年11月） （2010年11月至2015年12月）

教育局教学研究培训中心 ——→ 教育局教研教培中心

（2016年12月至2018年1月） （2018年2月—）

红寺堡镇教育管理机构

红寺堡镇学区 ——→ 红寺堡镇教育工作领导小组 →

（2000年8月至2001年8月） （2001年8月至2003年8月）

红寺堡镇中心学校 ——→ 红寺堡中心学校

（2003年8月至2014年9月） （2014年10月— ）

太阳山镇教育管理机构

太阳山开发区中心学校（2010年10月至2011年11月）→ 太阳山镇中心学校（2011年11月至2014年9月）→ 太阳山中心学校（2014年10月— ）

大河乡教育管理机构

大河学区（2000年8月至2001年8月）→ 大河教育工作领导小组（2001年8月至2003年8月）→ 大河乡中心学校（2003年8月至2014年9月）

石炭沟开发区学区（2002年9月至2003年8月）→ 石炭沟开发区中心学校（2003年8月至2005年12月）↑并入 大河乡中心学校

→ 大河中心学校（2014年10月— ）

新庄集乡教育管理机构

白墩学区（2001年3月至2002年2月）→ 白墩乡教育领导小组（2002年2月至2003年8月）↓并入 新庄集乡中心学校

新庄集乡学区（2002年4月至2003年8月）→ 新庄集乡中心学校（2003年8月至2004年8月）→

南川乡中心学校（2004年8月至2014年9月）→ 新庄集中心学校（2014年10月— ）

柳泉乡教育管理机构

买河学区（2000年8月至2001年8月）→ 买河教育工作领导小组（2001年8月至2003年8月）↘并入

沙泉学区（2000年8月至2001年8月）→ 沙泉教育工作领导小组（2001年8月至2003年8月）→

沙泉乡中心学校（2003年8月至2004年8月）→ 太阳山镇中心学校（2004年8月至2011年10月）→

柳泉乡中心学校（2011年10月至2014年9月）→ 柳泉中心学校（2014年10月— ）

第一中学

红寺堡开发区红寺堡镇中学（2000年8月至2003年1月）、红寺堡开发区红寺堡高级中学（2002年6月至2003年1月）→红寺堡开发区红寺堡中学（2003年1月至2009年10月）→

吴忠市红寺堡区红寺堡中学（2009年11月至2011年6月）→吴忠市红寺堡区第一中学（2011年6月— ）

第一小学

红寺堡开发区红寺堡镇中心小学（2000年9月至2002年8月）→红寺堡开发区马士基希望小学（2002年9月至2003年3月）

红寺堡开发区红寺堡小学（2003年4月至2011年8月）→吴忠市红寺堡区第一小学（2011年9月— ）

村级小学

红寺堡开发建设之初，村级小学的名称随着各乡镇移民村的建设顺序命名，如大河一小、大河二小、红镇×小、沙泉×小、买河×小等。2003年8月，沙泉乡村级小学全部以区划调整后的村名命名，红寺堡镇、大河乡新建的部分学校也以村名命名。新庄集乡、白墩乡、石炭沟开发区村级小学始终以村名命名校名。2014年10月，红寺堡镇村级小学全部以村名命名，且5个乡（镇）村级小学的命名在行政标识上取消了“乡（镇）”字样。

目　录

概　述

红寺堡地处宁夏中部，北临吴忠市利通区和青铜峡市、灵武市，南接同心县，东接盐池县，西北与中宁县接壤。境内有京藏高速、定武高速、桃红高速三条高速公路和慈善大道、罗山大道两条一级公路及省道304、黄同公路、滚新公路、恩红公路四条省县道纵横交错，太中银铁路和正在建设的吴卫城际、银西高铁穿境而过，区位优势明显。红寺堡是国家大型水利枢纽工程——宁夏扶贫扬黄灌溉“1236”工程（用6年时间，投入3亿元人民币，开发土地200万亩，移民100万人）的主战场，是全国最大的异地生态移民扶贫集中安置区。移民搬迁对象主要是同心、海原、西吉、固原、彭阳、泾源、隆德7个县生活在高寒区、山体滑坡区、水库淹没区、干旱带等就地脱贫无望的农户，此外，还有政策规定的必须退耕还林还牧的封山育林的农户和中宁县的部分农户。

“红寺堡”一词始于明朝，时为屯军牧马之地，属三边总制宁夏镇灵州千户所。红寺堡地区的移民开发可以追溯到汉朝时期，甚至更远，随着人口的迁入和迁出，迁移活动不断，明朝达到鼎盛，清朝以后逐渐荒漠化，成无人区。从1967年起，红寺堡地区划为军事用地，由兰州军区管辖。

1998年6月，自治区人民政府决定设立宁夏扶贫扬黄灌溉工程红寺堡开发区，红寺堡的军事用地全部移交给当地政府作为扶贫扬黄灌溉工程开发用地，从行政隶属关系上隔断其与有关市县的联系。同年12月，自治区党委、政府决定成立红寺堡开发区管理委员会与中共红寺堡开发区工作委员会，为县级单位，统一管辖开发区范围内的乡、村各级组织，开始了长达10多年的移民开发建设。

2009年9月，国务院批复设立吴忠市红寺堡区，所辖区域由原同心县新庄集乡、韦州镇、石炭沟乡及中宁县、盐池县、灵武市、吴忠市利通区等地划归组成，行政区域面积2767平方千米，辖2个镇、3个乡、1个街道办事处、5个城镇社区、65个行政村，易地搬迁安置宁南山区8个县移民20.25万人，其中回族人口占总人口的62%。

红寺堡的教育事业,伴随着移民的定居和经济社会的发展,不断发展壮大。2018年年底,红寺堡区有各级各类学校121所,其中中等职业学校1所,普通高中1所,初级中学4所,完全小学66所,教学点11个,幼儿园38所(公办3所,公建民营14所、民办21所);在校学生46559名,其中职中生308名,高中生3877名,初中生12400名,小学生22861名,在园幼儿7113名;专任教师2358名,其中职中教师39名、高中教师237名、初中教师740名、小学教师1192名、幼儿园教师150名。

1998—2005年

红寺堡开发区建设之初,扬黄总指挥部遵照自治区党委、政府"移民未到,教育先行"的指示精神,按照"一村一小学,一乡一中学"的规划建设学校,建成一所,开学一所。红寺堡开发区工委、管委会从各县扬黄指挥部接管学校后,牢固树立教育优先发展战略,坚持实施科教兴区战略,确立基本普及"两基"(基本普及九年义务教育,基本扫除青壮年文盲)教育目标,逐步理顺"以县为主"教育管理体制,多措并举筹措教育经费,改善办学条件,建设高素质教师队伍,奠定了红寺堡开发区移民教育基础。

建办结合,奠定移民教育基础。1998年8月,国家正式批准宁夏扶贫扬黄灌溉红寺堡移民开发建设工程("1236"工程)开工建设,宁夏扶贫扬黄灌溉工程指挥部(简称"扬黄指挥部")将学校建设与移民搬迁、水利设施配套同规划、同实施,年底在大河乡建成了7所砖木结构平房小学。

1999年3月,大河三小(属西吉县移民搬迁点)实现第一所移民区新建学校正式招生,当时随移民迁入的37名学生、4名教师,在大河三小开展教学活动,标志着红寺堡开发区的教育事业正式拉开序幕。同年4月起,大河二小(属海原县移民搬迁点)、大河四小(属彭阳县移民搬迁点)、大河五小(属固原县移民搬迁点)、大河六小(属泾源县移民搬迁点)、大河八小(属隆德县移民搬迁点,已并入大河第七小学)5所小学相继开学,6所小学共有178名学生和25名由迁出县扬黄指挥部调入的教师。同年9月,大河三小附设初一年级一个班,当时仅有2名教师、12名学生。伊始,学校均由各县扬黄指挥部管理,体制实行异地管理模式。教师都由移民迁出县扬黄指挥部从原县借调。

2000年9月,红寺堡开发区移民接管工作会议在固原地区召开,各移民县政府县长、主管移民工作副县长、移民工作领导小组办公室领导，组织、人事、公安、民政、教育、计生等部门负责人参加会议。会议决定将各县扬黄指挥部承建、管理的38所中小学全部移交给红寺堡开发区管委会管理。此后，双方按照建成一所移交一所的方式进行接收管理。

2001年10月，红寺堡开发区高级中学动工建设。2002年，随着同心县新庄集乡、韦州镇北四村、石炭沟开发区划归红寺堡开发区，接管工作的顺利完成和移民工作的逐步深入，红寺堡的教育规模不断壮大，1个镇4个乡1个乡级开发区的乡镇教育格局逐渐形成。红寺堡开发区各级各类学校发展到70所（高级中学1所、初级中学4所、完全小学60所、教学点5个）；在校学生达10895名（小学生9491名、初中生1097名、高中生307名）；专任教师677名。红寺堡的教育事业呈现出一片蒸蒸日上的景象。

加强领导，确立移民教育目标。2003年，红寺堡开发区工委、管委会坚持实施“科教兴区”战略，树立“扶贫开发先扶智，治贫致富先治愚”的思想，确立了坚持“一个原则”（理顺“以县为主”的管理体制），实现“两个全面”（全面提高“两基”教育水平，全面提高教育教学质量），做到“三个满意”（当移民满意的教师，创社会满意的学校，办移民满意的教育），打好“四个硬仗”（教育经费增长仗，办学条件改善仗，教师素质提升仗，“两基”程度普及仗）的教育发展新思路。4月和9月，分别制定《红寺堡开发区关于加快基础教育改革与发展的决定》和《红寺堡开发区管委会关于在2005年基本实现普及九年义务教育的决定》。9月16日，红寺堡开发区召开“两基”攻坚动员大会，成立以红寺堡开发区工委书记、管委会主任为总指挥的“两基”攻坚指挥部，组建“一室四组”（办公室、经费筹措组、联络宣传组、档案组、执法组），明确各部门、各单位工作职责，建立帮扶机制，制定教育宣传、资金筹措、控辍保学、条件改善、结对帮扶、扫盲堵盲、提高质量等纲领性文件6个。吹响“举全区之力，攻‘两基’之坚”的号角，红寺堡的教育事业进入全新的发展阶段。

多措并举，筹措义务教育经费。2004年，红寺堡开发区工委、管委会把教育摆在优先发展地位，紧盯“两基”目标，全面实施“普九”达标工程。在百事待兴、财力极其匮乏的情况下，实行教育资金投入“三优先”政策（年初预算优先安排、年中运行优先调整、年终决算优先追加），加大资金投入力度，采取征、集、捐、免、挤、收8项措施，共筹措资金2600余万元，全部进入“普九”专户。其中本级财政对教育拨款2160万元，较上年提高69.4%；生均教育公用经费初中、小学分别提高到126元和86元,较上年分别增长55.6%和32.3%;财政转移支付资金用于义务教育的比例达77.9%,确保了教育经费“三个增长”。

上下联动,改善学校办学条件。在办学条件装备上,采取购、募、征、捐、帮五项措施,通过政府自行建购、乡村两级投资投劳、社会企业和帮扶单位资助、军民共建、广大师生捐赠等途径,新建了第二中学、第二小学2所学校,扩建、改建学校30所,实现了义务教育阶段学校生均建筑面积达标(初中8.7平方米,小学4.1平方米);平整校园30万平方米,粉刷墙壁38.5万平方米;募集图书8.85万册;师生自制教玩具2万余件;高标准填平补齐教学仪器、文体器材缺口。仅2004年得到帮扶资助资金折合人民币302万元,大大改善了义务教育阶段学校的办学条件。红寺堡开发区真正形成了党以重教为先、政以重教为本、民以支教为荣的社会氛围。

强化措施,提高“两基”普及程度。2005年,红寺堡开发区工委、管委会坚持协调推进义务教育、学前教育、成人教育发展方略。全面落实《红寺堡开发区制止中小学生辍学暂行办法》,把“控辍保学”作为学校教育发展水平的重要考核指标,提出“两个确保”(义务教育阶段的学生,确保不因贫困辍学,适龄儿童少年,确保不因家长观念陈旧和家庭贫穷推迟入学),竭力提高义务教育阶段普及程度。辖区小学年巩固率达99.8%,初中年巩固率98.9%,小学、初中入学率分别达99.6%、95.7%,15周岁人口初等教育完成率达99.6%,17周岁人口初级中等教育完成率达81.5%。将特殊教育纳入义务教育发展的总体规划,残疾儿童少年入学率79.4%,并实行全免费教育。着力发展学前教育,制订幼儿教育发展规划和幼儿园布局设置方案,招商引资建成1所民建公助模式的幼儿园(红寺堡幼教中心),并开始招生,使学前教育逐步进入规范化管理轨道。全力加快成人教育步伐,是年8月,积极争取宁夏广播电视大学在红寺堡设立电大工作教学点,当年有54名教师通过自学函授提高学历。坚持“一堵、二扫、三提高”的扫盲工作总方针,制订《红寺堡开发区扫除青壮年文盲、科盲实施意见》,发挥学校的阵地作用,农村中小学实行“日校办夜校,一长管两校,一师任两教”的教学模式,变“农闲”为“农忙”,开办农民识字班,把非文盲率提高到98.82%。同时,结合产业结构调整,本着“培养一名科技人才,致富一个家庭,带动一片乡邻”的理念,加强对青壮年的培训培养教育,从扫“文盲”向扫“科盲”转变,兴办农民文化技术学校,把文化知识、实用技术、法律知识等有机结合起来。三年内教育、人事、农牧(科技)、扶贫、水务等部门联合举办种植、养殖、加工、电焊、建筑、餐饮服务等实用技能培训班102期,其中掌握1～2

门实用技术人员达8000多人，进行农村科技培训和劳动力转移培训2万人次，为农村培养了一批科技致富奔小康的带头人，把致富经验传播到了千家万户。

引培并进，建设高素质教师队伍。为系统推进教育事业全面发展，“十五”期间，红寺堡开发区工委、管委会把“科教兴区”的战略落实到构建高素质教师队伍上。2003—2005年，连续三年面向社会招聘大专及以上学历中小学教师448名、具备幼教资格的幼儿教师25名，向各移民县选调40周岁以下教师428名。有计划地组织教师参加业务培训和学历培训，三年培养县级骨干教师43名，培养计算机中级以上水平教师780名。

2005年秋季，红寺堡开发区各级各类学校发展到83所（完全中学1所，初级中学1所，九年一贯制学校4所，完全小学62所，教学点14个，民办公助幼儿园1所），专任教师866名，在校学生25839名（学前幼儿1234名，小学生19007名，初中生4303名，高中生1295名），新增校舍7.8万平方米。2005年9月27日，红寺堡开发区“两基”工作高质量通过自治区人民政府评估验收，真正实现“一无两有六配套”标准（“一无”即中小学校校无危房；“两有”即班班有教室，人人有课桌凳；“六配套”即校园内围墙、大门、操场、旗杆、水井、厕所标准配套）。

2006—2010年

“十一五”期间，红寺堡开发区工委、管委会全面落实“以县为主”的教育管理体制，把建立完善“以县为主”的管理体制作为促进教育事业发展的根本措施，以巩固“两基”成果、创建“教育强区”为目标，制定《关于振兴教育事业加快教育发展的实施意见》，明确教育发展的目标任务和政府在教育改革与发展中应承担的责任，切实加强对教育改革与发展的统筹管理，全社会尊师重教氛围日益浓厚，学校布局更加合理，办学条件明显改善，师资队伍整体素质不断提高，教育教学质量跨越式发展，教育发展水平进入吴忠市先进行列。2006年、2007年、2008年，红寺堡开发区工委、管委会对教育工作考核均为优秀，人民群众对教育的满意度大大提高，在行风民主评议和干部作风建设评议中，教育系统连续三年名列第一，获后三年行风免评资格。2010年11月，红寺堡高标准通过自治区人民政府“教育强（县）区”验收，“十一五”期间红寺堡教育事业进入快速发展阶段。

因地制宜，合理推进学校布局调整。为适应经济社会发展需要，2006—2007

年，红寺堡开发区工委、管委会将教育强区创建工作纳入区域经济社会发展规划，组织发改、建设、教育、财政等部门负责人对教育整体情况进行调研，根据国家第二轮学校布局调整意见，密切结合红寺堡移民相对集中聚居的特点，研究确立“普通高中标准办学，初中集中办学，乡镇中心小学六年级寄宿办学”的工作思路，制订《红寺堡开发区关于学校布局调整的实施方案》。坚持“科学规划、实事求是、尊重群众、因地制宜”的原则，按照区域经济、文化、人口、地理条件和城镇化进程，重点办好“一大两小”两类学校，加快推进学校布局均衡。“一大”是撤销乡镇学校初中部，在经济发达、人口集中、交通便利、环境优越的城区，新建和改扩建一批大规模标准化中小学，配备现代化教学仪器设备，配套学生公寓、餐厅、浴室、图书阅览室、微机室等设施，实行科学化、规范化、精细化管理，着力打造优质教育高地。“两小”是对太阳山镇、大河乡两所乡镇中心小学进行改建，装配太阳能洗浴室、集中供热锅炉等设施，实行太阳山镇辖区村级小学六年级学生在中心小学寄宿就读，撤销大河四小3～6年级，并入中心小学，大河一小、大河四小、大河五小、大河九小、大河十小等村级小学六年级学生在中心小学寄宿就读。同时，以红寺堡幼教中心为龙头，以公建民营为依托，以社会民办为主体的学前幼儿办园模式开始形成，幼儿园布局日趋合理。

2006—2010年，红寺堡累计投入资金1.2亿元，新建回民中学、第三中学2所城区直属初级中学。通过实施世界银行贷款、中西部农村初中校舍改造、中小学校舍安全改造、标准化高中建设、“明德”工程等项目，筹措资金1.03亿元，改扩建学校57所，新建、改扩建校舍面积6.9万平方米。撤并了西泉、何庄、细沟子等规模小、布点不合理的小学和教学点18所，撤销4所乡镇九年制学校初中部，停止红寺堡中学初中招生，剥离初高中，实现了红寺堡初中学生全部进城就学的目标。

争取社会力量，加大教育信息化建设。“十一五”期间，红寺堡开发区工委、管委会坚持创建教育强(县)区，以教育信息化带动教育现代化，积极争取社会力量助学。通过多方协调，驻宁部队为红寺堡开发区学校捐赠电脑276台，自治区教育厅、宣传部捐赠电脑170台，财政厅拨专款125万元为学校购置电脑350台，吴忠市人民政府给农村小学捐赠电脑165台，红寺堡开发区扶贫办为学校捐赠电脑200台，民政局联系自治区慈善服务中心为学校捐赠电脑36台，58个区直部门和驻红寺堡单位共落实帮扶资金102万元，建设多媒体教室204个、电子备课室8个。教育局自筹资金468万元，购置交互式电子白板87套，完成了1004台电脑的购置装备任务。2007—2010年，累计新增电脑2201台，生机比超过了自治区“创强”验收规定标准，红寺堡区各中小学均享有现代化教学设备。在此基础上，借助“中国现代教育网”平台建立并开通了红寺堡教育信息网和10个中小学教研网，各类资源存储量高达4000千兆以上。电信、移动公司大力支持学校网络建设，对具备条件的40所中小学进行4～10兆光纤接入，接入率达62%，对23所村级偏远小学采取宽带与无线网卡接入，网络覆盖率达97%。

强化教师队伍建设，提高教学质量。2006年，教育部、财政部、人事部、中央编办下发《关于实施农村义务教育阶段学校教师特设岗位计划的通知》，联合启动实施“特岗计划”，公开招聘高校毕业生到“两基”攻坚县农村义务教育阶段学校任教。红寺堡紧抓历史机遇，制定教师队伍建设规划，实施“三项措施”，适时补充师资力量，提升教师专业素质，提高教学质量。第一项措施是借国家“特岗计划”逐年补充师资。2006—2011年，红寺堡共招聘特岗教师563名，选调了部分教师，教职工总数达到1455名，平均年龄32.3岁，成为宁夏乃至全国教师队伍最年轻的(县)区。第二项措施是有针对性地开展教师培训。根据教师普遍年轻、教学经验不足、可塑性强的特点，开展各级各类培训。2006年10月，教育体育局以第二中学、第二小学为试点，启动了“学科教研进课堂”活动，寓研于教，寓培于研；自2007年开始，每年安排教师培训专项经费20万元，用于教师专业发展需要。启动教师“分层次、分教龄、分项目”全员培训工程(针对1～5年教龄的教师，实施教学基本功培训项目；针对5～10年教龄的教师，实施基本技能研修项目；针对10年以上教龄的教师，实施水平提升项目)，先后组织600多名教师参加国家和自治区级新课程培训。完善骨干教师培养和评价机制，大力实施传帮带工程，促进青年教师快速成长。第三项措施是以人事制度改革为抓手创新教师管理体制。对乡镇中心学校和直属中小学校长实行公开选拔制，对城区中小学学科缺额教师实行空岗竞聘制，建立城区中小学教师到农村薄弱学校支教制度。2006—2010年，公开选拔7名正副校长，空岗竞聘168名教师，委派48名城区优秀教师支教农村小学，科学的选人用人机制逐步形成，学校内部管理进入规范化轨道，教育行风进一步好转，素质教育成效显著，教育教学质量稳步提升。红寺堡高考本科上线率逐年提高，470名高中生被自治区内外本科院校录取；中考成绩连续六年居吴忠市前列，五年共向自治区优质高中(银川一中、固原一中、吴忠中学、宁夏六盘山高级中学、宁夏育才学校)输送优秀学生1901名。职业教育开始起步，2007—2010年，采用“宁鲁”联合模式向自治区内外中职学校共输送653名学生。2010年，红寺堡小学在全国青少年创意大赛中获得团体金奖。2006—2010年，在各级各类课件制作、优质课评选、优秀论文评选活动中，有28名教师获全国一、二等奖，85名教师获自治区一、二、三等奖，109名教师获吴忠市一、二、三等奖；在全国初中数学、物理、化学、英语等学科竞赛中，有56名学生获全国一、二等奖，200多名学生获自治区一、二、三等奖。

2011—2018年

红寺堡区委、区政府认真贯彻《国家中长期教育改革和发展规划纲要(2010—2020年)》，2011年制定红寺堡教育事业"十二五"规划，2016年制定教育事业"十三五"规划，确立了红寺堡教育事业健康、协调、可持续发展的总目标，决定以推进义务教育均衡发展为抓手，全面普及高中教育，长足发展中等职业教育，规范发展学前幼儿教育。2011—2018年，红寺堡教育事业进入经费投入最大、发展标准最高、体制建设最完善的新阶段。

党建引领作用日趋凸显。中共十八大以后，教育局党委全面贯彻党的新时代建设总要求，坚持不懈用新发展理念解放思想、统一思想，旗帜鲜明地加强政治建设，纵深推进全面从严治党，不断提高党的建设质量和水平，以高质量党建引领保障高质量教育发展。一是推进党组织全覆盖。截至2018年年底，教育局党委下辖21个党支部、60个党小组。二是选优配强党组织书记。推行党组织书记、校长"一肩挑"机制，2018年，交流调整教育系统党支部书记12名，专职副书记13名，新任命党支部书记5名，选配熟悉党务工作、有较强组织协调能力的人员担任党支部书记或专职副书记，全力抓好党建工作。三是建立党员培养和优秀教师培养相结合的双向培养机制。秉持"把每一位党员都培养成优秀教师，把每一位优秀教师都培养成党员"的目标，充分发挥党员教师的先锋模范作用，引领学校党员教师在教育教学、学校建设等方面发光发热，至2018年年底，教育系统共发展中共正式党员612名。四是做好党员教育管理培训工作。通过召开支部党员大会、支部委员会、党小组会以及开展讲党课和支部主题党日活动，采取集中学习与自主学习相结合的形式，全面加强党员教育。仅2018年，通过"名师优课"工程、学科带头人工程、名师培养工程，培养优秀教师积极向党组织靠拢，共发展入党积极分子11名、预备党员6名，按期转正党员7名。教育局党委先后制定《红寺堡区教育系统干部职工不作为慢作为乱作为责任追究办法(试行)》《教育系统选人用人办法》《教育系统评优选先办法》《红寺堡区中小学(幼儿园)教师“十不准”》,党员教师模范遵守,全面落实。

教育经费全面落实。红寺堡区委、区政府积极落实义务教育投入责任,将其纳入财政保障范围,建立稳定增长机制,依法落实“三个增长”,确保义务教育经费足额拨付到位。红寺堡区人民政府对教育经费拨款的增长高于地方财政经常性收入的增长:2011—2018年,公共财政预算安排的教育经费分别为18505万元、25787万元、28947万元、29479万元、37456万元、44848万元、67700万元、71710万元,分别比上年增长72.39%、39.35%、12.25%、1.84%、27.06%、19.73%、50.95%、5.92%。生均教育事业费逐年增长:2011—2018年,小学分别为2262元、3240元、3356元、3447元、5215元、5793元、6925元、7599元,初中分别为7024元、8464元、7864元、8565元、8702元、9948元、12555元、13215元。生均公用经费逐年增长:2011—2018年,生均公用经费小学分别为673元、825元、585元、1013元、1337元、1436元、1657元、1659元,初中分别为4717元、6065元、3724元、4253元、5799元、6029元、6634元、6635元,基本实现逐年增长。

办学水平大幅提升。红寺堡区委、区政府将教育发展纳入红寺堡区城乡总体规划,统筹政治影响、经济条件、人口分布等各方面因素,结合“美丽乡村建设五年行动计划”,实施一系列建设项目,全面加速办学水平均衡提升。2011—2018年,累计投入10.49亿元用于学校建设发展,新建和改扩建学校(幼儿园)123所,建设面积30.623万平方米。先后投入9854万元实施“校安工程”,完成了太阳山中心小学食堂及大河第七小学等16所学校校舍建设,建筑面积达5.22万平方米;投入1.61亿元实施薄弱学校改造工程,新建第四中学、第四小学,对农村48所薄弱小学进行改造,完成建设面积5.45万平方米,改造了大河中心小学、燕宝小学等41所学校标准化运动场,缩小乡镇之间、城乡之间学校的差距;投入1.33亿元实施中小学校舍改造工程,完成第一中学、第二中学、回民中学、第四中学综合楼、宿舍楼、餐厅等4.98万平方米校舍建设和第三中学400米跑道标准化运动场;投入7013.62万元实施中小学标准化建设项目,完成第一小学、第四小学、第五小学、第二中学等7所城区学校综合楼、实验楼、教学楼等2.76万平方米校舍建设;投入1814万元实施移民工程校舍建设项目,完成马渠小学、大河节灌站小学7386平方米校舍建设;投入1744.62万元实施农村小学供暖改造项目,完成大河中心小学、南川奕龙小学等43所村小供暖改造工程,改造面积8.42万平方米,学校彻底结束了煤炉取暖的历史;投入1.26亿元实施职业学校建设项目,完成职业技术学校3.11万平方米的校舍建设;投入2.13亿元实施幼儿园建设工程,建成辐射城区、乡镇、农村的33所幼儿园,建筑面积8.32万平方米;投入2.28亿元实施办学条件装备改造项目,累计购置教学仪器器材232.05万件(套)。教育信息化建设成效显著。交互式电子白板进入红寺堡区中小学每间教室;教师计算机按师机比1:1配备,学生计算机按生机比7:1配备;积极探索并推广数字化高效课堂、同步课堂、网络教研、网络名师工作室、探究性学习五大模式的应用,加强优质数字教育资源的广泛共享,实现教育教学与信息技术的深度融合。义务教育水平由“普及型”向“提高型”、由“数量型”向“质量型”、由“达标型”向“优质型”转变。2011年11月,红寺堡区顺利通过自治区人民政府基本普及高中阶段教育评估验收。2012年7月,第一中学被自治区教育厅评定为“自治区普通高中二级示范学校”。2018年6月21日,光明网首页和宁夏《塞上新农村报》第一、三版以《20年间,荒塬建起115所现代化标准学校》为题,报道了红寺堡区办学水平提升情况。

“三支队伍”素质整体提高。教育局通过认真开展“创先争优推进活动”“效能型服务型机关创建活动”,不断完善局领导班子包学校、听课周、周例会等制度,加强机关干部队伍管理,转变工作作风,提高行政效能。通过举办校长培训班、办学思想研讨会、选拔培养后备干部、挂职锻炼、定期交流,校长队伍业务水平和管理能力明显提升。通过“国培计划”、“名师工作室”、“青蓝工程”、假期集中培训等多种形式的培养,提高教师的执教能力。2011—2018年,红寺堡区落实教师培训经费师均每年1000元,且逐年增长预算标准,组织教师参加各级各类培训21428人次。八年共培养省、市、县三级骨干教师624人,打造了一支业务精湛的优秀团队。2011—2018年,在各级教育部门举办的各项赛事中,红寺堡区先后获市级及以上奖项的教师达1224人次,其中获国家奖项的有88人次,自治区级奖项的达426人次。第二中学教师田江在2012年、2013年、2016年先后制作的物理创新实验教具“照明电路综合演示仪”“力学综合演示仪”“声学综合演示仪”均在宁夏实验教具展评活动中获一等奖,三年代表宁夏到哈尔滨、重庆、郑州参加国家教具展评活动,均获国家一等奖,2016年取得了“照明电路综合演示仪”和“声学综合演示仪”两件教具的国家专利权。红寺堡区八年共招录30名事业编教师、648名特岗教师。红寺堡区2015年教师平均年龄32.8周岁,2018年教师平均年龄33.9周岁,是宁夏教师队伍最年轻的(县)区,教师队伍呈现出勃勃生机。

教育教学质量稳中有升。2011—2018年，红寺堡本科上线人数分别为74人、292人、275人、364人、277人、420人、350人、346人，八年升学率均保持在80%以上；中考成绩一直名列吴忠市前茅，八年向银川一中、银川九中、固原一中、宁夏六盘山高级中学、宁夏育才学校、吴忠中学等优质高中累计输送优秀学生3087名。素质教育成效显著。在全国科技创新大赛中，第一小学脱颖而出，分别在2010年、2011年、2012年、2013年、2014年连续五年获得全国青少年科技、机器人创新大赛金奖、一等奖，2011年被中国航空学校授予“全国航空特色学校”称号，2012年被国家体育总局、教育部、科技部授予“全国科技体育传统学校”称号，2015—2018年连续四年在全国青少年科技创新大赛、科技体育竞赛活动中取得优异成绩，2015年被自治区科协、教育厅授予“自治区科普示范学校”称号。第二中学、回民中学等10所学校被教育部确定为全国青少年足球特色学校，柳泉中心小学等5所学校被教育部确定为全国青少年篮球特色学校。第四中学被教育部认定为书法特色学校，第二小学等12所学校被自治区文明办、吴忠市文明办认定为文明校园。2010—2018年，第一小学29名小学生的机器人、无人机创新作品获国家一、二、三等奖，105名初中学生在全国语文、数学、物理、化学竞赛中获奖。红寺堡区各中小学大力开展“阳光体育”运动，保证学生校园体育锻炼每天不少于一小时。2018年，初中生、小学生体质健康测试的优秀率、良好率、及格率分别达5.1%、26.8%、63.3%和3.8%、28.5%、61.4%，学生体质健康水平不断提高。

学校管理规范有序。红寺堡区按照“一乡一特色，一校一品牌”的办学思想，要求各学校坚持安全适用、勤俭节约办校原则，从实际出发，对校园建设做好整体规划，制定《办学规程》和各项管理措施，有计划地组织实施，创设符合学校特点的校园文化环境。以教育系统“13521”权力公开监督运行机制为抓手，学校逐步建立健全教代会、校监会，实行民主决策。以创建清风校园为载体，大力加强师德师风教育，定期组织教师进行政治和业务学习，引导教师树立崇高的职业理想，自觉规范职业行为，不断提高教师素养和执教水平。以新时代党的教育方针为纲，学校加强学生的思想政治教育和道德品质教育，切实有效地贯彻《中小学生守则》《中小学生日常行为规范》，有计划地组织学生参加班、团（队）活动，每学期按规定安排学生参加劳动和社会实践活动。学校成立家长委员会，让家长参与学校管理，监督学校运行，并建立、完善家校联系制度，定期召开家长会，更新家长家庭教育理念，形成家校教育合力。学校树立安全重于一切的管理理念，落实安全工作“一岗双责”制度，定期开展紧急避险逃生演练，增强师生的安全防范意识和自救互救能力；与相关职能部门联合建立学校安全检查机制，开展交通、饮食、卫生、消防、治安等安全整治行动，保障师生安全。学校维护正常稳定的教学秩序，严格按照国家规定制订教学计划，编制课程表，设置作息时间，布置课外作业，严格控制学生每日在校学习时间与课外活动时间，并注重建立课堂教学基本规范，努力提高教学效率。学校严格遵守财经纪律，执行校财县管、集中核算制度，落实学校经费由校委会理财小组研究、财务负责人报签、经办人报账、报账员初审、三财中心稽核、会计复核六步程序运行机制，规范财务管理；按照自治区财政、发改部门规定向学生收取作业本费等代办收费项目，并定期进行财务审计，定期稽核公布账目。

教育惠民政策落地有声。红寺堡区全面实施农村义务教育学生营养改善计划，2011—2018年，共投资1.26亿元用于改善农村学生营养早餐和免费午餐，累计享受营养早餐学生达22.3万人次，享受免费午餐学生达13.4万人次。2013年12月，其先进经验在北京召开的全国中西部营养改善总结会议上进行交流；实行义务教育学生“三免一补”政策，2011—2018年，享受政策人数达39万人次，资金5026万元。实施义务教育家庭经济困难寄宿学生生活费专项补助政策，8年共补助资金5616万元(中央2808万元，自治区2808万元)，受益小学生3587人次、初中生62104人次。逐步建立完善从学前教育到中等职业教育全覆盖的教育资助体系，义务教育实现“零收费”，精准扶贫户大学生资助全覆盖，2015年开始高中学生免学费。自2017年起，设立红寺堡区教育扶贫基金，地方政府每年筹措资金不少于1000万元，对红寺堡籍建档立卡家庭经济困难学生每人每年给予2000～7000元的资助，累计资助家庭经济困难学生17197人次，发放资助金2332.67万元，红寺堡区无一例因贫辍学的学生。2018年4月1日，《宁夏日报》头版头条以《红寺堡教育扶贫资助实现全覆盖》为题，报道了惠及11660名困难学生的红寺堡教育扶贫工作。红寺堡区强化乡村学校少年宫建设与管理，建立留守儿童关爱机制。确保来红寺堡区务工人员随迁子女就近入学，享受同城待遇。关爱残疾少儿教育，学校教师开展送教上门服务。2016—2018年，红寺堡区三类残疾儿童少年入学率连续三年达到100%。惠民举措落地，关爱资助并举，教育公平进一步彰显。

基本建立起比较完备的现代国民教育体系。截至2018年年底，红寺堡区共有各级各类教育机构151个，在校生46559人，教职工2916人，教师学生总数达

49475人，约占红寺堡区常住人口总数的21.5%。学前教育基本普及，校外教育基本规范，义务教育由基本均衡迈向优质均衡，高中阶段教育全面普及，中等职业教育初显雏形，一个完整的（县）区级国民教育体系基本形成。

构建科学合理充满活力的教育体制机制。2015—2018年，教育局先后制定《红寺堡中小学校绩效考核方案》《红寺堡区中小学（幼儿园）财务管理“十不准”》《红寺堡区教育系统人事管理办法》《红寺堡区教育系统监督执纪问责暂行规定（试行）》《红寺堡区骨干教师选拔培养和考核管理办法（试行）》《红寺堡区教育系统教职工奖励性绩效工资指导意见（试行）》《红寺堡区教育系统财务管理制度》等多个规范性文件，为依法治教提供制度保障。2018年，红寺堡区为提高教师待遇，地方财政筹措5900万元，全部缴纳2006年以来招录的特岗教师社会保险；每年预算2700余万元，保障临聘教师、校医、保安工资；每年预算近700万元，用于提高校（园）长、党支部书记、班主任及三级骨干教师待遇，按照校（园）长、党支部书记每人每月1000元，班主任每人每月500元，三级骨干教师每人每月400元、300元、200元的标准发放，不再从教师绩效工资中提取；每年预算498万元，用于各级各类教师培养培训、教学教研工作经费。设立民办教育发展专项补助资金，支持民办教育事业快速发展。截至2018年年底，民办幼儿园在园幼儿占红寺堡区在园幼儿总数的71%，学前教育形成了“政府主导、社会参与、公办引领、民办并举”的格局。全面完成学校章程的修订，基本实现“一校一章程，章程有特色；校校有制度，制度必落实”的工作目标，学校制度建设不断深化。

20年砥砺发展，红寺堡历届党委、政府全面实施教育优先发展和科教兴区战略，教育从无到有，由小到大，均衡发展，实现了由“有学上”向“上好学”转变，由规模发展向内涵发展转变，由相对封闭向多元开放转变的“三个巨大转变”，教育改革发展取得的成就令人瞩目，教育教学质量稳步提升，尊师重教的社会风尚蔚然盛行，移民群众对教育的满意度不断提高。20年栉风沐雨，红寺堡教育工作者艰苦奋斗，与时俱进，积累了“战略思维是根本，经费投入是基础，制度建设是保障，师资水平是关键，开拓精神是动力，社会力量是后盾”的移民教育发展经验。鉴古知今，继往开来，我们有理由相信，只要红寺堡教育人不忘立德树人初心，牢记为党育人、为国育才使命，顺时而为、乘势而上、扬长补短、善作善成，不断完善教育管理体制，统筹各类教育事业朝着协调、健康、发展的轨道迈进，红寺堡教育的明天必将更加辉煌。

大事记

1998年

8月13日　国务院批准实施宁夏扶贫扬黄灌溉红寺堡移民开发区建设工程，宁夏扶贫扬黄灌溉工程总指挥部将学校建设规划其中。

9月5日　自治区党委书记毛如柏主持召开自治区党委常委会第35次会议，决定成立中共宁夏回族自治区红寺堡开发区工作委员会、宁夏回族自治区红寺堡开发区管理委员会，为县级机构，实行一套人员、两块牌子。

9月16日　宁夏扶贫扬黄灌溉工程开工典礼暨首次试水仪式在红寺堡一泵站举行，红寺堡开发区移民开发建设正式开工。

10月8日　西吉县平峰学区教师高俊新借调到红寺堡开发区，是红寺堡的第一位教师。

12月31日　自治区党委办公厅、自治区政府办公厅下发《关于成立红寺堡开发区管理委员会有关问题的通知》，文件指出自治区扬黄灌溉工程移民工作领导小组下设红寺堡开发区管理委员会与中共红寺堡开发区工作委员会，实行一套人员、两块牌子，为县级单位，内设办公室、经济发展局、民政局、社会事业局（均为科级单位）。

是日　红寺堡开发区成立社会事业局，管理教育、文化、卫生等各项社会事务，滑志敏负责教育工作。

是月　宁夏扶贫扬黄灌溉工程指挥部在大河建成7所小学(砖木结构平房)。

1999年

3月1日　大河三小正式招生，招收37名学生，配备4名教师，高俊新任校长。

3月10日 大河三小举行开学仪式，宁夏回族自治区移民处处长马赞林、扬黄总指挥部副总指挥袁进琳参加开学仪式。

9月1日 大河三小附设初一年级1个教学班，招收12名学生，配备2名教师，红寺堡开发区初中教育从此起步。

9月10日 红寺堡开发区在大河三小举行教师节庆祝大会，这是红寺堡开发区成立以来的第一个教师节。

2000年

3月1日 红寺堡镇五小正式招生，配备3名教师，招收学生56名，设5个年级、5个教学班，赵祥任校长。

4月5日 宁夏军区政治部副主任赵俊新率后勤部、司令部和固原、吴忠、银川、石嘴山军分区给水团与大河乡试点村——八村在大河八小举行“1+1帮扶”活动。

5月7日 红寺堡开发区在社会事业局内设社会事业二局，主管教育、文化、卫生、广电、工青妇事务。

5月10日 红寺堡开发区管委会为各移民迁出县选派的59名教师办理调入手续。

5月13日 杨存葆任红寺堡开发区社会事业局党支部书记，兼任社会事业二局局长。

7月25日 宁夏广播电视大学派专人负责红寺堡开发区第一期新学员招生工作。

8月7日 红寺堡开发区成立教师职称评审工作委员会，教师职称评审工作正式启动。

8月25日 红寺堡镇中学正式招生，配备20名教师，招收学生468名，设3个年级、7个教学班，杜宏宇任校长。

8月26日 大河中学正式招生，配备5名教师，招收学生226名，设3个年级、4个教学班，杨立中任校长。

8月30日 沙泉中学正式招生，配备7名教师，招收学生78名，设初一、初二2个年级，共2个教学班，朱世君任校长。

8月31日 买河中学正式招生,配备3名教师,招收学生26名,设初一1个年级1个教学班,田宝龙任校长。

9月1日 红寺堡镇四小(回民小学)正式招生,配备15名教师,招收学生573名,设5个年级、9个教学班,马成豹任校长。

9月7日 教育部、自治区教育厅教学仪器捐赠仪式在大河五小举行,自治区教育厅副厅长韩梅源参加捐赠仪式。

9月8日 红寺堡开发区移民接管工作会议在固原地区召开,红寺堡首次接管了大河三小等8所小学。

9月12日 红寺堡镇中心小学正式招生,配备11名教师,招收学生200名,设5个年级、5个教学班,马登俊任校长。

12月23日 红寺堡开发区社会事业二局在红寺堡镇中学组织小学教师文化课过关考试。

2001年

2月15日 自治区教育厅副厅长韩梅源到红寺堡开发区调研教育工作。

3月3日 白墩中学正式招生,配备5名教师,招收学生28名,设初一、初二2个年级,共2个教学班,马兴琳任校长。

7月12—14日 红寺堡开发区组织首次中考,设置4个考场,90名考生参加考试。

7月25日 红寺堡开发区社会事业局成立中小学教师专业技术职务评审小组,杨存葆任组长。

8月13日 鄢钰任红寺堡开发区社会事业局党支部书记,兼任社会事业二局局长。

8月28日 红寺堡镇中学附设高一年级教学班1个,招收86名新生,红寺堡普通高中教育由此开始。

11月19日 红寺堡开发区社会事业二局印发《中小学管理工作常规(试行)》《中小学教学工作常规(试行)》。

2002年

1月28日 自治区党委办公厅、自治区人民政府办公厅下发《关于印发〈中共红寺堡开发区工作委员会、红寺堡开发区管理委员会机构设置人员编制方案〉的通知》，据此文件红寺堡开发区管委会下设14个部门，其中包括教育文体广播电视局。

是日 红寺堡开发区教育文体广播电视局成立，负责管理教育、文化、体育、广播、电视工作，鄢钰任局长。

2月2日 红寺堡开发区教育文体广播电视局在创业小区临街商业楼选址办公。

4月19日 红寺堡开发区成立专业技术职称改革领导小组，白万利任组长，马凯任副组长，教育部门为其成员单位。

4月20日 红寺堡开发区专业技术职称评审工作全面启动，标志着红寺堡开发区专业技术职称评审工作步入正常化、规范化轨道。

4月27日 红寺堡开发区“课堂教学质量工程”正式启动。

5月9日 红寺堡开发区举行首届中小学教师“优质课”评选活动。

5月18日 自治区人民政府副主席刘仲率教育厅厅长戴万忠和副厅长蔡国英、韩梅源一行在吴忠市副市长赵紫霞等领导的陪同下到红寺堡开发区调研教育工作。

5月19日 26名中小学教师被教育文体广电局评为第一批红寺堡开发区级学科带头人。

5月28日 红寺堡开发区首届“校园文化艺术节”拉开帷幕。

6月21日 红寺堡开发区工委下发文件，任命张耀忠为红寺堡开发区教育文体广播电视局副局长，兼红寺堡开发区高级中学校长。

7月11日 自治区财政厅副厅长李延凯调研红寺堡开发区教育经费相关工作。

7月18日 红寺堡开发区工委、管委会印发《关于印发〈关于红寺堡开发区培训教育工作的实施意见〉的通知》，红寺堡开发区培训教育工作全面展开，共培训机关事业单位工作人员250名。

7月23日 红寺堡开发区工委、管委会印发《红寺堡开发区机关事业单位工人技术等级岗位晋级考核工作实施方案》。

8月24日 红寺堡开发区管委会会议研究决定,将丹麦马士基公司捐资50万元、管委会配套50万元建成的学校命名为“红寺堡开发区马士基希望小学”。

8月29日 红寺堡开发区高级中学两个年级300多名学生在白墩开展“异地教学”。

9月1日 红寺堡镇中心小学整体并入红寺堡开发区马士基希望小学。

9月4日 红寺堡开发区举行马士基希望小学教学楼竣工暨开学典礼,马士基公司总裁苏恩深、中国贸易促进会会长安成信参加典礼。

9月30日 自治区编办核定红寺堡开发区892名中小学教师编制。

10月28日 自治区政府秘书长陈守信在吴忠宾馆会议室主持召开的会议上,宣布红寺堡开发区划归吴忠市管辖,至此,红寺堡教学业务隶属吴忠市教育局管理。

11月12日 红寺堡开发区教育文体广电局组织“课堂教学质量工程”领导小组评价员、骨干教师和学科带头人共50人赴海原县第三小学参观学习课堂教学质量工程成果和经验。

11月18日 红寺堡开发区高级中学师生从白墩迁回至光明大道(红寺堡镇金水街005号)新建学校。

12月28日 红寺堡开发区教育文体广播电视局迁至新建的红寺堡开发区管委会综合办公大楼五层办公。

2003年

1月13日 红寺堡镇中学(初级中学)师生整体并入红寺堡开发区高级中学,命名为“红寺堡开发区红寺堡中学”,成为一所完全中学,张耀忠任校长。

1月28日 黎晓芳任红寺堡开发区教育文体广播电视局局长。

4月13日 红寺堡开发区教学研究室成立,杜宏宇任主任,隶属教育文体广电局。

7月17日 自治区团委追授大河中学见义勇为学生陈真为“全区优秀共青团员”。

8月22日 教育文体广电局撤销乡镇教育工作领导小组(学区),成立乡镇中心学校，实行乡镇中心学校校长负责制。

9月10日 红寺堡开发区召开庆祝第19个教师节表彰大会，对3名优秀校长和22名优秀教育工作者进行表彰奖励。

9月12日 红寺堡开发区管委会教育督导室成立，为事业单位，未核定人员编制，挂靠教育文体广电局，并与其合署办公，黎晓芳负责督导室工作。

9月13日 大河三小与大河中学合并为大河九年一贯制学校。

9月16日 红寺堡开发区召开“两基”工作动员大会，会议确定红寺堡开发区在2005年全面实现“两基”目标。

10月9日 教育部部长助理陈小娅率教育部、财政部、西部大开发办公室有关人员对红寺堡开发区基础教育发展情况进行调研。

2004年

1月10日 宁夏红十字会向光彩小学捐赠2万元现金及电脑等教学设备。

3月20日 自治区财政厅厅长陶源在红寺堡开发区管委会副主任田治国、财政局局长王克宇陪同下，调研红寺堡开发区学校建设工作。

4月26日 自治区编委为红寺堡开发区增加教师编制250名。

5月19日 自治区人民政府副主席刘仲、自治区人大常委会副主任余今晓一行到大河、沙泉调研教育工作。

5月24日 红寺堡开发区面向宁夏全区公开招聘代课教师177名。

6月18日 红寺堡中学征得红寺堡开发区工委、管委会和教育文体广电局的一致同意，决定86名高三学生不毕业，全部复读。

8月28日 第二中学正式招生，招收864名学生，设1个年级、16个教学班，配备46名教师，吴风虎任校长。

9月1日 红寺堡镇五小更名为红寺堡镇中心小学。

是日 第二小学正式招生，招收1436名学生，设6个年级、24个教学班，配备64名教师，杨克虎任校长。

9月3日 福建赴红寺堡开发区第一批支教教师一行7人到红寺堡中学支教。

9月8日 自治区教育厅基础教育处副处长李秋玲调研红寺堡开发区教育教学工作。

9月10日 红寺堡开发区举行庆祝第20个教师节暨红寺堡开发区第6个教师节表彰大会,各乡镇、各部门主要负责人,驻红寺堡各单位代表,社会各界人士,红寺堡开发区所有教师及部分学生共3500人参加。

9月22日 自治区人大常委会副主任余今晓一行到红寺堡开发区检查义务教育“一法一例”实施情况。

9月28日 自治区人民政府副主席刘仲在红寺堡开发区相关领导陪同下,考察教育工作。

是日 红寺堡开发区在中心广场举行庆祝新中国成立55周年暨红寺堡开发区成立6周年歌咏比赛,教育系统共有9支代表队参加。

10月18日 自治区人大常委会委员戴万忠调研红寺堡开发区教育事业发展情况。

11月10日 自治区人民政府教育督导室对红寺堡开发区“两基”攻坚工作进行专项督查。

2005年

1月6日 宁夏九鼎实业有限公司向第二中学、第二小学捐赠价值6万元的图书及文体器材。

1月20日 红寺堡开发区召开“两基”攻坚动员大会,红寺堡开发区工委书记何国攀做动员讲话,管委会副主任陈任新对“两基”工作进行安排部署,并与各乡镇签订“两基”工作目标责任书。

2月19日 红寺堡开发区20514名农村中小学生开始享受国家“两免一补”政策。

3月23日 宁夏南部山区“两基”工作汇报会在红寺堡开发区举行,自治区人民政府副主席刘仲、自治区政协副主席金晓昀及教育厅、发改委等部门的领导及三市九县主管教育的政府领导和教育局局长、督导室主任参加大会。

是日 参加宁夏南部山区“两基”工作汇报会的与会领导实地考察红寺堡开发区“两基”工作进展情况。

5月9—26日 红寺堡开发区管委会对乡镇“两基”工作进行评估验收。

5月27日 红寺堡开发区管委会召开乡镇“两基”工作评估验收总结会。

6月2日 国务院政策研究室主任邓文奎一行到红寺堡开发区调研“两免一补”工作，对红寺堡开发区落实“两免一补”政策给予肯定。

6月7—8日 红寺堡开发区组织首次普通高等学校招生考试，首届302名高中毕业生参加高考。

6月15日 红寺堡开发区召开“两基”攻坚初评验收工作会议，各乡（镇）、各部门、驻红寺堡各单位主要负责人在红寺堡开发区工委、管委会领导的带领下，分别观摩各乡镇学校和第二小学的“两基”工作实施情况。

8月3日 教育文体广电局设立电大工作站，孔德龙为负责人。

8月8日 红寺堡开发区招聘高中教师32名。

8月20日 自治区编委为红寺堡开发区下达编制教师名额100名，编制外教师名额50名。

8月25日 红寺堡开发区招聘幼儿教师25名。

9月8日 由坦桑尼亚、肯尼亚、尼日利亚、南非等16个非洲国家主流媒体的负责人和记者组成的非洲新闻代表团一行到红寺堡开发区进行参观采访，重点关注“扫盲”教育。

9月14日 红寺堡开发区“两基”工作通过吴忠市人民政府评估验收，5个一级指标、22个二级指标均达到国家规定的标准。

9月25—27日 自治区人民政府副主席刘仲、自治区政协副主席金晓昀率团对红寺堡开发区“两基”工作进行评估验收。

10月3日 自治区人民政府为红寺堡开发区公开招考教师150名，其中编制内100名，编制外50名。

10月8日 撤销红寺堡开发区教育文体广播电视局，成立红寺堡开发区教育体育局，黎晓芳任局长。

10月12日 红寺堡小学顺利通过自治区“百所回民中小学标准化建设工程”验收，成为红寺堡开发区第一个通过“百标”验收的学校。

是日 红寺堡开发区举行“两基”工作总结表彰大会，表彰了77个先进集体和188名先进工作者。

是日 红寺堡开发区举行红寺堡幼教中心开园典礼。

是日 “为国教子、以德育人”报告会暨邹献朝家庭捐赠图书活动在红寺堡小学举行，自治区高级人民法院原院长邹献朝、自治区妇联主席吴桂兰、儿童部部长秦桂兰、吴忠市妇联副主席杜佩霞参加了活动。捐赠仪式上,邹献朝为学生发放学习用具50套、书籍600余册。

12月30日 红寺堡开发区教育事务管理中心成立,属红寺堡开发区管委会直属正科级事业单位,张耀忠任主任。

2006年

1月9日 教育体育局、教育事务管理中心班子成员召开联合办公会,研究制定教育体育局和教育事务管理中心工作职责及分工。

1月11日 杨进才任教育体育局党总支书记、局长。

1月24日 教育体育局、教育事务管理中心联合会议研究决定,在红寺堡开发区教育系统启动“提高教育教学质量大讨论”活动。

2月22日 按照红寺堡开发区工委、管委会会议精神,将原教育文体广电局内设的基础教育和“两基”工作办公室、教研室、招生办公室整体划归教育事务管理中心管理,人员随之划入,教育事务管理中心增设综合办公室,其余各股室隶属教育体育局管理。

2月24日 “安踏希望体育室”捐赠仪式在红寺堡小学举行,福建安踏集团向红寺堡小学等三所学校共捐赠价值1.5万元的体育器材。

3月1日 红寺堡开发区教育系统“提高教育教学质量大讨论”活动第一阶段工作汇报会在教育体育局会议室召开,各乡镇中心学校、直属学校、幼教中心共9名负责人做工作汇报,教育体育局、教育事务管理中心主要负责人点评。

3月3日 自治区教育厅副厅长安纯人一行到红寺堡开发区检查开学“四项工作”,吴忠市教育局、红寺堡开发区相关领导陪同检查。

3月9日 苏宗荣任教育体育局党委书记、局长。

3月12日 教育体育局、教育事务管理中心从管委会办公楼迁至吴忠南路(燕然路)245号。

4月21日 教育体育局党委在教育体育局三楼会议室组织召开教育系统社会主义荣辱观教育动员大会。各乡镇中心学校、直属学校正副校长,村级完小校长,幼教中心负责人,教育体育局、教育事务管理中心全体干部,共105人参会,红寺堡开发区工委副书记、纪工委书记陈仁新做工作指示。

5月29日 教育体育局、教育事务管理中心会议研究制定教育体育局第一套财务管理制度，规范局机关在会务、车辆、接待、办公等方面的经费支付程序和标准。

6月2日 阿拉伯国家联合新闻团一行10人到红寺堡开发区进行友好访问，考察教育教学工作，参观大河中心学校。

6月12日 国际计划考察团詹姆斯一行到红寺堡开发区就妇女儿童生活生存环境进行考察，考察团先后深入大河乡和南川乡部分农户和学校中，详细了解当地妇女在生产生活、医疗卫生保健及儿童入学等方面的情况。

7月26日 教育体育局、教育事务管理中心会议研究核定乡镇中心学校（乡镇教育管理机构）人数，设校长、会计、出纳、教研员、督导员各1人。

7月 自治区党委副书记韩茂华调研红寺堡开发区幼教工作。

8月7日 教育体育局、教育事务管理中心会议研究决定，整合内设股室，调整股室负责人和干事，实行“两套班子、一套人马”的办公模式。

8月22日 教育体育局组织实施红寺堡第一次城区中小学学科空缺岗位教师竞聘活动，216名教师参与9个学科108个岗位的竞聘。

9月20日 教育体育局局长苏宗荣主持召开“中小学学科教研进课堂”活动启动会，教育体育局、教育事务管理中心班子成员，教学研究室全体教研员，各中小学校长、副校长、教务主任、骨干教师、学科带头人共78人参加。

10月11日 教育体育局会议研究制定《红寺堡开发区关于家庭经济困难学生寄宿生生活费管理办法》。

10月27日 自治区教育厅教研室副主任夏正建一行验收红寺堡开发区“英特尔项目”培训工作。

10月30日 教育体育局举办《红寺堡开发区第三中学项目建设可行性报告》内审初评会。

11月23—24日 吴忠市人民政府副市长衡鸣一行对红寺堡开发区“两基”迎国检工作进行督查。

12月12日 教育体育局县级文明单位创建工作通过红寺堡开发区工委评估验收。

2007年

2月26日　教育体育局印发《红寺堡开发区2007年现代远程教育工作指导意见》和《红寺堡开发区现代远程教育应用年活动实施方案》。

2月28日　红寺堡开发区教育系统城乡对口帮扶支教启动仪式在教育体育局五楼会议室举行,来自红寺堡小学、第二小学的27名支教教师和教育体育局机关全体人员、各乡镇中心学校、直属学校校长参加启动仪式。

是日　27名城区支教教师分别赴大河、太阳山镇的偏远学校进行支教。

3月30日　教育部开学"六项工作"检查组到红寺堡开发区检查指导教育工作。

3月27—28日　教育体育局组织600名高三年级学生进行2007年普通高考适应性训练。

4月19日　红寺堡开发区"控辍保学"工作专题会议在教育体育局召开,工委副书记、纪工委书记陈任新,各乡镇党委书记,教育体育局、教育事务管理中心负责人,各乡镇中心学校、直属学校校长、义教员,共40余人参加会议,教育体育局党委书记、局长苏宗荣对红寺堡开发区义务教育阶段适龄儿童、少年辍学情况做了通报,各乡镇党委书记分别做了表态发言,陈任新就"控辍保学"工作提出明确要求。

5月15日　红寺堡开发区民族与劳动和社会保障局正式批复红寺堡幼教中心,业务归教育体育局管理。

5月21日　李荣国任教育体育局党委书记。

5月23日　红寺堡开发区工委书记、管委会主任华光荣和工委副书记、纪工委书记陈任新一行在教育体育局、教育事务管理中心负责人陪同下,对城乡学校教育教学工作进行调研。

6月15日　教育体育局举办红寺堡开发区第一届中小学音乐、美术优质课评选活动。

是日　教育体育局举办教育系统庆祝建党86周年歌咏比赛,各直属学校、乡镇中心学校、幼教中心、教育体育局机关共9支代表队参赛。

7月6日　红寺堡开发区工委印发《红寺堡开发区妇女发展规划和儿童发展规划》。

7月8日 教育体育局对红寺堡中学空缺的40个初中学科教师岗位实行空岗竞聘。

7月16日 教育体育局成立关心下一代工作委员会，刘鹏跃任主任，拓生海任副主任。

7月19—26日 由科技教育交流协会派遣的来自美国纽约大学、清华大学、北京大学、香港中文大学、上海交通大学的6名大学生在红寺堡开发区举办英语交流培训班，开发区90余名中小学专兼职英语教师参加培训。

8月9日 红寺堡开发区举办首届校长空岗竞聘会，竞聘红寺堡中学、红寺堡小学、红寺堡镇中心学校校长和第二中学副校长岗位。

8月14日 红寺堡开发区管委会印发《红寺堡开发区“两基”迎“国检”工作实施方案》。

9月18日 红寺堡开发区向山东烟台、泰安、青岛等职业学校输送197名学生，中等职业教育联合办学模式从此开始。

9月28日 太阳山镇李敬中小学、裕华第一小学、裕华第二小学落成竣工揭牌仪式举行，香港查氏集团白琳萍、李念弘、沈大馨出席揭牌仪式。

11月22日 吴忠市教研室主任康生宁一行16人深入红寺堡中学、第二中学、大河乡中心学校开展教学研讨及专题讲座活动。

2008年

1月22日 教育体育局党委召开教育系统党员冬训动员大会。

1月23日 红寺堡开发区工委副书记、纪工委书记陈任新带领党政办公室、监察局、教育体育局等部门负责人深入各乡镇，对“扫盲”工作进展情况进行督查。

1月29日 教育体育局、教育事务管理中心组织干部分别深入大河四村、平岭子村宣传中央一号文件，落实红寺堡开发区工委“一帮一联，双挂双创”帮扶政策。

2月18日 教育体育局、教育事务管理中心组织召开各校校长、股室负责人工作会议，安排部署2008年春季开学准备工作。

2月20日 红寺堡开发区管委会召开“两基”迎“国检”工作培训会。

2月21日 教育体育局、教育事务管理中心协助吴忠市教育局组织召开“吴忠市赴上海挂职校长”报告会，红寺堡开发区各级各类学校70余名校长参加会议。

2月25日 红寺堡开发区纪委、监察局对红寺堡小学、红寺堡中学、南川乡中心小学、红寺堡镇中心小学教育收费情况进行督查。

2月28日 教育体育局党委召开一届一次党代会，选举产生了第一届委员会委员，李荣国当选为教育体育局党委书记。

3月18日 自治区教育厅副厅长王尧带领自治区人民政府教育督导室相关人员，对红寺堡开发区学校开学“六项工作”和“两基”迎国检工作进行督导检查。

3月24日 教育体育局、教育事务管理中心对红寺堡开发区2个乡2个镇的58所学校“两基”迎国检准备工作进行督查。

3月26日 红寺堡开发区招委会在管委会会议中心召开2008年普通高校招生报名资格审查会议，会上红寺堡开发区工委副书记、纪工委书记陈任新与相关部门签订工作目标责任书。

4月7日 教育体育局、教育事务管理中心全体职工在大河乌沙塘盐兴路旁进行义务植树。

4月11日 教育体育局党委书记李荣国主持召开教育系统作风纪律整顿会议。

4月16日 宁夏中考改革研讨会在红寺堡开发区举行，红寺堡开发区、盐池县、同心县、西吉县等四县（区）的近1000名各学科一线教师参加。

4月21日 红寺堡开发区4个乡镇中心学校开展“同课异构”教学交流研讨活动，自治区教研室专家全程参与指导。

4月25日 吴忠市人民政府市长吴玉才调研红寺堡开发区“两基”国检迎验准备工作。

6月12日 红寺堡开发区教育系统向四川汶川捐款175363元。

9月2日 教育体育局召开宁夏民族职业技术学院首批就学学生欢送会，宁夏民族职业技术学院副院长黄庆宝、教育体育局相关负责人和75名学生及家长参加。

10月15日 自治区人民政府主席王正伟调研回民中学建设情况。

10月24日 自治区人民政府主席助理蔡国英、教育厅副厅长赵紫霞到红寺堡开发区调研教育工作。

12月15日 教育体育局召开师德师风建设月活动总结大会，教育体育局党委书记李荣国对开发区师德师风建设月活动做总结。

2009年

1月5日 红寺堡开发区工委委员、管委会副主任陈自军主持召开教育系统党风廉政建设和行风评议座谈会，红寺堡开发区组织部、人事人才办、工委办负责人，教育体育局班子成员，各乡镇中心学校、直属学校校长及教育体育局机关各股室负责人参加。

4月7日 教育体育局全体干部、红寺堡中学全体师生在乌沙塘参加义务植树活动。

4月19日 教育体育局和红寺堡开发区疾控中心联合举办中小学、幼儿园传染病及地方病预防工作培训会，红寺堡开发区疾控中心主任杨力、传染病防治专家高生堂做防控讲座。

5月16日 教育体育局召开教育系统甲型H1N1流行性感冒预防工作部署会，各中小学校长、幼儿园园长、局机关全体人员参加会议，从政治高度上强化措施，明确责任。

5月23日 红寺堡开发区工委书记、管委会主任华光荣和工委副书记、纪工委书记陈任新等一行3人在教育体育局党委书记李荣国、局长苏宗荣和副局长刘鹏跃的陪同下，对回民中学工程建设进行调研。

8月15日 自治区教育厅批准成立红寺堡开发区电大工作站，工作站设在开发区工委党校，受工委党校管理。

8月20日 回民中学正式招生，招收1503名学生，设3个年级、27个教学班，配备89名教师，吴风虎任校长。

9月30日 国务院批准设立吴忠市红寺堡区。

是日 红寺堡开发区教育体育局与红寺堡开发区教育事务管理中心合并为吴忠市红寺堡区教育局，苏宗荣任局长。

10月28日 教育局组织城区2000名师生在金水广场参加“庆祝吴忠市红寺堡区成立暨红寺堡开发建设十周年”庆典仪式。

10月31日 回民中学被自治区教育厅授予“宁夏回族自治区德育示范学校”称号。

是月 红寺堡区人民政府撤销大河九年制学校和买河九年制学校2所学校的

初中部,学生并入回民中学。

是月 教育局集中大河辖区部分学校六年级学生至大河中心小学就读,实行寄宿制,着力解决各村级小学大班额问题。

2010年

1月10日 鄢钰任教育局局长。

2月9日 红寺堡区召开创建“教育强县(区)”工作动员大会,贯彻落实自治区、吴忠市“教育强县(区)”工作会议精神,安排部署“教育强区”工作。

5月8日 自治区教育厅副厅长赵紫霞率督导组督查红寺堡区教育强区创建工作。

5月16日 红寺堡小学代表红寺堡区在银川参加全国青少年创意大赛,获宁夏赛区一等奖。

6月18日 红寺堡区人民政府副区长贾永玲调研红寺堡区教育工作,并在教育局召开座谈会,各乡镇中心学校、直属学校校长及教育局各股室负责人参加。

7月28日 红寺堡小学代表宁夏在江苏泰州参加全国青少年创意大赛总决赛,获团体金奖。

8月18日 红寺堡区人大常委会副主任苏宗荣一行先后到回民中学、教育局调研学校布局调整工作。

8月25日 教育局局务扩大会议研究决定,拟撤销太阳山镇中心学校初中部,学生并入回民中学,拟撤销大河四小,学生并入大河中心小学。

8月30日 红寺堡区人民政府撤销太阳山镇九年制学校初中部,学生全部就读于回民中学。

8月31日 红寺堡开发区工委党校撤销,电大工作站归属教育局管理。

9月30日 太阳山镇辖区内15所小学的六年级学生统一集中到中心小学就读,实行寄宿制管理。

是日 太阳山开发区所有教育事务隶属红寺堡区教育局管理。

是日 红寺堡区义务教育阶段“控辍保学”工作专题会议在红寺堡区人民政府会议中心召开,会议由副区长贾永玲主持,红寺堡区人大常委会副主任吴军红做指示,各乡镇党委书记,教育局班子成员和各乡镇中心学校、直属学校校长参会。

10月12日 红寺堡区人民政府召开义务教育阶段流失学生劝返工作汇报会，副区长贾永玲主持会议，红寺堡区人大常委会副主任吴军红做重要讲话，各乡镇人民政府和教育局主要负责人做工作汇报，教育局班子成员和各乡镇中心学校、直属学校校长参加会议。

11月2日 吴忠市机构编制委员会核定红寺堡区教育局下属事业单位4个，事业编制人员34名，其中红寺堡区教学研究培训中心编制4名，红寺堡区人民政府教育督导室编制3名，红寺堡区教育考试中心编制5名，红寺堡区幼教中心专业技术人员和后勤编制22名。

11月5日 红寺堡区顺利通过吴忠市人民政府教育强乡（镇）评估验收。

11月26日 红寺堡区顺利通过自治区人民政府教育强（县）区评估验收。

2011年

3月5日 红寺堡中学见义勇为学生沙渊聪被中央文明办、中国文明网追授为“中国好人”。

5月20日 红寺堡区第一届中小学生阳光体育运动会在红寺堡中学开幕。

6月13日 红寺堡区“百名骨干教师赴银川5所名校跟岗研修培训班”开班仪式在北方民族大学举行，自治区教育厅师资处处长吴红军，教科所所长田继忠，红寺堡区委常委、人民政府副区长韩叶盛，红寺堡区人民政府副区长贾永玲，教育局局长鄢钰参加开班仪式。

6月18日 红寺堡区基本普及高中阶段教育工作攻坚动员会在阶梯教室召开。

6月20日 红寺堡区“百名骨干教师赴银川5所名校跟岗研修”培训工作在北方民族大学召开总结大会，红寺堡区委副书记、人民政府区长徐军在总结会上做重要讲话。

是日 根据“普高”和创建“自治区普通高中示范学校”的需要，“吴忠市红寺堡区红寺堡中学”更名为“吴忠市红寺堡区第一中学”。

6月22日 回民中学150名师生组成的合唱团代表红寺堡区参加吴忠市庆祝建党90周年红歌大赛，获三等奖。

6月23—26日 教育局在阶梯教室举办红寺堡区中小学教师暑假提高培训

班,邀请郎伟、田继忠、华俊昌、卫方挺、马兰、徐进、仇千记、张玲、赵越、刘旭东等10名自治区教育教学专家做专题讲座,700名中小学教师参加。

6月30日 共青团中央、教育部、人事部、全国少工委督查组到红寺堡区督查少工委工作。

7月12—19日 教育局组织50周岁以下中小学教师在回民中学进行为期8天的封闭式军训。

8月22日 国家外国专家局中国国际人才交流基金会副主任张映霞一行到红寺堡区调研职业教育发展情况。

9月1日 第三中学正式招生,招收七年级新生1092名,从回民中学划入八年级学生953名(转借读于回民中学),设2个年级、34个教学班,配备107名教师,王晓龙任校长。

9月14日 全国人大常委会副委员长盛华仁,全国人大民族委员会主任委员马启智在自治区党委副书记、政府主席王正伟的陪同下视察红寺堡区学校教育信息化工作。

9月20日 第二中学被吴忠市人民政府授予“名牌学校”称号。

10月11日 吴忠市委副书记、市长吴玉才在红寺堡区委书记徐军的陪同下到第三中学调研。

10月22日 第一小学被中国航空协会命名为“中国航空特色学校”。

11月3日 教育部财务司义保处副处长韩冬升到红寺堡区调研“农村小学生免费午餐工程”试点工作。

11月15日 民建宁夏回族自治区委员会携手新浪网友“农村留守儿童饮用水开发项目”红寺堡区援建启动仪式在回民小学举行。

11月19日 自治区人大常委会副主任冯炯华、自治区人民政府副主席郝林海、自治区政协副主席安纯人带领专家组对红寺堡区基本普及高中阶段教育工作进行评估验收。

11月23日 自治区教育厅教研室主任贺宏伟、副主任许艳萍带领自治区级骨干教师团队一行15人到红寺堡区开展送课活动。

12月5日 自治区教育厅副厅长赵紫霞率专家一行20人,对红寺堡区第一中学创建“自治区普通高中示范学校”工作进行评估验收。

2012年

2月29日 中国青少年发展基金会考察团到红寺堡区考察希望小学校容校貌、周边环境、文化建设、软硬件设施配备以及学生来源等情况。

3月2日 红寺堡区70名小学生收到中央电视台“音乐之声·我要上学”春蕾计划结对帮扶助学金。

3月23日 北方民族大学“红寺堡区大学生思想政治教育暨民族团结进步创建基地”启动仪式在回民小学举行。

是日 北方民族大学援建红寺堡区儿童融合教育中心揭牌仪式在南川乡菊花台阳光家园幼儿园举行。

4月13日 香港盛承慧基金会会长盛承慧在自治区民政厅相关领导的陪同下到红寺堡区考察贫困学生资助情况。

4月25日 自治区人民政府教育督导室专职副主任衡鸣、教育厅高教处处长殷骅一行检查指导红寺堡区教育工作。

5月23日 红寺堡区人民政府与自治区人民政府签订推进义务教育均衡发展目标责任书，确定红寺堡区2015年达到自治区义务教育均衡发展评估指标，并通过自治区人民政府评估验收。

7月8日 第一中学校长杨玉玺离任，校长由教育局副局长锁金银兼任。

是日 自治区教育厅下发文件，正式确认第一中学为“自治区普通高中二级示范学校”。

8月20日 红寺堡镇中心小学从红寺堡镇红海村迁至红关村。

9月2日 燕宝小学正式招生，招收270名学生，设6个年级、6个教学班，配备9名教师，马千里任校长。

9月7日 红寺堡区召开庆祝第28个教师节暨教育表彰大会，90万元专项资金奖励教育教学工作者。

是月 第一中学完成初高中分离，成为红寺堡区唯一一所普通高中学校。

2013年

4月9日　公安部、中央综治委、教育部联合检查组对第二中学、红寺堡镇中心小学、南川奕龙小学、柳泉小学校园安全工作进行督导检查。

4月15日　吴风虎任第一中学校长,米占郡任第一中学党支部书记。

4月27日　自治区人民政府副主席姚爱兴带领自治区教育、交通、食品药监部门负责人,对红寺堡区校园安全管理工作进行调研。

6月4日　自治区人民政府教育督导室专职副主任衡鸣、教育厅民族教育处处长王玉林一行督导红寺堡区教育工作。

7月14日　红寺堡区青少年校外活动中心建成并投入使用。

7月18日　中国空军后勤部原政委、空军青少年航空教育领导小组顾问林红松一行调研红寺堡区青少年航空科技教育工作。

8月19日　第三小学正式招生,招收1429名学生,设6个年级、30个教学班,配备81名教师,李军庆任校长。

8月20日　自治区人民政府副主席姚爱兴带领督查组督查红寺堡区学前教育及小学教育工作。

9月25日　福建省晋江市政协主席周伯恭一行调研红寺堡区教育教学工作。

10月11日　新时代健康产业集团有限公司向宁夏希望工程捐款36万元,援建红寺堡区太阳山镇国珍希望小学(太阳山镇柳泉小学)。

11月8日　教育局聘请山西省太谷县李卫华、武卫红、钱小翔、朱云、吴萍、智美焰6名教育专家对红寺堡区中小学高效课堂建设试点校教师进行业务培训。

12月31日　回民中学被自治区党委、自治区人民政府授予“宁夏回族自治区民族团结进步模范集体”称号。

2014年

1月3日　吴忠市委、市政府授予第二小学“民族团结进步模范集体”称号。

1月10日　中央电视台经济频道记者现场采访红寺堡区农村学生营养改善计划及食品安全保障实施情况。

2月19日 中国青少年发展基金会调研组一行调研红寺堡区青少年科普教育及科技创新工作。

3月11日 孙冲任教育局局长。

3月12日 自治区教育厅厅长郭虎调研红寺堡区教育工作。

4月2日 北京银行总行办公室副主任王耀实地考察红寺堡区“希望小学”项目学校。

5月8日 2014年全国普通高校招生考试安全工作电视电话会议召开，红寺堡区委常委、副区长马维杲及各相关部门负责人在红寺堡区分会场参加会议。

5月23日 民革吴忠市委、吴忠红十字会在沙草墩新一支小学举行“爱心助学”帮扶活动捐助仪式。

6月9日 自治区团委书记马金元在红寺堡区委常委、纪委书记周丽萍陪同下调研红寺堡区学校团建工作。

7月2日 宁夏科技馆、红寺堡区教育局和科协在回民中学举办“中国流动科技馆科普知识竞赛”活动，红寺堡区10所学校的30名中小学生代表参加。

7月8日 吴忠市委常委、副市长康国明带领联合检查组检查红寺堡区校园安全工作。

7月22日 中国台湾真理大学组织志愿者到红寺堡区开展暑期志愿活动。

9月1日 马渠小学正式招生，招收24名学生，设6个年级、6个教学班，配备9名教师，马成祥任校长。

是日 回民中学党支部被自治区教育工委、教育厅党组命名为“全区教育系统第四批党建示范点”。

9月3日 红寺堡区人民政府区长丁建成带领教育、安检、公安等部门检查校园安全工作。

9月9日 红寺堡区召开庆祝第30个教师节暨义务教育均衡发展动员大会，100万元奖励了一批优秀教师、模范班主任、优秀教育工作者和中高考成绩优秀的学校。

9月13日 第一幼儿园正式招生，招收286名幼儿，设8个班，配备32名教职工，王玉芳任园长。

9月15日 柳泉中心幼儿园正式招生，招收187名幼儿，设6个班，配备26名教职工，段惠蓉任园长。

9月24日 自治区教育厅巡视员赵紫霞带领检查组检查红寺堡区秋季开学工作。

10月13日 上海美声服饰辅料有限公司在红寺堡区举行贫困生捐资助学暨绘画比赛。

11月8日 教育局邀请山西省太谷县教育专家到红寺堡区开展高效课堂培训活动。

12月1日 自治区人民政府副主席姚爱兴调研红寺堡区教育改革工作。

2015年

2月1日 红寺堡区人民政府在阶梯教室召开教育工作会议。

2月27日 红寺堡区人民政府区长丁建成调研2015年拟建设教育项目情况。

2月28日 第二幼儿园正式招生,招收269名幼儿,设8个班,配备27名教职工,张调霞任园长。

3月4日 红寺堡区各学校举行纪念学习雷锋52周年活动。

3月26日 自治区教育厅副厅长王建平带领督导组督查红寺堡区义务教育均衡发展工作。

3月28日 第一小学代表红寺堡区参加在青铜峡市举办的第30届宁夏青少年科技创新大赛暨第15届中国青少年机器人(宁夏赛区)竞赛,获得小学组机器人综合技能比赛第一名、第二名和机器人创意比赛二等奖。

4月6日 青年励志演讲家、资深高考心理咨询师邵兆强为红寺堡区高三年级学生做高考励志演讲。

是日 吴忠市人大常委会副主任马银静到红寺堡区调研学前教育工作。

4月10日 宁夏东方盛达管业有限公司“惠萍爱心图书阅览室”捐建仪式在第二小学举行。

4月16日 自治区教育厅副厅长冀永强带领督查组督查红寺堡区学生资助工作。

5月7日 自治区教育厅副厅长撒承贤调研红寺堡区农村学校基础设施建设情况。

5月14日 民革宁夏回族自治区委员会携手宁夏青年社会创新发展中心向

大河第九小学等5所学校捐赠2000双总价值39万元的“汤姆森”牌布鞋。

5月29日 宁夏大唐国际新能源有限公司团委领导到新庄集中心小学慰问“大唐班”学生。

6月6日 宁夏新消息公益中心“助学万里行”活动走进河水小学。

6月16日 红寺堡区人大常委会副主任叶夏调研红寺堡区中小学教育教学及设施配套情况。

6月18日 红寺堡区委常委、宣传部部长郑亚亮带领法院、交通、税务等部门工作人员慰问红寺堡区首届“孝老爱亲好人”——回民中学教师姜宁。

7月2日 由国家民委主办，红寺堡区委、区政府承办的“中华民族一家亲——走进红寺堡”文艺会演在第三中学举行。

8月12日 红寺堡区人民政府在红寺堡区晋江报告厅举行晋江奖学金发放仪式。

8月25日 经教育局申报，宁夏广播电视大学同意，国家开放大学批复设立宁夏广播电视大学红寺堡区电大工作站，为教育局下属事业单位，孙冲为法人，孔德龙任站长。

9月8日 红寺堡区委书记徐军走访慰问红寺堡区退休老教师和特困教师。

是日 自治区教育厅纪检组组长宋志霖一行督查红寺堡区秋季开学学校安全工作。

9月10日 红寺堡区人民政府在阶梯教室召开庆祝第31个教师节暨教育工作表彰大会。

9月17日 上海美声服饰辅料有限公司在红寺堡区举行2015年捐资助学暨绘画比赛颁奖仪式。

10月14日 吴忠市军分区政治部主任穆文瑞一行6人到河水小学开展捐资助学活动，为学生捐赠价值2万余元的学习用品，并为学校捐赠1套校园广播系统和6个档案柜。

是日 吴忠市人民政府教育督导室主任高瞻、副主任黄平先督查红寺堡区义务教育均衡发展工作。

10月15日 自治区教育工委专职副书记赵建峰、党建（组织）部部长孙金忠调研红寺堡区学校基层服务型党组织创建活动。

是日 红寺堡区举行2015年“希望工程”黄河银行助学金发放仪式。

10月16日 宁夏大学团委合作帮扶研究生支教工作座谈会在回民中学召开。

10月28—29日 自治区教育厅对红寺堡区义务教育均衡发展推进工作进行督查。

11月10日 自治区教育厅民族教育处处长王玉林带领调研组调研红寺堡区民族教育工作。

11月13日 “晋江民营企业爱心公益联盟红寺堡区贫困小学课桌椅更新计划”捐赠仪式在东泉小学举行。

11月25日 吴忠市教育系统“学师道、立师德、树师风”巡讲报告会在第三中学举行。

12月9日 自治区教育厅厅长郭虎带领教育厅相关处室负责人调研红寺堡区义务教育均衡发展工作。

12月24日 吴忠市人民政府对红寺堡区义务教育均衡发展工作进行评估验收,26所学校的9项“门槛指标”实现7项以上基本达标,成为红寺堡区首批达标学校。

12月28日 宁夏大学研究生支教团在第三中学开展“彩虹计划”爱心助学活动。

12月31日 经红寺堡区人民政府申请,吴忠市机构编制委员会同意撤销红寺堡区教学研究培训中心,将其职能、人员编制划入红寺堡区教育考试中心,划入后教育考试中心核定全额预算事业编制10人,承担教育教学研究等职能。

2016年

1月18日 教育局党委在教育局三楼会议室召开“三严三实”专题民主生活会,教育局全体干部、各乡镇中心学校、直属学校校(园)长、党支部书记列席。

1月25日 自治区教育厅副厅长、自治区妇儿工委委员王建平,带领自治区评估督导组在红寺堡区人民政府副区长杨爱琴的陪同下对红寺堡区妇女儿童发展规划实施情况进行中期评估。

2月22日 教育局联合公安、市场监督管理等部门对红寺堡区民办教育机构专项整治行动进行复查,对违规办学的5家民办教育机构联合取缔。

2月26日 教育局党委组织召开教育系统党风廉政建设专题会议，通过了《红寺堡区教育系统“13521”权力公开透明运行监督机制“五步监督法”实施方案（试行）》，安排部署2016年党风廉政建设工作。

3月2日 红寺堡区人民政府区长谭兴玲、副区长杨爱琴率财政局、人社局、交通局等单位负责人在教育局局长孙冲的陪同下，调研第二中学、第二小学、富康小学教育教学工作。

3月4日 教育局局长孙冲深入城区第一中学、第三中学、回民中学、第一幼儿园调研，详细了解初级中学“控辍保学”工作、三所中学中考备考工作和学前教育管理工作。

3月5日 教育局组成检查组，对21所民办幼儿园进行年检。

3月6日 吴忠市教育局学生科、财务科一行4人深入红寺堡区工业园区学生营养餐加工点、红寺堡镇中心小学检查指导营养改善计划实施工作。

3月7—9日 国家教育行政学院于维涛一行6人在红寺堡区开展“国培计划——培育性示范县（区）项目”调研工作。

4月19日 初三年级学科教学研讨活动分别在回民中学、第二中学、第三中学开展，自治区教研室相关学科教研员现场指导。

4月20日 红寺堡区人民政府副区长杨爱琴在教育局局长孙冲的陪同下深入三所初级中学，慰问备战中考的九年级教师。

4月25日 教育局党委组织召开红寺堡区教育系统“两学一做”学习教育启动暨“解放思想、担当作为、创新发展”大讨论活动动员部署会。

4月26日 财政部副部长余蔚平一行到玉池小学、富康小学、旧城小学调研教育工作。

4月27日 教育局召开专题会议研究《红寺堡区乡村教师扶持计划》。

6月1日 自治区党委书记李建华慰问大河第九小学师生。

6月12日 教育局召开会议，研究第四中学招生、人员编制等开学相关事宜。

6月15日 第三小学通过自治区“百标工程”项目评估验收。

6月24日 教育局召开“国培计划”置换脱产研修培训动员会，60名参加置换脱产研修培训的中小学、幼儿园教师参加会议。

7月3日 教育局召开专题会议研究2016年红寺堡区小学升初中划片招生工作。

7月5日 北京市教委一行9人在自治区教育厅财务处任保辉的陪同下深入红寺堡区工业园区和新庄集乡学生营养餐加工点实地考察。

7月16日 西安外国语大学东方语言文化学院“心语东愿”暑期社会实践团“2016年暑期宁夏支教开学典礼”在柳泉中心小学举行。

9月1日 马渠小学由新庄集所属小学归为教育局直属小学。

9月2日 第四中学正式招生,招收七年级1290名学生,设24个教学班,配备68名教师,齐刚任校长。

9月9日 红寺堡区人民政府召开第32个教师节表彰大会,表彰奖励了24个先进集体和152个先进个人。

是日 红寺堡区“四套班子”领导对红寺堡区优秀教师、困难教师、退休教师、大病教师共52名教师进行慰问。

10月15日 红寺堡区代表队参加在宁夏科技馆举办的宁夏首届青少年科学节暨全区青少年科技体育竞赛活动,取得六金二银二铜的成绩。

11月16日 教育局首次组织教育系统382名45岁以上在编在岗教职工进行免费健康检查活动,体检项目包括血常规、尿常规、心电图、胸部X线片、肝肾功能、腹部B超等。

12月8日 “启明公益基金会”为第四中学捐助价值10万元的图书。

12月20日 民生银行银川分行为红寺堡区3所学校捐赠课桌凳200套、体育器材2套。

2017年

1月2日 红寺堡区人民政府区长谭兴玲调研红寺堡区职业教育中心项目建设推进情况。

1月19日 杨金花任教育局党委书记、局长。

1月25日 教育局党委书记、局长杨金花率班子成员和相关股室人员对各学校寒假安全工作进行督查,现场下发限期整改通知书12份,督办整改销号一般隐患6项。

2月6日 教育局组织召开全体干部大会,传达学习全国教育工作会议精神、自治区人民政府副主席姚爱兴在2017年全区教育工作会议上的讲话精神和

《自治区教育厅2017年工作要点》,并对2017年春季开学前各项准备工作进行安排部署。

2月14日 教育局在第三中学举办教育系统领导干部学习班,深入学习全国、自治区教育工作会议精神以及自治区人民政府副主席姚爱兴在教育工作会议讲话精神、自治区教育厅2017年工作要点,讨论2017年红寺堡区教育工作要点和各项规章制度。

2月17日 自治区人民政府副主席姚爱兴调研红寺堡区新改扩建幼儿园、职业教育中心筹备项目,指出要预留民生项目建设空间,加快建设进度,打造精品工程,突出教学实训一体化特点,建好、管好、用好民生项目。

2月22日 教育局对辖区内直属学校、乡镇中心学校,偏远山村学校及幼儿园进行开学专项督导检查,重点检查开学条件保障、开学教育活动、校园安全稳定、教师队伍建设以及规范办学等工作。

3月10日 红寺堡区2015—2016年度"一师一优课,一课一名师"总结表彰及2016—2017年度启动会在第三中学召开,表彰了110节县级优课、24节市级优课、14节自治区级优课、8节部级优课的获奖教师。

3月14日 红寺堡区"教育扶贫基金"成立暨发放仪式在阶梯教室举行,红寺堡区财政筹措130万元,扶贫办筹措500万元,在整合雨露计划、燕宝基金、壹基金等的基础上,号召宁夏嘉泽集团等21家企业及个人奉献爱心筹集资金1000万元。

是日 红寺堡区"教育扶贫基金"首批共资助学生6223名,发放基金1593.6万元。

3月21日 民革吴忠市委员会、明日之星教育基金会、北京人人通公司联合开展的"助力教育信息化"精准扶贫活动捐赠仪式在柳泉中心小学举行,捐赠物资总计40万元。

3月24—25日 吴忠市人民政府教育督导室主任高瞻一行20人,对红寺堡区义务教育发展基本均衡工作进行市级评估,第二批确定的30所学校全部顺利通过验收。

3月27日 自治区教育厅巡视员董宏伟调研红寺堡区教育系统精准扶贫工作。

3月28日 教育局组织辖区中小学校(园)长、分管副校(园)长60余人在新庄集中心学校现场观摩,交流校园安全管理工作经验。

3月30日 教育局组织辖区28所幼儿园园长、60余名幼儿骨干教师在第一幼儿园等6所幼儿园进行观摩学习。

4月1日 教育局局长杨金花率队深入红寺堡区4所中学，针对教育系统重点开展的学校食堂食品、防溺水、防校园欺凌、防踩踏等8个安全专项整治自查自纠工作落实情况进行全面督查。

4月19日 红寺堡区教育局、团委举办“青年之声2017年少先队辅导员暨少先队活动课程”培训会。

5月12日 第三中学被自治区教育厅确定为“国培示范学校”。

5月17日 六盘山圆梦爱心服务中心、深圳吴忠市花样盛年慈善基金会、宁夏国土资源地理信息中心、宁夏基础测绘院联合开展的“为梦想助跑，助力脱贫攻坚”爱心活动走进羊坊滩小学，为该校232名学生每人捐赠运动鞋一双。

5月23日 吴忠市教育精准扶贫现场观摩会在红寺堡区晋江报告厅召开，会议总结交流教育精准扶贫工作的经验与做法。

5月25日 由自治区文明办、宁夏六盘山圆梦爱心服务中心联合举办的“六一儿童节爱心鞋”捐赠仪式在高口小学举行。

5月26日 自治区民政厅副厅长余瑞东带领部分社会组织到红寺堡区开展捐资助学活动。

5月31日 自治区党委副书记、政府主席咸辉一行在吴忠市委书记沈左权、自治区教育厅工委、党组书记房全忠的陪同下到柳泉中心小学慰问少年儿童。

6月5日 吴忠市人大常委会副主任马银静带领吴忠市部分人大常委会委员、人大代表调研红寺堡区教师队伍建设情况。

6月13日 吴忠市教育局督查组督查红寺堡区学校安全、中考报名、民族团结教育等工作。

7月1日 吴忠市委常委、副市长廖允成到新庄集乡中心小学为全体师生上党课。

8月3日 红寺堡区委书记丁建成带领发改、财政、人社、乡镇等部门负责人调研教育工作。

8月23日 自治区教育厅副厅长张治荣调研红寺堡区“控辍保学”和职业教育中心项目建设工作。

9月6日 红寺堡区委书记丁建成、区人大常委会主任马鑫、区长谭兴玲、区政协主席蔺保飞慰问部分优秀教师代表。

9月10日 红寺堡区庆祝第33个教师节暨"喜迎十九大 共赴新征程"文艺会演活动在阶梯教室举行。

9月12日 由国家民委牵头组织的12个中央国家机关单位的青年干部一行19人，在红寺堡区统战部副部长、民族宗教事务局局长李成新，教育局局长杨金花的陪同下，到回民中学开展"中央国家机关'根在基层'调研实践活动"，指导民族团结进步创建工作。

9月18日 红寺堡区职业教育中心正式筹备，杨金花任筹备组组长，马靖平、米占郡任筹备组副组长。

是日 教育局将电大工作站划归红寺堡区职业教育中心托管。

10月18日 自治区教育厅督查组对红寺堡区推进义务教育均衡发展工作进行年度第二轮督导检查。

是日 自治区教育厅厅长郭虎在红寺堡区委书记丁建成、教育局局长杨金花的陪同下调研红寺堡区义务教育均衡发展情况。

10月19日 自治区教育厅厅长郭虎调研红寺堡区教育工作，吴忠市副市长王慧仙、市教育局局长周少云、红寺堡区委书记丁建成陪同调研。

10月26日 第二届青少年视力健康工程捐赠仪式在第二中学举行，上海意康眼镜有限公司和红寺堡区康明眼镜店向贫困学生共捐赠了2680副总价值82.77万元的健力宝学生健康品牌树脂镜片和眼镜架。

11月5日 教育局从吴忠南路(燕然路)245号迁至金水街8号。

11月6日 上海市人大常委会专职常委、民革上海市委专职副主委董波到红崖小学出席"博爱图书，十年百馆"捐赠仪式。

11月13日 吴忠市人大常委会副主任马银静、副市长王慧仙、政协副主席曹玉华带领专家组对红寺堡区义务教育均衡发展工作进行终期评估复核。

11月27日 经吴忠市2017年第二次编制委员会会议研究决定，红寺堡区人民政府教育督导室并入红寺堡区教育局，在教育局挂督导室牌子，政府事业单位不再保留。

12月7日 自治区人民政府验收红寺堡区推进义务教育均衡发展工作。

12月8日 吴忠市人民政府市长喜清江调研红寺堡区教育工作。

2018年

1月16日 第四中学被教育部认定为第二批全国中小学中华优秀文化艺术传承学校。

1月24日 教育局在五楼会议室召开2017年度局机关及各学校党支部书记、校长述职述廉评议大会。

2月12日 教育局组织机关书法爱好者深入帮扶村——新庄集乡杨柳村开展“迎新春送祝福,助力精准扶贫”送春联活动,共送出春联300多副。

3月5日 自治区检察院干部处处长周丽萍一行36人向乌沙塘小学91名学生赠送书包和文具。

3月12日 自治区党委常委、宣传部部长赵永清到第三中学调研义务教育均衡发展情况。

3月31日 教育局组织辖区中小学、幼儿园校(园)长进行《学校卫生工作条例》《学校和托幼机构传染病疫情报告工作规范(试行)》《增强法律意识杜绝“虐童”事件》培训。

4月18日 自治区教育厅厅长李秋玲在红寺堡区委常委赵彦林、副区长苏达志的陪同下先后深入红寺堡区职业教育中心(在建)、第四幼儿园(在建)、乌沙塘小学、第三中学调研。

5月12日 教育局邀请杨玉英等5名吴忠市家庭教育高级讲师,在各中小学开展“新时代新家风,幸福家庭教育”宣讲活动。

5月29日 红寺堡区委书记丁建成在教育局局长杨金花的陪同下调研第四中学党建工作。

5月31日 教育局举办庆六一表彰暨文艺会演活动,表彰了10个德育工作先进集体、38名德育工作先进个人、20名优秀班主任、193名三好学生和10名“新时代好少年”。

8月26日 红寺堡区职业教育中心更名为红寺堡区职业技术学校。

8月28日 自治区教育厅督查组督查红寺堡区推进义务教育均衡发展迎接国家验收准备情况。

9月1日 第四小学正式招生,招收1576名学生,设6个年级、30个教学班,配备82名教师，杨芳任校长。

9月8日 红寺堡区人民政府区长谭兴玲到回民中学调研义务教育均衡发展迎接国家验收准备工作。

9月10日 红寺堡区职业技术学校正式招生，招收计算机应用、电子商务、汽车运用与维修、机电技术应用4个专业共308名学生，配备38名教师，米占郡任校长。

9月14日 国家督学、重庆工程职业技术学院原党委书记张亚杭率国家义务教育均衡发展督导检查组，在自治区教育厅副巡视员董宏伟、发展规划处处长马丽及吴忠市、红寺堡区各级领导的陪同下，对红寺堡区义务教育基本均衡发展工作进行督导检查和评估验收。

9月16日 国家教育督导检查组组长、江苏省政协副主席、国家督学胡金波在宁夏县域义务教育基本均衡发展国家督导检查反馈会上宣布：宁夏回族自治区所有县（市、区）均达到国家规定的义务教育基本均衡评估认定标准，标志着红寺堡区顺利通过国家义务教育基本均衡验收。

10月26日 红寺堡区第五届中小学生阳光体育运动会在第三中学开幕。

11月30日 教育局召开教育系统法治宣传教育培训会，校园安全管理专家、管理学博士尤学文教授和红寺堡区司法局普法办法律援助律师李韵芳应邀授课。

12月12日 吴忠市教育局对申报吴忠市级特色学校的第四中学、燕宝小学进行评估验收。

第一章　党的建设

教育事业是中国特色社会主义事业的重要组成部分，办好人民满意的教育，做好教育教学工作，加强党的领导是根本保证。红寺堡教育行政机构成立以后，始终坚持把党的建设摆在首位，推进全面从严治党向纵深发展，党的建设质量不断提高，机构不断健全，队伍不断壮大，党领导下的群团组织作用逐步发挥，通过开展丰富多彩的党建活动，提升党组织的向心力和凝聚力，学校基层组织的战斗堡垒作用和党员教师先锋模范作用日益增强，政治建设的灵魂和统领作用愈益凸显，以党建为引领开创了红寺堡教育事业发展新局面。

第一节　组织机构

一、党总支/党委

红寺堡教育行政党组织先后经历了三个阶段的更易。2002年1月，教育文体广播电视局成立，6月，为加强基层党的建设，红寺堡开发区工委批准成立教育文体广电局党总支。2005年，党总支下辖局机关、红寺堡中学、第二中学、红寺堡小学、第二小学5个党支部，共有党员88人。2005年12月30日，教育体育局党总支成立。2006年3月，开发区工委批准成立中共红寺堡开发区教育体育局委员会。2007年9月，乡镇中心学校党支部由所属乡镇党委归口教育体育局党委管理，下辖党支部由2005年的5个扩至9个，党员人数达201人。

2008年2月28日，教育体育局党委召开第一届党员代表大会，选举产生了第一届党委领导班子，李荣国当选党委书记。

2009年10月，红寺堡区设立，红寺堡开发区教育体育局更名为吴忠市红寺堡区教育局，因机构过渡，教育行政机构党组织的变更未得到上级党组织的明确批示，吴忠市编办也未核定其领导职位，其职能由原教育体育局党委班子履行。

2015年7月，经红寺堡区委批准，中共吴忠市红寺堡区教育局委员会召开第一届党员代表大会，选举产生第一届教育局党委领导班子，孙冲当选党委书记。

2017年1月，杨金花任教育局党委书记。截至2018年年底，教育局党委下辖21个党支部，共有中共正式党员612人。

2003—2018年红寺堡教育系统行政党组织更易情况表

表1-1

<table>
<tr><th>组织名称</th><th>名称时限</th><th>历任书记及任职年限</th><th>历任委员及任职年限</th></tr>
<tr><td>红寺堡开发区教育文体广播电视局党总支</td><td>2003年10月—2005年12月</td><td>黎晓芳
（2003年10月—2005年12月）</td><td rowspan="2">黎晓芳（2003年10月—2005年12月）
杨进才（2006年1月—2006年3月）
张伏荣（2003年3月—2005年12月）
周　刚（2003年5月—2005年12月）</td></tr>
<tr><td>红寺堡开发区教育体育局党总支</td><td>2006年1月—2006年3月</td><td>杨进才
（2006年1月—2006年3月）</td></tr>
<tr><td>红寺堡开发区教育体育局党委</td><td>2006年3月—2009年9月</td><td>苏宗荣
（2006年3月—2007年5月）
李荣国
（2007年5月—2009年9月）</td><td rowspan="2">李荣国（2007年5月—2009年9月）
苏宗荣（2008年2月—2009年9月）
杨金花（2008年2月—2009年9月）
伏建军（2008年2月—2018年12月）
杨玉玺（2008年2月—2012年7月）
孔德龙（2008年2月—2015年6月）
吴风虎（2008年2月—2018年12月）
孙　冲（2015年7月—2017年1月）
锁金银（2015年7月—2017年10月）
张学仁（2015年7月—2018年12月）
吴亚莉（2015年7月—2018年12月）
马兴伟（2015年7月—2018年12月）
杨金花（2017年1月— ）
冯进海（2018年2月— ）</td></tr>
<tr><td>红寺堡区教育局党委</td><td>2009年10月</td><td>李荣国
（2009年10月—2014年8月）
孙　冲
（2015年7月—2017年1月）
杨金花
（2017年1月—）</td></tr>
</table>

1998—2018年红寺堡教育系统党组织基本情况表

表1-2

年度	教育行政机构党组织下辖党支部数（个）	党小组数（个）	正式党员数（人）	预备党员数（人）
1998	—	—	—	—
1999	—	—	—	—
2000	—	—	11	—
2001	—	—	21	—
2002		—	42	—
2003	3	—	50	—
2004	5	5	77	2

续表1-2

年度	教育行政机构党组织下辖党支部数(个)	党小组数(个)	正式党员数(人)	预备党员数(人)
2005	5	5	88	4
2006	5	11	94	1
2007	9	15	201	4
2008	9	15	236	6
2009	10	33	302	8
2010	10	33	299	6
2011	10	33	306	9
2012	10	33	317	16
2013	12	36	362	5
2014	16	41	403	7
2015	16	41	425	12
2016	17	44	474	10
2017	18	52	501	9
2018	21	60	612	4

说明:2007年以前,红寺堡镇、太阳山镇、新庄集乡、大河乡中心学校党支部隶属各乡镇党委管理,2007年9月将以上4个乡镇中心学校党支部归口教育体育局党委管理

2003—2018年部分年份红寺堡教育系统中共党员数量表

表1-3　　单位:人

序号	党支部名称	2003年	2005年	2007年	2009年	2014年	2018年
1	局机关党支部	8	16	18	24	31	39
2	职业技术学校党支部	—	—	—	—	—	19
3	第一中学党支部	29	19	26	42	46	69
4	第二中学党支部	—	19	18	30	39	45
5	第三中学党支部	—	—	—	—	43	68
6	第四中学党支部	—	—	—	—	—	44
7	回民中学党支部	—	—	—	42	46	58
8	第一小学党支部	13	14	21	25	16	17
9	第二小学党支部	—	20	20	20	21	21
10	第三小学党支部	—	—	—	—	18	18
11	第四小学党支部	—	—	—	—	—	7
12	燕宝小学党支部	—	—	—	—	7	14
13	回民小学党支部	—	—	—	—	13	19

续表 1-3

序号	党支部名称	2003年	2005年	2007年	2009年	2014年	2018年
14	马渠小学党支部	—	—	—	—	—	5
15	红寺堡镇中心学校党支部	—	—	32	39	29	46
16	太阳山镇中心学校党支部	—	—	—	—	—	10
17	大河乡中心学校党支部	—	—	25	25	24	34
18	柳泉乡中心学校党支部	—	—	25	38	38	36
19	新庄集乡中心学校党支部	—	—	16	17	26	36
20	第一幼儿园党支部	—	—	—	—	3	3
21	第二幼儿园党支部	—	—	—	—	3	4
合计		50	88	201	302	403	612

说明:此表的中共党员数量不包括中共预备党员和入党积极分子

二、党的纪律检查委员会

2008年2月28日，教育体育局党委召开第一届党员代表大会，选举产生了第一届党委纪律检查委员会，杨金花当选纪委书记。2009年10月30日，吴忠市红寺堡区教育局成立，由于职数问题，未成立新一届党委纪律检查委员会。2015年7月，教育局第一届党员代表大会召开，选举产生教育局党委第一届纪律检查委员会，伏建军当选纪委书记。

2008—2017年红寺堡教育行政机构党组织纪委历任书记、委员任职情况表

表 1-4

组织	姓名	职务	任职时间	行政职务
教育体育局第一届党委纪委	杨金花	纪委书记	2008年2月—2009年12月	副局长
	高俊新	纪委委员	2008年2月—2012年1月	督导室主任
	马永建	纪委委员	2008年2月—2012年1月	人事职改办主任
教育局第一届党委纪委	伏建军	纪委书记	2015年7月—2017年2月	政府教育督导室主任
	吴亚莉	纪委委员	2015年7月—2017年10月	纪检室主任
	肖建军	纪委委员	2015年7月—2017年10月	财务室干事

三、基层党组织

2000—2018年红寺堡教育系统基层党组织成立情况表

表1-5

序号	党支部名称	成立时间	隶属上级党组织	第一任支部书记	成立时党员数量（人）
1	大河中心学校党支部	2000年7月	大河开发区党工委	马成云	9
2	柳泉中心学校党支部	2001年10月	沙泉开发区党工委	朱世君	13
3	新庄集中心小学党支部	2002年4月	新庄集乡党委	马成虎	13
4	红寺堡中心学校党支部	2002年10月	红寺堡镇党委	马永建	16
5	局机关党支部	2003年10月	教育文体广电局党总支	王忠文	8
6	第一小学党支部	2003年10月	教育文体广电局党总支	高俊新	13
7	第一中学党支部	2003年10月	教育文体广电局党总支	吴风虎	29
8	第二小学党支部	2004年9月	教育文体广电局党总支	赵　祥	20
9	第二中学党支部	2004年10月	教育文体广电局党总支	吴风虎	15
10	回民中学党支部	2009年9月	教育体育局党委	吴风虎	42
11	第三中学党支部	2013年9月	教育局党委	王晓龙	36
12	第三小学党支部	2013年9月	教育局党委	田进万	17
13	第一幼儿园党支部	2014年9月	教育局党委	董晓丽	3
14	第二幼儿园党支部	2014年9月	教育局党委	徐　芳	3
15	燕宝小学党支部	2014年10月	教育局党委	车燕飞	7
16	回民小学党支部	2014年10月	教育局党委	马天宏	13
17	第四中学党支部	2016年9月	教育局党委	金忠礼	19
18	马渠小学党支部	2017年10月	教育局党委	李志荣	5
19	太阳山中心学校党支部	2018年4月	教育局党委	张树俭	11
20	职业技术学校党支部	2018年9月	教育局党委	米占郡	19
21	第四小学党支部	2018年10月	教育局党委	任世伟	7

说明：此表的中共党员数量包括预备党员人数

红寺堡教育系统基层党组织名称变更情况表

表1-6

序号	现党支部名称	成立时名称及时间	成立时隶属上级党组织名称	变更后名称及时间	变更后隶属上级党组织名称	变更缘由
1	教育局机关党支部	教育文体广电局机关党支部2003年10月	教育文体广电局党总支	教育体育局机关党支部、2006年7月	教育体育局党委	机构调整更名
				教育局机关党支部、2009年10月	教育局党委	

续表1-6

<table>
<tr><th>序号</th><th>现党支部名称</th><th>成立时名称及时间</th><th>成立时隶属上级党组织名称</th><th>变更后名称及时间</th><th>变更后隶属上级党组织名称</th><th>变更缘由</th></tr>
<tr><td>2</td><td>红寺堡中心学校党支部</td><td>红寺堡镇教育党支部2002年10月</td><td>红寺堡镇党委</td><td>红寺堡镇中心学校党支部、2003年9月</td><td>红寺堡镇党委</td><td>乡镇学校更名</td></tr>
<tr><td rowspan="3">3</td><td rowspan="3">柳泉中心学校党支部</td><td rowspan="3">沙泉学区党支部2001年1月</td><td rowspan="3">沙泉开发区党工委</td><td>沙泉乡中心学校党支部、2003年9月</td><td>沙泉乡党委</td><td>乡镇学校更名</td></tr>
<tr><td>太阳山镇中心学校党支部、2004年9月</td><td>太阳山镇沙泉办事处党总支</td><td rowspan="2">行政区划调整</td></tr>
<tr><td>柳泉中心学校党支部、2014年10月</td><td>教育局党委</td></tr>
<tr><td rowspan="2">4</td><td rowspan="2">新庄集中心学校党支部</td><td rowspan="2">新庄集学区党支部2002年4月</td><td rowspan="2">新庄集乡党委</td><td>南川乡中心学校党支部、2003年8月</td><td>南川乡党委</td><td>行政区划调整</td></tr>
<tr><td>新庄集中心学校党支部、2014年10月</td><td>教育局党委</td><td>行政区划调整</td></tr>
<tr><td>5</td><td>大河中心学校党支部</td><td>大河学区党支部2000年9月</td><td>大河开发区党工委</td><td>大河教育领导小组党支部、2001年9月</td><td>大河乡党委</td><td>乡镇教育机构设立</td></tr>
<tr><td>6</td><td>红寺堡区第一中学党支部</td><td>红寺堡中学党支部2003年10月</td><td>教育文体广电局党总支</td><td>红寺堡区第一中学党支部、2011年6月</td><td>教育局党委</td><td>学校更名</td></tr>
<tr><td>7</td><td></td><td>买河学区党支部2001年1月</td><td>买河开发区党工委</td><td>2003年8月撤销</td><td></td><td>撤乡并镇</td></tr>
<tr><td>8</td><td></td><td>白墩乡教育党支部2002年10月</td><td>白墩乡党委</td><td>2003年8月撤销</td><td></td><td>撤乡并镇</td></tr>
<tr><td>9</td><td></td><td>石炭沟学区党支部2002年10月</td><td>石炭沟开发区党委</td><td>2005年12月撤销</td><td></td><td>撤并</td></tr>
</table>

2003—2018年红寺堡教育系统基层党组织历任书记、委员一览表

表1-7

<table>
<tr><th>党支部名称</th><th>历任书记及时限</th><th>历任委员及时限</th></tr>
<tr><td>局机关党支部</td><td>孙　冲(2003年12月—2004年2月)
王忠文(2005年6月—2007年8月)
马靖平(2007年9月—2013年4月)
马兴伟(2013年5月—2016年7月)
朱世君(2016年8月—2018年2月)
杨菊花(2018年2月—)</td><td>孔德龙(2003年10月—2016年7月)
田进万(2003年10月—2007年7月)
叶占林(2007年8月—2016年7月)
马永建(2007年8月—2013年5月)
黑正苍(2013年6月—2016年7月)
党立军(2013年6月—2016年7月)
杨菊花(2016年8月—)
张海丰(2016年8月—2018年3月)
卢雪琴(2016年8月—2018年3月)
王国强(2016年8月—)
党晓斌(2016年8月—2018年8月)
金光耀(2018年3月—)
李如峰(2016年3月—)</td></tr>
<tr><td>职业技术学校党支部</td><td>米占郡(2018年9月—)</td><td>米占郡(2018年9月—)
杨　芳(2018年9月—)
胡彦俊(2018年9月—)
黑正仓(2018年9月—)
马　冬(2018年9月—)</td></tr>
</table>

续表1-7

党支部名称	历任书记及时限	历任委员及时限
第一中学党支部	吴风虎(2003年12月—2005年5月) 杜宏宇(2004年9月—2013年3月) 米占郡(2013年4月—2017年9月) 吴亚莉(2017年10月—2018年3月) 王晓龙(2018年4月—)	金光耀(2007年9月—2013年3月) 魏月英(2007年9月—2017年9月) 杨玉玺(2007年9月—2013年3月) 马泽明(2004年9月—2017年9月) 马志会(2013年3月—2017年9月) 吴风虎(2013年3月—2017年9月) 王晓龙(2017年9月—) 吴亚莉(2017年9月—) 张小龙(2018年4月—) 张克卿(2018年4月—) 葸天霆(2018年4月—)
第二中学党支部	吴风虎(2005年5月—2006年7月) 张治乾(2006年8月—2012年8月) 田进福(2012年9月—2015年8月) 李军庆(2015年9月—2016年8月) 宁林平(2016年9月—2018年3月) 金忠礼(2018年4月—)	杨菊花(2004年10月—2009年8月) 马　炜(2004年10月—2013年8月) 贾正龙(2004年10月—2011年8月) 马正虎(2009年9月—)
第三中学党支部	王晓龙(2013年9月—2015年8月) 李学宝(2015年9月—2017年9月) 郭一鸣(2017年10月—2018年3月) 马泽明(2018年4月—)	王晓龙(2013年9月—2015年8月) 马晓岚(2013年9月—2017年9月) 孔进生(2013年9月—2015年8月) 王东华(2013年9月—2015年8月) 贾正龙(2015年9月—) 马继平(2015年9月—) 张旭斌(2017年10月—) 马泽明(2017年10月—) 郭一鸣(2017年10月—)
第四中学党支部	金忠礼(2016年9月—2017年9月) 马兴伟(2017年10月—2018年9月) 郑会平(2018年10月—)	张旭升(2016年9月—) 郑会平(2016年9月—) 赵宏存(2017年10月—) 马明虎(2018年10月—) 母养省(2018年10月—)
回民中学党支部	杨菊花(2009年9月—2015年8月) 田进福(2015年9月—)	吴风虎(2009年9月—2013年3月) 张旭升(2009年9月—2013年3月) 马晓峰(2009年9月—2013年3月) 关存芳(2009年9月—2015年8月) 任世伟(2013年4月—2015年8月) 张秉政(2013年4月—2015年8月) 金忠礼(2013年4月—2015年8月) 李广奇(2015年9月—) 路亚媛(2015年9月—) 马　燕(2015年9月—) 张晓荣(2015年9月—)
第一小学党支部	高俊新(2003年12月—2005年2月) 王耀斌(2005年1月—2007年7月) 李军庆(2007年8月—2013年2月) 赵吉玲(2013年3月—2017年9月) 牛晓霞(2017年10月—2018年3月) 柯　强(2018年4月—)	贺秀凤(2004年2月—2013年8月) 马天宏(2005年9月—2007年8月) 惠　楠(2005年9月—2007年8月) 田进万(2007年9月—2013年3月) 魏　丹(2007年9月—2013年3月) 赵吉玲(2007年9月—2017年9月) 石玉琴(2013年4月—2014年9月) 韩建荣(2013年4月—2014年9月) 施兴明(2013年4月—) 肖　伟(2013年4月—2017年9月) 马　炜(2014年10月—2017年9月) 海　舸(2014年10月—2017年9月) 牛晓霞(2017年9月—) 田　海(2017年9月—) 张露露(2017年9月—)

续表1-7

党支部名称	历任书记及时限	历任委员及时限
第二小学党支部	赵　祥（2005年5月—2008年8月） 贾庭洲（2008年9月—2010年8月） 马　龙（2010年9月—2012年2月） 刘新巧（2013年6月—2018年3月） 马　炜（2018年4月— ）	马　龙（2004年9月—2013年5月） 冯　娜（2004年9月—2010年8月） 张成裕（2004年9月—2013年5月） 海　舸（2008年9月—2010年8月） 段惠蓉（2008年9月—2010年8月） 牛晓霞（2010年9月—2013年8月） 黄静雯（2010年9月— ） 冯　娜（2013年5月— ） 强巧霞（2013年5月—2018年3月） 韩　庆（2013年5月—2018年3月） 丁玉才（2018年4月— ） 刘新巧（2013年6月— ）
第三小学党支部	田进万（2013年9月—2017年9月） 南治广（2017年10月— ）	冯　娜（2013年9月—2016年8月） 张步科（2013年9月— ） 张海丰（2013年9月—2016年8月） 惠　楠（2016年9月—2017年8月） 张德勋（2016年9月—2017年8月） 冯军龙（2016年9月—2017年8月） 王　莹（2017年9月—2018年9月） 齐文芳（2017年9月— ） 赵国强（2018年11月— ）
第四小学党支部	任世伟（2018年10月— ）	焦小玲（2018年10月— ） 韩建荣（2018年10月— ） 任世伟（2018年10月— ）
燕宝小学党支部	车燕飞（2014年10月—2017年9月） 王　铭（2017年10月— ）	赵国强（2014年10月—2018年10月） 马　婷（2014年10月— ） 伍平芳（2017年10月— ） 刘梦周（2017年10月— ）
回民小学党支部	马天宏（2014年10月—2015年8月） 南治广（2015年9月—2017年8月） 田进万（2017年9月—2018年3月） 车燕飞（2018年4月— ）	李　艳（2014年10月—2017年9月） 田　瑞（2014年10月—2018年3月） 田仲国（2014年10月—2015年8月） 马天宏（2014年10月—2017年9月） 金　毅（2015年10月— ） 田进万（2017年10月— ） 车燕飞（2017年10月— ） 谢得本（2018年4月— ） 王维宏（2018年4月— ）
马渠小学党支部	李志荣（2017年10月—2018年9月） 张聪林（2018年10月— ）	
红寺堡中心学校党支部	马永建（2002年10月—2004年12月） 马靖平（2005年1月—2007年8月） 宋兴珍（2007年9月—2012年1月） 任世伟（2012年2月—2013年3月） 张　龙（2013年4月—2018年9月） 马天宏（2018年10月— ）	马汉成（2002年10月—2007年8月） 李娟峰（2002年10月—2007年8月） 赵　祥（2002年10月—2004年8月） 雷爱红（2007年9月—2012年1月） 刘　刚（2007年9月—2012年1月） 毛晓东（2007年9月—2012年1月） 马金凤（2012年2月— ） 兰保学（2012年2月— ） 赵　祥（2013年3月—2017年9月） 王耀斌（2013年3月— ） 宁林平（2018年10月— ）

续表 1-7

党支部名称	历任书记及时限	历任委员及时限
太阳山中心学校党支部	张树俭（2018 年 3 月— ）	张治国（2018 年 3 月— ） 孙　婷（2018 年 3 月— ） 贺彦文（2018 年 3 月— ） 马　鹏（2018 年 3 月— ）
大河中心学校党支部	马成云（2000 年 9 月—2015 年 8 月） 田仲国（2015 年 9 月—2018 年 3 月） 马千里（2018 年 4 月— ）	高俊新（2000 年 7 月—2001 年 7 月） 杨志贵（2000 年 7 月—2001 年 7 月） 张志斌（2001 年 8 月—2015 年 7 月） 马靖平（2001 年 8 月—2004 年 12 月） 李正龙（2003 年 8 月—2018 年 3 月） 徐占堂（2005 年 8 月—2010 年 7 月） 孔进生（2010 年 8 月—2012 年 7 月） 丁玉才（2010 年 8 月—2012 年 7 月） 赵　彤（2010 年 8 月—2012 年 7 月） 李廷辅（2010 年 8 月— ） 马兴中（2012 年 8 月—2014 年 8 月） 南治广（2012 年 8 月—2015 年 8 月） 马千里（2014 年 8 月— ） 杨强霞（2015 年 8 月—2018 年 3 月） 李志忠（2018 年 4 月— ） 马　越（2018 年 4 月— ） 周金林（2018 年 4 月— ）
柳泉中心学校党支部	朱世君（2001 年 10 月—2014 年 1 月） 糟成荣（2014 年 2 月—2018 年 3 月） 马　龙（2018 年 3 月— ）	朱世君（2001 年 10 月—2014 年 1 月） 糟成荣（2001 年 10 月—2018 年 9 月） 孔德龙（2001 年 10 月—2004 年 8 月） 白天祥（2003 年 9 月—2014 年 1 月） 马建学（2004 年 9 月— ） 马　龙（2014 年 2 月— ） 涂志刚（2014 年 2 月— ） 段惠蓉（2014 年 2 月— ） 王文艳（2018 年 11 月— ）
新庄集中心学校党支部	马成虎（2002 年 4 月—2003 年 8 月） 马兴中（2003 年 9 月—2012 年 1 月） 宋兴珍（2012 年 2 月—2013 年 5 月） 马兴中（2013 年 5 月—2018 年 10 月） 唐文忠（2018 年 11 月— ）	张自英（2002 年 4 月—2003 年 8 月） 肖建军（2003 年 9 月—2012 年 1 月） 宋兴珍（2003 年 9 月—2007 年 8 月） 张金海（2003 年 9 月—2012 年 1 月） 张聪林（2012 年 1 月—2018 年 10 月） 杨国成（2012 年 1 月—2015 年 12 月） 马　龙（2012 年 1 月—2014 年 1 月） 丁玉才（2013 年 5 月—2017 年 8 月） 马汉兰（2017 年 9 月—2018 年 8 月） 张　平（2017 年 9 月— ） 孔鹏程（2018 年 11 月— ） 李志荣（2018 年 11 月— ） 党晓斌（2018 年 11 月— ）
第一幼儿园党支部	董晓丽（2014 年 9 月—2016 年 9 月） 王忠文（2018 年 9 月— ）	
第二幼儿园党支部	徐　芳（2014 年 9 月—2016 年 9 月） 田仲国（2018 年 9 月— ）	

第二节　群团组织

一、工会

2005年10月，依照中华全国总工会第十五次代表大会精神和《中国工会章程（修正案）》，红寺堡开发区工会整顿基层工会组织，加强职工思想教育，红寺堡开发区教育系统成立第一届教育工会委员会，下辖局机关、红寺堡中学、第二中学、红寺堡小学、第二小学、幼教中心、红寺堡镇中心学校、太阳山镇中心学校、大河乡中心学校、南川乡中心学校10个基层工会组织，教育工会主席及基层学校工会主席由教育文体广电局党总支任命。2007年4月，红寺堡开发区工会工作委员会发文启用各基层工会印章。2013年7月，红寺堡区第一届教育工会会员代表大会召开，会议选举产生第一届教育工会委员会。2018年10月，红寺堡区第二届教育工会会员代表大会召开，会议选举产生第二届教育工会委员会。

红寺堡教育工会的职责是指导学校工会搞好基层组织建设，维护广大教职工的合法利益；组织广大教职工依照法律规定，通过教代会和其他形式参与各自单位的民主管理和民主监督；负责教代会日常事务，检查督促各级各类学校教代会的正常开展、决议的执行；配合教育行政部门开展民主评议领导干部工作，推行校务公开；做好“送温暖工程”工作。

历任教育工会主席：田进万(2008年10月至2012年6月)，李娜(2012年7月—　)。

二、关心下一代工作委员会（关工委）

2007年7月，红寺堡教育系统成立关心下一代工作委员会，属局内设股室，办公室主任由开发区关心下一代工作委员会副主任兼任。2018年2月，撤销关工委办公室，其业务职能划归群团办。

红寺堡教育系统关心下一代工作委员会的职责是在教育行政机构党组织的领导下，贯彻落实上级关工委的相关文件精神，加强和提高学生思想教育工作的针对性和有效性，增强责任感、使命感，做好关心下一代工作；配合学校教育主渠道对学生进行理想信念、思想品德、爱国主义教育，提高学生思想道德、科学文化和健康素质，教育学生树立正确的世界观、人生观、价值观；拓宽工作领域，多层次、全方位地关心学生的健康成长；深入调查研究，广泛征询意见，为教育下一代献计献策；完成上级关工委交给的工作任务，协助学校解决贫困学生的一些实际问题；有针对性地参与学生社团活动，在活动中双向互动，相得益彰，提高学校思想文化品位，促进校园精神文明建设；宣传《中华人民共和国未成年人保护法》《中华人民共和国预防未成年人犯罪法》《中华人民共和国义务教育法》《中华人民共和国教育法》等法律法规，开展法律咨询和法律服务，维护青少年合法权益；积极开展助学、助教、助困等活动。

教育关工委历任主任：刘鹏跃(2007年7月—2008年9月)，马建明(2008年9月—2017年2月)；历任副主任：拓生海(2007年7月—2008年9月)、周治坚(2008年9月—2018年2月)；历届干事：马绍平(2016年10月—2017年9月)。

三、中国共产主义青年团

2003年3月，红寺堡中学团委成立并召开团员代表大会，选举产生第一届团委委员，是红寺堡开发区教育系统第一个团组织，隶属红寺堡开发区团委筹备领导小组领导。2005年10月，红寺堡开发区团委正式成立，11月，红寺堡镇、沙泉乡、大河乡、南川乡四乡(镇)中心学校均成立团总支，第二中学、红寺堡小学、第二小学均成立团委，隶属红寺堡开发区团委直接领导。2012年4月，教育局成立工青妇办公室，负责教育系统共青团工作。截至2018年年底，教育系统共有基层团委5个、团总支8个、团支部179个，有团员2505名。

红寺堡教育系统共青团在各级党组织的领导下，贯彻落实党的路线和上级团组织的方针政策；负责各单位(学校)团组织、少先队组织建设和发展工作；做好团员青年、团干部的思想道德和作风建设工作；负责团队衔接、“推优”和团费收缴、管理、使用等工作。

2012年4月开始，李娜负责教育系统共青团工作。

四、中国少年先锋队

2000—2018年，红寺堡各小学均设少先队组织，少先队受团委领导、分级管理。教育系统少先队工作先后由办公室、学校工作办公室、基础教育和“两基”工作办公室、基础教育办公室、工青妇办公室、群团办公室负责。学校少先队工作在学校团委(总支)的领导下，由学校政教处负责。每所学校设大队辅导员1名，中队辅导员若干名。2018年年底，红寺堡区有少先队大队70支、中队646支，有少先队员18960名，有大队辅导员71名、中队辅导员650名。

红寺堡学校少先队大队委员会的职责是根据上级有关少先队工作的指示和学校思想道德教育要求，制订学期工作计划，并付诸实施；定期召开中队辅导员会议，研究、部署少先队工作，学习文件精神、交流工作经验；有计划、有目的地组织大队活动；协助学校做好中队辅导员的聘任工作，指导中队辅导员开展工作；负责建立并健全大队委员会组织工作，及时进行队委的改选和分工，培训大队干部；配合政教处开展校内有关评比工作和兴趣小组（社团）活动；搞好节假日的活动和队员校外生活指导。

教育行政部门少先队工作负责人有刘宗河、锁静、王学义、马靖平、李娜、杨会娟、马奋岚。

五、妇女联合会（简称“妇联”）

2005年5月，红寺堡开发区群工部成立，开发区妇联属群工部管理，开始开展妇女工作。10月，随着红寺堡开发区妇女联合会独立办公，各乡镇中心学校、直属学校均成立妇女联合会，各学校妇联由红寺堡开发区妇联直接领导。2012年4月，红寺堡区教育局设立工青妇办公室，负责教育系统妇女工作，教育系统妇女联合会负责人由教育局党委任命。截至2018年年底，红寺堡区教育系统妇联共有基层组织22个、女教师1762名、在校女学生19518名、在园女幼儿3354名。

红寺堡教育系统妇女联合会的工作职责是在教育行政机构党组织和学校党组织的领导下，围绕教育中心工作开展活动；定期召开妇联工作会议，布置任务，抓好典型，上报传达；开展“巾帼建功”活动和“五好家庭”评选工作，宣传妇女先进事迹，推动全社会关心和支持妇女工作；维护妇女儿童合法权益，做好来信、来访接待工作；负责宣传“两法两纲要”，开展普法宣传，提高女教师、女学生的法治意识和自我保护意识；鼓励支持女教师参与学校民主管理和民主监督；完成党组织和上级妇联交办的其他工作任务。

2010年4月至2018年12月，郭晓艳、李娜先后负责红寺堡区教育系统妇联工作。

第三节　党建活动

一、教育文体广电局党总支开展的活动

2002年6月，红寺堡开发区教育文体广电局党总支成立。是时开始，学校校长任免工作归党总支管理。

2004年，第二中学、第二小学党支部成立，教育文体广电局党总支在5个基层党组织中开展“五个好”支部创建活动，并建立表彰机制，表彰优秀共产党员和优秀党务工作者。

2005年，教育系统党组织贯彻《中共中央、国务院关于进一步改进和加强未成年人思想道德建设若干意见》，不断深化中小学德育工作，创新德育工作机制，探索德育工作新方法新途径，研究制订《红寺堡开发区中小学德育工作三年规划》及《红寺堡开发区中小学德育工作三年计划实施细则》，明确后三年中小学德育工作的指导思想、基本原则和主要任务，指导中小学开展行之有效的德育工作。是年5月，红寺堡中学、第二中学、红寺堡小学、第二小学、教育文体广电局机关等5个党支部相继召开一届一次会议，选举产生了各党支部书记。

二、教育体育局党委开展的活动

2006年3月，教育体育局党委成立，教育系统开展“八荣八耻”、社会主义荣辱观教育活动，研究制定《红寺堡开发区中小学师德建设工作实施意见》，起草《加强师德建设考核工作的通知》，组织开展向冯志远同志学习和“解放思想、发展教育”大讨论活动。

2007年，教育体育局党委经请示红寺堡开发区工委批准，接管4个乡镇中心学校党支部，为发挥党组织的战斗堡垒作用，教育体育局党委把党建工作的重心放在加强基层党组织阵地建设上，并开展“五个好”党支部和“功能型”党小组创建活动，启动党员冬训，教育系统200多名党员参加启动大会。完善党建工作激励制度，规范教育系统党的建设工作。是年，将师德建设放在教师队伍建设的首位，在各级各类学校深入开展向孟二冬、方永刚等模范教师学习活动，弘扬“学为人师，行为世范”的职业道德。

2008年，中共红寺堡开发区教育体育局委员会第一届党员代表大会召开，选举产生第一届党委会和纪律检查委员会。建立完善党内各项规章制度，研究制定《“三会一课”制度》《组织生活制度》《民主生活会制度》《汇报报告制度》《发展党员制度》《民主评议党员制度》《党内监督制度》等一系列制度。是年，按照上级党组织的总体部署，教育系统广泛开展“科学发展观”学习教育活动，局机关党支部启动“一帮一联，双挂双创”（一名副科级及以上党员领导干部帮扶一个农村党员贫困户，联系一个致富示范户；机关单位挂钩帮扶行政村，单位党员挂钩帮扶贫困户，党支部争创“红旗党支部”，全体党员争创党员先锋岗）活动。

2009年，开展以学习实践科学发展观为主线的主题教育，宣传党的路线、方针、政策，采取集中学习、分组讨论、专题研讨、“送理论到基层，送党课到支部”、开办读书班、培训班等多种形式，营造浓厚的学习氛围，加强党员学习教育。同时，以开展“业务素质提高年”为契机，推进“学习型”机关建设。为提高党支部书记抓党建工作的能力，强化组织生活制度在教育党员、管理党员和联系群众中的作用，制定《中小学党支部工作规范》，组织开展党支部书记集中培训、外派培训。为营造有利于青少年健康成长的环境，以青少年思想道德建设为主线，在各学校党支部开展道德建设示范学校创建活动和形式多样的班队活动。

三、教育局党委开展的活动

2010年，教育局党委结合红寺堡区委党建工作的总体部署和教育工作实际，通过“八抓”推动党建工作与教育教学工作的双促进。一是以抓党建工作责任制为核心，确保党对学校意识形态的领导。通过抓支部班子建设，落实民主集中制，实行党务公开，确保党支部在“三重一大”工作中的决定权。二是以抓党建创先争优为动力，推动党建工作上台阶。通过开展在教学质量提高、功能党小组建设、“三名工程”（名校、名校长、名师）创建、特色示范校创建、党支部班子创先争优，取得教学质量与党建工作的双推进。三是以抓学习型党组织建设为基础，提高党支部创新工作动力。出台红寺堡区教育系统学习型党组织创建活动考评细则，从组织领导、创建实施、制度保障、成果效能4个一级指标入手，细化出8项二级指标和17项三级指标，确保“学习型党组织”建设，力争做有尺度，查有标准，评有依据。四是以抓效能建设为突破口，不断优化教育行风建设。对两名师德有问题的教师，进行了效能问责，对一名校长进行了诫勉谈话。五是以抓廉政风险点管理为切入点,建设师德高尚的育人队伍。教育局党委印发《红寺堡区教育局廉政风险防范管理工作流程图》和《红寺堡区教育局廉政风险点防范管理工作手册》,通过开展岗位廉政教育、完善防控措施、创新风险防控管理方式,构建"不想违""不能违""不敢违"的"三大防线"。六是抓基层组织正规化建设,促支部工作上台阶。教育局党委所属的11个支部中有10个进入"五好支部"行列。七是抓人事制度改革,促教师队伍增强活力。共有32名党员教师被评为县级骨干教师,培养7名骨干教师成为入党积极分子,帮扶学生379名,落实帮扶资金18950元,有20名教师被评为优秀党员。八是抓党员发展工作,促支部增强凝聚力。是年,教育系统共培养入党积极分子49名,发展预备党员38名,转正党员24名。

2011年,教育局党委创新学校党组织工作方式和党员教育方式,把党建与教学和德育工作相结合,各学校党支部开展"把教学中的骨干培养成党员,把党员培养成教学骨干"的"双向培养"活动。开展党员上示范课、党员外送培训、党员下基层、党员带头搞教研等活动,在教育教学上体现党的建设引领作用。以庆祝建党90周年为契机,在教育系统开展"创先争优"活动。举办"我身边的党员"演讲、"红色文化进校园""播红曲""唱红歌""讲党史""展成果""办红报"等比赛,在活动中培养典型。其中,大河中心学校党支部以"创先争优"活动为契机,开展"三评三促三争创、三学三提三带头"活动(评组织建设促决策民主争创好班子,评育人机制促科学管理争创好队伍,评师德师风促行风优化争创好业绩;学理论提高思想觉悟带头推动教育改革,学业务提高教学水平带头钻研教育科学,学先进提高职业素养带头践行良好师风),在教育系统得以全面推广。

2012年,为全面推进基层党的建设,教育局党委按照"巩固先进、推动一般、整顿后进"的工作目标,在查找和分析问题的基础上,围绕"八抓任务"(抓书记强班子,抓党员强队伍,抓发展明思路,抓覆盖建组织,抓规范建制度,抓阵地建场所,抓保障增投入,抓载体树品牌),分类推进,评定的3个先进党支部,3个后进党支部全部实现进位升级。创建吴忠市教育局党建示范点3个,自治区教育厅党建示范点1个。打造第二中学"631"党建工作品牌,即"三重一大、三会一课、三学一范、三查一评、三帮一带、三创一争"。教育系统14个基层党组织、38名优秀党务工作者和优秀党员受到自治区教育工委、吴忠市教育局党委、红寺堡区委和教育局党委表彰。中共十八大召开后,教育局党委在教育系统开展中共十八大精神学习,落实"两个责任",加强党风廉政建设。结合"廉洁教育"课程开设,开展"清风校园”创建活动，推进廉洁教育和廉政文化进校园。

2013年，教育局党委依据《红寺堡区开展“廉政教育大讲堂”活动实施意见》，在教育系统开展以“崇廉尚廉，从我做起”为主题的“廉政教育大讲堂”活动，以集中宣讲、廉政课堂、现场教育、案例教育、“廉政教育大讲堂”网络课堂等形式，培育广大教育工作者清正廉洁的价值理念，形成讲廉、诺廉、践廉氛围，引导广大党员教师坚定理想信念，筑牢廉洁从教的思想防线，实现“教师清正、领导清廉、教育清明”的目标。

2014年，红寺堡区教育系统开展第二批党的群众路线教育实践活动，以为民服务清廉为主要内容，围绕服务教育教学中心工作，教育局党委发挥党组织的引领作用，坚持“照镜子、正衣冠、洗洗澡、治治病”的总要求，结合行业特点，实施“名师、名校、名校长”评选、党员骨干培训、作风建设，推动教学质量稳步提升。抓好“一帮一联、双挂双创”和“下基层”工作，确立机关班子成员联系村小学、机关支部党员联系基层学校党员、基层支部党员联系年轻教师的三级帮扶机制，以送教、送课、师徒结对等帮扶形式促进教师队伍成长。教育局先后向帮扶村所在的杨柳小学联系捐助图书资料20套、六一慰问金2000元；为向阳村自来水入户及院落附属工程建设帮扶资金78063.15元，为杨柳村村务服务中心建设帮扶资金38000元。是年，教育局党委制定《党风廉政主体责任工作职责》《“一岗双责”制度》《党风廉政建设“两个责任”问责暂行办法》，细化和明确党风廉政责任落实；建立党政一把手“四个不直接分管”“末位表态制”，对一把手的权力进行分权和制衡；实行学校“三重一大”事项报备制度、建立教育系统“13521”权力公开透明运行机制，强化对学校重大事项决策的有效监督；完善教育系统廉政建设责任制，修订学校校务公开制度及教育局廉政风险防控预警制度，对财务、基建、招生、采购、学生营养改善等重点领域和薄弱环节强化监督；围绕“清风校园”建设，从学校领导干部、教师、学生三个层面健全教育、制度、监控、惩治、助廉防范机制，建立22项教育活动、10项防腐机制、9项监控机制、3项惩治机制和3项作风助廉机制。创建了第一小学、第二中学两个党建示范点，并将“清风校园”建设列入学年度工作考核，开展“五评一访”“两评一树”活动。

2015年，教育局党委开展“守纪律、讲规矩、做表率、树形象、提效能”主题教育，分四个阶段开展“八个一”活动（进行一次警示教育，举办一场专题讲座，重温一次入党誓词，组织一次党纪党规知识测试，开展一次征文，撰写一篇心得体会，召开一次座谈讨论会，举办一期基层党务干部培训班)，活动从3月21日开始，5月31日结束。6月开始，教育局党委组织开展“三严三实”和“忠诚干净担当”专题教育、党的群众路线教育实践活动“回头看”工作，按照“三深入四联户”要求，采取住村蹲点、民情恳谈等形式，听取群众对教育的意见建议，巩固拓展党的群众路线教育实践活动成果，端正党风政风带动机关作风。

2016年，教育局党委以开展“两学一做”学习教育为抓手，遵循吴忠市委“强龙工程”的安排，按照“围绕中心、服务大局、拓宽领域、强化功能”的要求，把“铸龙魂、舞龙头、壮龙骨、强龙身、摆龙尾”和“六查六看六树”学习讨论相结合，制定《红寺堡区教育系统学校基本建设项目管理办法》《红寺堡区教育系统校(园)长离任工作审计制度》，进一步加强经费、项目管理与教育经费审计工作；完善《红寺堡区教育局关于自治区党委第一巡视组反馈问题整改落实台账》《教育系统纪律检查委员会受理违纪违规事件台账》《教育系统党风廉政建设和反腐败工作督查台账》等各类台账，印发《红寺堡区教育系统领导干部勤政廉政提醒约谈“四谈两送一报告”工作机制的实施意见》。集中整治教师有偿补课、有偿办班、滥定教辅资料、教育乱收费、违反财经纪律、违反作风效能规定、在编不在岗、违规办学等违纪违规行为，营造风清气正的校园环境。4月，红寺堡区纪委组织各乡镇、各部门观摩教育系统“13521”权力监督运行机制提标扩面工作。

2017年，教育局党委开展“两学一做”学习教育制度化常态化活动，确立教育系统“三坚持两增强一提高五做到”工作目标，创建“学、讲、看、写、延、查、改、评”八字学习教育机制，及抓学习促提高、抓讲座促内涵、抓看齐促意识、抓体会促实效、抓延伸促扩面、抓查摆促突破、抓整改促发展、抓评比促提升的“八抓八促”工作措施，全体教职员工向“两个合格”(合格党员、合格教师)标准看齐，确保学习教育落地生根。创建“12315”扶贫模式，即一建设(建设好每一所学校)、二配备(为每所义务教育阶段学校配备功能室和办学条件装备)、三送教(为帮扶学校送人才、送教学、送理念)、一关爱(关爱留守儿童)、五资助(对学前幼儿、中职生、高职生、高中生、大学生等五类家庭困难学生进行资助)。

2018年，教育局党委重点落实自治区党委“三强九严”工程和自治区教育工委“五个一”工程。强化学习教育，先后选派党组织书记、党务干部参加自治区、吴忠市和区(县)级党务培训共28人次，推行学校党支部书记、校长“一肩挑”组织机制，调整党支部书记12名、专职副书记13名，新任命党支部书记5名、专职副书记3

名、党务干部5名，配齐配强学校党组织班子。新组建太阳山中心学校、第一幼儿园、第二幼儿园、职业技术学校、第四小学、新庄集中心学校退休老教师、柳泉中心学校退休老教师党支部7个，为民办幼儿园下派党建指导员15名，通过“挂靠联建、划片组建”等方式，提高民办幼儿园党组织覆盖率和党的工作覆盖率。培养一线优秀教师积极向党组织靠拢，共发展入党积极分子11名、预备党员6名，按期转正党员7名，对积极分子、发展对象和预备党员开展集中培训。制定《红寺堡区教育系统干部职工不作为慢作为乱作为责任追究办法》，开展落实中央八项规定精神回头看、整治“四风”问题、民主评议机关作风等活动，台账式管理婚丧嫁娶事宜，召开“不忘入党初心，坚定理想信念”专题组织生活会。研究制定《教育系统选人用人办法》《教育系统评优选先办法》，修订《教育系统财务管理制度》，《红寺堡区中小学(幼儿园)财务管理“十不准”》，健全和完善制度体系。

第二章　行政管理

红寺堡作为异地生态移民集中安置区，在教育行政管理方面有独特之处。教育行政管理机构随着移民群众搬迁、行政区划调整及实际工作需要，经历了几次较大的变迁。教育行政管理部门是管理红寺堡教育事业的政府职能部门，负责教育事务管理工作和教学业务管理工作。教育行政管理主要包括教育行政机构设置、教育管理体制改革和教育督导。

第一节　县级教育机构

一、机构沿革

1998年12月，红寺堡开发区社会事业局成立，管理教育、文化、卫生等各项社会事业。2000年5月，在社会事业局内设社会事业二局，主要管理教育、文化工作。2002年1月，红寺堡开发区教育文体广播电视局成立，负责教育、文化、体育、广播、电视工作。2003年9月，红寺堡开发区管委会教育督导室成立，为事业单位，负责教育督导工作，挂靠教育文体广电局。2005年10月，自治区党委、政府批准，教育文体广电局更名为教育体育局，负责教育体育工作。12月，红寺堡开发区教育事务管理中心成立，属开发区管委会直属正科级事业单位，在教育体育局的指导下开展业务工作。2009年9月，国务院批准设立吴忠市红寺堡区，同时对区直属行政机构进行调整，教育体育局、教育事务管理中心合并为吴忠市红寺堡区教育局。

1998—2018年红寺堡教育行政机构领导一览表

表2-1

<table>
<tr><th>机构
名称</th><th>成立时间</th><th>局长(负责人)及任职(负责)时限</th><th>副局长(主任和副主任科员)
及任职时限</th></tr>
<tr><td>红寺堡开发区
社会事业局</td><td>1998年12月</td><td>滑志敏(1998年12月—2000年5月)</td><td></td></tr>
<tr><td>红寺堡开发区
社会事业二局</td><td>2000年5月</td><td>杨存葆(2000年5月—2001年8月)
鄢　钰(2001年8月—2002年1月)</td><td>李富英(2001年3月—2002年1月)</td></tr>
<tr><td>红寺堡开发区
教育文体广电局</td><td>2002年1月</td><td>鄢　钰(2002年1月—2003年1月)
黎晓芳(2003年2月—2005年9月)</td><td rowspan="3">黎晓芳(2002年3月—2003年1月)
张耀忠(2002年6月—2003年8月)
张伏荣(2003年3月—2008年1月)
周　刚(2003年4月—2005年11月)
杨金花(2006年1月—2010年1月)
刘鹏跃(2006年8月—　)
王　举(2010年1月—2012年9月)
张学仁(2012年2月—　)
锁金银(2012年6月—2017年10月)
童仲志(2017年10月—　)
冯进海(2018年2月—　)</td></tr>
<tr><td>红寺堡开发区
教育体育局</td><td>2005年10月</td><td>黎晓芳(2005年10月—2005年12月)
杨进才(2006年1月—2006年3月)
苏宗荣(2006年3月—2009年9月)</td></tr>
<tr><td>吴忠市红寺堡区
教育局</td><td>2009年10月</td><td>苏宗荣(2006年10月—2010年1月)
鄢　钰(2010年1月—2014年3月)
孙　冲(2014年3月—2017年1月)
杨金花(2017年1月—　)</td></tr>
</table>

2005—2009年红寺堡开发区教育事务管理中心历任主任、副主任一览表

表2-2

姓名	任职时限	职务
张耀忠	2005年12月—2006年8月	主任(正科级)
马建明	2006年1月—2008年9月	主任科员(正科级)
刘鹏跃	2006年8月—2009年10月	主任(正科级)
魏国喆	2006年2月—2009年10月	副主任(副科级)
伏建军	2008年2月—2009年10月	副主任(副科级)
王　举	2008年2月—2009年10月	副主任(副科级)

二、机构设置

(一)下属事业单位

1. 红寺堡开发区教学研究室(简称"教研室") 副科级事业单位,2003年4月设立,主要职责为:负责制定教育科研发展规划,对基础教育教学业务进行管理与指导,组织教育教学质量监测与评估,开展各种形式的教育教学研究活动,督查各类学校课程标准的执行、教材的使用,培训中小学教师,实施教师继续教育,部署中小学招生、入学工作。当时设主任1名,教研员3名,杜宏宇任主任。2005年1

月变更为无级别内设股室。

2. 吴忠市红寺堡区教育考试中心(简称“考试中心”) 副科级事业单位,2010年11月设立,主要职责为:组织实施各类教育招生考试报名、资格审查、体检及考务工作,具体负责高考、中考、会考考生档案材料的收集和上报工作;健全教育考试保密规章制度,规范考试操作程序,严格考生资格审查;负责组织普通高考、中考、会考工作。当时核定事业编制人员4名,其中主任1名(副科级),专业技术人员3名。2013年3月增编1名。2015年12月31日,红寺堡区教学研究培训中心撤销后,将其人员编制划入考试中心,划入后,核定编制10名。2018年2月缩减编制1名,核编9名。12月,核定事业编制3名,实有工作人员6名。

3. 吴忠市红寺堡区人民政府教育督导室(简称“督导室”) 教育局所属事业单位,2010年11月设立,主要职责为:制定并实施教育督导规划和计划,指导各乡(镇)人民政府督导教育工作,组织行政区域内教育督导活动;监测评估教育发展规划的实施情况,对辖区内各级各类教育工作进行指导、检查、评估、验收、复查;组织责任督学培训、进修,开展教育督导科学研究,总结推广教育督导经验;对辖区教育工作中的重大问题进行调查研究,向红寺堡区人民政府报告工作,反映情况,提出建议。当时核定编制人员3名,其中主任1名(副科级),督导人员2名。2017年11月变更为教育局内设股室。

4. 吴忠市红寺堡区教学研究培训中心(简称“教培中心”) 教育局所属事业单位,2010年11月设立,主要职责为:根据国家课程方案要求,负责辖区中小学课程设置、教材选择使用和开发,指导学校课程建设、课程实施及评估;组织开展各种形式的教育教学研究活动;贯彻落实上级教育行政部门教育信息化政策、方针;组织教师继续教育、师资培训;推荐、培养、培训中小学各级骨干教师和学科带头人,指导中小学教师业务研修、教学常规落实,组织教育教学质量检测与评估;组织中小学教师教学竞赛、教学成果评选、学生技能竞赛。当时核定编制人员5名,设主任1名。2015年12月撤销,2016年12月变更为教育局内设股室。

5. 吴忠市红寺堡区幼教中心(简称“幼教中心”) 教育局所属事业单位,2010年11月设立,主要职责为:贯彻落实上级有关学前教育的政策、法规;制订和实施红寺堡区学前教育发展行动计划;统筹管理和指导学前教育保教工作;落实学前教育专项经费的使用管理;负责幼儿园基本数据和学前幼儿数据的收集、统计、上报工作;协同督导室和有关部门对幼儿园进行综合督导及检查评估;负责学前教育机构的审批、变更、年检、延期、换证等工作；负责各类幼儿园的业务指导，规范其办学行为，查处非法办园及分流等工作。当时核定编制人员22名。2016年5月，李如峰任第一任主任。

6. 宁夏广播电视大学红寺堡区电大工作站（简称“电大工作站”）　教育局所属事业单位，2015年8月，经教育局申报宁夏广播电视大学同意，国家开放大学批准成立。其主要职责为：贯彻执行上级教育行政部门颁发的关于教学、教务、考务、学籍管理等规章制度和宁夏广播电视大学制定的相应管理细则；负责所属教学班的组建和教学管理，组织听课、辅导答疑、批改作业、考试、考核、实验、实习、毕业作业（论文）等教学活动。当时未核定人员编制，孔德龙任站长。

（二）内设机构

2002年1月，红寺堡开发区机关机构扩编，核定党政群机关人员编制和事业单位人员编制，是时核定教育文体广电局行政编制12人（正科级1人，副科级3人，干事7人，工勤人员1人）。10月，自治区党委、政府决定，红寺堡开发区划归吴忠市代为管辖，至此，红寺堡的教育教学业务隶属吴忠市教育局管理。

2003年4月，教育文体广电局内设办公室、财务项目办公室，并设立红寺堡开发区教学研究室，为教育文体广电局下属事业单位。

2004年9月，红寺堡开发区编委下达区直机关内设机构和人员编制，核定教育文体广电局专门负责教育事务的行政、事业编制人员共18人，其中局长1人，副局长2人，干事14人，工勤人员1人；批复设立办公室、学校工作办公室、教师工作办公室、项目办公室、财务室、招生办公室、督导室、基础教育和“两基”工作办公室、教学研究室9个教育相关股室。因受办公场所限制，办公室、学校工作办公室、教师工作办公室合署办公，项目办公室和财务室合署办公，基础教育和“两基”工作办公室与督导室合署办公，招生办公室借用第二小学校舍办公。

2005年10月，红寺堡开发区教育体育局成立，将原教育文体广电局负责教育体育工作的股室及人员划归教育体育局。12月，自治区编委批准设立红寺堡开发区教育事务管理中心，为开发区管委会直属的正科级事业单位。

2006年2月，教育事务管理中心正式挂牌，将教育体育局4个股室整体划归到教育事务管理中心，设三办一室（招生办公室、基础教育和“两基”工作办公室、办公室、教学研究室），在教育体育局的指导下开展工作，并与教育体育局合署办公。当时教育事务管理中心共有工作人员31名，其中在编6名，借调教师25名；有正科级领导干部2名(主任、主任科员各1名),副科级干部1名(副主任)。教育事务管理中心主要负责学校教育管理、教学工作指导、检查考评及教师培训、教学研究、远程教育、基础教育招生与考试工作。3月,教育体育局和教育事务管理中心迁至红寺堡镇吴忠南路新办公楼,各股室均独立办公。

同年8月,红寺堡开发区工委、管委会进行人事调整,教育事务管理中心主任由教育体育局副局长兼任,教育事务管理中心领导职数增至一正二副。按照工委、管委会指示,对机关内部管理体制进行改革,实行“两块牌子、一套班子”,重新整合机关内设股室:保留教研室、招生办公室、基础教育和“两基”办公室、督导室、财务室;教育体育局办公室和教育事务管理中心办公室合并为综合办公室,撤销学校工作办公室和教师工作办公室,设立人事职改办公室、党建与综治办公室;项目办公室变更为信息技术与项目办公室。共有9个内设股室,人员42名。

2007年9月,随着全国、自治区学生资助工作和关心下一代工作的进一步深入,教育体育局增设学生资助办公室、关工委办公室。

2008年1月,红寺堡开发区编委核增教育体育局党委书记和教育事务管理中心副主任编制各1名,领导班子成员增至8人,其中局长、党委书记各1名,教育事务管理中心主任兼教育体育局副局长1名、主任科员1名,教育体育局副局长1名,教育事务管理中心副主任3名。2月,教育体育局撤销信息技术与项目办公室,设立项目管理办公室,将原信息技术与项目办公室信息技术相关业务划归教研室。9月,教育体育局局务会议研究决定,撤销基础教育和“两基”工作办公室、招生办公室、党建与综治办公室,成立基础教育办公室、考试中心。学生资助办公室与考试中心合署办公,原党建与综治办公室的党建业务划归综合办公室,综治安全业务划归基础教育办公室。

2009年10月,吴忠市红寺堡区教育局成立,吴忠市编办核定教育局行政编6人(正科级3人,副科级2人,工勤1人),事业编9人。

2010年3月,教育局调整机关内设股室。保留综合办公室、人事职改办公室、项目管理办公室、财务室、督导室、基础教育办公室、教研室、学生资助办公室、考试中心,设立信息化资源管理中心、青少年活动中心、体卫艺及学前教育与综治安全办公室。8月,电大工作站划归教育局。11月,根据吴忠市编委调整红寺堡区事业机构文件精神,设立4个教育局下属事业单位,督导室、教培中心、考试中心、幼教中心。同期,按照自治区教育厅要求,将学生资助办公室更名为学生资助管理中心。

2012年4月，教育局内设职业教育与成人教育办公室，承担职业教育与成人教育的统筹规划、综合协调、管理服务工作，与电大工作站合署办公；增设工青妇办公室，负责教育系统工会、共青团、妇联工作。

2013年1月，教育局撤销体卫艺及学前教育与综治安全办公室，将学前教育管理工作划归基础教育办公室；设立综治安全办公室，负责安全、信访、普法工作；设立体卫艺办公室，负责教育系统体育、卫生、艺术及校外青少年活动工作。

2014年3月，教育系统启动第二批党的群众路线教育实践活动，根据工作需求，教育局临时设立党的群众路线教育实践活动工作办公室和党的群众路线教育实践活动督导办公室。8月，教育局撤销信息化资源管理中心，业务划归教培中心和财务室；撤销职业教育与成人教育办公室，业务整合至基础教育办公室；增设学生营养办公室、学前教育管理办公室。

2015年8月，教育局撤销党的群众路线教育实践活动工作办公室和党的群众路线教育实践活动督导办公室，增设党建办公室、纪检室。根据工作性质，撤销学生营养办公室、学前教育管理办公室，将学生营养改善相关工作划归财务室，学前教育管理工作划归基础教育办公室。教育局内设股室变为16个，机关人员增至90名，其中行政编6名、事业编9名、工勤编1名、借调教师74名。

2018年2月，按照红寺堡区委要求，经教育局党委会议研究，对教育局机关股室进行整合、人员进行裁减。按照工作需要和业务范畴整合内设股室，党建办公室、纪检室合并为党建和党风廉政建设办公室，青少年活动中心、体卫艺办公室合并为体卫艺与青少年活动中心，关工委办公室、工青妇办公室合并为群团办公室，将电大工作站划归职业教育中心托管，教培中心更名为教研教培中心，保留综合办公室、基础教育办公室、人事职改办公室、项目管理办公室、综治安全办公室、督导室、财务室、考试中心、学生资助管理中心，成立信息化管理办公室。2018年12月，教育局有副科级以上干部7名，其中行政编5名，事业编2名；工作人员67名，其中事业编5名、工勤1名、财政局委派会计1名、借调教师60名。具体设置及其职责如下：

1.综合办公室 拟订教育改革和教育事业发展规划并监督实施；协调和督办机关日常事务，负责各级各类文件处理、会务、机要、信息宣传、安全保密工作，协调和督办人大代表建议、政协委员提案；组织有关综合性重要材料的起草、审核；

负责机关公务接待、公车管理和机关人员考勤;负责政务公开、法治政府建设、精神文明建设等工作。

2.党建与党风廉政办公室 起草党委工作计划、总结、规章制度、会议纪要等各类文件,制订党组织工作计划并组织实施;负责教育局机关和教育系统的党建、党员发展、党费收缴等工作;组织开展基层党支部和党员的评先评优活动;负责党委及党委主持召开的各种会议的组织筹备工作;处理党委日常文书;负责党委印章、介绍信的使用和管理;协助党委做好接待,受理群众来信来访。负责教育系统的党风廉政建设、干部廉洁自律工作,开展党风党纪、政风政纪教育;调查教育系统违反国家法律、法规、违反党纪、政纪的行为及案件;负责教育系统行风建设,纠正教育系统不正之风;受理教育系统党组织、党员和监察对象违反党纪政纪问题的揭发、检举和控告;受理党员党纪、政纪处分的申诉;负责教育系统政务公开、权力公开透明运行监督工作;负责治理教育乱收费、清风校园建设工作。

3.基础教育办公室 承担基础教育统筹规划、综合协调工作;宏观管理学前教育、义务教育、普通高中教育、特殊教育、民族教育;保障各类学生平等接受义务教育;负责社会力量办学的审核、审批及常规管理;负责基础教育课程管理、教学用书审定和教辅资料的管理;指导中小学德育、科普教育、校外教育;负责基础教育考试评价制度改革;承担基础教育学生电子化学籍管理、基础教育统计、毕业资格审定和毕业证书发放工作;负责校园布局规划调整和义务教育阶段划片招生。

4.人事职改办公室 负责教师队伍和干部队伍建设;负责教育系统人事变动、工资核定、人员编制、人事档案管理;负责职务评聘、岗位设置、岗位晋级、年度考核、评优评先、表彰奖励及教师资格认定和定期注册工作;负责学校领导班子绩效考核、教师补充及调配、教职工考勤管理;负责校长、教师交流轮岗调配方案的拟定、实施与考核;落实“乡村教师支持计划”“三区人才计划”;做好专业技术人员继续教育工作。

5.综治安全办公室 制订教育系统综治安全工作计划并组织实施;做好校园矛盾纠纷排查和校园安全事故调解;协调做好校园及周边治安综合治理专项整治;负责教育系统安全生产、普法、禁毒、消防、学生食品安全、交通安全等工作。

6.财务室 执行国家财经方针政策和法律法规,负责各项教育经费计划、使用情况的监督、检查和管理;做好会计档案管理及财务统计工作,开展单位内部审计工作,维护财经法纪;负责建立固定资产档案,加强固定资产管理;指导中小学功能室建设及信息化设备管理，做好年度教育技术装备统计与信息报送；负责教育教学设备的采购与管理；负责教职工工资发放及社保缴存；负责节能减排数据的审核上报；负责教育局办公用品采购、公物管理、水暖电等设备维护维修。

7. 群团办公室　负责教育工会、妇联、共青团、少先队、关工委工作，制订群团工作计划并组织实施；协调学校建立健全群团组织，完善相关规章制度；协助学校做好学生德育教育和共青团员、少先队员评优推优工作；开展家庭教育宣讲活动，指导学校教代会、家长委员会工作；做好教职工计划生育管理，关爱女教师身心健康，维护青少年合法权益；组织教职工开展文体活动；负责贫困教师、贫困学生帮扶及捐资助学工作。

8. 项目管理办公室　制定中小学、幼儿园工程建设项目实施规划、方案；做好建设项目的报建、审批、规划；按照工程建设程序管理、组织实施中小学、幼儿园工程建设项目，确保工程质量；配合相关部门积极争取资金，改善中小学、幼儿园办学条件；建立健全中小学、幼儿园工程建设档案，并确定专人负责收集整理；负责中小学、幼儿园基础设施改造与维修。

9. 信息化管理办公室　负责教育信息化建设规划的制定与实施；指导学校开展信息化工作；负责宁夏教育云应用推广和技术培训；负责教育局门户网站的管理与维护，监管学校网站的建设与应用；负责教育信息化示范校申报与管理；组织参与信息化相关的各级各类活动；负责教育信息化设备的安全管理与维护。

10. 学生资助管理中心　落实国家、自治区、吴忠市、红寺堡区关于资助家庭经济困难学生的方针、政策，制定经济困难学生资助方案；指导、监督、检查各级各类学校资助政策的落实、国家助学金的发放；办理大学生生源地信用助学贷款的申请、认定、签订、初审、协调、催收、偿还和档案建设等工作；负责教育扶贫，做好扶贫基金申请、审核、信息录入和档案建设工作。

11. 体卫艺与青少年活动中心　健全中小学、幼儿园体卫艺工作组织体系，指导中小学、幼儿园开展经常性的体育、卫生、艺术、健康、国防等教育活动；监督学校落实国家体育锻炼标准，指导学校开展师生体质健康监测及上报工作；筹备、组织教育系统体育运动、文化艺术赛事；指导学校开展校园绿化、净化、亮化、美化工作；建立健全疾病安全管理制度，督促学校贯彻执行；开展教育系统文明城市、卫生城市、文化公共服务体系示范区创建工作；协助文化体育局举办体育赛事活动；指导中小学、幼儿园开展课外活动。

12. 教研教培中心 主要职责与教培中心职责基本相同,将“教育信息化”相关职能划归信息化管理办公室。(详见本节“下属事业单位4. 吴忠市红寺堡区教学研究培训中心”)

13. 督导室 其职责与原督导室相同。(详见本节“下属事业单位3. 吴忠市红寺堡区人民政府教育督导室”)

14. 电大工作站 其职责与原电大工作站相同。(详见本节“下属事业单位6. 红寺堡区电大工作站”)

2000—2018年红寺堡教育行政管理部门各股室历任负责人、工作人员一览表

表2-3

股室名称	设立时间	负责人(任职时限)	工作人员(任职时限)	备注
社会事业二局办公室	2000年5月	主　任: 刘鹏跃(2000年9月—2001年9月) 杨　云(2001年9月—2002年1月)	杨万升(2000年5月—2001年8月) 雷　雨(2000年5月—2001年8月) 李　燕(2000年5月—2002年1月) 周治坚(2001年7月—2002年1月) 王忠文(2001年8月—2002年1月) 周　刚(2001年10月—2002年1月)	2002年1月撤销
综合办公室	2002年2月	主　任: 杨　云(2002年2月—2002年6月) 田　龙(2002年6月—2002年11月) 孙　冲(2002年11月—2004年2月) 张治乾(2004年2月—2006年8月) 王学义(2006年2月—2006年8月) 伏建军(2006年8月—2008年2月) 徐应科(2008年2月—2011年7月) 柯　强(2011年7月—2013年5月) 马　炜(2013年5月—2014年9月) 石海兵(2016年8月—) 副主任: 牛晓霞(2014年11月—2015年8月) 郭一鸣(2014年11月—2015年8月) 杨振绩(2015年8月—2016年8月) 刘矿洲(2016年8月—2017年9月)	周治坚(2002年2月—2008年8月) 王忠文(2002年2月—2004年8月) 王　虹(2002年2月—2003年2月) 李　吉(2002年3月—2002年6月) 吴风虎(2002年3月—2002年6月) 马奋山(2002年3月—2003年4月) 米志和(2002年6月—2003年4月) 尹　英(2003年3月—2006年3月) 刘宗河(2003年8月—2004年9月) (2006年8月—2007年3月) 郭晓艳(2003年7月—2004年12月) (2006年8月—2007年8月) 张嘉炜(2005年10月—2006年3月) (2006年8月—2007年9月) 李军庆(2006年1月—2006年8月) 闵万宏(2006年9月—2008年9月) 徐应科(2007年8月—2008年2月) 柯　强(2008年8月—2011年7月) 马正虎(2008年8月—2011年3月) 王　义(2008年8月—2017年11月) 吴汉东(2009年4月—) 葸天英(2010年9月—2016年9月) 冯　娜(2010年11月—2013年5月) 马　炜(2011年3月—2013年5月) 张　英(2012年3月—2013年6月) 牛晓霞(2013年7月—2014年11月) 刘矿洲(2013年10月—2016年8月) 卢学琴(2015年2月—2016年8月) 丁慧芬(2016年8月—2018年2月) 徐　芳(2016年10月—2017年9月) 姜海斌(2018年4月—) 王丽婷(2018年4月—) 冯松强(2018年4月—)	

续表2-3

股室名称	设立时间	负责人（任职时限）	工作人员（任职时限）	备注
教学研究室	2003年4月	主　任： 杜宏宇（2003年4月—2005年2月） 贾庭洲（2005年2月—2008年6月） 魏耀峰（2008年8月—2017年10月） 王东君（2018年2月—　） 副主任： 田进万（2005年2月—2007年8月） 马　莉（2007年3月—2008年6月） （2013年8月—2015年9月） 王东君（2013年10月—2018年2月） 张彦雄（2016年2月—2017年9月） 张定月（2016年2月—2018年9月）	孔德龙（2003年9月—2004年9月） 马杰君（2003年9月—2004年9月） 李树林（2003年9月—2007年8月） 田进万（2003年9月—2005年2月） 马　莉（2005年2月—2007年3月） （2008年6月—2013年8月） 汪佩军（2005年3月—2008年8月） 樊生河（2005年12月—2008年8月） 何晓莉（2006年3月—2006年8月） 叶占林（2006年8月—2010年3月） 马兴伟（2007年7月—2011年8月） 王耀成（2008年2月—2012年4月） 戴孟雄（2009年9月—2015年6月） 黑正苍（2009年9月—2018年2月） 郭一鸣（2009年9月—2014年11月） 张定月（2009年9月—2016年2月） 高　阳（2009年3月—2011年5月） 张彦雄（2010年3月—2016年2月） 赵　洁（2012年2月—2016年9月） 王东君（2013年4月—2013年10月） 蒙小荣（2013年9月—2018年9月） 文晓惠（2013年9月—　） 白振国（2014年10月—2018年2月） 韩世平（2015年3月—2018年9月） 党晓斌（2015年3月—2018年9月） 田　江（2016年8月—　） 苏小宁（2016年8月—　） 王国强（2016年9月—2018年2月）	2010年11月变更为教育局下属事业单位"教培中心"
财务项目办公室	2003年4月	主　任： 马奋山（2003年4月—2004年9月）	米志和（2003年4月—2003年12月） 李震宇（2003年12月—2004年9月）	2004年9月撤销
财务室	2004年9月	主　任： 马奋山（2004年9月—2006年8月） 李军庆（2006年8月—2007年7月） 蒋永岗（2007年8月—2014年8月） 叶占林（2014年8月—2015年6月） （2016年9月—2017年8月） 李永钊（2015年8月—2016年9月） 明小军（2018年2月—　） 副主任： 金光耀（2015年8月—2016年2月） 明小军（2016年9月—2018年2月）	李震宇（2004年9月—2006年5月） 吴克斌（2005年2月—2006年8月） 王海萍（2006年5月—2012年9月） 倪慧霞（2008年9月—2009年9月） 毛晓东（2010年9月—2012年10月） 海丕军（2011年2月—2016年4月） 肖建军（2012年2月—2018年2月） 明小军（2012年12月—2016年9月） 黄月梅（2014年8月—　） 胡永利（2015年8月—2018年2月） 施兴梅（2016年6月—　） 张旭鹏（2016年9月—　） 葸天英（2018年2月—　） 宋向东（2018年9月—　）	
项目办公室	2004年9月	主　任： 马奋山（2004年9月—2006年8月）	王普荣（2004年9月—2006年8月） 周鹏程（2005年7月—2006年8月） 黄月梅（2006年6月—2006年8月）	2006年8月更名
招生办公室	2004年9月	主　任： 孔德龙（2004年9月—2008年9月）	何晓莉（2004年11月—2006年3月） 杨国繁（2005年2月—2006年8月） 马金发（2005年2月—2008年9月） 郭晓艳（2005年2月—2006年7月） 吕怀春（2006年3月—2007年9月） 尹　英（2006年3月—2008年9月）	2008年9月撤销

续表2-3

股室名称	设立时间	负责人(任职时限)	工作人员(任职时限)	备注
学校工作办公室	2004年9月		王忠文(2004年9月—2006年8月) 马兴琳(2005年2月—2006年8月)	2006年8月撤销
教师工作办公室	2004年9月		刘宗河(2004年9月—2006年8月)	2006年8月撤销
督导室	2004年9月	主　任: 马杰君(2004年9月—2005年5月) 伏建军(2005年5月—2006年8月) (2012年2月—2017年10月) 高俊新(2006年8月—2012年2月) 任世伟(2017年10月—2018年8月) 吴风虎(2018年9月—　) 副主任: 何晓莉(2013年5月—2017年10月)	高俊新(2005年1月—2006年8月) 马永健(2005年1月—2006年8月) 马成义(2006年8月—2013年12月) 马成虎(2006年8月—2011年12月) 滑　峰(2008年9月—2011年9月) 何晓莉(2012年12月—2013年5月) 党立军(2013年3月—2015年8月) 刘　刚(2015年3月—　) 马爱喜(2016年3月—2018年2月) 赵　洁(2018年11月—　)	2010年11月变更为教育局下属事业单位
基础教育和“两基”工作办公室	2004年9月	主　任: 马杰君(2004年9月—2005年5月) 伏建军(2005年5月—2006年8月) 王学义(2006年8月—2008年9月) 副主任: 田进万(2007年8月—2008年8月)	伏建军(2004年10月—2005年5月) 王学义(2005年2月—2006年2月) 李军庆(2005年6月—2006年1月) 王　义(2005年8月—2008年9月) 锁　静(2005年10月—2007年9月) 杨国繁(2006年8月—2008年9月) 白　杰(2006年3月—2008年8月) 张嘉炜(2006年3月—2006年8月) 滑　峰(2006年8月—2008年9月) 杨风祥(2007年9月—2008年9月)	2008年9月撤销
信息技术与项目办公室	2006年8月	主　任: 王普荣(2006年8月—2008年2月) 副主任: 马奋山(2006年8月—2008年2月)	吴克斌(2006年8月—2008年2月) 周鹏程(2006年8月—2008年2月) 黄月梅(2006年8月—2008年2月) 王耀成(2006年11月—2008年2月) 马小军(2007年9月—2008年2月)	2008年2月撤销
人事职改办公室	2006年8月	主　任: 马永建(2006年8月—2014年11月) 杨克虎(2014年11月—2016年2月) 金光耀(2016年2月—　)	何晓莉(2006年8月—2012年12月) 白　杰(2008年8月—2015年4月) 李　娜(2008年9月—2012年4月) 杨会娟(2010年11月—2012年4月) 马　娟(2010年11月—　) 张永宏(2015年3月—　) 潘金合(2015年4月—　) 张艳艳(2018年9月—　)	
党建与综治办公室	2006年8月	主　任: 马建明(2006年8月—2007年8月) 马靖平(2007年8月—2008年9月) 副主任: 王忠文(2006年8月—2007年8月)	拓生海(2006年8月—2007年9月) 蒽天英(2007年9月—2008年9月) 郭晓艳(2007年9月—2008年2月) 吴克斌(2008年2月—2008年7月)	2008年9月撤销
关工委办公室	2007年9月	主　任: 刘鹏跃(2007年9月—2008年9月) 马建明(2008年9月—2017年2月) 副主任: 拓生海(2007年9月—2008年9月) 周治坚(2008年9月—2018年2月)	马绍平(2016年10月—2017年9月)	2018年2月撤并

续表2-3

股室名称	设立时间	负责人(任职时限)	工作人员(任职时限)	备注
学生资助办公室	2007年9月	主　任： 吕怀春(2007年9月—) 副主任： 杨振绩(2016年8月—2018年2月)	李　娜(2007年9月—2008年9月) 锁　静(2007年9月—2008年9月) 尹　英(2009年9月—2010年1月) 周鹏程(2009年4月—2010年9月) 王学义(2010年9月—) 马小军(2011年9月—2017年9月) 杨国繁(2014年8月—) 张志燕(2016年11月—2018年9月) 王　维(2018年2月—) 贺自高(2018年9月—)	2010年11月更名为“学生资助管理中心”
项目管理办公室	2008年2月	主　任： 王普荣(2008年2月—2009年12月) 马奋山(2010年3月—2011年8月) 马登俊(2011年9月—2013年5月) 马靖平(2013年5月—2017年10月) 蒋　珂(2018年2月—) 副主任： 马奋山(2008年2月—2010年3月) 马兴伟(2013年5月—2017年10月)	周鹏程(2008年2月—2009年4月) 黄月梅(2008年2月—2008年7月) 马小军(2008年2月—2011年9月) 王学义(2008年9月—2009年3月) 马淑琴(2009年3月—2012年3月) 锁　静(2009年6月—2009年9月) 蒋　珂(2011年3月—2018年2月) 郭晓艳(2011年8月—2016年8月) 马兴伟(2011年8月—2013年5月) 王耀成(2014年9月—2018年2月) 卢雪琴(2016年8月—2017年9月) 赵文斌(2017年9月—) 张　翔(2018年2月—) 杨伟海(2018年4月—) 罗　宁(2018年9月—)	
考试中心	2008年9月	主　任： 孔德龙(2008年9月—2011年7月) 魏国喆(2012年2月—) 代主任： 吕怀春(2011年7月—2012年2月) 副主任： 吕怀春(2008年9月—2014年8月) 金光耀(2013年5月—2014年8月) 马金发(2014年8月—)	马金发(2008年9月—2014年8月) 郭晓艳(2010年9月—2011年8月) 尹　英(2008年9月—2009年9月) 锁　静(2008年9月—2009年6月) (2009年9月—2018年5月) 王学义(2009年3月—2010年9月) 张　英(2013年6月—) 丁慧芬(2018年2月—)	2010年11月变更为教育局下属事业单位
基础教育办公室	2008年9月	主　任： 马靖平(2008年9月—2013年5月) 王耀斌(2013年7月—2014年8月) 孔德龙(2014年8月—2015年8月) 李如峰(2015年8月—) 副主任： 拓生海(2008年9月—2010年3月) 李永钊(2012年4月—2015年8月) 杨　芳(2015年8月—2016年1月) 郭晓艳(2016年9月—2018年9月)	杨风祥(2008年9月—2009年3月) 杨国繁(2008年9月—2014年8月) 徐志军(2008年9月—2012年6月) 王　茂(2008年9月—2017年2月) 葸天英(2008年9月—2010年9月) 张　财(2009年9月—2010年3月) 李永钊(2011年9月—2012年4月) 赵文斌(2013年7月—2017年9月) 王国强(2015年9月—2016年9月) 丁慧芬(2015年8月—2016年8月) 张海丰(2016年7月—) 魏留红(2016年8月—) 何明霞(2018年2月—) 马宗利(2018年4月—) 邵　辉(2018年9月—)	
信息化资源管理中心	2010年3月	主　任： 叶占林(2012年4月—2014年8月) 副主任： 叶占林(2010年3月—2012年4月)	黄月梅(2010年3月—2014年8月) 李永钊(2010年9月—2011年9月) 王耀成(2012年4月—2014年8月)	2014年8月撤销

续表2-3

股室名称	设立时间	负责人（任职时限）	工作人员（任职时限）	备注
体卫艺及学前教育与综治安全办公室	2010年3月	主　任： 拓生海（2010年3月—2013年1月）	张　财（2010年3月—2013年1月） 高　阳（2011年5月—2012年6月） 徐志军（2012年6月—2013年1月）	2013年1月撤销
青少年活动中心	2010年3月	主　任： 宋兴珍（2013年5月—2018年2月） 副主任： 牛晓霞（2015年8月—2017年10月）	沙万宝（2013年2月—2018年2月） 丁淑琴（2013年2月—2018年2月） 马淑琴（2013年2月—2018年2月） 王　维（2013年2月—2018年2月） 胡永利（2013年3月—2014年9月） 瞿庆玲（2014年3月—2014年9月） 马文艳（2014年3月—2014年9月） 李　红（2014年3月—2014年9月） 陈振中（2014年3月—2018年2月） 马　琼（2015年8月—2018年2月） 买玉芳（2015年8月—2018年2月）	2018年2月撤并
电大工作站	2010年8月	站　长： 孔德龙（2010年8月—2018年2月）	李曙宏（2010年8月—2017年9月） 何明霞（2010年8月—2018年2月） 张永宏（2014年8月—2015年3月） 戴孟雄（2015年6月—　） 赵巧霞（2015年8月—2018年11月） 张　翔（2016年3月—2018年2月） 蒽天英（2016年9月—2018年2月） 赵　洁（2016年9月—2018年11月） 马小军（2017年9月—　）	2015年6月变更为教育局下属事业单位
职业教育与成人教育办公室	2012年4月	主　任： 孔德龙（2012年4月—2014年8月）	李曙宏（2012年4月—2014年8月） 何明霞（2012年4月—2014年8月）	2014年8月撤销
工青妇办公室	2012年4月	主　任： 李　娜（2012年4月—2018年2月）	杨会娟（2012年4月—2018年2月） 马奋岚（2017年7月—2018年2月）	2018年2月撤并
体卫艺办公室	2013年1月	主　任： 拓生海（2013年1月—2018年2月） 副主任： 杨菊花（2016年9月—2018年2月）	徐志军（2013年1月—2014年1月） 杨菊花（2015年8月—2016年9月） 党立军（2016年9月—2018年2月）	2018年2月撤并
“创城”办公室	2015年1月			
综治安全办公室	2013年1月	主　任： 张　财（2013年1月—　）	黑占英（2013年1月—2018年9月） 沙万宝（2018年2月—　） 胡永利（2018年2月—　） 马　斌（2018年9月—　） 陈永琪（2018年9月—　）	
党的群众路线教育实践活动工作办公室	2014年3月		田云平（2014年3月—2015年8月） 苏玉贵（2014年3月—2015年8月） 吴亚莉（2014年3月—2015年8月） 杨菊花（2014年3月—2015年8月） 郑会平（2014年3月—2015年8月）	2015年8月撤销
党的群众路线教育实践活动督导办公室	2014年3月	组　长： 李荣国（2014年3月—2015年8月）	朱世君（2014年3月—2015年8月） 杜宏宇（2014年3月—2015年8月） 张治乾（2014年3月—2015年8月） 贾庭洲（2014年3月—2015年8月） 王忠文（2014年3月—2015年8月） 贺秀凤（2014年3月—2015年8月）	2015年8月撤销

续表2-3

股室名称	设立时间	负责人(任职时限)	工作人员(任职时限)	备注
学前教育办公室	2014年8月	主　任： 杨　芳(2014年5月—2015年8月)	丁慧芬(2014年12月—2015年8月)	2015年8月撤并
学生营养办公室	2014年8月	主　任： 金光耀(2014年8月—2015年8月)	王耀成(2014年8月—2014年9月) 胡永利(2014年9月—2015年8月)	2015年8月撤并
党建办公室	2015年8月	主　任： 郭一鸣(2015年8月—2017年9月)	党立军(2015年8月—2016年9月) 张秉成(2015年12月—2018年2月)	2018年2月撤并
纪检室	2015年8月	主　任： 吴亚莉(2015年8月—2017年9月) 副主任： 张成裕(2015年11月—2018年9月)		2018年2月撤并
党建和党风廉政建设办公室	2018年2月	主　任： 张秉成(2018年2月—　) 副主任： 杨菊花(2018年2月—　)	齐增辉(2018年4月—　) 马俊文(2018年4月—　)	
体卫艺与青少年活动中心	2018年2月	主　任： 拓生海(2018年2月—　) 副主任： 周治坚(2018年2月—　)	丁淑琴(2018年2月—2018年9月) 马　琼(2018年2月—　) 马淑琴(2018年2月—　) 党立军(2018年2月—　) 咸克伟(2018年2月—　) 孙立军(2018年2月—　) 马兴伟(2018年9月—　)	
群团办公室	2018年2月	主　任： 李　娜(2018年2月—　)	杨会娟(2018年2月—　) 马奋岚(2018年2月—　)	
信息化管理办公室	2018年2月	主　任： 王耀成(2018年2月—　)	王国强(2018年2月—　) 魏万帅(2018年9月—　)	

(三)直属学校(园)

2002年6月，红寺堡开发区工委、管委会会议研究决定，红寺堡开发区高级中学直属于教育文体广电局。2003年1月，随着移民定居率的提高，学生人数快速增长，红寺堡开发区工委、管委会研究决定，将红寺堡镇中学与红寺堡开发区高级中学合并，组建集初中教育与高中教育于一体的城镇完全中学，命名为红寺堡开发区红寺堡中学。4月，开发区工委、管委会会议研究，决定将马士基希望小学更名为红寺堡小学，直属于教育文体广电局。2004年8月，第二中学、第二小学2所直属中小学建成并投入使用。2009年8月，回民中学一期工程建成并投入使用；2011年8月，第三中学建成并投入使用；2013年8月，第三小学建成并投入使用。直属中小学由2003年的2所增加到7所。2014年8月，为贯彻落实中共十八大精神，适应教育领域综合改革发展大局，进一步整合资源，优化职能结构，教育局对下辖学校进行管理体制改革,将红寺堡镇回民小学和燕宝小学、南川乡马渠小学设为直属学校。新增第一幼儿园、第二幼儿园、柳泉中心幼儿园3所公办幼儿园。至此,教育局下辖10所直属中小学校、3所公办幼儿园。2016年9月,第四中学建成并投入使用。2018年9月,职业技术学校、第四小学建成并投入使用,直属中小学校增至13所。同期,城区各类幼儿园由教育局直属管理。

2018年红寺堡区各类直属学校(园)基本情况表

表2-4

类别	学校名称(性质)	学校数(所)	教职工数(人)	学生数(人)
中职	职业技术学校	1	39	308
普通高中	第一中学	1	238	3877
初级中学	第二中学	1	157	2570
	第三中学	1	209	3700
	第四中学	1	198	3273
	回民中学	1	181	2857
	小计	4	745	12400
小学	第一小学	1	88	2106
	第二小学	1	89	1913
	第三小学	1	75	1394
	第四小学	1	80	1535
	燕宝小学	1	39	823
	回民小学	1	51	997
	马渠小学	1	22	422
	小计	7	444	9190
幼儿园	公办园	2	98	850
	公建民营	1	10	156
	民办园	7	153	1527
	小计	10	261	2533
合计		23	1727	28308

第二节　乡镇教育机构

一、无建制阶段(1998年至2000年7月)

1998年开发建设之初,自治区扬黄扶贫灌溉工程总指挥部坚持移民未到、教育先行的原则,将学校建设与移民搬迁、水利设施同步规划、同步实施,最早的移民村学校都是扬黄指挥部承建的砖木结构平房,学校的教师配备、招生开学和教育教学管理事宜也都由各移民迁出县扬黄指挥部代管。至2000年8月之前,红寺堡开发区乡镇教育尚未形成建制。

二、学区与乡镇教育领导小组建制(2000年8月至2003年7月)

2000年8月,红寺堡开发区成立大河学区、红寺堡镇学区、沙泉学区、买河学区。9月,红寺堡开发区管委会首次接管了大河辖区8所小学。10月,接管了红寺堡镇、沙泉、买河等辖区的30所中小学。2001年3月,白墩学区成立。8月,撤销大河、红寺堡镇、沙泉、买河等4个学区,成立4个相应的教育工作领导小组。2002年2月,撤销白墩学区,成立白墩乡教育工作领导小组。至此,以乡镇为单位的5个教育工作领导小组正式成立,管理乡镇中小学教育教学工作。各乡教育工作领导小组设组长1名,由各乡镇分管教育的副书记(副乡镇长)担任,设副组长1名,成员2～3名,副组长和成员由教师担任。五乡镇历任教育领导小组组长、专职副组长(学区主任)分别为:

红寺堡镇组长:田成川,副组长:马永建;大河乡组长:王瑞,副组长:马成云、马靖平;沙泉乡组长:于光明,副组长:朱世君、高俊新;买河乡组长:赵志强,副组长:薛文均;白墩乡组长:李豆清,副组长:周刚。

2002年4月,同心县新庄集乡整建制划归红寺堡开发区,新庄集乡学区随之划入,马成虎任学区主任。9月,自治区人民政府对红寺堡开发区进行第三轮行政区划调整,将同心县石炭沟开发区(纪家乡北四村)成建制划归红寺堡开发区,石炭沟开发区学区随之划入,丁永虎任学区主任。至此,红寺堡开发区形成了6个乡1个镇1个乡级开发区的行政区划建制,乡镇教育机构增至7个(红崖乡未成立教育机构)。

三、乡镇中心学校建制(2003年8月至2018年年底)

2003年8月，教育文体广电局贯彻国务院办公厅《关于完善农村义务教育管理体制的通知》精神，落实“在国务院领导下，由地方政府负责、分级管理、以县为主”(简称“以县为主”)的农村义务教育管理体制。并按照红寺堡开发区工委下发的《关于开发区实施乡镇行政区划调整有关问题的通知》(红工委发〔2003〕34号)精神，对乡镇教育机构进行调整，撤销各乡镇教育工作领导小组(学区)，设立乡镇中心学校，实行乡镇中心学校校长负责制。成立红寺堡镇中心学校、沙泉乡中心学校、大河乡中学校、南川乡中心学校、石炭沟开发区中心学校。新庄集乡中心学校增管白墩乡下辖的双台、康庄、南角湾等3所村级小学；将白墩乡中心小学和白墩中学合并为白墩九年制学校，与沙草墩小学一并划归红寺堡镇中心学校管辖；将买河乡中心小学和买河中学合并为买河九年制学校，买河乡所有学校划归沙泉乡中心学校管辖。乡镇中心学校设校长1名、常务副校长1名、教育督导员1名、工作人员若干名，乡镇中心学校校长及其他工作人员办公地点设在乡(镇)政府驻地村所在学校。教育文体广电局发文任命五乡(镇、区)中心学校校长，乡(镇、区)中心学校正式挂牌。

2004年8月，红寺堡开发区撤乡并镇，成立太阳山镇，撤销沙泉乡，设立太阳山镇沙泉办事处，归太阳山镇管辖；将新庄集乡更名为南川乡，保留红寺堡镇、大河乡、石炭沟开发区，形成了2个乡2个镇1个乡级开发区的行政区划建制。乡镇教育管理机构随之更名，沙泉乡中心学校更名为太阳山镇中心学校，除管理原沙泉乡辖区学校外，开始代管太阳山开发区辖区学校；新庄集乡中心学校更名为南川乡中心学校。2005年12月，红寺堡开发区撤销石炭沟开发区，并入大河乡，石炭沟开发区中心学校随之撤销，辖区学校归大河乡中心学校管理。

2009年9月，吴忠市红寺堡区正式设立，乡镇学校名称的行政区域标识由“红寺堡开发区”变更为“吴忠市红寺堡区”。

2010年3月，自治区再次调整红寺堡区行政区划，将灵武市、盐池县、同心县与红寺堡区相邻的部分村庄划归红寺堡区管辖。10月，红寺堡区太阳山开发区中心学校成立，下辖中心小学、灌区第二小学、灌区第三小学、塘坊梁小学、白塔水小学、巴庄子小学、红沙窝小学、泉子湾小学。

2011年5月，吴忠市机构编制委员会、吴忠市事业单位登记管理局年检核准，红寺堡区各乡镇只设中心小学一个事业单位，法定代表人为乡镇中心学校校长，实行中心小学管理村级小学的体制。

是年11月，红寺堡区根据自治区人民政府批复（宁政函〔2011〕186号）再次进行区划调整，将太阳山镇羊坊滩村及以西11个行政村划出，设立柳泉乡，乡政府驻地柳泉村；保留太阳山镇，镇政府驻地太阳山工业园区，下辖买河村、田园村、周兴村及以东9个行政村。同期，太阳山开发区中心学校更名为太阳山镇中心学校，管理太阳山镇辖区村级小学；原太阳山镇中心学校更名为柳泉乡中心学校，管理柳泉乡辖区村级小学。

2014年10月，吴忠市机构编制委员会下发《关于红寺堡区设立燕宝等4所小学及部分乡镇学校更名的通知》（吴编办发〔2014〕51号），对红寺堡区5个乡镇37所村镇小学正式发文更名，校名上统一取消了“乡”“镇”字样。同期，教育局直属管理回民小学、燕宝小学、马渠小学。

2017年8月，教育局设置乡镇中心学校职数，设校长1名、常务副校长1名、干事3名，选派责任督学若干名。截至2018年年底，红寺堡区共有乡镇中心学校5个，负责管理70所村级小学（含教学点）。

2018年红寺堡区乡镇各类学校基本情况表

表2-5

乡镇名称	项目	小学	幼儿园				合计
			小计	公办园	公建民营	民办园	
红寺堡镇	学校数（所）	14	13	0	4	9	27
	教职工数（人）	221	193	0	81	112	414
	学生数（人）	3600	1973	0	767	1206	5573
太阳山镇	学校数（所）	10	1	0	0	1	11
	教职工数（人）	56	18	0	0	18	74
	学生数（人）	876	193	0	0	193	1069
大河乡	学校数（所）	16	2	0	2	0	18
	教职工数（人）	165	42	0	42	0	207
	学生数（人）	3334	607	0	607	0	3941
柳泉乡	学校数（所）	13	3	1	1	1	16
	教职工数（人）	141	75	41	13	21	216
	学生数（人）	2563	689	332	166	191	3252

续表2-5

乡镇名称	项目	小学	幼儿园				合计
			小计	公办园	公建民营	民办园	
新庄集乡	学校数(所)	17	9	0	6	3	26
	教职工数(人)	182	130	0	59	71	312
	学生数(人)	3298	1118	0	581	537	4416
总计	学校数(所)	70	28	1	13	14	98
	教职工数(人)	765	458	41	195	222	1223
	学生数(人)	13671	4580	332	2121	2127	18251

第三节 教育管理体制

一、异地管理体制(1998年8月至2000年8月)

1998年8月,红寺堡移民开发建设工程正式动工。12月,在大河开发区建成了7所砖木结构平房学校,即大河二小(海原县移民搬迁点)、大河三小(西吉县移民搬迁点)、大河四小(彭阳县移民搬迁点)、大河六小(泾源县移民搬迁点)、大河八小(隆德县移民搬迁点)、大河五小(固原县移民搬迁点)、大河七小(同心县移民搬迁点)。1999年3月,大河三小招生开学。4月,大河的五小、二小、四小、六小、八小相继招生开学。伊始,学校均由移民迁出县扬黄指挥部管理。在教师管理使用上,都由移民迁出县扬黄指挥部从原县借调,学校经费(每生每学期只收取8元学杂费)和后勤保障也由移民迁出县扬黄指挥部对应承担;教育教学管理执行国家教委《小学管理规程》和教学大纲。课程严格按照国家教委《中小学教学用书目录》设置,学校教材通过中宁县新华书店订购。这种管理体制延续到2000年9月红寺堡开发区接管首批移民学校才结束。之后,学校按照“开办一所移交一所”的方式,由红寺堡开发区接管。

二、分级管理体制(2000年9月至2003年3月)

2000年9月,红寺堡开发区工委、管委会接管首批移民学校,在教育管理体制上全面落实《宁夏回族自治区普通教育实行分级管理若干问题的意见》《宁夏回族自治区教育管理工作暂行规定》《宁夏回族自治区中小学教师聘任办法暂行规定》，基础教育工作在自治区人民政府的领导下，按照自治区、市（行署）、县（市、区）、乡（镇）分级管理模式，执行县、乡分级管理。红寺堡开发区社会事业二局主要加强宏观管理、质量评估和检查指导工作，总结交流经验，研究制定实行义务教育规划、分级办学和管理的具体政策、条例、规定等。红寺堡镇中学、红寺堡镇中心小学校长、副校长均由红寺堡开发区社会事业局聘任，教师由教育主管部门调剂，其他乡镇独立中学、完全小学校长由乡镇开发区工作委员会（管理委员会）任免；教师由乡镇开发区学区调动。干部和教师的工作考核，由红寺堡开发区管委会、教育主管部门负责。2001年5月，红寺堡开发区管委会制定《关于开发区中小学教师由乡镇和教育主管部门双重管理的通知》（红管办发〔2001〕21号），对各学校负责人的确定，由乡镇开发区工委（管委会）商教育主管部门共同聘任或任命。教育经费的管理使用、基本建设投资项目的安排，归口社会事业局，国家拨给乡镇的教育事业费和地方财政用于教育的拨款，由社会事业局拟定经费使用计划，报红寺堡开发区工委、管委会批准后使用。按照中小学教育事业的定额标准，实现学校"一无两有六配套"的办学标准。乡镇开发区管委会根据规定征收教育事业附加费，鼓励社会各界和个人资助教育事业。乡镇学区（教育领导小组）负责乡镇学校的日常教育教学管理、普及初等义务教育的各项指标、农民脱盲教育、建立健全各项规章制度。2002年1月，教育文体广电局成立，开始履行县级教育行政部门职责。

三、"以县为主"的管理体制（2003年4月— ）

2003年4月，红寺堡开发区管委会根据国务院《关于完善农村义务教育管理体制的通知》精神制定《红寺堡开发区关于加快基础教育改革与发展的决定》，红寺堡教育开始实行"以县为主"的管理体制，明确管委会的工作职责：管委会负责制定红寺堡农村义务教育发展规划，组织实施农村义务教育；从实际出发，因地制宜，逐步调整农村中小学布局；根据国家中小学教职工编制标准和自治区人民政府的实施办法，提出中小学教职工编制方案，核定教职工编制；调整财政支出结构，增加教育经费预算，合理安排使用上级转移支付资金，不再向农民征收教育附加费；确保按时足额发放教职工工资；统筹安排中小学公用经费，安排使用校舍建设和危房改造资金，组织实施中小学危房改造和校舍建设，改善办学条件；督导中小学的教育教学工作；维护学校的治安、安全和正常教学秩序；开展助学活动；对乡镇人民政府的教育工作进行督导评估。

2003年8月,教育文体广电局对义务教育阶段学制进行改革,将小学五年制改为六年制,义务教育由八年制改为九年制,为了不出现年级断层现象,红寺堡开发区只把红寺堡小学五年级1个班104名毕业生升入初中一年级(七年级),其余学校的五年级学生全部升至六年级。撤销乡镇教育领导小组机构,取消乡镇一级政府对教育的行政管理,设立乡镇中心学校,负责本乡镇教育教学业务。学校布局调整、教学业务指导和教育事务管理归口教育文体广电局。至2018年年底,红寺堡延续以县为主的教育管理体制。

第四节　教育督导

一、机构

2003年9月,红寺堡开发区管委会教育督导室成立,为管委会下属事业单位,未核定人员编制,挂靠教育文体广电局,黎晓芳主持督导室工作。

2004年9月,教育文体广电局设立教育督导室,为无级别内设股室,承担教育督导、基础教育和"两基"工作,马杰君任主任。

2005年1月,"两基"推进工作进入冲刺阶段,管委会为加大督政力度,任命张耀忠为政府专职督学(正科级),专项督导"两基"攻坚工作,教育文体广电局聘任高俊新、马永建为专职督导员。

2010年11月,吴忠市机构编制委员会批准设立红寺堡区人民政府教育督导室,为教育局所属事业单位,核定编制3名,其中主任1名(副科级),督导人员2名。2012年2月,红寺堡区人民政府任命伏建军为教育督导室主任,主持督导室工作。2013年3月,督导室增加编制2名。

2017年11月,根据《吴忠市承担行政职能事业单位改革试点方案》,吴忠市2017年第二次编委会议研究,将红寺堡区人民政府教育督导室并入教育局,在教育局挂"红寺堡区人民政府教育督导室"牌子,不再是政府事业单位。

红寺堡政府教育督导室历任负责人一览表

表2-6

姓名	职务	任职时间	级别	职称	备注
黎晓芳	主任	2003年9月—2005年1月	正科		管委会任命
张耀忠	政府督学	2005年1月—2005年12月	正科	副高	管委会任命
伏建军	主任	2012年2月—2017年10月	副科	副高	政府任命

二、督学

(一)沿革

2003年8月，教育文体广电局任命高俊新、薛文钧、马成虎、马兴琳分别为红寺堡镇、沙泉乡、大河乡、新庄集乡四个乡镇中心学校教育教学工作督导员，组建了红寺堡最早的教育督导队伍，标志着红寺堡教育督导工作的开始。是时，督学的任用实行教育主管部门任命制。2012年10月，国务院《教育督导条例》颁布后，红寺堡区督学实行届期聘任制，由教育局和人民政府教育督导室联合聘任，颁发督学聘任书，每届任期三年。2017年11月开始，红寺堡区责任督学由教育局直接聘任。截至2018年12月，红寺堡区有督学24人。

2018年红寺堡区督学责任区一览表

表2-7

序号	姓名	职责区	年龄(岁)	职称
1	孔德龙	职业技术学校	55	高级
2	杜宏宇	第一中学	57	高级
3	苏玉贵	第二中学	52	高级
4	张治乾	第三中学	54	高级
5	马永建	第四中学	58	高级
6	贾庭洲	回民中学	55	高级
7	王　茂	第一小学	54	高级
8	赵吉玲	第二小学	52	高级
9	马兴琳	第三小学	54	高级
10	何晓莉	第四小学	51	高级
11	李学宝	燕宝小学和弘德第二小学及片区内幼儿园	49	高级
12	孔进生	回民小学及片区内幼儿园	54	高级

续表2-7

序号	姓名	职责区	年龄(岁)	职称
13	赵　祥	马渠小学及片区内幼儿园	53	高级
14	王耀斌	红寺堡镇东片区:光彩、朝阳、富康、玉池、东源、上源、中圈塘等小学及片区内幼儿园	50	高级
15	宋兴珍	红寺堡镇西片区:中心、梨花、幸福、红兴、河水、兴旺等小学及片区内幼儿园	55	高级
16	王生俊	太阳山镇各小学及片区内幼儿园	59	高级
17	李军庆	柳泉第一片区:中心、东泉、永泉、新泉、甜水河等小学及片区内幼儿园	45	高级
18	糟成荣	柳泉第二片区:买河、羊坊滩、红崖湾、黄羊滩、豹子滩、红塔等小学及片区内幼儿园	53	高级
19	李哲辉	新庄集第一片区:白墩、南角湾、康庄、沙草墩、双台、新一村、高口、洪沟滩、新一支等小学及片区内幼儿园	53	高级
20	马兴中	新庄集第二片区:中川、奕龙、西川、新台、红阳、杨柳、东川等小学及片区内幼儿园	57	高级
21	马成云	大河乡大河片区各小学及片区内幼儿园	56	中级
22	杨风祥	大河乡石炭沟片区:石炭沟、平岭子、石坡子、管店等小学及片区内幼儿园	53	中级
23	贺秀凤	城区东片:小燕子、小白鸽、慧玲、雨丝等幼儿园、第二幼儿园	48	中级
24	王玉芳	城区西片:小龙人、七彩、小天才、第一、第三、第四幼儿园	54	高级

(二)管理

1. 选拔聘任

2003年8月,红寺堡开发区管委会提出:为了加强开发区教育督导工作,初步建立督导体系,使党的教育方针得到更好的贯彻执行,以全面提高教育质量。教育文体广电局给每个乡镇各配备1名有一定督导工作能力,并有丰富教育教学管理经验的教师任教育教学工作督导员。2017年2月,教育局、红寺堡区人民政府教育督导室联合制定《红寺堡区责任督学管理办法》,第二条明确规定督学任职基本条件:具有大专以上学历,中级以上教师专业技术职称,25年以上教育教学工作经历,曾在直属中小学(幼儿园)担任副校(园)长以上职务,或曾在教育局担任股室副主任及以上职务;熟悉教育法律、法规、方针、政策,有较强的组织协调能力和业务能力,遵纪守法,坚持原则,办事公道,品行端正,廉洁自律,身体健康,无违纪违规事实及社会不良记录。

2. 制度办法

2003—2013年,红寺堡督学根据教育行政部门的安排开展工作。2014年根据

《教育督导条例》《宁夏回族自治区中小学校责任督学挂牌督导办法》，红寺堡区人民政府教育督导室对中小学责任督学进行管理与考核，强化责任督学的履职尽责意识。2016年，红寺堡区人民政府教育督导室制定《红寺堡区中小学校责任督学挂牌督导工作规程》《红寺堡区中小学校责任督学挂牌督导操作细则》《红寺堡区责任督学管理办法》等制度，指导督学工作，规范督导行为。

3. 基本职责

对学校依法依规办学情况进行监督；对学校管理和教育教学进行指导；倾听人民群众和社会的意见，调查、核实相关举报和投诉，并及时向教育督导部门报告；指导学校开展自我检查和自我评价，协助学校总结工作经验，督促学校落实综合督导、专项督导提出的整改意见和建议；发现并及时向教育督导室报告危及师生安全的重大隐患，督促学校及时处理；及时了解各种突发事件或重大事故的有关情况并向上级主管部门汇报；完成教育督导部门交办的其他任务。

4. 工作守则

热爱督导奉献教育，忠于职守勤勉尽责；熟悉法律遵守规章，依法依规履行职责；遵循规律坚持标准，讲究程序严格操作；了解情况实事求是，处理问题公平公正；深入学校贴近师生，加强交流及时反馈；敢查实情敢讲真话，督促整改一抓到底；视野开阔思维缜密，大胆探索注重总结；认真监督悉心指导，意见明确落实到位；注重学习勤于钻研，本领过硬能力全面；严于律己作风正派，品行端正不谋私利。

5. 督导事项

校务管理和制度执行情况；招生、收费、择校情况；课程开设和课堂教学情况；学生学习、体育锻炼和课业负担情况；教师师德和专业发展情况；校园及周边安全情况，学生交通安全情况；食堂、食品、饮水及宿舍卫生情况；校风、教风、学风建设情况。

红寺堡历届县（区）级专职督学一览表

表2-8

届次	人数（人）	聘任时限	督学姓名
第一届	4	2003年8月—2005年8月	高俊新　马成虎　马兴琳　薛文钧
第二届	8	2005年8月—2008年8月	马成虎　马兴琳　薛文钧　马成义　马成豹　丁永虎　高俊新　马永建
第三届	6	2008年9月—2013年4月	马兴琳　马成虎　马成义　杨风祥　丁永虎　马成豹

续表2-8

届次	人数(人)	聘任时限	督学姓名
第四届	23	2013年5月—2018年1月	马兴琳 马成虎 杨风祥 丁永虎 孔进生 杜宏宇 张治乾 贾庭洲 朱世君 贺秀凤 马登俊 王忠文 王耀斌 蒋永岗 赵巧霞 王生俊 马吉军 苏玉贵 孙 彦 李永钊 叶占林 马成云 马永建
第五届	24	2018年2月—	孔德龙 杜宏宇 苏玉贵 张治乾 马永建 贾庭洲 王 茂 赵吉玲 马兴琳 何晓莉 李学宝 孔进生 赵 祥 王耀斌 宋兴珍 王生俊 李军庆 糟成荣 李哲辉 马兴中 马成云 杨风祥 贺秀凤 王玉芳

红寺堡历届市级督学一览表

表2-9

姓名	性别	民族	籍贯	聘任单位	任职时限
张耀忠	男	汉	宁夏西吉	吴忠市人民政府	2005年6月—2008年5月
鄢 钰	男	回	宁夏同心	吴忠市人民政府	2009年9月—2012年8月
高俊新	男	汉	宁夏西吉	吴忠市人民政府	2009年9月—2012年8月
孙 冲	男	汉	宁夏彭阳	吴忠市人民政府	2012年9月—2015年8月
伏建军	男	汉	宁夏西吉	吴忠市人民政府	2012年9月—2015年8月

第三章　学前教育

红寺堡的学前教育始于小学附设学前班，伴随着红寺堡教育的发展而发展。自红寺堡开发建设以来，随着移民搬迁步伐的加快，民办幼儿园率先兴起，并由城区到农村逐渐延伸。红寺堡幼儿教育共有民办、民办公助、公建民营、公办等不同的办园模式，且形成相互并存、协调发展的局面。随着国家对学前教育投入的不断加大，红寺堡学前教育总体呈现出由小到大、由弱到强的蓬勃发展趋势。办园规模不断壮大，办园条件显著改善，师资水平不断提升，办园质量稳步提高，标准化、信息化、规范化进程不断加快。

第一节　发展概况

一、红寺堡开发区时期的学前教育

（一）小学附设学前班

1999年3月，大河乡6所小学相继正式招生，各小学均附设学前班，红寺堡学前教育开始起步，当年共招收学前幼儿41名。2000年9月，红寺堡开发区先后接管扬黄指挥部移交的小学34所，小学附设的学前班开始大规模招生，学前班幼儿数量逐年上升。2009年3月，红寺堡开发区各小学附设学前班的幼儿总数达到1441名。随着幼儿园的建设，小学附设学前班的招生人数开始缩减，各小学陆续停办学前班。

（二）民办幼儿园

2001年9月，红寺堡开发区社会事业局下发《关于马建梅在红寺堡镇（县城）建设幼儿园的批复》（红社发〔2001〕176号），自此，红寺堡城区内一些民办幼儿园相继筹设。2003年3月，第一所民办幼儿园——小燕子幼儿园在团结街建成并经主管部门批复开始招生。8月,民办雨丝幼儿园在光明巷建成并经主管部门批复开始招生。2005年9月,民办太阳山中心幼儿园在太阳山开发区湖滨路建成并招生。2006年3月,民办新庄集乡第一幼儿园在中川村开始招生。2009年3月,民办立博幼儿园在新庄集南源村建成并招生。2009年8月,民办小天使幼儿园在红寺堡镇朝阳村建成并招生。

(三)民办公助幼儿园

2004年3月,红寺堡开发区工委、管委会通过招商引资,由陕北客商投资在城区建设一所标准化幼儿教育机构——红寺堡幼教中心,2005年9月开始招生。红寺堡幼教中心是一所民办公助幼儿园,即投资商负责基础建设、设备配备、聘请专门管理人员,红寺堡开发区管委会选派专职教师。是年,红寺堡将新招聘的25名事业编幼儿教师和从小学抽调的16名具有幼教资格的教师派往红寺堡幼教中心任教,派出的41名教师由教育文体广电局管理。

二、红寺堡建区以后的学前教育

2009年10月,红寺堡区成立。随着国家加大学前教育投入和自治区实施“学前教育三年行动计划”,红寺堡区逐渐配套建设了一批城区、乡镇、村级公办幼儿园。同时,在没有建设公办幼儿园的偏远乡村,一批民办幼儿园相继建成。这一时期的学前教育主要有公建民营、公办、民办三种办园模式。

(一)公建民营幼儿园

2010年开始,教育主管部门对村级闲置小学改建的幼儿园在陆续建成并投入使用后,实施公建民营管理模式。3月,红阳小学改建为金星幼儿园并投入使用,大河乡第四小学改建为蓝天幼儿园并投入使用。2011年8月,买河小学改建为买河雨丝幼儿园并投入使用,白墩小学改建为星辰幼儿园并投入使用。2012年9月,原红寺堡镇中心小学改建为雨润幼儿园并投入使用。同期,弘德第一幼儿园投入使用并开始招生。2013年9月,新庄集乡菊花台幼儿园改制,采用公建民营管理模式。2014年3月,红寺堡镇同原村弘阳幼儿园投入使用并开始招生。2015年9月,新庄集乡马渠第一幼儿园、马渠第二幼儿园投入使用并开始招生。2016年3月,新庄集乡第一幼儿园投入使用并开始招生。2016年9月,大河乡静海爱心幼儿园投入使用并开始招生。2017年3月,红寺堡镇第一幼儿园建成并开始招生。以上13所幼儿园的性质均为公建民营。

（二）公办幼儿园

2012年3月，红寺堡区在创业西街动工建设第一幼儿园，2013年6月建成。2013年10月，红寺堡区在扬黄北路动工新建第二幼儿园，在柳泉乡沙泉村动工新建柳泉中心幼儿园。2014年7月第二幼儿园、柳泉中心幼儿园建成，9月，第一幼儿园、柳泉中心幼儿园开始招生。2015年2月，第二幼儿园正式招生。3所公办园共设22个教学班，招收幼儿738名，聘用专业教师89名。

（三）民办幼儿园

2010年3月，春花幼儿园在柳泉乡豹子滩村建成并开始招生。9月，爱心幼儿园在红寺堡镇和兴村建成并开始招生，小白鸽幼儿园在红寺堡镇红海村建成并开始招生。2012年9月，玉池幼儿园在红寺堡镇玉池村建成并开始招生。2014年9月，在停办的原红寺堡幼教中心校址上新设的小龙人幼儿园开始招生。2016年9月，七彩幼儿园在红寺堡镇银川北路120号建成并开始招生。2017年9月，新庄集康庄村金太阳幼儿园、杨柳村贝贝乐幼儿园、红寺堡镇东源村东源幼儿园、上源村上源幼儿园、团结村希望幼儿园、团结村新起点幼儿园、城区利民巷小天才幼儿园等7所幼儿园经教育局批复开始招生。2018年3月，兴旺村兴旺幼儿园建成并开始招生。9月，团结村团结幼儿园建成并开始招生。以上15所幼儿园均为民办幼儿园。

截至2018年年底，红寺堡区共有幼儿园38所，其中公办幼儿园3所，公建民营幼儿园14所，民办幼儿园21所，在园幼儿7113名，学前三年毛入园率达到80.17%，学前一年毛入园率达到100%。学前教育形成了政府主导、社会参与、公民办并举的办学格局。

1999—2016年红寺堡各小学附设学前班情况表

表3-1

学年	项目	大河中心学校	红寺堡镇中心学校	新庄集中心学校	柳泉中心学校	太阳山中心学校	回民小学
1999—2000	学前班数（个）	6					
	幼儿总数（名）	41					
2000—2001	学前班数（个）	7	1		5	1	
	幼儿总数（名）	65	18		70	35	
2001—2002	学前班数（个）	8	1		5	1	
	幼儿总数（名）	91	18		101	27	

续表3-1

学年	项目	大河中心学校	红寺堡镇中心学校	新庄集中心学校	柳泉中心学校	太阳山中心学校	回民小学
2002—2003	学前班数(个)	8	5		6	1	
	幼儿总数(名)	103	222		132	19	
2003—2004	学前班数(个)	8	6	3	6	1	
	幼儿总数(名)	130	217	62	145	17	
2004—2005	学前班数(个)	80	9	5	8		
	幼儿总数(名)	115	289	101	174		
2005—2006	学前班数(个)	8	11	6	8		2
	幼儿总数(名)	145	346	132	195		97
2006—2007	学前班数(个)	8	11	7	10		2
	幼儿总数(名)	156	342	150	260		159
2007—2008	学前班数(个)	9	11	8	12	6	2
	幼儿总数(名)	210	367	162	398	6	140
2008—2009	学前班数(个)	9	11	10	14	7	2
	幼儿总数(名)	274	378	205	437	7	140
2009—2010	学前班数(个)	10	11	11	9	6	2
	幼儿总数(名)	351	363	268	277	6	130
2010—2011	学前班数(个)	10	10	12	13	3	2
	幼儿总数(名)	315	318	325	334	3	156
2011—2012	学前班数(个)	10	10	12	7		2
	幼儿总数(名)	312	302	398	240		148
2012—2013	学前班数(个)	10		13	6	6	
	幼儿总数(名)	362		456	205	6	
2013—2014	学前班数(个)	11		11	6	2	
	幼儿总数(名)	343		396	188	2	
2014—2015	学前班数(个)			10		5	
	幼儿总数(名)			362		42	
2015—2016	学前班数(个)			4		5	
	幼儿总数(名)			132		32	

2003—2018年红寺堡幼儿教育发展情况表

表3-2

年份	幼儿园(所)				教学班数(个)	幼儿(名)		教职工(名)			
	园所总数	公办园	民办园	公建民营		幼儿总数	女幼儿数	教职工总数	教师数	保育员数	后勤人数
2003	2	0	2	0	8	316	151	22	16	0	6
2004	2	0	2	0	8	332	159	22	16	0	6
2005	2	0	2	0	10	351	173	26	20	0	6
2006	3	0	3	0	15	511	247	41	25	5	11
2007	3	0	3	0	16	628	251	44	27	5	12
2008	3	0	3	0	25	834	307	63	45	5	13
2009	6	0	4	2	62	2398	1090	123	86	22	15
2010	11	0	8	3	93	3085	1425	144	95	29	20
2011	14	0	9	5	99	3208	1514	162	104	35	23
2012	17	0	10	7	105	3394	1611	195	115	48	32
2013	17	0	10	7	108	3518	1551	243	133	50	60
2014	23	3	11	9	134	4205	1803	350	184	94	72
2015	25	3	11	11	132	3947	1832	341	178	92	71
2016	27	3	12	12	153	4830	2236	412	241	93	78
2017	35	3	19	13	205	6385	3026	615	417	97	101
2018	38	3	21	14	230	7113	3354	724	476	126	122

2018年红寺堡幼儿园基本情况表

表3-3

幼儿园名称	法人(负责人)	办园性质	办园时间	占地面积(平方米)	建筑面积(平方米)	户外面积(平方米)	教师人数(名)	教学班数(个)	幼儿总数(名)	女幼儿数(名)	幼儿园地址
第一幼儿园	郭晓艳	公办	2014年9月	14800	3088	11712	53	12	504	241	红寺堡镇创业西街
第二幼儿园	马会荣	公办	2014年9月	10000	4777	4900	56	13	459	142	扬黄北路
柳泉中心幼儿园	段惠蓉	公办	2014年9月	5329	2330	2999	41	9	332	162	柳泉乡沙泉村
太阳山中心幼儿园	马红玲	民办	2005年9月	15318	3308	6326	12	6	160	62	太阳山开发区湖滨路
小燕子幼儿园	贾娟娟	民办	2003年3月	2740	995.6	1744	25	12	356	201	团结街080号
雨丝幼儿园	王志梅	民办	2003年8月	1600	1580	800	21	10	326	116	光明巷
小龙人幼儿园	黑玉红	民办	2014年9月	10000	4800	5200	31	10	308	149	六盘山路008号

续表3-3

幼儿园名称	法人(负责人)	办园性质	办园时间	占地面积(平方米)	建筑面积(平方米)	户外面积(平方米)	教师人数(名)	教学班数(个)	幼儿总数(名)	女幼儿数(名)	幼儿园地址
雨润幼儿园	王志梅	公建民营	2012年9月	14000	2000	8000	14	6	204	94	红海村023号
静海爱心幼儿园	王　岚	公建民营	2016年9月	6820	3160.76	3512	9	4	150	71	大河乡龙源村
爱心幼儿园	徐东升	民办	2010年9月	3680	620	2050	11	3	58	27	红寺堡镇和兴村
春花幼儿园	苟　杰	民办	2010年3月	2300	708	1362	14	6	201	103	柳泉乡豹子滩村
弘阳幼儿园	王　琰	公建民营	2014年3月	17077	460	16617	8	5	140	68	红寺堡镇同原村
菊花台幼儿园	王志梅	公建民营	2012年3月	3795	1832	1300	13	4	155	81	新庄集乡菊花台村
新庄集第一幼儿园	袁海霞	公建民营	2016年3月	7000	2679	4321	11	5	158	82	新庄集乡中川村
金星幼儿园	袁海霞	公建民营	2010年3月	10005	1040	8965	5	2	21	6	新庄集乡红阳村
红寺堡镇第一幼儿园	程　娟	公建民营	2017年3月	6000	3000	2800	17	7	210	97	圣悦名邸小区
星辰幼儿园	拓　辰	公建民营	2011年8月	10000	767	800	7	3	32	10	新庄集乡白墩村
买河幼儿园	王志梅	公建民营	2011年8月	9000	1300	4800	8	4	166	80	柳泉乡水套村
小天使幼儿园	侯晓明	民办	2009年8月	1200	660	540	13	6	193	94	红寺堡镇朝阳村
七彩幼儿园	王　娟	民办	2016年9月	3478	1978	1500	20	8	188	109	银川北路120号
弘德第一幼儿园	李　笑	公建民营	2012年9月	10000	2200	2200	12	6	171	60	红寺堡镇弘德新村
立博幼儿园	苟志文	民办	2009年3月	3368	1268	1648	24	8	232	85	南源村030～031号
小白鸽幼儿园	贾学兵	民办	2010年9月	2030	830	1200	10	5	137	62	东环路红海村
大河乡蓝天幼儿园	可立智	公建民营	2010年3月	9691	840	600	9	6	153	64	大河乡大河村
马渠第一幼儿园	丁凯丽	公建民营	2015年9月	9999	892	5000	6	3	60	24	新庄集乡新集村
马渠第二幼儿园	王瑞玲	公建民营	2015年9月	9999	892	5000	7	4	132	58	新庄集乡红川村
慧玲幼儿园	苏惠玲	民办	2010年3月	2300	480	1820	12	5	119	47	团结西街051号
玉池幼儿园	杨孝礼	民办	2012年9月	2380	560	1820	10	6	149	65	红寺堡镇玉池村
康庄村金太阳幼儿园	杨平福	民办	2017年9月	3600	465.8	500	27	10	276	132	新庄集乡康庄村
小天才幼儿园	李　莉	民办	2017年9月	1200	500	700	6	3	39	19	利民巷023～027号
贝贝乐幼儿园	张世良	民办	2017年9月	1200	500	700	6	3	96	54	新庄集乡杨柳村
东源村东源幼儿园	杨　贤	民办	2017年9月	1100	500	550	12	3	94	53	红寺堡镇东源村
上源幼儿园	柯良梅	民办	2017年9月	1200	625	575	4	2	55	28	红寺堡镇上源村

续表3-3

幼儿园名称	法人（负责人）	办园性质	办园时间	占地面积（平方米）	建筑面积（平方米）	户外面积（平方米）	教师人数（名）	教学班数（个）	幼儿总数（名）	女幼儿数（名）	幼儿园地址
希望幼儿园	马　旭	民办	2017年9月	1000	631	350	14	6	253	122	红寺堡镇团结村
新起点幼儿园	马　霞	民办	2017年9月	1000	500	500	8	3	129	59	红寺堡镇团结村
兴旺幼儿园	田彦贵	民办	2018年3月	1000	550	500	4	2	48	29	红寺堡镇兴旺村
团结幼儿园	马　毅	民办	2018年9月	3000	2000	1000	14	6	226	114	红寺堡镇团结村
第三幼儿园	妥　菊	公建民营	2018年9月	10000	4752	5248	10	5	156	74	红寺堡镇弘德街

第二节　管　理

一、管理体制

1999年3月开始，红寺堡各小学附设的学前班均由各小学管理。

2000年至2002年1月，红寺堡开发区的民办幼儿园由社会事业局审批。2002年2月开始，民办幼儿园由教育文体广电局审批。2003年8月，学前教育由综合办公室管理，王忠文具体负责；2004年9月，学前教育由学校工作办公室管理，马兴琳具体负责；2006年8月，学前教育由基础教育和“两基”办公室管理，锁静、杨风祥先后负责；2010年3月，学前教育由体卫艺及学前教育与综治安全办公室管理，拓生海具体负责；2013年1月，学前教育由基础教育办公室管理，杨国繁具体负责；2014年8月，教育局成立学前教育办公室，专门负责学前教育管理工作，杨芳任主任；2015年8月，学前教育办公室并入基础教育办公室，基础教育办公室副主任郭晓艳具体负责学前教育工作；2018年9月，学前教育由基础教育办公室张海峰具体负责。

同期，城区各类幼儿园归教育局直属，其他各民办幼儿园、公办幼儿园、公建民营幼儿园归各乡镇中心学校管理。教育局每学年度按照自治区教育厅的安排部署，由基础教育办公室牵头会同相关股室对所有幼儿园进行一次年度检查，对办园质量进行综合量化评分，分优、良、合格、不合格4个等次，对年检结果予以公告，接受社会监督。

二、教师管理

2003年3月开始，民办幼儿园教师主要由各园自主选聘幼教、小教专业的毕业生及初、高中毕业生任教，教师工资由幼儿园自主发放。第一批5所公建民营幼儿园由教育主管部门抽调3名公办教师担任业务园长，其他人员由幼儿园聘任，工资由幼儿园自主发放。其余公建民营幼儿园的园长及教师均由幼儿园自主聘任。第一幼儿园、第二幼儿园、柳泉中心幼儿园3所公办幼儿园的师资主要来源于红寺堡幼教中心停办后所调配的教师，不足部分由幼儿园自主聘任。教育行政部门出台幼儿园教师管理办法，各幼儿园也制定相应的管理制度对教师进行管理。

2010年8月开始，教育局基础教育办公室每年借助“国际计划”平台组织幼儿园部分教师、园长先后赴灵武、吴忠、彭阳等地培训、学习，借鉴兄弟市县学前教育办园经验，提升红寺堡区学前教育管理水平。2014年6月，红寺堡“国际计划”项目实施结束。9月开始，教育局通过国培、省培、县培等形式对辖区幼儿教师进行全员培训。2015年、2017年先后组织幼儿园园长参加“园长任职资格”培训，共有35人取得园长任职资格证书。

三、管理规定

2012年3月，为推进学前教育的快速发展，教育局制定《红寺堡区学前教育三年行动计划》。2014年5月，为提升幼儿园办学水平，教育局印发《吴忠市红寺堡区学前教育质量提升行动实施方案》(红教发〔2014〕83号)。2015年2月，为了规范各类幼儿园的管理，教育局印发《吴忠市红寺堡区幼儿园管理办法(试行)》(红教发〔2015〕33号)。2016年5月，为了对13所公建民营幼儿园实行规范化管理，红寺堡区人民政府办公室印发《红寺堡区公建民营幼儿园管理办法》(红政办发〔2016〕196号)。2017年2月，为了进一步规范各类幼儿园的办学行为，教育局印发《关于进一步规范幼儿园办园行为的通知》(红教发〔2017〕34号)。2018年3月，为提升各类幼儿园办园质量，教育局印发《红寺堡区幼儿园办园行为督导评估方案(试行)》(红教发〔2018〕90号)。是年9月，为了有效治理幼儿园“小学化”的办园倾向，教育局印发《关于开展幼儿园“小学化”专项治理工作实施方案》(红教发〔2018〕438号)。

四、组织机构

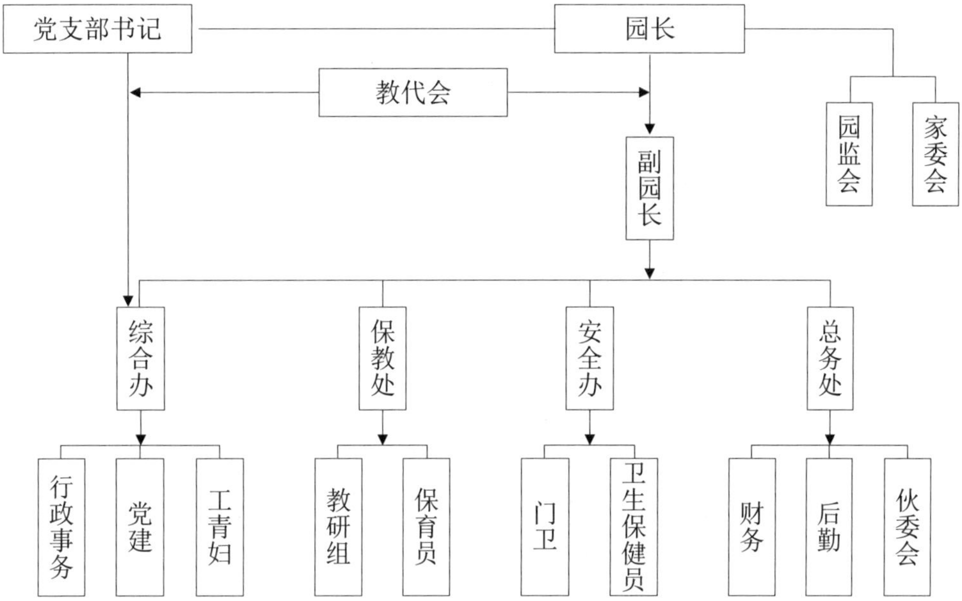

图1　2018年红寺堡区公办幼儿园内部组织机构图

第三节　保　教

一、学制

根据实际需要，红寺堡各小学附设的学前班，学制一般为1～2年。根据《幼儿园工作规程》和《幼儿园教育指导纲要》的指导意见，红寺堡的幼儿园均为全日制，均设置为三年制，即小班一年（3～4岁）、中班一年（4～5岁）、大班一年（5～6岁），大班毕业年龄不足六周岁的幼儿，允许在幼儿园再上一年学前班。

二、课程与教材

1999年3月至2010年8月，红寺堡各小学附设的学前班在课程设置上与小学一年级基本一致。2010年9月开始，小学附设的学前班在课程设置上基本与幼儿园一致。

红寺堡幼儿教育在课程设置上，有健康、语言、社会、自然、艺术五大领域，各类课程培养目标如下：

健康:在集体生活中情绪稳定、愉快;生活、卫生习惯良好,有基本的生活自理能力;知道必要的安全保健常识,学会保护自己;喜欢参加体育活动,动作协调、灵活。

语言:乐于与人交谈,讲话礼貌;注意倾听对方讲话,能理解日常用语;能清楚地说出自己想说的事;喜欢听故事、看图书;能听懂和会说普通话。

社会:能主动地参与各项活动,有自信心;乐于与人交往,学习互助、合作和分享,有同情心;理解并遵守日常生活中基本的社会行为规则;能努力做好力所能及的事,不怕困难,有初步的责任感;爱父母长辈、老师和同伴,爱集体,爱家乡,爱祖国。

科学:对周围的事物、现象感兴趣,有好奇心和求知欲;能运用各种感官,动手动脑,探究问题;能用适当的方式表达、交流探索的过程和结果;能从生活和游戏中感受事物的数量关系并体验到数学的重要和有趣;爱护动植物,关心周围环境,亲近大自然,珍惜自然资源,有初步的环保意识。

艺术:能初步感受并喜爱环境、生活和艺术中的美;喜欢参加艺术活动,并能大胆地表现自己的情感和体验;能用自己喜欢的方式进行艺术表现活动。

红寺堡幼儿教育课程设置灵活多样,除了必须开设的课程外,部分幼儿园还开设有各种特色课程。

红寺堡各小学附设的学前班早期使用的教材均是一年级上册的语文、数学课本。红寺堡幼儿园早期均自主选用教材,如红寺堡幼教中心曾用过南京师范大学出版社、北京少儿出版社出版的学前教材。2010年9月,教育局统一了学前教材,各幼儿园和小学附设的学前班均采用健康、科学、语言、计算、艺术、社会等分科教材。2014年3月,学前幼儿教材开始选用西安出版社的《幼儿素质教育拓展课程》;2015年9月,学前幼儿教材开始选用南京师范大学出版社的《幼儿园渗透式领域课程》;2017年9月,学前幼儿教材开始选用江苏凤凰教育出版社的《幼儿园综合教育课程》;2018年9月开始增加《分级阅读》作为辅助教材使用。

三、活动

红寺堡幼儿园根据《幼儿园工作规程》《3～6岁儿童发展指南》《幼儿园管理条例》等管理规定,结合幼儿园实际情况,以学科领域和区角活动两种课程形式相互配合的方式承载教育目标，遵循一日活动皆课程、幼儿课程游戏化的理念，结合幼儿年龄特点和身心发展规律，以游戏为基本活动，组织安排幼儿一日活动，每天保证幼儿有两个小时的户外活动时间。小班活动设置以游戏为主。中班活动设置逐步增强幼儿对学习的兴趣。大班活动设置则随着幼儿心理发展水平的提高，增加知识的深度和广度，逐步拓展幼儿的思维，由形象思维向抽象思维过渡，为上小学做好准备。上课时间随着幼儿的年龄特点递增，小班每周6～8节教育活动，每节活动时间10～15分钟，中班每周10～11节教育活动，每节活动20～25分钟，大班每周12节教育活动，每节活动25～30分钟。

2018年秋季红寺堡区第一幼儿园小班一日活动安排情况表

表3-4

时　间	活动类别	活动内容
07:30—08:20	生活活动	入园及晨检
08:20—09:00	生活活动	如厕、早餐
09:00—09:30	学习活动	集体或小组活动
09:30—09:40	生活活动	如厕、喝水
09:40—09:50	户外活动	早操
09:50—10:00	生活活动	如厕、活动
10:00—10:30	学习活动	集体或小组活动
10:30—11:20	户外活动	集体户外活动
11:20—11:50	生活活动	如厕、喝水、午餐
11:50—12:00	生活活动	饭后散步活动
12:00—14:10	生活活动	午休
14:10—14:50	生活活动	整理床铺、洗漱、喝水、午点
14:50—15:30	户外活动	民间游戏或集体游戏
15:30—15:40	生活活动	如厕、喝水
15:40—16:20	游戏活动	区角游戏活动
16:20—17:00	生活活动	如厕、喝水、晚餐

第四节　幼儿园选介

一、第一幼儿园

第一幼儿园位于红寺堡镇创业西街,始建于2012年3月,2014年9月开园招生。全园占地面积14800平方米,建筑面积3088平方米,户外面积11712平方米。2018年9月有12个教学班、504名幼儿,有53名教职工,其中幼儿师范及相关专业毕业的专任教师34名,教师学历合格率达100%,30岁以下教师占教师总数的95%。

幼儿园配有舞蹈教室、多媒体教室、美术室、科学室、亲子阅读吧等功能室,设有户外活动操场、大型户外玩具区、种植园区等教学功能区。全园共有12个标准教室,每个标准教室都有活动室、休息室、更衣室、卫生间等。幼儿园从实际发展需要出发,开设健康、语言、社会、自然、艺术等基础课程,并开设幼儿阅读课程、班级特色课程、户外区域课程等园本特色课程。

幼儿园坚守"博爱文明"的办园宗旨和"尊重幼儿需要、启迪幼儿智慧"的办园理念,以培养"活泼开朗、健康自信、乐于合作、勇于探索"幼儿为办园目标。2014—2015学年被红寺堡区人民政府评为"德育工作先进集体",同年,获红寺堡

第一幼儿园

区学前教育工作一等奖;2018年4月在吴忠市幼儿教玩具展评活动中获优秀组织奖,是年度获教育局年终考核一等奖。幼儿园的各项特色活动,曾多次在自治区教育厅网站上报道。

二、第二幼儿园

第二幼儿园

第二幼儿园位于红寺堡镇扬黄路,始建于2013年10月,2014年9月开园,2015年2月正式招生。全园占地面积10000平方米,建筑面积4777平方米,户外面积4900平方米。2018年9月有13个教学班、459名幼儿,有56名教职工,其中幼儿师范专业毕业的教师36名,教师学历合格率达100%,教师年龄均在30岁以下。

幼儿园配有绘本馆、建构室、美工室、音乐室、角色游戏室、多媒体教室、创新科学实验室等功能室,设有种植园区、沙水区、户外活动操场及大型户外玩具区等教学功能区。全园共有18个标准教室,每个标准教室都有单独的活动室、休息室、更衣室、卫生间等。幼儿园从幼儿实际发展需要出发,开设健康、语言、社会、科学、艺术等基础课程,还开设阅读、思维训练等特色课程。

第二幼儿园秉承“呵护幼儿走向快乐,赏识教师走向成功,家园共育全面发展”的办园宗旨,以“让每一颗小幼苗健康快乐成长”为办园理念,以“孩子快乐、家长放心、员工幸福、社会满意”为办园目标。2014—2015学年获红寺堡区学前教育工作二等奖，2014—2015学年和2017—2018学年分别被教育局评为“德育工作先进集体”，2017—2018学年获红寺堡区教育系统年度考核一等奖。

三、柳泉中心幼儿园

柳泉中心幼儿园

柳泉中心幼儿园位于柳泉乡沙泉村，始建于2013年10月，2014年9月正式开园招生。全园占地5329平方米，建筑面积2330平方米，户外面积2999平方米。2018年年底，有9个教学班、332名幼儿，有41名教职工，其中幼儿师范及相关专业毕业的教师19名，教师学历合格率达60%，30岁以下教师占教师总数的72%。

幼儿园配有生活体验馆、多媒体教室、美术创意室、阅读室等功能室，设有皮影坊、户外活动操场及大型户外玩具区、种植园区等教学功能区。全园共有12个标准教室，每个标准教室都有活动室、休息室、卫生间、衣帽间。幼儿园遵循幼儿实际发展需要，开设健康、语言、社会、科学、艺术等基础课程。

幼儿园坚持“让每一个幼儿拥有幸福的童年”的办园宗旨，以“尊重孩子、关爱心灵、启迪智慧、发展个性”为办园理念，以“培养习惯良好、身心健康、文明礼貌、富于创新的孩子”为办园目标。2015年6月被教育局评为“德育工作先进集体”，9

月获红寺堡区学前教育工作二等奖，2016年6月被教育局评为“德育工作先进集体”，2018年12月被教育局评为“平安校园”。

四、雨丝幼儿园

雨丝幼儿园

雨丝幼儿园创办于2003年8月，是红寺堡开发以来的第一批民办幼儿园，位于红寺堡镇前进街光明巷，占地面积1600平方米，建筑面积1580平方米。2018年12月，有10个教学班、326名在园幼儿，有21名专职教师，35岁以下年轻教师占教师总数的95.2%，教师学历合格率达100%。

幼儿园配有保健室、区角活动室、舞蹈室、器材室，每个办公室配备有电脑、打印机、数码相机，每间教室配有一体机、投影仪、笔记本电脑、电子钢琴，各班设有图书角、自然角和游戏区角，园内有卫生饮水设备和流动水洗池。

幼儿园以“让运动天赋在幼时萌芽，让艺术细胞在幼时激活，让阅读习惯在幼时养成，让中国礼仪在幼时扎根”为办园特色，以“让尽可能多的孩子接受优质的学前教育”为办园宗旨。幼儿园应用多媒体教学，挖掘教师潜能，推广户外阳光体育运动，打造篮球宝贝特色园。开展幼儿阅读习惯培养，通过分级阅读、亲子阅读、区角阅读等阅读形式，营造阅读氛围，培养阅读习惯。

2013年7月，幼儿园被自治区民政厅评为AAAA级社会组织，2015年6月、2017年7月分别被教育局评为“德育工作先进集体”，2017年12月被吴忠市教育局认定为一类幼儿园。截至2018年年底，该园毕业幼儿数累计达4000余名。

五、立博幼儿园

立博幼儿园创办于2009年3月，位于新庄集乡南源村，是一所民办普惠性幼儿园。全园占地面积3368平方米，建筑面积1268平方米，户外面积1648平方米。2018年12月有8个教学班、232名幼儿，有24名教职工，其中幼儿师范及相关专业毕业的教师14名，教师学历合格率达93.75%，30岁以下教师占全园教师总数的93%。

幼儿园配有舞蹈教室、多媒体教室、美术室、科学室、亲子阅读吧等功能室，设有户外活动操场、大型户外玩具区、种植园区等教学功能区。全园共有8套标准教室，每套教室都有单独的活动室、休息室、更衣室。

幼儿园遵循幼儿课程游戏化原则，开设健康、语言、社会、自然、艺术等基础课程，同时还开设礼仪品格教育、户外体育运动、阅读、舞蹈、全脑思维训练等园本特色课程。

幼儿园坚持“为孩子幸福人生奠定基础，为家长科学育儿增长知识，为教师职业发展创设环境”的办园宗旨和“崇礼尚德，启智育人”的办园理念，以“专注培养孩子良好行为习惯”为办园目标。2013年在红寺堡区幼儿教师技能竞赛中获集体三等奖，2014年被红寺堡教育局确定为“宁夏政府购买学前教育服务试点幼儿园”，2015年被自治区教育厅确定为实验幼儿园，2016年加盟宁夏金色童年教育集团，2017年、2018年连续两年被教育局评为“德育工作先进集体”。

立博幼儿园

第四章　义务教育

1999年3月，大河三小正式招生，红寺堡的义务教育自此起步。此后，大河又有5所小学相继开学，6所小学共有学生178名、教师25名。是年9月，大河三小附设初一年级教学班1个，红寺堡的初中教育开始起步。2000年9—10月，红寺堡开发区接管了各县扬黄指挥部承建、管理的5个乡镇开发区的38所中小学（含大河中学、红寺堡镇中学、沙泉中学、买河中学），义务教育初具规模。随着移民搬迁、区划调整和社会事业的发展，红寺堡新建了一批中小学，改扩建了所有学校，撤销合并了一些学校，学校布局不断合理，教学条件不断改善，师资队伍不断壮大，义务教育质量不断提高。截至2018年年底，红寺堡区共有小学67所、教学点11个，校舍总面积221052平方米，在校学生2312名，教职工1209名；有初级中学4所，校舍总面积137631平方米，在校学生12400名，教职工740名。

第一节　发展概况

一、起步阶段（1998年8月至2003年3月）

1998年8月，红寺堡开发建设，宁夏扶贫扬黄灌溉工程总指挥部根据“移民未到，教育先行”的指示，将学校建设与移民搬迁、水利设施配套同规划、同实施，并按“一村一小学、一乡一中学”的规划布局义务教育学校。

1999年3月，红寺堡第一所移民区新建学校——大河三小正式招生，有学生37名、教师4名，标志着红寺堡的教育正式起步。此后，大河二小、大河四小、大河五小、大河六小、大河八小（隆德县移民点）5所小学相继开学。同年9月，大河三小附设初一年级教学班1个，有刘鹏跃、杨立中2名教师，有12名学生（5名男生，7名女生）。伊始，学校均由各县扬黄指挥部管理，实行异地（各县扬黄指挥部）管理模式。

2000年7月,红寺堡镇、大河、沙泉、买河所辖的33所中小学(4所乡镇中学)相继建成,移民陆续定居。9月,33所中小学全部正式招生,在校学生2314名,其中初中生169名,小学生2145名。在体制上依然实行异地管理,办学所需的课桌、冬季取暖的炉具、燃煤等都由各县扬黄指挥部提供,学校经费基本来自每生每学期(小学8元、初中30元)的杂费和各县扬黄指挥部的适当支持。

2000年9—10月,红寺堡开发区管委会从各县扬黄指挥部陆续接管已开学的38所中小学(初中4所、小学34所)。此后,移民点学校按照"建成一所、移交一所"的方式交由红寺堡开发区管理。

2001年3月,白墩中学、白墩中心小学正式开学。2002年2月,随着白墩乡教育领导小组的成立,红寺堡开发区的五个乡镇教育管理机构开始健全,标志着基础教育管理工作逐步迈入正轨。4月,同心县新庄集乡整建制划归红寺堡,划入初级中学1所、小学14所。5月,同心县韦州镇北四村成建制划归红寺堡,划入小学6所。9月,同心县石炭沟开发区(纪家乡北四村)成建制划归红寺堡,划入小学4所。移民工作逐步深入,移民学校陆续开办,红寺堡的教育规模不断扩大,一镇四乡和一个乡级开发区的乡镇教育区划已经形成。至此,红寺堡开发区义务教育阶段学校已发展到71所(初级中学6所、完全小学60所、教学点5个),在校学生10588名(小学生9491名、初中生1097名),专任教师677名。

二、发展阶段(2003年4月至2010年12月)

2003年4月,红寺堡开发区工委、管委会站在历史发展的新高点,坚持"科教兴区"战略,树立"扶贫开发先扶智,治贫致富先治愚"的思想,制定《红寺堡开发区关于加快基础教育改革与发展的决定》,确立"到2005年基本实现普及九年义务教育的短期目标,将义务教育推向新的发展阶段"。

2003年5月,为适应国家新一轮课改要求,提高教师业务素质。教育文体广电局在辖区义务教育学校全面启动"课堂教学质量工程"教师达标活动,组织教师培训、开展校本教研、实行层层考核。6月,教育文体广电局举办"英特尔"未来教育核心课程在课堂教学中的整合培训和中小学信息技术教育培训。

2003年8月,教育文体广电局印发《关于撤乡并镇后教育系统机构调整与人事安排的通知》(红教文体广发〔2003〕99号),同意将乡镇中学和乡镇中心小学合并为乡镇九年制学校：沙泉中学与沙泉乡中心小学合并为沙泉九年制学校，大河中学与大河乡中心小学合并为大河九年制学校（实际于2003年1月完成合并），买河中学与买河乡中心小学合并为买河九年制学校（实际于2002年4月完成合并），白墩中学与白墩乡中心小学合并为白墩九年制学校，撤销新庄集中学，并入白墩九年制学校。9月，红寺堡开发区“两基”攻坚动员大会召开，工委、管委会把基本普及九年义务教育工作摆上议事日程，明确各部门、各单位工作职责，建立帮扶机制，制定资金筹措、控辍保学、条件改善、提高质量等6个纲领性文件。

2004年4月，红寺堡开发区开启第一批县级骨干教师培养工程，经过层层选拔，确定了34名培养对象。8月，第二中学投入使用，撤销白墩九年制学校初中部，学生全部并入第二中学，9月，第二小学正式招生，义务教育直属学校增加到4所。同时，启动农村30所学校的扩建、改建工程。在办学条件改善上，社会各界共帮扶捐赠图书8.85万册，师生自制教玩具2万余件，填平补齐了教学仪器、文体器材的空缺。

2005年，红寺堡开发区“举全区之力，攻‘普九’之坚”。通过招录和调入教师，补充师资力量。通过强化校长、教师培训，提高学校管理和教学质量。通过购、募、征、捐、帮五项措施，改善办学条件。义务教育阶段学校发展到82所（完全中学1所、初级中学1所、九年制学校4所、完全小学62所、教学点14个），有专任教师866名，义务教育阶段在校学生24434名（小学生20015名、初中生4419名），新增校舍7.8万平方米。9月，红寺堡开发区普及九年义务教育工作通过自治区人民政府评估验收，实现了“一无两有六配套”标准。

2006年5月，红寺堡开发区管委会借助全国第二轮学校布局调整的契机，结合红寺堡移民定居相对集中的特点，研究确定“初级中学集中办学，乡镇中心寄宿办学，村级小学规范办学”的义务教育学校布局调整方案。8月，撤销太阳山镇西泉、中泉、何庄、周圈、蔡庄及原新庄集乡田圈、龚家岭、火龙沟、细沟子、青山、马段头、姬家沟、张台、马渠、沈家井、常家洼、文庄子、施家塘等18所偏远、零散、布点不合理的小学和教学点。10月，教育体育局以第二中学、第二小学为试点启动义务教育学校“学科教研进课堂”活动，教育体育局班子成员每周一次调研，教研室蹲点指导，学校以教研组为单位开展教研活动。学校教学常规管理得到规范，课改工作得以顺利推进。

2008年，红寺堡开发区工委、管委会推进教育强（县）区创建工作，制定义务教育阶段学校布局调整方案。2009年8月,回民中学正式招生。红寺堡开发区管委会决定撤销大河九年制学校、买河九年制学校、太阳山开发区九年制学校等3所学校的初中部,学生并入回民中学。当时,回民中学鉴于基础设施未完全竣工,难以正常开展教育教学活动,经请示教育体育局同意,决定设点借读:委派副校长贾庭洲带领部分教师在大河中心小学设点,组织大河初中学生开展教学活动;委派副校长金忠礼带领部分教师在买河小学设点,组织买河初中学生开展教学活动;学校其余学生在回民中学上课,寄宿生白天在第二中学就餐,晚上在第二小学住宿。10月下旬,回民中学基础设施基本完工,大河、买河临时教学点撤并至回民中学,所有寄宿生全部在回民中学就餐、住宿,学校开始正常的教育教学工作。至此,此次撤并工作正式完成。2010年8月,撤销太阳山镇中心学校初中部,学生并入回民中学,同期红寺堡中学停止招收初中学生,红寺堡区所有初中学生全部进城就学。9月,太阳山开发区中心小学六年级开始实行寄宿制;太阳山镇中心小学集中辖区除新泉小学外其余村级小学六年级学生至中心小学,实行寄宿就读;大河乡中心学校集中大河一小、大河四小、大河五小、大河九小、大河十小等5所小学的六年级学生至中心小学,实行寄宿就读。

是年11月,红寺堡区教育强(县)区创建工作先后通过吴忠市人民政府和自治区人民政府评估验收。截至2010年12月,红寺堡区有义务教育阶段学校64所,其中初级中学2所,完全小学57所,教学点5个;有在校学生34623名,其中初中生9147名,小学生25476名;有专任教师1286名,其中初级中学专任教师433名,小学专任教师853名。

三、壮大阶段(2011年1月至2018年年底)

2011年1月,为深化课堂教学研究,提高课堂教学有效性,完善教学评价制度,促进教师专业发展,教培中心根据自治区教育厅"第二期课堂教学质量工程"有关文件精神,结合吴忠市教育局相关要求,指导学校实施以"熟悉课程标准,钻研学科教材,掌握教材教法"为主要内容的"课标教材教法达标工程"。8月,第三中学一期建设工程完成,按照教育局划片招生文件,学校只招七年级学生,接收回民中学划出的八年级学生。9月,学校边建设边招生,共招收七年级新生1092名,设18个班。因学校二期建设工程尚未完工,部分教学楼和学生宿舍楼正在加紧建设中,为确保教育教学活动不受影响,经红寺堡区人民政府专题会议研究决定:回民中学划入第三中学的八年级16个班953名学生暂借读于回民中学，教师由第三中学委派，实行双向管理；第三中学新招的1092名七年级学生全部借宿于距离学校2.5千米处的罗山花园廉租房中，每天清晨6:00由值班教师护送入校，每天晚自习后再由值班教师护送返回。10月31日，第三中学基础设施建设基本完工，教学设备配备基本到位，借读于回民中学的八年级学生及派出的老师、借宿于罗山花园七年级的新生全部搬回第三中学，学校开始正常的教育教学工作。

2012年5月，红寺堡区人民政府与自治区人民政府签订《推进义务教育均衡发展目标责任书》，拟定红寺堡区推进义务教育均衡发展工作于2015年年底通过自治区人民政府评估验收。教育局根据责任书规定的目标要求和“均衡”指标，组织人员“对表对标”逐校核算，为制定红寺堡区义务均衡发展实施方案做好准备。6月，红寺堡区依托“薄改”项目，按照“均衡”指标为中小学增配学生用计算机、新建计算机教室，各学校计算机增至2838台、计算机网络教室增至66间。12月，红寺堡区依据“校安”工程项目，为大河第二小学、红寺堡镇幸福小学等10所小学建成教学楼各1幢。

2013年3月，教育局根据上级业务主管部门有关教师信息技术应用能力提升工程的文件精神，先后制定《红寺堡区中小学教师信息技术应用能力提升工程实施方案》《红寺堡区中小学教师信息技术应用能力测评实施方案》《中小学幼儿园教师信息技术应用能力测评红寺堡区级实施办法》，全面推进红寺堡区中小学教师信息技术应用能力提升工程。6月，红寺堡区加快推进“宽带网络校校通工程”实施，对已接入互联网的学校进行网络带宽提升和网络结构优化改造，300人以上的学校全部通过光纤接入互联网。9月，第三小学正式招生，招收学生1429名，设六个年级、30个教学班，配备81名教师。12月，红寺堡区完成太阳山镇、大河乡、南川乡等3所中心小学和回民小学的供暖设施改造工程；建成第三中学标准化体育运动场；完成大河中心小学、燕宝小学标准化体育运动场改造工程。

2014年1月，教育局遵循“实用、够用、好用”的原则，实施“优质资源班班通工程”，采用多种模式为中小学建设多媒体教室，直属中小学和乡镇中心小学开始装配触控一体机。是月，红寺堡区完成红寺堡镇东源小学、柳泉乡旧城小学、大河乡官店小学、南川乡杨柳小学等26所农村小学的供暖设施改造工程；完成柳泉乡中心小学等6所农村小学标准化体育运动场改造工程。10月，教育局印发《红寺堡区中小学高效课堂建设实施方案》，先后召开红寺堡区中小学高校课堂建设启动会、红寺堡区中小学高校课堂建设试点校教师培训会，决定在红寺堡区中小学分层试点开展高效课堂建设活动。

2015年2月，教育局制定《红寺堡区中小学高效课堂实施指导意见》《红寺堡区中小学高效课堂建设评价办法（试行）》《红寺堡区中小学高效课堂建设实施指南》《2015年红寺堡区高效课堂实施方案》，并安排100万元专项资金推动高效课堂建设。3月，为推动信息技术和数字教学资源在中小学课堂教学中的合理有效应用和深度融合，根据上级教育主管部门有关文件精神，教育局成立红寺堡区“一师一优课、一课一名师”活动（简称“名师优课”活动）工作领导小组，召开“名师优课”活动启动培训会，组建“名师优课”活动专家指导团队，开始组织辖区各中小学开展“名师优课”活动。4月，红寺堡区除9所教学点外的所有中小学均通过不同方式接入互联网，接入带宽都在4兆以上。同期，为进一步改善办学条件，红寺堡区投入3737.02万元，为中小学采购291070件（套）教学仪器设备。9月，大河第七小学、白墩小学等14所农村小学完成供暖设施改造工程，红寺堡区各学校彻底告别煤炉取暖的历史。12月，第二中学、第三中学、回民中学等3所初级中学和第一小学等23所完全小学的“均衡”工作通过吴忠市人民政府的评估验收，成为红寺堡区第一批“均衡”达标学校。

2016年3月，红寺堡区被确定为“国培计划——宁夏培育型示范（县）区”，由国家教育行政学院承担培训任务，经组织专家团队实际调查研究，并结合红寺堡区教育教学实际，立足于问题解决和教师信息技术能力提高确定培训内容，项目计划实施期限为三年。8月，红寺堡区除教学点外，各校都建有计算机网络教室，共建有计算机网络教室101间，配备学生用机至4551台、教师用机至2287台，初中生机比10.2∶1、小学生机比7.7∶1、师机比0.9∶1。是月，红寺堡区利用“薄改项目”，完成白墩小学等33所农村小学的标准化运动场改造工程，完成买河小学等17所农村小学的校舍扩建工程。同期，新建的第四中学一期工程、二期工程全面竣工并交付使用。9月，第四中学正式招生，招收1290名七年级学生，设24个教学班，配备68名教师。

2017年3月，马渠小学、新庄集中心小学等30所完全小学“均衡”工作通过吴忠市人民政府的评估验收，成为红寺堡区第二批“均衡”达标学校。8月，红寺堡区所有学校的教学班均配备多媒体设备及资源，组建了校园网络，基本实现“优质资源班班通”。11月，红寺堡区完成教师信息技术应用能力测评工作，2173名科任教师信息技术应用能力全部达标，其中优秀240人，良好972人，合格961人，同时提请自治区教育厅进行测评验收。是月，第四中学和中川小学等12所中小学的“均衡”工作通过吴忠市人民政府的评估验收，成为红寺堡区第三批“均衡”达标学校。同期，吴忠市人民政政府对红寺堡区“均衡”工作进行终期评估验收，认定红寺堡区达到国家规定的义务教育发展基本均衡（县）区评估认定标准。12月，红寺堡区“均衡”工作通过自治区人民政府评估验收。

2018年1月，教育局制定《红寺堡区教育系统教职工奖励性绩效工资指导意见（试行）》和《红寺堡区骨干教师选拔培养和考核管理办法》，作为学校领导、骨干教师、班主任和教职工考核的重要依据，进一步完善义务教育阶段学校教师考核激励机制。3—5月，为进一步提升红寺堡区青年教师信息技术与学科教学深度融合能力，促进其专业发展，教研教培中心以师德为“体”，以学科教学与信息技术为“两翼”，组织700余名6年以下教龄中小学青年教师开展首届“一体两翼”活动。8月，红寺堡区完成28所义务教育阶段学校附属工程建设，各学校运动场地面积及体育器材均达到国家规定标准。9月，第四小学正式招生，招收1576名学生，设6个年级、30个教学班，配备82名教师。是月，红寺堡区义务教育均衡发展工作顺利通过国家义务教育基本均衡验收。

2011—2018年，红寺堡区新建城区初级中学2所、城区小学2所，新建完全小学7所、教学点2个，改扩建小学60所，接管农村完全小学2所，教学点6个。选调教师167名，招聘特岗教师767名，引进免（公）费师范生45名。截至2018年年底，红寺堡区义务教育阶段学校发展至81所（初级中学4所，完全小学66所，教学点11个）；义务教育阶段学生增加到35261名（初级中学12400名，小学22861名）；义务教育阶段学校专任教师增加到1932名（初级中学740名、小学1192名）。

1999—2018年红寺堡小学（含教学点）情况表

表4-1

年份	完全小学数（所）	教学点数（个）	班级数（个）	在校学生数（名）	毕业生数（名）	教职工数（名）
1999	5		15	178		59
2000	33	1	136	2145	106	108
2001	56	2	228	5465	401	178
2002	60	5	304	9491	1402	365

续表4-1

年份	完全小学数(所)	教学点数(个)	班级数(个)	在校学生数(名)	毕业生数(名)	教职工数(名)
2003	59	0	356	13328	104	550
2004	59	9	407	15933	1378	559
2005	57	5	455	20015	2034	646
2006	58	0	461	21348	2520	708
2007	58	0	473	22140	2897	699
2008	58	0	488	23030	3376	770
2009	61	1	495	23011	3512	799
2010	68	1	526	25476	3714	861
2011	60	8	537	26081	4088	805
2012	61	8	595	25451	4081	882
2013	63	8	582	24317	3901	906
2014	65	8	601	23832	3918	974
2015	68	8	606	23588	4151	999
2016	67	8	609	23236	4211	1129
2017	67	8	638	23128	4141	1221
2018	66	11	636	22861	4311	1209

1999—2018年红寺堡初级中学情况表

表4-2

年份	学校数(所)	完全中学数(所)	初级中学(所)	九年一贯制学校数(所)	班级数(个)	在校学生数(名)	毕业生数(名)	教职工数(名)
1999	1				1	12		2
2000	4		4		14	798	103	35
2001	4		5		19	902	178	77
2002	5	1	6		31	1097	327	89
2003	6	1		5	36	2090	179	117
2004	6	1	1	4	54	3123	785	125
2005	6	1	1	4	96	4419	1290	167
2006	5	1	1	3	98	5741	589	314
2007	5	1	1	3	115	6184	1964	397
2008	5	1	1	3	125	7533	1855	394
2009	4	1	2	1	130	8123	1190	476
2010	3	1	2		141	9147	1114	433
2011	4	1	3		168	9669	2413	498

续表4-2

年份	学校数（所）	完全中学数（所）	初级中学（所）	九年一贯制学校数（所）	班级数（个）	在校学生数（名）	毕业生数（名）	教职工数（名）
2012	3		3		169	10044	2041	530
2013	3		3		176	10076	2887	555
2014	3		3		182	10526	2815	590
2015	3		3		182	10832	3130	623
2016	4		4		197	11473	3134	643
2017	4		4		226	11722	3593	695
2018	4		4		229	12400	3706	745

2018年红寺堡区各小学基本情况表

表4-3

序号	学校名称	建校时间	占地面积（平方米）	建筑面积（平方米）	图书（册）	教学实验仪器价值（万元）	教学班数（个）	在校学生数（名）	教职工数（名）	学校地址
1	第一小学	2000年9月	22176	8767	34882	432.71	36	2106	88	红寺堡镇利民东街
2	第二小学	2004年9月	79763	15879	42012	21.88	37	1913	89	红寺堡镇金水西街
3	第三小学	2013年8月	45721	10128	34000	26.41	29	1394	75	红寺堡镇三小北路
4	第四小学	2018年9月	41138	10907	60000	85.58	30	1535	80	红寺堡镇文化西街
5	回民小学	2000年9月	14500	5484	16785	12.89	21	997	51	红寺堡镇团结村
6	燕宝小学	2012年9月	32000	4564	15300	255.16	16	823	39	红寺堡镇弘德村
7	弘德第二小学	2018年3月	16000	1790	4500	188.10	5	215	11	红寺堡镇同原村
8	马渠小学	2014年9月	40000	6358	10024	156.31	12	422	28	新庄集乡红川村
9	太阳山中心小学	2005年9月	69900	11900	6030	7.50	9	324	25	太阳山镇湖滨西路
10	裕华第一小学	2000年9月	12381	1763	3140	6.03	6	164	12	太阳山镇红星村
11	裕华第二小学	2000年9月	9750	2701	2902	4.13	6	147	12	太阳山镇周新村
12	李敬中小学	2000年9月	10000	1688	3707	6.09	6	162	12	太阳山镇买河村
13	太阳山第二小学	1996年8月	12000	579	1240	5.25	5	25	8	太阳山镇兴民村
14	泉子湾小学	1963年8月	2046	370	200		2	2	1	太阳山镇巴庄村
15	红沙窝小学	1995年7月	2758	170	200		2	3	1	太阳山镇红沙窝村
16	太阳山第三小学	1995年8月	15000	430	300		2	7	2	太阳山镇潘河村
17	巴庄小学	2005年9月	4542	265	200		2	4	1	太阳山镇巴庄村

续表4-3

序号	学校名称	建校时间	占地面积(平方米)	建筑面积(平方米)	图书(册)	教学实验仪器价值(万元)	教学班数(个)	在校学生数(名)	教职工数(名)	学校地址
18	田原小学	2018年9月	1307	223	800		2	38	2	太阳山镇田原村
19	红寺堡镇中心小学	2000年3月	11092	4731	12944	10.85	17	824	45	红寺堡镇红关村
20	朝阳小学	2002年3月	20000	3685	7800	110.02	12	419	25	红寺堡镇朝阳村
21	兴旺小学	2000年9月	7910	1792	3803	6.53	6	202	13	红寺堡镇兴旺村
22	幸福小学	2000年9月	10000	1649	2880	10.33	6	167	13	红寺堡镇幸福村
23	上源小学	2002年9月	10000	2555	6752	107.86	11	375	23	红寺堡镇上源村
24	富康小学	2002年9月	12000	1913	3202	59.28	6	152	12	红寺堡镇富康村
25	光彩小学	1999年9月	7000	1804	3418	82.84	6	73	12	红寺堡镇光彩村
26	东源小学	2004年9月	14605	3655	6885	110.14	11	349	24	红寺堡镇东源村
27	玉池小学	2003年3月	10000	1854	3903	65.19	6	173	12	红寺堡镇玉池村
28	河水小学	2000年9月	12757	1963	3390	63.11	6	169	12	红寺堡镇河水村
29	中圈塘小学	2002年9月	10000	1704	3527	48.68	6	128	14	红寺堡镇中圈塘村
30	梨花小学	2000年9月	7352	1681	2781	44.67	6	157	13	红寺堡镇梨花村
31	红兴小学	2000年9月	10000	1767	4202	65.07	6	197	12	红寺堡镇团结村
32	柳泉中心小学	2000年9月	40020	8016	12467	161.00	12	491	34	柳泉乡沙泉村
33	买河小学	2000年9月	37800	3870	4864	92.00	6	253	10	柳泉乡水套村
34	甜水河小学	2000年9月	8000	2628	2350	58.13	6	108	11	柳泉乡甜水河村
35	旧城小学	2000年9月	7000	1819	3335	455.75	6	78	7	柳泉甜水河村
36	柳泉小学	2000年9月	9000	2203	4279	80.63	6	230	12	柳泉乡柳泉村
37	新泉小学	2000年9月	14000	1967	4497	88.93	6	251	12	柳泉乡永新村
38	永泉小学	2000年9月	9180	1868	3500	77.26	6	219	11	柳泉乡永新村
39	东泉小学	2000年9月	10000	2336	3909	66.35	6	150	10	柳泉乡红塔村
40	红塔小学	2000年9月	4300	567	700	8.55	2	45	2	柳泉乡红塔村
41	豹子滩小学	2000年9月	14400	1415	3651	63.64	6	172	9	柳泉乡豹子滩村
42	黄羊滩小学	2000年9月	7000	1705	3802	83.31	6	231	8	柳泉乡黄羊滩村
43	红崖湾小学	2001年9月	10000	1065	3210	58.50	6	124	8	柳泉乡黄羊滩村
44	羊坊滩小学	2001年9月	10000	1922	3585	73.57	6	211	8	柳泉羊坊滩村
45	大河第一小学	2004年9月	12996	4333	8161	162.98	12	494	14	大河乡河西村
46	大河第二小学	1999年4月	12600	1680	3140	65.04	6	191	9	大河乡龙坑村
47	大河中心小学	1999年3月	40000	6645	13000	141.91	12	398	22	大河乡大河村

续表4-3

序号	学校名称	建校时间	占地面积（平方米）	建筑面积（平方米）	图书（册）	教学实验仪器价值（万元）	教学班数（个）	在校学生数（名）	教职工数（名）	学校地址
48	大河第四小学	1999年4月	2100	274	100	2.00	1	10	2	大河乡大河村
49	大河第五小学	1999年4月	4800	441	300	2.45	2	14	2	大河乡开元村
50	大河第六小学	1999年4月	8000	1835	2431	59.46	6	124	11	大河乡开元村
51	大河第七小学	2000年3月	12932	1842	4535	51.70	6	148	11	大河乡香园村
52	大河第八小学	2002年9月	11000	1848	3778	73.22	6	222	9	大河乡龙兴村
53	大河第九小学	2001年3月	14773.6	3562	7007	118.14	12	417	19	大河乡龙泉村
54	大河第十小学	2002年9月	11760	3232	5567	114.79	8	282	10	大河乡红崖村
55	大河第十一小学	2014年9月	14400	2535	4500	89.67	9	295	9	大河乡龙源村
56	乌沙塘小学	2009年9月	9100	1273	1542	48.60	6	75	9	大河乡乌沙塘村
57	石炭沟小学	1992年9月	12000	2486	3550	66.23	7	213	9	大河乡石炭沟村
58	官店小学	1994年3月	8360	1935	2060	49.83	6	106	11	大河乡石炭沟村
59	平岭子小学	1994年3月	15000	1764	3508	72.47	6	206	11	大河乡平岭子村
60	石坡子小学	1994年3月	15000	1983	2008	59.38	6	139	7	大河乡石坡子村
61	白墩小学	2002年4月	17569	2532	4856	65.84	6	220	9	新庄集乡白墩村
62	沙草墩小学	2001年9月	15653	2635	5023	78.69	6	202	7	新庄集乡沙草墩村
63	南角湾小学	2002年8月	16236	2812	5064	89.56	7	202	8	新庄集乡康庄村
64	双台小学	2001年3月	14562	2223	5270	85.62	5	88	6	新庄集乡沙草墩村
65	康庄小学	2002年9月	10000	2381	5146	89.64	6	245	10	新庄集乡康庄村
66	新台小学	2004年9月	10023	2000	4446	45.69	5	89	6	新庄集乡新台村
67	中川小学	2001年3月	11232	2143	4762	65.90	6	222	8	新庄集乡中川村
68	西川小学	2004年9月	13256	2631	4000	65.56	6	220	6	新庄集乡杨柳村
69	红阳小学	2003年8月	18963	3621	4286	58.96	9	99	6	新庄集乡红阳村
70	东川小学	2003年3月	15698	2512	5262	56.33	5	86	5	新庄集乡东川村
71	新庄集中心小学	2005年9月	45632	3865	18963	123.65	11	385	16	新庄集乡南源村
72	杨柳小学	2005年9月	12351	2312	7242	65.24	5	200	6	新庄集乡杨柳村
73	洪沟滩小学	2007年9月	21600	2835	6200	79.24	7	242	10	新庄集乡洪沟滩村
74	高口小学	2005年8月	15632	2102	4624	56.33	4	95	6	新庄集乡柳树台村
75	新一村小学	2008年3月	10001	1652	5670	48.97	3	23	2	新庄集乡沙草墩村
76	新一支教学点	2017年9月	8963	1232	4204	0.90	2	28	2	新庄集乡沙草墩村
77	新集教学点	2016年9月	3854	840	830	9.37	2	15	3	新庄集乡新集村

2018年红寺堡区初级中学基本情况表

表4-4

学校名称	建校时间	占地面积(平方米)	建筑面积(平方米)	图书(册)	教学实验仪器价值(万元)	信息化设备价值(万元)	教学班数(个)	在校学生数(名)	教职工数(名)	学校地址
第二中学	2004年8月	113339	30566.06	93135	852.89	1789.79	48	2570	157	红寺堡镇文化街
回民中学	2009年8月	113220	33113.00	93025	912.11	308.00	53	2857	181	红寺堡镇人民街
第三中学	2011年9月	132000	38627.00	100000	1334.59	670.93	68	3700	209	红寺堡镇丹霞路
第四中学	2016年9月	100010	35324.93	75000	151.37	561.25	60	3273	200	红寺堡镇三小北路

第二节　管　理

一、行政管理

(一)管理体制

1999年3月至2000年8月,红寺堡开发区各学校实行校长负责制,校长负责学校的一切事务。2000年9月开始,红寺堡各学校实行党支部领导下的校长分工负责制,校长是学校的法人代表,是行政第一责任人,全面负责学校的教育、教学和其他管理工作;党支部组织保证、政治监督,教师民主参与管理决策。

(二)管理机构

1999年3月至2000年8月,红寺堡开发区的各学校由各移民迁出县扬黄指挥部管理,红寺堡开发区社会事业局予以协助,学校校长和教务主任均由移民迁出县扬黄指挥部任命,原则受移民迁出县教育行政管理部门领导。

2000年8月,红寺堡开发区各乡镇(开发区)成立学区,负责管理乡镇(开发区)辖区内各学校及教育事务。2001年8月,各乡镇相继撤销学区、成立乡镇教育工作领导小组,负责管理乡镇辖区内各学校及教育事务。2000年9月至2002年1月,红寺堡开发区的学校由社会事业二局和乡镇(开发区)政府(管委会)共同管理,学校主要领导由社会事业二局和乡镇(开发区)政府(管委会)商议确定,乡镇(开发区)党委(工委)任免。

2002年2月开始,红寺堡开发区学校由教育文体广电局管理。6月开始,红寺堡开发区高级中学由教育文体广电局直属管理。2003年4月开始,红寺堡小学由教育文体广电局直属管理。8月,红寺堡开发区乡镇教育开始实行中心学校校长负责制,具体管理辖区学校教育事务和教学业务；乡镇中心学校校长、常务副校长、教育督导员由教育文体广电局任命，乡镇辖区内中小学校长由中心学校任命。2004年8月，第二中学正式招生，9月，第二小学正式招生，两所学校均由教育文体广电局直属管理。

2005年10月开始，学校由教育体育局管理。12月，红寺堡开发区教育事务管理中心成立，学校开始由教育体育局和教育事务管理中心共同管理。2009年8月，回民中学正式招生，由教育体育局直属管理。

2009年9月30日，教育体育局与教育事务管理中心合并为教育局，红寺堡区各学校由教育局管理。2011年9月，第三中学正式招生，由教育局直属管理。2013年8月，第三小学正式招生，由教育局直属管理。2014年9月，马渠小学正式招生，由教育局直属管理。同期，回民小学和燕宝小学由红寺堡中心学校隶属管理变更为教育局直属管理。2015年12月，马渠小学由新庄集中心学校隶属管理。2016年9月，第四中学正式招生，由教育局直属管理。同期，马渠小学再次由教育局直属管理。2018年9月，第四小学正式招生，由教育局直属管理。

截至2018年年底，教育局直属管理4所初级中学，7所小学，5个乡镇中心学校。大河中心学校下辖14所村级小学，2个教学点；新庄集中心学校下辖15所村级小学，2个教学点；红寺堡镇中心学校下辖14所村级小学；柳泉中心学校下辖12所村级小学，1个教学点；太阳山中心学校下辖4所村级小学，6个教学点。

（三）职能部门

1999年3月至2000年8月，红寺堡开发区的各学校内部仅设教务处一个职能部门，教务处设主任1名，具体负责学生管理、课程设置、教务考务、文件收发、档案收集、教师考评、财务管理、后勤服务等工作。2000年9月开始，各乡镇初级中学和部分规模较大的乡镇中心小学开始增设政教处、总务处，政教处负责学生管理、综治安全，总务处负责资产管理、财务后勤，学校其余工作仍由教务处负责。2002年9月，马士基希望小学增设办公室，负责文件收发、档案管理、教师考评。2003年8月开始，乡镇九年制学校和局直属管理的中小学一般均在校长领导下设“三处一室”（教务处、政教处、总务处、办公室），各处室设主任1名。同期，红寺堡开发区乡镇教育开始实行中心学校校长负责制，中心学校选派工作人员1～2名，具体负责管理乡镇教育事务，指导辖区学校的教学业务，中心学校未设专门的职能部门。是时，乡镇村级小学增设政教处，主要负责学生德育教育、教师考勤考评、学校综治安全工作。

2003年9月,各小学正式成立少先队组织,在学校政教处的领导下开展工作。2004年3月,红寺堡中学团委成立。2005年10月,红寺堡中学、红寺堡小学、第二中学、第二小学、红寺堡镇中心学校、太阳山镇中心学校、大河乡中心学校、南川乡中心学校等工会组织成立,开始在学校党组织的领导下开展活动。同期,各乡镇中心学校、局直属中小学妇联成立。11月,红寺堡镇中心学校、太阳山镇中心学校、大河乡中心学校、南川乡中心学校成立团总支,红寺堡小学、第二中学、第二小学成立团委,学校共青团组织在党组织领导下协助政教处开展工作。

2008年8月,红寺堡中学、第二中学成立教科研室,主要负责学校教科研管理、教师业务培训、教研活动组织、教改课改推进,并协助教务处开展工作。

至2010年9月,红寺堡区各学校基本形成相对稳定的内部组织机构。局直属中小学多在校长领导下设"三处一室"(教务处、政教处、总务处、办公室),设处室主任1名,干事若干名;村级完全小学多在校长领导下设"三处"(教务处、政教处、总务处),各处设主任1名;直属中小学、乡镇中心学校都建有工会、共青团、妇联等群团组织,村级完全小学均建有少先队组织。年级组、教研组是学校的基层组织,均在学校管理、教学方面发挥作用。

(四)组织机构

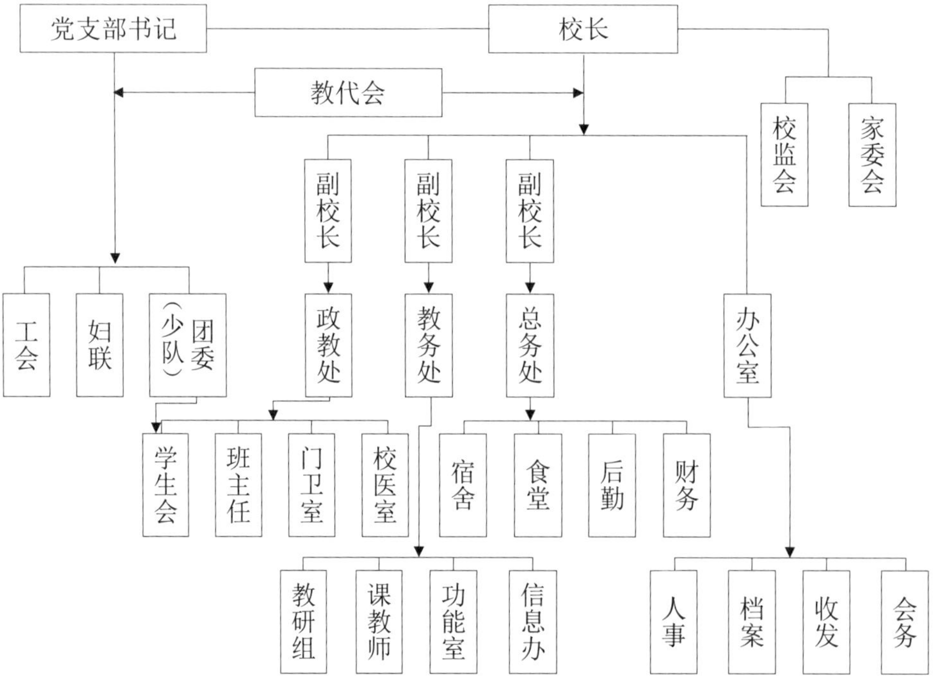

图2 2018年红寺堡区直属中小学内部组织机构图

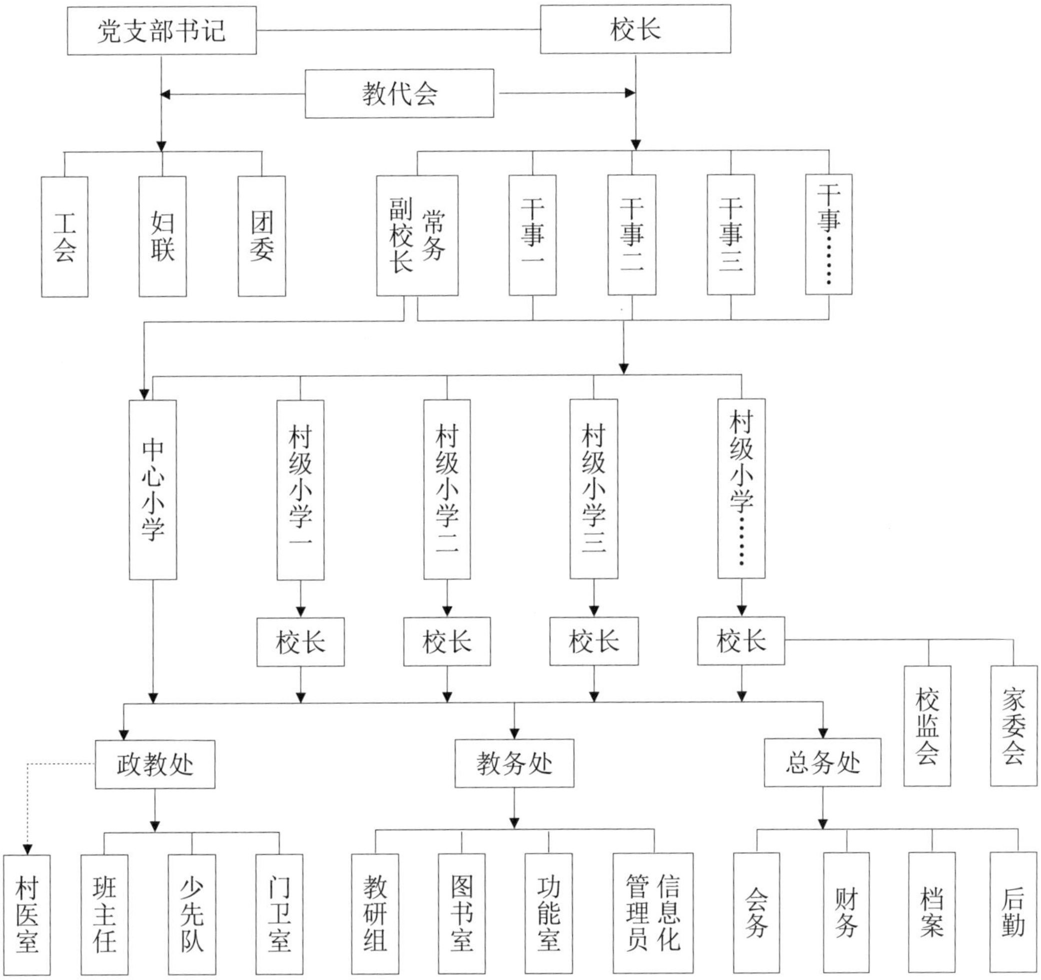

图3 2018年红寺堡区乡镇中心学校及村级小学组织机构图

二、招生与学籍管理

(一)招生管理

1999年3月,红寺堡开发区义务教育阶段各学校依据《中华人民共和国义务教育法》相关规定,严格落实义务教育免试就近入学政策,按照服务范围招生。根据自治区人民政府相关文件要求,一年级新生实行6周岁入学,视情可推迟至7周岁。2004年8月,红寺堡中学、第二中学实行"分校招生",即红寺堡小学毕业生就读红寺堡中学,第二小学毕业生就读第二中学。同期,红寺堡小学和第二小学以团结街为界,实行划片招生,团结街以南居住学生就读红寺堡小学,团结街以北居住学生就读第二小学。自此开始,红寺堡城区中小学一直实行划片招生。2009年7月,教育体育局面向社会发布《红寺堡开发区城区中小学划片招生方案》。此后城区每有新建学校，教育局均会重新修订《划片招生方案》，并以公告的形式向社会公布。2010年开始，红寺堡区一年级新生入学年龄不再推迟，全部实行6周岁入学。

(二)学籍管理

1999年3月至2002年8月，红寺堡开发区学生学籍档案只建有《在校学生花名册》，含学生姓名、性别、民族、出生年月日、家庭住址、家长姓名、年级班级、报名时间等信息，《在校学生花名册》均由学生所在学校管理。2002年9月，教育文体广电局要求各学校按照《宁夏回族自治区普及九年义务教育建档目录》相关要求，规范建立学生学籍档案。红寺堡中小学学生学籍早期采用两级管理的办法，局直属中小学学生学籍由教育行政部门和直属中小学分管，乡镇学校学生学籍由乡镇教育管理机构和各村级小学分管。(县)区级学籍管理工作具体由教育行政部门负责基础教育工作的办公室办理，学校学籍管理工作由学校选派专人负责。学生学籍档案(纸质档案)实行统一建档、分级管理的办法，统一名册(学生花名册和户籍底册)，统一编号(学籍号)，统一卡片(义务教育卡)。2015年9月，红寺堡区贯彻自治区教育厅要求，按照《宁夏中小学学生学籍管理办法实施细则(试行)》(宁教基〔2014〕46号)的规定，建立中小学学生电子学籍，利用“全国中小学学生学籍信息管理系统”统一管理学生学籍，义务教育阶段学校均执行校、县、市、自治区“四级”学籍管理制度。

三、管理制度

1999—2001年，红寺堡开发区开发建设之初。1999年10月，自治区人民政府印发《红寺堡开发区移民搬迁安置工作办法》，是红寺堡开发区选调教师、兴办学校以及进行教育管理的基本制度。2001年11月，红寺堡开发区社会事业局制定《红寺堡开发区中小学管理工作常规》《红寺堡开发区中小学教学工作常规》，是红寺堡最早的学校教育事务管理制度和教学业务管理制度。

2002—2007年，红寺堡开发区“两基”攻坚阶段。红寺堡开发区工委、管委会先后制定《关于以乡为单位对“普九”工作进行评估验收及奖励的办法》《红寺堡开发区关于制止中小学生辍学的暂行办法》《红寺堡开发区九年义务教育实施细则》《红寺堡开发区改善办学条件基金筹措办法》《红寺堡开发区关于开展非正规教育的管理办法》等制度，教育文体广电局先后制定《红寺堡开发区中小学校长培训管理办法》《红寺堡开发区关于加强教师职业道德建设的若干规定》等制度。

2008—2010年，红寺堡创建“教育强（县）区”时期。红寺堡区委、区政府制定《红寺堡区县级领导定点联系乡镇、党政机关和企事业单位帮扶学校制度》，教育体育局制定《红寺堡开发区基础教育学校综合管理质量工程考评细则》，教育局相继制定《红寺堡区义务教育阶段学校校长（书记）津贴发放办法（试行）》《红寺堡区义务教育阶段学校农村教师补贴发放办法（试行）》《红寺堡区义务教育阶段中小学班主任津贴发放办法（试行）》等制度。

2011年，红寺堡区基本普及高中阶段教育。教育局先后制定（修订）《红寺堡区基本普及高中阶段教育工作手册》《红寺堡区关于制止中小学生辍学管理办法》《吴忠市红寺堡区教育系统管理办法》《红寺堡区中小学教学常规管理办法》《红寺堡区学校目标管理考核细则》《红寺堡区教师绩效工资发放细则》等制度。

2012—2018年，红寺堡区推进义务教育均衡发展阶段。红寺堡区委、区政府先后制定《吴忠市红寺堡区义务教育阶段“控辍保学”实施细则》《红寺堡区义务教育阶段农村学校教师补贴发放办法》《吴忠市红寺堡区机关事业单位人员管理暂行规定》，教育局先后制定（修订）《红寺堡区骨干教师选拔培养和考核管理办法（试行）》《红寺堡区中小学“控辍保学”工作制度》《红寺堡区中小学高效课堂建设评价办法（试行）》《红寺堡区家庭经济困难学生认定办法》《红寺堡区中小学实验室、图书（馆）室及功能室管理与使用办法》《红寺堡区中小学学校绩效考核方案（试行）》《红寺堡区教育系统人事管理办法（试行）》《红寺堡区教育系统监督执纪问责暂行规定（试行）》《红寺堡区中小学责任督学管理办法》《红寺堡区义务教育阶段校长教师交流轮岗暂行办法》《红寺堡区乡村教师支持计划实施细则（2015—2020年）》等制度。

四、管理人员

(一)城区初级中学

2004—2018年第二中学历任管理人员一览表

表4-5

职　务	姓　名	性　别	民　族	任职时限
校　长	吴风虎	男	汉族	2004年8月—2009年8月
	孙　彦	男	汉族	2009年9月—2015年8月
	李军庆	男	汉族	2015年9月—2017年8月
	金忠礼	男	回族	2017年9月—
副校长	田进福	男	回族	2005年9月—2015年8月
	孙　彦	男	汉族	2007年9月—2009年8月
	米占郡	男	汉族	2007年9月—2008年8月
	张治乾	男	回族	2008年8月—2013年8月
	郭　波	男	汉族	2009年9月—2015年8月
	宁林平	男	汉族	2013年9月—2016年8月
	秦玉芳	女	汉族	2013年9月—2017年8月
	田云平	男	汉族	2015年9月—
	张嘉炜	男	汉族	2015年9月—
	马晓岚	女	回族	2017年9月—
校长助理	苏玉贵	男	回族	2014年8月—2015年9月
教务主任	孙　彦	男	汉族	2004年8月—2008年8月
	郭　波	男	汉族	2008年8月—2009年9月
	肖伏海	男	汉族	2008年8月—2013年4月
	张保平	男	汉族	2013年4月—2016年8月
	海　贵	男	回族	2016年9月—2018年9月
	马玉明	男	回族	2018年9月—
政教主任	田进福	男	回族	2004年8月—2005年8月
	金忠礼	男	回族	2005年9月—2008年8月
	郑会平	男	汉族	2008年8月—2010年8月
	宁林平	男	汉族	2010年9月—2013年8月
	周　雨	男	汉族	2013年9月—2015年8月
	杨廷宝	男	回族	2015年9月—

续表4-5

职　务	姓　名	性　别	民　族	任职时限
总务主任	魏国喆	男	汉族	2004年8月—2005年8月
	张升宝	男	汉族	2005年9月—2007年8月
	金忠礼	男	回族	2008年8月—2009年8月
	李哲辉	男	汉族	2009年8月—2016年8月
	张保平	男	汉族	2016年8月—
办公室主任	王学义	男	汉族	2004年8月—2005年2月
	郑会平	男	汉族	2005年2月—2008年8月
	杨菊花	女	回族	2008年8月—2009年8月
	李玉平	男	回族	2009年9月—2010年8月
	马　炜	男	回族	2010年9月—2011年8月
	夏海波	男	汉族	2011年9月—2013年8月
	杨　芳	女	回族	2013年9月—2016年8月
	陈　岳	男	汉族	2016年9月—2018年10月
	景彦峰	男	汉族	2018年11月—
工会主席	郑会平	男	汉族	2004年8月—2007年8月
	张升宝	男	汉族	2007年9月—2016年8月
	杨　芳	女	回族	2016年9月—2017年8月
	张桂梅	女	回族	2017年9月—
团委书记	张桂梅	女	回族	2004年8月—2006年8月
	周　雨	男	汉族	2006年9月—2007年8月
	秦玉芳	女	汉族	2007年9月—2013年8月
	秦雅云	女	汉族	2013年9月—

2009—2018年回民中学历任管理人员一览表

表4-6

职　务	姓　名	性　别	民　族	任职时限
校　长	吴风虎	男	汉族	2009年8月—2013年4月
	任世伟	男	回族	2013年4月—2017年2月
	杨克虎	男	回族	2017年2月—
副校长	贾庭洲	男	汉族	2009年8月—2013年4月
	金忠礼	男	回族	2009年8月—2016年9月
	苏玉贵	男	回族	2010年10月—2013年4月

续表4-6

职　务	姓　名	性　别	民　族	任职时限
副校长	肖伏海	男	汉族	2013年4月—
	郭　波	男	汉族	2015年9月—
	苏国才	男	回族	2016年9月—2017年9月
	马　燕	女	回族	2017年10月—
教务主任	田云平	男	汉族	2009年8月—2012年8月
	张旭升	男	汉族	2012年9月—2016年7月
	马　燕	女	回族	2016年9月—2017年9月
	瞿玲霞	女	汉族	2017年10月—
政教主任	党立军	男	汉族	2009年8月—2011年8月
	郑会平	男	汉族	2011年9月—2013年3月
	马晓林	男	回族	2013年4月—2013年8月
	苏国才	男	回族	2013年9月—2016年7月
	张勇龙	男	汉族	2016年8月—
总务主任	张秉政	男	汉族	2009年8月—
办公室主任	王小平	男	汉族	2009年8月—2012年3月
	马晓峰	男	回族	2012年9月—
工会主席	王志孔	男	汉族	2010年3月—
团委书记	张晓荣	女	汉族	2009年8月—

2011—2018年第三中学历任管理人员一览表

表4-7

职　务	姓　名	性　别	民　族	任职时限
校　长	王晓龙	男	汉族	2011年8月—2017年10月
	马泽明	男	回族	2017年10月—
副校长	孔进生	男	汉族	2011年8月—2013年9月
	马晓岚	女	回族	2011年8月—2017年9月
	李学宝	男	汉族	2011年8月—2015年8月
	苏玉贵	男	回族	2013年9月—2014年9月
	暴怀勇	男	汉族	2015年10月—
	秦玉芳	女	汉族	2017年9月—
	马焕龙	男	回族	2018年11月—
校长助理	田云平	男	汉族	2014年8月—2015年9月

续表4-7

职　务	姓　名	性　别	民　族	任职时限
教务主任	马焕龙	男	回族	2011年8月—2012年8月
	暴怀勇	男	汉族	2012年9月—2015年9月
	周自存	男	汉族	2015年9月—
政教主任	党立军	男	汉族	2011年8月—2012年8月
	马焕龙	男	回族	2012年9月—2018年10月
	陶永福	男	汉族	2018年10月—
总务主任	张嘉炜	男	汉族	2011年8月—2016年9月
	苏满张	男	汉族	2016年9月—
办公室主任	贾正龙	男	汉族	2011年8月—2012年8月
	王冬华	男	蒙古族	2012年9月—2015年9月
	虎永祥	男	汉族	2015年9月—
工会主席	滑　峰	男	汉族	2011年8月—2012年8月
	贾正龙	男	汉族	2012年9月—
团委书记	马　勇	男	回族	2011年8月—2012年9月
	马继平	男	回族	2012年9月—

2016—2018年第四中学历任管理人员一览表

表4-8

职　务	姓　名	性　别	民　族	任职时限
校　长	齐　刚	男	汉族	2016年8月—
副校长	郑会平	男	汉族	2016年8月—2018年9月
	张旭升	男	汉族	2016年8月—
	苏国才	男	回族	2016年8月—
	张定月	女	汉族	2018年9月—
教务主任	姬全旺	男	汉族	2016年8月—
政教主任	党东旭	男	汉族	2016年8月—
总务主任	赵君敏	男	汉族	2016年8月—
办公室主任	赵宏存	男	汉族	2016年8月—
工会主席	母养省	男	回族	2017年11月—
团委书记	王淑媛	女	回族	2017年2月—

(二)城区小学

2000—2018年第一小学历任管理人员一览表

表4-9

职务	姓名	性别	民族	任职时限
校长	马登俊	男	回族	2000年9月—2000年11月
	王耀斌	男	汉族	2000年11月—2007年8月
	李庆军	男	汉族	2007年9月—2013年8月
	杨克虎	男	回族	2013年9月—2014年8月
	马　炜	男	回族	2014年9月—2017年9月
	柯　强	男	回族	2017年9月—
副校长	杨克虎	男	回族	2001年9月—2004年8月
	马天宏	男	回族	2005年2月—2007年8月
	刘新巧	男	汉族	2005年2月—2008年8月
	杨　芳	女	汉族	2008年9月—2013年8月
	赵吉玲	女	汉族	2007年9月—2014年4月
	李如峰	男	汉族	2014年5月—2015年8月
	喜文玉	男	回族	2015年9月—2017年9月
	海　舸	女	回族	2013年5月—2017年9月
	马虎奇	男	回族	2017年10月—
	蒙小荣	女	汉族	2018年9月—
教务主任	高爱国	男	汉族	2000年9月—2001年8月
	杨克虎	男	回族	2001年9月—2002年8月
	刘新巧	女	汉族	2002年9月—2005年1月
	惠路明	男	汉族	2005年2月—2006年4月
	徐应科	男	汉族	2006年4月—2007年8月
	李如峰	男	汉族	2007年9月—2015年3月
	马虎奇	男	回族	2015年3月—2015年8月
	兰永峰	男	回族	2015年9月—2018年8月
	张露露	女	汉族	2018年9月—
政教主任	何　明	男	汉族	2000年9月—2002年8月
	刘　刚	男	汉族	2002年9月—2004年8月
	陈永宁	男	汉族	2004年9月—2006年8月
	涂志刚	男	汉族	2006年9月—2012年8月
	施兴明	男	汉族	2012年10月—

续表4-9

职　务	姓　名	性　别	民　族	任职时限
总务主任	马玉武	男	回族	2000年9月—2002年8月
	何　明	男	汉族	2002年9月—2003年8月
	何　军	男	汉族	2003年9月—
办公室主任	惠路明	男	汉族	2002年9月—2004年8月
	徐应科	男	汉族	2004年9月—2007年8月
	柯　强	男	回族	2007年9月—2008年8月
	田兴龙	男	回族	2008年9月—2011年8月
	马虎奇	男	回族	2011年9月—2013年8月
	石海兵	男	汉族	2013年8月—2016年8月
	贺永峰	男	汉族	2016年9月—2018年8月
	田　海	男	回族	2018年9月—
工会主席	贺秀凤	女	回族	2004年9月—2012年8月
	马晓英	女	回族	2013年9月—2018年8月
	李　婷	女	汉族	2018年9月—
少先队大队辅导员	何　明	男	汉族	2002年9月—2003年8月
	惠　楠	女	汉族	2003年9月—2004年8月
	马　芸	女	回族	2004年9月—2005年8月
	惠　楠	女	汉族	2005年9月—2007年8月
	杨　成	男	回族	2007年8月—2010年8月
	张海丰	男	汉族	2010年8月—2013年8月
	尤萍燕	女	汉族	2013年8月—2016年8月
	王嘉欣	女	回族	2016年9月—

2004—2018年第二小学历任管理人员一览表

表4-10

职　务	姓　名	性　别	民　族	任职时限
校　长	杨克虎	男	回族	2004年9月—2013年4月
	柯　强	男	回族	2013年5月—2018年8月
	马　炜	男	回族	2018年9月—
副校长	杨　芳	女	汉族	2004年9月—2008年8月
	赵　祥	男	汉族	2005年2月—2008年8月
	马天宏	男	回族	2008年9月—2011年8月

续表4-10

职　务	姓　名	性　别	民　族	任职时限
副校长	刘新巧	女	汉族	2008年9月—2017年12月
	马吉军	男	回族	2011年9月—2014年8月
	马汉兰	女	回族	2013年9月—2016年8月
	冯　娜	女	汉族	2015年9月—
	丁玉才	男	回族	2017年9月—
教务主任	喜文玉	男	回族	2004年9月—2005年8月
	叶占林	男	汉族	2005年9月—2006年8月
	喜文玉	男	回族	2006年9月—2013年8月
	海生贵	男	回族	2013年9月—2018年8月
	兰永峰	男	回族	2018年9月—
政教主任	张成裕	男	汉族	2004年9月—2013年8月
	马学军	男	回族	2013年9月—2017年9月
	杨生花	女	回族	2017年9月—2018年8月
	李文权	男	回族	2018年9月—
总务主任	海明荣	男	回族	2004年9月—2017年12月
	马学军	男	回族	2017年9月—
办公室主任	马英俊	男	回族	2004年9月—2006年12月
	惠路明	男	汉族	2007年1月—2008年8月
	石海兵	男	汉族	2008年9月—2013年8月
	冯万里	男	汉族	2013年9月—2017年12月
	马英俊	男	回族	2018年1月—2018年8月
	黄静雯	女	汉族	2018年9月—
工会主席	贾雪燕	女	汉族	2011年9月—2012年8月
	牛晓霞	女	汉族	2012年9月—2013年8月
	贾雪燕	女	汉族	2013年9月—2017年8月
	张　晶	女	汉族	2017年9月—2018年8月
	海明荣	男	回族	2018年9月—
少先队大队辅导员	庄彩琴	女	汉族	2004年9月—2005年1月
	段惠蓉	女	汉族	2005年2月—2005年8月
	万　丽	女	汉族	2005年9月—2006年1月
	张春梅	女	汉族	2006年2月—2011年8月
	海　舸	女	回族	2011年9月—2013年8月

续表4-10

职　务	姓　名	性　别	民　族	任职时限
少先队大队辅导员	张康乐	女	汉族	2013年9月—2015年8月
	王晓燕	女	汉族	2015年9月—2016年1月
	马冰洁	女	回族	2016年2月—2017年12月
	罗　秀	女	回族	2018年1月—

2013—2018年第三小学历任管理人员一览表

表4-11

职　务	姓　名	性　别	民　族	任职时限
校　长	李军庆	男	汉族	2013年8月—2015年8月
	马　莉	女	回族	2015年9月—2018年8月
	周学梅	女	汉族	2018年9月—
副校长	喜文玉	男	回族	2013年8月—2015年8月
	冯　娜	女	汉族	2013年8月—2015年8月
	惠　楠	女	汉族	2015年9月—2017年9月
				2018年9月—
	周学梅	女	汉族	2015年9月—2018年8月
	王　莹	女	回族	2017年9月—2018年8月
	马汉兰	女	回族	2018年9月—
	赵国强	男	汉族	2018年9月—
教务主任	惠　楠	女	汉族	2013年8月—2015年8月
	张德勋	男	回族	2015年9月—2018年8月
	张　芳	女	汉族	2018年9月—
政教主任	张海丰	男	汉族	2013年8月—2016年8月
	宋宝元	男	汉族	2016年9月—2018年8月
	马俊刚	男	回族	2018年9月—
总务主任	马　斌	男	回族	2013年8月—2018年8月
	宋宝元	男	汉族	2018年9月—
办公室主任	兰永峰	男	回族	2013年8月—2015年8月
	魏留红	男	汉族	2015年9月—2016年8月
	王建新	男	汉族	2016年9月—
工会主席	吴玉娟	女	汉族	2013年8月—
少先队大队辅导员	于　娟	女	汉族	2013年8月—2018年8月
	王怡荣	女	汉族	2018年9月—

2018年第四小学历任管理人员一览表

表4-12

职　务	姓　名	性　别	民　族	任职时限
校　长	杨　芳	女	汉族	2018年9月—
副校长	喜文玉	男	回族	2018年9月—
	张彦雄	男	汉族	2018年9月—
教务主任	杨生花	女	回族	2018年9月—
政教主任	王同春	男	汉族	2018年9月—
总务主任	韩　峰	男	汉族	2018年9月—
办公室主任	贺永峰	男	汉族	2018年9月—
少先队大队辅导员	李　芳	女	汉族	2018年9月—

（三）乡镇中心学校

1999—2018年红寺堡乡镇教育机构历任管理人员一览表

表4-13

乡镇名称	主要负责人及任职时间	主要工作人员及任职时间
红寺堡镇	校长： 马永建（2001年9月—2005年1月） 马靖平（2005年2月—2007年7月） 宋兴珍（2007年8月—2012年2月） 任世伟（2012年2月—2013年3月） 赵　祥（2013年3月—2017年9月） 马天宏（2017年9月—　） 副校长： 赵吉玲（2003年8月—2007年8月） 马天宏（2007年9月—2008年8月） 赵　祥（2008年9月—2013年2月） 田仲国（2013年2月—2014年2月） 徐志军（2014年2月—2014年8月） 张玉英（2014年9月—2017年9月） （2018年9月—　） 张淑琼（2017年9月—2018年9月）	田进万（2001年3月—2003年9月） 李　吉（2004年3月—2005年7月） 马成豹（2004年3月—2007年7月） 李如峰（2004年9月—2007年9月） 毛晓东（2005年1月—2010年5月） 刘　刚（2007年9月—2013年3月） 李　成（2008年9月—　） 兰保学（2009年9月—　） 王志勇（2010年6月—　） 冯松强（2013年9月—2018年4月） 田立峰（2015年9月—　） 李永钊（2018年3月—　） 李炳仁（2018年6月—2018年9月） 罗克忠（2018年1月—　）
大河乡	校长： 马成云（1999年7月—2001年9月） 马靖平（2001年9月—2005年2月） 齐　刚（2005年2月—2009年8月） 孔进生（2009年9月—2011年12月） 马兴中（2012年1月—2013年6月） 海春涛（2013年6月—2014年8月） 马千里（2014年9月—　） 副校长： 齐　刚（2001年9月—2005年2月） 孔进生（2005年2月—2009年8月） 南治广（2009年9月—2015年8月） 马虎奇（2015年8月—2017年8月） 惠　楠（2017年9月—2018年9月）	王志平（1999年9月—2000年5月） 毛晓东（2000年6月—2003年4月） 马成云（2002年9月—　） 钱广银（2003年9月—2009年12月） 张旭峰（2005年9月—　） 赵　彤（2007年9月—2009年12月） 李廷辅（2010年1月—　） 赵国强（2010年2月—2015年8月） 罗克忠（2016年2月—2016年8月） 李志忠（2016年9月—　） 杨志娟（2017年9月—　） 韩世平（2018年9月—　） 马兆虎（2018年9月—　）

续表4-13

乡镇名称	主要负责人及任职时间	主要工作人员及任职时间
柳泉乡	校长： 朱世君（2001年3月—2001月10月） 高俊新（2001年10月—2003年8月） 张　龙（2003年8月—2008年2月） 任世伟（2008年2月—2012年2月） 齐　刚（2012年2月—2014年7月） 马　龙（2014年8月—） 副校长： 马天宏（2003年8月—2005年2月） 糟成荣（2005年2月—2013年5月） 蔡　平（2013年5月—2015年6月） 涂志刚（2015年6月—）	孔德龙（2002年4月—2003年8月） 李　吉（2001年9月—2002年3月） 杨风祥（2002年3月—2003年8月） 伏建军（2003年9月—2004年8月） 邵志琦（2003年10月—2004年7月） 蒙继荣（2004年8月—） 王国海（2004年9月—2011年8月） 张有贵（2004年10月—） 白振国（2009年5月—2014年10月） 庄　贵（2009年9月—2013年8月） 马建学（2011年9月—） 马玉清（2014年9月—） 齐增辉（2015年9月—2018年4月） 何立栋（2018年9月—） 王文艳（2018年10月—）
新庄集乡	校长： 马成虎（2002年4月—2003年8月） 马兴中（2003年8月—2012年1月） 宋兴珍（2012年2月—2013年5月） 马　龙（2013年5月—2014年8月） 唐文忠（2014年8月—） 副校长： 宋兴珍（2003年8月—2007年8月） 马吉军（2007年8月—2012年1月） 马　龙（2012年2月—2013年5月） 唐文忠（2013年5月—2014年8月） 丁玉才（2014年8月—2017年8月） 马汉兰（2017年9月—2018年9月） 党晓斌（2018年9月—）	肖建军（2004年8月—2012年2月） 蒋永岗（2003年8月—2005年1月） 王　铭（2004年8月—2008年2月） 马吉军（2006年9月—2007年8月） 张金海（2008年2月—2011年8月） 杨国成（2010年2月—2015年8月） 张聪林（2010年9月—） 蒋　珂（2009年2月—2011年3月） 李　刚（2012年2月—） 石　千（2012年2月—） 张玉英（2012年2月—2013年5月） 张明龙（2013年5月—） 巩鹏程（2018年6月—）
太阳山镇	校长： 王生俊（2010年10月—2014年8月） 张治国（2014年8月—） 副校长： 张树俭（2010年10月—2018年8月） 马　鹏（2018年9月—）	张治国（2010年10月—2014年7月） 拓佰丽（2010年10月—2011年9月） 贺彦文（2014年8月—） 孟慧军（2015年3月—2016年8月） 贺自高（2015年9月—2018年9月） 杨艳萍（2017年2月—） 毛宝宝（2018年9月—）
白墩乡（撤并）	校长： 周　刚（2001年4月—2003年4月） 马兴琳（2003年4月—2003年8月）	张自英（2001年4月—2003年8月）
买河乡（撤并）	校长： 薛文钧（2000年9月—2003年8月）	白天祥（2000年9月—2003年8月）
石炭沟（撤并）	校长： 丁永虎（2002年10月—2004年3月） 杨风祥（2004年3月—2005年12月） 副校长： 拓生海（2003年9月—2005年7月）	马小军（2002年10月—2004年8月） 王　茂（2004年3月—2005年12月） 金录成（2004年3月—2005年12月）

(四)农村小学

1999—2018年红寺堡镇农村小学历任校长一览表

表4-14

学　校	校长姓名	性　别	民　族	任职时限
中心小学（红寺堡镇五小）	赵　祥	男	汉族	2000年3月—2005年3月
	赵吉玲	女	汉族	2005年3月—2007年8月
	马天宏	男	回族	2007年9月—2008年8月
	赵　祥	男	汉族	2008年9月—2013年5月
	田仲国	男	回族	2013年5月—2014年2月
	徐志军	男	汉族	2014年2月—2014年8月
	张玉英	女	汉族	2014年9月—2017年9月
	张淑琼	女	汉族	2017年9月—2018年9月
	张玉英	女	汉族	2018年10月—
朝阳小学	魏国喆	男	汉族	2002年3月—2003年9月
	马安山	男	汉族	2003年9月—2007年11月
	马生成	男	回族	2007年12月—2009年8月
	惠路明	男	汉族	2009年9月—2011年8月
	海　军	男	回族	2011年9月—
上源小学	康有元	男	汉族	2002年9月—2005年8月
	王文海	男	回族	2005年9月—2008年8月
	李志荣	男	回族	2008年9月—2011年8月
	马千里	男	回族	2011年9月—2012年8月
	马　俊	男	回族	2012年9月—
玉池小学	李如峰	男	汉族	2003年3月—2003年8月
	史德才	男	汉族	2003年8月—2006年12月
	兰正德	男	回族	2006年12月—2008年12月
	杨晓平	男	回族	2008年12月—
兴旺小学（红寺堡镇七小）	田仲国	男	回族	2000年9月—2001年11月
	杨金花	女	回族	2001年11月—2002年3月
	马杰君	男	回族	2002年3月—2003年9月
	海　军	男	回族	2003年9月—2011年8月
	李志荣	男	回族	2011年8月—2017年10月
	王文海	男	回族	2017年10月—

续表4-14

学　校	校长姓名	性　别	民　族	任职时限
幸福小学（红寺堡镇二小）	马永建	男	回族	2000年9月—2001年8月
	马志同	男	回族	2001年8月—2005年3月
	马千里	男	回族	2005年3月—2006年8月
	纪玉虎	男	回族	2006年8月—2008年9月
	周文华	男	回族	2008年9月—2010年9月
				2014年8月—
	王自英	男	回族	2010年9月—2014年12月
富康小学（红源小学）	王生成	男	回族	2002年9月—2003年8月
	马清贵	男	回族	2003年9月—
梨花小学（红寺堡镇一小）	马廷贵	男	回族	2000年9月—2001年11月
				2002年3月—2014年8月
	刘　刚	男	汉族	2001年11月—2002年3月
	徐海鹏	男	汉族	2014年9月—2017年10月
	陈玉华	男	回族	2017年10月—2018年9月
	吴亮旗	男	汉族	2018年9月—
河水小学（红寺堡镇八小）	赵国璧	男	汉族	2000年9月—2001年9月
	韩　彪	男	汉族	2001年9月—2005年4月
	马锦霖	男	汉族	2005年4月—2008年9月
	马　俊	男	回族	2008年9月—2010年9月
	田仲国	男	回族	2010年9月—2012年9月
	卡世明	男	回族	2012年9月—2018年9月
	马锦霖	男	汉族	2018年9月—
光彩小学	高俊新	男	汉族	1999年9月—2000年3月
	刘　刚	男	汉族	2000年3月—2001年11月
	田仲国	男	回族	2001年11月—2008年8月
	惠路明	男	汉族	2008年9月—2009年8月
	马　云	男	回族	2009年9月—2011年8月
	冯庆龙	男	汉族	2011年9月—2018年8月
	罗成福	男	回族	2018年9月—
中圈塘小学	王绍玉	男	汉族	2002年9月—2007年9月
	鲁自敬	男	汉族	2007年9月—2014年9月
	顾维义	男	汉族	2014年9月—

续表4-14

学　校	校长姓名	性　别	民　族	任职时限
东源小学	贺玉林	男	汉族	2004年9月—2006年8月
	马守林	男	回族	2006年9月—2007年8月
	马千里	男	回族	2007年9月—2011年8月
	惠路明	男	汉族	2011年9月—2018年8月
	卡世明	男	回族	2018年9月—
红兴小学（红寺堡镇三小）	鲁自敬	男	汉族	2000年9月—2004年7月
	马文龙	男	汉族	2004年9月—2007年8月
	吴克兵	男	汉族	2007年9月—2009年8月
	冯庆龙	男	汉族	2009年9月—2011年8月
	罗克忠	男	回族	2011年9月—2014年12月
	王自英	男	回族	2014年12月—2018年3月
	马建辉	男	回族	2018年4月—
回民小学（红寺堡镇四小）	马成豹	男	回族	2000年9月—2002年8月
	马登俊	男	回族	2002年8月—2011年8月
	马天宏	男	回族	2011年8月—2017年9月
	车燕飞	男	汉族	2017年9月—
燕宝小学	马千里	男	回族	2012年9月—2014年8月
	海春涛	男	回族	2014年8月—
弘德第二小学	肖建军	男	汉族	2018年3月—

2001—2018年新庄集乡农村小学历任校长一览表

表4-15

学　校	校长姓名	性　别	民族	任职时限
中心小学（南川奕龙小学）	张　平	男	汉族	2005年9月—2007年8月
	马吉军	男	回族	2007年8月—2011年9月
	马登俊	男	回族	2011年9月—2012年2月
	马　龙	男	回族	2012年2月—2013年5月
	唐文忠	男	汉族	2013年5月—2014年8月
	丁玉才	男	回族	2014年8月—2017年8月
	马汉兰	女	回族	2017年9月—2018年9月
	党晓斌	男	汉族	2018年9月—

续表4-15

学 校	校长姓名	性 别	民族	任职时限
白墩小学（白墩九年制学校）	马吉炯	男	回族	2003年9月—2006年8月
	宋兴珍	男	汉族	2006年9月—2008年8月
	李晓东	男	回族	2008年9月—2015年11月
	武鸿喜	男	汉族	2015年11月—2016年12月
	巩鹏程	男	汉族	2016年12月—2018年4月
	徐应杰	男	汉族	2018年4月—
东川小学	李 刚	男	汉族	2003年3月—2005年8月
	冯庆虎	男	汉族	2005年9月—2009年8月
	韩 峰	男	汉族	2009年9月—2012年3月
	张 平	男	汉族	2012年3月—2014年3月
	白国文	男	汉族	2014年3月—
红阳小学	杨 明	男	汉族	2003年8月—2004年9月
	马吉贺	男	回族	2004年9月—2006年9月
	田彦才	男	回族	2006年9月—2009年9月
	冯庆虎	男	汉族	2009年9月—2011年8月
	张金海	男	回族	2011年8月—2015年3月
	谭万军	男	汉族	2015年3月—
洪沟滩小学	李晓东	男	回族	2007年9月—2008年9月
				2018年9月—
	马 旭	男	回族	2008年9月—2018年9月
康庄小学	马应龙	男	回族	2002年9月—2004年8月
	陈东宁	男	汉族	2004年9月—2006年8月
	杨 武	男	汉族	2006年9月—2010年8月
	马俊文	男	回族	2010年9月—2017年8月
	田风福	男	回族	2017年9月—
南角湾小学	白国文	男	汉族	2002年8月—2004年9月
	马守林	男	回族	2004年9月—2006年9月
	康 虔	男	汉族	2006年9月—2008年8月
	李成玉	男	回族	2008年9月—2010年8月
	杨文广	男	回族	2010年8月—2011年3月
	母全智	男	回族	2011年3月—
新集教学点	马继林	男	回族	2016年9月—

续表4-15

学　校	校长姓名	性　别	民族	任职时限
高口小学	马如贵	男	回族	2005年8月—2010年9月
	何进全	男	汉族	2010年9月—
沙草墩小学	陈维良	男	汉族	2001年9月—2002年8月
	李效斌	男	汉族	2002年9月—2003年8月
	赵宗林	男	汉族	2003年9月—2006年8月
	张聪林	男	汉族	2006年9月—2008年8月
	王新科	男	汉族	2008年9月—2018年8月
	张　杰	男	汉族	2018年9月—
双台小学	毛治海	男	汉族	2001年3月—2003年9月
	田兴龙	男	回族	2003年9月—2007年9月
	杨文广	男	回族	2007年9月—2010年9月
	夏　军	男	汉族	2010年9月—2013年9月
	马步云	男	回族	2013年9月—
西川小学	杨国成	男	汉族	2004年9月—2010年8月
	魏留红	男	汉族	2010年9月—2013年3月
	焦世玺	男	汉族	2013年3月—
新台小学	马如学	男	回族	2004年9月—2005年8月
	马吉军	男	回族	2005年8月—2006年8月
	马俊文	男	回族	2006年8月—2010年8月
	马克福	男	回族	2010年9月—2011年8月
	马如贵	男	回族	2011年9月—2012年8月
	谭万军	男	汉族	2012年8月—2015年3月
	刘　省	男	汉族	2015年3月—
新一村小学	马文珍	男	回族	2008年3月—2010年8月
	甘继龙	男	汉族	2010年9月—2013年8月
	毛建国	男	汉族	2013年9月—
杨柳小学	张勇龙	男	汉族	2005年9月—2010年8月
	焦世玺	男	汉族	2010年9月—2013年3月
	魏留红	男	汉族	2013年3月—2013年8月
	马红俊	男	回族	2013年9月—2014年8月
	苏国雄	男	汉族	2014年9月—2017年8月
	石　义	男	汉族	2017年9月—2018年8月
	刘享男	男	汉族	2018年9月—

续表4-15

学　校	校长姓名	性　别	民族	任职时限
中川小学	马玉武	男	回族	2001年3月—2002年8月
				2010年9月—
	马步云	男	回族	2002年9月—2010年8月
新一支教学点	武鸿双	男	汉族	2017年9月—2018年9月
	魏　国	男	汉族	2018年9月—
马渠小学	马成祥	男	回族	2014年9月—2015年12月
	安小平	男	汉族	2016年2月—2016年8月
	马生杰	男	回族	2016年9月—

2000—2018年太阳山镇农村小学历任校长一览表

表4-16

学　校	校长姓名	性　别	民　族	任职时限
中心小学	马玉龙	男	汉族	2005年9月—2009年8月
	王生俊	男	汉族	2009年9月—2010年9月
	张树俭	男	汉族	2010年9月—2018年8月
	马　鹏	男	汉族	2018年9月—
第二小学（灌区第二小学）	康　明	男	汉族	2010年9月—2012年8月
	贺彦文	男	汉族	2012年9月—2013年8月
	张明峰	男	汉族	2013年9月—2014年8月
	孙　婷	女	汉族	2014年9月—
塘坊梁小学	宋菊莲	女	汉族	2010年2月—2014年9月
白塔水小学	曹迎红	女	汉族	2010年2月—2015年2月
	马正刚	男	汉族	2015年3月—2016年9月
巴庄子小学	王志远	男	汉族	2005年9月—2015年3月
	张许宁	男	汉族	2015年3月—2017年7月
	张晓霞	女	汉族	2017年9月—
红沙窝小学	金学礼	男	回族	2005年9月—2009年9月
	海志国	男	回族	2009年9月—2010年9月
	张小娟	女	汉族	2010年9月—
泉子湾小学	苏亚灵	男	回族	2005年9月—2008年9月
	周连鹏	男	汉族	2008年9月—2015年2月
	黑小妍	女	回族	2015年3月—

续表4-16

学　校	校长姓名	性　别	民　族	任职时限
第三小学（灌区第三小学）	张振宇	男	汉族	2010年9月—2016年2月
	吴梅章	女	汉族	2016年2月—2017年8月
	叶惠琴	女	汉族	2017年9月—
裕华第一小学（红沟窑小学）	买希华	男	回族	2000年9月—2003年8月
	马海东	男	回族	2003年9月—2008年8月
	马和祥	男	回族	2008年8月—2009年9月
	郑　涛	男	汉族	2009年9月—2012年9月
	杨振绩	男	汉族	2012年9月—2015年8月
	马耀晨	男	回族	2015年9月—
裕华第二小学（周新小学）	年学勤	男	汉族	2000年9月—2004年8月
				2007年3月—2008年8月
				2010年8月—2012年8月
	柯　强	男	回族	2004年9月—2007年3月
	马继平	男	回族	2008年8月—2009年8月
	曹玉珍	男	汉族	2009年8月—2010年8月
	马　刚	男	汉族	2012年8月—2017年8月
	马　鹏	男	回族	2017年9月—2018年8月
	马金龙	男	回族	2018年9月—
李敬中小学（买河小学）	买希华	男	回族	2000年9月—2008年8月
	李广奇	男	汉族	2008年8月—2010年8月
	杨　林	男	回族	2010年8月—2011年8月
	马碧玉	男	回族	2011年8月—2012年8月
	张　磊	男	汉族	2012年8月—2013年3月
	苏建礼	男	回族	2013年3月—
田原小学	秦　伟	男	回族	2018年9月—

1999—2018年大河乡农村小学历任校长一览表

表4-17

学　校	校长姓名	性　别	民　族	任职时限
大河中心小学（大河九年制学校）	齐　刚	男	汉族	2003年2月—2005年2月
	孔进生	男	汉族	2005年2月—2009年8月
	南治广	男	汉族	2009年9月—2015年8月
	马虎奇	男	回族	2015年9月—2017年8月

续表4-17

学　校	校长姓名	性　别	民　族	任职时限
大河中心小学（大河九年制学校）	惠　楠	女	汉族	2017年9月—2018年8月
	马千里	男	回族	2018年9月—
大河第一小学（河西小学）	马辉军	男	回族	2004年9月—2005年9月
	马天魏	男	回族	2005年9月—2013年2月
	李志忠	男	回族	2013年3月—2014年8月
	海飞龙	男	回族	2014年9月—2018年9月
	杨占成	男	回族	2018年9月—
大河第二小学	杨治贵	男	回族	1999年4月—2012年3月
	买德海	男	回族	2012年3月—2013年9月
	李　龙	男	汉族	2013年9月—
大河第四小学	叶占林	男	汉族	1999年4月—2003年8月
	王万林	男	汉族	2003年9月—2005年8月
	赵国强	男	汉族	2005年9月—2008年8月
	李廷辅	男	汉族	2008年9月—2009年8月
	杨治贵	男	回族	2009年9月—2010年8月
	杨晓娟	女	汉族	2010年9月—
大河第五小学（红河小学）	苏学礼	男	回族	1999年4月—2007年8月
	王小军	男	回族	2007年9月—2009年8月
	马生杰	男	回族	2009年9月—2013年8月
	兰志高	男	回族	2013年9月—
大河第六小学（开元小学）	喜文玉	男	回族	1999年4月—2001年8月
	买德海	男	回族	2001年9月—2002年8月
	杨金奎	男	回族	2002年9月—2004年8月
	勉生秀	男	回族	2004年9月—2009年8月
	兰志高	男	回族	2009年9月—2010年8月
	海飞龙	男	回族	2010年9月—2012年8月
	马天魏	男	回族	2012年9月—2014年11月
	马继花	女	回族	2014年11月—2017年8月
	马　越	男	回族	2017年9月—
大河第七小学（香园小学）	马兴华	男	回族	1999年9月—2009年8月
	王耀琳	男	回族	2009年9月—2010年2月
	郑　平	男	汉族	2010年3月—2011年8月
	马明虎	男	回族	2011年9月—2014年10月
	白明国	男	回族	2014年10月—

续表4-17

学　校	校长姓名	性　别	民　族	任职时限
大河第八小学	丁玉才	男	回族	2002年9月—2014年8月
	李志忠	男	回族	2014年9月—2016年8月
	马　平	男	回族	2016年9月—
大河第九小学(红崖一小)	马辉君	男	回族	2001年3月—2002年8月
	陈　庚	男	汉族	2002年9月—2003年8月
	海飞龙	男	回族	2003年9月—2010年8月
	杨占成	男	回族	2010年9月—2011年11月
				2013年9月—2018年9月
	张秉成	男	汉族	2011年12月—2013年8月
	马天魏	男	回族	2018年10月—
大河第十小学(红崖二小)	杨进良	男	汉族	2002年9月—2007年2月
	石　千	男	汉族	2007年2月—2009年2月
	杨占成	男	回族	2009年2月—2010年8月
	兰志高	男	回族	2010年9月—2012年8月
	赵　彤	男	汉族	2012年9月—2013年8月
	马生杰	男	回族	2013年9月—2015年8月
	马明虎	男	回族	2015年9月—2016年8月
	罗克忠	男	回族	2016年9月—2018年8月
	马　越	男	回族	2018年9月—
大河第十一小学(大河节灌站小学)	杨敏忠	男	回族	2014年9月—2014年11月
	马天魏	男	回族	2014年11月—2018年9月
	海飞龙	男	回族	2018年9月—
大河乌沙塘小学	赵国强	男	汉族	2009年9月—2010年3月
	郑　平	男	汉族	2010年3月—
大河平岭子小学	马英选	男	回族	2002年9月—2004年8月
	李晓东	男	回族	2004年9月—2008年7月
	王耀林	男	回族	2008年8月—2009年9月
	李海福	男	回族	2009年9月—2011年3月
	杨　其	男	回族	2011年3月—2018年9月
	丁　辉	男	回族	2018年9月—

续表4-17

学　校	校长姓名	性　别	民　族	任职时限
大河官店小学	马立明	男	回族	2002年9月—2004年8月
	金录成	男	回族	2004年9月—2007年8月
	黑保福	男	回族	2007年9月—2008年8月
	杨俊财	男	回族	2008年9月—2010年8月
	白启儒	男	回族	2010年9月—2016年8月
	杨风文	男	回族	2016年9月—
大河石坡子小学	马生成	男	回族	2002年9月—2005年2月
	马明虎	男	回族	2005年3月—2010年8月
	周金林	男	回族	2010年9月—2016年8月
	周　强	男	回族	2016年9月—2017年8月
	余小娟	女	回族	2017年9月—
大河石炭沟小学（石炭沟九年学校）	马正全	男	回族	2002年9月—2003年8月
	拓生海	男	汉族	2003年9月—2005年8月
	马英选	男	回族	2005年9月—2006年8月
	李志忠	男	回族	2006年9月—2013年2月
	马立明	男	回族	2013年3月—2013年8月
	丁　辉	男	回族	2013年9月—2018年9月
	杨　其	男	回族	2018年9月—

2000—2018年柳泉乡农村小学历任校长一览表

表4-18

学　校	校长姓名	性　别	民　族	任职时限
柳泉中心小学（太阳山镇九年制学校）	马天宏	男	回族	2003年8月—2004年8月
	糟成荣	男	回族	2004年8月—2013年5月
	蔡　平	男	汉族	2013年5月—2015年6月
	涂志刚	男	汉族	2015年6月—
黄羊滩小学（买河六小）	罗成荣	男	回族	2000年9月—2011年8月
	王毅超	男	汉族	2011年8月—
旧城小学（红寺堡镇十一小）	高玉发	男	汉族	2000年9月—2014年8月
	马智广	男	回族	2014年8月—2016年8月
	党军堂	男	汉族	2016年8月—
买河小学（买河九年制学校）	张　龙	男	汉族	2002年4月—2003年8月
	南治广	男	汉族	2003年8月—2004年8月
	刘宗良	男	汉族	2004年8月—2005年2月

续表4-18

学　校	校长姓名	性　别	民　族	任职时限
买河小学（买河九年制学校）	王小平	男	汉族	2005年3月—2005年6月
	计耀邦	男	汉族	2005年7月—2005年12月
	田春明	男	回族	2006年1月—2008年2月
	王　铭	男	汉族	2008年2月—2017年9月
	李军鹏	男	汉族	2017年9月—
柳泉小学（沙泉一小）	任进会	男	汉族	2000年9月—2003年9月
	陈世忠	男	汉族	2003年9月—2008年8月
	唐文忠	男	汉族	2008年8月—2013年5月
	陈德琪	男	汉族	2013年5月—
永泉小学（沙泉六小）	海　军	男	回族	2000年9月—2002年9月
	田春明	男	回族	2002年9月—2005年8月
	杨金奎	男	回族	2005年8月—2008年8月
	海春涛	男	回族	2008年8月—2013年5月
	喜文忠	男	回族	2013年5月—
羊坊滩小学（买河八小）	王国海	男	汉族	2001年9月—2003年8月
	刘立钺	男	汉族	2003年8月—2005年8月
	张步科	男	汉族	2005年8月—2008年8月
	谢国宏	男	汉族	2008年8月—2010年8月
	李怀银	男	汉族	2010年8月—2012年8月
	马珍虎	男	回族	2012年8月—
新泉小学（沙泉五小）	糟成荣	男	回族	2000年9月—2004年3月
	马建学	男	回族	2004年3月—2011年8月
	罗成荣	男	回族	2011年8月—2013年8月
	马志贵	男	回族	2013年8月—2016年3月
	马新明	男	回族	2016年3月—
豹子滩小学（买河四小）	马志贵	男	回族	2000年9月—2002年8月
	海生福	男	回族	2002年8月—2009年8月
	党军堂	男	汉族	2009年8月—2016年8月
	马智广	男	回族	2016年9月—
红塔小学（买河一小）	李正龙	男	回族	2000年9月—2001年7月
	马天宏	男	回族	2001年9月—2003年8月
	王国海	男	汉族	2003年8月—2004年8月
	喜文忠	男	回族	2004年8月—2013年5月
	代振军	男	汉族	2013年5月—

续表4-18

学　校	校长姓名	性　别	民　族	任职时限
甜水河小学（红寺堡镇十小）	兰长利	男	回族	2000年9月—2001年9月
	马金发	男	回族	2001年9月—2005年8月
	马成祥	男	回族	2005年8月—2013年8月
	田春明	男	回族	2013年8月—2018年8月
	王　峰	男	汉族	2018年9月—
东泉小学（沙泉七小）	李立东	男	汉族	2000年9月—2001年2月
	丁琛楠	男	汉族	2001年2月—2001年8月
	伏建军	男	汉族	2001年8月—2003年8月
	谢得本	男	汉族	2003年8月—2006年8月
	宋宁德	男	汉族	2006年8月—2008年8月
	年学勤	男	汉族	2008年8月—2010年8月
	谢国宏	男	汉族	2010年8月—2015年8月
	石显宏	男	汉族	2015年8月—
红崖湾小学（买河七小）	史德才	男	汉族	2001年9月—2002年8月
	张　昕	男	汉族	2002年8月—2004年8月
	锁金银	男	回族	2004年8月—2006年8月
	李怀银	男	汉族	2006年8月—2010年8月
	黄小彦	男	汉族	2010年8月—2012年8月
	马新明	男	回族	2012年8月—2016年3月
	马志贵	男	回族	2016年3月—2018年9月
	丁玉林	男	回族	2018年9月—

(五)已撤并学校

红寺堡已撤并学校历任校长一览表

表4-19

学　校	校长姓名	性　别	民　族	任职时限
大河中学	杨立中	男	汉族	2000年8月—2001年9月
	齐　刚	男	汉族	2001年9月—2003年1月
大河三小	高俊新	男	汉族	1999年3月—1999年8月
				2000年8月—2001年9月
	杨立中	男	汉族	1999年9月—2000年8月
	马成义	男	回族	2001年9月—2003年1月

续表4-19

学　校	校长姓名	性　别	民　族	任职时限
大河八小(碱井村)	王相子	男	汉族	1999年4月—2000年8月
	徐占堂	男	汉族	2000年9月—2003年9月
白墩中学	马兴琳	男	回族	2001年3月—2003年8月
新庄集中学	宋兴珍	男	汉族	2002年4月—2003年8月
沙泉中学	朱世君	男	汉族	2000年9月—2003年8月
沙泉中心小学	庄　贵	男	汉族	2000年9月—2003年8月
中泉小学(沙泉二小)	马清贵	男	回族	2000年9月—2002年7月
	马智广	男	回族	2002年9月—2006年8月
买河中心小学(买河五小)	马杰君	男	回族	2000年9月—2002年3月
	王江海	男	汉族	2003年9月—2002年4月
买河中学	田宝龙	男	回族	2000年9月—2001年8月
	张　龙	男	汉族	2001年9月—2002年4月
西泉小学(买河二小)	杨长华	男	汉族	2002年9月—2005年7月
	马志贵	男	回族	2005年7月—2006年8月
白墩乡中心小学	陈永康	男	汉族	2001年3月—2001年8月
	马吉炯	男	回族	2001年8月—2003年8月
新庄乡中心小学	任成智	男	汉族	2002年4月—2003年8月
大河一小(中宁移民点)	马明俊	男	回族	1999年3月—2009年9月
水套西小学(买河三小)	王效华	男	回族	2002年9月—2007年8月
	杨　佳	女	回族	2007年9月—2008年8月
	王　彦	男	汉族	2008年9月—2009年1月
	金玉智	男	回族	2009年1月—2009年8月
蔡庄小学	蔡国银	男	回族	2001年9月—2006年8月
河庄小学	年学勤	男	汉族	2001年9月—2006年8月
周圈小学				
田圈、龚家岭、火龙沟、细沟子、青山、马段头、姬家沟、张台、马渠、沈家井、常家洼、文庄子、施家塘等13所小学	马成虎(学区主任)	男	回族	2002年4月—2006年8月
红寺堡镇中学	杜宏宇	男	汉族	2000年8月—2003年1月

第三节　教　学

一、学制与课程

（一）学制

1999年3月至2003年8月，红寺堡义务教育实行八年制（小学五年，初中三年）。2003年秋季学期，红寺堡开发区将小学五年制改为六年制，义务教育由八年制变为九年制。为确保不出现年级断层现象，红寺堡开发区在红寺堡小学五年级学生中分出一部分学生升入红寺堡中学就读初一，其余学生全部升至六年级。

义务教育阶段学制改制时，为了完善农村义务教育管理体制，红寺堡开发区合并成立一批九年制学校（小学六年、初中三年）：将买河中学和买河乡中心小学合并为买河九年制学校，将大河中学和大河三小合并为大河九年制学校，将沙泉中学和沙泉乡中心小学合并为沙泉九年制学校，将白墩乡中心小学和白墩中学合并为白墩九年制学校，石炭沟开发区中心小学增加七至九年级，学校改为石炭沟九年制学校。

（二）课程

1999年3月至2002年8月，红寺堡义务教育阶段执行国家教委制定的《九年义务教育全日制小学、初级中学课程计划（试行）》，根据国家、自治区教育行政部门确定的教育教学内容和课程设置开展教育教学活动。小学开设思想品德、语文、数学、自然、社会、音乐、美术、体育、劳动等课程；初级中学开设语文、数学、英语、物理、化学、思想品德、历史、地理、生物、音乐、美术、体育、综合实践等课程。

2002年秋季学期开始，红寺堡开发区按照教育部修订的《基础教育课程改革纲要（试行）》中有关“构建符合素质教育要求的新的基础课程体系”的要求，设置义务教育阶段课程。小学开设品德与生活（社会）、语文、数学、英语、科学、体育、音乐、美术、综合实践活动、地方与学校课程等课程；初级中学开设思想品德、语文、数学、外语、物理、化学、生物、历史、地理、体育、音乐、美术、现代技术、综合实践活动、地方与学校课程等课程。按照此次课程改革要求，小学将“自然”课改为

“科学”课，起始年级三年级，每周2课时；取消“社会”学科，将“思想品德”课分为两段，一、二年级为“品德与生活”，三、四、五、六年级为“品德与社会”，每周均为2课时。综合实践课程包括：信息技术教育、研究性学习、社区服务与社会实践、劳动与技术教育，信息技术起始年级为三年级，每学年信息技术课程不少于68学时。

2006年秋季学期开始，随着红寺堡城区中小学和乡镇中心学校计算机网络教室的逐步建设，教育体育局要求建有微机室的学校开设信息技术课程。

2012年秋季学期开始，红寺堡区按照国家课程改革要求，将“体育”课改为“体育与健康”课，内容分为水平一（一、二年级），水平二（三、四年级），水平三（五、六年级），水平四（七、八、九年级），水平一每周4课时，水平二、三每周3课时，水平四每周2课时。

2016年秋季学期开始，红寺堡区按照国家课程改革要求，将小学一、二年级“品德与生活”课和三、四、五、六年级的“品德与社会”课以及初中七年级的“思想政治”课统一改为“道德与法治”课，并逐年逐级过渡。

2017年秋季学期开始，红寺堡区小学科学课起始年级由原来的三年级改为一年级。

2000年红寺堡开发区小学课程周课时开设情况表

表4-20　　单位：课时

学　科	一年级	二年级	三年级	四年级	五年级
语文	8	8	8	8	8
数学	6	6	6	6	6
思想品德	2	2	2	2	2
体育	2	2	2	2	2
音乐	1	1	1	1	1
美术	1	1	1	1	1
自然			2	2	2
班会	1	1	1	1	1
写字	1	1	1	1	1
作文			2	2	2
合计周课时	22	22	26	26	26

2015年红寺堡区小学课程周课时开设情况表

表4-21　　单位:课时

学　科	一年级	二年级	三年级	四年级	五年级	六年级
品德与生活	2	2				
品德与社会			2	2	2	2
科学			2	2	2	2
语文	8	8	8	7	7	7
数学	4	4	4	4	4	5
外语			2	2	2	2
体育	4	4	3	3	3	3
音乐	2	2	2	2	2	2
美术	2	2	2	2	2	2
综合实践活动			3	3	3	3
校本课程	4	4	2	3	3	2
合计周课时	26	26	30	30	30	30

2004年红寺堡开发区初中课程周课时开设情况表

表4-22　　单位:课时

学　科	七年级	八年级	九年级
语文	5	5	5
数学	5	5	5
英语	5	5	5
物理		3	4
化学			4
思想品德	2	2	2
历史	2	2	2
地理	2	2	2
生物	2	2	2
音乐	1	1	
美术	1	1	
体育	3	3	3
班会	1	1	1
自习	6	3	
合计周课时	35	35	35

2015年红寺堡区初中课程周课时开设情况表

表4-23 单位:课时

学　科	七年级	八年级	九年级
语文	5	4	5
数学	5	5	4
英语	3	4	4
物理		2	3
化学			3
思想品德	3	3	3
历史	2	2	2
地理	2	3	
生物	3	2	
音乐	1	1	1
美术	1	1	1
体育与健康	3	3	3
综合实践活动	3	3	3
校本课程	3	1	2
合计周课时	34	34	34

二、教材选用

1999年3月,红寺堡开发区小学除劳动课程使用地方教材外,思想品德、语文、数学、社会、自然、音乐、美术、体育等课程全部使用人民教育出版社的通用教材;初级中学除生物使用江苏科技出版社的教材外,语文、数学、英语、物理、化学思想品德、历史、地理、音乐、体育、美术等课程均使用人民教育出版社通用教材。2000年9月,红寺堡开发区义务教育阶段学校根据自治区教育厅统一要求,廉洁教育、民族政策常识等地方课程使用宁夏自编教材。2001年以前,红寺堡开发区中小学配套的语文、数学等主要学科教师用书均采用人民教育出版社的《教学参考书》。2001年8月开始,基础教育课程改革实施,红寺堡开发区配套的教师用书均采用人民教育出版社的各学科《教师教学用书》。2003年9月,小学科学课程使用未来出版社教材,初中生物继续使用江苏科技出版社的教材,中小学英语课程开始使用外语教学与研究出版社教材,其余学科课程使用人民教育出版社的通用教材。2006年9月开始,红寺堡开发区开设信息技术课程的中小学一直使用自治区教育厅教研室编写的地方教材。2016年9月，红寺堡区中小学起始年级（一年级和七年级）开始使用教育部统编教材，并逐年逐级过渡。

2018年红寺堡区小学教材版本一览表

表4-24

道德与法治	语文	数学	英语	科学	音乐	美术	体育与健康（足球）	书法
人民教育出版社	人民教育出版社	人民教育出版社	外语教学与研究出版社	未来出版社	人民教育出版社	人民教育出版社	人民出版社	江苏凤凰少年儿童出版社

2018年红寺堡区初中教材版本一览表

表4-25

语文	数学	英语	物理	化学	道德与法治	历史	地理	生物	音乐	信息技术	足球
人民教育出版社	人民教育出版社	人民教育出版社	人民教育出版社	人民教育出版社	人民教育出版社	人民教育出版社	人民教育出版社	江苏科技出版社	人民教育出版社	人民教育出版社	人民出版社

三、教学大纲（课程标准）

1999年3月开始，红寺堡开发区义务教育阶段统一使用“教学大纲”作为指导教学的主要依据，以及检查评定学生学业成绩和衡量教师教学质量的重要标准。2001年，国家启动新世纪基础教育课程改革，教育部印发义务教育各学科课程标准，红寺堡开发区义务教育学校开始以“学科课程标准”指导教学。2011年，教育部对义务教育各学科课程标准进行了修订完善，正式印发《义务教育学科课程标准（2011年版）》（俗称“新课程标准”），红寺堡区于2012年秋季开始执行。2015年，教育部对义务教育阶段部分教材组织重新编写，并随之对相应学科的课程标准进行修改和调整，俗称“部编本课程标准”。红寺堡区严格按照国家课改要求，把更新后的课程标准、新课程标准、部编本课程标准作为教育教学指导依据和评估验收教育质量的重要标准。

四、教学常规的制定与管理

2001年3月，为加快推进红寺堡开发区基础教育改革与发展，构建基础教育质量和效益质量目标体系，加强教育教学管理，提高学校的管理水平和教育教学质量，依据上级相关教育教学管理规定，结合红寺堡开发区实际情况，社会事业二局组织起草《红寺堡开发区中小学教学工作常规》《红寺堡开发区中小学管理工作常规》,11月正式印发。随着红寺堡教育的发展,为实现义务教育由外延式向内涵式转变,红寺堡区教学研究培训中心分别于2010年、2012年先后两次在《红寺堡开发区中小学教学工作常规》《红寺堡开发区中小学管理工作常规》的基础上,修订完善《红寺堡区中小学教学常规》(以下简称《教学常规》)、《红寺堡区中小学教学常规管理规程》(以下简称《管理规程》)。《教学常规》对学校的教学工作提出了具体要求,就制订教学计划、备写教案、组织教学、批改作业、辅导学生、考察成绩、质量分析、教学总结、第二课堂活动、教学研究、教师培训、工作考核等方面都作了详细规定。《管理规程》规定红寺堡区各级教育管理机构要加强教学工作的管理、指导和监督;学校要端正办学思想,规范教学行为,按照教学计划组织教学,把教育部审核通过的教材以及经过自治区教育厅审核通过的地方教材作为学生学习的基本课程资源;教研机构要以教学为中心,建立科学民主的教学管理机制,健全教育教学质量检测体系,对教师个人的教学效果进行综合评价;教育行政部门要将教学常规的检查结果和教育质量检测的结果与学校主要负责人、相关科任教师的目标管理考核、评优选先挂钩。

五、校本课程的开发和实施

2001年9月开始,为全面落实《基础教育课程改革纲要(试行)》,红寺堡教育行政部门根据《教育部关于印发〈义务教育课程设置实验方案〉的通知》(教基〔2001〕28号)精神,出台相关文件,对校本课程开发的内涵、程序、方式、管理、评价及保障措施等方面作出严密部署和细致要求,同时组织、开展了一系列关于校本教研、校本课程、校本教材等方面内容的培训交流,鼓励中小学结合地方区情、学校实际积极开发、申报校本课程。2010年开始,红寺堡区中小学教师立足学校实际,结合特色校园创建、校本教研、课题研究,探索校本课程开发、编写校本教材。2018年,教育局进一步加强对三级教材的管理,就校本课程的开发与实施,印发《吴忠市红寺堡区教育局关于加强校本课程开发与管理的指导意见》(红教发〔2018〕172号),推动红寺堡区校本课程的开发与实施。截至2018年年底,红寺堡区中小学共开发并通过审议的校本课程有23门。

2011—2018年红寺堡区部分学校校本教材情况表

表4-26

课程名称	教材开发学校	完成时间	主　编
民间剪纸艺术	回民中学	2011年9月	牛　海
声乐	第三中学	2014年9月	肖伏东
舞蹈	第三中学	2014年9月	李苗苗
电子琴	第三中学	2014年9月	武向阳
视唱练耳	第三中学	2014年9月	代巧梅
国学知识经典诵读	第三小学	2015年9月	惠　楠
“雅言传承文明 经典浸润人生”国学经典诵读	回民小学	2015年5月	王　莹
创新教育	第一小学	2016年9月	孙　雨
工笔花鸟画技法	第三中学	2017年5月	陈小兰
“一剪云阁”剪纸技法	第三中学	2018年5月	王萍萍
“艺巧坊”创意手工制作	第三中学	2018年5月	张丽娜
素描绘画解析	第三中学	2018年5月	浦浩庚
学习十九大精神	第三中学	2018年5月	李　雪
国学读本	第三中学	2018年5月	马晓丽
国学知识经典诵读	大河中心小学	2017年10月	惠　楠
书法	第四中学	2018年10月	陈飞龙
电工	第四中学	2018年10月	魏强强
手工制作	第四中学	2018年10月	孙　莉
我健康 我参与 我践行	红寺堡中心小学	2018年4月	张淑琼
经典启蒙	第二小学	2018年5月	白俊兰
快乐阅读	第二小学	2018年5月	杨生华
文明礼仪之养成教育	马渠小学	2018年5月	马生杰
文明礼仪	马渠小学	2018年5月	马生杰

第四节　素质教育

一、安全教育

(一)组织机构

红寺堡教育系统的安全教育管理工作，因教育行政部门的工作需求和内设股室的变化，其管理部门和业务职能也随之变化。2003年4月，教育系统安全工作由教育文体广电局办公室负责，2004年9月开始由教育文体广电局学校工作办公室负责，2006年8月开始由教育体育局党建和综治办公室负责，2010年3月开始由教育局体卫艺及学前教育与综治安全办公室负责，2013年1月开始由综治安全办公室负责。安全工作在城区中小学由主管安全副校长指导学校政教处负责实施，乡镇中心学校由综治安全干事具体负责，村级小学由政教处具体实施。

(二)主要工作

1. 教育行政部门开展的主要工作

2003—2005年，红寺堡开发区教育系统把安全防范和维护学生的权利作为工作的重点，将思想道德培养与法治宣传相结合，聘请派出所民警兼任学校法治副校长，在学校开展法律知识教育，并会同公安、司法、工商等部门开展校园及周边治安秩序集中整治专项行动，致力于解决校园流动商贩、校园周边零食摊点，对校园周边500米以内的“三厅一网”(录像厅、歌舞厅、电子游戏厅、网吧)予以取缔。

2006—2010年，红寺堡落实《中小学幼儿园安全管理办法》，坚持“安全第一，预防为主”的原则，建立学校安全管理工作制度和突发公共事件应急预案，实行学校安全责任制和责任追究制度，层层签订责任书，落实学校安全工作。开展安全教育和演练活动，增强师生安全意识和自护自救能力。加强中小学校舍安全管理工作，强化措施，定期不定期检查校舍安全，并组织相关部门对中小学、幼儿园校舍安全隐患进行排查。2010年8月，红寺堡区委、区政府多次专题研究学校安全工作，全面落实学校人防、物防、技防等措施，为教育系统招聘25名保安、10名校医，为直属中小学和乡镇中心小学配齐保安、校医。政府筹集资金58.8万元，为第二中学、回民中学、第一小学、第二小学和五个乡(镇)中心小学安装校园视频监控系统，共筹资100万元为各学校建设保安室。

2011年，学校安全管理规范化建设起步。2012年，红寺堡区贯彻落实自治区教育厅安全工作会议精神，全面部署学校安全管理规范化建设工作。2013年，红寺堡区先后制定《红寺堡区校车及接送学生车辆管理工作实施方案》《红寺堡区中小学幼儿园安全规范化、精细化、人文化工作实施方案》《红寺堡区落实学校安全管理“一岗双责”制度》《红寺堡区学校安全事故责任追究暂行规定》等管理制度。2013年开始，红寺堡区人民政府每年拨付专项资金62万元补贴接送学生的公交车空返燃油费用，确保寄宿制学校的8897名学生能够安全按时上下学。

2014年，教育局筹措资金368万元，完成了70所学校校园视频监控系统的建设任务，新增百万像素高清监控探头1071个，其中34所中小学、幼儿园校园门口监控探头实现了与公安机关联网。投入资金13万元，为78所中小学幼儿园统一安装一键式报警系统，实现与公安机关联网。年内共配备校园专职保安62名，基本实现中小学幼儿园人防、技防、物防“三位一体”防范网络建设的全覆盖。

2015年，教育局按照自治区教育厅《中小学校安全管理规范化建设考核细则》《幼儿园安全管理规范化建设考核细则》，全面推进学校安全规范化建设工作。

2016年，教育局联合有关部门，开展防范校园欺凌、防范学生溺水、食堂食品安全、消防安全、校车及交通安全、传染病防控、民办非学历教育机构整治、学校服务外包管理、校园及周边环境治理等9项专项安全工作，依托信息技术构建“预防为主、风险管理、全程控制”的校园食堂食品安全管理体系，开办的36个学校（幼儿园）食堂全部实现学校餐饮服务“明厨亮灶”。

2017年，教育局探索建立“383”学校安全工作机制，助推学校安全治理规范化建设，研究出台《红寺堡区学校安全工作责任追究规定》《红寺堡区中小学幼儿园保安人员管理办法》《红寺堡区中小学幼儿园安全管理办法》。开展防溺水、防校园欺凌、消防安全、校园食堂食品安全、特异体质学生安全、危险化学品安全、交通安全等8个安全专项整治行动。依托自治区建设的“互联网+安全知识”教育平台开展师生家长参与的安全教育。

2018年，为了进一步厘清各部门职责，明确责任，真正做到校园安全工作各负其责、齐抓共管，教育局联合红寺堡区安全工作委员会相关职能部门制定《关于加强中小学幼儿园安全风险防控体系建设的实施方案》。

2. 学校层面开展的主要工作

红寺堡建设之初，各学校即建立起值班巡查制度和安全隐患排查制度，并逐步规范安全管理。2003年“非典”期间，各学校成立预防“非典”工作小组，并根据上级指示停课放假，进村入户宣传预防“非典”知识，此后学校开始重视传染病、学生常见病的预防和宣传工作。9月，红寺堡各小学开始实行“护学岗”制度，安排教师轮流在学生上学、放学路口值守，保障学生安全。2006年10月，各学校开始以《致家长的一封信》的形式进行安全教育宣传。2008年“5•12”汶川地震后，各学校开始定期开展地震、防火、防洪等应急演练。2009年，甲型H1N1流感流行，各学校成立预防工作小组，开展全方位预防工作，坚持实施晨检、午检制度，并形成常态工作机制。2017年开始,各中小学依托“宁夏回族自治区校园安全隐患排查治理平台”定人、定时、定岗、定责地开展校园安全日常巡查、隐患治理、专项检查、统计分析工作。

(三)取得的成绩

2013年12月,回民中学成功创建自治区安全管理规范化示范学校。2014年9月,第三中学成功创建自治区级安全管理规范化示范学校。同月,在国家关工委、司法部和中央综治委联合主办的第二届“关爱明天、普法先行”——青少年普法教育活动中第二中学、第一小学、第二小学被评选为全国“零犯罪学校”,有12名教师获评全国先进个人和优秀辅导员,有18名学生分别获全国一、二、三等奖及优秀奖。12月,第二小学成功创建自治区安全管理规范化示范学校。2015年10月,红寺堡区102所学校(含幼儿园)、600余名老师、3.8万余名学生开通宁夏学校安全教育信息化平台账号,利用在线平台参与安全教育活动,参与率均达到100%。是年,在宁夏举办的第五届中小学生公共安全知识网络竞赛活动中,红寺堡区各学校参赛成绩各项指标均居宁夏第一。截至2018年年底,红寺堡区共创建自治区级“毒品预防教育示范学校”3所、吴忠市级“毒品预防教育示范学校”20所、自治区级安全规范化管理示范学校5所。

二、德育

(一)组织机构

2002—2018年红寺堡教育系统每年均成立未成年人思想道德建设领导小组,组长由教育行政部门主要领导担任,副组长由分管德育工作领导担任。各学校结合党支部、共青团、少先队设立相应的未成年人思想道德建设工作小组,逐渐形成“德育副校长—政教处—班主任—学生、教学副校长—教研组长—教师—学生、党团组织—团委(少先队)—学生”的“三线”德育管理网格,在教育行政部门的统一领导下,共同开展未成年人思想道德建设。

(二)德育途径

红寺堡建设之初,中小学德育工作主要由教师通过说服教育、榜样示范来进行,以提高学生道德意识、养成学生道德行为,使其遵守道德规范。2001年,“学科课程标准”实施后,中小学逐渐形成德育新途径:中小学通过思想品德、品德与生活、品德与社会、道德与法治等学生思想政治和品德教育的专门课程对学生开展德育教育；各学科教师在教学中都努力挖掘教材中的德育因素，渗透思想品德教育；班主任通过常规班会、主题班会、家校共育等活动开展德育教育；学校团委（少先队）通过常规团（队）活动和主题德育活动开展德育教育；学校通过课外活动和校外实践活动实施德育教育。

（三）主要德育活动

1999—2005年，红寺堡开发区各学校开展的德育活动主要有国旗下的讲话活动，重要纪念日纪念活动（如学雷锋纪念日、五四青年节、七一建党节、八一建军节、十一国庆节），创建"五四红旗团委"活动，"党在我心中"青少年主题教育活动，"保护母亲河"宣传教育活动，"民族精神代代传"活动，"青少年远离毒品行动"等。

2006—2009年，随着红寺堡开发区各小学少先队组织和各中学共青团组织的建立完善，各学校开展的德育活动日渐丰富，除常规的国旗下的讲话活动及重要纪念日纪念活动外，主要开展的活动有：学雷锋实践活动，"八荣八耻"社会主义荣辱观教育活动，"我与祖国共奋进"主题教育实践活动，"新世纪我能行"体验教育活动，少先队员"雏鹰争章" 实践体验活动，"迎奥运、讲文明、树新风"文明礼仪伴我行活动，中小学生"阳光体育运动"活动等。

2010—2012年，红寺堡区成立后，红寺堡区各学校开展的德育教育活动主要有："学党史、知党情、跟党走"主题教育实践活动，"红领巾心向党"建队纪念活动，"永远跟党走"纪念五四运动系列活动，"学雷锋、手拉手"实践体验活动，"保护母亲河——有你有我"活动，"创建五四红旗团组织，争当优秀共青团员"的"创先争优"活动等。

2013—2018年，中共十八大之后，红寺堡区各学校开展的德育教育活动主要有："雷锋与我同行"志愿服务活动，中华优秀传统文化传承活动，"社会主义核心价值观在我心中"学习教育活动，"新时代好少年"学习宣传活动和主题实践教育活动，"传承红色基因"系列教育活动，"劳动美"社会实践活动，"阳光成长"心理健康教育活动，"歌颂党、歌颂祖国、歌颂新时代"优秀歌曲展演活动等。

三、艺术与体育教育

（一）组织机构

1999年3月至2003年3月，红寺堡开发区义务教育阶段学校的音乐、体育、美术（简称"音体美"）教学工作由综合办公室负责，2003年4月开始，由教学研究室负责,2010年11月开始,由红寺堡区教学研究培训中心负责,2016年1月开始由教育体育局教培中心负责,2018年开始由教育局教研教培中心负责。除此之外的艺术与体育活动,曾先后由教学研究室、基础教育和“两基”工作办公室、体卫艺及学前教育与综治安全办公室、体卫艺办公室、体卫艺与青少年活动中心负责。直属中小学的艺术与体育教育工作由分管教学副校长指导教务处、学科教研组,协同学校其他部门(政教处和团委或少先队组织)具体实施,乡镇学校的“体卫艺”教育活动由乡镇中心学校干事指导村级小学的政教处(少先队组织)具体实施。

(二)主要工作

1. 教师配备。红寺堡开发建设之初,“音体美”教师稀缺,中小学“音体美”课程大多由班主任或非专业教师兼任。2003年、2004年、2005年暑期,红寺堡开发区连续三年招聘事业编教师,补充了一部分“音体美”教师。2006年开始,红寺堡开发区参与实施“特岗教师计划”,每年都增加一定数量的“音体美”教师,基本满足了城区中小学“音体美”学科教学需求,但农村学校“音体美”教师依然严重短缺,“音体美”课仍由非专业教师兼任,其中音乐、美术学科的教学主要采用多媒体教学。为解决“音体美”教师结构性短缺的问题,2015年、2017年、2018年暑期,教育局分别组织了兼职“音体美”教师培训。截至2018年年底,红寺堡区义务教育阶段学校共有音乐专业教师65名、体育专业教师98名、美术专业教师70名。

2. 器材配备。2004年,教育文体广电局按照“普九”标准为各校配备“音体美”教学器材,修葺简单的体育运动场地,以满足学校基本的学科教学需要和师生基本的体育运动需求。2009—2010年,教育体育局(教育局)按照“创强”标准为各校增补“音体美”器材,改扩建了部分运动场地,“音体美”器材和运动场地基本满足学科教学需要和师生运动需求。2014—2016年,教育局按照“均衡”标准为各校配齐“音体美”器材,修建标准化的体育运动场地,建设标准化的音乐(含书法)、美术(含舞蹈)专业教室。截至2018年年底,红寺堡区中小学除教学点外,均建有标准化运动场、专业艺术教室,“音体美”器材已能完全满足教学需要。

3. 学科教学。2000年以前,红寺堡开发区中小学体育和音乐课程每班每周均为2节,音乐课1节。2002年以后,红寺堡开发区各学校体育教学严格执行国家课时规定,一、二年级体育课每周4课时,三至六年级体育课和七至九年级体育课每周3课时。并逐步开足开齐各类艺术教育课程,小学一至六年级每周开设美术课2节、音乐课2节,书法课1节;初中各年级每周开设美术课1节、音乐课1节,书法课1节。学校每学年制订艺术与体育教学工作计划，确定各年级体育艺术教育课程目标，完善“音体美”教学管理规章制度。

4. 活动开展。2003年6月，红寺堡开发区举办第一届校园文化艺术节，学校师生的艺术作品首次得以展演。2008年以前，红寺堡中小学的体育运动以“早操长跑、课间广播操、课外自由活动”为主要形式，偶有个别学校会不定期举办篮球运动会或田径运动会。2008年开始，教育体育局推进阳光体育运动，鼓励各学校开展特色大课间活动，组织学生开展特色课外活动，保证师生每天锻炼一小时。2010年5月，红寺堡区举办第一届校园文化艺术节，此后每两年均举办一届校园文化艺术节。2011年5月，红寺堡区举办首届中小学生阳光体育运动会，此后每两年均举办一届中小学生阳光体育运动会。2012年，红寺堡区各学校的体育运动场地已基本能够满足体育教学和学生活动需求，学校开始定期举办运动会，不定期开展传统体育竞赛活动或趣味性体育竞赛活动。

（三）教育成果

2010年开始，通过分析红寺堡区中小学学生体质健康测试数据和初中毕业体育测试成绩，红寺堡区学生体质健康状况在原基础上每年均有提高，98%以上的学生能达到《学生体质健康标准》及格标准；初中毕业体育考试及格率均保持在95%以上。中小学体育教师积极开展教学研究，获得多项教学与科研成果奖。红寺堡区师生参与类艺术竞赛和展演活动，取得了诸多奖项。截至2018年年底，红寺堡区共有10所学校被教育部评定为全国青少年足球特色学校，有5所学校被教育部确定为青少年篮球特色学校。第四中学被教育部认定为第二批全国中小学中华优秀文化艺术传承学校。

五、科技教育

红寺堡开发区早期的科技教育，主要通过各学校兴趣小组活动的形式组织开展。2010年7月，第一小学代表宁夏参加第四届全国青少年创意大赛，获全国总决赛团体金奖。2011年10月，中国航空学会授予第一小学“全国航空特色校”称号。2012年8月，黄河银行助学基金会资助第一小学建立了红寺堡区第一间“科技教育梦想教室”，此后红寺堡区局直属小学和乡镇中心小学在企业资助下陆续建起了梦想教室，主要用于学校开展科技教育。2013年7月，第一小学开始参加全国青少年航空模型锦标赛。2015年8月，第一小学成立科技教育体验中心，设有专门的科技创新教育活动室。2017年7月,第三中学开始参加全国青少年航空模型锦标赛。2018年3月,第二中学依托自治区教育厅信息化示范校项目建设了创客教育实践基地,用于开展科技教育和信息化教学实践活动。

2010—2018年第一小学科技竞赛获奖情况表

表4-27

序号	奖项名称	获奖等次	获奖时间
1	第四届全国青少年创意大赛	小学团体金奖	2010年7月
2	第11届全国青少年机器人竞赛	机器人创意项目银奖	2011年7月
3	第五届全国青少年创意大赛	小学团体金奖	2011年7月
4	宁夏全区青少年航空模型锦标赛	团体第二名	2011年10月
5	第12届全国青少年机器人竞赛	机器人创意项目银奖	2012年7月
6	第13届全国青少年机器人竞赛	机器人创意项目金奖	2013年7月
7	全国青少年航空模型锦标赛	遥控空战团体第四名	2013年7月
8	全国青少年航空模型锦标赛	遥控空战团体第一名	2014年7月
9	第15届全国青少年机器人竞赛	机器人综合技能铜奖	2015年7月
10	全国青少年航空模型锦标赛	遥控空战团体第一名、第二名	2015年7月
11	第16届全国青少年机器人竞赛宁夏赛区	小学综合技能一等奖、二等奖,全国铜奖	2016年5月
12	第17届全国青少年机器人竞赛宁夏赛区	小学综合技能二等奖、三等奖	2017年5月
13	全国青少年航空模型锦标赛	遥控空战项目团体第三名	2017年7月
14	宁夏科技体育教育竞赛活动	4个第一名、2个第二名、3个第三名	2017年6月
15	第18届全国机器人竞赛宁夏赛区	小学组综合技能一等奖,全国银奖	2018年4月
16	吴忠市第二届青少年科技创新大赛	荣获市长奖、摇篮奖、耕耘奖	2018年3月
17	全国青少年航空模型锦标赛	遥控空战项目二等奖、三等奖	2018年7月

六、心理健康教育

1999—2011年,红寺堡中小学心理健康教育基本空白。2012年,红寺堡区开始推进义务教育均衡发展工作,心理健康教育作为素质教育的主要内容,被纳入“均衡”工作指标体系。教育主管部门申请心理健康专业教师编制,保证心理健康课程“计划、师资、课时、教材”四落实。教育局采取集中培训、外派培训、专题讲座、跟岗研修、观摩研修等形式,培养心理健康教育教师。学校开始建立心理咨询室,安排兼职心理辅导教师,为学生提供心理咨询服务,开展心理辅导。截至2018

年年底，红寺堡区共创建心理健康特色学校3所，各中小学共有心理健康咨询室70个，从事心理健康辅导工作的专兼职教师70余人；先后培训心理健康专职、兼职教师282人次，有10名教师取得国家三级心理咨询师资格证书。

2005—2018年红寺堡获吴忠市教育局“六一”表彰先进集体情况表

表4-28

年份	德育先进集体（学校）	合计（个）
2005	大河乡中心学校　第二小学	2
2006	第二小学　南川中心小学	2
2008	朝阳小学　红寺堡小学	2
2009	红寺堡小学　新泉小学	2
2010	回民中学　第二小学　回民小学	3
2011	第二小学　太阳山镇中心小学	2
2012	第一小学　第一中学　柳泉小学	3
2013	第三中学　第二中学　东泉小学	3
2014	上源小学　新庄集中心小学　燕宝小学	3
2015	第二中学　第三小学　回民小学	3
2016	第三中学　第二小学　豹子滩小学	3
2017	第四中学　第三中学　太阳山中心小学	3
2018	第一中学　回民小学　红寺堡中心小学	3

说明：2005年第二中学七年级（11）班、红寺堡小学五年级（3）班获评先进班集体标兵，2006年朝阳小学四年级（1）班、太阳山镇中心学校八年级（1）班、大河八小五年级获评先进班集体标兵，2008年第二小学六年级（1）班、第二中学八年级（2）班、红寺堡中学七年级（3）班获评先进班集体标兵

2005—2018年红寺堡获吴忠市教育局“六一”表彰优秀学生情况表

表4-29

年份	三好学生（优秀学生干部、美德少年）	合计（人）
2005	李　强　魏春艳　陈晓春　张　宁　马兰花　李嘉祥　马宏鑫　鲁淼淼 糟大虎　丁蓉蓉　高菲菲　姚婷婷　康飞虎　于　鹏　海小玲	15
2006	路　洋　李彦汝　杨　鑫　马彦忠　樊兴华　马晓琴　罗　玮　海亚琴 杨恒升　傅旭凤　张振涛　卜　强　席　勇　丁志政　熊　丽	15
2008	金小宁　王佩佩　马欣芳　马　静　赵　媛　尚　慧　伍津琦　马韶荫 马少荣　李　睿　张小花　马海军　马金兰　马　媛　马　炜	15
2009	杨明睿　马　叶　徐正昊　马韶荫　贺自翠　柳小苗　王琪琪　高红艳 张　波　王　丹　马　悦　穆小东　刘华玉　田小雪　郭亚琪　郑　磊 马惠娟　杨占芳　马蓉蓉	19

续表4-29

年份	三好学生(优秀学生干部、美德少年)	合计(人)
2010	丁学聪 张芬娟 雷文娟 杨焕焕 纪 娟 雷雯娟 马晓玲 田 英 郝小娟 伍泽琦 穆 锐 穆若华 马文瑾 宗岩峰 韩若雯 马小兰 刘华玉 王小刚 撒云宝 程婷婷	20
2011	毛向媛 曹丽华 马 玲 何银花 马小龙 兰晓娟 罗小霞 余永梅 藏雪雪 田彦慧 岳 媛 徐正睿 百连机 马 娟 周璐珊 马 芩 孙 燕 马 薇 伍泽欣 兰 军 兰小英 杨 娟	22
2012	张 伟 马 霞 杨 艳 安昊昊 陈琼琼 丁艳艳 马志明 田进雯 王 栋 蒲旭江 马会龙 杨 亮 田勇勇 王自福 赵 燕 高 祥 李 蕊 宗岩峰 张玮玮	19
2013	张春银 高宛军 刘爱雯 户晓瑞 冯变霞 张文睿 妥亚伟 马 慧 刘启福 胡向霞 于少敏 咸伟琴 贾正涛 张思科 王 凯 王 琛 赵晓凤 王雪鹤 田争珍	19
2014	石千江 王文学 马艳慧 王 昊 李云云 施瑜萱 王 柯 宋飞虎 罗亚菲 王丽萍 王冰冰 刘慧楠 王 倩 万 慧 赵慧慧 周 琪	16
2015	宋虎斌 刘 旭 王宇涵 何海涛 雷振栋 卢文化 李翀样 马宏利 姚浩伟 马小莉 王小琴 马嘉羽 周璐珊 丁小琴 徐 亮 张欣欣	16
2016	李飞叶 洪 岩 马湘湘 路鹏举 张艺怀 马景良 王 涛 王小琴 万莉莉 兰彦琴 张 雪 宋启立 罗 杰 徐 亮 陆晓明 郑彦飞	16
2017	韩金虎 张育艺 李 芳 李小兰 万莉莉 魏亚萍 张博韬 谢睿欣 马丽华 杨 艳 马博雅 苏 娜 王娜娜 乔 昊 黄 悦 马 彤 马海士 程浩浩 高引兄	19
2018	宋欣悦 王淑慧 胡起鹏 陈彤彤 邓炜羿 马 瑞 田沛泽 张 彤 马佳雪 马 雯 海 萍 马玉香 杨 蓉 党雨雨 王立勤 化小梅 安涛涛 马兰兰 安智萱 李 瑶	20

第五节 评价与考试

一、小学

1999年3月至2006年8月，红寺堡开发区小学每学期组织期中、期末两次考试。考试的主要学科是语文、数学，每科满分100分，实行闭卷纸笔测验方式，一般由学校统一组织；其余学科一般采取考查形式，由学科教师自行组织。小学毕业年级第二学期期末考试始终由教育行政部门统一命题、统一组织，主要考语文、数学两科，考试成绩是学生升学的依据。小学非毕业年级第二学期期末考试由学校统一命题、统一组织，主要考语文、数学两科，考试成绩是学生升级的依据。是时，考试分数不仅是教师评价学生学习能力的主要依据，也是学校评价教师教学能力的重要指标。学生每学期的期末考试成绩，以及班主任对学生一学期在校表现的评价——教师评语，学校均以《通家书》的形式告知家长。

2006年9月开始，红寺堡开发区根据新修订的《中华人民共和国义务教育法》的相关要求，小学取消留级制度，小学升初中实行统一招生、免试入学。教学行政部门不再统一组织毕业年级期末考试，开始以抽测的形式有针对性地选取1～2个年级在任一学期末组织统一的教学质量检测，检测的学科不再局限于语文、数学，检测的形式也逐步多样。是年，小学教学质量检测增加了英语科目。同期，教育体育局印发《小学生素质发展报告册》(简称“报告册”)，开始在各学校推广实行。报告册记录学生小学六年十二学期二十四阶段不同时期的“成长记录”，学生的评价方式开始由单一的赋分制向综合素质评价转变。2008年，小学教学质量检测设置综合科目(包含英语、思品、科学)。2015年开始，小学教学质量检测在英语测试中加入听力测试，2018年在综合科目中又增加了美术学科。教学质量检测各科分值的设置历年不尽相同，考查方式均为闭卷纸笔测试形式。学生测试成绩作为教育行政部门考核学校教学质量和教师教学水平的主要依据。

二、初中

2000年9月开始，红寺堡开发区初级中学每学期均统一组织期中、期末两次考试，考试采取闭卷纸笔测验方式。期中考试主要以语文、数学、英语学科为主，其余学科不做强制性要求；期末除音乐、美术、体育学科考查外，其余学科均须组织纸笔测试。初一(七年级)、初二(八年级)第二学期期末的考试成绩是学生升级的主要依据。每学期的期末考试成绩，以及班主任对学生一学期在校表现的评价——教师评语，学校均以《通家书》的形式告知家长。初三(九年级)学生第二学期末须参加由自治区教育厅统一部署的初中毕业暨高中升学考试(后改为“初中毕业生学业水平测试暨普通高中招生考试”，简称“中考”)，中考由自治区教育厅教研室统一命题，吴忠市教育局统一组织考试、阅卷、登分工作。考试科目有语文、数学、物理、化学、英语、政治六门课程，各科试卷满分均为100分，总分600分，学生的中考成绩是学生升学的主要依据。是时实行毕业生体育达标考试，满分40分，成绩只作为学生毕业成绩，不作为升学依据。

红寺堡早期的中考工作，由教学研究室负责。2004年10月，红寺堡开发区招生委员会成立，下设招生办公室，具体负责招生考试日常工作。

2005年开始，中考政治分值调整为80分，语文、数学、英语均调整为120分，物理、化学综合为150分,体育达标40分计入中考成绩,总分为630分。

2006年9月开始,红寺堡开发区根据新修订的《中华人民共和国义务教育法》的相关要求,初级中学取消留级制度,学校期中、期末考试不再做强制性要求。同期,教育体育局印发《中学生素质发展报告册》(简称"报告册"),开始在各学校推广实行。报告册记录学生初中三年六学期十二阶段不同时期的"成长记录",学生的评价方式开始由单一的赋分制向综合素质评价转变。

2008年中考制度改革,历史、地理、生物、思想品德四科为综合试卷,满分为100分(其中思想品德70分,历史、地理、生物三选一,分值均为30分);物理、化学两科合为理综,总分为160分(其中物理85分,化学75分)。是年增加综合素质测评,包括体育、英语口语、实验操作、品质与素养、表现与特长五类科目,总分值为100分。

是年9月,教育局成立教育考试中心,受红寺堡区招生委员会领导,具体负责招生考试日常工作。2010年11月,考试中心变更为教育局下属事业单位。

2011年开始,中考综合素质评价增加信息技术考试,综合评价总分值增为110分,其中信息技术分值为15分,品质与素养分值为10分,英语口语分值为15分,理化生实验操作分值为10分,平时成绩分值为5分,运动健康分值为50分,表现与特长分值为5分。文化课满分620分,总成绩共计730分。

2012年,中考开始实行网上阅卷,红寺堡区每年7月20日到吴忠市教育局领取辖区学生中考成绩册,张榜公示。2017年,中考成绩实行网络查询,不再张榜公布。

从2018年秋季入学七年级学生起,实行新一轮中考改革。将不再颁布年度考试说明,不再划定复习和考试范围,根据义务教育课程标准确定初中学业水平考试内容。

2005—2018年红寺堡初中毕业生升入普通高中人数情况表

表4-30　　单位:人

年份	毕业人数	合计	第一中学	吴忠中学	宁夏六盘山高级中学	宁夏育才学校	其他学校
2005	1097	850	580	54	36	0	180
2006	573	430	280	43	20	27	60
2007	1284	1087	700	60	36	101	190

续表4-30

年份	毕业人数	合计	第一中学	吴忠中学	宁夏六盘山高级中学	宁夏育才学校	其他学校
2008	1290	931	423	60	80	180	188
2009	1518	1100	652	88	80	80	200
2010	1557	1472	1064	30	87	141	150
2011	2149	1396	986	10	100	200	100
2012	2296	1500	1000	10	90	200	200
2013	2543	1610	1000	10	100	200	300
2014	2592	1665	1210	5	110	240	100
2015	2766	1725	1008	3	140	290	284
2016	2828	1487	1010	2	140	310	25
2017	2623	1832	1350	2	150	300	30
2018	3355	1951	1450	6	180	310	5

第六节　学校选介

一、吴忠市红寺堡区第一小学

吴忠市红寺堡区第一小学始建于2000年9月，当时学校被命名为“红寺堡镇

吴忠市红寺堡区第一小学

中心小学”,有教学班5个、学生200多名,校址在燕然(吴忠)南路245号。2002年9月,丹麦马士基公司投资建设教学楼1幢,学校命名为“马士基希望小学”。同期,红寺堡镇中心小学整体迁至马士基希望小学,设18个班级,在校学生达到1820名。2003年4月,学校更名为“红寺堡小学”。2009年学校新建的东教学楼投入使用,教学班扩至35个,在校学生达到2170名。2011年9月,学校更名为红寺堡区第一小学,设36个教学班,学生人数达到2487名。为缓解教师办公室和功能室不足的问题,2014年学校新建1幢综合办公楼。

截至2018年9月,学校占地面积22176平方米,建筑面积8768平方米,有6个年级36个教学班,在校学生2116名、专任教师88名,专任教师学历合格率、任职资格率均为100%。学校建有计算机教室、图书室(阅览室)、科学探究室、音乐室(舞蹈室)、美术室(书法室)、综合实践室、心理咨询室、卫生保健室等。36个教学班均配备了电子白板多媒体教学设备,实现“班班通”。

2003年6月,自治区“百标”工程领导小组通过严格的申报准入程序,批准学校为“全区百标工程”四期项目学校。2005年10月,学校顺利通过自治区“百标”工程领导小组的评估验收;11月,学校通过吴忠市示范学校验收。2009年9月,学校被吴忠市人民政府评为“先进学校”;11月,被吴忠市人民政府评为“吴忠市名牌学校”。2010年12月,学校被自治区教育厅评为“书香校园”。2011年2月,学校被自治区人民政府评为“全区教育系统先进集体”;10月,被评为“中国航空特色学校”,开启了以科技体育为特色建校的探索实践之旅。2012年4月,被吴忠市委、市政府评为“民族团结进步创建模范学校”。2013年4月,学校成功申报为教育部“信息化试点学校”。2015年7月,被自治区科协、教育厅评为“自治区科普示范学校”。2018年1月,学校被吴忠市委、市政府评为“文明校园”;11月,学校科技体育获奖项目被吴忠市人民政府提名为“市长摇篮奖”。

二、吴忠市红寺堡区第二小学

吴忠市红寺堡区第二小学位于红寺堡镇金水西街,2004年9月正式招生,校园占地面积79763平方米,校舍建筑面积12433平方米。2018年9月,学校有6个年级37个教学班,在校学生1916名;有教职工101名,其中专任教师96名,自治区级骨干教师5名,市级骨干教师5名,县级骨干教师18名,教师学历合格率和任职资格合格率均为100%;学校有图书室1个、阅览室4个、计算机教室4个、综合实践

吴忠市红寺堡区第二小学

室3个、实验室2个、舞蹈教室1个、音乐教室2个、美术教室2个、梦想教室1个、书法室1个、学科仪器室1个、卫生保健室1个、心理咨询室1个。学校41个教学班均配备了电子白板多媒体教学设备，并实现了“班班通”。

学校致力于书香校园创建、课后服务开展、学生“8个好”习惯养成教育、素养课堂建设等。2014年3月，学校“书香校园”建设启动，围绕“书香溢满校园，经典润泽童年”主题，按照“学生主体、全员参与”的思路和“内容充实、形式多样、鼓励创新、持之以恒”的要求，将学生阅读、教师阅读和家长阅读纳入整体规划，努力打造内涵丰富、特色鲜明的书香校园。2018年3月，学校根据实际情况开设了小学生篮球、足球、美术、书法、合唱、舞蹈、乒乓球、书法、电脑绘画等11项课后服务社团活动，由专任教师担任社团负责人，每天下午放学后免费为学生进行个性化兴趣辅导，这是学校书香校园创建在内涵式发展上向外拓展、延伸的一部分。为了达到德育内容由学生实践、德育效果由学生来体现的德育目标，学校坚持社会主义核心价值观教育，开启学生“8个好习惯”养成教育模式（礼貌待人、干净上学、学会学习、诚信做人、自我管理、遵守公德、增强体质、安全自救）。

学校坚持“以德为源，以人为本，和谐发展”的办学理念，把“崇德尚读、修身笃行”作为校训，在各方面均取得了较好的成绩。先后获得百余项殊荣，其中省部级1项，厅级5项，市级5项，县级37项，局级44项。2006年，学校通过第五期“百所回民中小学标准化建设”项目学校验收,2010年、2011年、2013年分别被吴忠市教育局评为“德育工作先进集体”,2014年3月被自治区教育厅评为“全区安全管理规范化示范学校”,同年8月被中国关心下一代工作委员会、司法部、中央社会治安综合治理委员会办公室评为“零犯罪学校”,2015年被自治区教育厅评为“德育先进集体”,2017年被吴忠市教育局授予“书香特色校园”称号,2018年被自治区教育厅评为“国培示范学校”。

三、吴忠市红寺堡区第三小学

吴忠市红寺堡区第三小学于2013年8月正式招生,位于红寺堡镇金水街东段规划路西侧,校园占地面积45721平方米,建筑面积10128平方米。2018年9月,学校有教学班29个,在校学生1394名,教职工98名,其中县级以上骨干教师26名,专任教师学历合格率达100%。学校是全国青少年校园足球特色学校,是宁夏2015年二期“百标工程”项目学校,是宁夏义工联合会“义工志愿服务基地”,是自治区教育厅第二批信息化应用示范校,是自治区民族团结进步模范校,是红寺堡区毒品预防教育示范校。

吴忠市红寺堡区第三小学秉承“明德笃学、儒雅创新”的办学理念,提倡师生“做好每一天的事情”,坚持“让每一个学生走向成功”。以“专注求真”的教风,培养“乐学慎思”的学风,营造“守纪律、爱学习、讲文明”的校风。

吴忠市红寺堡区第三小学

学校立足校情，探究内涵式发展，落实精细化管理，建设“五型”校园；开展“百千关爱工程”和留守儿童“123”关爱活动，构建服务型校园；融合信息技术，推进生态课堂建设，落实“151”教学模式，构建质量型、创新型校园；加强学生管理，培养学生良好的行为习惯，构建安全型校园；开发舞蹈、合唱、电子琴、美术、软笔书法、硬笔书法等综合实践课程，加强少年儿童的创新素养培养，推进教育均衡发展，优化育人环境，构建人文型校园。

学校先后被评为“自治区先进基层党组织”“吴忠市德育工作先进集体”“红寺堡区德育工作先进集体”“红寺堡区文明校园”“红寺堡区教育扶贫工作先进集体”；学校先后获宁夏第四届、第五届“中小学安全知识网络竞赛学校组织奖”“宁夏中小学生科普知识竞赛团体一等奖”“第30届全国青少年科技创新大赛优秀组织奖”“红寺堡区第三届校园文化艺术节一等奖”“红寺堡区校园文化建设奖”。

四、吴忠市红寺堡区第四小学

吴忠市红寺堡区第四小学于2018年9月正式招生，位于金水西街以北，黄河路以西，占地面积41138平方米，建筑面积10906平方米。学校有教学班34个，在校学生1634名，教职工102名，吴忠市名师、“三级”骨干教师42名。学校图书室、阅览室、实验室、微机室、美术室、音乐室、舞蹈室等功能室配备齐全，并建有创客

吴忠市红寺堡区第四小学

室、VR室、机器人室等创新体验教室。

学校以“厚德、笃行、勤学、求真”为校训，全体教师用“谦逊、严谨 、精业、创新”的教风，培养学生“尊师、勤学、强体、尚美”的学风，打造“文明、和谐、勤奋、进取”的校风，筑造以“向幸福出发”为文化核心的幸福教育。

学校坚持以德立校、依法治校、科研兴校、质量强校为办学方向，以“2356”德育模式开展德育工作；推进“互联网+教育”工作，提升教育教学质量；以常训常赛和社团活动为辐射点，推动体教融合工作；通过“整本书阅读”、经典诵读等形式创建书香校园，培养学生的阅读习惯。

五、回民小学

回民小学位于红寺堡镇团结村，始建于1999年11月，2000年9月交付使用。学校占地面积14500平方米，建筑面积5488平方米，服务范围为红寺堡镇团结村。2018年9月，学校有教学班23个，在校学生1038名(其中女生518名)，有教职工53名，有各级骨干教师12名，教师专业合格率和学历合格率均为100%。学校各类功能室齐全，并已实现多媒体设备与教学资源“班班通”。

学校坚持“以人为本、全面发展”的办学理念，遵循“精敬于业、乐融于群”的校训，培育“爱而后教、备而后教”的教风和“乐学静思、自主合作”的学风，追求“民主和谐、求真向上、创新进取”的校风。

回民小学

学校注重教师队伍建设，重视教师专业发展；提倡以科研带教研、以教研促教学，积极开展校本培训和教科研工作；定期开展教师教材教法达标和教师素养大赛活动，提高教师专业水平，打造高素质教师队伍；以“诵读经典文化 传承中华文明”为主题，着力打造特色校园文化。

学校曾先后被评为“全国农村留守儿童示范家长学校”“自治区民族团结进步创建模范学校”“自治区德育示范学校”“自治区现代远程教育示范学校”“自治区依法治理示范单位”“自治区农村留守儿童示范家长学校”“吴忠市德育工作先进集体”“吴忠市德育示范学校”“吴忠市依法治理示范单位”“吴忠市和谐平安校园”“红寺堡开发区两基工作先进集体”“红寺堡区十佳学校”“红寺堡区安全文明学校”“红寺堡德育特色示范学校”等。

六、燕宝小学

燕宝小学位于红寺堡镇弘德一村，2012年9月正式招生，是时命名为弘德燕宝小学，2014年10月经吴忠市编办批准更名为燕宝小学。学校是宁夏燕宝慈善基金会捐建项目学校，项目总投资1300万元。学校占地面积32000平方米，校舍建筑面积4565平方米。学校服务范围为弘德一村、二村，服务人口约为9700人。2018年9月，学校有教学班16个、在校学生823名，有教职工53名；建有音乐室、美术室、科学实验室、计算机教室、图书室、多媒体室、体育器材室、心理咨询室、卫生

燕宝小学

室、综合实践活动室等功能室,仪器设备总值为225.15万元;有图书15300册。

学校以“诚实做人、踏实做事”为校风,以“守规、自主、合作、探究”为学风,以“爱生、敬业、善导”为教风,以“崇德、尚勤、向善”为校训。秉承“为学生的终身发展奠基,为学生的健康成长护航”的办学理念,抓精细化管理,以“四个三”的教育教学理念开展工作(“四个三”是指“三种意识、三种教育、三项管理、三个提升”;“三种意识”是指责任意识、质量意识、安全意识;“三种教育”是指养成教育、素质教育、安全教育;“三项管理”是指领导班子管理、教师管理、学生管理;“三个提升”是指提升教育教学质量、提升教师队伍整体素质、提升校园文化建设水平)。学校以“回归国学、诵读经典”为特色,以“读经典书,做高尚人”为导向,对学生实施熏陶教育和品悟教育。

学校先后获“红寺堡区书香校园”“红寺堡区德育工作先进集体”“红寺堡区先进集体”等称号。

七、马渠小学

马渠小学位于新庄集乡红川村,2014年9月建成开学。学校占地面积40000平方米,建筑面积6358平方米,教学及教学辅助用房面积4512平方米,体育活动场地面积12000平方米。2018年9月,学校有教学班12个、在校学生4494名,有教职工24名;有美术教室、音乐教室、舞蹈教室、科学实验室、科学仪器准备室、体育器材室、计算机教室、图书室、保健室、综合实践室、少先队活动室、国防教育室各

马渠小学

一间；有图书10024册。

学校以“树立形象、服务移民”为办学宗旨，坚持“以人为本，育人为先，发展特色，追求卓越”的办学理念，秉承“崇德兼善、奋发图强”的校训，发扬“民主、和谐、团结、互助”的校风，践行“乐教、善教、勤教”的教风，培育“爱学、会学、博学”的学风。

学校把“抓师德、强素质；抓管理、要质量”作为全面提高教育教学质量和办学效益的重点工作，建立教师业绩奖惩制度和留守儿童关爱长效机制，加强未成年人思想道德建设，开展素质教育。学校先后获“自治区教育厅民族团结教育模范学校”“红寺堡区先进集体”“红寺堡区德育工作先进集体”“红寺堡区平安校园”“红寺堡区书香校园”等荣誉。

八、红寺堡中心小学

红寺堡中心小学于2000年3月正式招生，是时校名为红寺堡镇五小，学校位于红寺堡镇红海村。2012年8月，校舍迁至红寺堡镇红关村。2018年9月，学校有6个年级、17个教学班，在校学生854名；有教职工46名，其中专任教师42名；有高级教师2名，一级教师17名，骨干教师15名。学校占地面积11092平方米，校舍建筑面积4731平方米，教学及教学辅助用房面积3866平方米，体育活动场地面积8600平方米；有图书12944册，学生计算机79台，教学仪器设备总价值226.08万

红寺堡中心小学

元;配备有智慧教室、音乐教室、美术教室、科学探究室、计算机教室、图书室、综合实践活动室、体育器材室、卫生保健室等功能室。

学校以“为学校可持续发展创造条件,为学生终生发展奠定基础”为办学理念;以“以德立校、依法治校、民主理校、科研兴校”为办学宗旨;以“创建书香校园、构建学习型学校”为办学特色;以坚持“安全第一,德育为首,全面育人”为办学目标。先后被评为“自治区现代远程教育示范学校”“自治区安全文明校园”“宁夏中小学校本培训先进集体”“吴忠市民族团结进步创建模范学校”“吴忠市文明学校”“吴忠市禁毒示范学校”“吴忠市和谐平安校园”“吴忠市家庭教育示范学校”等;多次被红寺堡区委、区政府评为“先进集体”,并获“红寺堡区十佳学校”等称号。

九、太阳山中心小学

太阳山中心小学位于太阳山镇湖滨西路002号,原为太阳山开发区小学。2005年9月建成开学,隶属吴忠市太阳山开发区管委会。2010年3月,正式划归红寺堡区,隶属太阳山镇中心学校管辖,2010年10月,更名为太阳山开发区中心小学,2011年11月,随红寺堡区行政区划调整更名为太阳山镇中心小学,2014年10月,更名为太阳山中心小学,是一所半寄宿制完全小学。学校占地面积69900平方米,总建筑面积11900平方米,运动场地面积7127平方米。2018年9月,学校有教

太阳山中心小学

学班10个、在校学生336名，有专任教师22名，其中骨干教师8名；学校设有图书室、微机室、实验室、综合实践活动室、体育器材室、音乐教室、美术教室、少先队活动室、图书阅览室、舞蹈室、书法室、棋艺室、留守儿童关爱室、录播室等功能室。

学校秉承“勤学互助、守纪达礼”的校训，全体教师以“严谨、博学、敬业、创新”的教风，培育学生“文明、勤奋、乐学、守纪”的学风，塑造“以德感人、以爱育人、以智启人”的校风。学校突显“养成教育”“传统文化教育”，营建书香校园；注重激发学生创新意识，发展学生的动手操作能力；丰富学生校园文化生活，彰显学校特色。学校先后被评为“综治安全管理先进集体”“平安校园”“综治安全暨平安建设工作先进集体”等。

十、柳泉中心小学

柳泉中心小学位于柳泉乡沙泉村，2000年9月，沙泉中心小学和沙泉中学相继正式招生，两所学校一墙之隔，毗邻而建。2003年8月，两所学校合并为沙泉九年制学校。2004年8月，更名为“太阳山镇九年制学校”。2010年8月，学校初中部撤并，改为半寄宿制完全小学，学校更名为太阳山镇中心小学。2014年10月，随着区划调整及柳泉乡的设立，学校更名为柳泉中心小学。

2018年9月，学校占地面积40020平方米，建筑面积8016平方米，教辅用房面

柳泉中心小学

积3366平方米，体育运动场面积9860平方米；有教学班12个、在校学生501名，有专任教师30名，其中骨干教师6名；有图书12467册，学生计算机47台；有200米标准环形塑胶跑道1个、足球场1个、篮球场3个、排球场2个、羽毛球场2个；有各类功能室12个(含录播教室1个)。

学校以教育教学质量为中心，以立德树人为根本，优化育人环境，夯实硬件基础。全体师生秉承“健康、文明、诚信、快乐”的校训，“团结、勤奋、求实、创新”的校风，“学而不厌”的学风和“诲人不倦”的教风，实施素质教育，走内涵式发展道路，教育教学质量不断提升，先后被自治区教育厅评为“家长示范学校”“安全管理规范化示范学校”，被红寺堡区委、区政府授予“书法教育特色学校”“禁毒示范学校”等称号。

十一、大河中心小学

1999年3月，大河三小正式招生，2000年9月，大河中学建成并正式招生，两所学校均位于大河乡大河村，毗邻而建。2003年2月，两所学校合并为大河九年制学校。2009年8月，学校初中部撤并，改为半寄宿制完全小学，学校更名为大河乡中心小学。2014年10月，吴忠市编办将学校更名为大河中心小学。

2018年9月，学校占地面积40000平方米，建筑面积6645平方米；有教学楼1

大河中心小学

栋、科技楼1栋、学生餐厅1栋；配备音乐、美术等各类功能室11个；设12个教学班，有在校学生375名、专任教师26名。

学校秉承“德育为先、以人为本、能力为重、全面发展”的办学理念，确立“育德、启智、健身、成才”的校训；培育“团结、勤奋、求实、创新”的校风、“敬业、爱生、严谨、奉献”的教风和“立志、文明、勤学、健美”的学风。

学校先后获“宁夏体育工作先进集体”“吴忠市示范家长学校”“吴忠市德育工作先进集体”“红寺堡学校德育工作先进集体”等称号。

十二、新庄集中心小学

新庄集中心小学

新庄集中心小学位于新庄集乡南源村，其前身为南川奕龙小学，是一所村级完全小学，2005年9月正式招生。2008年8月被确定为乡中心小学。2014年10月，吴忠市机构编制委员会将学校更名为“新庄集中心小学”。2018年9月，学校有6个年级、18个教学班，在校学生666名，有专任教师35名，其中骨干教师4名；学校占地面积23520平方米，校舍建筑面积6340平方米，体育运动场地面积7986平方米，绿化面积1268平方米，教学及辅助用房面积3241平方米；有图书室、音乐室、美术室、科学实验室、体育器材室、综合实践室、录播室、微机室、心理咨询室等各类功能室10个;共有图书15276册,计算机142台,其中学生计算机102台。

学校以“为学生的终身发展奠基”为办学理念,以“学会学习、学会创新、学会生活、学会做人”为校训,以“博爱、务实、勤奋、创新”为校风,以“敬业爱生、厚德博学”为教风,以“勤学善思、自主合作”为学风。学校始终把质量作为发展和生存的第一要务,注重教师队伍建设、平安校园建设和校园文化建设。

学校先后获“自治区安全规范化示范学校”“红寺堡教科研先进集体”“红寺堡教学管理提升先进集体”“吴忠市学校德育先进集体”“红寺堡信息技术宣传先进集体”“红寺堡平安校园先进集体”“吴忠市禁毒示范学校”等荣誉。

十三、第二中学

第二中学位于红寺堡镇文化西街,2004年8月正式招生,是红寺堡开发区为实现“一年搬迁,两年定居,三年温饱,五年脱贫,十年致富”的奋斗目标“留住人”而建设的一所初级中学。2018年9月,学校有教学班48个,在校学生2570名,有专任教师162名;有物理实验室4个、化学实验室3个、生物实验室4个、微机室5个、音乐室4个、舞蹈室1个、器材室1个、美术室3个、历史探究室1个、地理探究室1个;有图书93135册,塑胶操场1个,体育器材齐全;学校占地面积113339平方米,建筑面积30566平方米。

学校坚持“硬件合标准、师资高水平、管理上档次、质量争一流”的办学目标,

第二中学

秉承“崇文尚德、强能健体”的校训，致力于培养“爱生、乐业、求实、创新”的教风和“乐学、静思、自主、合作”的学风，营造“民主、和谐、求真、向上”的校风。

学校注重学生综合素质的培养，尊重学生的个性发展，不断拓展和丰富课外生活，开展绘画、书法、音乐、舞蹈、体育、手工制作、象棋等社团活动。校刊《耘梦》，是师生文学创作的重要平台，是学校的办学特色之一。

学校先后被评为“全国青少年校园足球特色学校”“宁夏农村留守流动儿童示范家长学校”“吴忠市依法治理示范学校”“吴忠市防震减灾科普示范学校”“红寺堡教科研工作示范学校”“红寺堡中考成绩优秀学校”“红寺堡学科竞赛优胜学校”。先后有7名教师获省部级表彰，有15名教师获市厅级表彰，有149名教师获县处级表彰，有31篇论文在国家、省级刊物发表或获奖。数年来学校为自治区优质高中输送学生逾千名。

十四、第三中学

第三中学位于红寺堡镇丹霞路西、利民西街以南、盐兴公路以北。是借助自治区“校安工程”和“薄弱学校改造项目”于2010年6月动工建设的一所初级中学，2011年9月投入使用。2012年9月，为感谢福建省晋江市对学校的援建，挂牌为“红寺堡区晋江中学”，学校占地面积132000平方米，建筑面积39000平方米，教学及辅助用房面积21000平方米，运动场地面积40000平方米；有办公楼1栋、图书与艺术楼1栋、科技与实验楼1栋、教学楼4栋、宿舍楼4栋、餐厅2个、标准化操场1

第三中学

个。学校布局整齐美观,风格独特,彰显时代特征。

学校坚持“科学育人,缔造三品”(教品、学品、人品)的办学理念和“培养和提升教育服务品质,用最合适的教育,办学生喜欢的学校”的办学思想,以“把学校打造成具有文化竞争力的有特色学校”为办学目标。

学校注重学生艺术素养和文学素养的培养,建有各类艺术社团21个,创办有校刊《犁约河》和网络文学平台“罗山高地”。学校实施“三个一”工程,即每学年举办一次大规模的师生书画展,举行一次盛大的运动会,组织一次高水平的文艺节目展演。《宁夏日报》《新消息报》《华兴时报》《吴忠日报》以及宁夏电视台、吴忠电视台等多家媒体曾对学校进行报道。

学校先后获评“宁夏安全管理规范化示范学校”“自治区标准化回民学校”“宁夏民族团结示范学校”“自治区依法治理示范学校”“自治区文明学校”“自治区禁毒教育示范学校”“自治区德育工作先进集体”“吴忠市特色学校”“吴忠市好学校”。

十五、回民中学

回民中学位于红寺堡镇人民街与燕然路交会处,于2009年8月正式开学。2018年9月,有教学班53个,在校学生2834名(其中回族2090名,住宿学生2205名),有教职工192名,其中各级骨干教师48名。学校占地面积113000平方米,建筑面积23000平方米,教学及辅助用房面积14000平方米,体育场馆面积39000

回民中学

平方米；有物理实验室5个、化学实验室4个、生物实验室5个、微机室6个、音乐教室4个、舞蹈室2个、美术室4个、综合实践室3个；有图书93025册，学生计算机332台。

学校贯彻落实立德树人的目标，坚持“厚植根本，多元发展”的办学理念，秉持“崇德明理、厉学健行”的校训，培育“德艺双修，严慈相济”的教风和“乐学勤思、好问善辩”的学风，营造“和雅谦谨、博学求真”的校风，倡导“能吃苦、守俭朴、爱学习、乐奉献”的回民中学精神。学校致力于创建“以美育德、以美启智、以美健体、以美兴艺”为核心的尚美教育办学特色，着重从尚美校园、尚美团队、尚美教师、尚美课堂、尚美学生、尚美家长六个维度打造尚美教育特色文化。

学校通过探究形成“262”课堂教学模式，实施“自学检查、导学设问、互学展示、帮学提升、悟学畅谈”的“五步教学环节”，构建“尚美、智慧、动态、高效”课堂。为满足学生成长的多样性需要，让学生受到审美教育，习得审美技能，学校围绕尚美教育特色开发校本课程，分为必修课和选修课两大类。

学校先后获评“全国民族团结进步创建模范学校”“全国五好基层关工委先进集体”“全国消防安全示范学校”“自治区毒品预防教育示范学校”“自治区德育示范学校”。

十六、第四中学

第四中学位于红寺堡镇城区东北角，南与第三小学一路之隔，始建于2014年

第四中学

10月,2016年9月正式开学。学校占地面积100000平方米,建筑面积35000平方米,总投资1.24亿元。学校基础设施完善,图书室、实验室、计算机教室、录播室、音乐舞蹈教室等功能室一应俱全,交互式电子智能教学触摸一体机实现班班通,校园网络全覆盖。2018年9月,学校有教学班60个,在校学生3273名,有教职工198名,其中各级骨干教师36名。

学校确立"当好老师、做好学生"的校训,培育"爱教、会教、教好"的教风和"爱学、会学、学好"的学风,营造"安全、卫生、文明、进取"的校风。学校不断完善基础设施建设,改善校园环境,规范办学行为,强化教学管理,注重学生良好道德品质培养和文明行为习惯养成教育,致力于打造书法特色学校。2018年1月,学校被教育部确定为第二批全国中小学中华优秀文化艺术(书法)传承学校。

第五章　普通高中教育

2001年8月，红寺堡镇中学附设高一年级教学班1个，招收新生86名，标志着红寺堡普通高中教育开始起步。2002年8月，红寺堡开发区高级中学在白墩中学开展易地教学，因陋就简地开始了艰难的办学之路。是年11月，红寺堡开发区高级中学迁回光明大道（红寺堡镇金水街5号）新校，当时财力、物力和师资力量极度匮乏，困难重重。2003年1月，为扩大学校招生规模，加强高中教育师资力量，红寺堡开发区工委、管委会将红寺堡镇中学合并至红寺堡开发区高级中学，组建初、高中教育一体化的完全中学——红寺堡中学。2012年7月，红寺堡中学剥离初中部，高中独立办学。作为红寺堡唯一的普通高中，在各级部门的关心和支持下，全体师生团结进取、奋力拼搏，学校办学条件明显改善，教学质量稳步提升。红寺堡普通高中教育的长足发展，为地方经济、社会发展作出了重要贡献。

第一节　发展概况

一、红寺堡开发区时期

红寺堡开发建设初期，宁夏扶贫扬黄灌溉工程总指挥部只规划建设九年义务教育阶段学校，没有规划建设高级中学。2000年3月，为了解决广大移民子女高中上学难的问题，红寺堡开发区工委、管委会决定兴办高级中学。6月，红寺堡开发区工委、管委会向自治区计划经济委员会、财政厅、教育厅呈送了《关于请求建设红寺堡开发区高级中学的报告》（红管发〔2000〕99号），并积极争取相关项目支持。

2001年6月，自治区计划经济委员会批复红寺堡开发区高级中学建设项目，校址选在红寺堡镇光明大道（金水街）以北，中央大道（燕然路）以西，红寺堡开发区工委、管委会办公大楼东部，占地面积100050平方米。8月，红寺堡镇中学附设高一年级教学班1个，招收新生86名，社会事业二局在全开发区选调10名有高中教师资格或高中教学经历的教师担任科任教师，红寺堡的普通高中教育由此起步。10月，红寺堡开发区高级中学动工建设。

2002年6月，红寺堡开发区工委任命张耀忠为教育文体广电局副局长，兼任红寺堡开发区高级中学校长，同时要求高级中学当年秋季开学招生。8月29日，高级中学招收高一新生216名，整合红寺堡镇中学高二学生93名，在教学办公楼未完工的情况下，经教育文体广电局协调，学校选调16名教师，在白墩中学开展易地教学，将白墩中学的学生并入红寺堡镇中学。当时高中班额较大且教室简陋，学校租用民房办灶，师生租借民房住宿，条件极为艰苦。11月18日，高级中学仅有的一幢教学办公楼建成，学校师生迁回新校。是时，校园内外土石成山，建筑垃圾遍地，加之课桌椅严重短缺，教学仪器全无，给师生教、学、吃、住、行造成极大困扰。学校租赁养殖小区农家院落改造成餐厅，搭建临时厕所，解决师生生活燃眉之急，保障教育教学正常开展。全体师生迎难而上，艰苦奋斗，利用课余时间共清运垃圾、土石10000多立方米，硬化道路3200多平方米。

2003年1月，为优化教育资源配置，红寺堡开发区工委、管委会决定将红寺堡镇中学师生并入红寺堡开发区高级中学，组建集初中教育与高中教育为一体的完全中学，称“红寺堡开发区红寺堡中学”，承担全开发区的高中教学和红寺堡镇九年义务教育阶段初中教学任务，加强高中师资力量，扩大招生规模。

是年，在红寺堡开发区工委、管委会的支持下，学校积极争取项目、多方筹措资金建成标准物理、化学、生物等实验室各2套；装备多媒体教室2个、计算机教室5个，组建校园局域网，所有班级开设信息技术课；建成5个音乐和美术教室，开展音乐、美术特长教学；建成400米跑道简易操场。至2005年9月，学校通过“两基”攻坚、“百标”工程等项目资金及各种助学资金，建成教学楼2幢、教研楼1幢、实验楼1幢、学生宿舍2幢、多功能餐厅1幢，校舍面积达13947平方米。

2006年开始，学校通过“百标”、校园改扩建、教育强乡镇等项目资金和各类捐资助学资金，相继建成学生宿舍楼1幢、教学楼1幢；装备物理实验室4套、化学实验室4套、生物实验室3套、计算机教室7个、数字化探究实验室4个、交互式电子白板教室27个；图书室藏书9.2万册。

2009年3月，红寺堡开发区工委、管委会争取到自治区学校改扩建项目，自治区财政厅下达项目资金4357万元，学校相继建成风雨操场、400米标准塑胶跑道、篮球馆、图书科技楼、1号学生宿舍楼、阶梯教室、水冲厕所、南门门房、库房和配电室等，同时完成校园内部道路硬化、照明路灯安装、花园草坪修建等附属工程。

二、红寺堡区时期

2009年10月，吴忠市红寺堡区设立，11月，学校更名为“吴忠市红寺堡区红寺堡中学”。

2011年，红寺堡中学先后制定“普高”工作方案和“自治区普通高中示范学校”创建工作方案，将两项工作同步推进。6月20日，根据“自治区普通高中示范学校”创建工作的需要，学校更名为“吴忠市红寺堡区第一中学”。7月，学校完成“五化”建设和多媒体教室安装。是年，红寺堡区人民政府给学校拨款500万元，建成塑胶标准运动场。11月，学校顺利通过自治区人民政府“普高”评估验收。

2012年7月，第一中学最后一届初三学生毕业，学校完全剥离了初中部，高中开始独立办学。是月，学校被自治区教育厅评定为“自治区普通高中二级示范学校”。

2014年，第一中学争取自治区教育厅项目资金和福建省晋江市深沪镇援助红寺堡区项目资金，建成一幢综合教学大楼（命名为“晋江深沪楼”）。2015年，学校先后新建完成学生餐厅、学生浴室，改扩建完成操场、校园围墙等附属设施。截至2015年10月，第一中学先后在原址上进行了4次改扩建，校舍面积达到39761平方米。

2016年7月，为进一步缓解第一中学“大班额、大通铺”现象，优化教育资源，经自治区发改委和红寺堡区人民政府同意，第一中学筹备实施异地扩建项目，项目选址位于城区民族街以南、弘德街以北、丹霞路以西地界，毗邻红寺堡区职业教育中心，总投资3750万元，建筑面积为15100平方米，校园面积68412平方米。2017年4月项目开始动工建设，2018年年底尚未竣工。

截至2018年年底，第一中学建有教学楼3栋、实验楼1栋、科技楼1栋、办公楼1栋、学生公寓楼4栋、餐厅2栋、标准化风雨操场1个。建设标准的物理实验室4个，化学实验室4个，生物实验室2个。配备标准的计算机网络教室6个，数字化探究实验室8个，交互式电子白板教室71个。学校征订各类报纸杂志46种，图书室藏书达6万多册。学校有教职工238名，其中专任教师237名。教师平均年龄35岁，其中35岁以下教师127名，占教师总人数的53%。教师中副高级职称28名，一级职称64名;有自治区级骨干教师5名,市级骨干教师20名,县级骨干教师27名;有吴忠市名师4名。学校设3个年级66个教学班,有学生4105名,其中女生2260名,回族学生2475名,回族女生1436名。

2001—2018年红寺堡普通高中基本情况表

表5-1

年份	教学班数(个)	学生数(名)					教职工数(名)	
		合计	女生数	高一	高二	高三	总数	专任教师数
2001	1	86		86	0	0	10	10
2002	5	261	46	154	107	0	21	20
2003	12	675	117	421	254	0	52	49
2004	21	1235	203	571	415	249	51	47
2005	26	1605	309	637	560	408	54	53
2006	26	1586	374	395	635	556	96	95
2007	24	1424	467	423	378	623	93	92
2008	22	1171	591	358	437	376	80	77
2009	25	1440	703	665	346	429	96	95
2010	26	1835	900	912	588	335	124	122
2011	42	2424	1216	1020	822	582	152	151
2012	49	2737	1414	1014	943	780	193	183
2013	54	3074	1634	1209	969	896	215	194
2014	57	3335	1779	1214	1196	925	223	202
2015	60	3328	1851	1008	1176	1144	215	214
2016	58	3216	1763	1066	1011	1139	217	216
2017	58	3419	1910	1345	1077	997	223	222
2018	66	3877	2161	1450	1355	1072	238	237

2003—2018年红寺堡普通高中学校获得荣誉情况表

表5-2

荣誉名称	获得时间	授予单位
自治区第八届中学生运动会绑腿接力第四名	2003年9月	自治区体育局
五四红旗团委	2004年5月	吴忠市团委
全区中小学校语言文字工作先进集体	2004年12月	自治区教育厅

续表5-2

荣誉名称	获得时间	授予单位
全区中小学教师继续教育先进集体	2004年4月	自治区教育厅
全区五四红旗团支部	2004年5月	自治区团委
红寺堡开发区庆祝建国55周年暨建区6周年歌咏比赛特等奖	2004年9月	红寺堡开发区工委、管委会
2004年学校艺术工作先进集体	2004年12月	自治区教育厅
全国中小学外语教研工作示范学校	2005年6月	中国教育协会外语教学专业委员会
五四红旗团委	2005年5月	吴忠市团委
红寺堡开发区“两基”工作先进集体	2005年10月	红寺堡开发区工委、管委会
课题组织管理优秀教研组	2006年1月	教育部专项任务项目中小学英语真实阅读教学推广实验课题组
全区五四红旗团委	2006年4月	自治区团委
中小学英语真实阅读教学推广实验优秀学校	2007年6月	教育部专项任务项目中小学英语真实阅读教学推广实验课题组
德育示范学校	2009年1月	自治区教育厅
和谐平安校园	2009年2月	吴忠市教育局
红寺堡区第二届职工运动会女子篮球比赛第一名	2009年5月	红寺堡开发区管委会
学科竞赛优胜学校	2009年9月	红寺堡开发区管委会
高考成绩突破奖	2009年9月	红寺堡开发区工委、管委会
第二届全区教研工作先进集体	2009年9月	自治区教育厅
后勤管理示范学校	2009年9月	红寺堡开发区管委会
2008—2009学年教育教学工作综合考核第一名	2009年9月	红寺堡开发区工委、管委会
教科研工作示范学校	2010年9月	红寺堡区委、区政府
红寺堡区中考成绩二等奖	2010年9月	红寺堡区委、区政府
高考成绩突破奖	2010年9月	红寺堡区委、区政府
名牌学校	2010年9月	吴忠市人民政府
2010年度政法综治工作先进集体	2011年2月	红寺堡区委、区政府
红寺堡区第一届冬季运动会女子篮球比赛第二名	2011年9月	红寺堡区委、区政府
2010—2011学年教科研先进集体	2011年9月	红寺堡区委、区政府
2010—2011学年高考成绩突破奖	2011年9月	红寺堡区委、区政府
2011—2012学年综合考核第三名	2012年9月	红寺堡区委、区政府
2011—2012学年校园文化建设贡献奖	2012年9月	红寺堡区委、区政府

续表5-2

荣誉名称	获得时间	授予单位
2012年红寺堡区中考单科成绩化学第一名	2012年9月	红寺堡区委、区政府
2011—2012学年教科研先进集体	2012年9月	红寺堡区委、区政府
2012年红寺堡区中考成绩三等奖	2012年9月	红寺堡区委、区政府
2012年红寺堡区高考成绩突破奖	2012年9月	红寺堡区委、区政府
德育工作先进集体	2013年6月	吴忠市教育局
高考成绩优秀奖	2013年9月	红寺堡区委、区政府
第三届校园文化艺术节(中学组)优秀组织奖	2014年6月	红寺堡区委、区政府
高考成绩优秀奖	2014年9月	红寺堡区委、区政府
特长生教育特色学校	2014年9月	红寺堡区委、区政府
自治区第四届中小学生网络安全知识竞赛荣获学校组织奖	2014年12月	自治区教育厅办公室
文明单位	2015年3月	红寺堡区委、区政府
全国作文教学先进单位	2015年5月	华东师范大学语文教学与研究价值社、中国教育学会语文教学专业委员会
2016年红寺堡区高考成绩优秀奖	2016年9月	红寺堡区委、区政府
“六五”普法先进集体	2016年12月	红寺堡区委、区政府
2016—2017学年高中教学质量提升奖	2017年9月	红寺堡区委、区政府
文明校园	2018年1月	吴忠市委、市政府
德育工作先进集体	2018年6月	吴忠市教育局
2017—2018学年高中教学质量奖	2018年9月	红寺堡区委、区政府

第二节 学校管理

一、行政管理

学校实行党支部领导、校长负责、教职工代表大会决策、校务监督委员会监督四位一体的民主管理体制。校长是学校的法人代表,对学校行政工作负总责。校长由红寺堡区委(开发区工委)根据干部任用程序任命(聘任),副校长由校长提名,通过规定考察考核程序由教育主管部门任命,副校长对校长负责,协助校长分管工作。

2002年9月，红寺堡开发区高级中学会议研究设立设教务处（负责教学工作）、政教处（负责德育工作）、总务处（负责总务后勤及财务工作）等3个职能部门，各职能部门根据工作需要分别设主任1人。2003年3月，红寺堡中学会议研究决定设立办公室（负责行政协调和内务管理工作）、安保处（负责校园综治安全工作）2个职能部门，并成立工会（负责教职工资助帮扶及教职工文化娱乐活动）、团委（负责学校共青团工作及学生资助工作）、妇联（负责学校妇女工作及家庭教育工作）3个群团组织。学校各职能部门根据工作需要分别设主任1人，副主任1~2人，部门之间实行分工合作制；学校群团组织协助职能部门开展工作，负责人起初由学校委派，后由群团组织会议选举产生。同期，学校按学科设立教研组，作为教师进行集体教学研究的组织；按年级设立年级组，实行分年级管理方式；每班设班主任一名，承担班集体的组织协调、教育指导，并负责沟通家校、联系社会。

2003年12月，红寺堡中学党支部成立。党组织是学校的政治核心，学校建立由党支部统一领导的党、政、工、妇、团齐抓共管的思想政治工作体制。学校党支部书记由教育行政部门党组织任命，党支部委员由学校党支部书记提名，学校党员大会选举产生。党支部成员参与学校各项工作的讨论、研究、审议、决策，党组织协调、检查、督促学校各项工作的落实，教育、管理、监督学校领导、部门负责人、教职工。

2006年5月，红寺堡中学召开全体教职工大会，会议讨论通过《红寺堡中学校务公开制度》，确定学校实行校务公开，公开的内容主要有学校发展规划、工作计划、规章制度、财务收支、基础建设、设备采购，教师业务考核、评优选先、工资晋级、调入调出、慰问帮扶，学生资助帮扶、表彰奖励、违纪处分，以及教职工和社会群众、学生家长关心的重点、热点问题及其他需要公开的事项。校务公开的方式主要有会议、公告、公示、告家长书等。

2014年4月，第一中学召开第三届教职工代表大会第三次会议，选举成立学校第一届校务监督委员会（简称“校监会”）。校监会成员由中共党员、中层管理人员、普通教师代表、人大代表、政协委员和学生及学生家长等组成。校监会监督学校工作，维护师生员工的正当权益。此外，学校还接受上级教育行政部门以及物价、审计、监察、纪检等部门的督导、评估、检查、监督，规范办学行为。

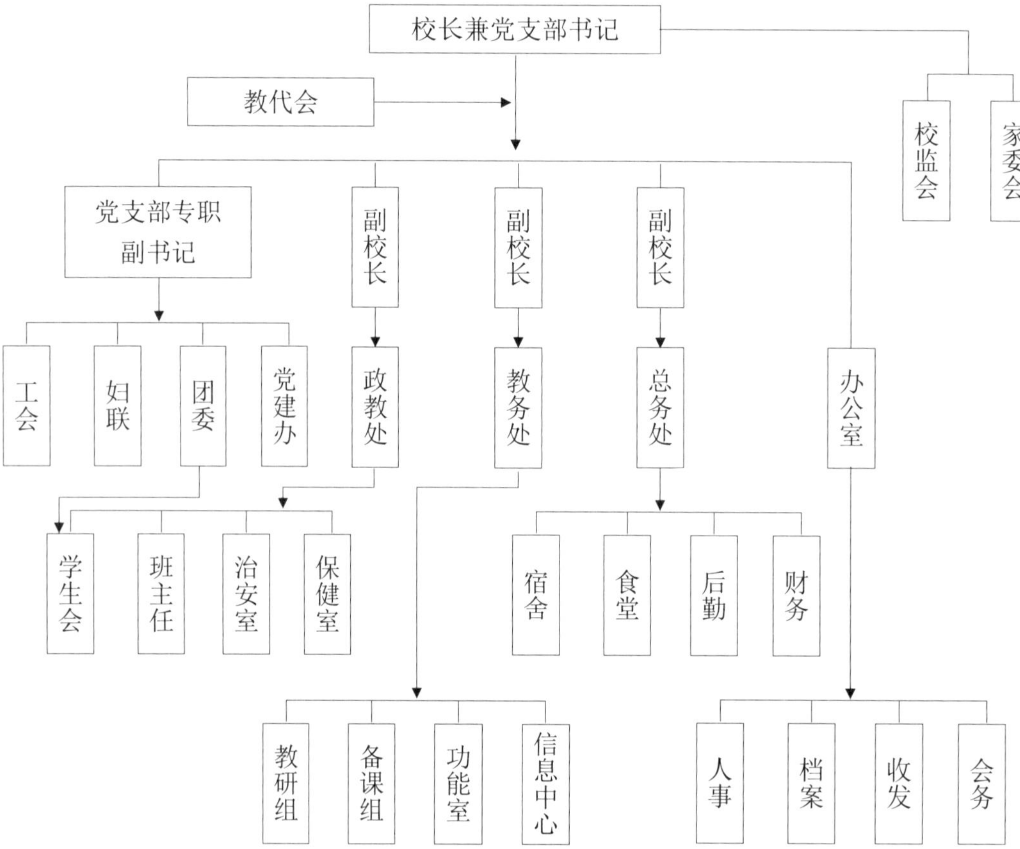

图4　2018年红寺堡区第一中学内部组织机构图

二、教师管理

学校依据《中国人民共和国教师法》《中小学教师职业道德规范》《中小学教师日常行为规范》等法律规定以及教育系统行业服务规范加强对教师的管理和教育，要求教师忠于党和人民的教育事业，贯彻落实党的教育方针，遵纪守法，教书育人。

2003年8月，红寺堡中学执行国家教师资格证书制度及教师专业技术职务评定制度，开展学校第一次教师职称评审工作，成立学校教师职称评审工作小组，制订教师职称评审方案及实施细则，组织开展评审活动，确定参评人员及推荐人选。学校通过职称评审，倡导教师开展教育教学改革，鼓励教师从事教育科学研究、学术交流，支持教师参加培训学习和继续教育，督促教师成长为各层次的教育名师、骨干教师、教学能手、学术带头人。

2004年2月，红寺堡中学编发《红寺堡中学工作条例及规章制度汇编》，含安全、教学、教师、学生等方面的管理制度，用以规范学校教育教学管理。依据相关规章制度，学校实行全员聘任制、岗位责任制、工作量化制和考核奖惩制。校长代表学校对教职工进行定编、定岗、定责聘任，聘期一般为一年。学校每年对教职工的德、能、勤、绩进行考核，考核结果作为奖惩、聘任和晋级的重要依据。学校对工作负责、贡献突出的教职工根据规定予以肯定、表彰、奖励，对违规违纪的教职工依据规定予以批评、教育、处罚。

2005年5月，红寺堡中学召开第一届教职工代表大会，参会教师代表32人，代表全校124名教职工。此后，学校又选举产生了两届教代会，三届教代会共组织召开会议14次。学校将教代会作为教职工行使民主权利、民主管理学校的基本形式，教代会成员由全体教职工选举产生。学校通过教代会，制定（修订）并通过了一系列教职工聘任、管理、考核、奖惩制度（办法）。

三、学生管理

（一）常规

学校依据《中国人民共和国教育法》《中国人民共和国未成年人保护法》《中学生守则》《中学生日常行为规范》等法律法规和学校相关规章制度管理学生，教育学生“学会做人、学会学习、学会健体、学会审美、学会劳动、学会创新”，培养学生成为“基础扎实、人格健全、素质全面、特长明显、适应社会、善于创新”的栋梁之材。

2002年8—12月，红寺堡开发区高级中学先后制定《中学生日常行为规范要求》《学生寝室安全管理制度》，用以规范学生的日常行为习惯，确保学生校内外住宿安全。2003年1月至2011年6月，红寺堡中学先后制定《学生管理办法》《住宿生管理办法》《学生就餐管理办法》《学生请假管理办法》等规章制度，进一步强化学生管理。2011年7月以后，第一中学逐步修订完善了学校有关学生管理的规章制度。学校依据管理制度，对优秀学生、优秀学生干部以及其他为学校增添集体荣誉、为维护学校集体利益做出贡献的学生予以表彰和奖励，对违纪、违规学生按有关规定予以批评、教育和处分。

（二）招生

2001年7月，吴忠中学、固原一中、银川市第一中学开始在红寺堡招收初中毕业生。2002—2005年，红寺堡开发区高中的招生工作由学校负责，红寺堡辖区内参加了初中毕业考试，愿意上高中的初中毕业生均在学校招生之列。2005年7月开始，红寺堡中学按照自治区教育厅下达的普通高中招生指标实行划线招生，教育文体广电局招生办公室(后为教育考试中心)制订招生方案，学校组织实施。同期，宁夏六盘山高级中学开始在红寺堡开发区招生。8月，红寺堡中学开始招收美术特长生。是年，为筹集资金改善办学条件并满足部分线下学生上高中的愿望，红寺堡中学开始按照相关文件招收部分“三限生”(指限分数、限人数、限钱数的政策而录取的学生)。2006年7月，宁夏六盘山高级中学和宁夏育才学校开始在红寺堡联合招生，采取同填志愿、同时录取、适当调剂的办法。自治区内优质高中在红寺堡高中招生之前录取了红寺堡中考名列前茅的学生。8月，红寺堡中学开始招收音乐特长生和体育特长生，招收的特长生除参加中考外，还必须参加由学校组织的专业考试，两方面的成绩均作为录取的依据。为满足开班需要，特长生在录取的过程中普遍采取适当降低中考分数线的方式。2014年7月，红寺堡区招收了最后一批“三限生”，随后按照国家政策要求停止“三限生”的招收。红寺堡区普通高中招生贯彻执行自治区教育厅的相关规定，招生人数严格遵照自治区教育厅普通高中招生计划规定的招生指标。

(三)学籍

红寺堡初中毕业生参加中考并按照相关规定被录取为普通高中新生的，凭录取通知书在规定时间内到高中学校办理入学手续后，即取得普通高中学籍。2005年之前，红寺堡高中生学籍一直是单一的纸质记录和管理，并按照教育厅2002年发布的《宁夏回族自治区普通高中学籍管理规定》(宁教基〔2002〕183号)管理学籍。2005年9月，红寺堡中学开始使用自治区教育厅下发的电子学籍管理系统管理学生学籍，并保留学生学籍纸质档案。2012年9月，第一中学开始使用“全国中小学生学籍信息管理系统”管理学生学籍，同年补录了2010年和2011年的学生学籍数据。2014年3月开始，学校严格按照《宁夏中小学生学籍管理办法实施细则(修订)》的要求对学生学籍进行管理。

(四)资助

红寺堡高中学生的早期资助，主要是个别爱心人士对极少数家庭经济困难学生的学习和生活用品的捐赠。2003年12月，红寺堡中学成功争取“千乡万才”项目，部分品学兼优、家庭困难的学生受到该项目的资助。2004年8月，第一批福建援宁支教教师到红寺堡中学任教，通过师生交流，爱心家访，目睹了红寺堡开发区部分家庭经济困难状况，决定在红寺堡中学开展捐资助学活动。此后，每一批到红寺堡中学任教的福建支教教师，均会开展捐资助学活动，资助贫困学生。2007年8月，红寺堡开发区开始实施“滋蕙计划”，标准为每生每年1000元（2013年后标准上调为每生每年2000元）。2009年3月，红寺堡开发区开始实施普通高中助学金，生均标准为每生每年1500元（2017年开始资助“扩面提档”，平均资助标准提高至每生每年2000元）。2016年8月，红寺堡高中开始减免部分家庭经济困难学生学杂费，标准为每生每年800元。红寺堡高中的学生资助以国家、地方政府资助项目为主，学校和社会资助为补充，主要有助困资助、普惠资助、奖优资助、其他资助等多种资助类型，形成了政府主导、学校协同、社会参与的资助格局，旨在健全“资助类型全、资助人数多、资助功能强”的新时代资助体系。

（五）学生会

2003年3月，红寺堡中学学生会组织成立，当时仅设纪检部和卫生部两个部门，有成员8人，由政教处管理，负责学校纪律和卫生的监督检查工作。2008年10月，随着学校办学规模的扩大和学生人数的增加，学生会又增设体育部和文宣部两个部门。2013年10月，根据学生要求和学校教学工作需要，学生会又增设学习部。2017年10月，经校委会研究决定，将原学生会的纪检部、卫生部、体育部、学习部与团委分管的青年志愿部、宣传部合并重组，更名为“学生联合会”，下设纪检部、劳卫部、文体部、宣传部、青年志愿部五个部门，由政教处和团委共同指导开展工作。学校学生会是学生自我管理的群众组织，学生会每届任期一年，每年9月召开学生代表大会，进行换届选举，学生代表由各班投票选举产生。学校学生会始终秉持团结、奉献、坚持、公正的工作作风，参与学校管理，服务全体师生。

五、管理人员

2001—2018年红寺堡高中历任管理人员一览表

表5-3

职　务	姓　名	性别	民族	任职时限
校　长	杜宏宇	男	汉族	2001年8月—2002年8月
				2005年1月—2007年8月
	张耀忠	男	汉族	2002年6月—2005年1月
	杨玉玺	男	回族	2007年8月—2012年7月
	锁金银	男	回族	2012年7月—2013年4月
	吴风虎	男	汉族	2013年4月—2017年9月
	王晓龙	男	汉族	2017年9月—
副校长	吴风虎	男	汉族	2003年12月—2004年8月
	任世伟	男	回族	2003年12月—2008年3月
	金光耀	男	回族	2007年8月—2013年4月
	魏耀峰	男	汉族	2007年12月—2008年8月
				2018年11月—
	米占郡	男	汉族	2008年8月—2013年4月
	王晓龙	男	汉族	2008年8月—2011年8月
	马泽民	男	回族	2013年4月—2017年9月
	毛伟东	男	汉族	2013年4月—
	陈志昕	男	汉族	2017年9月—
	石金海	男	汉族	2018年9月—
	王惠良	男	汉族	2018年11月—
校长助理	吴亚莉	女	回族	2013年4月—2014年3月
教务主任	吴风虎	男	汉族	2001年9月—2002年8月
	任世伟	男	回族	2002年9月—2003年12月
	魏耀峰	男	汉族	2004年3月—2008年8月
	李学宝	男	汉族	2008年8月—2011年8月
	陈志昕	男	汉族	2013年4月—2017年9月
	石金海	男	汉族	2017年10月—2018年9月
	李德生	男	回族	2018年9月—

续表5-3

职　务	姓　名	性别	民族	任职时限
政教主任	张耀忠	男	汉族	2001年9月—2002年6月
	王　举	男	回族	2002年9月—2003年3月
	毛伟东	男	汉族	2003年3月—2008年7月
	马泽民	男	回族	2008年8月—2013年4月
	马占军	男	回族	2013年4月—2014年8月
	贾正有	男	汉族	2014年8月—2015年12月
	黄　奎	男	汉族	2016年3月—
总务主任	金光耀	男	回族	2002年9月—2007年8月
	李学宝	男	汉族	2007年8月—2008年8月
	毛伟东	男	汉族	2008年8月—2013年4月
	闫兴华	男	汉族	2013年4月—2018年9月
	尚万富	男	汉族	2018年9月—
办公室主任	吴风虎	男	汉族	2003年3月—2003年9月
	魏国喆	男	汉族	2003年9月—2004年8月
	杨立中	男	汉族	2005年3月—2013年4月
	马志会	男	回族	2013年4月—2017年12月
	马建鹏	男	回族	2017年12月—
工会主席	金光耀	男	回族	2005年5月—2008年9月
	闫兴华	男	汉族	2008年9月—2013年4月
				2018年9月—
	杨立中	男	汉族	2013年4月—2018年9月
团委书记	王　举	男	回族	2003年3月—2004年11月
	王晓龙	男	汉族	2005年9月—2008年8月
	吴亚莉	女	回族	2008年8月—2012年8月
	张小龙	男	汉族	2012年9月—
党办主任	张克卿	男	汉族	2018年9月—

第三节　教　学

一、学制课程

红寺堡普通高中实行全日制三年学制。2001年8月至2004年7月，红寺堡普通高中课程执行教育部颁发的《全日制普通高中课程计划(试验修订版)》,高一年级开设语文、数学、外语、物理、化学、生物、历史、地理、政治、音乐、体育、美术、信息技术等学科课程和综合实践活动课程,全部使用人民教育出版社出版的中学通用教材。高二年级开始实施文、理分科,根据高考文理分科需要设置课程,文科开设语文、数学、英语、政治、历史、地理、体育等课程,理科开设语文、数学、英语、物理、化学、生物、体育等课程,文科艺术类还选修声乐、器乐、美术等专业课程。全学年教学时间:高一、高二年级每学年上课35周,复习考试3周,社会实践和劳动技术教育2周;高三年级上课22周,复习考试12周,社会实践和劳动技术教育2周。

2004年8月,红寺堡中学高一年级进入“普通高中新课程实验”,开始执行教育部颁发的《普通高中课程方案(实验)》,其他年级仍按原课程设置实施教学,并逐年过渡。

2004年红寺堡中学高中课程设置情况表

表5-4

<table>
<tr><th>学习领域</th><th>科目</th><th colspan="2">必修学分(学分)</th><th>必修模块(个)</th><th>选修模块(个)</th><th>必修学分I</th><th>必修学分II</th></tr>
<tr><td rowspan="2">语言与文学</td><td>语文</td><td colspan="2">10</td><td>5</td><td>5</td><td rowspan="15">根据社会对人才多样化的需求,适应学生不同潜能和发展的需要,在共同必修的基础上,各科课程标准分类别、分层次设置若干选修模块供学生选择</td><td rowspan="15">学校根据当地社会、经济、文化发展的需要和学生的兴趣,开设若干选修模块,供学生选择</td></tr>
<tr><td>外语</td><td colspan="2">10</td><td>5</td><td>4</td></tr>
<tr><td>数学</td><td>数学</td><td colspan="2">10</td><td>5</td><td>13</td></tr>
<tr><td rowspan="3">人文与社会</td><td>思想政治</td><td colspan="2">8</td><td>4</td><td></td></tr>
<tr><td>历史</td><td colspan="2">6</td><td>3</td><td>6</td></tr>
<tr><td>地理</td><td colspan="2">6</td><td>3</td><td>7</td></tr>
<tr><td rowspan="3">科学</td><td>物理</td><td colspan="2">6</td><td>2</td><td>10</td></tr>
<tr><td>化学</td><td colspan="2">6</td><td>2</td><td>6</td></tr>
<tr><td>生物</td><td colspan="2">6</td><td>3</td><td>3</td></tr>
<tr><td rowspan="2">技术</td><td>信息技术</td><td colspan="2">4</td><td>1</td><td>5</td></tr>
<tr><td>通用技术</td><td colspan="2">4</td><td>2</td><td>7</td></tr>
<tr><td rowspan="3">艺术</td><td>艺术</td><td>3</td><td rowspan="3">6</td><td></td><td>16</td></tr>
<tr><td>音乐</td><td>3</td><td></td><td>6</td></tr>
<tr><td>美术</td><td>3</td><td></td><td>9</td></tr>
<tr><td>体育与健康</td><td></td><td colspan="2">11</td><td></td><td></td></tr>
<tr><td rowspan="3">综合实践活动</td><td>研究性学习</td><td colspan="2">15</td><td></td><td></td><td rowspan="3">根据社会对人才多样化的需求,适应学生不同潜能和发展的需要,在共同必修的基础上,各科课程标准分类别、分层次设置若干选修模块供学生选择</td><td rowspan="3">学校根据当地社会、经济、文化发展的需要和学生的兴趣,开设若干选修模块,供学生选择</td></tr>
<tr><td>社区服务</td><td colspan="2">2</td><td></td><td></td></tr>
<tr><td>社会实践</td><td colspan="2">6</td><td></td><td></td></tr>
</table>

普通高中课程由必修课和选修课两部分构成，课程分为8个学习领域，包括12个科目，其中技术、艺术是新增设的科目，艺术与音乐、美术并行设置，供学校选择。每一科目由若干模块组成，模块之间既相互独立，又反映学科内容的逻辑联系。每一模块都有明确的教育目标，并围绕某一特定内容，整合学生经验和相关内容，构成相对完整的学习单元；每一模块都对教师教学行为和学生学习方式提出要求与建议。学生学习状况实行学分制管理。每学年教学时间40周，每学期20周，分两段安排课程，每段10周，其中9周授课，1周复习考试。每个学习模块通常为36学时，一般按每周4学时安排。学生每学习一个模块并通过考核，可获得2学分（其中体育、艺术、音乐、美术每个模块原则上为18学时，相当于1学分）。三年中获得116个必修学分（包括研究性学习活动15学分，社区服务2学分，社会实践6学分），选修学分在28学分以上，其中在选修II中至少获得6学分，总学分达到144学分，方可毕业。

2018年1月，教育部发布普通高中课程方案和14门课程标准（2017年版），9月，红寺堡区第一中学开始执行新的课程方案和课程标准。新课程方案规定普通高中学制为三年，每学年52周，其中教学时间40周，社会实践1周，假期（包括寒暑假、节假日和农忙假）11周，每周35课时，每课时按45分钟计，18课时为1学分；普通高中课程由必修、选择性必修、选修三类课程构成（必修课程由国家根据学生全面发展需要设置，所有学生必须全部修习；选择性必修课程由国家根据学生个性发展和升学考试需要设置；选修课程由学校根据实际情况统筹规划开设，学生自主选择修习）；普通高中开设语文、数学、外语、思想政治、历史、地理、物理、化学、生物学、技术（含信息技术和通用技术）、艺术（或音乐、美术）、体育与健康科目和综合实践活动等国家课程，以及校本课程。

2018年红寺堡区第一中学课程设置及学分情况表

表5-5　　单位：学分

科　目	必修学分	选择性必修学分	选修学分
语　文	8	0～6	0～6
数　学	8	0～6	0～6
外　语	6	0～8	0～6
思想政治	6	0～6	0～4

续表5-5

科　目	必修学分	选择性必修学分	选修学分
历　史	4	0～6	0～4
地　理	4	0～6	0～4
物　理	6	0～6	0～4
化　学	4	0～6	0～4
生物学	4	0～6	0～4
技术(含信息技术和通用技术)	6	0～18	0～4
艺术(或音乐、美术)	6	0～18	0～4
体育与健康	12	0～18	0～4
综合实践活动	14		
校本课程			≥8
合　计	88	≥42	≥14

二、课程改革

2001年,随着国家新一轮基础教育课程改革的启动,高中课程也逐渐开始改革。2003年3月,红寺堡开发区选派教师参加自治区级课程改革一级培训。9月,红寺堡中学组织教师开展课程改革校本培训,解读教育部、自治区教育厅两级普通高中课程改革实验工作方案,对新课改的基本理念、课程设置、课程实施、课程评价等内容进行全面培训。2004年3月,红寺堡开发区按照宁夏(试点)高中课改部署,进入高中课程改革准备阶段,成立课程改革组织管理机构,完成学校发展规划和教学资源整合梳理工作,制定《红寺堡中学课程改革实验工作方案》并上报自治区教育厅,8月方案获自治区教育厅批准实施。是年9月,红寺堡中学高一年级正式实施新课程改革:学校按照一纲多本的原则,选择使用人教版为主的新教材;学生综合素质评价分过程考核和结果考核两部分(过程考核采用等级制,各学科按照学生平时学习情况使用A、B、C、D四个等级考核,结果考核以模块学习成绩为依据,实行成绩与学分相结合的方式进行考核);尝试综合实践课程开设及学分认定;尝试开展综合性学习课程。2005年5月,红寺堡中学印发《高中选课指南、研究性学习课程学习指南》,重新修订学校课程改革实验工作方案。8月,学校开始选修课程教学,尝试实行“走班制”。2006年3月,新高考方案下发,学校组织教师开展新高考方案学习,并根据高考方案微调了课程开设方案。2006年秋季，新高考学科考试说明下发，学校制定迎考方案。2007年3月，学校完成新课改第一届考生的综合素质评价并报送自治区教育厅。6月，学校组织该届学生参加了高考。

此轮新课程改革的实施，让学校教师对课程改革有了全新的认识，如对“素质教育”的思考，对“合作、自主、探究”教学方法的理解，对“三维目标”（知识与能力、过程与方法、感情态度与价值观）的探究等。同时，课程改革也给学校带来不少困惑，如地方课程和校本课程的开发能力不足，研究性学习的低效无序，综合实践课程难以破解的“三无”（无教师、无教材、无课标）难题，理科实验设备的严重不足，“行政班”和“教学班”同时存在造成的秩序混乱等。特别在高考制度没有实质性改变、学生及家长追求高考成绩、社会关注高考升学率的大背景下，“学分制”的功效和一些选修模块的学习就显得无足轻重，甚至可有可无。基于此，学校经过三年的课改实验教学后，又逐渐回归传统教学，“走班制”废弃，增加与高考相关重点模块的课时，减少非重点模块的课时甚至不予安排。

2017年10月，为迎接新一轮的普通高中课程改革，第一中学选派3名教师参加在浙江省嘉兴市举办的“宁夏回族自治区教研员高考改革专题研修班”，在研修班上聆听了专家学者对本轮新课程改革的政策解读和经验介绍。2018年1月，学校要求各学科教研组组织教师学习教育部发布的《普通高中课程方案和语文等学科课程标准（2017年版）》。4月，学校组织各学科教师再次学习“新课标”并开展“青年教师课标过关测试”活动。是年8月，为了及时了解新时期课程改革精神，深入理解学科核心素养，学校组织学科教师参加“宁夏普通高中课程方案与课程标准培训”。11月，学校组织11门学科的科任教师参加人民出版社举办的“普通高中课程标准网络培训”。学校组织开展教师培训和学习，为新一轮普通高中课程改革的实施做好准备工作。

三、教材选用

2004年以前，红寺堡高中学校教学使用普通高中全国统编教材。2004年，红寺堡根据普通高中课程改革教材选用的基本要求，选用普通高中课程改革实验教材，各学科教材版本不尽相同。2009年8月，红寺堡高中开始使用新教材，主要教材以人民教育出版社为主，语文配套教材《中华诵》《国学经典》和英语配套教材《英语听力教程》选择东方出版社，历史、地理配套图册选择中国地图出版社。

2004年红寺堡中学高中用书一览表

表5-6

语文	数学	英语	物理	化学	生物	政治	地理	历史	音乐	美术	体育与健康	信息技术	通用技术
人民教育出版社	人民教育出版社	外语教学与研究出版社	上海科技教育出版社	山东科学技术出版社	人民教育出版社	人民教育出版社	中国地图出版社	人民出版社	人民音乐出版社	人民教育出版社	人民教育出版社	广东教育出版社	广东科技出版社

2018年红寺堡区第一中学用书一览表

表5-7

语文	数学	英语	物理	化学	生物	思想政治	地理	历史	音乐	美术	体育与健康	信息技术	通用技术
人民教育出版社	人民教育出版社	人民教育出版社	人民教育出版社	人民教育出版社	人民教育出版社	人民教育出版社	人民教育出版社	人民教育出版社	人民音乐出版社	人民教育出版社	人民教育出版社	教育科学出版社	教育科学出版社

四、宏志班

2009年8月，在红寺堡开发区工委、管委会的支持下，红寺堡中学在高一年级开始设立宏志班。学校在高一年级学生中，由高到低录取中考成绩前200名学生进入宏志班。学生在升入高二年级时，所有班级根据全年成绩(上学期成绩占30%，下学期成绩占70%)选文科的前100名学生和选理科的前200名学生，参加学校组织的高二年级宏志班选拔考试。学校根据选拔考试成绩，录取品学兼优，家庭贫困的50名文科生和100名理科生，分别进入“1个文科宏志班、2个理科宏志班”学习。此后，学校历年以类似的方式和规模设置宏志班。宏志班学校严格管理，科任教师优先安排，学生资助优先考虑。

2012—2018年第一中学高三年级宏志班历届班主任一览表

表5-8

年份	文科	理科1	理科2	年份	文科	理科1	理科2
2012	马若龙	石金海	余慧强	2016	马占有	余慧强	马兴福
2013	相治虎	马占军	李　季	2017	相治虎	马建兵	赵治乾
2014	尚万福	余学荣	马　荣	2018	张克卿	尚万福	李　季
2015	薛雨晴	石金海	马建鹏				

五、高三补习班

2006年8月，为满足移民群众需求和高考复读学生的意愿，红寺堡中学开始设立高三补习班，学校为补习班选择最优秀的教师团队，提供最优质的教学资源。截至2018年年底，学校高三补习班共招生1578人，高考上线742人。

2006—2018年红寺堡高三补习班基本情况表

表5-9

年　份	班　级	班主任	招生人数（人）	上线人数（人）	年　份	班　级	班主任	招生人数（人）	上线人数（人）
2006	文科	马志福	13	6	2012	文科	马若龙	49	23
	理科	王东君	36	3		理科	马志福	81	42
2007	文科	马志福	35	5	2013	文科	马若龙	54	24
	理科	王东君	51	3		理科	李德生	59	28
2008	文科	马志福	32	3	2014	文科	相治虎	70	37
	理科	王东君	22	4		理科	李　季	63	37
2009	文科	余学荣	49	33	2015	文科	尚万富	42	21
	理科	石金海	42	22		理科	余学荣	74	35
2010	文科	谢继杰	121	66	2016	文科	马志福	38	21
	理科	余学荣	52	39		理科	石金海	70	32
2011	文科1	马成云	115	52	2017	文科	马占有	61	29
	文科2	相治虎				理科	马兴福	71	35
	理科1	王维虎	126	71	2018	文科	相治虎	72	28
	理科2	余学荣				理科	马建兵	80	43

第四节　素质教育

一、安全教育

建校之初，学校安全防控主要以人防为主，实行值班教师负责制，值班教师白日、夜间定时对校园及周边进行巡视、巡查，预防安全事故发生。学校对学生的安全教育主要由班主任在日常教育教学中渗透进行，偶尔组织应急疏散演练。2003—2007年，学校在做好常规安全工作的同时，建立完善了各项安全管理制度，强化教职工安全管理意识,明确教师安全教育职责;与部门负责人签订岗位安全职责责任书,明晰各部门安全教育职能;明确提出“安全管理重于泰山”的管理理念,确立安全工作在学校工作中重中之重的地位;通过主题班会、征文比赛、演讲比赛、法制讲座等形式,对学生进行安全教育。2008年5月,汶川地震发生后,学校制定了一系列防灾减灾应急预案,并切实开展防震应急疏散演练活动。7月,学校安装了电子视频监控系统,有了技防设备,同时仍然执行教师值班制度。随着“平安校园”创建活动的开展与推进,本着“以人为本”构建“和谐校园”的目标,提高师生的安全意识、法律知识、逃生能力,进而提升个人的安全防控能力,学校开始开展系统化的安全教育宣传工作。同年9月,学校建立校警室,安装学校内部电话,强化安全防控措施。2015年8月,学校增加了120个监控摄像头,设立监控室,更新升级校园安防系统。学校倡导学生自主参与学校安全管理,各班均成立矛盾纠纷排查小组和安全排查小组。2017年8月,“互联网+安全”在学校逐步推广,校园安全平台、隐患排查治理平台开始规范使用。2018年,学校修订完善《学校安全工作管理制度》等28个基本制度和《学校传染病防控工作管理制度》7个衍生制度,制定《食品生产安全应急预案》等15个安全管理应急预案。安全教育宣传、安全演练常态化,校园安全防控体系逐步完善。学校先后获“依法治理示范学校”“四五普法先进单位”“吴忠市安全示范学校”“吴忠市禁毒示范学校”“全国零犯罪学校”等称号。

二、德育

2002年9月,红寺堡开发区高级中学成立学校德育工作领导小组,制订学年度学校德育工作实施方案,对学生进行理想信念、集体主义教育和艰苦创业实践锻炼。2003年,红寺堡中学开始将五月确定为“孝敬父母月”,开展感恩父母系列主题教育。2004年,学校以春季植树为契机,开展“美化校园、绿化家园、热爱家乡”主题教育。2005年,学校开展“迎国庆、唱红歌”比赛活动,对学生进行爱国主义教育。2006年,学校建立“家校联合”德育教育工作机制。2007年,学校以《中学生日常行为规范》《中学生守则》为抓手,开展“思想上有守则,行为上有标尺”的礼仪教育。2008年,学校先后多次举行学生行为规范和纪律整顿活动,并根据当时社会邪教传播有所抬头的情况,开展“反邪教”主题教育。2010年,学校重点开展“五爱”教育(即爱生命、爱科学、爱家庭、爱学校、爱社会)和“四个学会”教育(即学会尊重、学会沟通、学会学习、学会生活），并积极构建学校、家庭、社会三位一体的德育工作网络。2014年，学校组织实施“弘扬雷锋精神、学习雷锋同志”“纪念周恩来诞辰、感悟一代伟人”“诚信做人、诚信考试”等德育活动。2016年，学校组织“圣贤教育”“我的中国梦”等主题教育。2018年，学校重点开展“文明校园”创建活动，并组织“文明市民应知应会知识”学习、测试活动。

三、体育

建校初期，红寺堡高中体育教师欠缺，学校没有像样的运动场地，体育器材以教师自制为主。2003年8月，红寺堡中学首次组队参加了“自治区第八届中学生运动会”，获得女子4×400米接力赛跑第三名，学生吴伟伟获5000米长跑第二名，学生郭春玲获50米跳绳跑第二名。2004年5月，学校师生在体育教研组教师的带领下修建完成400米标准田径场（炉渣跑道）。8月，学校配备了简单的教学用体育器材，每班每周安排两节体育课，每天定时开展“两操一活动”，体育工作逐步趋于正规。2005年8月，红寺堡中学受红寺堡开发区管委会委托承担吴忠市首届运动会红寺堡代表队的训练任务。9月，学校组队参加了吴忠市运动会的所有比赛项目，女子篮球队获得第一名，男子篮球队获得第二名，学生在田径、武术、举重等项目中取得11枚金牌、15枚银牌、21枚铜牌。同年，学校首届体育特长生中有2人考入大学体育专业。2005—2009年，学校在各方面条件较为落后的情况下成功举办了4届田径运动会。2010年8月，学校风雨操场及标准400米塑胶田径运动场建成。2011年5月，学校承办了“红寺堡区首届阳光体育运动会”。2012年6月、2016年4月，学校分别举办了第六届、第七届田径运动会。2017年7月，学校被教育部授予“全国青少年校园足球特色学校”称号。8月，学校体育组教师编纂完成校园足球校本教材。截至2018年年底，学校体育特长生中先后有5人考入北京体育大学，78人考入本科院校体育专业。学校有专职体育教师11人，其中市级骨干教师2人，县级骨干教师3人。

四、卫生教育

自2000年8月开始，学校的卫生工作一直由学校政教处负责。学校早期的卫生教育主要对学生良好卫生习惯的养成教育，班主任负责学生个人卫生的教导，政教处负责学生宿舍卫生的督查。2003年“非典”期间，学校成立以校长组为长、副校长为副组长的预防“非典”工作领导小组，提出“预防‘非典’第一，教学质量第二”的口号，并根据上级指示停课放假，进村入户开展预防“非典”宣传，同时制定《传染病防控工作预案》，此后学校开始重视传染病、学生常见病的预防和宣传工作。2007年3月，学校设立校医室，聘请2名医护人员为专职校医，负责师生的卫生保健工作。2009年，甲型H1N1流感流行，学校成立预防工作领导小组，积极开展预防工作，坚持实施晨检、午检制度，要求相关人员严格做好晨检、午检记录，并形成常态工作机制。2012年2月，学校购置诊床、听诊器、视力测试器等一批医疗器械，以方便校医指导学生及教师开展各种疾病预防。2015—2018年连续四年，学校每年均联系红寺堡区疾控中心开展高一新生结核病和腮腺炎的筛查工作。

五、艺术教育

(一)美术教育

2002年9月，红寺堡开发区高级中学开始开设美术课，是时只有张世铎一位美术教师。学生没有教材，教师自主设置的课程有简笔画、认识色彩、认识中国画、二方连续、四方连续、素描几何体等。2004年8月，学校购置了石膏像、静物台等一批美术教学用品。2005年6月，有4名美术专业考生参加了红寺堡开发区第一届高考。2006年8月，学校统一征订人教版美术教材——《美术鉴赏》，美术学科教学开始步入正轨。2008年8月开始，学校设立美术班，按年级分素描、色彩、速写三科，安排专业教师任教。2010年5月，学校装备2间美术教室，配备了一批美术教学专用器材。2013年12月，为激发美术特长生的学习兴趣，使学生受到艺术熏陶，学校举办了师生书画展。2016年5月，学校成功举办美术特长班教学成果汇报展。2018年7月，学校重新装饰美术教室，新购装裱机、装饰画材等设备，增加装裱社团、黑白装饰画社团、国画社团等美术类社团。截至2018年年底，学校有近900名学生参加了高考美术专业训练，考上二本以上院校的美术特长生近400名。

(二)音乐教育

2002年11月，红寺堡开发区高级中学正式开设音乐课程，高中音乐由黄旭东一人任教。2003年9月，学校开始进行音乐课外兴趣小组培养，魏月英辅导合唱队，雍晓薇辅导鼓号队，黄旭东辅导舞蹈队，兴趣小组承担校内外各级各类演出和比赛，表现优异，得到了社会各界的好评。2004年8月，学校新增一批音乐器材，新调入高晓龙、刘佳子两名音乐教师，高中音乐教学渐入正规。2006年7月，学校开设音乐特长班，刘佳子教舞蹈，高晓龙教声乐，魏月英教视唱练耳。2007年7月，音乐特长生马亚楠、李苗苗分别被宁夏师范学院和上饶师范学院录取，成为学校首批音乐专业大学生。2008年7月，学校组建合唱队，参加红寺堡开发区"庆七一、迎奥运、庆大庆"合唱比赛。2010年5月，学校建成2间音乐教室、1间舞蹈教室，配备相关专业器材。2012年7月、2014年4月，学校学生分别参加吴忠市第一届、第二届青少年音乐、舞蹈、器乐大赛，均取得优异成绩。2015年10月，为提高音乐特长生的综合素质，激发学生学习音乐的兴趣，学校成功举办"校园歌手大赛"。2018年8月，学校成立管乐队，负责升旗仪式及大型活动时国歌演奏。截至2018年8月，学校共培养音乐特长生251人，二本以上录取159人。

（三）校园文艺

2003年5月，红寺堡中学承办红寺堡开发区首届校园文化艺术节，学校师生作品首次得以展示。6月，红寺堡开发区工委、管委会在学校五楼报告厅举办"庆祝中国共产党建党82周年书法绘画展"，部分教师作品参与展出，学校组织全体师生有序观展。7月，学校师生组队参加"红寺堡开发区庆祝建党82周年暨红寺堡建区5周年大型广场文化活动"大合唱、文艺节目、健美操三项比赛，均取得第一名。2004年5月，学校师生秧歌队代表红寺堡开发区参加吴忠市秧歌比赛，获三等奖。9月底，学校合唱队参加"红寺堡开发区庆祝新中国成立55周年暨建区6周年歌咏比赛"，获特等奖。2005年9月，学校师生创编的大型舞蹈《沙枣花》在吴忠市首届运动会上会演。2008年1月，学校首次举办迎新文艺会演，此后学校迎新文艺会演每年均如期举办。7月，学校代表队参加红寺堡开发区"庆七一、迎奥运、庆大庆"合唱比赛，获一等奖。2009年5月，学校举办"祖国在我心中"合唱比赛。2010年5月，学校"品韵楼"（艺术教学楼）建成并投入使用，师生拥有了相对独立的艺术教育阵地。5月底，学校承办红寺堡区首届校园文化艺术节开幕式，同期举办学校第一届校园文化艺术节。2012年5月，学校承办红寺堡区第二届校园文化艺术节，同期举办学校第二届校园文化艺术节。9月，学校被红寺堡区委、区政府授予"学年度校园文化建设贡献奖"。2014年3月，学校学生参加吴忠市第二届青少年器乐、声乐、舞蹈大赛，10人获一等奖，20人获二等奖。5月，学校举办第三届校园文化艺术节暨特长生教育成果展示活动，展示内容有学生手工制作、师生书画作品、文艺节目。是年,学校被红寺堡区委、区政府授予“2013—2014年度特长生教育特色学校”称号。以后学校每两年举办一次校园文化艺术节,举办一次特长生作品汇报展,展出学生的素描、色彩、速写等学习作品及美术教师的指导作品。2018年6月,第一中学在自治区教育厅举办的中小学生毒品预防教育才艺大赛中获三等奖。红寺堡高中艺术考生和兴趣小组的训练较为扎实,学生的艺术修养和文艺技巧得到有效提高,艺术特长生和文艺爱好生在各种比赛中获得表彰奖励。除此之外,学校每年都举办元旦迎新晚会、教师节文艺联欢会、高三毕业典礼、运动会开幕式等校园文艺活动,学生在活动中感知艺术,得到教育。

2005—2018年红寺堡普通高中历年艺术考生录取人数情况表

表5-10　　单位:人

年份	2005	2006	2007	2008	2009	2010	2011	2012	2013	2014	2015	2016	2017	2018
录取人数	6	7	8	8	14	23	23	26	82	34	42	72	71	40

六、国防教育

2005年7月,红寺堡中学组织开展“军民一家亲”活动,开始开展国防教育。2007年8月,学校首次举行高一年级新生军训活动,对学生进行国防教育。此后,学校每学年秋季开学都联合红寺堡区人民武装部,聘请当地武警官兵担任教官,以“强健意志体魄、加强学生国防意识、普及国防知识”为目标,对高一新生进行为期一周的军事化训练,对学生进行国防观念和安全意识教育,增强学生组织纪律观念,培养艰苦奋斗的作风,提高学生的综合素质。2008年9月开始,学校不断探索国防教育新思路。利用主题班会、国旗下的演讲、校园广播、宣传橱窗、手抄报等宣传渠道,加强国防教育的宣传;定期开展爱国主义教育歌曲大合唱比赛,让学生传唱红色歌曲、感受爱国激情、接受爱国主义教育。2014—2018年,第一中学每年提供场地配合红寺堡区人民武装部开展征兵工作,学校借此机会,对学生进行征兵政策宣传,创新形式开展国防教育。学校举办国防教育专题讲座,使学生增强国防意识,树立国防观念;定期组织学生观看优秀爱国主义影片,培养学生国家安全的责任感和使命感,根植爱国主义情怀。

七、心理健康教育

建校之初，高中学生的心理调适与情绪调节等心理健康教育工作一直由班主任兼任。2004年5月，红寺堡中学团委书记王晓龙在红寺堡开发区“加强和改进未成年人思想道德建设培训班”上做讲座，首次阐述了心理教育与德育的一致性关系，指出“无论是心理教育还是德育，都涉及学校工作的方方面面，涉及家庭与社会，都是综合性的教育活动”，倡导学校重视心理健康教育工作。是年8月，红寺堡中学设立红寺堡教育系统第一间心理咨询室，专门对学生心理问题进行疏导。2014年10月，第一中学教师、国家二级心理咨询师黄梅为高三学生做高考前心理辅导专题讲座。2015年，学校设立“心理辅导中心”，进行标准化设施布置，配备专业心理健康教育设备。2016年9月，学校制定心理健康教育制度，健全学校心理健康教育网络，规范学校心理健康教育工作。2017年，学校把心理健康教育纳入学校整体发展规划，成立学校心理健康教育工作领导小组，明确各部门心理健康教育工作职责。除此之外，学校还不定期聘请专家、教授为师生做心理健康讲座。

八、兴趣小组与社团活动

2003年9月，红寺堡中学结合高考需要和学校实际，音乐教研组成立鼓号、合唱、舞蹈等三个兴趣小组，体育教研组成立篮球、田径等两个兴趣小组，成立后均开展相关活动。2005年9月，美术教研组又成立美术兴趣小组。当时兴趣小组活动只针对高考，也仅限于个别教研组，规模不大，参与人数不多。此后，学校也成立了其他兴趣小组，但都影响不大，存在时间不长。2015年，社团活动在中小学校开始兴起，第一中学兴趣小组也逐步过渡到社团，并相继成立许多其他社团，参与学生越来越多，活动开始常态化。2018年10月，根据新一轮普通高中课程改革需要，学校成立47个社团，近200名教师参与辅导，3000多名学生参与活动，社团活动按计划有序开展。据不完全统计，自建校至2018年年底，学校先后成立过70多个社团（兴趣小组）。

第五节　评价与考试

一、平时考核与评价

2001年9月至2004年7月,红寺堡高中学生的评价方式比较单一,每学期期中、期末的考试成绩是学校评价学生的主要依据。2004年8月,红寺堡中学高一年级学生全部进入普通高中新课程改革实验,学校逐步建立发展性评价制度,实行学业成绩与学习过程相结合的综合评价方式。2005年8月,学校制订《红寺堡中学学生综合素质评价方案》,并不断完善,内容涵盖学生选修课程修习情况、学业水平测试、综合实践活动、基本素质评价、突出表现特长与奖励情况等五部分内容。2011年开始,受高考升学的影响,学校逐渐淡化学生综合素质评价,侧重于学业成绩考核。2018年9月,为落实新一轮高考综合改革的相关要求,学校制订《红寺堡区第一中学高中学生综合素质评价实施方案(试行)》,从思想品德、学业水平、身心健康、艺术素养、综合实践等5个方面对学生进行评价,按照写实记录、整理遴选、公示审核的程序,形成学生高中三年综合素质评价档案。

二、高中毕业会考

2003年6月,红寺堡开发区执行《宁夏回族自治区普通高中毕业会考试行办法》和《宁夏回族自治区普通高中毕业会考物理、化学、生物实验操作考查办法》,组织了第一次高中毕业会考。高中毕业会考分考试科目和考查科目,考试科目有语文、数学、外语、物理、化学、生物、政治、历史、地理9科,自治区普通高中会考办公室统一命题、统一制卷、统一考试、统一阅卷、统一发布成绩。考查科目为物理、化学、生物等3科的实验操作和劳动技术,采用平时考查和统一考查相结合的方式,平时考查由任课教师根据教学进度自定,统一考查由自治区普通高中会考办公室确定考查时间,规定考查要求和施考办法。考试和考查一律在本学科教学全部结束后进行,学生学完一科考一科。高一考地理、生物,高二考语文、数学、英语、物理、化学、政治、历史,考查物理、化学、生物等3科的实验操作和劳动技术。高中毕业会考成绩实行等第制,分A(优秀)、B(良好)、C(及格)、D(合格)、E(不合格)五个级别,D及其以上为合格级别,E为不合格级别。考查科目分D(合格)、E(不合格)两个级别。考生当年成绩不合格,可以在次年参加补考。

三、学业水平测试

2005年5月,自治区教育厅出台《宁夏普通高中新课程学校教育质量监测方案》(宁教基〔2005〕102号),将普通高中会考改为普通高中学业水平测试。测试科目设置为"人文与社会"领域的思想政治、历史、地理和"科学"领域的物理、化学、生物共六科。学生在两个领域中选考三科,组合成"理+理+文"或"文+文+理"形式。高中毕业时,报考文科的学生,学业水平测试必须含有"科学"领域的两科成绩;报考理科的学生,必须含有"人文与社会"领域的两科成绩,其中物理、化学为闭卷考试,地理、历史为开卷考试。书面测试由自治区统一命题、施测、阅卷,学生可重考,以最好成绩认定;物理、化学、生物三科实验操作测试,由自治区统一命题、制卷,统一考试时间,市、县(区)组织和监控,学校施测并评定成绩,不分文理科全体学生均须参加。学生学业水平的书面测试成绩和实验操作测试成绩,均采用等第制,分为A、B、C、D四个等级。2005年7月,红寺堡开发区完成了首次学业水平测试。红寺堡高中学生为确保毕业时学业水平测试正常通过,在报考学业水平测试科目时,均选考四科。2009年之前,学业水平测试在每年的1月上旬和7月上旬分两次进行;2009年开始,学业水平测试固定在每年的7月3—4日进行。2014年4月上旬,红寺堡区按照宁夏教育考试院的要求,学业水平测试开始实行网上报名。

四、高考

2004年6月,经学校请示、教育文体广电局申报,红寺堡开发区工委、管委会批准,同意红寺堡中学2001级学生原则上不予毕业,学生可自主选择在高三年级复读一年。是年,红寺堡开发区未组织高考。

2005年3—4月,红寺堡开发区由于教育经费不足,考试设备配备不完善,高中招生考试的学生信息采集工作在同心、中宁、吴忠等地进行。6月7—8日,红寺堡开发区组织了第一次普通高等学校招生考试,302名考生参加考试,其中文史类考生84名、理工类考生200名、艺术类考生7名、体育类考生11名。2006年3月,红寺堡开发区配备规范化信息采集设备,新建考试专用保密室,配备保密设备,学生高考信息采集工作开始在红寺堡开发区进行。

红寺堡从第一届高考开始,一直执行"3+X"的高考方案,"3"指"语文、数学、外语","X"指学生根据意愿自主从文科综合(政治、历史、地理)和理科综合(物理、化学、生物)2个综合科中选择一个考试科目,总分750分(语文150分,数学150分,外语150分,文科综合/理科综合300分)。具体考试时间为6月7日9:00—11:30语文,15:00—17:00数学(文科数学或理科数学);6月8日9:00—11:30文科综合/理科综合,15:00—17:00外语。2010年12月,红寺堡区高考开始实行网上报名;2011年8月,红寺堡区高考开始网上录取。

2005—2018年红寺堡普通高中毕业人数及高考升学情况表

表5-11

年份	毕业人数(名)	合计(名)	提前批次(名)						本科(名)				专科(名)			升学率(%)
			小计	艺术	体育	军校	公安	免费师范生	小计	一本	二本	三本	小计	大专	高职	
2005	249	175	3	3	0	0	0	0	33	3	16	14	139	68	71	70.28
2006	408	306	2	1	1	0	0	0	70	13	29	28	234	113	121	75.00
2007	556	411	12	6	1	0	1	4	74	10	26	38	325	156	169	73.92
2008	623	469	12	6	0	0	0	6	76	9	27	40	381	192	189	75.28
2009	376	304	21	13	3	0	0	5	116	19	52	45	167	78	89	80.85
2010	429	358	59	42	9	0	0	8	101	17	47	37	198	95	103	83.45
2011	335	288	33	24	2	1	0	6	74	14	28	32	181	88	93	85.97
2012	582	492	40	25	6	0	1	8	292	50	154	88	160	79	81	84.54
2013	780	662	68	57	0	0	1	10	275	47	149	79	319	151	168	84.87
2014	896	756	53	35	6	0	1	11	364	68	189	107	339	171	168	84.38
2015	925	753	61	41	11	0	0	9	277	43	108	126	415	203	212	81.41
2016	1144	991	107	73	18	1	1	14	420	89	207	124	464	221	243	86.63
2017	1139	956	103	73	20	0	0	10	350	65	171	114	503	246	257	83.93
2018	997	836	61	41	8	0	0	12	346	64	179	103	429	213	216	83.85
总计	9439	7757	635	440	85	2	5	103	2868	511	1382	975	4254	2074	2180	82.18

2005—2018年红寺堡高考前五名学生录取情况表

表5-12

年份	类别	姓名	性别	录取院校	专业
2005	文史	马兴龙	男	兰州大学	考古
		孔维达	男	宁夏大学	历史学
		丁茹燕	女	咸阳师范学院	汉语言文学
		葛　涛	男	南阳理工学院	法学
		马彩军	男	宁夏大学	思想政治
	理工	马洪军	男	宁夏医学院	麻醉
		杨有龙	男	南京农业大学	农学
		高晓燕	女	宁夏医学院	临床医学
		顾英勇	男	西北民族大学	化学工程
		王晓峰	男	宁夏医学院	临床医学
2006	文史	孙　甜	女	中国政法大学	法学
		谭文杰	男	西南财经大学	会计学
		毛志鹏	男	中南财经政法大学	经济学
		尤喜多	男	东北林业大学	公共事业管理
		陈　辉	男	宁夏大学	法学
	理工	刘　汇	女	山东大学	数学
		赵　乾	男	宁夏大学(二本)	化学与制药
		顾英勇	男	中国石油大学(华东)	地理信息系统
		张金保	男	西北大学	中药学
		张俊琦	男	山东大学威海分校	应用物理学
2007	文史	秦一尧	男	湖南大学	法学
		常艳秋	女	中国人民公安大学	治安学
		张小兰	女	西南民族大学	英语
		王凤娟	女	中南民族大学	工商管理
		张文征	男	西南民族大学	市场营销
	理工	李冰玉	女	吉林大学	电子信息科学与技术
		陈　龙	男	山东大学	少数民族预科班
		陈栓龙	男	宁夏大学	土木水利与交通工程
		马兰花	女	宁夏大学	食品科学与工程
		赵启龙	男	宁夏师范学院	小学教育

续表5-12

年份	类别	姓名	性别	录取院校	专业
2008	文史	周世民	男	中国政法大学	法学
		张智森	男	宁夏大学	汉语言文学
		张　欢	女	西南科技大学	日语语言文学
		李彩霞	女	宁夏大学	汉语言文学
		石佳莉	女	宁夏师范学院	英语
	理工	李金辉	男	武汉大学	物理学
		陈　光	男	中国矿业大学	应用化学
		张　瑜	女	兰州大学	计算机
		张　博	男	中央民族大学	计算机
		杨　光	男	宁夏大学	交通运输
2009	文史	李　裕	女	中国人民大学	法学
		张海安	男	湖北大学	法学
		刘文航	女	中北大学	经济学
		张书源	男	宁夏大学	法学
		倪良伟	男	宁夏大学	经济学
	理工	胡　波	男	华北电力大学(北京)	热能与动力工程
		王晓蓉	女	华南理工大学	自动化
		杨晓荣	女	西南财经大学	法学
		李红军	男	陕西师范大学	数学与应用数学
		马　昊	男	西安理工大学	机械设计制造及其自动化
2010	文史	李　涛	男	西南政法大学	公共事业管理
		买金东	男	中北大学	金融管理
		张　敏	女	石家庄铁道学院	自动化
		安靖国	男	华侨大学	汉语言文学
		马小燕	女	宁夏大学	英语
	理工	杨俊宁	男	中南大学	材料科学与工程
		张俊伟	男	咸阳师范学院	物理学
		张丽梅	女	西南民族大学	信息与计算科学
		杨晓佳	女	西安理工大学	计算机
		杨　梅	女	西安电子科技大学	心理学

续表 5-12

年份	类别	姓名	性别	录取院校	专业
2011	文史	马琴琴	女	陕西师范大学	教育学
		张小军	男	长安大学	建筑
		闫　勋	男	宁夏大学	汉语言文学
		吴清瑞	男	西北政法大学	国际经济与贸易
		谢建华	男	宁夏大学	地理科学(教育)
	理工	任阿旦	男	南开大学	计算机科学与技术
		张　武	男	武汉大学	土木工程
		余　军	男	四川大学	计算机编程
		段丽丽	女	陕西师范大学	化学(师范)
		霍玉燕	女	江西财经大学	金融学
2012	文史	邓可可	女	西南大学	社会工作
		王夏蕾	女	南昌大学	法学
		席雅倩	女	长沙理工大学	会计学
		苏海军	男	宁夏大学	会计学
		马娟娟	女	宁夏大学	新闻学
	理工	陈嘉航	男	中山大学	软件工程(移动信息工程)
		伏　健	男	中国石油大学(华东)	资源勘查工程
		黑　虎	男	长安大学	土木工程
		卜悦意	女	北京化工大学	制药工程
		李　梅	女	中央民族大学	信息与计算科学
2013	文史	穆向花	女	宁夏大学	会计学
		赵学芳	女	湖南师范大学	法学
		段慧慧	女	西安建筑科技大学	文化产业管理
		黄桃桃	女	宁夏大学	英语
		牛亚宁	女	东北林业大学	政治学与行政学
	理工	贾泽朝	男	重庆大学	测控技术与仪器
		马小萍	女	宁夏大学	环境科学
		丁　宁	男	西北农林科技大学	信息管理与信息系统
		马　芳	女	宁夏大学	化学工程与工艺
		马继雄	男	宁夏大学	土木水利与交通工程

续表5-12

年份	类别	姓名	性别	录取院校	专业
2014	文史	党婷婷	女	宁夏师范学院	英语（免费师范生）
		田　艳	女	宁夏大学	历史学（教师教育）
		王巧霞	女	湖南理工学院	公共事业管理
		李　丽	女	西北民族大学	法学
		王　燕	女	洛阳理工学院	学前教育（师范）
	理工	蒙林林	男	兰州大学	材料化学
		马　蓉	女	西安科技大学	机械设计制造及其自动化
		杨旭洋	男	太原理工大学	环境工程
		王正伟	男	西北农林科技大学	信息管理与信息系统
		马　锐	男	宁夏大学	电气工程及其自动化
2015	文史	张　璐	女	山西财经大学	法学（经济法方向）
		田小燕	女	宁夏大学	历史学（教师教育）
		马海梅	女	宁夏大学	新闻学（网络与新媒体）
		马　萍	女	宁夏大学	英语（教师教育）
		马丽蓉	女	宁夏大学	汉语言文学（教师教育）
	理工	杨　勇	男	宁夏医科大学	临床医学
		马裕铃	男	宁夏医科大学	临床医学
		兰秋秋	女	宁夏医科大学	预防医学
		吕大海	男	宁夏大学	土木工程
		田进明	男	宁夏医科大学	中医学
2016	文史	胡珊珊	女	西南大学	汉语言文学
		杨　静	女	山东财经大学	新闻学
		张　琴	女	郑州大学	思想政治教育
		马玉玲	女	宁夏大学	经济学（金融）
		李金龙	男	宁夏大学	经济学
	理工	翟亚东	男	重庆大学	自动化
		王　凯	男	兰州大学	物理学
		咸青林	男	西北农林科技大学	农学
		李　涛	男	河北工业大学	电子信息工程
		齐　晨	男	东北电力大学	能源与动力工程

续表 5-12

年份	类别	姓名	性别	录取院校	专业
2017	文史	马　琴	女	宁夏大学	英语
		马银霞	女	宁夏大学	汉语言文学
		张　悦	男	宁夏大学	法学
		张　萍	女	宁夏大学	汉语言文学
		李晓娜	女	宁夏师范学院	小学教育
	理工	海　涛	男	长安大学	土木工程
		刘　静	女	重庆工商大学	保险学
		赵文辉	男	重庆交通大学	机械类
		田和平	男	宁夏大学	物理学
		赵盼兄	女	宁夏医科大学	临床医学
2018	文史	韩阳阳	女	宁夏大学	汉语言文学
		王国平	男	宁夏大学	经济学
		李　英	女	宁夏师范学院	小学教育(免费师范)
		郭婷婷	女	宁夏大学	地理科学
		金　梅	女	北方民族大学	法学
	理工	郑　浩	男	宁夏医科大学	临床医学
		马兆有	男	中国石油大学	资源勘查
		付旭阳	男	宁夏大学	生物科学
		杨旭玮	男	郑州大学	安全工程
		杨国成	男	东北大学	材料类

第六章　中等职业教育

2007年9月，红寺堡开发区向山东烟台、鲁中、泰安、青岛等职业学校输送了197名学生，拉开了红寺堡中等职业教育的序幕。2007—2017年，红寺堡的职业教育以向自治区内外输送中职学生为主。2018年9月，红寺堡区职业技术学校正式招生，当年设计算机应用、电子商务、汽车运用与维修、机电技术应用4个专业，招收学生308名，设6个教学班。职业技术学校教学等相关工作有序进行，结束了红寺堡开发建设二十年职业教育“无学校、无师资、无基地”的历史。

第一节　发展概况

一、管理机构

2007年7月，教育体育局将职业教育工作职能明确至招生办公室。2008年9月，教育局撤销招生办公室，成立教育考试中心，职业教育随之由教育考试中心负责。2010年11月，教育考试中心由教育局内设股室变更为教育局下属事业单位。2012年4月，教育局内设职业教育与成人教育办公室，承担职业教育和成人教育的统筹规划、综合协调、管理服务工作。2014年8月，教育局将职业教育与成人教育办公室整合到基础教育办公室。2015年6月，教育局将职业教育与成人教育工作职责划归电大工作站。2017年9月，红寺堡区职业教育中心正式筹设，筹备组设组长1人（教育局局长兼任）、副组长2人、工作人员2人，同期将职业教育与成人教育工作职责统一划归职业教育中心。2018年8月，红寺堡区职业教育中心变更为红寺堡区职业技术学校，学校设党支部书记兼校长1人、党支部专职副书记1人、副校长2人、责任区督学1人。

二、发展举措

2009年2月，红寺堡开发区工委印发《红寺堡开发区关于振兴教育事业加快教育发展实施意见》，文件提出要争取资金，建设开发区职业教育中心，并结合“3211”工程（发展30万亩葡萄、20万亩以红枣为主的经果林、10万亩设施农业、10万头黄牛养殖），每年输送一定数量的中职、高职学生赴自治区内外职业技术院校学习。

2011年3月，教育局审时度势，研究确立走“东西部联合办学”和自治区内中职院校订单培训之路。3—5月，教育局利用中职院校春季招生的时机，一方面组织相关人员赴山东、四川及自治区内中职院校考察协商减免学生学费和安置学生就业事宜；另一方面，按照“中职招生目标责任书”的相关规定，向红寺堡区各初中学校下达学生输送任务，严格要求完成职业学校招生任务。为了转变群众和学生在“择学”“择业”方面存在的认识误区，教育局组织各初中教师进村入户，向广大群众和学生广泛宣传国家有关职业教育的方针和政策，宣传职业教育发展和学生就业的广阔前景。

2011年8月，红寺堡区委、区政府印发《关于加快红寺堡区教育改革与发展的实施意见（讨论稿）》，提出显著提高职业教育发展水平的工作目标以及大力发展中等职业教育的工作措施。文件要求落实“以区为主、政府统筹、社会参与、市场引导”的职业教育管理新体制；结合红寺堡区经济社会发展和产业结构调整，积极实施好国家“推进东西部中等职业学校合作办学”计划；主要采取“送出去”的办法，把职业教育纳入经济社会发展和产业发展规划，加大职业教育投入，每年安排40万元专项经费用于发展职业教育，并逐年递增；实施自治区内外职业院校就读学生资助政策，扩大在校中职学生比例，力争实现普通教育和职业教育协调发展。

2014年4月，教育局印发《红寺堡区2014年职业教育实施方案》，确定红寺堡区职业教育发展的两个目标任务：一是完善职业教育结构，面向红寺堡区产业结构调整，以慈善弘德工业园区以及太阳山工业园区建设为导向，积极申报项目建成红寺堡区职业技术学校和培训机构，解决制约红寺堡区职业教育发展的瓶颈问题；二是积极扩大职业教育招生渠道，进一步加强“东西部联合办学”工作，优化以自治区内中职院校为主、自治区外中职院校为辅的订单招生培训之路，充分利用东部和发达地区的职教资源，扩大职业教育招生渠道，提高职业教育的办学效益。方案还规定红寺堡区职业教育的工作要求：实行校长负责、班主任包班的中职招生工作目标考核机制，工作实绩与各校年度考核挂钩；安排一定时间，通过多种形式将中职学校优惠政策和招生信息宣传到家长和应届初中毕业生及未升学的普通高中毕业生中；实行初中学校及个人奖惩机制，对完成中职任务的初中学校给予10万元奖励，对超额完成任务的，超过部分按500元/生的标准对输送生源的学校予以奖励；中考前"直通车"进入自治区内职业学校的学生，计入生源学校中考的参考率、高中阶段录取率、全年完成中职招生任务数，在计算中考人均成绩时不计入参考人数；凡在红寺堡区进行中职招生宣传的院校必须经过教育局审批并颁发招生许可证，任何学校不得擅自联系招生，严禁任何中介及个人有偿招生。由于红寺堡区财政困难，奖励资金没能得到落实。

2017年9月，红寺堡区委、区政府印发《红寺堡区加快教育发展推进脱贫攻坚实施意见》，提出红寺堡区职业教育现代化的三个目标：一是完成职业教育中心建设并投入使用，建成2～3个特色实训基地，打造葡萄与葡萄酒加工、汽车维修、计算机、电子商务、酒店管理与服务、现代农业等品牌专业和重点学科；二是鼓励职业技术院校、社会企业与职业教育中心联合办学，探索引厂进校等校企一体化的合作模式，建立校校联合、校企合作的办学机制；三是争取职业教育中心教师编制，招聘和引进有实践经验的专业教师，依托企业和高校完善红寺堡区"双师型"教师培养制度。

三、学校建设

2014年3月，红寺堡区委、区政府将建设职业技术学校纳入地方社会经济发展总体规划，写入当年的政府工作报告。2015年3月，教育局将职业教育中心建设作为年度工作重点纳入议事日程，组织相关人员先后赴天津、上海、山东等地进行考察论证。11月，经红寺堡区人民政府常务会议研究，决定筹建红寺堡区职业教育中心，并向自治区教育厅提出建设申请。2016年11月，自治区教育厅批复同意筹备设立红寺堡区职业教育中心，性质为公办中等职业技术学校，办学类型为职业高中，选址位于红寺堡区法院西侧(民族街以南，弘德街以北，丹霞路以西，康济路以东。)2017年5月，红寺堡区职业教育中心作为自治区成立60周年献礼工程开始动工建设。2018年8月，吴忠市人民政府第25次常务会议决定，根据《宁夏回族自治区教育厅关于规范中等职业学校命名的通知》，将红寺堡区职业教育中心变更为红寺堡区职业技术学校。9月，红寺堡区职业技术学校建成并投入使用。

学校占地面积84000平方米，建筑面积31000平方米，项目总投资1.38亿元，规划30个教学班，可容纳学生1500人。

红寺堡区职业技术学校

2007—2018年红寺堡输送中职学生情况表

表6-1　　　　单位：人

项目 年份	初中毕业生数	输送省内中职学生数	输送省外中职学生数	合计
2007	1964	61	136	197
2008	1855	51	112	163
2009	1190	103	34	137
2010	1114	123	33	156
2011	2413	186	43	229
2012	2041	462	52	514
2013	2887	837	128	965
2014	2815	902	85	987
2015	3130	981	449	1430
2016	3134	1163	108	1271
2017	3593	586	321	907
2018	3706	994	125	1119

2018年秋季红寺堡区职业技术学校招生情况表

表6-2 单位：人

专业	计算机应用	电子商务	汽车运用与维修	机电技术应用	合计
人数	93	98	65	52	308

第二节 学校管理

一、管理理念

红寺堡区职业技术学校秉持“做学合一、立己达民”的办学理念，以“尚德立本、多能立身”为校训，把“树自信、勤训练、日知新、好习惯”作为学风，把“厚生乐教、孜孜以求”定为教风，决定在此基础上培育“敬业、团结、规范、创新”的校风。学校坚持“为每一位学生提供足够营养的课程服务”的教学理念，创建“教学和研

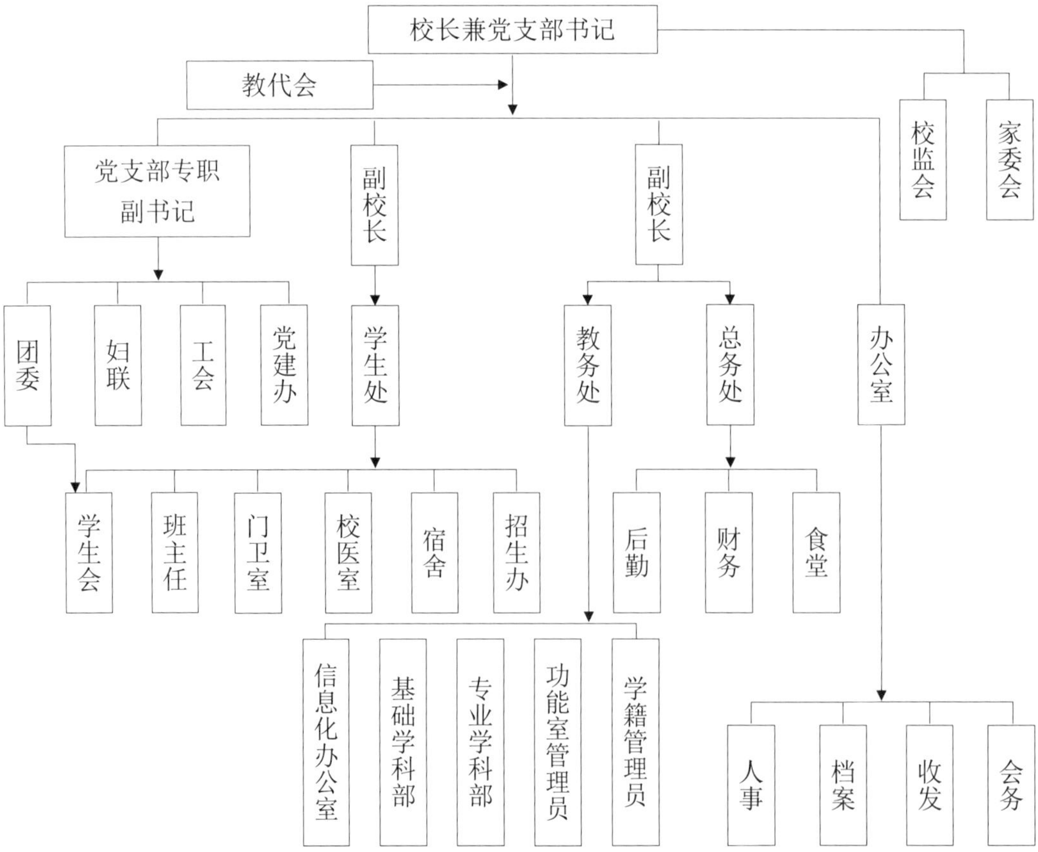

图5 2018年秋季红寺堡区职业技术学校内部组织机构图

究相辅相成，知识和技能相得益彰”的校本课堂教学模式，本着培养“五维”公民（恩河公民、自强公民、能手公民、学习公民、中国公民）的目标，实行个性化塑造，智慧化、军事化管理，打造“绿色学园、成长乐园”的育人环境，积极建设恩河校园、绿色校园、能手校园、航模校园、平安校园。

二、主要部门及职责

职业技术学校设“两办（综合办公室、党建办公室）三处（教务处、学生处、总务处）”5个职能部门，并成立工会、妇联、团委3个群团组织。综合办公室主要负责协助校领导协调学校各部门工作，党建办公室负责学校党建方面的日常工作，教务处主要负责学校教学教研工作，学生处主要负责学校德育、法治、安全及招生工作，总务处主要负责学校后勤保障和财务管理工作。

三、招生与学籍管理

学校的招生对象为应往届初中毕业生。红寺堡区将中职招生纳入普高工作中，学校利用各种宣传媒介，采取校园内宣传、初中学校宣传、进村入户宣传相结合的方式，做好中职招生宣传工作。学校对家庭或户籍在红寺堡区的学生无条件接收入学，对家庭和户籍均在外县的学生视实际情况决定是否招收。学生选择专业遵从自愿原则，学校分班坚持公开公正原则。

学校按照招生规定录取的学生，持录取通知书及本人身份证或户籍簿，到学校办理报到、注册完成后取得学籍。学校按照《中等职业学校学生学籍管理办法》，使用“全国中等职业学校学生管理信息系统”对学生学籍进行电子化管理和维护。

四、资助政策

凡在红寺堡区职业技术学校就读的在籍一至三年级学生，学费全免；一、二年级学生均享受国家助学金2000元/年。同时红寺堡区户籍一、二年级学生不但免除教科书费、住宿费，而且还可获得1000元/年的生活补助费。红寺堡区户籍“建档立卡户”学生还可享受“红寺堡区教育扶贫基金”，最高可获得6000元/年的资助金。另外，学校还设立奖学金，对在校就读期间品学兼优的学生予以奖励。

五、管理人员

2018年秋季红寺堡区职业技术学校管理人员一览表

表6-3

学校领导		中层管理人员			
姓名	职务	部门	负责人	职务	干事
米占郡	党支部书记、校长	综合办公室	刘矿洲	副主任	乔　萍
黑正苍	党支部专职副书记	党建办公室	马　冬	副主任	
杨　芳	副校长	教务处	徐　芳	副主任	杨晓燕　余慧强
胡彦俊	副校长	学生处	杨　武	副主任	肖　伟　马　跃
孔德龙	督学兼工会主席	总务处	张志燕	副主任	刘永海　王冠霖
		基础学科部	陈　艳	组　长	
		专业学科部	杨晓燕	组　长	

六、合作办学

2017年7月，红寺堡区教育局与宁夏职业技术学院签订职业教育对口帮扶协议书，确定帮扶内容和形式：宁夏职业技术学院根据国家职业教育方针政策，为红寺堡区职业教育发展提供政策指导和帮助；为红寺堡区职业教育中心建设在实训基地、专业设置、设备配置、课程设置、师资培训等方面进行规划性指导；对红寺堡区职业学校中职毕业生优先自主招生，实行“3+3”学历教育模式；加强就业指导，确保红寺堡区中职学生进得来，有出路，能就业；对红寺堡区的“两后生”(初、高中毕业未能继续升学的贫困家庭中的富余劳动力)进行摸底调查，按照自治区有关规定分层次、分工种，进行理论与实训相结合培训；建立资源共享机制，定期对口安排红寺堡区学生到实训基地实习实训；搭建教师培训交流平台，建立教师定期帮扶培训和专家定期指导机制；在宁夏农业学校挂牌成立“红寺堡班”；通过双方参与的不定期的合作工作会议，就红寺堡区职业教育工作建立交流互访机制。

2017年12月，红寺堡区教育局与福建省德化县教育局签订《宁夏红寺堡区与福建德化县教育对口帮扶协议书》，协定职业教育的帮扶内容：德化县利用职校形成的“师徒制”人才培养模式、专业建设等办学优势，对红寺堡区职业教育的相关专业进行对口指导，帮助完善相关专业人才培养模式方案、专业布局建设、新专业设置及相应的课程体系；德化县发挥职校的专业优势，为红寺堡区选拔的中职优秀学生进行短期实践学习提供方便，联合培养高端技能型人才。

2018年4月，红寺堡区教育局与银川能源学院签订脱贫攻坚帮扶协议书，双方确定建立长期合作关系，形成“3+3”中高职衔接签约合作机制。（学生在红寺堡区职业教育中心学习三年，取得毕业证书且成绩合格的学生，通过分类招生考试升入银川能源学院进入专科阶段学习三年），主要涉及计算机应用、学前教育、机电技术应用、电子商务、汽车运用与维修和设施农业等6个专业领域。

2018年7月，红寺堡区职业教育中心与宁夏交通技师学校签订联合办学协议书，双方协商在汽车维修与应用专业、电子商务专业实施“2+2+2”的联合办学模式。即学生在红寺堡区职业教育中心学习两年；顶岗实习期间，根据学生意愿优先录取到宁夏交通技师学校学习两年，第一学年结束学生取得红寺堡区职业技术学校毕业证书，第二学年开始学生注册宁夏交通技师学校高级工学籍，并进行北京交通大学远程教育入学考试，成绩合格后注册北京交通大学远程教育大专课程学习；学生鉴定及考试成绩合格后，颁发汽车维修工高级工证，再安排顶岗实习两年，实习结束，考核、考试合格，学生取得宁夏交通技师学校毕业证、计算机等级证、物流师证等专业证书和学历证书。

2018年9月，红寺堡区职业技术学校与宁夏工业学校/西北机械技师学院签订联合办学协议书，确定“2+1+3”的合作办学模式，即学生在红寺堡区职业技术学校学习两年；第三年在宁夏工业学校学习一年；各门课程考核成绩合格取得红寺堡区职业技术学校毕业证后，注册西北机械技师学院学籍再学习三年，学院为学生打通获取大专或本科学历通道，取得国家承认的学历证书。

是月，红寺堡区职业技术学校与福建德化职业技术学校签订校级合作交流协议书、学校结对共建协议书，决定开展定期互访、名师合作、干部交流、互动教研、信息共享、基地建设、支教帮扶等合作事宜。

第三节　教　学

一、专业设置

红寺堡区职业技术学校为公办全日制中等职业技术学校，基本学制以三年为主。按照《吴忠市教育局关于红寺堡区职业教育中心专业设置的批复》(吴教发〔2017〕133号),同意红寺堡区职业教育中心设置葡萄产业文化、汽车运用与维修、设施农业生产技术、计算机应用、学前教育、酒店管理与服务、电子商务、机电技术应用8个专业,其中学前教育专业作为暂定专业,葡萄产业文化作为目录外专业开设。2018年9月,职业技术学校根据学生情况及学校办学条件,开设汽车运用与维修、计算机应用、电子商务、机电技术应用4个专业。

二、课程设置

职业技术学校开设的课程包括公共基础课和专业技能课。公共基础课有德育课、文化课(语文、数学、英语)、体育与健康课、艺术课(音乐、美术)及其他自然科学和人文科学类课程;专业技能课包括专业核心课和技能实训两部分。为了强化学生的实际操作和技能训练,学校建设有汽车维修车间、机电应用车间、计算机实训室、平面设计实训室、电子商务实训室、ERP(企业资源计划系统)沙盘模拟实训室、陶艺实训室、音乐教室、舞蹈教室、书法教室、美术教室等实训场所。

2018年秋季红寺堡区职业技术学校专业课程设置一览表

表6-4

专　业	核心课程	备注
计算机应用	计算机网络、计算机组装与维修、计算机办公软件、计算机平面设计、动画制作、网页设计与制作等	含技能实训
电子商务	电子商务基础、网络营销、商务网站建设与维护、在线客户服务、商品拍摄与图片处理、网络开店与经营等	
汽车运用与维修	汽车发动机构造与维修、汽车机械基础、汽车机械制图、汽车文化、汽车底盘构造与维修、汽车维护与保养、汽车电气设备构造与维修等	
机电技术应用	机械制图、机械基础、电工电子技术、金属加工与实训、电气控制技术、维修电工	

三、教材选用

2018年6月,职业技术学校在借鉴自治区内外中职院校教材选用经验的基础上,组织本校教师为4个专业共选定20本教材。

2018年秋季红寺堡区职业技术学校选用教材一览表

表6-5

类　别	教材名称	出版社
公共基础课	语文(基础模块·上册)(含练习册)	语文出版社
	数学(基础模块·上册)(含练习册)	语文出版社
	英语(基础模块·上册)(含练习册)	语文出版社
	体育与健康	高等教育出板社
	公共艺术·音乐篇	高等教育出板社
公共基础课	公共艺术·美术篇	高等教育出板社
	礼仪规范教程	高等教育出板社
	职业道德与法律	高等教育出版社
	计算机应用基础	机械工业出版社
	奇妙的科学世界	科学出版社
机电技术应用专业课	机械制图(第六版 含习题集)	劳动出版社
	机械基础(含基础练习)	劳动出版社
	安全用电(第五版 含习题册)	劳动出版社
	物理·电工电子学(含练习册)	高等教育出板社
汽车运用与维修专业课	汽车机械基础	机械工业出版社
	发动机构造与维修	机械工业出版社
电子商务专业课	电子商务应用	高等教育出板社
	网络营销实务	外研出版社
计算机应用专业课	计算机组成与工作原理	电子工业出版社
	计算机网络技术基础	高等教育出板社

第四节　素质教育

一、安全教育

2018年6月，学校投入547.66万元搭建平安校园系统(平安校园综合管理平台)，平台集综合值班、师生求助、消防报警、视频监控、应急指挥、安全教育功能于一体。9月，学校正式开学，成立以校长为组长，全体中层干部为组员的安全工作领导小组，分工协作，各负其责。树立“安全第一、预防为主”的主导思想，提高师生的安全意识,强化学校安全管理。立足实际,制定《门卫管理制度》《校园安全应急预案》《安全管理实施办法》等管理制度,并层层签订综治目标管理责任状,增强教师"一岗双责"意识。在一学期的教学中,开展主题安全教育活动,举办交通、法律、禁毒等安全教育讲座,发挥学生自我教育、自我管理和自我服务的作用。加强安全保卫队伍建设,配备保安4名,实行24小时值班制度,并联合多部门对学校周边环境进行综合治理。学校实行安全排查制度,建立安全管理工作台账,排除安全隐患。

二、德育

学校以"五民教育"为德育工作目标,注重培养学生的"十二德"(民德、课德、班德、仪德、会德、网德、险德、餐德、寝德、口德、衣德、行德),以"五不一有"(不自暴自弃、不冲动、不浪费时光、不读死书、不贪迷网络,有进步)作为检验学生德育工作成效的标尺。

三、体育

学校建有300米塑胶跑道风雨操场1个、标准篮球场4个、标准排球场2个。配备标准化体育器材,种类齐全,数量充足,总资产达120万元。学校配备2名专业体育教师,每个班级每周开设两节体育课。同时,学校还组织早操和课间操活动,开展阳光体育运动,确保学生每天锻炼一小时。

四、卫生教育

学校设校医室1间,配备近5万元的医疗卫生设备。招聘2名专职医护人员为校医,负责指导师生的卫生保健、轻微伤病的救治和传染病的预防宣传工作。新生持县级医院体检报告报到入学,学校为每一名学生建立健康档案。

五、艺术教育

学校建设有功能完善的音乐教室、舞蹈教室、书法教室、美术教室各一间,投入近270万元采购音乐、美术教学仪器及相关信息化设备各一套。配备专业音乐和美术教师各一名,每周每班开设音乐、美术课各一节。

六、国防教育

2018年9月，学校对2018级新生进行为期15天的军事训练，旨在让学生体验军旅生活，锻炼他们的作风纪律、军事技能、身体素质，培养他们的政治觉悟、理想信念、国防观念。为增强学生的国防意识，学校要求班主任利用多媒体设备组织学生收看军事新闻，每周不少于2次，每次时间不少于30分钟。

七、心理健康教育

学校投入近10万元装配标准化心理咨询室1间，由兼职心理健康教师蔡菊玲具体负责。配套心理健康教育管理平台、心理健康教育教材（书籍）、心理素质训练系统及相关设备，价值31.7万余元。学校制订《"关注心理健康、构建和谐校园"心理健康教育实施方案》，举办心理健康教育周活动，并与班级心理活动课结合。举办心理健康教育讲座，组织教师学习心理学理论知识。各班定期召开心理健康教育的主题班会，引导学生进行心理调适。

八、社团活动

2018年10月，学校立足实际，制定社团活动实施方案，成立13个社团，全部学生参与社团活动。本着"人人皆可成才，人人尽展其才"的教育理念，要求每个社团每周活动至少1次，每次活动时间不少于90分钟；活动确保做到计划、组织、辅导、内容等"四个落实"。期末学校组织社团活动成果展示，依据社团考核标准给予优秀社团指导教师和学生一定奖励。

第五节　评价与考试

一、平时考核

为了客观地对学生在校期间的德、智、体、美、劳进行综合考核评估，实行科学管理，正确引导学生全面发展，培养合格人才，职业技术学校把公共基础课成绩、专业课成绩、活动竞赛成绩及思想品德综合起来对学生进行考核。公共基础课和专业课成绩即学生期末考试（考查）的综合成绩；活动竞赛成绩指学生参与各类活动及竞赛取得的成绩;思想品德主要从政治思想、道德风尚、行为规范及集体观念等方面对学生进行考核。

学生个人量化考核成绩是学校评定各级三好学生、优秀学生干部、奖(助)学金发放的主要依据,也是为学校合作办学方推荐优秀毕业生的重要参考条件。

二、考试

学校由教务处统一组织期中、期末考试。平时测验、单元测验由各学部及任课教师自行安排。期中、期末考试科目及考试日程由教务处根据教学计划统一下达,考务工作由教务处统一协调安排。考试命题由科任教师负责,考试形式由科任教师提出方案报教务处审核通过,一般公共基础课和理论课以笔试为主,专业课和实践实训课以考查为主。学生综合成绩中,一般平时成绩占40%,期中和期末考试成绩各占30%。学生无特殊情况必须参加学校组织的期中、期末考试,学科综合成绩在60分以下的学生,下学期必须重修该课程,并要参加学校统一组织的补考。

第七章　教育普及与提高

红寺堡开发建设之初，按照“一乡一中学、一村一小学”的规划布局建设学校，学校布局不够合理，基础设施极不完善，师资力量非常薄弱，教学设备严重短缺。红寺堡区委（开发区工委）、区政府（开发区管委会）贯彻落实“科教兴区”战略，确立了基础教育重中之重的地位，教育事业先后经历了基本普及九年义务教育（简称“普九”）、创建“教育强区（县）”（简称“创强”）、基本普及高中阶段教育（简称“普高”）、推进“义务教育均衡发展”（简称“均衡”）四个比较重要的阶段，各类教育协调发展，办学条件不断改善，教育环境不断优化，师资队伍不断加强，教学改革扎实推进，教育信息化快速发展，基础教育综合实力和整体水平显著提高。

第一节　基本普及九年义务教育

一、普及过程

2003年2月，根据自治区教育发展规划，红寺堡开发区管委会与自治区人民政府签订“两基”（基本普及九年义务教育和基本扫除青壮年文盲的简称）目标责任书。9月，红寺堡开发区工委、管委会成立红寺堡开发区“普九”工作领导小组，先后下发《红寺堡开发区管委会关于在2005年基本实现普及九年义务教育的决定》《红寺堡开发区普及九年义务教育的实施意见》《关于以乡为单位对“普九”工作进行评估验收及奖励的办法》《红寺堡开发区关于制止中小学生辍学的暂行办法》《红寺堡开发区关于“普九”攻坚宣传工作的安排意见》等一系列文件，决定“举全区之力，攻‘普九’之坚”，并确立红寺堡开发区“普九”的发展目标：到2005年红寺堡开发区基本实现普及九年义务教育，基本做到“学校容得下，家庭担得起，学生留得住，政策有保障”，为基础教育的进一步发展和民族素质的提高打下坚实的基础。

是时,红寺堡开发区管委会决定“普初”(普及初等义务教育的简称,即保障适龄儿童、少年接受并完成小学阶段的教育)与“普九”同步推进,以初中阶段教育为重点,突出解决初中学校基础建设、教育普及程度、师资队伍建设和教育改革等方面的工作,特别是使薄弱学校建设得到突破性进展。同时决定普及任务分两步完成:2004年红寺堡镇、大河乡率先完成基本普及九年义务教育目标;2005年新庄集乡、沙泉乡、石炭沟开发区完成基本普及九年义务教育目标。

2004年4月,红寺堡开发区管委会办公室印发《关于印发〈红寺堡开发区“两基”攻坚工作计划〉的通知》,文件要求开发区上下攻坚克难,将基本扫除青壮年文盲(简称“扫盲”)与基本普及九年义务教育工作同步推进、同时迎验,简称“两基攻坚”。

是年8月,红寺堡开发区管委会下发《关于印发〈红寺堡开发区九年义务教育实施细则〉的通知》,内容涵盖实施九年义务教育的法律责任、保障适龄儿童少年接受完九年义务教育、保证九年义务教育学校办学条件、加强师资队伍建设、教育督导评估和奖励惩罚等六个方面。

2005年5月,红寺堡开发区管委会组织相关人员对各乡镇“两基”工作分别进行评估验收。评估验收工作分为三个小组,由开发区管委会领导带队,两个验收组到“点”查档案,一个巡察组到“面”看整体,以乡为单位进行。具体方法:听取乡镇对实施九年义务教育工作的自查汇报;查阅乡镇的“两基”档案;测评乡镇中心学校之后,深入每个行政村学校进行测评,同时走访农户调查了解相关情况;乡镇评估验收结束后,以组为单位进行小结,汇总报表,各组进行情况汇报;开发区评估验收领导小组审定评估结果后向管委会汇报,对已达到标准的乡镇,管委会颁发普及九年义务教育合格证书。

是年9月,吴忠市人民政府和自治区人民政府先后对红寺堡开发区“两基”工作进行评估验收,经过考核,红寺堡“两基”工作中5个一级指标、22个二级指标均达到了国家和自治区规定的标准,顺利通过吴忠市、自治区两级人民政府的评估验收。

2008年6月,红寺堡开发区“两基”工作顺利通过国家督导团检查验收。

二、普及办法

成立机构,明确工作责任。2003年9月,红寺堡开发区工委、管委会成立红寺堡开发区实施义务教育领导小组，工委书记、管委会主任任组长，相关部门主要负责人为成员，领导小组下设办公室，具体负责“普九”工作。2004年8月，开发区工委下发《红寺堡开发区关于党政机关和企事业单位帮扶学校“普九”攻坚的实施意见》，在“两基攻坚”动员会上，开发区、乡、村、校层层签订责任书，明确“四包”责任制，即开发区领导包乡镇，各部门和驻红寺堡各单位包学校，乡镇干部包村，村干部包农户、教师包学生，主要在校园“四化”建设、图书仪器、教学设施、贫困生救助及师资培训等方面进行帮扶，确保被帮扶学校如期完成“普九”任务，帮扶工作实行单位包干责任制，不完成不脱钩。2005年1月，红寺堡开发区工委将“红寺堡开发区实施义务教育领导小组”更名为“红寺堡开发区实施‘两基’工作总指挥部”，总指挥由吴忠市委常委、红寺堡开发区工委书记、管委会主任何国攀担任，工委、管委会其他领导任指挥，红寺堡开发区各单位、各乡镇主要负责人为成员。总指挥部下设“一室四组”，即办公室、经费筹措组、联络宣传组、档案组、执法组，并明确“一室四组”的具体工作职责。红寺堡开发区工委、管委会先后多次召开专题会议，明确工作重点，明确工作责任，明确任务完成时限，并严格执行“两基”工作一票否决制。

广泛动员，加强舆论宣传。红寺堡开发区通过召开专题会议、新闻媒体报道、组织流动宣传车、发放宣传资料、刷写标语、文艺演出等形式，重点宣传《中华人民共和国教育法》《中华人民共和国义务教育法》《中华人民共和国未成年人保护法》等法律法规；开发区、乡镇、村、校各层级制作宣传栏、宣传墙、宣传展板，引导社会各界关注“两基”攻坚工作；开发区有线电视台开辟“两基”专栏，宣传“两基”的意义、目的、内容和要求，及时报道“两基”攻坚中的先进经验和典型事例；各级各类学校通过黑板报、宣传橱窗、校园广播、班队会活动、知识竞赛等形式进行宣传，使广大中小学生掌握“普九”的基本知识和内容，了解受教育的权利和义务。同时，学校在街道、村庄、公路沿线和校园围墙等醒目的地方刷写制作永久性、半永久性宣传标语。司法部门结合各类普法教育，出动宣传车，深入乡镇、村庄进行宣传。

依法治教，全力“控辍保学”。红寺堡开发区乡、村两级每学期组织专门力量对适龄儿童和少年总数、未入学人数、辍学人数，逐乡逐校、挨家挨户进行拉网式摸底调查，掌握真实情况，建立劝返工作档案，做到底子清、数据准；同时，推行义务教育入学通知书制度，以乡（镇）政府名义向适龄儿童发放入学通知书，根据《红寺堡开发区制止中小学生辍学的暂行办法》等文件要求，向未入学、辍学学生家长发放入学返校通知书,保证适龄儿童、少年依法接受义务教育。对拒不返校入学的,由公安、教育等部门和乡(镇)政府、村委会联合行动,采取与家长签订学生复学协议书,督促家长按时送辍学学生返校复学。邀请宗教人士宣传教育政策,解决少数民族女童入学率偏低的难题。建立"领导包抓,干部驻村,专业组配合,逐户攻坚"的劝返工作机制。红寺堡开发区是移民搬迁区,辍学学生大多去向不定,为了个别学生复学,工作人员往往会往返几十千米,甚至到几百千米外的原迁出县调查取证,三番五次上门做工作。

分类实施,灵活组织教学。从2005年春季开始,红寺堡开发区把农村中小学学生全部纳入"两免一补"政策范围,解决贫困家庭子女上学的后顾之忧,开发区移民群众切身感受到"两基"带来的好处,同时,红寺堡开发区工委、管委会组织社会各界捐款资助贫困生,调动贫困家庭送子女入学的积极性。为了使劝返学生能够留得住、学得好,红寺堡开发区建立乡、村、校三级联管网络,实行班主任负责制,并根据劝返学生学业和年龄实际,在插入相应年级学习的同时,开办非正规教育班,专门对年龄大特别是未完成初中阶段教育的适龄少年进行补偿性教育,组织任课教师有针对性地制订教学计划,采取灵活多样的教学形式,适当降低文化课学习要求和考试难度,增加农村实用技术知识的传授,提高劝返学生学习的积极性、稳定性。

多方筹资,改善办学条件。红寺堡开发区发挥政府办学的主渠道作用,保证教育经费稳定增长,实现开发区财政对教育拨款的"三个增长"。2002—2003年,先后争取世界银行贷款、"义教工程"、危房改造、农村寄宿制学校改造等项目,累计筹资4000多万元,用于学校基础设施建设以及设备购置。2004年,采用建筑商垫资的办法,新建第二中学、第二小学以及红寺堡中学学生宿舍楼、红寺堡小学综合实验楼,招商引资建设红寺堡幼教中心。扩建、改建学校30所,共新建教学楼22幢、教学辅助用房162间,建筑面积7.8万平方米,总投资5209.5万元。各乡镇、村组织村民为辖区学校捐资助学,义务投工投劳参与学校建设。太阳山镇党委书记张启伦多次与砖厂联系,争取到20万块红砖用于学校硬化;石炭沟开发区把管委会拨付的5万元交通费全部投入教育,并贷款10万元为学校购买教学设备仪器;红寺堡镇先后筹措资金2万余元,组织人力对所辖学校进行美化、硬化;其他乡镇也都多方筹资为学校的建设添砖加瓦。截至2005年8月底,各乡镇多渠道筹措资金27万元,用于改善学校办学条件。学校教职工利用双休日、节假日参与校园

"四化"建设，共粉刷墙壁38.5万平方米，植树39.8万棵，平整校园164万平方米，硬化校园10.6万平方米；师生就地取材，利用废旧物品制作教具2万多件，共节约资金180余万元。

帮扶资助，社会各界参与。红寺堡开发区各部门及企事业单位响应工委、管委会的号召，帮扶物资折合资金达43.3万元。自治区帮扶部门先后捐赠图书、文体器材折合人民币达28.8万元，同时自治区教育厅在项目上也给予红寺堡开发区支持和帮助，2005年5月，为红寺堡开发区配发自然、数学、"音体美"器材6套，价值30余万元。宁夏兴盛集团、宁夏万胜生物有限公司、兰州军区驻守部队、宁夏消防总队对红寺堡开发区学校给予大力资助。吴忠市回民小学、石嘴山市第一小学与南川乡中心学校建立手拉手联谊关系，为学校解决部分文体器材和图书、办公用品。吴忠市教育局、青铜峡市教育局为红寺堡开发区捐赠了价值385万元的图书及文体器材。福建对口帮扶红寺堡开发区图书、教学仪器合计16万元。红寺堡开发区领导干部带头捐款捐书，群众慷慨解囊，村民、村干部、建筑商等加入捐资助学活动。甜水河村村委会主任兰小军为甜水河小学一次性捐款5000元；石炭沟开发区一位享受低保政策的孤寡老人为学校捐资5元，红寺堡兴旺加油站老板听说后深受感动，为大河乡中心学校捐资2000元。

加强培训，优化教师队伍。2003—2005年，红寺堡开发区教育行政部门推行公开竞聘制度，加强校长岗位培训。采取送出去、请进来的培训办法，先后选派校长94人次到北京、上海、大连等教育发达地区和银川市部分学校参观学习。实行中小学校长任期目标责任制，建立"能者上、平者让、庸者下"的校长选拔任用机制，加强对中小学校长的绩效考核。教育文体广电局制定《关于加强教师职业道德建设的若干规定》，加强师德师风建设；有计划地组织教师参加业务培训和学历培训，培养各级骨干教师，推行教师计算机等级考核。2003年、2004年、2005年连续三年面向社会公开招聘大专以上学历中小学教师358名、具备幼教学历的幼儿教师25名。

严格标准，做好档案建设。按照"数据从实、标准从严"的原则，红寺堡开发区专门抽调得力干部和教师，组成"两基"工作档案组，各乡镇、各学校也成立相应的组织。教育文体广电局针对开发区没有进行"普初"直接进行"普九"致使建档人员工作经验不足、建档能力不强、档案质量不高的实际情况，采取派出去学习、请进来培训、以会代培等形式提高建档水平。先后派出5批次86人，到盐池县、惠农区等地学习取经;先后邀请自治区、吴忠市专家集中举办红寺堡开发区中小学校长、档案管理人员培训班6期;多次邀请自治区、吴忠市人民政府教育督导室档案管理专家到红寺堡开发区指导建档工作,提高档案管理人员的业务能力,统一档案建设标准。在具体工作中,红寺堡开发区采取“先实地调查摸底,再对接公安户口底册,最后规范整理”三步走的办法进行档案建设。各级档案组本着“村不漏户、户不漏人、人不漏项”的原则,逐一对各校学生进行摸底、核查、统计,先后派出去到迁出县核对户口的教师就达300多人次,花费资金达15万元。为了达到建档标准,少走弯路,教育文体广电局集中力量分别打造了中学、小学2所档案建设示范学校,组织各乡镇、各学校观摩学习,各乡镇又树立自己的样板学校,组织辖区学校交流提高,使“两基”档案达到齐全、准确、规范的要求。

三、达标情况

(一)普及程度

至2005年,红寺堡适龄少儿入学率、在校学生辍学率、15周岁人口中初等义务教育完成率和17周岁人口中初级中等义务教育完成率等各项指标均达到“普九”验收标准。

2002—2005学年度红寺堡开发区“普九”各项指标完成情况表

表7-1　　单位:%

项目 学年	小学儿童				15周岁人口中初等义务教育完成率	初中少年				17周岁人口中初级中等义务教育完成率
	入学率	女生入学率	回族入学率	辍学率		入学率	女生入学率	回族入学率	辍学率	
2002—2003	94.8	93.7	92.4	0.2	99.0	91.4	88.4	87.7	1.4	72.2
2003—2004	97.9	97.8	97.3	0.2	99.3	92.4	90.3	91.5	1.2	78.7
2004—2005	99.6	99.4	99.5	0.2	99.6	95.7	94.6	94.2	1.1	81.5

说明:三个学年度8～15周岁残疾少儿入学率分别为62.1%、71.9%、79.4%

(二)师资队伍

2002—2005年三个学年,红寺堡开发区通过学历进修、岗位培训、开办校长培训班等多种途径,提高中小学教师素质和学校领导管理水平。小学专任教师学历合格率均是100%,初中教师学历合格率分别为97.9%、97.5%、100%;专任教师任职资格合格率中小学均为100%；校长岗位培训合格率小学分别为25.9%、29.5%、100%，初中分别为60%、80%、100%。

（三）教育经费

自2002年开始，红寺堡开发区教育拨款连续三年分别为742万元、1274.9万元、2160万元，年增长率分别为321.00%、71.82%、69.42%。2004年，生均教育经费小学为699元，初中为980元，年增长率小学为8.69%，初中为28.78%；同年，生均公用经费小学为86元，初中为126元，年增长率小学为32.3%，初中为55.6%。

（四）办学条件

至2005年，红寺堡开发区中小学全部完成危房改造，小学生均校舍建筑面积4.1平方米，初中生均校舍建筑面积8.7平方米，达到国家规定标准；按照就近入学、兼顾规模效益的原则，对学校布局进行调整，校园环境基本达到绿化、美化、净化的要求。小学生均图书6.2册，初中生均图书10.6册，教学仪器设备基本能满足教育教学需求。

（五）教育质量

自2002年开始，红寺堡开发区组织实施“课堂教学质量达标工程”，稳步提高教育教学质量；扎实推进新课程改革，提高广大教师的综合素质；有计划地组织学生参加各种社会实践活动，不断提高学生的实践能力。2002—2005年三个学年，红寺堡开发区小学毕业率分别为100%、99.7%、100%，初中毕业率分别为99.6%、99.8%、99.4%。

从2006年起，红寺堡开发区开始实施“两基”巩固提高工作，继续以控辍保学、档案续建、学校软硬件建设为重点，改善办学条件，提高师资水平，巩固普及九年义务教育成果。

第二节　创建“教育强区”

一、创建过程

2008年3月，红寺堡开发区成立由管委会主任任组长，工委、管委会分管教育工作的领导任副组长，教育、财政、发展、公安、工商、税务、司法、组织等部门主要负责人为成员的教育“创强”工作领导小组，各乡镇也成立相应的组织机构，明确工作职责和分工，拉开创建教育强区工作序幕。

2009年2月，红寺堡开发区工委印发《红寺堡开发区关于振兴教育事业加快教育发展实施意见》，文件分析了红寺堡开发区教育的现状和存在的问题，并提出教育发展的主要目标：政府行为进一步强化，教育事业齐抓共管的工作格局逐步形成，学校布局更加合理，区域内义务教育发展水平基本均衡；教育教学考评制度更加健全，形成完善的运行机制，各类学校管理实现规范化；基础教育的执行力、教科研能力和课程实施能力明显增强；教师队伍、教科研队伍、管理队伍的专业水平明显提高；开发区教育教学质量整体提升。

2010年2月，红寺堡区委办公室印发《吴忠市红寺堡区创建教育强乡(镇)、教育强区实施方案》，确立红寺堡区创建"教育强区"的总体目标：通过开展创建教育强区、教育强乡(镇)工作，进一步提高红寺堡区教育整体发展水平，实现学前教育规范化，中小学教育信息化、均衡化、规模化，突破职业教育发展瓶颈，逐步形成具有特色的可持续发展的现代化国民教育体系和终身教育体系，顺利通过自治区人民政府强(县)区评估验收。同时制定具体目标：2010年6月底，红寺堡镇、太阳山镇、大河乡、南川乡实现教育强乡(镇)目标；2010年9月底，力争实现"教育普及程度高，师资水平高，经费投入高，就业质量高和学校布局合理化，办学条件标准化"，促进教育均衡发展，从而实现教育强区目标。同期因人事变动，红寺堡区委、区政府调整了创建"教育强区"工作领导小组。

是年9月，自治区人民政府教育督导室、吴忠市人民政府教育督导室有关专家一行7人先后对大河乡中心学校、回民中学、太阳山镇中心学校的"创强"工作情况和档案进行详细检查，并按照创建教育强乡(镇)、教育强区的各项指标对各项数据进行核对，并围绕"经费投入、普及程度、档案建设"三方面存在的问题进行如实反馈。

是年11月，吴忠市人民政府和自治区人民政府先后对红寺堡区创建教育强乡(镇)、教育强区工作进行评估验收，经过考核，红寺堡区"创强"工作中的各项指标均达到了自治区教育强乡(镇)、教育强(县)区的标准，顺利通过吴忠市、自治区两级人民政府的评估验收。

二、创建办法

强化领导，加强宣传动员。红寺堡区设立后，教育"创强"工作实行区委、人大、政府、政协主要领导包乡镇、部门负责人包学校、乡镇干部包村、教师包学生的

“三线（党政线、部门线、教育线）四包”责任制，将教育“创强”工作与年度考核相结合，层层签订目标管理责任书，执行教育“创强”工作一票否决制，为教育“创强”工作提供组织保证。先后召开教育“创强”工作动员会、控辍保学专题会18场次，召开教育“创强”工作联席会26场次。红寺堡区、乡镇、村委、学校先后组织召开“创强”宣传专题会议9场次，举办法治讲座60余场次，制作宣传栏和板报140多期，印发各类宣传材料5万余份，刷写永久性标语600余条，编发“创强”简报20期；同时，利用红寺堡电视台、宁夏教育电视台、信息网站和自治区、吴忠市主要媒体集中开展“创强”工作报道和宣传。

多方筹资，改善办学条件。在保证财政对教育拨款“三个增长”的同时，红寺堡区委、区政府想方设法争项目、筹资金，加大教育投入。实施“世界银行贷款/英国政府赠款西部地区基础教育发展”项目、中西部农村初中校舍改造工程、自治区“百标”工程、中小学校舍安全工程、标准化高中建设工程、新农村卫生新校园工程、“明德”工程等一系列项目工程，共争取项目资金近2亿元，新建、改扩建校舍面积6.9万平方米。2010年投入900万元先后完成回民中学附属工程、青少年校外活动中心工程主体、回民小学“明德”教学楼的建设；投入1500万元，完成总面积3.9万平方米的校舍加固工程；投资约2300万元建设第三中学的两栋教学楼；投入213万元购置课桌凳2500套、高低床1733套、餐桌240套、物品柜725个、灶具3套；投入110万元，用于校园“五化”（硬化、绿化、美化、净化、亮化）和特色校建设。2009—2010年，经红寺堡区委、区政府积极争取，社会各界为学校捐助电脑876台，教育局自筹资金采购电脑1334台，建设计算机网络教室45间；购置交互式电子白板87套，共建设多媒体教室323个、电子备课室8个；采取光纤、宽带和无线网卡接入方式，为97%的学校接入互联网。

整合资源，调整学校布局。红寺堡区委、区政府组织发改、建设、教育、财政等部门负责人对教育整体情况进行调研，研究确立“普通高中标准办学，初中集中办学，乡镇中心小学寄宿办学”的工作思路。停止红寺堡中学初中部招生，用两年时间实现初高中完全分离。撤销乡镇九年制学校初中部，扩大回民中学招生规模，实现辖区内初中学生全部进城就学。为了缓解农村小学教师紧缺、班额过大、功能室严重不足的问题，投资200万元对太阳山镇、大河乡两所乡镇中心小学进行改建，完善寄宿设施，实行太阳山镇除沙泉、新泉以外的六年级学生全部住宿；撤销大河四小三至六年级，并入中心小学，实行大河一小、四小、五小、九小、十小等学校六年级学生在中心小学寄宿就读。

控辍保学,提高普及程度。针对红寺堡人口流动量大,定居不稳定的实际,组织各乡镇、村、学校利用寒暑假,逐村逐户核实适龄儿童少年底数,逐级下达招生任务书和入学通知书,及时动员适龄儿童少年入校学习。坚持“一个都不能少”的控辍劝返原则,对辍学的学生,及时组织人员进村入户,讲解政策,对拒不返校入学的,采取家庭停水、停电等强制措施,督促家长按时送子女返校复学;针对辍学的少数民族儿童少年,邀请宗教人士宣传劝返。落实农村义务教育经费保障机制,2007—2009年累计兑现“三免一补”资金3872.4万元,受益学生达8.8万人次。2007—2010年,通过陈逢干基金、维宗博爱基金、“希望工程”“春蕾计划”“壹基金”和社会各界助学活动,共争取160万元,资助贫困学生1870名。实施国家开发银行生源地助学贷款项目,为907名贫困大学生无息贷款430万元,保证贫困家庭孩子上得起学。落实进城务工人员随迁子女接受义务教育保障措施,建立农村留守儿童关爱服务体系,将残疾儿童、少年义务教育全面纳入公共财政保障范围。

科学用人,加强队伍建设。2007—2010年,红寺堡改革用人机制,公开选拔7名学校校长,城区中学空岗竞聘教师168名,建立城区中小学教师到农村薄弱学校支教制度,完善骨干教师培养机制、评价机制。根据红寺堡教师普遍年轻,可塑性强的特点,每年安排教师培训专项经费20万元,用于教师专业发展需要。2010年启动教师“分层次、分教龄、分项目”全员培训工程,即针对1～5年教龄的教师,实施教学基本功培训;针对5～10年教龄的教师,实施基本技能研修;针对10年以上教龄的教师,实施教学水平提升。教育局先后组织300多名教师参加国家和自治区级新课程培训。实施“传帮带”工程,加强骨干教师培养,2010年确定红寺堡区级骨干教师培养对象120名。加强教学常规管理和新课程培训,强化课堂教学指导,推进送课下乡、联片教研、校本教研、教科研评优活动和学科竞赛活动,开展信息技术教学应用,提升教师队伍整体水平。

三、达标情况

(一)基础教育

截至2010年9月,红寺堡学前幼儿入园率、适龄少儿入学率、在校学生辍学率、15周岁完成率、17周岁完成率等各项指标均达到自治区“创强”评估认定标准。

2008—2011学年红寺堡基础教育指标完成情况表

表7-2　　单位:%

项目 学年	学前		小学			初中		
	6周岁入园率	4~6周岁入园率	入学率	辍学率	15周岁完成率	入学率	辍学率	17周岁完成率
2008—2009	87.7	95.7	99.96	0	99.8	97.9	1.6	86.4
2009—2010	93.5	95.5	99.93	2	99.8	98.7	1.2	86.7
2010—2011	95.2	94.4	100.00	0	99.9	98.4	1.1	87.4

其中三个学年残疾少儿入学率分别为88.2%、94.1%、100%，初中升学率分别为74.2%、82.4%、84.5%，15周岁人均受教育年限分别为7.96年、8.20年、8.29年，三个学年小学、初中毕业率均为100%。

（二）教育投入

2007—2009年，红寺堡开发区预算内教育拨款分别较上年增长43.19%、41.74%、97.3%，连续三年财政转移支付用于农村义务教育的经费比例均达到65%，城市教育费附加全部用于教育支出，红寺堡教师工资全部纳入财政预算，按月足额发放。2010年政府贷款1100万元，用于校舍加固工程建设，对2008年教育拨款不足部分予以填平补齐，逐年提高生均公用经费。义务教育阶段学生全部免费上学；农村寄宿生全部享受规定生活补助，城区初中寄宿生享受生活补助人数占寄宿生总数的40%以上。

（三）教育信息化及其装备

截至2010年9月，红寺堡区学校信息技术覆盖率、远程和网络教育达标率、宽带网接入率均为97%；教师信息技术培训合格率达88%，教师运用信息技术开展课堂教学所占比例达87%；学校多媒体教室建设率为97%，多媒体教室占普通教室比例为48%；学校计算机人机比小学为11∶1，初中为12∶1，高中为10∶1；教学仪器设备配齐率为100%。

（四）师资建设

截至2010年9月，红寺堡区的小学、初中专任教师合格率均为100%，小学专科及以上学历专任教师占84.8%，初中本科及以上学历专任教师占76.6%；教师接受继续教育小学、初中均为100%，课堂质量达标工程学校达标率92.3%，教师达标率96.3%；小学、初中校长持证上岗率均为100%，小学校长培训率71.2%，初中校长培训率100%;培养县市级学科带头人小学175名、初中79名,培养自治区级学科带头人小学11名、初中3名。

第三节　基本普及高中阶段教育

一、普及过程

2010年12月,按照《宁夏回族自治区基本普及高中阶段教育实施方案》(宁政发〔2009〕188号)和《吴忠市人民政府办公室关于印发〈吴忠市基本普及高中阶段教育实施方案〉的通知》(吴政办发〔2010〕2号)要求,红寺堡区委、区政府决定在2011年年底实现"基本普及高中阶段教育"的目标:扩大高中阶段教育招生规模,实现初中阶段在校生年巩固率在97%以上,初中毕业生升学率达到95%以上,高中阶段毛入学率达到85%以上;提高职业教育外出输送能力,加强高中阶段教师队伍建设,扎实推进普通高中标准化工程建设,加快高中阶段学校信息化建设步伐,力争使高中阶段学校教育技术装备水平达到或略高于自治区规定标准。是月,教育局安排相关人员深入学校就"普高"基本情况进行摸底。

2011年1月,红寺堡区召开区委常委会会议、政府常务会议,研究部署"普高"工作,制订《红寺堡区基本普及高中阶段教育实施方案》,拟订工作进程。2月,红寺堡区委、区政府召开"普高"工作动员大会,并组织有关人员到吴忠市利通区、盐池县就"普高"工作进行考察学习。教育局依据自治区"普高"建档目录,编印《红寺堡区基本普及高中阶段教育工作手册》,召开中小学校长工作会议安排部署"普高"工作,并邀请自治区、吴忠市专家举办"普高"建档工作培训会,启动建档工作。3月,教育局对"普高"工作中存在的问题与困难进行梳理并上报区委、区政府。同时按照"普高"评估标准,完成红寺堡中学硬件设施建设规划和设备采购招标的前期工作。5月,教育局组织有关人员对"普高"档案进行初验,督查红寺堡中学信息技术和实验设备的应用情况。6月,红寺堡区委、区政府决定将"普高"工作和红寺堡中学创建"自治区普通高中示范学校"同步推进,开始制作展板和专题片,并根据"普高"和创建"自治区普通高中示范学校"的需要,红寺堡中学更名为红寺堡区第一中学。7月,完成第一中学校园"五化"建设、多媒体教室设备配备。

2011年8月,教育局组织人员对"普高"档案进行督查。是月,红寺堡区人民政府组织相关人员对各乡镇高中阶段教育普及程度进行检查，并邀请吴忠市人民政府教育督导室专家对红寺堡区“普高”工作进行检查指导，随后根据专家组反馈的意见进行整改复查。

是年11月，红寺堡区基本普及高中阶段教育各项指标均达到自治区规定的验收标准，顺利通过自治区人民政府的评估验收。

二、普及办法

强化组织领导，建立工作机制。红寺堡区建立“普高”“双线”（党政线、教育线）目标管理责任制，成立由政府区长任组长，区委、人大、政府、政协分管领导任副组长，组织、宣传、发展、教育、司法、公安、财政、农牧、卫生、工商、国税等部门及各乡（镇）主要负责人为成员的基本普及高中阶段教育工作领导小组，全面负责“普高”工作的规划、实施、领导工作，红寺堡区委、区政府将各项指标任务分解到各乡镇和各部门。教育局也成立由教育局局长任组长，分管领导任副组长，校长、股室主任为成员的“普高”工作小组，下设“一室四组”（办公室、经费筹措组、宣传组、档案组、督导检查联络组），具体负责“普高”工作。学校也成立相应的组织机构，对照“普高”指标体系开展自查自纠。同时通过多种形式宣传“普高”的重要意义。

加大教育投入，改善办学条件。2009—2011年，红寺堡不断加大高中教育投入，积极争取项目改善办学条件，累计投入近6000万元，对红寺堡中学进行标准化改造，新建风雨操场、图书科技楼、阶梯教室、2幢宿舍楼，建筑总面积12400平方米，加固校舍面积10600平方米。投入500万元，购置信息技术设备，为红寺堡中学新建计算机教室4个，安装电子白板多媒体教室31个，建设完成数学、物理、化学、生物、历史、地理6个探究式实验室，2个通用技术实验室和1个英语网络实验平台，按标准补全文体器材、教学仪器，提高学校网络带宽，改为光纤接入。红寺堡中学接受福建支教教师派出单位援助资金61.65万元，图书2700余册；2011年，争取到全国人大办公厅、自治区人大办公厅、自治区人民政府办公厅、宁夏江苏商会捐建计算机教室5个，折合资金100多万元，得到宁夏军区捐赠图书40000册、自治区团委捐赠图书10000余册、吴忠市教育局捐赠图书10000余册。

整合初中资源，提高普及程度。2009—2011年，红寺堡利用自治区第二轮学校布局调整的机遇，撤并乡镇初级中学4所，新建回民中学和第三中学，剥离第一中学初中部,实现初中生全部进城集中就学的目标。通过公开空岗竞聘的方式,选调农村学校优秀教师252名配齐城区初中学校教师。按照《红寺堡区关于制止中小学生辍学暂行办法》规定,教育局与学校、学校与班主任层层签订保学目标责任状,建立控辍保学长效机制,降低在校学生辍学率。2010—2011年通过国家经济困难家庭学生资助项目、中央专项彩票公益金教育助学项目、宁夏燕宝慈善基金会教育助学项目、中国宋庆龄基金会资助项目、宁夏路伏国高中生助学基金会等资助项目的实施,累计争取资助资金141.3万元,资助高中贫困学生962名。学校每年为家庭困难学生减免学杂费,减免人数占在校生总数的14%。2009—2011年,红寺堡"壹基金"助学活动累计筹集资金50.9万元,资助大学生282名,其中2011年资助了辖区本科以上的所有大学生。

协调各方力量,输送中职学生。针对红寺堡高中阶段教育普及程度低和无职业学校两大难题,教育局研究确立红寺堡区中等职业教育走"东西部联合办学"和自治区内中职院校订单培训的道路。2011年3—5月,教育局利用中职院校春季招生的时机,一方面组织相关人员赴山东、四川及自治区内中职院校考察协商减免学生学费和安置学生就业事宜;另一方面,红寺堡区委、区政府按照"普高"目标责任书的相关规定,向各部门、各单位下达中职生输送任务,提出由各部门(单位)出资、职工动员的"保送"要求,完成职业学校招生任务。红寺堡区各部门(单位)共筹资42万元,作为红寺堡籍中职学生的书本和生活补助费用,红寺堡区财政每年预算安排30万元对职业院校就读学生每生每年给予200元住宿费和200元交通费的补贴。各学校通过进村入户等形式,向群众和学生宣传国家职业教育助学金和职业中学学杂费减免等优惠政策,以及职业教育发展和学生就业的前景,转变学生及家长"重普通高中教育、轻中等职业教育"的观念,纠正家长在"择学""择业"方面存在的认识误区。

加强师资建设,提升教师素质。2011年,教育局开展以"树师德新风、促质量提升"为主题的师德建设年活动;暑假对50周岁以下全体中小学教师进行为期8天的封闭式军训;筹资100万元,专项用于中小学教师全员培训,实施"三名工程"(名校、名校长、名教师)"国培计划""特岗与支教教师岗前培训工程""全员分层、分岗、分类、分教龄培训工程",提高普通高中教师的综合素质和专业化水平。完成高中学校16名薄弱学科教师培训,13名学科带头人跟班研修提高培训,50名教师信息技术应用培训,18名高中青年教师参加由华中师范大学承办的在职研究生学历提高培训，各类培训参培率达100%。竞聘选拔49名年轻高学历的“特岗教师”在高中任教。建立红寺堡区中小学教师北方民族大学培训基地，使高中骨干教师通过“走出去”学习得到深造；同时，在第一中学建立北方民族大学教学实习基地，引入先进教育理念，在一定程度上缓解了红寺堡高中教师不足的问题。

三、达标情况

（一）普及程度

截至2011年9月，红寺堡区高中阶段毛入学率、普职招生比、普职在校生比、初中阶段在校生巩固率、初中毕业升学率、中职毕业生一次性就业率等各项指标均达到自治区“普高”评估认定标准。

2009—2012学年红寺堡区“普高”各项指标完成情况表

表7-3

学年＼项目	高中阶段毛入学率(%)	初中阶段巩固率(%)	初中毕业生升学率(%)	普职招生比	普职在校生比	中职毕业生一次性就业率(%)
2009—2010	79.4	98.8	86.8	5.8∶4.2	5.5∶4.5	
2010—2011	82.5	98.9	84.5	5.9∶4.1	5.0∶5.0	
2011—2012	86.8	98.9	95.9	5.9∶4.1	6.0∶4.0	76.8

（二）师资队伍

红寺堡区普通高中师生比为1∶17；普通高中专任教师占高中教职工总数的100%；专任教师学历达标率为98%；专任教师中研究生占比0.7%；校长任职培训合格率为100%；校长提高培训合格率为100%。

（三）经费保障

红寺堡实现了财政对教育拨款的“三个增长”。2010年，财政经常性收入为2819万元，较上年增长38.73%；预算内教育拨款为10734万元，较上年增长4.71%；普通高中生均教育经费为13909.54元，较上年增长0.34%；普通高中生均公用经费为1723.71元，较上年增长47.05%；普通高中教师人均工资为25892.86元/年，较上年增长1.24%；自治区下达红寺堡区农村税费改革转移支付资金用于教育的占比为65.31%；城市教育费附加全部用于教育，其中用于高中阶段教育的占比为30.42%；2011年，普通高中学费用于资助贫困生减免学费的占比为

10.88%。

(四)办学条件

2011年,第一中学生均占地面积30.6平方米、生均建筑面积10.6平方米,生均图书35册;学校功能室及实验设备均按国家最新标准配备。

(五)教育管理

红寺堡区仅有1所普通高中学校,在县城办学。2009—2011年,普通高中学业水平测试合格率分别为93.1%、93.8%、94.2%。红寺堡中学2008年被列为"自治区标准化示范性高中"建设项目学校。

第四节　推进"义务教育均衡发展"

一、推进过程

2012年5月23日,红寺堡区人民政府与自治区人民政府签订《推进义务教育均衡发展目标责任书》,确定红寺堡区2015年年底达到《自治区义务教育均衡发展评估指标体系》(宁教基〔2010〕324号)要求,并通过自治区人民政府验收认定。

2013年6月至2014年8月,教育局组织辖区内义务教育阶段学校,对照《义务教育均衡发展工作验收评估指标体系》和《宁夏回族自治区义务教育阶段学校办学基本标准》,逐校、逐项进行摸底核查,为政府决策和全面推进"义务教育均衡发展"工作提供依据。教育局对义务教育阶段学校校长、相关人员进行"均衡"指标通识培训和建档培训,熟悉指标,规范建档;同时加强"均衡"工作的宣传。

2014年9月,红寺堡区委、区政府印发《吴忠市红寺堡区推进义务教育均衡发展实施方案》,正式确立红寺堡区"均衡发展"的总体目标:建立健全义务教育均衡发展保障机制,推进义务教育阶段学校标准化建设,均衡配置教师、设备、图书、校舍等资源,使区域内义务教育阶段学校城乡之间、学校之间办学差距明显缩小,薄弱学校办学条件和水平大幅度提高,弱势群体受教育机会得到全面保障,到2015年基本实现区域内义务教育均衡。同时确立八项具体目标:落实政府责任,保证适龄儿童少年学习机会均等;切实做好农民工子女接受义务教育工作;严格落实"控辍保学"制度,巩固提高"两基"成果;全面落实义务教育经费保障机制;加强义务教育阶段教师队伍建设；加强城乡薄弱学校建设；加快义务教育学校标准化建设；义务教育阶段教育质量全面提高。

2015年10月，红寺堡区人民政府制定《红寺堡区推进义务教育均衡发展工作“对标活动”行动方案》，确定：到2015年11月30日，辖区内47所义务教育阶段学校达到标准化要求，基本实现3所初中和44所小学的“均衡”目标；2015年年底启动其余21所农村小学达标工程；2016年9月前辖区内所有义务教育阶段学校基本实现“均衡”目标。按照此方案的要求，针对义务教育“三个增长”投入不到位、建筑面积不达标等6个大方面所涵盖的10个具体问题，教育局研究确立“一校一案、分步实施、分类推进”，即“先达标后均衡”的“两步走”工作思路；提出按照验收标准“建成一所，完善一所，规范一所，分批达标”的策略。

2015年11月，红寺堡区委书记徐军主持召开专题会议，研究“均衡”验收有关工作，会议认为：根据当前阶段红寺堡区实际情况，各项指标达不到“均衡”要求，拟决定将红寺堡区迎接自治区人民政府验收工作推迟到2016年。随后，红寺堡区人民政府提请延缓“均衡”验收，自治区人民政府批复红寺堡区于2017年实现“均衡”目标。

2015年12月，第二中学、第三中学、回民中学3所初级中学和第一小学、第二小学、第三小学、回民小学、燕宝小学、南角湾小学、康庄小学、洪沟滩小学、沙草墩小学、红寺堡中心小学、梨花小学、幸福小学、光彩小学、朝阳小学、东源小学、上源小学、太阳山中心小学、柳泉中心小学、新泉小学、豹子滩小学、大河第一小学、大河第二小学、大河中心小学等23所完全小学通过吴忠市人民政府的评估验收，成为红寺堡区第一批“均衡”达标学校。

2016年4月，吴忠市教育局、人民政府教育督导室对红寺堡区“均衡”工作进行过程性督查，随后红寺堡区开始长达一年的“均衡”自查整改工作。9月，教育局邀请专家对红寺堡区“均衡”工作进行培训；10月，教育局组织召开“均衡”工作推进会；12月，红寺堡区人民政府向吴忠市人民政府提出“均衡”终期验收的请示。

2017年3月，马渠小学、新庄集中心小学、新台小学、双台小学、红阳小学、新一支小学、白墩小学、东川小学、高口小学、富康小学、兴旺小学、中圈塘小学、玉池小学、河水小学、大河第六小学、大河第七小学、大河第八小学、大河第九小学、大河第十小学、大河第十一小学、官店小学、平岭子小学、柳泉小学、旧城小学、永泉小学、东泉小学、红崖湾小学、裕华第一小学、裕华第二小学、李敬中小学等30

所完全小学通过吴忠市人民政府的评估验收，成为红寺堡区第二批“均衡”达标学校。

2017年11月，第四中学和中川小学、西川小学、太阳山第二小学、羊坊滩小学、甜水河小学、买河小学、弘德第二小学、红兴小学、乌沙塘小学、石炭沟小学、石坡子小学等11所完全小学通过吴忠市人民政府的评估验收，成为红寺堡区第三批“均衡”达标学校。同时，吴忠市人民政府对红寺堡区“均衡”推进工作进行终期评估，认定红寺堡区达到国家规定的义务教育发展基本均衡县（市、区）评估认定标准。

2017年12月，自治区教育厅组成“均衡”评估验收组，对红寺堡区“均衡”工作进行评估验收，认为红寺堡区达到国家规定的义务教育发展基本均衡县（市、区）评估认定标准。根据评估结果，经自治区人民政府同意，认定红寺堡区实现了义务教育基本均衡发展目标。

2018年9月14—15日，国家教育督导检查组对红寺堡区“均衡”工作进行督导检查。督查组查看区（县）级档案资料，召开“红寺堡区接受国家义务教育基本均衡督导检查陈述答辩会”，随后分3个小组深入第二小学、第四中学、回民小学、第三中学、新一村小学、新一支教学点、朝阳小学、裕华第二小学、大河第一小学、柳泉红塔教学点进行实地查看，核查相关档案资料；进行问卷调查；采取随机访谈等形式征求公众意见。督查组最后认定：红寺堡区达到国家规定的义务教育发展基本均衡县评估认定标准。

二、推进办法

健全工作机制，形成推进合力。红寺堡区成立推进义务教育均衡发展工作领导小组，明确工作职责，细化工作措施，层层签订目标责任书，将责任分解到乡镇、部门和学校。同时制订《红寺堡区推进义务教育均衡发展实施方案》《红寺堡区推进义务教育均衡发展各成员单位工作职责分工》《红寺堡区关于进一步加强进城务工人员随迁子女和农村留守儿童关爱教育工作实施方案》《吴忠市红寺堡区推进义务教育均衡发展工作“对标活动”行动方案》《红寺堡区推进义务教育均衡发展攻坚实施方案》等文件，明确“均衡”的目标任务、路线图和时间表。

加大教育投入，改善办学条件。红寺堡区依法确保教育经费“三个增长”，建立健全各级各类教育生均拨款制度，义务教育阶段小学生均公用经费不低于80元/生，初中生均公用经费不低于100元/生，不足100人的小规模学校按100人核拨生均公用经费。2015—2017年，红寺堡区争取项目资金2.4亿元，先后新建第四中学、第四小学，新增教学及教学辅助用房面积7.6万平方米；投入资金0.6亿元，累计新扩建体育运动场馆面积20.6万平方米，按标准为学校建设运动场地；投入资金840万元，新建教师周转宿舍120套4200平方米；投入资金1.08亿元，按照《宁夏回族自治区义务教育阶段学校办学基本标准》，为71所义务教育阶段学校（含教学点）更新补充计算机4995台、图书37.24万册，配齐科学、物理、化学、生物仪器和音乐、体育、美术器材等教学设备。创建自治区教育厅信息化应用示范学校3所，教育部教育信息化试点学校1所。

加强队伍建设，优化师资配置。红寺堡区制定《红寺堡区机关事业单位人员管理暂行规定》《红寺堡区教育系统人事管理办法（试行）》《红寺堡区教育系统监督执纪问责暂行规定（试行）》《中小学、幼儿园师德师风考核方案》，规范教师管理，强化队伍建设，并将师德师风建设作为教师考核评价的必要条件和学校办学水平评估的重要指标，与教师职务评聘、评先选优、绩效工资发放、校长任免等挂钩，实行师德考核“一票否决”制。红寺堡区根据教师编制短缺情况，实施教师补充计划，优化教师队伍结构。2016—2018年共招录特岗教师270名、事业编教师159名、公费师范生7名，招录“三支一扶”教师300名。为了缓解“音体美”等学科教师结构性短缺的问题，红寺堡区争取宁夏民族职业技术学院支持，分别于2017年5—10月、2018年3—5月举办2期共239人参加的“音体美及心理健康教育兼职教师中长期培训班”，培训结业后补充到各中小学作为兼职教师。制定《红寺堡区校长教师轮岗交流实施意见》《红寺堡区义务教育阶段校长教师交流轮岗暂行办法》《乡村教师支持计划实施细则（2015—2020年）》，落实校长教师轮岗交流制度，按校长不低于20%、教师不低于10%的交流比例落实交流人数，2017年共交流校长25名、教师212名。出台《红寺堡区推进创新驱动战略行动工作方案》《关于建设“名师暨骨干教师”工作室及学科带头人培养办法指导意见》《红寺堡区骨干教师选拔培养和考核管理办法（试行）》《红寺堡区年度教师培训计划》等文件，建设12个红寺堡区名师骨干暨人才工作室，实施三级骨干教师培养行动。制定《吴忠市红寺堡区教育系统奖励性绩效工资指导意见（试行）》《红寺堡区义务教育阶段农村学校教师补贴发放方案》，落实乡村教师计划，提高乡村教师待遇。推行乡村教师任教年限和交通补贴差别化制度，形成“越往基层，越是边远，越是艰苦，待遇越高”的激励机制，坚持职称评聘、评优选先向乡村教师倾斜。2015—2017年共安排资金290万元，用于奖励基础教育阶段取得突出成绩的学校和教师。将教师激励保障经费纳入财政预算，按照校长（书记）每人每月1000元，班主任每人每月500元，三级骨干教师每人每月400元、300元、200元的标准予以保障。

关爱弱势群体，保障教育公平。2017年7月，红寺堡区人民政府实施进城务工人员随迁子女和留守儿童关爱计划，印发《红寺堡区关于进一步加强进城务工人员随迁子女和农村留守儿童关爱教育工作方案》，明确乡镇、部门和学校工作职责，确保1314名外来务工人员随迁子女全部在城区义务教育阶段学校就读，入学率达100%。2018年5月，红寺堡区委办、区政府办印发《红寺堡区贯彻落实〈第二期特殊教育提升计划（2017—2020年）〉实施意见》《红寺堡区义务教育阶段适龄重度残疾儿童送教上门工作实施方案》，按残疾儿童少年生均每年不低于6000元的标准落实教育经费，确保入学率达92.47%。各学校建立"123"关爱帮扶机制，对794名留守儿童一对一进行帮扶。红寺堡区落实义务教育各项资助政策，每年筹措不少于1000万元的资金，设立教育扶贫基金，实现建档立卡户学生资助全覆盖，2017年累计资助学生12479人次，发放资助金2069.76万元。

规范学校管理，促进内涵发展。2018年5月，教育局印发《吴忠市红寺堡区关于推进依法治教进一步规范中小学办学行为的通知》。按照国家课程体系，开齐开足各门课程，抓备课、上课、课后辅导、作业布置和批改、考试评价、教学研究等环节的管理。深化课程改革，探索义务教育阶段国家各学科课程标准校本化实施策略，构建体现红寺堡区特色的多元化"有效课堂"教学模式。开展社会主义核心价值观"三进"活动，加强学生日常管理和养成教育。2016—2018年，红寺堡区4所学校被评为自治区德育示范学校，1所学校被评为自治区民族团结教育示范学校；创建全国艺术传承学校1所、全国足球特色学校8所、全国篮球特色学校5所；创建自治区级校园安全管理规范化示范学校5所，创建吴忠市特色学校7所。

三、达标情况

(一)区域内义务教育阶段学校办学条件达标情况

红寺堡区义务教育阶段学校校舍建筑面积、教学及教学辅助用房建筑面积、体育活动场馆面积、功能室设备装备、学科教学仪器器材、计算机生机比、生均图书、专任教师学历高于规定学历比例、骨干教师比例等9项指标均达到规定标准。

2015—2018年度红寺堡区"均衡"绩效情况表

表7-4

项目＼年份		2015	2016	2017	2018
投入资金（万元）	总计	12727	13307	8276	19243
	其中：县本级	934	2364	3540	2895
新建学校（所）		0	6	2	1
改扩建学校（所）		15	18	0	8
新增学位（人）		0	3000	1800	1800
新增校舍面积（平方米)		45187	31518	39105	19118
新增体育运动场馆面积（平方米)		52492	53721	0	13782
新增实验室、功能室（间）		168	391	10	18
新增教学仪器设备（万元）		2703.3	7835.9	325.3	838.4
新增图书（万册）		0.0	28.5	8.7	6.0
新增计算机（台）		1538	2879	578	230
新补充教师（人）	小计	89	163	152	113
	其中：音体美科学信息教师	16	24	86	50
交流教师校长（人）	小计	197	206	237	271
	其中：音体美科学信息教师	18	27	13	20

（二）区域内义务教育阶段学校间均衡状况

按照义务教育均衡发展8项指标测算，红寺堡区义务教育阶段学校间综合差异系数小学为0.36，初中为0.14，均在规定范围内。

2018年红寺堡区义务教育学校间均衡情况表

表7-5

学段及项目＼指标		生均教学及辅助用房面积	生均体育运动场馆面积	生均教学仪器设备值	每百名学生拥有计算机台数	生均图书册数	师生比	生均高于规定学历教师数	生均中级及以上专业技术职务教师数	综合
小学	全县平均值	6.15平方米	16.88平方米	3163.23元	16.32台	20册	0.05	0.05人	0.02人	
	差异系数	0.42	0.48	0.18	0.41	0.21	0.29	0.30	0.61	0.36
初中	全县平均值	4.86平方米	11.68平方米	3518.36元	11.71台	31册	0.06	0.06人	0.02人	
	差异系数	0.16	0.12	0.06	0.13	0.16	0.04	0.07	0.39	0.14

(三)政府推进义务教育均衡发展工作情况

红寺堡区三类残疾儿童入学率达92.47%;小学、初中适龄人口按时入学率分别为100%和98.53%。实施义务教育阶段学校"薄改"计划,建立和完善了义务教育均衡发展财政保障机制。认真落实教育经费投入"三个增长",将义务教育经费纳入红寺堡区财政预算单列;足额拨付2015年度、2016年度、2017年度"三个增长"教育经费6778.37万元。全面实施义务教育绩效工资制度,统一城乡中小学编制标准,师生比(不含三支一扶和代课教师)小学为1∶19,初中为1∶17,骨干教师比例小学和初中分别为27%和24%,校长、教师轮岗交流比例分别达到44.6%和11.2%。按照不低于学校公用经费5%的比例安排教师培训经费。规范义务教育阶段学校办学行为,学生课业负担有效减轻。小学辍学率为0,初中辍学率为1.66%。小学、初中学生体质健康及格率分别为95.37%和92.82%。严格执行义务教育阶段学校就近免试划片入学招生政策,跨区域招生比例为0,初中升学率为95.8%。

(四)公众满意度调查情况

针对适龄儿童就近入学、办学条件、师资水平等进行公众满意度调查,红寺堡区问卷和实际走访满意度分别达到96.5%和93.3%。

第八章　校外教育

红寺堡城区私人创办的文化课辅导班、补习班是红寺堡早期校外教育的主要形式，是随着红寺堡基础教育体系的形成而出现的。2005年开始，各类辅导班性质的校外培训机构出现在红寺堡城区的大街小巷，2008年开始，“辅导班”在乡镇和农村逐渐兴起。2011年起，随着中央文明办、财政部、教育部组织实施“中央专项彩票公益金支持乡村学校少年宫项目”的推进，红寺堡区各乡镇“乡村学校少年宫”陆续建成并投入使用，改善了农村未成年人校外活动场所薄弱的状况，极大地丰富了农村学生的校外教育内容。2013年3月，红寺堡区第一家正式注册的校外培训机构银燕七彩艺校红寺堡分校建立，红寺堡的校外教育机构开始向着健康安全、有序规范的方向发展。7月，红寺堡区青少年校外活动中心建成并投入使用，红寺堡区城区开始有了公益性的校外教育活动场所。随后宁夏移民博物馆、宁夏图书馆红寺堡分馆、红寺堡区体育馆相继建成并正式对外开放，红寺堡区校外教育活动日趋丰富。

第一节　发展概况

一、民办性质的校外教育机构

红寺堡最早的校外教育机构多为私人创办的文化课辅导班、补习班，集中在红寺堡城区。班级普遍规模较小，人数多在30人左右。教学内容多为文化课补习、作业辅导。教学时间主要为周末和寒暑假，极少有利用学生放学后的业余时间开展教学活动的。教学场所以民居和出租屋为主，难以长期固定。收费由创办者与学员协定，多以节次和时长为计费标准。2004年红寺堡开发区出现了专门开展舞蹈、电子琴等艺术辅导的培训班。2008年开始，各类辅导班性质的校外培训机构在红寺堡开发区的乡镇和农村逐渐兴起。2010—2017年，红寺堡区的校外培训机构呈井喷式发展，2018年7月的调查数据显示，仅红寺堡城区办学规模较大的校外培训机构即有36家，涉及辅导补习类、艺术培训类、幼教托管类、技能培训类等。

红寺堡早期的校外培训机构规模不一、形式多样，一定程度上补充了学校教育，满足了广大学生和家长对教育的多元化需求，但由于缺乏必要的市场监管，大多数校外培训机构均存在一些问题：缺乏合法的办学资质，师资水平参差不齐，教学场所不符合要求甚至有安全隐患，收费没有统一标准和依据，教学质量良莠不齐。

2018年2月，为了进一步规范民办教育培训机构的办学行为，促进各类教育健康有序发展，教育部联合民政部等四部门印发《关于切实减轻中小学生课业负担，开展校外培训机构专项整治行动的通知》。根据文件精神，为了促进红寺堡区民办教育事业健康、安全、有序发展，是年3月，红寺堡区人民政府制定《民办教育培训机构专项治理工作实施方案》，教育局联合多家单位对红寺堡区校外教育机构进行整治，取缔一批不规范的民办教育培训机构，建立健全民办教育培训机构常态化管理机制，严格校外培训机构准入制度，规范审批、登记、备案流程，规范办学行为。

2018年红寺堡区审批合格的民办校外教育机构情况表

表8-1

机构名称	法人	办学时间	建筑面积（平方米）	教学班数（个）	学生总数（人）	机构地址
银燕七彩艺术学校红寺堡分校	马建萍	2013年3月	300	6	130	红寺堡镇六盘山路120号
宁夏麦田教育科技咨询有限公司	田虎伟	2018年3月	240	3	66	红寺堡镇银川路西侧文化街南侧103号
红寺堡区义孝跆拳道俱乐部	寇玉宝	2018年9月	215	3	40	红寺堡镇金水东街银洲国贸113～114号
红寺堡区韵蕾艺术培训中心有限公司	梁艳萍	2018年9月	1340	23	410	红寺堡镇丹霞路人和雅园24号楼
尚博文化艺术培训学校	马晓梅	2018年9月	500	9	118	红寺堡镇六盘山路70号
红寺堡区精武青少年体育俱乐部	路万聪	2018年9月	200	8	130	红寺堡镇金水东街银洲国贸一楼

二、公益性质的校外教育机构

2011年起，随着中央文明办、财政部、教育部组织实施的“中央专项彩票公益金支持乡村学校少年宫项目”的推进，红寺堡区各乡镇“乡村学校少年宫”在乡镇中心小学陆续建成并投入使用。乡村学校少年宫坚持“就地、就近、就便”组织活动的基本要求，利用平日放学后、节假日和寒暑假，依托学校场地开展活动，依靠各自学校教师组织辅导，与学生的读书学习、校园生活融为一体，帮助和引导农村少年儿童特别是留守儿童健康、快乐成长。

2013年7月，红寺堡区青少年校外活动中心建成并投入使用，通过举办形式多样、内容丰富的公益性培训班，丰富广大青少年的假期生活，陶冶学生的情操，锤炼学员的意志。是年9月正式开馆的宁夏移民博物馆，展现国家“八七”扶贫攻坚和宁夏“双百”扶贫攻坚成果，展示宁夏历代移民文化以及扬黄扶贫移民开发史，是国家AAA级旅游景区，作为民族团结进步、爱国主义和国防教育基地，是红寺堡区重要的校外教育场所之一。2014年10月，宁夏图书馆红寺堡分馆建成开馆，图书馆推行“藏、查、借、阅、参、展”六位一体的服务理念，设有多个视听空间和功能室，是红寺堡区青少年主要的课外阅读教学基地。2016年10月，红寺堡区体育馆开馆运营，馆内设国民体质检测中心，健身房、标准篮球场，可根据赛事需要临时辅设羽毛球场和乒乓球场，有观众座位3200多个，馆外建有户外运动场地和健身设施。2017年8月开始，体育馆由红寺堡区文化体育服务公司负责运营，是红寺堡区青少年重要的校外运动场所。

2018年红寺堡区乡村学校少年宫基本情况表

表8-2

少年宫名称	建成时间	地　址	占地面积(平方米)	器材设备总价值(万元)	辅导教师(人)		常规活动
					校内	外聘	
柳泉中心小学少年宫	2013年3月	柳泉乡沙泉村	800	15.6	28	2	舞蹈、绘画、书法、篮球、足球、击鼓点球、呼啦圈、跳绳、乒乓球、十字绣、电脑绘画制作、空竹、葫芦丝、电子琴、二胡
回民小学少年宫	2014年3月	红寺堡镇团结村	595	21.5	51	1	国学经典、美术、合唱、电脑动漫、舞蹈、科技、篮球、足球、乒乓球
红寺堡中心小学少年宫	2014年11月	红寺堡镇红关村	450	18	35	0	书法、电子琴、舞蹈、美术、象棋、跳棋、篮球、足球、排球、乒乓球、羽毛球、跳绳、呼啦圈、毽球、鼓号、腰鼓、手工制作、科技创新制作
大河中心小学少年宫	2014年12月	大河乡大河村	425	15.6	24	0	器乐、合唱、乒乓球、手工制作、足球、鼓号、书法、舞蹈、美术、阅读、棋类、呼啦圈、跳绳

续表8-2

少年宫名称	建成时间	地　址	占地面积(平方米)	器材设备总价值(万元)	辅导教师(人)		常规活动
					校内	外聘	
新庄集中心小学少年宫	2015年9月	新庄集乡南源村	600	60	15	1	国学经典、书法、电子琴、舞蹈、美术、象棋、跳棋、篮球、足球、排球、乒乓球、羽毛球、跳绳、呼啦圈、毽球、鼓号、腰鼓、手工制作
太阳山中心小学少年宫	2016年3月	太阳山镇湖滨西路	630	5.1	22	2	舞蹈、电子琴、竖笛、手工制作、阅读、棋艺、乒乓球、足球、篮球、合唱、绘画、书法

第二节　活动形式及内容

一、道德与法治教育

红寺堡校外教育活动对未成年人进行道德与法治教育的形式和内容包括：一次活动一个鲜明的主题，寓教育于活动之中的主题教育；围绕一个主题，开展一系列活动的主题系列教育活动；参与者通过活动得到潜移默化的道德与法治教育的渗透教育；通过演讲、辩论等各种竞赛实施的道德与法治教育；以重要节日、纪念日为契机进行的道德与法治宣传活动；开展道德讲堂、法治节目展演等活动，倡导遵德守礼，弘扬法治精神。校外道德与法治教育以社会主义核心价值体系为引领，普及法治知识，培育未成年人的规则意识、诚信观念和遵纪守法的行为习惯，引导树立正确的理想信念和法治观念，培养高尚的道德品质和法治意识。

二、体育与健康教育

作为学校体育与健康教育的必要补充，红寺堡区青少年校外活动中心、各乡村学校少年宫以及部分校外培训机构开展的体育与健康教育均以进行体能训练、运动技能学习以及体育与健康知识的传播为主要教学内容。组织开展群众性的体育活动和竞赛是校外教育机构最主要的活动形式，如组织球类、武术、棋艺、跳绳等体育竞赛；其次是通过举办讲座、组织表演等宣传体育活动的重要意义，如体操表演、武术表演等；个别有条件的机构还组织某些运动项目的业余训练，培养少年运动员，如跆拳道、传统武术等。

三、科普知识教育

科普主题活动是红寺堡校外教育机构针对未成年人进行科普教育的一种重要组织形式。红寺堡区青少年校外活动中心以及各乡村学校少年宫利用多媒体教室开展科普讲座、报告、培训及其他讨论性科学互动活动;利用科普实验室、航模制作室,让参与者利用科学设施参与完成一项或多项活动内容,在动手拼装、制作、体验中学习科学知识;利用计算机网络教室开展以计算机知识和信息技术应用能力为主的学习与培训活动。各校外教育机构以多种形式普及科学知识,帮助青少年掌握认识客观事物的科学方法,使青少年树立科学思想,培养青少年的科学精神和科学态度。

四、文化艺术教育

文化艺术教育是红寺堡校外教育最重要的组成部分,文艺娱乐活动也是各校外教育机构最普遍开展、最基本的活动形式。校外文化艺术教育主要有以下三种:一是欣赏活动,如音乐欣赏、美术欣赏、书法欣赏等;二是表演活动,如舞蹈、演唱、演奏、朗诵等;三是创作活动,如书法、绘画、剪纸等。校外教育机构通过开设艺术培训,开展艺术活动,指导青少年艺术创作,培养青少年感受美、表现美和鉴赏美的能力,同时进行中华优秀传统文化教育。

第三节　社会教育与家庭教育

一、社会教育

红寺堡各级政府、社会团体、乡镇(社区)在各个时期,以学校为主,采用多种形式,动员社会力量对未成年人进行爱国主义、集体主义、社会主义和中华民族传统文化教育,开展精神文明创建活动和形式多样的社会实践、道德实践活动,加强公民道德教育,促进学校德育工作,营造有利于未成年人健康成长的良好舆论氛围和社会环境。红寺堡公安、综治、工商、市场监管等部门联合教育系统每年开展的校园周边环境治理工作,是社会教育的一个简单缩影,也是社会教育的一种有效手段。自治区“科技、文化、卫生三下乡”活动走进红寺堡,开展文艺演出、书画展览、科技展示、文化宣传等活动,也是社会教育的重要形式,丰富了红寺堡青少年的校外教育内容。

二、家庭教育

红寺堡的家庭教育在2010年以前尚处于自发状态,与学校教育联系较少,且缺乏必要的科学指导,教学方式不尽一致,教学效果也迥然有别。2010年开始,红寺堡区的家庭教育逐步有了丰富多彩的活动:聘请有丰富家教经验、热心于家庭教育研究的家长,到校分享重视家庭教育并运用实践有效的方法教育子女的经验;学校开展咨询服务,对家长提出的家庭教育实践中遇到的疑难问题给予解答或共同研讨;组织家长学习有关教育心理学的知识,采取集体讲座与自学辅导材料相结合的方法,提高家教水平;组织学生开展“感恩父母”“我爱我家”等活动,促进家长与子女间的相互交流和理解;组织家庭教育征文比赛、文娱活动等。

2018年5月,教育局邀请家庭教育高级讲师在各中小学进行以“新时代新家风、幸福家庭教育”为主题的宣讲活动,同月又开展“百场家长心灵课堂进校园”集中讲座。9月,红寺堡区首次推出“千名教师访万家”活动,拉近学校与家庭的距离,构建学校、家庭、社会三结合的社会化教育体系。

第四节　校外教育基地选介

一、红寺堡区青少年校外活动中心

红寺堡区青少年校外活动中心位于红寺堡镇文化街以北、六盘山路以西、第二中学东南角,是2010年教育部、财政部“中央专项彩票公益金支持青少年校外活动中心场所建设项目”工程之一,占地面积600平方米,建筑面积1625平方米,总投资300万元,其中土建工程投资240万元,仪器设备投资60万元。2010年3月开工建设,2013年7月建成并投入使用。

中心隶属教育局管理,是集学习、活动、实践于一体的功能齐全的校外教育基地。截至2018年9月,中心共有正式教师7人、外聘教师12人;有雏菊古筝室、梦之声钢琴室等18个功能室。中心以培育青少年创新精神、艺术素养和实践能力为目标,常年开展古筝、钢琴、电子琴、手风琴、架子鼓、美术、书法、舞蹈、跆拳

红寺堡区青少年校外活动中心

道、乒乓球、足球、篮球、书画装裱、电脑制作、科技创新等兴趣特长培训。为了促进校外活动与学校教育的有效衔接，丰富广大青少年假期生活，中心每年寒、暑假都举办短期培训班。

二、宁夏移民博物馆

宁夏移民博物馆位于红寺堡镇文化街以北、燕然路以西、人民街以南，是自治区党委、政府传承民族文化，展示国家“八七”扶贫攻坚和宁夏“双百”扶贫攻坚成果的标志性建筑，是一座展示宁夏历代移民文化和扬黄扶贫移民开发的综合性博物馆。该馆占地面积78000平方米，建筑面积9440平方米。2009年4月开工建设，2013年9月正式开馆。

宁夏移民博物馆外形设计为正方体，寓意四方移民移居于此，安居乐业。整体采用中国传统西北民居砖墙拼花相融合的建筑元素，色彩以白黄相间为主，黄色与荒漠戈壁同色，主体形似扬黄灌区路通渠连、阡陌纵横的景象；白色为马莲花造型，整体象征着移民群众艰苦奋斗的拓荒精神和自力更生的创业精神。外墙四角设计八块大型主题浮雕，内容分别是《开疆戍边》《拓荒屯垦》《先民迁徙》《支宁建设》《移民开发》《扬黄颂歌》《民族团结》《前程似锦》。博物馆分为三层，一层为办公区域；展陈设置在二、三层，面积约3200平方米，设置3个大厅，第一展厅为序

宁夏移民博物馆

厅，体现黄河水引进亘古荒原后各族移民安居乐业的大好局面；第二展厅为宁夏移民史，主要展示从秦汉开始至新中国成立前宁夏的移民开发史；第三展厅为新时期宁夏新移民，展示新中国成立后宁夏的移民缩影，重点展示的是红寺堡区移民开发建设的主要成就。

宁夏移民博物馆2013年12月被吴忠市委和自治区党委命名为吴忠市首批党史教育基地和国防教育基地；2014年3月被国家民委命名为第四批全国民族团结进步教育基地；2014年8月被命名为宁夏社会科学普及基地；2015年获评国家AAA级旅游景区。该馆作为民族团结进步、爱国主义和国防教育基地，是红寺堡区重要的校外教育场所之一。

三、宁夏图书馆红寺堡分馆

宁夏图书馆红寺堡分馆(简称红寺堡图书馆)位于红寺堡镇劳动街南、燕然路东、回民中学西北角，2014年10月建成开馆。该馆总建筑面积5362平方米，为四方三层重檐塔式结构外观，可同时容纳1200余名读者。

红寺堡图书馆秉承“传承文明，读者至上，服务一流”的办馆宗旨，推行“藏、查、借、阅、参、展”六位一体的服务理念，设有音乐吧、淘书吧等多个视听空间以及采编室、阅览室等多个功能室。有藏书、报纸、杂志共24万余册，文化共享存储资

红寺堡图书馆

源存储量达5.93TB，服务器存储容量达24TB，馆内建有局域网，实现Wi-Fi网络全覆盖，免费对外开放计算机40台。图书馆实行“一门禁、零门槛、全开架”免费开放模式。

2015年6月，红寺堡图书馆与回民中学共同建立课外阅读教学基地，开启“图书馆+学校”的管理服务模式，利用优质文化资源为广大师生服务。2018年5月，在第六次全国县级以上公共图书馆评估定级中，该馆获“国家二级图书馆”称号。

2018年宁夏图书馆红寺堡分馆免费开放窗口一览表

表8-3

楼　层	功能区	服务内容
一　楼	晋江报告厅	举办讲座、培训、会议，播放影片，可容纳300余人
	少儿阅览室	少儿图书6000余册，新书上架，智能定位，借阅查询
	艺草堂书画工作室	长期免费举办书画培训和展销，打造书画学习中心
	罗山诗词传承社	为诗词爱好者提供学习交流平台
	阅享淘书吧	宁夏地方文化及富有特色的图书展销，可阅览和选购
二　楼	服务总台	办证、退证、图书借还、咨询等服务
	自助服务	电子书借阅机、读报机、自助借还服务终端及自助办证机
	晋江书院	图书3万余册，阅览座位82个，新书上架，智能定位，借阅查询

续表8-3

楼　层	功能区	服务内容
二　楼	成人借阅	图书7万余册,新书上架,智能定位,借阅查询
	公共电子阅览	免费上机,每人每天限时2小时
三　楼	鄞州书苑	图书3万余册,阅览座位200余个,新书上架,智能定位,借阅查询
	自学阅览区	图书3万余册,新书上架,智能定位,借阅查询,无线上网,自修自学
	报刊阅览区	各类杂志报纸1022种70000余册(份),供读者免费借阅
	经典阅览室	图书1000余册,精装藏书,智能定位,借阅查询
开馆时间	周一　上午8:20—12:00 下午 闭馆学习、整理资料 周二和周三　全天8:20—18:30 周四至周日　上午8:20—12:00 下午14:30—18:30(夏季) 14:00—18:00(冬季)	

四、红寺堡区体育馆

红寺堡区体育馆位于城区六盘山路与人民街交叉路口东南约150米处,占地面积16260平方米,总建筑面积9253平方米,为地上三层建筑,总高21.3米,总投资6000多万元。体育馆于2014年5月开工建设,2016年10月开馆运营。

体育馆馆内整体分比赛馆、训练馆、功能室,设观众座席3200多个。比赛馆设

红寺堡体育馆

标准篮球场2块，可根据赛事需要临时铺设标准羽毛球场地10余个，标准乒乓球场地近30个；可供篮球、排球、羽毛球、乒乓球、体操、举重、武术等室内竞技比赛（含全国性单项比赛）之用，也可进行大型集会、文艺演出、文化展览及开展群众性体育活动。训练馆主要有篮球馆、羽毛球馆、乒乓球馆、健身馆（配备跑步机等锻炼器械20余台），主要用于单项体育运动项目训练和体能训练。馆内辅设有消防控制室、音响控制室、体质监测室、比赛控制室、更衣室、休息室、医务室等支持赛事活动举办和体育馆正常运转的功能室。体育馆外建有网球场、羽毛球场、门球场、足球场、田径场、篮球场、健身广场，配有各种户外健身器材，主要用于全民健身运动。

2017年8月，红寺堡区文化体育服务有限公司成立，负责体育馆的运营，由红寺堡区文化体育旅游局监管。体育馆内设施向公众免费和低收费开放，馆外所有设施全天免费开放。2018年1月，为实现对场馆的科学管理，方便运营维护，体育馆启用智能门禁管理系统。红寺堡区体育馆承担各类社会公益文体活动，是红寺堡区青少年重要的校外教育基地。

第九章　成人教育

红寺堡的成人教育主要包括扫盲教育、继续教育、学历教育。扫盲教育的主要对象是红寺堡常住人口中15～50周岁的青壮年文盲、半文盲。专业技术人员继续教育和中小学幼儿园教师继续教育，早期是专业技术人员职称晋升的必要条件，2016年开始成为教师资格定期注册、专业技术人员职务(职称)评聘及年度考核的重要依据。红寺堡有学历提升需求的人员主要是医护人员、机关干部、学校教师以及部分社会青年，学历提升主要通过自学考试、函授教育、脱产进修等途径实现。广播电视大学教育为移民群众提升学历提供了便利，在红寺堡的成人教育中具有重要的意义。红寺堡成人教育的稳步发展，助推了经济社会的全面发展和公民素质的提升。

第一节　扫盲教育

一、组织管理

红寺堡搬迁安置的宁南山区农民，大部分在迁出县已经接受过扫盲教育。2003年2月，红寺堡开发区管委会与自治区人民政府签订“两基”目标责任书，确定在开展“普九”攻坚的同时，开始扫盲教育。扫盲教育的主要对象为常住人口中15～50周岁的青壮年文盲、半文盲，重点是15～24周岁的青年文盲、半文盲，同时红寺堡开发区鼓励50周岁以上的文盲、半文盲接受扫盲教育。是年8月，教育文体广电局在乡镇、行政村以校区为单位组织教师参照常住户口册核对文化户口册，开展文化户口核对工作。通过摸底调查发现是年红寺堡开发区有文盲半文盲1204人，其中青壮年文盲557人。

2004年2月，红寺堡开发区“两基”办公室印发《红寺堡开发区扫除青壮年文盲工作实施意见》，成立以吴忠市委常委、红寺堡开发区工委书记、管委会主任何国攀为总指挥的扫盲工作领导小组。建立“两线五级、四定四包”扫盲工作责任制，“两线”即政府线和教育线，政府线五级（开发区、乡、村、村民小组、农户），教育线五级（教育文体广电局、乡镇中心学校、村级小学、扫盲班、教师），政府“四定”（定村组、定农户、定对象、定时间），教育“四包”（包教、包脱盲、包巩固提高、包抽考合格），政府线按“四定”开展工作，教育线按“四包”组织教学。为形成齐抓共管的工作局面，红寺堡开发区工委、管委会决定扫盲工作实行一票否决制及处级领导、部门领导挂钩联系责任制，各乡镇实行片区目标责任制，党政一把手负总责。

二、教学形式

按照自治区扫盲工作的各项要求，红寺堡开发区坚持“一堵、二扫、三提高”（堵住新文盲，扫除已有文盲，提高脱盲人员的文化技术素质）的扫盲工作总方针，发挥学校的阵地作用，农村中小学大都“日校办夜校，一长管两校，一师任两教”，变“农闲”为“农忙”，开办农民识字班，制订教学计划，发放统一的农民识字课本。对居住比较集中的文盲实行定点编班上课；在文盲较少且居住分散的地方设立扫盲点实行分散教学；在居住特别分散的地方，教师利用节假日送教上门。

红寺堡开发区结合产业结构调整，兴办农民文化技术学校，以文盲学员的实际需要为主导，把文化知识、实用技术、法律知识等有机结合起来，从扫“识字盲”向扫“文化盲”“科技盲”转变，开展实用性扫盲活动。2003—2005年，红寺堡开发区扫除青壮年文盲631人，15～50周岁青壮年人口科技文化水平大大提高；三年内教育、农牧、扶贫、水务等部门联合举办种植、养殖、加工、电焊、建筑、餐饮服务等实用技能培训班102期，其中掌握1～2门实用技术人员8000多人，为农村培养了一批科技致富奔小康的带头人。

按照国家脱盲标准和自治区统编脱盲教材的教学要求，结合实际，红寺堡开发区由各乡镇中心学校统一组织脱盲考试，考试及格者由乡（镇）人民政府颁发统一印制的脱盲证书；脱盲考试不合格者，继续参加下一期的学习和考试，直至合格。

三、扫盲验收

红寺堡开发区2005年有15～50周岁青壮年人口48369人，有文盲573人，非文盲率98.8%。2005年5月,依据自治区教育厅、自治区人民政府教育督导室《关于宁南山区以乡为单位“普九”的评估验收及奖励办法》《宁夏回族自治区县(市、区)和乡(镇)实施义务教育程序的暂行规定》,红寺堡开发区管委会分别对大河乡、红寺堡镇、太阳山镇、南川乡、石炭沟开发区扫除青壮年文盲工作进行评估认定,颁发扫盲教育合格证书。

是年9月,红寺堡开发区先后通过吴忠市人民政府和自治区人民政府“两基”工作评估验收。此后,红寺堡始终坚持“堵扫结合、巩固提高”的方针,继续开展扫除青壮年文盲工作,确保青壮年非文盲率控制在95%以上。

2003—2005年红寺堡开发区“扫盲”情况表

表9-1

乡镇	人口总数(人)	15~50周岁人口				三年脱盲(人)			
		总数(人)	文盲总数(人)	回族文盲(人)	非文盲率(%)	总数	回族人数	女性人数	回族女性
红寺堡镇	36161	19824	0	0	100.00	119	103	103	103
大河乡	12645	6831	26	17	99.62	26	17	19	11
太阳山镇	21468	11160	547	361	95.10	251	195	181	137
南川乡	18938	10554	0	0	100.00	235	177	154	122
合　计	89212	48369	573	378	98.82	631	492	457	373

说明:填表时间为2005年12月,大河乡含原石炭沟开发区,15～50周岁人口以国家第五次人口普查数据为依据

第二节　继续教育

一、专业技术人员继续教育

专业技术人员继续教育即公需科目培训,是由自治区人社部门实施的,公需科目培训的主要内容包括专业技术人员应当普遍掌握的法律法规、理论政策、职业道德、技术信息等基本知识。

红寺堡的专业技术人员继续教育开始于2004年5月,一直由人事部门负责,教育部门配合实施。公需课培训内容、学习教材由自治区人社部门统一指定,考评试卷由自治区人社部门统一命制,统一测试时间,当地人社部门集中统

一编排考场，考试采取纸笔测试的形式，考评合格者颁发自治区人社部门统一印制的专业技术人员继续教育合格证书。参与继续教育的人员须缴纳报名费和教材费。

2016年1月开始，自治区人力资源和社会保障厅依托“宁夏专业技术人员继续教育服务平台”组织开展公需课培训，课程由学员自主选修，进行在线学习，学习完毕可获得学时，学时自动在系统内记录，不再发放继续教育证书，但可在平台查询、打印个人学习情况。学员每年须完成规定学时，规定学时内课程学习由财政经费承担，自主选课超出规定学时以上的由学员本人自主、自愿付费学习。红寺堡区的专业技术人员继续教育随之开始进入网上学习阶段。2018年“宁夏专业技术人员继续教育服务平台”手机App同步上线，服务提档升级。

2004—2018年部分年份红寺堡专业技术人员继续教育情况表

表9-2

年份	课程名称(课时)	年份	课程名称(课时)
2004	WTO基础知识(30) 新世纪科技发展与展望(40)	2012	学术道德与学术规范(30)
2005	创新思维训练(30)	2014	专业技术人员能力建设读本(30)
2006	专业技术人员权益保护读本(30)	2015	专业技术人员团队合作能力与创新团队建设(30)
2007	诚信知识读本(30)	2016	当代科学技术新知识读本(30)
2009	知识产权(30)	2017	信息化能力建设与网络安全读本(30)
2010	专业技术人员创新案例(30) 心理健康与心理调适(30)	2018	网上自选课程(30)

二、中小学幼儿园教师继续教育

中小学幼儿园教师继续教育由自治区教育厅师资处(简称师资处)组织实施，以教师专业理念与师德修养、专业知识更新与扩展、专业能力训练与实践、教育科学研究等为主要内容。

1999年，红寺堡开发区教师在迁出县报名参与中小学幼儿园教师继续教育。2000年，社会事业局在红寺堡开发区组织教师继续教育，是年在大河三小组织考试，59名教师参加。2001年，教师继续教育由社会事业二局负责，5月在红寺堡镇中学、红寺堡镇中心小学组织考试，247名教师参加。2002年，教师继续教育由教育文体广电局综合办公室负责。2003年开始，教师继续教育一直由红寺堡教育研究部门负责。教师继续教育实行自治区、县(区)、学校三级集中培训,教师自主学习,终结性纸笔考试的形式。师资处统一继续教育内容、学习教材、测试时间,红寺堡教育行政部门集中统一编排考场,组织考试、阅卷、登分、成绩上报。培训学习合格者颁发自治区教育厅统一印制的宁夏中小学幼儿园教师继续教育证书。

2015年开始,参加"国培"学习合格的学时被认定为教师继续教育学时。2018年开始,教师继续教育开始实行学时管理,原则上每五年为一个周期,周期内教师必须完成不少于360学时的学习,每年不少于72学时的继续教育(其中自治区级36学时,市县级18学时,校级18学时)。同时将各级教育行政部门和学校举办的各类培训依课程类型及其重要性折算学时,将教师学历(学位)教育依层次折算学时。实行学时登记,采用信息化管理,教师可自主打印继续教育结业证书。是年,教师继续教育实施专业课网络研修与校本研修整合的项目学习模式,同年补学了2017年的继续教育。

2001—2018年红寺堡中小学幼儿园教师历年继续教育情况表

表9-3

年　份	课程名称(课时)	年　份	课程名称(课时)
2001	现代教育思想专题(48) 中小学课堂教学概论(48)	2010	解读职业道德规范(24) 教学基本功新修炼(24)
2002	走进新课程(96) 新课程中教师的行为变化(96)	2011	教师伦理与礼仪(48) 有效教学实践反思(48)
2003	教师教学究竟靠什么(24) 新课程标准教师读本(24)	2012	教师职业道德规范与专业标准(36) 有效教学实践反思(36)
2004	新世纪教师素养(48) 学科教学法(48)	2013	课堂练习设计与命题技术实践研究(36) 教学指导(36)
2005	未成年人思想道德建设(24) 新课程教学设计(24)	2014	信息技术能力标准(36) 有效教学实践反思(36)
2006	教学评价(24) 心理健康调适(24)	2015	宁夏回族自治区中小学教师信息技术应用能力远程培训相关课程(120)
2007	新时期班主任工作(24) 做研究型教师(24)	2016	中小学教师信息技术与学科教学融合(36) 信息化有效教学应用案例分析(36)
2008	课堂教学技能创新(24) 课堂教学行为创新(24)	2017	教学问题的及时解决与教育教学能力的系统化提升(72)
2009	教师人文素养的新修炼(24) 有效教学和谐课堂(24)	2018	基于核心素养的教育教学能力提升(72)

第三节　学历教育

一、自学考试

红寺堡成人自学考试每年春季报名，学习者可以自选学历层次和专业，春秋季两次定期参加考试，每及格一科发给一科结业证，待各科成绩全部及格，发给毕业证书，学习不受年龄、学历和学习时间的限制。在红寺堡的学历教育中，选择自学考试的人数较多，且绝大多数学员集中在宁夏大学，极少数在宁夏师范学院，个别分散在其他院校。学员自学考试选择的专业较为繁多，其中最多的是学科教育类专业，其次为汉语言文学专业。

二、函授教育

红寺堡干部职工接受函授教育的人员较为普遍，尤以教育、卫生、行政管理三大行业居多。函授教育以自学为主，面授为辅，可以远程教学，不受空间、时间和地点的限制，学员通过考试就可以取得相应的证书。红寺堡函授教育选择中央广播电视大学（国家开放大学）的人员最多，其次为宁夏大学，少数人选择宁夏师范学院和其他院校。学员函授选择汉语言文学专业的人数最多，其次为教育及教育管理类专业。

三、脱产进修

在红寺堡的学历教育中，脱产进修的人数最少，脱产进修需要学习者脱离工作岗位，是全日制在校学习的一种学习形式，每年的名额有1～2名，进修学习者的一切待遇与在职人员相同，属在职带薪脱产学习。红寺堡绝大多数的进修学习集中在宁夏大学，进修毕业，原则上回原单位继续工作。2009年以后，红寺堡通过脱产进修开展的学历教育基本停止。

1999—2018年红寺堡教师学历教育情况表

表9-4 单位：人

年份＼项目	自学考试			函授教育		脱产进修		小计
	专科	本科	硕士研究生	专科	本科	专科	本科	
1999	3			1	2			6
2000	9	1		3	3	1	1	18
2001	11	2		12	8	1	2	36
2002	17	6		11	6	2		42
2003	16	20		34	27		1	98
2004	21	42		15	10	1	1	90
2005	13	24		5	12			54
2006	6	15		4	15			40
2007	9	11	1	7	23			51
2008	4	16		4	27			51
2009	2	8		4	19		3	36
2010	1	14		3	24			42
2011		8		1	28			37
2012	3	21	1		27			52
2013		13	1	1	36			51
2014		15	1		16			32
2015		14	3		11			28
2016		8	3	1	15			27
2017		11	4		13			28
2018	1	6	3	1	10			21
合计	116	255	17	107	332	5	8	840

第四节　广播电视大学教育

一、组织机构

2000年7月，为满足红寺堡开发区干部职工对学历教育的需求，宁夏广播电视大学(简称宁夏电大)指派专人在红寺堡开发区负责招生工作。2005年8月，经宁夏广播电视大学同意，红寺堡开发区设立电大工作教学点。2009年8月，红寺堡开发区管委会向宁夏电大申请设立红寺堡开发区电大工作站。10月，经宁夏电大派人实地考察及第六十七次校长办公会同意，报请自治区教育厅批准成立红寺堡开发区电大工作站，工作站设在红寺堡开发区工委党校，受工委党校管理。2010年8月，红寺堡区人事人才工作领导小组办公室召开第三次会议，研究决定红寺堡开发区工委党校撤销后，将电大工作站归属于教育局管理，负责人调至教育局继续负责电大工作。2012年4月，教育局内设职业教育与成人教育办公室（简称职成办），明确电大工作由职成办负责。2014年8月，教育局将职成办整合至基础教育办公室，电大工作随之由基础教育办公室负责。10月，教育局向国家开放大学（2012年6月在中央广播电视大学基础上组建，直属教育部）申请建立开放教育教学点。2015年6月，红寺堡区电大工作站成立，属教育局下属事业单位，主要开展电大相关工作，并承担职业教育与成人教育工作职责。2017年9月，红寺堡区职业教育中心正式筹设，教育局将电大工作站划归职业教育中心托管。

二、教学管理

红寺堡电大工作教学点的招生、报名工作交叉在宁夏广播电视大学吴忠市分校（简称吴忠市电大分校），红寺堡开发区学员因学习科目不同而在红寺堡、吴忠、中宁、同心等不同地方参加考试。电大工作站成立后，招生、报名、考试及学籍管理一直挂靠在吴忠市电大分校。工作站设有本科、专科两个层次，相继开设法学、护理、幼教、汉语言、会计等16个专业。2015年6月，红寺堡区电大工作站设法学和学前教育两个专科专业，自主组织招生、考试、管理，后又申请增设汉语言文学、法学两个本科专业和小学教育、行政管理两个专科专业。2016年9月开始，应宁夏电大的要求，红寺堡区电大工作站部分科目测评开始实施计算机网络考试（简称网考），随后网考科目逐年增多。

红寺堡区电大工作站学员的学籍由宁夏电大校本部和工作站共同管理。期末和毕业考试项目均按宁夏电大校本部制订的教学计划执行。各门课程由宁夏电大校本部统一组织命题，统一确定答案和评分标准，并在统一规定的时间内由各工作站组织考试，宁夏电大校本部统一组织阅卷评分。学生学完本专业教学计划规定的全部课程、完成实验、实习、课程设计（作业）等教学实践环节，成绩合格，填写毕业生登记表，经工作站审核后报宁夏电大校本部批准，签发毕业证书。学生的留级、转学、休学、退学、奖励、处分等均报校本部审核备案。

三、报考招生

红寺堡区电大工作站本科招收具有国民教育系列相同或相近专业高等专科(含专科)及以上学历者,专科招收普通高中、职业高中、技工学校和中等专业学校毕业生。工作站每年3月初开始春季集中报名注册,9月初开始秋季集中报名注册。报名者不需参加全国成人高等教育统一招生考试,只参加红寺堡区电大工作站组织的入学水平测试。电大收费项目包括课程学分费、考试费、教材费。学生须参加在线学习或面授学习,完成课程作业,参加课程考试。电大教育实行学分制,学籍自注册入学起八年以内有效,学生取得规定的最低毕业总学分,思想品德经鉴定符合要求,准予毕业并颁发国家开放大学(中央广播电视大学)毕业证书。

2015—2018年红寺堡区电大工作站招生情况表

表9-5　　单位:人

年份	时段	层次	人数	合计	年份	时段	层次	人数	合计
2015	春季	专科	32	48	2017	春季	专科	25	43
		本科	16				本科	18	
	秋季	专科	26	48		秋季	专科	18	18
		本科	22				本科	0	
2016	春季	专科	30	51	2018	春季	专科	17	31
		本科	21				本科	14	
	秋季	专科	22	48		秋季	专科	10	14
		本科	26				本科	4	

第十章　教　师

百年大计，教育为本；教育大计，教师为本。1998年开始，红寺堡通过从原迁出县借调和选调教师、面向社会招录教师、招聘农村特岗教师、接收“三支一扶”教师、招考事业编制教师、引进免(公)费师范生、“购买服务”遴选代课教师等一系列措施不断壮大教师队伍。通过竞聘上岗、择优录用、均衡配置、轮岗交流、考核评价等系列人事制度改革加强教师管理；通过岗前培训、全员培训、分层培训、置换研修培训、“国培计划”、骨干教师培训、校长培训等系列措施提高教师执教水平和校长管理能力。通过保障和提升教师工资待遇、社会待遇、政治待遇稳定教师队伍。红寺堡教师队伍不断壮大，师资结构日趋合理，地位待遇明显改善，执教水平显著提高。

第一节　来源与构成

一、中小学教师来源

(一)借调、选调

1998年8月，宁夏扶贫扬黄灌溉工程总指挥部要求“各迁出县从本县选调一名教师到红寺堡开发区，负责各县移民点学校开学的筹设工作”。10月，经西吉县扬黄指挥部和西吉县教育局协商确定，43岁的西吉县平峰乡教师高俊新第一个借调到红寺堡开发区，参与大河三小的建设。是年年底，大河三小建设落成，高俊新作为红寺堡开发区的第一位教师，也是第一位校长，负责大河三小的开学筹设工作。

1999年3月，红寺堡开发区第一所小学——大河三小开学。西吉县教育局选派4名教师到大河三小承担随迁而来的37名小学生的教学任务。4月，大河二小、大河四小、大河五小、大河六小、大河八小建成并相继开学，红寺堡开发区学校增至6所，西吉、海原、彭阳、泾源、隆德、同心、固原等七县共选派55名教师至红寺堡开发区，承担本县移民点学校的教学任务。至此，在红寺堡开发区任教的教师增至59名，其工资继续由派出县原单位发放。9月，大河三小附设初一年级教学班1个，大河开发区管委会从已有的小学教师中抽调刘鹏跃、杨立中分别任教初一年级的语文和数学。2000年5月，红寺堡开发区管委会为移民迁出县首批选派的59名教师办理了调入手续，组建起一支真正属于红寺堡的教师队伍。

2000年红寺堡开发区第一批教师情况表

表10-1

来源县	人数(人)	小学教师	中学教师
西吉县	17	高俊新 孟　荣 崔建礼 杨国繁 冶　岚 刘　刚 康国卓 贾静月 罗亚丽 马彩花	杨立中 王普荣 赵君敏 王志璐 李树林 魏耀峰 杨思斌
彭阳县	10	张志斌 周世龙 叶占林 王万林 郭常征 李青云 张　敏 李克智 涂志刚	王应文
固原县	7	苏学礼 马成荣 杨志忠 乔宝强 马文清 杨富德 马志贵	
同心县	7	姚自仁 马兴华 蔡国林 杨兴林 杨占林 吴建生 马志贵	
海原县	7	杨治贵 马天魏 马文军 杨小平 田进万 马金花 李学林	
隆德县	3	王相子 徐占堂 朱世明	
泾源县	8	赵巧霞 喜文玉 殷秀萍 禹小平 兰金有 沙万宝 王生成	刘鹏跃
合计(人)	59		

2000年9月，红寺堡开发区接管了第一批移民学校，红寺堡镇、大河、沙泉、买河等辖区的30所中小学也相继开学。各移民迁出县根据《自治区人民政府关于印发红寺堡开发区移民搬迁安置工作的意见办法》(宁政发〔1999〕111号)的要求，按移民人数比例向红寺堡开发区选派了一批基本满足移民学校教育教学需求的中小学教师。为加快开发区教育事业发展步伐，红寺堡开发区工委、管委会在教师选调上严把年龄关、学历关、任职资格关，规定凡调入红寺堡开发区的教师，年龄必须在40周岁以下，并具备相应的学历和任职资格。2001年1月4—8日，社会事

业二局根据红寺堡开发区工委、管委会有关教师准入条件，派出3名工作人员赴移民迁出县，对七县选派至红寺堡开发区的206名教师的档案进行详细核查，红寺堡开发区管委会根据核查结果召开专题会议研究，决定辞退各县选派的不符合条件的69名教师。此后，红寺堡每年均从移民迁出县选调中小学教师，其中2012—2018年共选调教师167名。

2012—2018年红寺堡区选调教师人数情况表

表10-2　单位：人

年份	中学	小学	小计	年份	中学	小学	小计
2012	6	8	14	2016	9	15	24
2013	7	5	12	2017	13	14	27
2014	14	12	26	2018	22	14	36
2015	17	11	28	合计	88	79	167

（二）面向社会招录

2002年年底，红寺堡开发区有小学生9491名、初中生1097名、高中生261名；有专任教师515名（小学389名、初中94名、高中20名），中小学教师已不能满足学校正常教学需求。2003年开始，红寺堡开发区连续三年面向社会通过统一考试招录448名大、中专师范院校毕业生，充实教师队伍。到2005年秋季，红寺堡开发区各级各类学校增至83所，中小学专任教师发展到862名（其中小学646名，初中167名，高中49名）。

2003—2005年红寺堡开发区招录教师情况表

表10-3　单位：人

年份	大学	专科	中专	小计	年份	大学	专科	中专	小计
2003	21	105	38	164	2005	47	58	2	107
2004	56	109	12	177	合计	124	272	52	448

2012年、2016年、2017年，自治区人社厅、教育厅先后3次从师范院校毕业生中为红寺堡区招录一次性本科事业编教师189名。

2012年、2016年、2017年红寺堡区招录事业编教师情况表

表10-4　　　　单位:人

年份	中学	小学	小计	年份	中学	小学	小计
2012	30		30	2017	35	72	107
2016	20	32	52	合计	85	104	189

(三)招聘特岗教师

2006年,教育部、财政部、人事部、中央编办联合颁发《农村义务教育阶段学校教师特设岗位计划实施方案》(简称"特岗计划")。8月,红寺堡开发区招聘首批特岗教师102名。此后,红寺堡每年均招聘一定数量的特岗教师,"特岗计划"成为红寺堡补充教师的主渠道。2006—2018年,红寺堡共招聘特岗教师1340名。

2006—2018年红寺堡招聘特岗教师情况表

表10-5　　　　单位:人

学段	学科	2006年	2007年	2008年	2009年	2010年	2011年	2012年	2013年	2014年	2015年	2016年	2017年	2018年	合计
中学	语文	17	4		14	10	11	13	9	3	2	2			85
	数学	20	21		14	10	10	9	9	3		2			98
	英语	12		23	8	10	10	10	12	3	2	2			92
	政治	8			3	4	3	2		3		2			25
	物理	9	2		3	5	5	2	4	2		2			34
	化学		3		3	5	5	2	3			2			23
	生物	8	1		3	4	2	3	3		4				28
	地理	8	3		3	4	2	2		4					26
	历史	9	3		3	4	3	4		2					28
	音乐		3		3	2		2							10
	体育	3	6		3	2	2	2			2				20
	美术	3	2	2	3	2	2	5							19
	信息技术	5	8	23		10	5	2							53
	小计	102	56	48	63	72	60	58	40	20	10	12	0	0	541

续表 10-5

学段	学科	2006年	2007年	2008年	2009年	2010年	2011年	2012年	2013年	2014年	2015年	2016年	2017年	2018年	合计
小学	语文		1	10	7	12	10	25	36	27	22	27	12	18	207
	数学		1	11	7	12	10	24	35	26	22	24	11	16	199
	英语		14	1	10	12	11	31	32	21	20	19	11	16	198
	思品														0
	音乐				3	3	2	5	4	2	5	8	12	15	59
	体育				3	3		1	3	2	5	8	11	20	56
	美术				3	3	3	3	3	2	3	8	12	15	55
	信息技术				3	3	4	3	5		2	4			24
	特殊教育												1		
	小计		16	22	36	48	40	92	118	80	79	98	70	100	799
总计		102	72	70	99	120	100	150	158	100	89	110	70	100	1340

(四)引进免(公)费师范生

2011年开始,红寺堡区委、区政府为响应自治区“用好人才、留住人才、吸引人才”的政策,制定《关于加快红寺堡区教育改革与发展的实施意见》,明确提出积极引进人才到红寺堡区任教,对愿意签订合同服务五年以上者,给予一定的政策优惠和补贴。是年6月,教育局首次与4名免费师范毕业生签约,为签约的免费师范生预留编制,提供环境较为优越的工作岗位,安排到城区学校任教,给予每人2万元安家补助。至2018年年底,红寺堡区共引进免(公)费师范毕业生45名。

2011—2018年红寺堡区引进免(公)费师范生情况表

表10-6　　　　　　　　　　　　　　　　　　　　　　单位:人

学科 年份	语文	数学	英语	政治	历史	地理	物理	化学	生物	音乐	体育	美术	信技	心理	小计
2011					1		1	1					1		4
2012															0
2013	2	2		3		2		3	2				1	1	16
2014	1			3				1							5

续表10-6

学科 年份	语文	数学	英语	政治	历史	地理	物理	化学	生物	音乐	体育	美术	信技	心理	小计
2015															0
2016		1	1					1	1						4
2017	1	1					1								3
2018		4	2				4	3							13
合计	4	8	3	6	1	2	6	9	3	0	0	0	2	1	45

2004—2018年红寺堡中小学在职在编教师基本情况表

表10-7 单位:人

年份	总计		普通高中		初中		小学	
	小计	专任教师	小计	专任教师	小计	专任教师	小计	专任教师
2004	735	731	51	47	125	125	559	559
2005	867	866	54	53	167	167	646	646
2006	1110	1113	96	95	314	306	708	704
2007	1189	1172	93	92	397	392	699	688
2008	1244	1218	80	77	394	384	770	757
2009	1308	1286	96	95	416	400	799	791
2010	1418	1408	124	122	433	433	861	853
2011	1455	1425	152	151	498	481	805	793
2012	1605	1569	193	183	530	515	882	871
2013	1676	1634	215	194	555	544	906	896
2014	1787	1724	223	202	590	569	974	953
2015	1837	1820	215	214	623	618	999	988
2016	1986	1965	217	216	643	638	1126	1111
2017	2139	2123	223	222	695	690	1221	1211
2018	2192	2169	238	237	745	740	1209	1192

(五)其他补充方式

为解决红寺堡开发建设以来学生连年递增,教师总量连年出现相对不足的严重问题。红寺堡历届党委(工委)、政府(管委会)和教育主管部门贯彻国家及自治区教师补充相关政策,争取自治区教育厅支教教师、福建援宁支教教师、“西部计划”志愿者、“三支一扶”支教教师和临聘代课教师五种方式补充师资力量，缓解教学压力。

1. 自治区教育厅委派支教教师。根据自治区教育厅的安排，惠农县、灵武市、利通区先后向红寺堡派遣5批支教教师。2000年9月，惠农县4名教师米进成、王小军、张占军、刘新成到大河三小支教一年。2001年8月，惠农县牛新文、杨新芳、杨树叶、刘兴振、刘新成5名中学教师到沙泉中学支教，葛振林、刘立江、刘刚、马东文4名小学教师到沙泉中心小学支教，支教一年。2002年9月，惠农县牛新文、仇建礼、李光、马燕4名中学教师到沙泉中学支教，葛振林、刘立江、刘刚、马东文4名小学教师到沙泉中心小学支教，支教一年。2006年、2007年，自治区教育厅又从灵武市、利通区派遣2批21名中小学教师到红寺堡开发区支教，每批支教一年。

2. “西部计划”志愿者。2004—2018年，红寺堡共接收15批次210名“西部计划”支教教师，每批次教师服务期为2～3年。

3. “三支一扶”支教教师。2008年秋季开始，红寺堡每年都争取一定数量的“三支一扶”支教教师，2008年70名，2009年73名，2010年89名，2011年52名，2012年82名，2013年84名，2014年100名，2015年88名，2016年100名，2017年96名，2018年90名。11年共争取“三支一扶”支教教师924名。

4. 福建援宁支教教师。2004—2018年，福建省教育厅先后派遣14批68名支教教师支援红寺堡教育，其中，2004—2011年有43名教师在红寺堡中学支教，2012—2018年有25名教师在第三中学支教。

2004—2018年福建省支援红寺堡教育教师情况表

表10-8

姓　名	性别	工作单位	支教时间
林　硕	男	福建省福州市第十六中学	2004年8月—2005年6月
翁发坤	男	福建省漳州市诏安县四都中学	2004年8月—2005年7月
许韶辉	男	福建省漳州市龙文区龙文中学	2004年8月—2005年8月
兰金忠	男	闽江学院附属中学	2004年9月—2005年8月
程保权	男	福建省福州格致中学	2004年9月—2005年7月
李此东	男	福律省云霄职业中专学校	2004年8月—2005年7月
王文宇	男	福建省福州华侨中学	2004年8月—2005年6月
杨为斌	男	福建省南平市光泽县司前中学	2006年8月—2007年7月

续表10-8

姓　名	性别	工作单位	支教时间
邱力勇	男	福建省南平市光泽县崇仁中学	2006年8月—2007年7月
韦艳赠	男	福建金融职业技术学院	2006年8月—2007年7月
薛彦斌	男	福建商业高等专科学校	2006年8月—2007年7月
游建丽	女	福建工业学校	2006年8月—2007年7月
林裕荣	男	福建化工学校	2007年9月—2008年7月
张　云	女	福建省邮电学校	2007年9月—2008年7月
胡艳芳	女	福建第二轻工业学校	2007年9月—2008年7月
赵永恒	男	福建师大附中	2007年9月—2008年7月
张永锋	男	福建省福州十一中	2007年9月—2008年7月
黄焕煊	男	福建省清流二中	2008年9月—2009年7月
陈仕林	男	福建省宁德市第二中学	2008年9月—2009年7月
刘端享	男	福建省福鼎二十一中	2008年9月—2009年7月
林祖城	男	福建省霞浦大京中学	2008年9月—2009年7月
谢苏凯	男	福建省周宁二中	2008年9月—2009年7月
杨少辉	男	福建儿童发展职业学院	2008年9月—2009年7月
刘勇裕	男	福建省三明市第六中学	2008年9月—2009年7月
吴先让	男	福建省三明市大田县六中	2009年9月—2010年7月
黄　恒	男	福建省三明市列东中学	2009年9月—2010年7月
王冬求	男	福建宁德市寿宁县南阳高级中学	2009年9月—2010年7月
吴钦树	男	福建省宁德市柘荣县宅中中学	2009年9月—2010年7月
陈　炜	男	福建省宁德市第二中学	2009年9月—2010年7月
徐李葳	男	福建省侨兴轻工学校	2009年9月—2010年7月
林　燕	女	福建师大附中	2009年9月—2010年7月
魏　静	女	福建省南平市光泽县华桥中学	2009年9月—2010年7月
吴平雄	男	福建省宁德福安三中	2010年9月—2011年7月
谢萍嬉	女	福建省宁德蕉城十二中	2010年9月—2011年7月
魏祖武	男	福建省宁德屏南二中	2010年9月—2011年7月
卓秀珍	女	福建省南平市建瓯小松中学	2010年9月—2011年7月
吕健生	男	福建省明溪县城关中学	2010年9月—2011年7月
陈仲淦	男	福建省罗源二中	2010年9月—2011年7月
高　峰	男	福建省将乐县水南中学	2011年9月—2012年7月
张小龙	男	福建省宁化第二中学	2011年9月—2012年7月
陈　东	男	福建省宁德市霞浦县第二中学	2011年9月—2012年7月
游冬华	男	福建省宁德市柘荣县第三中学	2011年9月—2012年7月

续表10-8

姓 名	性别	工作单位	支教时间
宋元礼	男	福建省宁德市周宁县第六中学	2011年9月—2012年7月
郭俊灏	男	福建省宁德市福鼎市济慈中学	2012年9月—2013年7月
张友庚	男	福建省宁德市第五中学	2012年9月—2013年7月
缪兰清	女	福建省宁德市福安市高级中学	2012年9月—2013年7月
黄忠贤	男	福建省三明市尤溪第二中学	2012年9月—2013年7月
谢连福	男	福建省三明市永安市第三中学	2012年9月—2013年7月
黄小炜	男	福建省三明市将乐县高唐中学	2012年9月—2013年7月
喻荔萍	女	福建省莆田市第七中学	2012年9月—2013年7月
韦蕴珊	女	福建省宁德市屏南第一中学	2013年9月—2014年7月
吴光东	男	福建省宁德市第五中学	2013年9月—2014年7月
邱辉常	男	福建省三明市将乐县水南中学	2013年9月—2014年7月
吴学能	男	福建省三明市明溪县第一中学	2013年9月—2014年7月
兰淋海	男	福建省宁德市古田县教育局	2014年9月—2015年7月
叶惠梅	女	福建省宁德市霞浦县第三中学	2014年9月—2015年7月
黄清华	男	福建省三明市宁化县淮土中学	2014年9月—2015年7月
冯振富	男	福建省三明市永安市第四中学	2014年9月—2015年7月
涂淑团	女	福建省宁德市寿宁县第二中学	2015年9月—2016年7月
李昭文	男	福建省宁德市第二中学	2015年9月—2016年7月
王晨曦	男	福建省漳州市南靖县第一中学	2016年9月—2017年7月
许忠向	男	福建省莆田市第十八中学	2016年9月—2017年7月
吴志强	男	福建省泉州市安溪县第十二中学	2017年9月—2018年7月
吴全发	男	福建省泉州市德化县第三中学	2017年9月—2018年7月
郑全翰	男	福建省泉州市德化县第六中学	2018年9月—
柯景明	男	福建省泉州市惠安县科山中学	2018年9月—
朱勇聪	男	福建省漳州市龙海市港尾中学	2018年9月—
陈铭生	男	福建省漳州市芗城区玉兰中学	2018年9月—

5. 代课教师。2003年，红寺堡开发区随着移民的大量迁入，学生人数激增，加之“两基”工作的推进，部分农村学校教师严重短缺，难以满足正常的教育教学需要，开始自主雇佣代课教师。2018年，红寺堡区采取政府购买服务的方式临聘代课教师，从尚未就业的师范院校毕业生中招聘546名中小学、幼儿园教师，工资由政府支付，标准为每人每月3000元，合同制管理，一年一聘。

二、幼儿教师来源

红寺堡开发之初,小学附设学前班的教师由小学教师兼任。2003年,红寺堡开发区民办幼儿园起步,幼儿教师由创办者雇佣,非专业人员居多。

2004年8月,红寺堡开发区第一所民建公助幼儿园——红寺堡幼教中心开工建设。2005年8月,红寺堡开发区管委会按照和投资商签订的"幼教中心建设和管理由投资商负责,教师由管委会委派,期限10年"的协议条款规定,面向社会公开招考25名幼教专业教师,又从辖区小学中抽调16名幼教专业教师。同年9月,幼教中心开园办学,41名教师被安排在该园承担教学、保育工作,属红寺堡第一批在职在编幼儿教师。

2008年开始,红寺堡开发区实施国家第二轮学校布局调整,将撤并后的闲置校舍改造成幼儿园,采取公建民营办园模式,实行承包合同制,所需教师由承包者聘任,教育行政部门监管,在教师准入上要求聘任教师必须具备幼教专业。

2010年9月,为提高公建民营幼儿园办园质量和水平,教育局从幼教中心抽调徐芳担任红寺堡镇雨润幼儿园业务园长,杨晓娟担任大河乡蓝天幼儿园业务园长,王鸿霞担任南川乡白墩幼儿园业务园长。

2011年,教育局制定《红寺堡区学前幼儿教育三年行动计划》,红寺堡区的学前教育进入快速发展阶段,呈现出公办、民办公助、公建民营、民办四种办园模式,在教师的补充上实行幼儿园雇用、合同制管理、教育局监督。

2011年红寺堡区幼儿园教职工情况表

表10-9 单位:人

	合计	园长	专任教师	保健医	保育员	其他
总数	162	17	104	5	35	1
女	152	11	103	3	35	0
少数民族	30	0	18	0	12	0
其中:学前教育专业人员	85	12	54	3	16	0
在编教师	33	3	22	1	7	0
雇用教师	129	14	82	4	28	1

2014年，国家将学前幼儿教育纳入教育扶贫领域，红寺堡区3所公办幼儿园相继建成并开园招生，为加强幼儿园规范化管理，严格管控幼儿教师准入，红寺堡区幼儿园教师聘用实行教育局核定、学校把关雇佣、合同制管理，要求所聘教师必须具备学前幼儿教育专业资格。是年，红寺堡区幼儿园373名教职工中，有专任教师241名，占64.6%，专任教师占比大幅提高。

截至2018年年底，红寺堡区有幼儿教职工724名，其中专任教师413名。

2018年红寺堡区幼儿园教职工情况表

表10-10　单位：人

	合计	园长	专任教师	保健医	保育员	其他
总数	724	63	413	17	126	105
女	656	49	411	10	118	68
少数民族	301	21	167	6	50	57
其中：学前教育专业人员	393	40	327	4	13	9
公办园教师	150	11	82	1	33	23
其中：在编教师	29	10	18	0	1	0
民办园教师	574	52	331	16	93	82

三、中等职业学校教师来源

2018年9月，红寺堡区职业技术学校正式招生，教育局从红寺堡区各中小学教师中选调38名所学专业与职业技术学校所开设的专业相同或相近的教师担任科任教师，属职业技术学校第一批教师，具体名单如下（排名不分前后）：

乔萍、沙彦丽、孔德龙、刘矿洲、纪学平、刘永海、蔡菊玲、陈艳、梁蓉、徐芳、金鑫、马小红、赵洁、戴孟雄、马忠吉、胡彦鹏、姬全禧、杨明明、范学珍、马冬、杨武、张志燕、曹吉萍、杨晓芳、黑正苍、米占郡、余慧强、杨晓燕、肖伟、胡彦俊、杨芳、白振国、邹小梅、罗睿、王冠霖、买玉芳、马跃、马小军。

四、教师队伍构成

红寺堡作为易地扶贫搬迁移民集中安置区，学生逐年不断递增，教师补充渠道多样，教师队伍构成独具特点。籍贯上，有来自23个省（自治区、直辖市）的人员；民族上，有汉族、回族、苗族、满族、东乡族、蒙古族等6个民族；年龄层次上，以青年教师为主；性别上，女教师比例相对较高；学历上，本科及以上学历教师居多；职称上，初级职称教师最多；类别上，有专任教师、支教教师、代课教师。

2005—2018年部分年份红寺堡专任教师年龄结构情况表

表10-11　　　　　　　　　　　　　　　　　　　　　　　　单位：人

年份	学段	合计	25岁以下	25～29岁	30～34岁	35～39岁	40～44岁	45～49岁	50～54岁	55～59岁	59岁以上
2005	高中	53	21	6	10	14	2	0	0	0	0
	初中	167	54	45	26	29	13	0	0	0	0
	小学	646	194	133	71	82	77	49	24	12	4
	幼儿园	—	—	—	—	—	—	—	—	—	—
2009	高中	95	9	26	34	10	7	6	2	1	0
	初中	463	68	247	56	36	39	13	2	2	0
	小学	791	130	245	117	72	111	54	41	21	0
	幼儿园	—	—	—	—	—	—	—	—	—	—
2013	高中	194	18	52	78	21	6	14	4	1	0
	初中	544	44	197	202	40	23	33	4	1	0
	小学	896	129	250	186	110	92	76	26	27	0
	幼儿园	32	2	20	8	1	1	0	0	0	0
2014	高中	202	11	58	80	27	3	14	8	1	0
	初中	569	37	200	207	50	35	30	7	3	0
	小学	953	99	279	200	125	86	100	43	21	0
	幼儿园	277	107	98	53	9	5	4	1	0	0
2015	高中	214	9	54	76	44	3	18	8	2	0
	初中	618	15	172	237	95	36	38	22	3	0
	小学	988	76	293	213	135	99	86	60	26	0
	幼儿园	84	4	12	45	11	4	5	3	0	0
2016	高中	216	3	61	69	50	7	15	8	3	0
	初中	638	21	173	226	129	37	25	25	2	0
	小学	1111	74	356	228	158	107	85	82	21	0
	幼儿园	278	56	126	63	17	5	9	1	1	0

续表 10-11

年份	学段	合计	25岁以下	25～29岁	30～34岁	35～39岁	40～44岁	45～49岁	50～54岁	55～59岁	59岁以上
2017	高中	222	6	52	67	63	9	11	11	3	0
	初中	690	32	173	199	192	35	26	31	2	0
	小学	1211	87	373	222	201	115	96	91	26	0
	幼儿园	434	164	153	63	40	8	4	0	1	1
2018	高中	237	15	54	64	64	16	7	12	5	0
	初中	740	14	158	222	225	50	31	34	6	0
	小学	1192	65	366	216	207	124	90	85	39	0
	幼儿园	476	150	198	61	44	16	4	0	2	1

2005—2018年部分年份红寺堡专任教师学历情况表

表 10-12　　单位：人

学历	学段	2005年	2010年	2015年	2018年
研究生	高中	0	0	4	8
	初中	6	0	2	4
	小学	0	0	0	3
	幼儿园	0	0	0	0
	小计	6	0	6	15
本科	高中	33	112	203	225
	初中	89	344	579	693
	小学	46	257	554	744
	幼儿园	1	10	31	44
	小计	169	723	1367	1706
专科	高中	20	10	7	4
	初中	72	89	36	43
	小学	368	491	397	415
	幼儿园	32	60	43	364
	小计	492	650	483	826

续表10-12

学历	学段	2005年	2010年	2015年	2018年
中专(高中)	高中	0	0	0	0
	初中	0	0	0	0
	小学	7	103	37	30
	幼儿园	7	26	10	66
	小计	14	129	47	96
中专以下	高中	0	0	0	0
	初中	0	0	0	0
	小学	0	2	0	0
	幼儿园	0	4	0	2
	小计	0	6	0	2

2005—2018年部分年份红寺堡专任教师职称情况表

表10-13　　单位:人

学段	职称	2005年	2009年	2013年	2015年	2018年
高中	中学高级	2	6	14	25	27
	中学一级	16	18	16	58	59
	中学二级	10	39	98	74	116
	中学三级	4	3	2	1	0
	未评级	21	29	64	56	35
	合计	53	95	194	214	237
初中	中学高级	1	33	27	54	61
	中学一级	51	71	48	90	195
	中学二级	31	225	283	410	380
	中学三级	7	40	18	27	0
	未评级	77	94	168	37	104
	合计	167	463	544	618	740

续表 10-13

学段	职称	2005年	2009年	2013年	2015年	2018年
小学	中学高级	4	12	10	23	108
	小学高级	183	293	263	305	360
	小学一级	189	338	303	282	413
	小学二级	60	17	35	96	0
	小学三级	47	1	5	1	0
	未评级	163	130	280	281	311
	合计	646	791	896	988	1192
幼儿园	中学高级	0	0	0	0	1
	小学高级	0	6	2	4	13
	小学一级	0	34	28	21	13
	小学二级	1	2	0	24	0
	小学三级	0	0	0	0	0
	未评级	38	2	2	35	449
	合计	39	44	32	84	476

2004—2018年红寺堡各级各类学校专任女教师情况表

表 10-14

年份	合计		高中		初中		小学		幼儿园	
	总数(人)	占比(%)	人数(人)	占比(%)	人数(人)	占比(%)	人数(人)	占比(%)	人数(人)	占比(%)
2004	298	37	12	23.5	35	28	189	33.8	62	89.8
2005	349	38.6	15	28.3	58	34.7	238	36.8	38	97.4
2006	498	43.2	43	45.2	138	43.9	277	38.9	40	97.5
2007	538	44.4	41	44.6	177	45.2	280	40.7	40	97.5
2008	562	44.7	36	46.8	170	44.3	318	42	38	97.4
2009	624	46.1	47	49.5	223	48.1	336	42.5	44	100
2010	726	48	65	53.3	213	49.2	374	43.8	74	74

续表 10-14

年份	合计		高中		初中		小学		幼儿园	
	总数(人)	占比(%)	人数(人)	占比(%)	人数(人)	占比(%)	人数(人)	占比(%)	人数(人)	占比(%)
2011	804	53.3	84	55.6	249	51.8	368	46.4	103	99
2012	893	52.7	101	55.2	273	53	429	49.7	90	99
2013	924	55.5	106	54.6	298	54.8	490	54.7	30	93.8
2014	1222	61.2	110	54.5	313	55	532	55.8	267	96.4
2015	1081	56.8	113	52.8	335	54.2	560	56.7	73	86.9
2016	1391	62	118	54.6	370	58	643	57.9	260	93.5
2017	1673	65.4	125	56.3	409	59.3	720	59.4	419	96.5
2018	1762	66.6	135	57	446	60.3	721	60.5	460	96.6

2004—2018 年红寺堡少数民族专任教师情况表

表 10-15

年份	合计		高中		初中		小学		幼儿园	
	总数(人)	占比(%)	人数(人)	占比(%)	人数(人)	占比(%)	人数(人)	占比(%)	人数(人)	占比(%)
2004	297	36.9	17	33.3	37	29.6	221	39.5	22	31.9
2005	348	38.4	17	31.4	58	34.7	262	40.5	11	28.2
2006	447	35.6	35	35.7	113	35.4	288	40.4	11	27.5
2007	479	39.5	34	37	149	38	285	41.4	11	27.5
2008	487	38	24	31.2	132	34.4	320	42.3	11	28.2
2009	510	37.7	35	36.5	165	35.6	317	40.1	12	27.3
2010	556	36.9	52	41	155	35.8	332	38.9	17	17
2011	559	37	53	35.1	181	37.6	307	38.7	18	17.3
2012	641	37.8	84	45.9	184	35.7	355	40.1	18	19.8
2013	680	40.8	69	35.7	234	43	370	41.3	7	21.9
2014	718	35.9	71	35.1	209	36.7	386	40.5	52	18.8
2015	706	37.1	74	34.6	216	35	399	40.4	17	20.2
2016	821	36.6	77	35.6	227	35.6	444	40	73	26.3
2017	963	37.7	77	34.7	247	35.8	480	39.6	159	36.6
2018	1023	38.7	75	31.6	280	37.8	480	40.3	188	39.5

第二节　教师管理

一、教师配置

(一)普通教师

1998年10月至2000年4月，红寺堡开发区各移民点学校的教师均由各县扬黄指挥部商移民迁出县有关部门按移民人数比例选派，隶属各县教育行政部门管理。

2000年9月开始，红寺堡开发区陆续接管移民学校，按照自治区人民政府颁布的《宁夏回族自治区基础教育分级管理》相关规定，教师实行“以县为主，分级管理”体制。红寺堡开发区以外的教师调动在红寺堡开发区工委、管委会统一领导下，由组织人事和教育主管部门联合负责，组织人事部门负责教师调动编制，教育主管部门负责教师的聘任、培训、分配，乡镇开发区工委、管委会负责辖区教师的管理、调动工作。

2001年9月，乡镇教师由乡镇开发区管委会和教育主管部门实行双重管理。

2003年8月，红寺堡开发区根据《〈教师资格条例〉实施办法》《中华人民共和国教师法》规定的相应学历、教育教学能力实行教师聘任制，教育文体广电局和教师首次签订聘任书，聘期三年，期满续聘。乡镇教师不再由乡镇一级政府直接管理，由乡镇中心学校按权限管理。

2005年8月，红寺堡开发区针对教师总量不足、各级各类学校专任教师配备均达不到自治区规定比例的实际，坚持“均衡配置师资，向农村学校适当倾斜”的配置原则，城镇中小学按照“班师比”配置，农村学校按“师生比”配置，差额部分通过争取支教教师和雇用代课教师的方式补充。

2007年7月，教育体育局进行人事管理体制改革，在城区中小学选人用人上打破常规选调，中学实行“空岗竞聘”，小学探索实施“城乡教师轮岗支教”制度。2007—2010年，共有168名农村中小学教师通过空岗竞聘进入城区中学任教，另有48名城区教师轮岗至农村小学支教。

2011年4月，自治区党委、政府制定《宁夏回族自治区中长期教育改革和发展规划纲要》，提出“逐步实行城乡统一的中小学编制标准，对农村边远地区实行倾斜政策”。同年7月,自治区人民政府办公厅印发《宁夏回族自治区进一步推进义务教育均衡发展实施方案》,要求建立城乡教师交流机制。红寺堡区不再实施“空岗竞聘”,开始按“师生比”配置教师,并逐步向农村学校倾斜。

2014年9月,红寺堡区委、区政府制定《吴忠市红寺堡区推进义务教育均衡发展实施方案》,建立城区中小学教师到农村薄弱学校支教服务制度,实行义务教育阶段男50周岁、女45周岁以下的教师在同一学校任教满6年定期交流机制。分年度实行城区学校、农村学校、城乡学校之间教师交流;每年交流的教师总量不低于专任教师的10%,骨干教师交流比例不低于骨干教师总数的15%。

2017年3月,教育局制定《红寺堡区教育系统人事管理办法(试行)》,就教职工的补充、调配、管理、请销假、考核、辞职、辞退、解聘以及教育局机关干部的管理进行严格的规定,将教职工管理进一步制度化、规范化。

是年8月,教育局制定《红寺堡区义务教育阶段校长教师交流轮岗实施意见》,规定骨干教师交流比例由原来的15%降低到5%,进一步明确轮岗交流的形式、轮岗教师的职责,规定交流教师由派出学校和接收学校双向管理,在职称评定、评优评先中优先推荐。

2003—2018年红寺堡中小学师生比情况表

表10-16

年份	高中	初中	小学	年份	高中	初中	小学
2003	1:18	1:14	1:24	2011	1:16	1:14.9	1:32.4
2004	1:22	1:25	1:28.5	2012	1:15	1:19.5	1:28.9
2005	1:24.4	1:26.5	1:31	2013	1:15.8	1:18.5	1:27.1
2006	1:10.7	1:18.3	1:30.3	2014	1:16.5	1:18.5	1:25.1
2007	1:11.4	1:15.8	1:32.2	2015	1:15.6	1:17.5	1:23.9
2008	1:13.8	1:19.6	1:30.4	2016	1:14.9	1:18.0	1:20.9
2009	1:45	1:17.5	1:29.1	2017	1:15.3	1:16.9	1:18.9
2010	1:15	1:21.1	1:29.6	2018	1:16.3	1:16.6	1:18.9

2017年红寺堡区中小学教师轮岗交流人数情况表

表10-17　　单位：人

学校	交流总人数	其中骨干教师	语文	数学	英语	物理	化学	生物	政治	历史	地理	体育	音乐	美术
第一中学	1										1			
第二中学	20	5	5	5	5	1	1	1	1	1				
第三中学	20	5	5	5	5	1	1	1	1	1				
第四中学	0	0												
回民中学	20	5	4	5	5	1	1	1	1	1		1		
第一小学	15	5	5	5	2							1	1	1
第二小学	17	6	6	5	3							1	1	1
第三小学	10	4	3	3	1							1	1	1
燕宝小学	5	2	2	2	1									
回民小学	5	2	2	2	1									
马渠小学	0	0												
红寺堡中心学校	20	7	8	8	4									
大河中心学校	17	5	7	7	3									
新庄集中心学校	17	6	7	7	3									
柳泉中心学校	15	4	6	6	3									
太阳山中心学校	6	1	3	3										
合计	188	57	63	63	36	3	3	3	3	3	1	4	3	3

(二)校(园)长

1999年3月至2000年8月，红寺堡开发区各中小学的校长均由移民迁出县扬黄指挥部任免。

2000年9月至2001年8月，红寺堡镇中学、红寺堡镇中心小学校长由红寺堡开发区工委任命，其余中小学校校长均由学校所在乡镇开发区工委任免。

2001年9月至2003年8月，根据红寺堡开发区管委会办公室印发的《关于开发区中小学教师由乡镇和教育主管部门双重管理的通知》(红管办发〔2001〕21号)要求，乡镇(开发区)各中小学校长的确定，由学校所在乡镇政府(开发区管委会)提出意见，经社会事业二局审查同意后，由乡镇党委(开发区工委)任免。是时，直属学校的校长由红寺堡开发区工委任免。

2003年8月开始,红寺堡开发区直属中学的校长、副校长、直属小学正校长均由红寺堡开发区工委任免,乡镇中心学校校长、常务副校长由教育文体广电局任免。

2004年起,红寺部开发区实行校长职级制,由红寺堡开发区工委发文任命的普通高中校长为事业技术岗正科级,高中副校长、直属初级中学校长、副校长、直属小学正校长为副科级。普通高中副校长、直属初级中学正副校长,直属小学正校长为副科级,享受每人每月60元的电话费补贴,档案归组织部管理。同期,幼儿园园长都由承办方按相关规定聘任,并报教育行政部门备案。

2006年8月开始,红寺堡中学各直属初级中学的校长由教育体育局提名,组织部考察,红寺堡开发区工委任免,政治待遇为事业技术岗位副科级。直属高中、初中学校副校长,直属小学校长、副校长和乡镇中心学校校长、常务副校长均由教育体育局任免。

2007年8月,红寺堡开发区进行教育人事制度改革,试行校长公开竞聘上岗制,通过公开竞聘,选拔了红寺堡中学校长、红寺堡小学校长、红寺堡镇中心学校校长。红寺堡中学校长由红寺堡开发区管委会聘任,红寺堡小学校长、红寺堡镇中心学校校长由教育体育局任命。

2010年开始,红寺堡区取消校长职级制。

2011年7月,第一中学校长由教育局提名推荐,报请组织、人事部门考察,红寺堡区委任免;第一中学副校长、直属初级中学、直属小学、乡镇中心学校校长、副校长由教育局按照相关规定考察任免,报组织部备案;村级小学校长由乡镇中心学校按规定任免,报教育局备案。

2012年1月,教育局对学校校长、幼儿园园长职数进行核定:第一中学、直属初级中学设校长1名、副校长3名;直属小学设校长1名、副校长2名;乡镇中心学校设校长1名、常务副校长1名;公办幼儿园设园长1名、副园长1名。

2014年,教育局为进一步健全城乡、强弱学校校长交流制度,将校长轮岗交流制度化,确定同一学校任期5年以上的校长、副校长必须进行交流。

2017年8月,教育局制定《红寺堡区义务教育阶段校长教师交流轮岗实施意见》,建立校长轮岗交流长效机制,实行校长、副校长定期轮岗交流、挂职锻炼。一是城区同一所学校连续任职3年以上的校长或副校长,交流轮岗到农村学校任职;二是每学年从农村学校选派校长或副校长到城区学校挂职锻炼。校长交流轮岗每期时间为2年,每年校长交流轮岗比例不低于校长和副校长总人数的20%。

2018年2月,教育局重新核定校(园)长职数:普通高中、职业技术学校、直属初级中学设校长1名,副校长3名;直属小学、九年一贯制学校设校长1名,副校长2名;乡镇中心设校长1名,常务副校长1名;直属幼儿园设园长1名,副园长2名;乡镇中心幼儿园设园长1名,副园长1名;村级小学、村级幼儿园设校(园)长1名。

二、教师考核

1998—2000年,红寺堡开发区各移民点学校教职工由迁出县教育行政部门考核,考核形式按机关事业单位工作人员年终考核相关规定只进行年终考核,考核内容包括德、能、勤、绩四个方面,分优秀(15%)、合格、基本合格、不合格四个等次,考核结果报请迁出县人事主管部门批准备案并发文公示,考核审批表装入个人档案。

2001年开始,红寺堡开发区教职工除进行一年一度的事业单位工作人员年终考核外,增加平时考核。年终考核由红寺堡开发区社会事业二局负责,平时考核由教职工所在学校考核。是时红寺堡开发区尚未制定统一的教职工考核标准,各学校根据教职工岗位职责,各自制定教师考核评价标准。共性考核内容包括教学成绩、思想表现、教学能力、执勤守纪,教学成绩为主,后三项为辅,不同学校的各项考核指标权重分值不同。学校把教师平时考核作为上报年终考核、评优选先的主要依据。

2004年9月,教育文体广电局成立教师考核领导小组,设立教师工作办公室,具体负责红寺堡开发区教职工的考核工作。按照"以县为主,分级管理"的教育管理体制,乡镇中心学校、直属学校也成立教师考核工作小组。教职工年终考核按照乡镇(直属)中心学校负责考核、教育文体广电局审核、红寺堡开发区组织人事部认定的程序进行,考核结果作为教师职称聘评的主要依据。

2009年1月,红寺堡开发区落实义务教育学校奖励性绩效工资发放政策,为确保奖励性绩效工资发放的公正、公平,各义务教育学校根据《宁夏回族自治区义务教育学校教职工绩效考核办法》,按照学校教职工岗位职责,把工作量作为重要指标之一纳入教师考核内容,完善学校教职工平时考核评价体系,制定考核细则。

2017年9月开始,红寺堡区委、区政府为加大教育改革与发展力度,地方财政每年筹措一定数量资金,按不同标准核定校(园)长、党支部书记、副校长、骨干教师、班主任等三类人员的奖励性绩效工资。三类人员按学期考核,依据考核等次发放相应的奖励性绩效工资。

2018年1月,教育局进一步完善教师考核机制,制定《吴忠市红寺堡区教育系统教职工奖励性绩效工资指导意见(试行)》和《红寺堡区骨干教师选拔培养和考核管理办法的通知》,作为校(园)长、党支部书记、副校长、骨干教师、班主任和学校教职工考核的重要依据。红寺堡区教职工的平时考核开始分类实施、以绩为主。直属学校、乡镇中心学校校(园)长、党支部书记、副校长由教育局负责考核,考核方式采取述职、民主评议、目标效能综合评定,考核内容主要包括德、能、勤、绩、廉五个方面。细化学校管理人员工作量,要求校长、党支部书记深入教学一线带课。学生人数在1000名以上的中学校长、党支部书记教育教学管理工作量按周课时量8节核计,副校长教育教学管理工作量按周课时量6节(一半工作量)核计;学生人数在1000名以上的小学校长、党支部书记教育教学管理工作量按周课时量10节核计,副校长教育教学管理工作量按周课时量8节(一半工作量)核计;乡镇中心学校校长、党支部书记教育教学管理工作量按周课时量10节核计;学生人数在100名以下的学校校长、党支部书记、副校长不核工作量,按照学校实际必须带课。直属中小学中层管理(教育局按要求核定的部门负责人)人员由所在学校考核,教育教学管理工作量按周课时量6节核计;中心小学的中层管理人员在中心小学兼课,教育教学管理工作量按周课时量6节核计,每周听课必须达到5节。村级小学校长由乡镇中心小学结合岗位职责制定考核细则进行考核。责任督学由教育督导室根据督学职责、目标任务、督学管理办法组织考核。三级骨干教师的考核在教育局教研教培中心统一指导下,分为学校初次考核和教研教培中心终结考核两个层次,结果分A、B、C三个等级,考核结果最后报教育局分管领导审核签字,并备案留存。学校其他教职工由所属学校根据学校实际,从德、能、勤、绩四个方面进行考核,重在绩效,实行一人一档。

三、职称评聘

2000年8月7日,红寺堡开发区管委会按照宁夏职称改革领导小组安排部署,成立红寺堡开发区教师职称评审委员会,管委会副主任马凯任委员会主任,社会事业二局局长杨存葆、管委会办公室主任丁炜任副主任,李富英、张少波、刘鹏跃、马成荣、朱世君、马永建为成员。委员会下设办公室,刘鹏跃具体负责教师职称评审。是年，大河开发区教师周世龙被评聘为红寺堡开发区第一位中学高级职称教师。

2001年，红寺堡镇中学教师李树林、朱根社评聘为中学高级职称教师。

2002年4月19日，红寺堡开发区成立专业技术职称改革领导小组，管委会主任白万利任组长，管委会副主任马凯任副组长，教育文体广电局作为成员单位之一，成立相应的教师职称评审工作小组。是年，红寺堡镇中学教师杜宏宇、金光耀被评聘为中学高级职称教师，

2010年以前，中小学教师职务均分设高级教师、一级教师、二级教师、三级教师。中学高级教师为高级职务，中学一级、小学高级教师为中级职务，其余为初级职务（幼儿园教师职务与小学教师职务相同）。高级职务的任职资格由宁夏回族自治区职称改革领导小组审批发证认定；中级职务由吴忠市职称评审委员会审定；初级及以下级别由红寺堡开发区职称评审委员会审定。

2012年，自治区人社厅、教育厅印发《宁夏回族自治区中小学（幼儿园）教师水平评价标准条件（试行）》，宁夏统一中小学（幼儿园）教师职称（职务）登记，设员级、助理级、中级、副高级、高级职称（职务），名称依次为三级教师、二级教师、一级教师、高级教师、正高级教师。规定在乡镇及以下农村学校连续任教15年的教师，具备相应条件者，可参评副高级职称。同年，红寺堡区开始全面落实职务评审改革工作，按指标总额2%的比例在小学教师中评审副高级职务。

2015年，为贯彻《宁夏回族自治区乡村教师支持计划（2015—2020年）实施办法》（宁政办〔2015〕183号）精神，红寺堡区人民政府制定《红寺堡区乡村教师支持计划实施细则（2015—2020年）》（红政发〔2016〕90号），教育局完善职务（职称）评定标准，职务（职称）晋升向农村小学和教学点专任教师倾斜，职称评聘向乡村教师倾斜。对长期在乡村学校任教且现仍在乡村教学岗位上的教师，连续工作15年晋升中级职称，连续工作25年晋升副高级职称，不受专业技术岗位结构比例限制，直接参加专业技术资格评审。

2016—2018年，红寺堡区不受岗位职数限制评聘副高级职称的乡村学校教师共有82人，评聘中级职称的乡村学校教师2人，其中2016年，评审副高级42人、中级1人，2017年评审副高级22人、中级1人，2018年评审副高级18人。

四、岗位设置

2008年,红寺堡开发区管委会根据自治区党委组织部、人事厅《关于印发〈宁夏回族自治区事业单位岗位设置管理暂行办法〉的通知》(宁人发〔2007〕142号)和吴忠市人民政府《关于印发〈吴忠市事业单位岗位设置管理实施方案〉的通知》(吴政发〔2007〕74号),制定《红寺堡开发区事业单位岗位设置管理实施方案》(红管发〔2008〕57号),对教师专业技术岗位分为13个等级,正高级岗位一至四级,副高级岗位五至七级,中级岗位八至十级,初级岗位十一至十三级,十三级是员级岗位。教育体育局参照教师专业技术高级、中级、初级岗位之间的结构比例分级控制目标0.5∶3.5∶6的比例进行教师岗位设置。教师专业技术高级、中级、初级岗位内部不同等级之间的结构比例未作硬性要求。

2013年,教育局根据《关于进一步规范市直及辖区事业单位岗位设置管理工作的通知》(吴人保发〔2013〕139号),严格按照教师专业技术岗位高级、中级、初级结构比例分级控制目标0.5∶3.5∶6进行教师岗位设置,并开始注重各级岗位内部不同等级之间的结构比例。

2016年,教育局根据《关于调整中小学校及乡镇卫生院专业技术岗位结构比例的通知》(红人社发〔2016〕71号),调整中小学校幼儿园专业技术岗位结构比例,在国家规定的岗位结构比例限额内,建立统一的高中、初中、小学幼儿园专业技术岗位高级、中级、初级结构比例,第一中学按照自治区普通高中示范学校3∶5∶2、初中按照1.5∶5∶3.5、小学幼儿园按照1∶5∶4的岗位结构比例对各中小学幼儿园老师进行岗位调整。

五、中小学特级教师评选

2010年7月,吴忠市教育局分配红寺堡区2名自治区中小学特级教师指标,红寺堡区教育局、人社局按照国家《特级教师评选规定》,将评选条件细化为便于操作、刚性量化的具体标准,从一线教师获奖、学历、职称、课时量、年轻教师培养、教学成绩、教育教学研究成果等方面,采取自下而上的评审程序进行评选,最终将符合条件的赵吉玲、刘新巧2名小学教师上报吴忠市教育局。2012年2月,自治区人民政府授予赵吉玲、刘新巧"自治区小学语文特级教师"称号,每人每月享受300元自治区人民政府津贴。

第三节　教师培训

一、组织机构

1998—2001年，红寺堡开发建设初期，行政机构不健全，教师培训工作先后由社会事业局、社会事业二局组织，未成立专门的教师培训机构。2002年1月，教育文体广电局成立，承担教师培训工作。2003年4月，红寺堡开发区教学研究室成立，具体负责教育教学和教师培训工作。2004年8月，教育文体广电局内设教师工作办公室，教师培训工作划归教师工作办公室负责。

2006年8月，教育体育局实施系列管理体制改革，增设人事职改办公室，承担校（园）长培训工作，其他教师培训工作归教研室负责。

2010年11月，吴忠市红寺堡区教学研究培训中心设立，属教育局下设事业单位，承担校（园）长、骨干教师和其他专任教师的培训工作。2016年12月开始，教师培训工作由教育局教学研究培训中心负责。2018年2月开始，教师培训工作由教育局教研教培中心负责。

二、保障机制

（一）制度保障

1999—2009年，红寺堡开发区教师培训工作按照上级有关文件要求开展。2010年开始，红寺堡区委、区政府先后制定《红寺堡区教育改革与发展的实施意见》《红寺堡区教育发展五年规划（2013—2017年）》《红寺堡区加快教育发展推进脱贫攻坚实施意见》，教育局配套出台《红寺堡区教师培训指导意见》《红寺堡区骨干教师考核认定使用管理办法》《红寺堡区“育龙工程”实施方案》《红寺堡区短缺学科教师兼职培训方案》《红寺堡区骨干教师选拔培养和考核管理办法》等系列文件，规范教师培训工作。

（二）经费保障

2001—2009年，教育主管部门每年都根据年度教师培养培训计划，自筹一定数额的专项经费组织教师培训。2010—2012年，教育局每年按照义务教育公用经费总额的5%统筹教师培训经费。2013—2018年，红寺堡区人民政府将教师培训经费列入本级财政预算,每年按师均不低于1000元的标准核拨。2018年起,红寺堡区增设"名校长"专项培训经费20万元。

三、国培计划

2010年7月,由教育部、财政部实施的"中小学教师国家级培训计划"(简称"国培计划")项目启动。2011—2012年,教育局依托"国培计划"把骨干教师培训、薄弱学科教师培训两项内容整合到"国培计划"中,规定置换脱产研修项目、示范性培训项目为自治区级骨干教师提高培训的内容,远程培训为市级、县级骨干教师提高培训理论研修内容,"短期集中培训"为薄弱学科骨干教师培训的内容。2013年,教培中心与自治区教育厅师资处联系,依托"国培计划"项目优势,开展骨干教师、教学管理人员系列培训。

2016年3月,红寺堡区被确定为"国培计划——宁夏培育性示范县(区)",由国家教育行政学院承担培训任务,经组织专家团队实地调查研究,并结合红寺堡区教育教学实际,立足于问题解决和教师信息技术能力提高,确定培训内容,项目实施期限为3年。截至2018年年底,红寺堡区共选派"国培计划"参训教师10268人次(含2016年高中教师、特岗教师信息化能力培训和网络研修与校本研修整合项目培训),参训率达到专任教师的200%以上,除50名长期病休和接近退休的教师外,其余教师平均参与3次轮训,部分教师参与4次轮训,达到自治区教育厅国培项目办设计的"五年每位教师至少轮训1次"的要求。其中"中西部项目"远程培训教师8890人次,培训校长309人次,置换培训教师187人次。按照学段统计,高中参训教师617人次,初中参训教师3565人次,小学参训教师5428人次,学前参训教师658人次。红寺堡区教师参与的"国培计划"项目,参训率100%,合格率99.99%,优秀率38%。

2010—2018年红寺堡区教师"国培计划"培训情况表

表10-18 单位:人次

年份	培训项目	培训人次	合计人次
2010	置换研修项目	4	761
	访名校项目	7	
	校(园)长助力项目	36	
	网络培训项目	714	

续表10-18

年份	培训项目	培训人次	合计人次
2011	置换研修项目	12	536
	访名校项目	7	
	校(园)长助力项目	36	
	网络培训项目	481	
2012	置换研修项目	24	898
	访名校项目	13	
	校(园)长助力项目	55	
	网络培训项目	806	
2013	置换研修项目	24	853
	访名校项目	20	
	校(园)长助力项目	22	
	网络培训项目	787	
2014	置换研修项目	30	255
	访名校项目	7	
	校(园)长助力项目	20	
	网络培训项目	198	
2015	置换研修项目	3	1982
	访名校项目	12	
	校(园)长助力项目	10	
	网络培训项目	1857	
	送教下乡	100	
2016	置换研修项目	60	1060
	访名校项目	50	
	校(园)长助力项目	100	
	网络培训项目	670	
	送教下乡	180	
2017	置换研修项目	30	1913
	访名校项目	130	
	校(园)长助力项目	30	
	网络培训项目	1423	
	送教下乡	300	
2018	网络培训项目	1954	2004
	访名校项目	50	

四、县级培训

(一)全员培训

1999—2009年,红寺堡开发区教师全员培训的主要形式有:外聘专家引领与走出去跟岗、观摩培训相结合,培训与教学研究、教学改革相结合,集中研修与分散研修相结合,岗位培训与网络研修相结合,举办通识问题讲座,“学科问题课堂案例+研讨+小讲座”、探访自治区内外知名院校、自治区内“影子培训”,吴忠市内联片教研,红寺堡区域内校际观摩学习。2010年开始,红寺堡区依托“国培计划”项目优势,整合自治区、红寺堡区教师培训项目,增强培训的针对性、实效性,参培人数逐年增多,范围越来越广,培训形式更加多样。

(二)新教师培训

2006年8月,红寺堡开发区招聘第一批特岗教师,教育体育局按照“一年合格、两年成熟、三年优秀、五年成为学科骨干”的总体培养目标和“岗前培训—在岗实习—跟岗研修—在岗实践”的培训模式对特岗教师进行培训。此后,红寺堡每年均对新招聘教师进行此类培训,逐渐建立起相对成熟的新教师培训机制,即“岗前培训”一周,教育行政部门集中组织开展,培训内容以教学常规讲座为主;“在岗实习”一个月,学校选派优秀教师给予指导、城区骨干教师结对帮扶,以“过关课”验收考核;“跟岗研修”一周,组织新教师到城区学校“影子培训”,学习课堂教学、班级管理、教学研究等;“在岗实践”两年,由新教师所在学校片区学科骨干教师进行一对多的责任制指导,通过教学设计修改、课堂教学诊断、教学疑难解答、观摩课示范、开展联片教研等,促进新教师成长。

(三)骨干教师培训

2004年5月,红寺堡开发区启动县级骨干教师培养工作,遴选红寺堡中学、各乡镇中心学校共43名教师,采取集中培训和自主学习相结合、理论学习和教学实践相结合、在岗研修和课题研究相结合的方式,进行为期一年的培养。是年,红寺堡开发区开始参与吴忠市级、自治区级骨干教师培养,培养对象由教育文体广电局选拔推荐,骨干教师培养工作分别由吴忠市教育局、自治区教育厅组织实施。此后,红寺堡又开展了四期县级骨干教师培养工作,每期2～3年,五期共培养县级骨干教师559人。截至2018年年底,红寺堡共培养市级骨干教师五批次122人,省级骨干教师七批次74人。

2004—2018年红寺堡县级骨干教师培养情况表

表10-19　单位：人

批次	培养时段	认定时间	总人数	高中	初中	小学	幼儿园
第一批	2004年5月—2005年9月	2005年9月	43	8	6	29	0
第二批	2006年6月—2009年9月	2009年9月	76	6	17	51	2
第三批	2008年10月—2012年9月	2013年8月	115	19	41	51	4
第四批	2013年8月—2015年5月	2015年7月	175	3	30	141	1
第五批	2015年8月—2017年9月	2017年10月	150	10	52	83	5
合计			559	46	146	355	12

2004—2018年红寺堡“三级”骨干教师情况表

表10-20　单位：人

级别	总数	一批	二批	三批	四批	五批	六批	七批
省级	74	3	5	10	7	6	24	19
市级	122	4	77	15	13	13		
县级	559	43	76	115	175	150		
合计	755	50	158	140	195	169	24	19

2001—2018年红寺堡教师县级培训情况表

表10-21

时间(培训人次)	培训项目	培训天数(天)	培训人次(人次)	培训形式	备注
2001—2005年(2448人次)	教师普通话培训	20	886	集中培训、自主学习	共有762名教师取得普通话合格证书,占中小学教师总数的86%,其中一级乙等52人,二级甲等357人,二级乙等353人
	教师教材教法全员培训	10	483	专题讲座、课例研讨	邀请自治区、吴忠市专家做专题讲座
	教师计算机应用初级、中级、高级培训	16	216	专题讲座、实践操作	86%的教师取得信息技术教育中级以上合格证书
	电脑网络信息管理员培训	4	24	外派学习	
	“英特尔”未来技术教育在课堂教学中的整合培训	8	260	专题讲座、实践操作	
	中小学教师信息技术教育培训	8	454	外派学习、专题讲座	
	2004年第一批县级骨干教师培养对象培训	30	43	外派学习、专题讲座	2005年9月考核认定
	中小学校长县级培训	19	82	专题讲座、集中培训	2005年2月2—20日在红寺堡中学举办
2006年(749人次)	2006年特岗教师岗前培训	5	120	集中培训、专题讲座	班级管理和教学常规为主要培训内容
	第二批县级骨干教师培训	5	131	外派学习	
	全国、自治区、吴忠市中小学教师信息技术教育培训	5	98	外派学习	
	中小学教师信息技术教育培训	8	400	专题讲座、集中培训	
2007年(715人次)	中小学校长提高培训	7	69	外出观摩、考察学习	2007年7月
	骨干教师、班主任提高培训	7	168	外出观摩、考察学习	2007年7月
	中小学英语教师培训	10	89	专题讲座、交流研讨	7月19—28日,Tecc(科技教育交流协会)的6名大学生进行培训,89名教师全部获得培训合格证
	2007年特岗教师岗前培训	3	100	集中培训、专题讲座	8月
	各级骨干教师及培养对象培训	10	144	外派学习、跟岗研修	8月
	支教教师培训	10	145	专题讲座、课例研讨	9月,教研员以乡镇中心学校为主阵地进行培训,每个乡镇2天

续表 10-21

时间（培训人次）	培训项目	培训天数（天）	培训人次（人次）	培训形式	备注
2008年（536人次）	西部地区基础教育研究项目参与式教学培训	5	48	集中培训、专题讲座	5月18—22日，乡镇中心学校、直属中小学校长、副校长、教务主任参加
	暑期教学管理人员培训	5	182	集中培训、专题讲座	教研员、中小学（幼儿园）校（园）长、副校长、教务主任、教研组长参加
	教师信息技术培训	3	60	专题讲座、实训操作	中小学信息技术专（兼）职教师参加
	第二批县级骨干教师培养对象暑期培训	3	131	集中培训、专题讲座	
	第三批县级骨干教师培养对象培训	3	115	集中培训、专题讲座	
2009年（1116人次）	农村中小学远程教育教师培训	40	780	集中培训、校本研修	4月15日至5月25日
	第二批县级骨干教师培养对象培训	4	104	集中培训	2009年9月考核认定76名第二批县级骨干教师
	教育部援助宁夏中小学骨干教师培训	4	27	外派学习	
	英特尔®未来教育基础课核心程项目培训	4	25	集中培训、专题讲座	8月16—19日
	远程教育资源应用学科教师培训	4	80	专题讲座、实训操作	
	2009年特岗教师岗前培训	5	100	专题讲座、集中培训	教育法律法规、教学常规培训
2010年（573人次）	2010年特岗教师岗前培训	4	110	集中培训、专题讲座	
	2010年特岗教师提高培训	6	102	跟岗研修、观摩学习	
	教学管理人员培训	3	81	专题讲座、集中培训	教研员、中小学校教务主任参加
	中小学信息技术教师培训	3	84	集中培训、专题讲座	薄弱学科教师培训
	小学英语学科教师培训	4	76	集中培训、专题讲座	薄弱学科教师培训
	县级骨干教师培养对象培训	4	120	网络培训、专题讲座	
2011年（1087人次）	2011年特岗教师岗前培训	4	100	集中培训、专题讲座	
	2011年特岗教师提高培训	5	87	跟岗研修、观摩学习	
	管理人员暑期培训	8	100	集中培训、专题讲座	中小学校校长、副校长、教育局各股室主任参加
	百名骨干教师暑期培训	8	100	外派学习、跟岗研修	6月13—20日，百名骨干教师赴银川5所名校跟岗研修，培训班在北方民族大学开班、总结
	中小学教师暑期提高培训	4	700	集中培训、专题讲座	6月23—26日在阶梯教室进行

续表 10-21

时间(培训人次)	培训项目	培训天数(天)	培训人次(人次)	培训形式	备注
2012年(550人次)	2012年特岗教师岗前培训	4	150	集中培训、专题讲座	
	教学管理人员培训	10	65	外派学习、观摩交流	6月,4名教研员、60名教务主任到杭州师范大学研修
	自治区骨干教师提高培训	4	25	外派学习、观摩交流	6月,到广州培训
	市级骨干教师提高培训	6	60	外派学习、跟岗研修	赴银川名校跟岗学习
	高中教师业务提高培训	6	180	专题讲座、课例研讨	高中全体教师
	幼儿教师业务提高培训	2	70	专题讲座、课例研讨	公办、公建民营、民办幼儿教师
2013年(1382人次)	小学功能室管理员培训	5	57	专题讲座、现场指导	
	2012年特岗教师提高培训	5	136	跟岗研修、观摩交流	
	2013年特岗教师岗前培训	4	148	集中培训、专题讲座	
	青年教师普通话提高培训	3	620	集中培训、专题讲座	
	中小学校长、教务主任培训	4	180	外派学习、观摩交流	
	学科教师、班主任培训	2	133	外派学习、观摩交流	
	学科骨干教师信息化资源应用培训	2	40	集中培训、专题讲座	
	新任中小学校长任职资格培训	90	68	网络培训、外派学习	
2014年(2503人次)	中小学教研组长培训	2	155	集中培训、专题讲座	
	2014年特岗教师岗前培训	5	101	集中培训、专题讲座	
	心理学兼职教师培训	5	7	外派学习、观摩交流	
	教学管理人员培训	3	127	集中培训、交流研讨	
	第四批县级骨干教师培养对象培训	5	165	集中培训、交流研讨	
	中小学班主任培训	3	600	集中培训、专题讲座	
	小学语文、数学教师教学技能提高培训	2	700	课例研讨,专题讲座	
	中小学高效课堂试点校教师专项培训	1	500	课例研讨,专题讲座	
	校长、教务主任高效课堂培训	4	43	外派学习、跟岗研修	山西省太谷县

续表 10-21

时间（培训人次）	培训项目	培训天数（天）	培训人次（人次）	培训形式	备注
2014年（2503人次）	高中教师专项培训	4	18	外派学习、跟岗研修	河北衡水中学
	高中教师高考备考专项培训	2	87	观摩学习、交流研讨	先后到银川、吴忠
2015年（1688人次）	中小学骨干教师高效课堂培训	2	56	观摩学习、交流研讨	到银川参加“全国中小学高效课堂示范观摩课”活动
	教育信息化管理员培训	3	8	外派学习、观摩交流	到青岛参加国际教育信息化大会
	第四批县级骨干教师培养对象培训	2	175	集中培训、专题讲座	考核认定第四批县级骨干教师
	市级骨干教师培养对象培训	1	17	外派学习、观摩交流	遴选吴忠市级骨干教师培养对象
	小学数学教师培训	5	22	外派学习、观摩交流	到昆明参加全国数学观摩课
	校长、学科教师高效课堂培训	32	701	外派学习、跟岗研修	组织8批次中小学教师到山西太谷、甘肃静宁、宁夏盐池等地名校观摩
	教学名师高端研修	15	4	外派学习、观摩交流	到北京师范大学研修
	教学名师高端研修	15	4	外派学习、观摩交流	到上海师范大学研修
	教育信息化管理员网络技术培训	100	150	网络培训、校本研修	分3批，每批50人
	教师信息技术应用能力培训	2	230	外派学习、观摩交流	组织小学语文、数学、英语教师到吴忠市参加信息化应用观摩交流活动
	教学管理人员信息技术应用能力培训	3	80	集中培训、专题讲座	教研员、中小学校教务主任参加
	初中教师交互式电子白板应用培训	2	500	集中培训、专题讲座	
	“音体美”兼职教师暑期培训	50	150	集中培训、专题讲座	宁夏民族职业技术学院承担培训任务
	2015年特岗教师岗前培训	5	100	集中培训、专题讲座	8月
	心理健康兼职教师培训	2	22	外派学习、观摩交流	组织中小学班主任到银川观摩心理健康教育主题班会
2016年（765人次）	2015年特岗教师提高培训	5	100	跟岗研修、观摩交流	4月
	2016年特岗教师岗前培训	5	90	集中培训、专题讲座	
	心理健康兼职教师培训	2	5	外派学习、跟岗研修	参加自治区教育厅组织的心理健康兼职教师培训
	心理健康兼职教师培训	4	240	集中培训、专题讲座	由“本土专家”做专题讲座
	义务教育阶段英语学科教师专项培训	5	180	集中培训、专题讲座	
	第五批县级骨干教师培养对象培训	2	150	集中培训、专题讲座	

续表 10-21

时间（培训人次）	培训项目	培训天数（天）	培训人次（人次）	培训形式	备注
2017年（640人次）	中小学心理健康教师培训	30	15	外派学习、跟岗研修	有10名教师获得“国家三级心理咨询师”证
	第五批县级骨干教师培养对象培训	2	150	集中培训、专题讲座	10月考核认定
	中小学校教务主任能力提升培训	4	50	集中培训、专题讲座	
	2017年特岗、事业编新教师岗前培训	5	200	集中培训、专题讲座	
	课改项目学校学科教师培训	3	225	集中培训、课例研讨	
2018年（2661人次）	2018年特岗、事业编新教师岗前培训	6	190	集中培训、专题讲座	
	义务教育阶段学校学科功能室和图书室管理人员培训	1	86	集中培训、专题讲座	
	“音体美”及心理健康兼职教师培训	8	99	专题讲座、实地观摩	宁夏民族职业技术学院承担培训任务
	教师寒假全员培训	3	2286	集中培训、专题讲座	

第四节　教师待遇

一、政治待遇

（一）参政议政

2000年5月至2009年8月，红寺堡开发区教师围绕红寺堡开发建设、移民搬迁、学校建设、教学管理、教师队伍建设等社会事业发展的重大问题和涉及移民群众切身利益的热点难点问题向红寺堡开发区工委、管委会建言献策，共谋红寺堡发展。同时，当选自治区、吴忠市党代表、人大代表、政协委员的红寺堡开发区教师代表发挥自身职能，履职尽责，参政议政。2009年9月，红寺堡区设立后，当选红寺堡区历届党代表、人大代表、政协委员的教师代表尽心履职，助力红寺堡社会事业发展。

红寺堡区第一、二、三届党代会教育界代表累计22名。在党代会召开期间，教育界党代表向大会提出属于同级党代会职权范围内的可行性提案；闭会期间，多次通过书面报告、参加座谈会、列席会议等方式，对经济工作、党的建设、教育发展等重大决策提出意见和建议。

红寺堡区第一、二、三届人代会教育界代表累计达12名。在人大会议召开期间，教育界人大代表向会议提交议案及建议共10余件。其中第二届人代会期间，教育界人大代表根据红寺堡区初中学校全部集中在城区、第三小学相对偏远，给就读学生带来交通安全隐患和家庭经济负担的实际，提出了“解决农村初中学生和第三小学交通安全问题”的提案，得到有效处理。2013年年初，红寺堡区人民政府召开专题会议，研究决定：城区中学实行周末错时放学，学生全部由红寺堡南源公交公司配车接送，教育局负责学生乘车和车辆监管；每天早中晚为第三小学配备公交车，负责接送学生上下学；按一定比例降低初中学生乘车收费，损失部分由政府每年给予南源公交公司62.1万元油耗补贴。并出台《红寺堡区校车或接送学生车辆管理工作实施方案》（红政办发〔2013〕37号），明确各相关单位的职责，保障学生交通安全，减轻学生家庭经济负担。

红寺堡区第一、二、三届政协会教育界委员累计36名。在政协会议召开及闭会期间，教育界政协委员提交提案20余件。其中，2016年教育界政协委员提交

《进一步规范义务教育学校教师绩效工资发放，提高教师待遇》的提案，引起红寺堡区政协、区政府的高度重视。2017年5—6月，红寺堡区人民政府委派教育局对宁夏13个县(市、区)相应情况进行考察了解、对红寺堡区广大教职工走访调研，就义务教育学校教师绩效工资发放和提高教师待遇问题，形成专题汇报。2017年9月5日，红寺堡区委研究制定《红寺堡区加快教育发展推进脱贫攻坚实施意见》(红党办发〔2017〕117号)，按照文件规定，落实由本级财政出资的校(园)长、党支部书记、班主任、骨干教师岗位绩效工资，提高教师待遇。教育局随机出台系列绩效工资发放办法。

2000—2018年，红寺堡共有12名教育工作者当选自治区、吴忠市党代表、人大代表、政协委员，有70名教育工作者当选红寺堡区党代表、人大代表、政协委员。

(二)参与治校治学

红寺堡开发之初，学校教师通过全体教师大会参与学校管理与决策。2005年5月，红寺堡开发区局直属学校、乡镇中心学校均成立学校教职工代表大会，教师通过教职工代表大会对学校发展规划、校园建设、教育教学改革、教师队伍建设、财务管理等重大事项提出意见和建议，讨论通过学校教职工聘任、考核、奖惩等管理办法，依据相关规定评议学校领导，按照民主集中制原则参与学校管理和决策，监督学校各项制度和重大决策的落实。

2012年11月，中共十八大召开，红寺堡区教育系统遵照各级党委要求，进一步完善学校教职工代表大会制度。2013年，红寺堡区教育局党委在教育系统内执行民主监督议事制度。2015年3月完善“教育系统‘13521’权力公开运行”监督机制。2015年7月，教育局党委制定《红寺堡区学校教代会选举办法》，规范学校教代会的选举程序，明确教职工必须参与学校“三重一大”事项的决策决议，依规享有民主决策权。各级各类学校(幼儿园)都成立由一线教职工组成的校监会，负责监督学校的重大项目、重大事务、重要人事任免、大额资金支付的决定、过程、结果等事宜，教职工参与治校治学的权利得到进一步保障。2016年5月24日，红寺堡区纪委召开“红寺堡区党风廉政建设暨民主监督工作互观、互学、互评活动”现场推进会，教育系统推行的“学校权力公开透明运行机制‘13521’五步监督法”得到与会各部门的一致肯定。

二、工资保障

（一）工资构成

2000年5月至2006年6月，红寺堡开发区教职工待遇执行国家专业技术职务等级工资制，教师工资分为专业技术职务工资和津贴两部分。2006年7月至2008年12月，教职工待遇执行岗位绩效工资制度，岗位绩效工资由岗位工资、薪级工资、绩效工资和津贴补贴四项组成，其中岗位工资和薪级工资为基本工资，执行国家统一的政策和标准，绩效工资执行宁夏地方政策，津补贴按国家规定，红寺堡开发区不在享受范围。

2009年1月开始，红寺堡开发区执行绩效工资。教师工资分基础性绩效工资、津补贴、奖励性绩效工资，基础性绩效工资包括岗位工资和薪级工资两项，并明确工资各部分具体内容：岗位工资主要体现岗位职责和要求，教师的任职资格是参考标准；薪级工资主要体现工作表现和资历，随着教师的职称和教龄增长；绩效工资主要体现实绩和贡献，按照实际课时量按劳取酬，优质优得；津贴分为政府津贴、岗位津贴、农村教师津补贴，政府津贴享受对象主要是国家劳模、自治区特级教师，岗位津贴享受对象指校（园）长、党支部书记、班主任；农村教师津补贴除城区之外的乡镇教师全部享受。

2012年3月，红寺堡区人民政府根据《自治区人民政府关于印发宁夏回族自治区义务教育学校绩效工资实施意见的通知》（宁政发〔2009〕71号）和自治区人民政府办公厅、自治区人社厅有关绩效工资等文件精神，制定《吴忠市红寺堡区人民政府关于调整事业单位绩效工资标准有关事项的通知》（红政发〔2012〕41号），提高调整教师及其他事业人员绩效工资和离退休事业人员生活补贴标准。

2018年1月，教育局根据《红寺堡区加快教育发展推进脱贫攻坚实施意见》（红党办发〔2017〕117号），对乡镇中心学校、直属学校校（园）长、党支部书记、班主任绩效工资进行调整：乡镇中心学校和直属学校校（园）长、党支部书记绩效工资提高到每人每月1000元，班主任绩效工资提高到每人每月500元。落实“三级”骨干教师津贴：自治区级、市级、县级分别为每人每月400元、300元、200元；同时规定对于引进的国家重点师范院校毕业生及免（公）费师范生，在红寺堡区服务满十年的，以奖代补，一次性给予50000元奖励资金。调整后的经费纳入红寺堡区本级财政预算，由政府每年据实核拨，不再从教师绩效工资总额中提取，其中2018年核拨700万元。

(二)工资发放

2000年5—12月，红寺堡开发区教师工资由社会事业二局以现金形式发放。2001年1月开始，红寺堡开发区教师工资全部实行“三统一发放”(项目、发放标准、发放时间统一)，教师工资管理权属管委会，并按规定设立“工资基金专户”，由社会事业二局造册申报，社会事业局审核后，通过农业银行中宁支行红寺堡营业所直接拨入教师个人工资账户。2002年1月开始，教师工资由教育文体广电局造册申报，红寺堡开发区财政局审核，教师工资统一按时足额发放，并做到逐年增长。

2009年11月，教育局按照《宁夏回族自治区义务教育学校实施绩效工资意见的通知》《宁夏回族自治区义务教育学校教职工绩效考核办法》《关于红寺堡开发区义务教育学校实施绩效工资办法的通知》精神，研究制定《红寺堡区义务教育阶段学校校长、党支部书记津贴发放办法(试行)》《红寺堡区义务教育阶段学校农村教师补贴发放办法(试行)》《红寺堡区义务教育阶段中小学班主任津贴发放办法(试行)》，对义务教育阶段教师绩效工资发放做出新的规定。基础性绩效工资依据教师工龄、职称等因素确定，按月发放；奖励性绩效工资依据教师工作量、业绩、贡献和岗位因素确定，根据考核结果不定期发放。

义务教育阶段学校班主任津贴，从义务教育阶段学校教师奖励性绩效工资总量内按20%计提，当月考核、次月发放。学校制定考核办法，分为优秀、良好、合格、基本合格四个等级，凡考核合格以上等次者全额发放，基本合格者发60%，具体发放标准按班额大小由各学校确定，并按学校逐月汇总、分管副校长把关、校长签发、报教育局审核的程序进行，最后由财政局按教育局核定的金额拨入个人工资账户。

义务教育阶段校长、党支部书记津贴，在义务教育阶段教师奖励性绩效工资总量内计提。津贴总量=奖励性绩效工资总量÷义务教育教职工总人数×1.8×义务教育阶段校长和党支部书记总人数。补贴标准在义务教育学校计提的校长津贴总量内，设履职津贴(占40%)和效能津贴(占60%)；履职津贴按月发放，月人均约300元；效能津贴每学期末根据《宁夏回族自治区义务教育学校教职工绩效考核办法》相关规定，由教育局考核后一次性发放，月人均约430元；考核合格以上等次者效能津贴全额发放，基本合格者发放效能津贴的50%，财政局按教育局核定的金额拨入个人工资账户。

校长、党支部书记以外教职工的奖励性绩效工资由学校根据《宁夏回族自治区义务教育学校教职工绩效考核办法》，制定学校教职工绩效考核细则，逐层审核上报，最后由财政局按教育局核定金额拨入个人工资账户。直属学校副校长、党支部副书记、教育局股室负责人、村级小学校长、幼儿园园长均参照班主任津贴发放。

农村学校正式在编在岗教师（不含编外教师、特岗教师、支教教师和病事假不在岗教职工）的补贴，按照月人均70元的标准从红寺堡区义务教育阶段教师奖励性绩效工资总量内计提，作为农村教师补贴总量，补贴标准根据学校距城区中心距离，分9个层次：2～5千米30元/人·月、6～10千米60元/人·月、11～15千米70元/人·月、16～20千米80元/人·月、21～25千米100元/人·月、26～30千米110元/人·月、31～35千米130元/人·月、36～40千米160元/人·月、40千米以上180元/人·月。按照教育局制定的绩效考核办法和学校制定的奖励绩效工资分配办法，在考核基础上按月发放。经学校申报、教育局审核后，由财政局拨入个人工资账户。

是月，教育局按照新的绩效工资发放规定，核定了红寺堡区义务教育阶段学校教师2009年1—11月的绩效工资，财政局按照教育局核定的金额，补发了教师2009年1—11月的绩效工资。

2014年3月，红寺堡区人社局、财政局、教育局联合制定《吴忠市红寺堡区义务教育阶段农村学校教师补贴发放办法》（红教发〔2014〕75号），按农村学校在编在岗教师的人数每月人均200元的标准核拨乡村教师补贴。教育局根据农村学校距离县城远近、交通条件、地理位置、环境艰苦程度等因素，将红寺堡区乡村学校（含公办幼儿园）划分为二个类区，其中一类区8所，二类区63所。补贴标准为一类区月人均170元，二类区月人均200元。2016年，乡村学校教师补贴标准增至月人均500元，平均发放。2017年9月，教育局将乡村学校（含幼儿园）调整为四个类区，教师补贴按四档标准发放。补贴标准为一类区月人均260元，二类区月人均460元，三类区月人均660元，四类区月人均860元。

2018年1月，红寺堡区校（园）长、党支部书记、班主任等人员的奖励性绩效工资纳入地方财政预算，按考核结果依程序发放，发放办法不变。

三、社会保障

1999年开始,按照国家、自治区有关规定,红寺堡的教师和其他事业单位职工一样,享受相同标准公费医疗、病假、女职工产假及教职工退休待遇。

2011年开始,为解决农村教师住宿问题,在国家、自治区政策指引下,红寺堡区争取项目支持,并按"偏远优先,布点均匀"的原则,先后在大河乡、新庄集乡、红寺堡镇、柳泉乡、太阳山镇建设教师周转宿舍13幢384套,建筑面积13510平方米,投入资金2892.73万元。

2012年2月开始,红寺堡区人民政府每年补贴800万元,用于义务教育阶段乡村学生营养早餐和免费午餐,同时将乡村教师纳入供餐范围,生活上为乡村教师提供方便。

2015年开始,自治区政协办公厅、教育厅每年评选一批"最美乡村教师",红寺堡区四年共23人入选,每人获奖金5000元。

2016年开始,为提高教师待遇,自治区教育厅启动从教30年以上乡村教师疗养活动,每年安排一定数量的乡村教师到自治区外重点疗养中心开展疗养活动。2017年开始,吴忠市教育局每年安排一定数量、从教30年及以上优秀在职教师到四川都江堰参加培训疗养。红寺堡区先后共有37名教师参加了疗养。

2018年开始,红寺堡区对遭遇重大变故、患重大疾病或特别困难的教师给予一次性不低于5000元的救助,所需费用由地方财政承担。

2016—2018年红寺堡区疗养教师情况表

表10-22

序号	姓名	性别	民族	职称	学校	疗养时间	组织单位
1	白忠信	男	汉族	高级	官店小学	2016年	自治区教育厅
2	朱世君	男	汉族	高级	柳泉中心小学	2016年	自治区教育厅
3	杨　平	男	汉族	高级	南角湾小学	2016年	自治区教育厅
4	马玉武	男	回族	高级	中川小学	2016年	自治区教育厅
5	王万林	男	汉族	高级	大河第七小学	2017年	自治区教育厅
6	白宝华	男	汉族	高级	东川小学	2017年	自治区教育厅
7	王彦荣	男	汉族	高级	红寺堡中心小学	2017年	自治区教育厅
8	张伏强	男	回族	高级	永泉小学	2017年	自治区教育厅

续表10-22

序号	姓名	性别	民族	职称	学校	疗养时间	组织单位
9	吴殿荣	男	汉族	高级	第一中学	2017年	吴忠市教育局
10	路秉国	男	汉族	高级	第三中学	2017年	吴忠市教育局
11	王志璐	男	回族	高级	回民中学	2017年	吴忠市教育局
12	王　熙	男	汉族	高级	第二小学	2017年	吴忠市教育局
13	虎久娥	女	汉族	高级	河水小学	2017年	吴忠市教育局
14	马生成	男	回族	高级	玉池小学	2017年	吴忠市教育局
15	杨金奎	男	回族	高级	富康小学	2017年	吴忠市教育局
16	马凤莲	女	回族	高级	兴旺小学	2017年	吴忠市教育局
17	张天佐	男	汉族	高级	燕宝小学	2017年	吴忠市教育局
18	金学礼	男	回族	高级	太阳山中心小学	2018年	自治区教育厅
19	马玉杰	男	回族	高级	大河第九小学	2018年	自治区教育厅
20	胡永宁	男	汉族	高级	洪沟滩小学	2018年	自治区教育厅
21	于文有	男	回族	高级	甜水河小学	2018年	自治区教育厅
22	张　龙	男	汉族	高级	红寺堡中心小学	2018年	吴忠市教育局
23	张世明	男	汉族	高级	柳泉中心小学	2018年	吴忠市教育局
24	丁琛南	男	汉族	高级	柳泉小学	2018年	吴忠市教育局
25	赵宗林	男	汉族	高级	西川小学	2018年	吴忠市教育局
26	张树俭	男	汉族	高级	太阳山中心小学	2018年	吴忠市教育局
27	张旭峰	男	汉族	高级	大河中心小学	2018年	吴忠市教育局
28	海生江	男	回族	高级	回民小学	2018年	吴忠市教育局
29	武金成	男	回族	高级	燕宝小学	2018年	吴忠市教育局
30	李树林	男	汉族	高级	第二中学	2018年	吴忠市教育局
31	吕怀春	男	汉族	高级	教育局	2018年	吴忠市教育局
32	任进辉	男	汉族	高级	柳泉小学	2018年	自治区教育厅
33	冯庆龙	男	汉族	高级	光彩小学	2018年	自治区教育厅
34	马建山	男	回族	高级	红寺堡中心小学	2018年	自治区教育厅
35	苏国雄	男	汉族	高级	杨柳小学	2018年	自治区教育厅
36	史德才	男	汉族	高级	东川小学	2018年	自治区教育厅
37	马天魏	男	回族	高级	大河第九小学	2018年	自治区教育厅

四、表彰奖励

2000年开始，各级党委、政府和上级教育主管部门每年均会表彰奖励对教育事业做出突出贡献的红寺堡的教师和教育工作者。为了稳定教师队伍，提高师资水平,发挥优秀教师的带头作用,红寺堡制定了一系列表彰奖励措施,每年教师节之际,红寺堡区委(开发区工委)、区政府(管委会)对优秀教师(优秀校长、优秀班主任、优秀德育工作者、优秀学科教师、教学成绩突出教师、优秀支教教师等)进行表彰奖励,并发放一定数额的奖金;每年年终,按教师总数的15%评选年终考核优秀教师,从2017年开始,对年终考核优秀教师发放1000元奖金。

2000—2018年红寺堡历届教师节获县(区)级表彰奖励教师情况表

表10-23　　单位:人

年份	先进工作者	优秀教师	优秀班主任	优秀校长(管理人员)	优秀德育工作者	优秀共产党员	优秀学科带头人(教坛新秀)	优秀支教教师	"两基""均衡"先进个人	教学成绩突出先进个人	"平安建设"先进个人	其他	小计
2000	—	4	—	—	—	—	—	—	—	—	—	—	4
2001	—	24	—	—	—	—	—	—	—	—	—	—	24
2002	—	26	—	8	—	—	—	—	—	—	—	—	34
2003	—	22	—	3	—	—	—	—	—	—	—	—	25
2004	—	22	—	4	—	—	—	—	—	—	—	—	26
2005	2	4	4	—	—	1	1	—	154	—	—	—	166
2006	26	50	—	—	—	—	—	—	—	—	—	—	76
2007	10	22	16	2	—	—	—	13	—	—	—	—	63
2008	10	40	—	—	20	—	20	20	—	—	—	—	110
2009	10	40	6	10	20	—	20	20	—	50	—	—	176
2010	10	50	50	10	10	—	—	10	—	12	—	—	152
2011	10	50	20	18	10	—	—	10	—	15	—	—	133
2012	10	50	20	18	10	—	—	10	—	25	—	—	143
2013	20	40	40	21	—	—	—	—	—	—	—	—	121
2014	20	80	50	10	—	—	—	11	—	—	—	1	172
2015	25	60	80	—	—	—	—	4	—	—	10	16	195
2016	12	80	50	8	—	—	—	2	—	—	—	—	152
2017	20	100	70	10	—	—	—	2	—	—	—	—	202
2018	20	100	70	10	—	—	—	2	111	—	—	—	313
合计	205	864	476	132	70	1	41	104	265	102	10	17	2287

第十一章　教学研究

二十年的努力探索，红寺堡教研工作在自身发展的基础上，通过开展教育交流，借鉴吸收教育发达地区的教研经验，形成了自己独特的抓手和模式。20年来，红寺堡历届政府重视教研工作，全方位出台相关政策；教育主管部门狠抓教育教学研究，适时制定教研激励相关制度；教研组织机构通过各种手段和渠道，采取多种形式开展教研活动，以研带教，以研促教；各基层学校互观互学，扎实开展校本教研。红寺堡的教学研究工作取得了丰硕的成果，促进了教师的全面成长，促进了学生的全面发展，促进了教学质量的全面提升。

第一节　教研组织机构

一、区（县）级

2003年4月，红寺堡开发区教学研究室成立，属教育文体广电局下属事业单位，设主任1名（副科级），教研员4名，2005年1月起变更为无级别内设股室。2010年11月，吴忠市红寺堡区教学研究培训中心设立，吴忠市机构编制委员会核定为红寺堡区教育局所属事业单位，人员编制5名。主要承担教育教学研究、教师培养培训、教育信息化工作推进等职能。2015年12月，经红寺堡区人民政府申请，吴忠市机构编制委员会同意撤销红寺堡区教学研究培训中心，将其职能、人员编制划入红寺堡区教育考试中心，划入后，红寺堡区教育考试中心核定全额预算事业编制10名，承担教育教学研究职能。2016年12月，教育局会议研究决定，将教学研究培训中心变更为教育局内设股室，其工作职能和工作性质不变。2018年2月，教育局机关股室调整，教培中心更名为教研教培中心，将教育信息化相关职能归至信息化管理办公室。

二、学校(乡镇)级

乡镇中心学校 红寺堡各乡镇的中心学校既是一级教育行政管理机构,也是一级教研组织机构。乡镇中心学校在校长的领导下,组织辖区学校的教研活动,校长及工作人员均担任兼职教研员的角色,指导辖区学校学科教研和课程改革工作。同时,中心学校一般设专职教研员1名,负责对接上级教研组织机构安排的各项工作和中心学校各类教研活动计划、方案的制定,并指导辖区学校教学常规工作的落实。

教务处 红寺堡各级各类学校均设有教务处,教务处是学校教学活动的主要组织机构,主要负责学校教学工作计划的制订和组织实施,教师课程分配安排,常规教学活动过程的检查考核和管理,同时各学校教务处还承担学校教研活动的组织实施。教务处一般设主任1名、干事若干名,直属中小学设副主任1~2名。直属中小学教务主任由校长提名,教育主管部门任命。

教科研室 红寺堡城区规模较大的中学,学校除设立教务处之外,还设立教科研室,专门负责学校教研教改活动的组织开展,并与教务处共同组织开展教师业务培训等活动。教科研室一般设主任1名、干事若干名,由学校选配任命。

教研组 红寺堡各中小学根据实际情况,均设立不同的学科教研组,作为学校组织教学与开展教研活动的基层业务机构。中学一般每学科均设有教研组;小学一般语文、数学、英语各设立一个学科教研组,另设立一个综合教研组;职业技术学校建校之初设立公共课和专业课两个教研组。各学校教研组长由学校选配任命。

年级组 为适应教育教学改革发展的需要,红寺堡城区各中小学以同一个年级为单位设立年级组。年级组以同一年级的任课教师、班主任为组合体,除执行教学事务管理工作外,还定期组织开展教育教学研讨活动,互通信息,切磋交流,协调工作,形成年级内教师协作、竞争的整体合力。年级组长由学校选配任命。

第二节 教学研究活动

一、课堂质量达标工程

2000年10月,为了加强学科教研、完善课堂教学评价体系,提高教学管理水平,保证所有课的基本质量,把素质教育落实到课堂,全面提高中小学课堂教学质量、效益,自治区教育厅印发《关于在全区中小学实施“课堂教学质量工程”的通知》,要求宁夏全区中小学(小学、初中、高中)开展“课堂教学质量工程”(简称“工程”)。2002年2月,红寺堡开发区教育文体广电局按照自治区教育厅“工程”要求,成立红寺堡开发区课堂教学质量工程领导小组,结合红寺堡开发区教学实际,制定《红寺堡开发区中小学课堂教学质量工程实施方案》,决定在红寺堡开发区实施课堂教学质量一期工程,按照学习准备(2002年3月至2003年2月)、全面实施(2003年3月至2007年12月)、巩固提高(2008年1月至2008年12月)三个阶段组织实施。红寺堡开发区组建县(教学研究室)、乡(中心学校、直属学校)、村(村级小学、直属学校教研组)三级课堂质量工程评价组,采取随机抽样听课的方式,依据“工程”五项基本标准(上课准备充分、课堂活跃有序、师生关系平等、教学活动民主、教学实效明显)评定达标课(村级评价组2/3以上评价员认定)、达标教师(乡级评价组一学期内间断性评定教师3节达标课)、达标学校(县级评价组评定学校5~10节达标课)。达标教师和达标学校由红寺堡开发区课堂教学质量工程领导小组颁发相应达标证书。截至2008年年底,红寺堡开发区99%的学校参与了一期“工程”的实施,86%的教师评定为“达标教师”,80%的学校评定为“达标学校”。

2011年1月,为深化红寺堡区课堂教学研究,提高课堂教学的有效性,完善教学评价制度,形成符合学校实际的校本研修制度,促进教师专业发展,教培中心依据自治区教育厅发起实施的“第二期课堂教学质量工程”有关文件精神,结合吴忠市教育局《教材教法达标活动实施方案》的相关要求,指导学校实施以“熟悉课程标准,钻研学科教材,掌握教材教法”为主要内容的“课标教材教法达标工程”。教培中心依据课堂教学质量五项基本标准对教师课堂教学的评定分优秀(85分及以上)、良好(75～84分)、合格(60～74分)、不合格(60分以下)四个等次(合格及以上等次为达标)。学校教师通过课标教材学习、教材教法研修、课堂教学实践三个阶段的学习实践,经乡镇中心学校(直属学校)全员初评、教培中心抽测终评,红寺堡区“课标教材教法达标工程”暨“第二期课堂教学质量工程”于2012年12月结束,专任教师达标率为100%。

二、学科教研进课堂

2006年9月,为了快速全面提高教学质量,特别是中学阶段教学质量,教育体育局、教育事务管理中心会议研究决定：本着“教研进课堂，课堂出教研”的教学理念，以新课标为指导，以教师教学水平和学生的实际学情为依据，诊断教师教学和学生学习中凸现的问题，研究解决各学科在新课改中的困惑，提高教师教科研能力，促进学生的全面发展，推动课程改革深入实施，决定开展“学科教研进课堂活动”。教育体育局印发《学科教研进课堂实施方案》，成立以教育体育局副局长、教育事务管理中心主任刘鹏跃为组长的领导小组和以教研室主任贾庭洲为组长的工作小组，明确工作措施，确定实验学校及科目：第二中学开展中学语文、数学、英语实验，红寺堡小学开展小学语文实验，第二小学开展小学数学实验。活动分三个阶段进行：学习启动阶段（2006年10—11月），深入实施阶段（2006年12月至2007年12月），总结推广阶段（2008年1—8月）。活动目的和主要内容为：学校基于实际完善校本教研制度，教研组进行小课题研究解决教学中的突出问题，教师通过活动提高教科研水平，学生进行自主学习的实践探究。2008年9月，红寺堡开发区学科教研进课堂活动结束。

三、联片教研活动

2008年10月，为有效整合教师资源，提高教研质量，缩小城乡教育差距，教育体育局决定实施“联片教研”活动，所有中学为第一片区，红寺堡小学、太阳山镇中心学校、大河乡中心学校为第二片区，第二小学、红寺堡镇中心学校、南川乡中心学校为第三片区。片区之间以“专题报告+课堂教学+主题研讨”的形式组织开展教研活动，以期达到资源共享、互学互促、共同提高的目的。2013年3月，教育局重新组建“联片教研”活动片区，以教培中心和4所直属中学、5所乡镇中心小学为第一片区，第一小学和太阳山镇中心学校、大河中心学校所辖的21所村级小学为第二片区，第二小学与南川乡中心学校和红寺堡镇中心学校所辖的28所村级小学为第三片区，第三小学与柳泉乡中心学校及所辖15所村级小学为第四片区，结合教育局《关于印发“三区”人才支持计划教师专项计划实施方案》（红教发〔2013〕220号），以“集中连片、分期分批、全面覆盖、接龙帮扶”的方式，教研员和直属学校的骨干教师到片区农村学校担任相应课程或学科的教学指导帮扶任务，通过集体备课、同课异构、结对帮扶、举办讲座、上示范课等多种形式，帮助受援学校的教师提高教学水平和业务能力。

四、高效课堂活动

2014年10月，教育局印发《红寺堡区中小学高效课堂建设实施方案》，方案规划红寺堡区开始在中小学分层试点开展高效课堂建设行动，计划到2017年中小学全部进入高效课堂建设。10月11日，红寺堡区中小学高效课堂建设启动会在第一小学会议室召开，各中心学校校长、教研员，直属学校校长、教学副校长、教务主任，相关股室负责人参加启动会，教育局副局长刘鹏跃主持会议，局长孙冲做动员讲话。11月8日，教育局召开红寺堡区中小学高效课堂建设试点校教师培训会议，七、八年级语文、数学、英语学科教师及教务处全体人员，小学直属学校三年级语文、数学、英语学科教师及其余年级备课组长和教务处全体人员，乡镇中心学校教研员、教务主任、中心小学三年级科任教师及其余年级备课组长，试点校中层以上管理人员共500人参加。教培中心按照高效课堂建设规划，确定分批次试点学校及实验时间。小学阶段选取的首批试点学校为第二小学、第三小学，起止时间为2014年8月至2015年9月；第二批试点学校为第一小学、回民小学、红寺堡中心小学，起止时间为2015年9月至2016年9月；第三批试点学校为燕宝小学、柳泉中心小学，起止时间为2016年8月至2017年9月。试点学校以三年级起始跟进的方式开展实验。初中阶段所有学校均加入高效课堂实验教学，计划起止时间为2014年至2017年。

2015年2月，教育局制订《红寺堡区中小学高效课堂实施指导意见》《红寺堡区中小学高效课堂建设评价办法（试行）》《红寺堡区中小学高效课堂建设实施指南》《2015年红寺堡区中小学高效课堂实施方案》，安排100万元专项资金推动高效课堂建设。教培中心指导各试点学校成立高效课堂工作小组，帮助学校制定高效课堂考评细则和学生小组合作学习评价细则。教育局两次组织56名教学管理人员、骨干教师赴山西省太谷县学习考察高效课堂建设，3次召开专项推进会，聘请山西省太谷县教育专家举办专题讲座5场，送课引领14节，红寺堡区参与教师达千余人次。试点学校以高效课堂建设为主题，与自治区内外院校开展教育交流，培训教师、培训学生、培训家长，以期初步形成管理科学、家长配合、学生预习独立学、小组合作探究学、集体交流展示学的高效课堂教学模式。

2016年，教育局以常规教学精细化、教学研究制度化、教学督导科学化的管理为重点在试点学校推动高效课堂建设，开展分层次教学指导、全员教师“三字一画一能一课”(粉笔字、钢笔字、毛笔字、简笔画、提高信息技术应用能力、上公开课)基本功提升活动,以抓教师集体备课技能、提高教师信息技术应用能力、提升多媒体设备使用效率为手段深化高效课堂建设。部分试点学校在借鉴自治区内外学校高效课堂建设经验的基础上,开始结合本校教学实际,总结提炼“高效课堂”教学模式,课堂教学重点关注学生养成教育、小组合作学习、突出学生主体地位。

五、“一体两翼”活动

2018年2月,为进一步提升红寺堡区青年教师信息技术与学科教学深度融合能力,促进其专业发展,红寺堡区教育局制订《红寺堡区青年教师“一体两翼”活动方案》(红教发〔2018〕69号)。教研教培中心以“师德”为体,以“学科教学”与“信息技术”为两翼,于2018年3—5月组织实施了针对6年以下教龄的青年教师首届“一体两翼”活动,700余名青年教师参加。通过“课标学用、课堂展示、思辨与综合技能”等环节的系列竞赛,评选出10名教坛新秀、80名学科带头人培养对象和114节青年教师优质课。

六、“学科大教研”活动

2018年年底,为解决教研工作无法以常态形式发生在一线课堂、乡村和薄弱学校无法享受名优骨干教师资源的问题,教育局在学前教育阶段、义务教育阶段、高中教育阶段和中职教育阶段组建9个教育共同体、教研共同体和教师专业发展共同体,形成基于“三维九纵”的“优质学校+薄弱学校”的“学科大教研”工作体系。创建43个名师骨干人才工作室,以主持人为首席教师,核心成员为基本力量,纳入同学科三级骨干教师,旨在形成辐射本学科全体教师的线上线下教研共同体和教师专业发展共同体局面,通过创新学科教研工作模式,将工作室打造成集教学、教研和培训于一体的学科教研组织,围绕“互联网+教学”路径,推进创新素养教学向纵深发展。

第三节　教育交流

一、区(县)级层面的教育交流

红寺堡区委(开发区工委)、区政府(管委会)为解决红寺堡教育发展难题,曾数次组织相关人员赴北京、江苏、陕西、河北、山东、山西、福建、上海等教育发达地区考察学习。为扬长避短,相互学习、相互促进,红寺堡教育行政部门及其业务部门(各股室)组织开展了许多教育交流活动。按照上级文件精神要求,红寺堡也承担(办)了多次教育交流活动。

(一)联片教研

2008年10月,为有效整合教师资源,提高教研质量,缩小城乡教育差距,教育体育局决定实施"联片教研"活动,片区之间以"专题报告+课堂教学+主题研讨"的形式组织教研活动,以达到资源共享、互学互促、共同提高的目的。2013年3月,教育局重新组建"联片教研"片区,以"集中连片、分期分批、全面覆盖、接龙帮扶"的方式实施"联片教研"活动,通过集体备课、同课异构、结对帮扶、举办讲座、上示范课等多种形式,帮助受援学校教师提高教学水平和业务能力,加强红寺堡区内校际教育交流和教学研讨。

(二)国培计划

2010年9月,红寺堡区开始参与"国培计划"项目,许多教师有了"走出去"到教育发达地区学习交流的机会,同时,许多知名的教育专家、名师、名校长也被"请进来",在红寺堡区举办讲座,示范讲学,深入基层学校指导教学实践。2016年红寺堡区申请成为"国培计划——宁夏培育性示范县(区)",项目由国家教育行政学院承担。项目统筹实施乡村中小学校(园)长助力培训、乡村中小学(幼儿园)教师访名校培训、乡村中小学(幼儿园)送教下乡培训、乡村中小学培训者团队置换脱产研修培训、网络与校本研修整合培训五类项目,均有教育交流活动。2010—2016年,红寺堡区通过"国培计划"项目实施,"走出去"学习交流的教师达931人次,"请进来"示范引领的自治区内外教育教学名师专家近百人。

(三)五地会课

2012年4月,吴忠市教育局组织"小学青年教师教学观摩研讨展示五地(利通区、青铜峡、红寺堡、同心、盐池)会课”活动(简称“五地会课”),各县(市、区)教育行政部门主要负责人、教研室教研员,相关学校校长(副校长)、教务(教科研)主任、学科教师代表参与活动。此后“五地会课”活动每年举办一次,5个县(市、区)轮流承办,每次与会人数200～300人,活动重在教学观摩交流研讨,每年的活动主题由吴忠市教育局根据教学改革需要,结合当年教育工作重点确定。2014年4月,红寺堡区承办“五地会课”活动,活动主题开始聚焦中考备考。

(四)高效课堂

2014年10月,教育局启动高效课堂建设,11月8日召开红寺堡区中小学高效课堂建设试点校教师培训会,学校校长、中层管理人员、部分学科教师共计500人参会。2015年3月,教育局组织56名中小学骨干教师到银川参加全国中小学高效课堂观摩研修。11月,组织高效课堂试点校55名教师到甘肃省静宁县第三中学、新城小学观摩学习高效课堂的组织实施工作。12月,组织30名高效课堂试点校管理人员到盐池县观摩学习高效课堂建设。2015年,教育局先后组织4批次270名中小学教师先后分别到山西省太谷县第三中学、明星中学、侯成中学、实验中学、实验小学、明星小学、朝阳小学观摩高效课堂建设,聘请山西省太谷县高效课堂专家组在红寺堡区举办专题讲座5场,示范引领送课14节,参与教师达千余人次。

二、学校级层面的教育交流

红寺堡各学校重视教育交流与合作,学校经常邀请自治区内外知名教师到学校示范讲学,让学校教师及时了解先进教育教学理念和教学方法,借鉴学习先进的教学经验;同时,红寺堡各学校的校长、教师也经常走出去和其他知名学校进行教育教学交流,学习先进管理模式经验、教学手段方法、校园文化建设等成功案例。2014年红寺堡区倡导“高效课堂”开始,学校层面的教育交流开始频繁,与山西省太谷县恒大中学、明星小学等学校的交流较多。

2002—2018年红寺堡学校教育交流情况表

表11-1

时间	学校	交流情况
2002年1月	红寺堡镇中学	邀请自治区教研室主任贺宏伟、副主任朱正平、副主任戴冰青做教学理论讲座

续表11-1

时间	学校	交流情况
2002年10月	红寺堡开发区高级中学	选派10名教师到中卫中学考察学习校园文化建设
2008年7月	红寺堡中学	选派20名教师先后到海原县第一中学、海原县第三小学考察学习学校管理、校园文化建设
2009年3月	红寺堡小学	分批次（每次10人）选派教师到吴忠市利通区第一小学跟岗研修，为期一年，跟岗学习教师50人
2009年12月	红寺堡中学	选派90名教师到银川一中参与听评课、参观校园文化建设、参与交流研讨
2010年3月	红寺堡中学	邀请银川一中专家示范讲学、指导高考复习策略、开展高考复习交流
2010年6月	太阳山镇中心学校	校长任世伟率中心学校班子成员、辖区小学校长及寄宿管理教师到盐池县惠安堡中心小学考察学习寄宿制办学
2010年10月	第二中学	选派33名教师到唐徕回中进行课堂教学观摩
2011年10月	太阳山镇中心学校	中心小学六年级所有任课教师及中层管理人员到银川市兴庆区景岳小学观摩学习课堂教学、大课间活动
2012年12月	第三中学	选派38名教师到唐徕回中进行课堂教学观摩
2013年10月	第三中学	邀请银川九中校长王锦秀做教师基本素养讲座
2013年11月	第一中学	选派50名教师先后到银川一中、吴忠中学观摩学习
2013年12月	回民中学	选派32名教师到银川一中跟岗研修
2014年4月	第一中学	27名教师到吴忠中学开展吴忠市高三联考质量分析暨高考研讨会
2014年4月	第三小学	5名管理人员到银川市兴庆区回民二小观摩学习教育信息化及校园文化建设
2014年5月	第三小学	选派10名教师到山西省太谷县明星小学跟岗研修，学习高效课堂，观摩社团活动
2014年6月	第三小学	选派10名教师到山西省太谷县明星小学跟岗研修，学习高效课堂，观摩社团活动
2014年10月	第三小学	选派10名教师到吴忠市开元小学考察学习校园文化建设，观摩社团活动
2014年11月	回民中学	邀请宁夏大学教授支爱玲做教师心理健康教育讲座
2014年11月	第一中学	选派9名教师到衡水中学考察学习
2015年3月	第三中学	选派10名教师到山西省太谷县恒大中学观摩学习高效课堂
2015年3月	第三小学	选派10名教师到山西省太谷县明星小学跟岗研修高效课堂教学模式
2015年4月	第一中学	选派21名教师先后到河北石家庄精英中学、河北衡水二中、河北冀州中学、河北衡水中学考察学习
2015年4月	第三小学	选派10名教师到山西省太谷县明星小学跟岗研修高效课堂教学模式
2015年5月	第三中学	邀请山西省太谷县恒大中学副校长郭强做高效课堂建设讲座
2015年5月	第二中学	选派8名教师到山西省太谷县观摩学习高效课堂建设
2015年10月	第一中学	选派19名教师到衡水中学考察学习
2015年10月	第一小学	马炜、喜文玉、兰永峰及三年级全体科任教师到山西省太谷县跟岗学习高效课堂
2015年11月	回民中学	邀请银川市第三中学8名教师进行教学指导
2015年11月	第三中学	选派8名教师到静宁县第三中学观摩学习高效课堂

续表 11-1

时间	学校	交流情况
2015年11月	第二小学	选派6名教师到静宁县观摩小组合作学习
2015年12月	第三小学	邀请吴忠市教研室主任白忠明做小课题研究专题讲座
2015年12月	第三中学	选派8名教师到盐池县第三中学观摩学习高效课堂
2016年4月	回民中学	邀请自治区教研室教研员葛建华做课题研究专题讲座
2016年4月	第二小学	邀请太谷县明星小学副校长杨淑娟、教师李丽萍示范引领高效课堂建设
2016年4月	第三小学	邀请银川市教科所语文教研员仇千记做作文教学讲座
2016年5月	第二小学	选派10名教师到山西省太谷县明星小学观摩高效课堂
2016年7月	第二小学	选派20名教师到山西省太谷县明星小学观摩高效课堂
2016年9月	第二中学	选派10名教师到山东泰安实验中学跟岗研修
2016年9月	第三中学	选派10名教师到山东泰安实验中学跟岗研修
2016年11月	第二小学	邀请太谷县明星小学副校长杨淑娟、教师李丽萍示范引领高效课堂建设
2016年11月	第二小学	选派20名教师到青海省大通县青山乡中心学校观摩学习高效课堂建设
2016年11月	第二中学	选派10名教师到江苏镇江实验中学跟岗研修
2016年11月	第二中学	选派45名教师到银川市第十八中学观摩课堂教学、考察学校管理、参观校园文化建设
2016年12月	第三中学	选派12名教师到宝鸡市高新中学跟岗研修
2017年4月	大河中心学校	校长马千里率辖区小学校长到盐池县第五小学观摩学校管理、功能室建设、校园文化建设
2017年4月	第二中学	邀请银川市第十八中学校长张湑娟一行开展教学指导、做专题讲座
2017年5月	第一小学	选派20名教师到广东省肇庆市第十五小学观摩学习学校管理、课堂教学
2017年5月	第二小学	选派11名教师到广东省肇庆市第十五小学观摩学习学校管理、课堂教学
2017年5月	回民中学	邀请吴忠市妇联家庭教育指导中心讲师丁雪红做青春无悔讲座
2017年5月	第二中学	选派12名教师到四川省成都市双流区棠湖中学实验学校观摩学习高效课堂
2017年9月	大河中心学校	与银川市二十一小签订帮扶协议，后分批次(每批次10～12人)选派教师到银川市二十一跟岗研修，为期两年，跟岗学习教师近百人
2017年9月	红寺堡中心学校	吴忠市郭家桥中心学校10名教师到学校“送教下乡”
2017年9月	红寺堡中心学校	邀请吴忠市教研室主任白忠明一行7人进行教学指导
2017年9月	第二中学	选派10名教师到银川市第十八中学跟岗研修
2017年11月	第一中学	选派14名教师到石嘴山市第三中学观摩学习学校管理、学科教研
2017年11月	红寺堡中心学校	邀请吴忠市教研室副主任马长革进行教学指导
2018年5月	红寺堡中心学校	与吴忠市郭家桥中心学校以“落实有效课堂，培育创新素养”为主题组织教研活动
2018年5月	红寺堡中心学校	自治区教研室教研员武卫民及银川市二十一小的部分教师到校开展“送教下乡”活动
2018年10月	回民中学	邀请宁夏大学教授张玲做教育教学改革专题讲座

续表 11-1

时间	学校	交流情况
2018年10月	第一中学	选派34名教师先后到甘肃省静宁县文萃中学、第一中学观摩学习教育教学管理、教育科研、学生管理、校园文化建设
2018年10月	红寺堡中心学校	选派于飞、杨慧玲、邵晓云3名教师到吴忠市郭家桥中心学校跟岗研修
2018年11月	第一中学	选派4名教师到福建省德化县第一中学跟岗学习
2018年11月	红寺堡中心学校	吴忠市第十三教研共同体以“创新素养背景下的课题研究与学生问题意识培养策略研究”为主题开展教研活动
2018年11月	回民中学	选派42名教师到银川市第十五中学观摩学习课程改革

第四节　教育刊物

一、基本情况

2001年9月，红寺堡镇中学创办红寺堡第一份校报——《红寺堡镇中学校报》，学校政教主任张耀忠为该报主编。2004年4月，红寺堡中学创办校刊《绿沙》，共出刊4期，后由于刊物主创教师调离而停刊。此后红寺堡城区中学都曾创办过校刊。红寺堡各中学创办的校刊，均受到学生的普遍喜爱。校刊文章多为师生原创，间有时事热点选登、美文佳句摘录。主要记载学校大事、学生成长、师生情谊、校园生活等内容。校刊从采编到发行均由教师协助学生完成，学生是编辑的主体，校刊设计排版图文并茂，全部彩色印刷，实行校内发行。

2001—2018年红寺堡教育刊物一览表

表 11-2

刊物名称	类别	创刊时间	主办单位	停办时间	出刊期数
《红寺堡镇中学校报》	校报	2001年9月	红寺堡镇中学	2004年4月	36期
《绿沙》	校刊	2004年4月	红寺堡中学	2005年9月	4期
《新星》	校刊	2004年9月	第二中学	2014年9月	15期
《吻雨》	校刊	2012年5月	回民中学	2013年3月	2期
《犁约河》	校刊	2014年6月	第三中学		9期
《耘梦》	校刊	2017年3月	第二中学		1期
《一叶舟》	校刊	2018年1月	第一中学		3期

二、优秀教育刊物选介

(一)《绿沙》

2003年3月,《红寺堡中学校报》更名为《绿沙》。2004年4月,《绿沙》由校报升为校刊,刊名寓意"莘莘学子在沙滩上培植生命,创造新绿的美好愿望"。这是红寺堡开发区学校创办的第一份校园杂志,红寺堡中学语文组组长陈永康任主编。是年,《绿沙》被中国语文报刊协会课堂教学分会评为全国优秀校园刊物。2005年9月,《绿沙》停刊,共出刊4期。《绿沙》选登的一些学生作品,曾被《语文报》等全国性刊物收录。

《红寺堡中学校报》与校刊《绿沙》

(二)《犁约河》

2014年5月,为给学校师生搭建一个展示个性风采的舞台,提供一处相互交流的空间,第三中学成立"犁约河"文学社,犁,即耕耘;约,即相约;河,即黄河,整体寓意"相约扬黄灌区,耕耘美好生活"。与之并行的文学校刊《犁约河》也在学校内部正式发行。其主要版块有刊首寄语、成长足迹、时代同行、人物传记、星

第三中学校刊《犁约河》

星诗画、书海拾贝等。其宗旨是：丰富校园生活，陶冶学生情操，提高教师素质，促进学校成长，弘扬文明和谐的校园文化主旋律。《犁约河》每学期发行1期，截至2018年年底，共发行9期。

（三）《一叶舟》

第一中学校刊《一叶舟》

2018年1月，第一中学新任校长王晓龙提名并组织人员成立“一叶舟文学社”，“一叶舟”来源于学校校徽的整体形象，寓意“扬帆远航，筑梦未来”，同期创办文学校刊《一叶舟》，学校语文教师王国军任主编。《一叶舟》常设栏目有学校大事记、本期特稿、本刊特辑、烛光点点、星光灿烂、美文悦读、作文指导等，主要刊发内容充实、思想健康，弘扬正能量的师生作品，包括小说、散文、诗歌、读书笔记、随笔、同题作文等，每学期发行1期。截至2018年年底，《一叶舟》共编印3期，深受师生和兄弟学校文学爱好者的认可与好评。

第五节　科研成果

一、专著、专利及科技创新

红寺堡教师专著情况表

表11-3

作品名称	作者	作者单位	专著类别	出版时间	出版社
《大漠长歌》	张治乾	第二中学	专著	2011年8月	中国文联出版社
《义务教育学科教学指导（初中英语）》	郭一鸣	教培中心	编著	2013年8月	黄河出版传媒集团 宁夏人民教育出版社

红寺堡教师专利成果情况表

表11-4

专利名称	专利号	专利权人	专利权人所在单位	专利类型	授权时间	授权单位
照明电路综合演示仪	201620573592	田　江	第二中学	实用新型	2016年4月	国家知识产权局专利局
声学综合演示仪	201620727489	田　江	第二中学	实用新型	2016年7月	国家知识产权局专利局

红寺堡教师科技创新成果情况表

表11-5

成果名称	作者	所在单位	成果分类	获得时间	授予单位
动能和势能综合演示仪	郝　静	第二中学	应用技术	2013年11月	自治区教育厅
提高农村教师队伍素质途径探析	张定月	教培中心	软科学研究	2014年12月	自治区教育厅 宁夏教育科学规划领导小组
滑动摩擦力演示器	马玉明	第二中学	应用技术	2015年5月	自治区教育厅
液体压强多功能演示仪	杨明明 万　军	回民中学	应用技术	2016年6月	自治区教育厅教研室
空气压力式喷泉	万　军 杨明明	回民中学	应用技术	2016年6月	自治区教育厅教研室
(全能型)力矩测试器	杨伟海	第二中学	应用技术	2016年6月	自治区教育厅
青少年科级实践活动	李　滋	第二中学	应用技术	2017年6月	吴忠市教育局 吴忠市科技局

二、课题研究

红寺堡教师课题研究成果情况表

表11-6

课题编号	课题名称	课题项目	主持人	所在单位	结题时间	评选等次	鉴定单位
2010011	小学生学习过程中各种心理问题的研究	吴忠市首届基础教育教学课题	庞彩珍	红寺堡小学	2011年3月	结题	吴忠市教育局
2012014	民间剪纸、刺绣、花儿与校本特色教学研究	自治区“百标工程”2012年度项目学校内涵发展行动研究课题	牛　海	回民中学	2013年9月	三等奖	宁夏百所回民中小学标准化建设工程领导小组办公室
201303A041	小学语文作业设计与指导的行动研究	宁夏第三届基础教育教学课题研究	刘新巧	第二小学	2013年12月	三等奖	自治区教育厅
201303S013	太阳山镇中心学校寄宿生心理问题成因及对策的研究	宁夏第三届基础教育教学课题研究	任世伟	回民中学	2013年12月	三等奖	自治区教育厅
201303V012	红寺堡区学校教研方式实践研究	宁夏第三届基础教育教学课题研究	郭一鸣	教培中心	2013年12月	结题	自治区教育厅
201303A035	小学语文课堂教学中教师评价语言的有效性研究	宁夏第三届基础教育教学课题研究	李学香	第一小学	2013年12月	结题	自治区教育厅
NBEA1005-ZXM160	中考语法设题分析与教学应对策略研究	中国基础教育英语教学研究资助金项目“宁夏初级中学英语教学与测试改革研究”子课题	暴怀勇 李会忠	第三中学	2014年1月	一等奖	自治区教育厅教研室 中国教育学会外语教学专业委员会
（2014）70	薄弱高中学校党员教师在教学中发挥引领作用的研究	宁夏党建研究会教育系统党建研究专业委员会课题	米占郡	第一中学	2015年11月	优秀奖	自治区教育厅
2013001	新上岗教师专业成长的行动研究	自治区“百标工程”2013年度项目学校内涵发展行动课题	马汉兰	第三小学	2016年3月	结题	宁夏百所回民中小学标准化建设工程领导小组办公室
FHB130491-009	以信息技术为基础的农村中学开放式数学课堂的教学研究	“十二五”教育部规划课题	杨　南	回民中学	2016年12月	三等奖	自治区教育厅
2015058	探索基层党建宣传工作有效途径研究	宁夏党建研究会教育系统党建研究专业委员会课题	张步科	第三小学	2016年12月	结题	自治区教育工委 自治区教育厅
2015060	学校党组织建设校本课程研究	宁夏党建研究会教育系统党建研究专业委员会课题	米占郡	第一中学	2016年12月	结题	自治区教育厅
16NXBB08	移民地区女童辍学原因分析及对策研究	自治区“百标工程”2016年度项目学校课题	吴建军	回民中学	2017年10月	结题	宁夏百所回民中小学标准化建设工程领导小组办公室

续表11-6

课题编号	课题名称	课题项目	主持人	所在单位	结题时间	评选等次	鉴定单位
16NXBB13	红寺堡区“百标学校”网络环境下校本研修常态化的实践研究	自治区“百标工程”2016年度项目学校课题	赵　洁	教培中心	2017年10月	结题	宁夏百所回民中小学标准化建设工程领导小组办公室
16NXBB11	以动物探秘研究性学习为依托促进学生创新能力培养的实践研究	自治区“百标工程”2016年度项目学校课题	孙学梅	第二小学	2017年10月	结题	宁夏百所回民中小学标准化建设工程领导小组办公室
JXKT-XW-04-074	基于单元作文教学目标完成度和导学案设计的行动研究	宁夏第四届基础教育教学课题研究	马　莉 蒙小荣	第三小学	2017年12月	三等奖	自治区教育厅
JXKT-ZW-04-003	信息环境下初中语文课堂教学模式的实践研究	宁夏第四届基础教育教学课题研究	魏耀峰	教培中心	2017年12月	三等奖	自治区教育厅
JXKT-ZZ-04-036	初中政史综合教育的开发与实践研究	宁夏第四届基础教育教学课题研究	陈　岳	第二中学	2017年12月	结题	自治区教育厅
JXKT-ZZ-04-018	初中思想品德课堂教学生活化有效策略的实践研究	宁夏第四届基础教育教学课题研究	张定月	教培中心	2017年12月	二等奖	自治区教育厅
JXKT-ZY-04-044	基于微课的英语教师专业发展实践研究——以初中生个性化英语学习方案设计为例	宁夏第四届基础教育教学课题研究	王东君	教培中心	2017年12月	二等奖	自治区教育厅
JXKT-ZW-04-005	利用名著导读教学，提高学生阅读能力的实践研究	宁夏第四届基础教育教学课题研究	罗亚丽	第二中学	2017年12月	二等奖	自治区教育厅
JXKT-TY-04-01	红寺堡区回民中学校园定向运动校本课程的开发和研究	宁夏第四届基础教育教学课题研究	马晓东	第四中学	2017年12月	一等奖	自治区教育厅
JXKT-XS-04-070	提高小学数学课堂教学质量有效方法的研究	宁夏第四届基础教育教学课题研究	张彦雄	教培中心	2017年12月	三等奖	自治区教育厅
JXKT-XY-04-013	小学生课外阅读有效指导的行动研究	宁夏第四届基础教育教学课题研究	刘新巧	第二小学	2017年12月	一等奖	自治区教育厅
JXKT-ZZ-04-021	农村小学低年级学生品行教育的有效途径	宁夏第四届基础教育教学课题研究	李学芳	第二小学	2017年12月	二等奖	自治区教育厅
JXKT-ZY-04-038	重构英语阅读教学策略的实践研究	宁夏第四届基础教育教学课题研究	陈　艳	第一中学	2017年12月	三等奖	自治区教育厅
JXKT-ZZ-04-018	初中思想品德课堂教学生活化有效策略的实践研究	宁夏第四届基础教育教学课题研究	张定月	教培中心	2017年12月	二等奖	自治区教育厅

续表11-6

课题编号	课题名称	课题项目	主持人	所在单位	结题时间	评选等次	鉴定单位
JXKT-ZY-04-045	激发学生学习英语的兴趣，增强课堂效果	宁夏第四届基础教育教学课题研究	何凤玲	第一中学	2017年12月	三等奖	自治区教育厅
JXKT-ZH-04-007	以“走课”的方式促进教师专业成长实践研究	宁夏第四届基础教育教学课题研究	喜文玉	第一小学	2017年12月	结题	自治区教育厅
EDU0125	小学语文教学课堂提问有效性的策略研究	中国智慧工程研究会基础教育“十三五”科研规划重点课题	田丽华	第二小学	2018年3月	一等奖	北京中教智创信息技术研究院

三、教育教学论文

红寺堡教师发表论文情况表

表11-7

论文题目	作者	所在单位	发表时间	所发报刊及期数
解读小学数学课程教学中的“新”	李如峰 田进万	红寺堡镇中心学校 红寺堡开发区教学研究室	2003年9月	《宁夏教育》第9期
教育，少点责备	王学义	红寺堡中学	2004年2月	《宁夏教育》第2期
谈新课程下的学校管理体制改革	田进万 李如峰	红寺堡开发区教学研究室 红寺堡镇中心学校	2004年5月	《宁夏教育》第5期
新课程下的课堂教学贵在一个“新”字——由观摩宁夏“全区中学语文课堂教学选拔赛”想到的	王学义 樊生河	红寺堡中学	2004年8月	《宁夏教育》第Z1期
构建生活化的数学课堂教学	马金花 田进万	红寺堡小学 红寺堡开发区教学研究室	2004年11月	《宁夏教育》第11期
给学生发表见解的权利和空间	宋玉萍 马金花	红寺堡小学	2004年11月	《宁夏教育》第11期
走进新课程教师需要哪些新技能	贾庭洲 黑正苍	红寺堡中学	2004年12月	《宁夏教育》第12期
浅说素质教育下中学课堂教学管理的几个到位	张升宝	红寺堡中学	2004年12月	《宁夏教育》第12期
迎接高中语文课改，促进师生共同提高	马志福	红寺堡中学	2005年1月	《宁夏教育》第1期

续表11-7

论文题目	作者	所在单位	发表时间	所发报刊及期数
怎样培养学生的数感	周桂芳 胡永利	红寺堡镇中心小学	2005年2月	《宁夏教育》第2期
学生有时需要“悄悄”教育	田进万 冶　岚	教育体育局教研室 红寺堡小学	2005年8月	《宁夏教育》第8期
小学数学体验探究教学设计的策略	韩建荣 张红霞	红寺堡镇中心小学	2005年9月	《宁夏教育》第9期
新课程体制下校长角色的转变	宋兴珍 姚冠军	南川乡中心学校	2005年11月	《宁夏教育》第11期
学校实验室德育工作探索	张志成 车万霞	红寺堡中学	2006年2月	《宁夏教育》第2期
我用“爱心”换“童心”	张振霞	红寺堡小学	2006年2月	《宁夏教育》第2期
小学数学教学中发散思维的培养	黄月梅	第二小学	2006年2月	《宁夏教育》第2期
转变数学学习方式	周桂芳 胡永利	红寺堡镇中心小学	2006年4月	《宁夏教育》第4期
让语文教学“活”起来	张耀忠	教育事务管理中心	2006年5月	《宁夏教育》第5期
让创新在教学中闪现	张定月	红寺堡中学	2006年5月	《宁夏教育》第5期
加强和改进学校思想道德建设的几点做法	田进万 蒙继荣	教育体育局教研室 太阳山镇中心学校	2006年6月	《宁夏教育》第6期
化学实验教学中学生责任意识的培养	徐继军	第二中学	2006年11月	《宁夏教育》第11期
老师，请从心灵深处唤起角落里的学生	马得虎	第二中学	2007年3月	《宁夏教育》第3期
课堂交往互动应把握好六个方面	蒋永岗	教育体育局教研室	2007年5月	《宁夏教育》第5期
中小学生如此消费令人忧	王志璐 冶　岚	第二中学 红寺堡小学	2007年7月	《宁夏教育》第Z1期
数学教学要重视读写训练	刘新巧	红寺堡小学	2007年7月	《宁夏教育》第Z1期
对提高农村学校校本教研实效性的两点认识	马　莉	教育体育局教研室	2007年7月	《宁夏教育》第Z1期
我和A的三次谈话	张定月	红寺堡中学	2008年1月	《宁夏教育》第1期
教师专业成长途径探析	庞彩珍	红寺堡小学	2008年5月	《宁夏教育》第5期

续表 11-7

论文题目	作者	所在单位	发表时间	所发报刊及期数
怎样写好“课后反思”	苏满张	裕华第二小学	2008年5月	《宁夏教育》第5期
凝心聚力和谐发展，科教兴区春色满园——红寺堡开发区教育工作回顾与展望	苏宗荣 刘鹏跃	教育体育局	2008年7月	《宁夏教育》第Z1期
校长应具备的素质	任世伟	红寺堡中学	2008年10月	《宁夏教育》第10期
加强农村青年骨干教师培养	李如峰	红寺堡镇中心小学	2008年12月	《宁夏教育》第12期
农村学校科研工作调查与思考	刘新巧	第二小学	2008年12月	《宁夏教育》第12期
如何提高农村中学英语课堂教学效率	胡进华	第二中学	2008年12月	《宁夏教育》第12期
如何培养学生良好的行为习惯	马学功	第二中学	2009年2月	《宁夏教育》第2期
为“留守学生”找回缺失的爱——“留守学生”教育问题探索	沙玉海 马汉兰	回民小学	2009年3月	《宁夏教育》第3期
农村教师可多利用博客开展教研	白振国	买河九年制学校	2009年4月	《中国教育报·课程》
推进红寺堡农村义务教育均衡发展的若干思考	苏宗荣 刘鹏跃	教育体育局	2009年5月	《宁夏教育》第5期
关注农村留守儿童的心理健康	魏永芝	南川乡中心学校	2009年5月	《宁夏教育》第5期
留守儿童的自主学习探究	白占发	新泉小学	2009年6月	《宁夏教育》第6期
语文教师角色定位的误区	滑　峰	教育体育局	2009年7月	《宁夏教育》第Z1期
我自豪，我是教师	虎永祥	第二小学	2009年9月	《宁夏教育》第9期
读《教育的理想与信念》有感	徐继军	第二中学	2009年9月	《宁夏教育》第9期
家长管理孩子学习的有效策略	伏建军	教育体育局	2009年12月	《宁夏教育》第12期
谈英语教学中如何导入新课	李　虎	红寺堡中学	2010年1月	《宁夏教育》第1期
让多媒体教学活化数学课堂	海　舸	第二小学	2010年1月	《宁夏教育》第1期
提高农村教师队伍素质途径探析	张定月 宁林平	教育局教研室 第二中学	2010年2月	《宁夏教育》第2期

续表11-7

论文题目	作者	所在单位	发表时间	所发报刊及期数
语文教学要有“变”	谢继杰	红寺堡中学	2010年3月	《宁夏教育》第3期
体验、感悟、收获	马　莉	教育局教研室	2010年3月	《宁夏教育》第3期
我眼中的英特尔®未来教育核心课程	白振国	买河九年制学校	2010年4月	《宁夏教育》第4期
浅谈贫困地区农村中小学英语教学	郭一鸣	教育局教研室	2010年4月	《英语教师》第1期
教学设计的有效性思考	周桂芳 胡永利	红寺堡镇中心学校	2010年5月	《宁夏教育》第5期
养成教育，需从我们自身的行为习惯做起——读《喊破嗓子不如做出样子》有感	虎永祥 冯万里	第二小学	2010年6月	《宁夏教育》第6期
对待孩子既要欣赏又要引导	米占郡	红寺堡中学	2010年6月	《宁夏教育》第6期
孩子“QQ聊天和网络游戏”背后的故事	车万霞	红寺堡中学	2010年7月	《宁夏教育》第Z1期
班主任工作有“变”术	王国军	红寺堡中学	2010年7月	《宁夏教育》第Z1期
加强联片教研，促进城乡教育均衡发展	魏耀峰	教育局教研室	2010年7月	《宁夏教育》第Z1期
移民区幼儿人际交往的问题和对策	张调霞 马　倩	红寺堡幼教中心	2010年7月	《宁夏教育》第Z1期
努力提高课堂问答质量	张振霞	红寺堡小学	2010年7月	《宁夏教育》第Z1期
让迟开的花朵争芳吐艳——我的教学故事二则	白俊兰	第二小学	2010年9月	《宁夏教育》第9期
培养教师是学校发展之本	金光耀	红寺堡中学	2010年10月	《宁夏教育》第10期
用爱矫正学生的心理问题	南丽萍 吴慧玲	第二小学 红寺堡小学	2010年12月	《宁夏教育》第12期
如何提高观课的实效性	刘新巧	第二小学	2011年1月	《宁夏教育》第1期
用读文的方法指导学生习作	魏耀峰	教培中心	2011年1月	《宁夏教育》第1期
信息技术综合实践活动快乐行	车万霞	红寺堡中学	2011年1月	《宁夏教育》第1期
低年级口语交际教学的有效策略	田红秀 马金花	红寺堡小学	2011年2月	《宁夏教育》第2期

续表11-7

论文题目	作者	所在单位	发表时间	所发报刊及期数
浅谈高中研究性学习中导师的指导作用	魏耀峰	教培中心	2011年3月	《综合实践活动研究》第4期
小学生口语训练的方法	石玉琴 王同春	红寺堡小学	2011年3月	《宁夏教育》第3期
如何提高学生的识字能力	白俊兰 穆世军	第二小学 朝阳小学	2011年3月	《宁夏教育》第3期
多措并举，提高特岗教师的能力	魏耀峰	教培中心	2011年6月	《宁夏教育》第Z1期
搭建平台，促进青年教师专业成长	贾庭洲	回民中学	2011年7月	《宁夏教育》第Z1期
浅谈与学生谈话的艺术	马爱喜	第一小学	2011年12月	《吴忠教育》第4期
试论思想政治教学中的语言技巧	张仓龙	第一中学	2012年2月	《青春岁月》第4期
抓住实施“校安工程”有利时机，大力推进城乡学校优化布局	鄢　钰	教育局	2012年2月	《宁夏教育》第2期
从控制论谈学校的精细化管理	张治乾	第二中学	2012年2月	《宁夏教育》第2期
我和“国培”在一起	白俊兰	第二小学	2012年4月	《宁夏教育》第4期
融入生活元素，激活历史教学	苏国才	回民中学	2012年5月	《宁夏教育》第5期
打造语文高效课堂之我见	魏国喆	第二中学	2012年5月	《宁夏教育》第5期
让问题成为数学的纽带	田进福	第二中学	2012年7月	《宁夏教育》第Z1期
科学谋划，稳步推进红寺堡学前教育的发展	张艳艳 石金海	红寺堡幼教中心 第一中学	2012年9月	《宁夏教育》第9期
让学生对学习数学产生兴趣	锁　静	教育局	2012年12月	《宁夏教育》第12期
用美丽的语言让学生快乐成长	王萍萍	第三中学	2013年1月	《宁夏教育》第1期
农村中小学作文教学现状及对策	魏耀峰	教培中心	2013年2月	《宁夏教育》第2期
作文教学要交给学生积累素材的方法	魏耀峰 罗亚丽	教培中心 第二中学	2013年2月	《语文天地》第5期

续表11-7

论文题目	作者	所在单位	发表时间	所发报刊及期数
谈谈农村中小学校园文化建设	牛　海 万瑞妮	回民中学 第一小学	2013年7月	《宁夏教育》第Z1期
小学英语课堂中新课导入的策略	张晓霞	第一小学	2013年7月	《宁夏教育》第Z1期
感悟“国培”,相约“国培”	田　静	第二中学	2013年7月	《宁夏教育》第Z1期
初中英语语法教学中存在的问题和解决措施	魏　玲	第三中学	2013年11月	《中学课程辅导》第23期
关于初中英语语法教与学的见解	暴怀勇	第三中学	2013年12月	《中学课程辅导·教学研究》第23期
运用激励性评价促进学生成功	王富东	回民中学	2013年12月	《宁夏教育》第12期
家庭教育点滴	肖伏海	回民中学	2013年12月	《宁夏教育》第12期
初中英语语法教学初探	马桂芳	第三中学	2014年1月	《中学生导报·教学研究》第1期
中国梦,园丁的梦	张　发	第二中学	2014年2月	《宁夏教育》第2期
浅谈初中英语语法教学策略	饶慧仙	第三中学	2014年3月	《中学生导报·教学研究》第1期
论合作学习在初中英语教学中的实践与研究	王　彦	第三中学	2014年3月	《教师》第10期
充分运用电化教学,优化语文课堂导入	车燕飞	燕宝小学	2014年3月	《课外语文》第11期
爱心三部曲	王少华	第一小学	2014年3月	《宁夏教育》第3期
谈信息技术在学科教学中的作用	李哲辉	第二中学	2014年4月	《宁夏教育》第4期
做合格的80后家长	马志会	第一中学	2014年4月	《宁夏教育》第4期
如何打造有效课堂	王国军	第一中学	2014年5月	《宁夏教育》第5期
初中英语小组合作学习的探索与实践	马　燕	回民中学	2014年7月	《宁夏教育》第7期
宽容永驻心中	纪玉兰	回民中学	2014年7月	《宁夏教育》第7期
“翻转课堂”在农村学校教学中的应用	马生仁 海玉梅	回民中学 第一中学	2015年1月	《宁夏教育》第1期
实践性语文作业设计的有效策略	白俊兰	第二小学	2015年1月	《宁夏教育》第1期

续表 11-7

论文题目	作者	所在单位	发表时间	所发报刊及期数
学校如何开展教研活动	李哲辉	第二中学	2015年2月	《宁夏教育》第2期
初中英语词汇教学现状研究	李淑彩	回民中学	2015年5月	《新课程》第5期
运用情景对话培养学生英语口语交际能力	杨　芳	第二中学	2015年5月	《宁夏教育》第5期
农村区域性校本教研要实现向校际间教研共同体转型	魏耀峰	教培中心	2015年7月	《宁夏教育》第Z1期
在非连续性文本阅读教学中培养学生的语文能力	魏耀峰	教培中心	2015年7月	《基础教育课程》第7期
影响体育课堂教学有效性的因素	马继平	第三中学	2015年9月	《中学生导报·教学研究》第16期
数学教学中运用多媒体培养学生的创新能力	杜宏明	第二中学	2015年10月	《宁夏教育》第10期
教师如何正确看待“一师一优课，一课一名师”活动	魏耀峰	教培中心	2016年6月	《宁夏教育》第6期
E学习环境下高中数学微课的应用研究	冯树山	回民中学	2016年9月	《新课程》第9期
如何构建初中语文高效课堂	瞿玲霞	回民中学	2016年9月	《新课程》第9期
浅谈初中数学二次函数教学	张爱萍	第一中学	2016年9月	《新课程》第9期
现代信息技术在体育教学中的应用与局限性分析	罗　宁 余　兰	第四中学	2016年9月	《新课程》第9期
浅议自学能力在构建物理高效课堂中的重要性	罗彩虹 马生仁	回民中学	2016年11月	《考试周刊》第92期
高中化学分层教学探讨	余　林	第一中学	2016年12月	《未来英才》第24期
构建小学语文高效教学初探	赵　圆	回民小学	2017年5月	《赢未来》第13期
浅淡高中思想政治教学的特点与对策	金　玲	第一中学	2017年5月	《学园》第238期
探究性教学在初中化学教学中的应用	李彦秀	第三中学	2017年6月	《考试周刊》第46期
小学口语交际教学存在的问题及对策	辛国余	回民小学	2017年7月	《教育》第3卷
多措并举，促进教育均衡发展	魏耀峰	教培中心	2017年9月	《基础教育参考》第18期
浅谈语文课堂的问题选择	李艳荣	回民小学	2017年9月	《教育科学》第19期
关于交互式电子白板在小学英语教学中的应用	王海霞	回民小学	2017年10月	《新教育时代》第38期

续表11-7

论文题目	作者	所在单位	发表时间	所发报刊及期数
浅谈小学语文教材中古诗词教学	田玉霞	回民小学	2017年10月	《新教育时代》第38期
初中语文生活化教学模式研究	姜　宁	回民中学	2017年11月	《新课程》总第429期
浅谈信息技术与小学语文教学整合	马晓琴	回民小学	2017年11月	《考试周刊》总第102期
小学语文开展小组合作学习教改初探	王丽霞	大河第六小学	2017年12月	《新课程》总第431期
物理课堂上的气象知识	刘　伟	回民中学	2017年12月	《文存阅刊》第19期
数学文化在高中数学教学中的渗透	赵治乾	第一中学	2017年12月	《新课程》第12期
浅谈高中物理学业测评的改革实践研究	马兴福	第一中学	2017年12月	《新课程》总第429期
高中数学新课程教学改革的困境与对策	李　丹	第一中学	2018年1月	《教育科学》第1期
高中数学学习方法思考	马　荣	第一中学	2018年1月	《教育科学》第1期
现代信息技术构建初中英语高效课堂	吕艳玲	回民中学	2018年3月	《新课程》第2期
多种模式下高中化学教学的有效教学研究	乔晓玲	第一中学	2018年4月	《考试周刊》第45期
高中物理有效教学方法的探索研究	陈吉宁	第一中学	2018年4月	《考试周刊》第42期
高中化学实验中培养绿色化学观的教育探索	王瑞英	第一中学	2018年4月	《考试周刊》第42期
提教师核心素养，抓学生养成教育，促学校特色发展	郝　静	第二中学	2018年5月	《新课程》第5期
小学信息技术教学之我见	王国强	教育局	2018年5月	《宁夏教育》第5期
小学文言文教学如何有趣、有味、有情	周宏文	回民小学	2018年5月	《考试周刊》第46期
初中政史综合教育的开发与实践研究	陈　岳	第二中学	2018年8月	《中学生导报·教学研究》第32期
分层教学在初中数学教学中的应用和实践	马　云	第三中学	2018年9月	《新课程》第9期
如何在初中物理教学中进行有效的实验教学	万　军	回民中学	2018年10月	《新课程》第30期
论核心素养背景下语文教学创新实践与体会	谢得本	回民小学	2018年10月	《教育现代化》第40期
论小学数学有效课堂的构建	马秀琴	回民小学	2018年10月	《中华少年》总第639期

续表 11-7

论文题目	作者	所在单位	发表时间	所发报刊及期数
微视频在初中信息技术教学中的应用	李成梅	第四中学	2018年11月	《好家长》第11期
县校基层在开展“一师一优课，一课一名师”活动中存在的问题及对策	魏耀峰	第一中学	2018年11月	《基础教育参考》第23期

红寺堡教师论文获奖情况表

表 11-8

论文题目	作者	所在单位	获奖时间	评选(竞赛)项目名称	获奖等次
点燃智慧的火把，透亮写作的心灵	张小娟	红沙窝小学	2004年11月	自治区小学语文教师作文教学论文评比	三等奖
改革语文教学，培养创新精神	周宏文	红寺堡镇七小	2004年12月	自治区中小学教师优秀论文评比	三等奖
语文课培养学生创新意识之我见	李廷辅	大河乡中心学校	2005年6月	自治区小学语文优秀论文评比	二等奖
立足学生发展，改革评价制度	孔进生	大河乡中心学校	2006年11月	自治区中学语文教学成果评比	三等奖
谈小学语文教学语言的运用技巧	李志忠	大河乡中心学校	2007年8月	2007年全区小学语文论文评比	三等奖
教学中关注不良因素 数学里培养鲜明个性	杨思斌	红寺堡中学	2007年12月	2007年中国教育系统年度论文评选	二等奖
贫困地区控辍保学的实效性研究	郭一鸣	教育体育局教研室	2009年3月	世界银行贷款/英国政府赠款“西部”项目“提高宁夏贫困地区农村学校教育质量与办学效益行动研究”论文评选	一等奖
“创建和谐师生关系策略”的行动研究	景彦峰	第二中学	2009年3月	世界银行贷款/英国政府赠款“西部”项目“提高宁夏贫困地区农村学校教育质量与办学效益行动研究”论文评选	二等奖
课堂实录促进教师课堂实效性的行动研究	尤晓玲	第二中学	2009年3月	世界银行贷款/英国政府赠款“西部”项目“提高宁夏贫困地区农村学校教育质量与办学效益行动研究”论文评选	一等奖
美育在素质教育中的几点思考	万瑞妮	红寺堡小学	2009年11月	网上教育论文评选	二等奖
浅谈如何指导三年级学生起步作文	惠　楠	红寺堡小学	2011年4月	第四届全国教师语言文字基本功大赛	二等奖

续表11-8

论文题目	作者	所在单位	获奖时间	评选(竞赛)项目名称	获奖等次
低年级口语交际教学的有效策略	马金莲	红寺堡小学	2011年4月	第四届全国教师语言文字基本功大赛	一等奖
捧着一颗“心”去爱学生	年玉玲	红寺堡小学	2011年4月	第四届全国教师语言文字基本功大赛	二等奖
对初中地理教学运用语文“参与性”教学原理	马艳霞	红寺堡中学	2011年5月	全国中小学教育科研成果评比	二等奖
浅谈小学体育课准备活动的重要性及安排	马兆虎	大河中心小学	2011年12月	固原市“五个百”评选活动	三等奖
运用发展型评价语言的有效策略	马金花	第一小学	2012年11月	自治区小学数学优秀论文评奖	三等奖
为学生创设“学”的课堂教学环境	马　燕	回民中学	2012年12月	宁夏教育学会外语教学研究会论文评选	二等奖
利用学生学习反思促进教师的教学反思和反思教学	姬全旺 佘慧军	回民中学	2013年1月	自治区中学数学教育教学优秀论文评选	二等奖
浅谈高中数学函数入门教学	曹玉珍	第一中学	2013年12月	自治区中学数学教育教学优秀论文评选	三等奖
高中数学课程设计中关于情境创设的认识	马　荣	第一中学	2013年12月	自治区中学数学教育教学优秀论文评选	二等奖
中小学综合实践活动课程开设实践研究	魏耀峰	教培中心	2014年2月	宁夏第十二届基础教育科研成果评奖活动	二等奖
数学建模在初中数学中的应用	高军明	第二中学	2015年12月	自治区中学数学教育教学优秀论文评选	一等奖
小学英语课堂教学之我见	金　霞	回民小学	2016年1月	吴忠市教科研优秀论文评选	二等奖
我的教师梦	马爱喜	第一小学	2016年1月	吴忠市教科研优秀论文评选	二等奖
用爱构建和谐课堂	王富东	回民中学	2016年1月	吴忠市教科研优秀论文评比	二等奖
小学生口语交际能力培养	杨贝娜	回民小学	2016年1月	吴忠市教科研优秀论文评选	二等奖
浅议心理暗示在教学中的运用	周国良	乌沙塘小学	2016年1月	吴忠市教科研优秀论文评选	一等奖
以信息技术为基础的开放式数学课堂教学策略	杨　南	回民中学	2016年4月	全国优秀教育教学论文评比	一等奖
于无声处学到了很多很多	王晓英	第一小学	2018年6月	教育系统“清风进校园”评选活动	一等奖
浅谈小学英语写作教学策略	温碧桃	沙草墩小学	2018年7月	全国优秀教育教学论文评比	一等奖

四、获奖优质课

红寺堡教师优质课获奖情况表

表11-9

课题	作者	所在单位	学科	获奖时间	评选(竞赛)项目名称	获奖等次
三个儿子	马晓英	红寺堡小学	语文	2007年9月	吴忠市优质课竞赛	二等奖
她是我的朋友	杨生花	第二小学	语文	2008年4月	吴忠市优质课竞赛	二等奖
原电池教学	王　成	红寺堡中学	化学	2010年5月	全国高中化学优质课评选吴忠赛区	二等奖
Unit 4 Making the news	陈　艳	第一中学	英语	2011年9月	自治区中小学优质课竞赛	二等奖
对外开放的基本国策	马晓峰	回民中学	思想品德	2011年9月	自治区中小学优质课竞赛	二等奖
西风胡杨	石玉琴	第一小学	语文	2011年10月	吴忠市优质课竞赛	三等奖
DNA是主要的遗传物质	哈学娟	第一中学	生物	2011年12月	自治区中小学优质课竞赛	一等奖
技术的性质	刘会琴	第一中学	物理	2011年12月	吴忠市优质课竞赛	二等奖
密度	罗彩虹	回民中学	物理	2011年12月	自治区中小学优质课竞赛	三等奖
中国的疆域	马艳霞	第一中学	地理	2011年12月	吴忠市优质课竞赛	二等奖
认识小数	海生贵	第二小学	数学	2012年4月	吴忠市首届青年教师五地会课观摩研讨	其他
口语交际	惠　楠	第一小学	语文	2012年5月	吴忠市首届小学语文教研能力大赛	一等奖
I'm watching TV	吕桂香	第二中学	英语	2013年4月	吴忠市中小学教师教学技能竞赛	二等奖
中外交往与冲突	撒彦斌	第三中学	历史	2013年6月	自治区中学历史教学优秀录像课评选	三等奖
多彩的消费	张仓龙	第一中学	政治	2013年12月	自治区思想政治优质课竞赛	二等奖
自由落体运动	赵素玲	第一中学	物理	2014年4月	吴忠市优质课竞赛	二等奖

续表11-9

课题	作者	所在单位	学科	获奖时间	评选(竞赛)项目名称	获奖等次
Unit 2 Healthy eating	魏　臻	第一中学	英语	2014年11月	吴忠市中小学教师教学技能竞赛	一等奖
Unit 2 Healthy eating	张小兰	第一中学	英语	2014年11月	吴忠市中小学教师教学技能竞赛	二等奖
任意角的三角函数	李　丹	第一中学	数学	2016年3月	吴忠市高中青年教师优质课大赛	一等奖
密度应用	海　贵	第二中学	物理	2016年5月	自治区初三物理复习观摩课	其他
劝说•口语交际	马金莲	第一小学	语文	2016年5月	自治区青年教师现场观摩交流	二等奖
浮力	马灵军	第二中学	物理	2016年5月	吴忠市物理学科“青师赛、名师赛”优质课竞赛	一等奖
浮力	万　军	回民中学	物理	2016年5月	吴忠市物理学科“青师赛、名师赛”优质课竞赛	二等奖
铝热反应	余　林	第一中学	化学	2016年9月	自治区中小学实验教学说课评选活动	一等奖
美丽的夏牧场	吴玉娟	第三小学	音乐	2017年1月	全国优质课教育科研成果评选	一等奖
校园交响诗	王丽婷	康庄小学	语文	2017年4月	吴忠市小学语文教师素养大赛	二等奖
年 月 日	姬凤花	第三小学	数学	2017年5月	吴忠市数学优质课竞赛	二等奖
角的大小比较	苏　彦	第一小学	数学	2017年6月	第三届全国小学数学课堂教学录像课	二等奖
Unit 10 I'd like some noodles	王凤兰	第三中学	英语	2017年9月	第七届全国农村及少数民族地区中小学英语教学	一等奖
曲边梯形的面积	马　荣	第一中学	数学	2018年4月	吴忠市高中青年数学教师说课大赛	一等奖
二元一次不等式(组)与平面区域	张爱萍	第一中学	数学	2018年4月	吴忠市高中青年数学教师说课大赛	二等奖
轴对称图形	齐文芳	第三小学	数学	2018年5月	吴忠市小学数学青年教师暨特岗教师课堂教学观摩交流活动	二等奖
枫树上的喜鹊	张　芳	第三小学	语文	2018年6月	吴忠市青年教师大赛	二等奖
花儿与少年	余　兰	第四中学	音乐	2018年9月	自治区中小学音乐青年教育暨特岗教师课堂教学观摩交流活动	一等奖
青铜器与甲骨文	尹　荣	第三中学	历史	2018年10月	2018年全国历史优质课评比	一等奖

五、学科竞赛

红寺堡教师指导学科竞赛获奖情况表

表 11-10

竞赛时间	竞赛名称	举办单位	指导教师	所在单位	获奖等次
2004 年	全国数学联合竞赛	中国教育学会中学数学教学专业委员会	杨思斌	红寺堡中学	一等奖
2005 年	第二十六届全国初中应用物理知识竞赛	自治区教育厅教研室	程　琳	大河乡中心学校	一等奖
2005 年	第二十六届全国初中应用物理知识竞赛	自治区教育厅教研室	虎永祥	第二小学	三等奖
2007 年	全国初中应用物理知识竞赛	自治区教育厅教研室	海　贵	太阳山镇中心学校	三等奖
2007 年	全国初中学生化学素质和实验能力竞赛	自治区教育厅教研室	余　林	大河乡中心学校	一等奖
2008 年	全国初中应用物理知识竞赛	自治区教育厅教研室	李　季	红寺堡中学	一等奖
2009 年	全国初中数学竞赛	自治区教育厅教研室	高军明	第二中学	三等奖
2009 年	全国初中应用物理知识竞赛	自治区教育厅教研室	海银国	第二中学	一等奖
2009 年	第二届“当代小作家”全区中小学生作文大赛	宁夏教育学会 宁夏文学院	马兆虎	大河乡中心学校	一等奖
2009 年	全国初中数学竞赛	自治区教育厅教研室	张喜桂	第二中学	二等奖
2010 年	全国初中数学竞赛	中国教育学会中学数学教学专业委员会	兰海云	第二中学	二等奖
2010 年	全国初中应用物理知识竞赛	自治区教育厅教研室	罗彩虹	回民中学	二等奖
2010 年	全国中学生化学素质和实验能力竞赛	自治区教育厅教研室	徐继军	第二中学	三等奖
2011 年	全国中学生英语能力竞赛	国家基础教育实验中心外语教育研究中心	陈　艳	第一中学	二等奖
2011 年	全国初中应用物理知识竞赛	自治区教育厅教研室	海怀礼	第一中学	三等奖
2011 年	全国中学生英语能力竞赛	国家基础教育实验中心外语教育研究中心	南海霞	第三中学	二等奖

续表11-10

竞赛时间	竞赛名称	举办单位	指导教师	所在单位	获奖等次
2011年	全国中学生数学竞赛	中国教育协会	尚万富	第一中学	一等奖
2011年	全国初中学生化学素质和能力竞赛	自治区教育厅教研室	张旭升	回民中学	二等奖
2011年	全国中学生物理竞赛	中国物理学会	赵素玲	第一中学	三等奖
2012年	全国初中应用物理知识竞赛	自治区教育厅教研室	郝　静	第二中学	二等奖
2012年	全国中学生英语能力竞赛	国家基础教育实验中心外语教育研究中心	李永萍	第三中学	二等奖
2012年	第六届全国中学生语文能力竞赛	全国中学生语文能力竞赛组织委员会	马建兵	第一中学	三等奖
2012年	全国中学生英语能力竞赛	国家基础教育实验中心外语教育研究中心	马　娟	第三中学	二等奖
2012年	第六届全国中学生语文能力竞赛	全国中学生语文能力竞赛组织委员会	马志会	第一中学	一等奖
2012年	第六届全国中学生语文能力竞赛	全国中学生语文能力竞赛组织委员会	庞　娇	第三中学	二等奖
2012年	第六届全国中学生语文能力竞赛	全国中学生语文能力竞赛组织委员会	邵　蕊	第二中学	二等奖
2012年	全国初中数学竞赛	自治区教育厅教研室	徐应举	第二中学	二等奖
2013年	全国中学生英语能力竞赛	国家基础教育实验中心外语教育研究中心	程永峰	第三中学	三等奖
2013年	“我的中国梦”全国中学生读书征文活动	共青团中央学校部	海　芳	第一中学	二等奖
2013年	全国中学生英语能力竞赛	国家基础教育实验中心外语教育研究中心	刘莉莉	第三中学	二等奖
2013年	全国初中应用物理竞赛	全国中学应用物理竞赛委员会	乔得鹏	回民中学	一等奖
2013年	全国初中数学竞赛	中国教育学会中学数学教学专业委员会	张艳华	第二中学	一等奖
2014年	全国初中应用物理知识竞赛	全国初中应用物理竞赛委员会	陈有亮	回民中学	一等奖
2014年	全国初中数学竞赛	自治区教育厅教研室	金　振	第一中学	一等奖
2014年	2014年全国中学生英语能力竞赛	国家基础教育实验中心外语教育研究中心	吕艳玲	回民中学	一等奖

续表 11-10

竞赛时间	竞赛名称	举办单位	指导教师	所在单位	获奖等次
2014年	全国中学生数学竞赛	宁夏教育学会中学数学教学研究会	马伏会	第三中学	一等奖
2014年	全国中学生数学竞赛	宁夏教育学会中学数学教学研究会	沈菊菊	第三中学	一等奖
2014年	第28届中国化学奥林匹克竞赛(初赛)	宁夏化学学会	王　成	第一中学	二等奖
2014年	全国中学生英语能力竞赛	国家基础教育实验中心外语教育研究中心	王凤兰	第三中学	二等奖
2015年	2015年中国技能大赛	宁夏回族自治区创双优组织委员会	冯雷祖	第三中学	三等奖
2015年	第九届全国中学生语文能力竞赛	全国中学生语文能力竞赛组织委员会	高秀玲	回民中学	三等奖
2015年	2015年全国中学生语文能力竞赛	全国中学生语文能力竞赛组织委员会	海贵莲	第二中学	一等奖
2015年	第九届全国中学生语文能力竞赛	全国中学生语文能力竞赛组织委员会	李鸿焕	第三中学	二等奖
2015年	全国中学生英语能力竞赛	国家基础教育实验中心外语教育研究中心	李会忠	第三中学	三等奖
2015年	第九届全国中学生语文能力竞赛	全国中学生语文能力竞赛组织委员会	李　洁	第三中学	一等奖
2015年	第九届全国中学生语文能力竞赛	全国中学生语文能力竞赛组织委员会	马慧萍	第三中学	二等奖
2015年	“长城杯”第十一届全国青少年中华情·中国梦征稿	中国少年儿童报刊工作者协会	马金萍	第三中学	一等奖
2015年	全国中学生数学竞赛	宁夏教育学会中学数学教学研究会	马丽琼	第三中学	二等奖
2015年	全国初中应用物理知识竞赛	自治区教育厅教研室	马玉明	第二中学	二等奖
2015年	第九届全国中学生语文能力竞赛	全国中学生语文能力竞赛组织委员会	倪廷瑞	第三中学	二等奖
2015年	吴忠市第三十届青少年科技创新大赛	吴忠市教育局、科技局、环保局	尚晓凤	第三小学	三等奖
2015年	全国中学生数学竞赛	宁夏教育学会中学数学教学研究会	苏小艳	第三中学	一等奖
2015年	全国初中应用物理知识竞赛	自治区教育厅教研室	王国兴	第三中学	一等奖
2015年	第九届全国中学生语文能力竞赛	全国中学生语文能力竞赛组织委员会	王　娜	第三中学	一等奖

续表11-10

竞赛时间	竞赛名称	举办单位	指导教师	所在单位	获奖等次
2015年	第九届全国中学生语文能力竞赛	全国中学生语文能力竞赛组织委员会	朱培斯	第三中学	二等奖
2016年	全国中学生英语能力竞赛	国家基础教育实验中心外语教育研究中心	程　婧	第三中学	三等奖
2016年	“长城杯”第十一届全国青少年中华情·中国梦征稿	中国少年儿童报刊工作者协会	何秋妮	第三中学	一等奖
2016年	全国初中应用物理知识竞赛	自治区教育厅教研室	何治贵	回民中学	一等奖
2016年	全国初中数学竞赛	宁夏教育学会中学数学教学研究会	姬全旺	回民中学	一等奖
2016年	全国中学生英语能力竞赛	国家基础教育实验中心外语教育研究中心	李华丽	第二中学	二等奖
2016年	全国高中学生化学竞赛(省级赛区)	宁夏化学学会	乔晓玲	第一中学	三等奖
2016年	全国高中学生化学竞赛(省级赛区)	宁夏化学学会	田玲燕	第一中学	二等奖
2016年	全国初中数学竞赛	宁夏教育学会中学数学教学研究会	雅金琴	第三中学	二等奖
2016年	全国初中数学竞赛	宁夏教育学会中学数学教学研究会	杨　南	回民中学	一等奖
2016年	全国中学生英语能力竞赛	国家基础教育实验中心外语教育研究中心	杨彦君	第二中学	一等奖
2017年	全国中学生英语能力竞赛	国家基础教育实验中心外语教育研究中心	安淑琼	第三中学	二等奖
2017年	全国中学生英语能力竞赛	国家基础教育实验中心外语教育研究中心	蔡芳芳	第三中学	二等奖
2017年	吴忠市青少年科技创新大赛	吴忠市教育局、科技局、科技协会	曹润娟	第三小学	三等奖
2017年	全国中学生英语能力竞赛	国家基础教育实验中心外语教育研究中心	陈吉宁	第一中学	三等奖
2017年	全国中学生英语能力竞赛	国家基础教育实验中心外语教育研究中心	范　倩	第四中学	二等奖
2017年	全国中学生英语能力竞赛	国家基础教育实验中心外语教育研究中心	胡海燕	第三中学	一等奖
2017年	全国中学生英语能力竞赛	国家基础教育实验中心外语教育研究中心	胡　娜	第三中学	二等奖
2017年	全国中学生英语能力竞赛	国家基础教育实验中心外语教育研究中心	李红叶	第四中学	二等奖
2017年	全国中学生英语能力竞赛	国家基础教育实验中心外语教育研究中心	李　娜	第四中学	二等奖

续表11-10

竞赛时间	竞赛名称	举办单位	指导教师	所在单位	获奖等次
2017年	全国中学生英语能力竞赛	国家基础教育实验中心外语教育研究中心	李淑彩	回民中学	三等奖
2017年	全国中学生英语能力竞赛	国家基础教育实验中心外语教育研究中心	马　娟	第三中学	二等奖
2017年	全国中学生英语能力竞赛	国家基础教育实验中心外语教育研究中心	马桂兰	第三中学	二等奖
2017年	全国中学生英语能力竞赛	国家基础教育实验中心外语教育研究中心	马　昕	第二中学	二等奖
2017年	全国中学生英语能力竞赛	国家基础教育实验中心外语教育研究中心	马　燕	回民中学	二等奖
2017年	第三届全国中小学数学(人教版)课堂教学录像课	人民教育出版社　课程教材研究所	齐文芳	第三小学	二等奖
2017年	全国中学生英语能力竞赛	国家基础教育实验中心外语教育研究中心	饶慧仙	第三中学	二等奖
2017年	全国中学生英语能力竞赛	国家基础教育实验中心外语教育研究中心	王凤梅	第四中学	二等奖
2017年	全国中学生英语能力竞赛	国家基础教育实验中心外语教育研究中心	王向红	第三中学	二等奖
2017年	吴忠市青少年科技创新大赛	吴忠市教育局、科技局、科技协会	王晓莉	第三小学	二等奖
2017年	全国中学生英语能力竞赛	国家基础教育实验中心外语教育研究中心	张志兰	第三中学	二等奖
2018年	第33届宁夏青少年科技创新大赛(吴忠赛区)	吴忠市教育局、科技局、科技协会	陈俊玲	第四中学	二等奖
2018年	第33届宁夏青少年科技创新大赛(吴忠赛区)	吴忠市教育局、科技局、科技协会	姬彦迪	第四中学	二等奖
2018年	全国中学生数学竞赛	宁夏教育学会中学数学教学研究会	李金凤	第三中学	一等奖
2018年	全国中学生数学竞赛	宁夏教育学会中学数学教学研究会	李瑞霞	第三中学	二等奖
2018年	全国中学生数学竞赛	宁夏教育学会中学数学教学研究会	梁晓丽	第三中学	一等奖
2018年	全国中学生数学竞赛	宁夏教育学会中学数学教学研究会	柳玉科	第三中学	二等奖
2018年	全国初中应用物理知识竞赛	宁夏教育学会物理教学研究会	马灵军	第二中学	一等奖
2018年	第33届宁夏青少年科技创新大赛(吴忠赛区)	吴忠市教育局、科技局、科技协会	马晓英	第一小学	三等奖
2018年	第33届宁夏青少年科技创新大赛	自治区教育厅、科技厅、环保厅	尚晓凤	第三小学	二等奖
2018年	第33届宁夏青少年科技创新大赛(吴忠赛区)	吴忠市教育局、科技局、科技协会	吴永峰	第四中学	三等奖
2018年	全国中学生数学竞赛	宁夏教育学会中学数学教学研究会	周妍匣	第三中学	一等奖

六、“国培”项目资源评选

2015—2016红寺堡区教师“国培计划”项目优质视频课例、微课、教学设计（教学课件）获奖情况表

表11-11

作品名称	类别	学段	学科	作者	单位	评选单位	等次
中心对称	教学设计	初中	数学	党晓斌	教培中心	自治区教育厅	二等奖
接入互联网	教学设计	初中	信息技术	白振国	教培中心	自治区教育厅	二等奖
好玩的椅子	教学设计	幼儿园	体育	马灵雁	第一幼儿园	自治区教育厅	二等奖
好玩的凳子	教学设计	幼儿园	体育	董晓丽	第一幼儿园	自治区教育厅	三等奖
实施科教兴国战略	教学设计	初中	思想品德	马晓峰	回民中学	自治区教育厅	三等奖
喜怒哀乐	教学设计	小学	美术	文晓惠	教培中心	自治区教育厅	三等奖
我的伯父鲁迅先生	视频课例	小学	语文	董龙鸽	柳泉中心小学	自治区教育厅	二等奖
分数的初步认识	视频课例	小学	数学	刘金霞	第二小学	自治区教育厅	三等奖
分数的简单计算	视频课例	小学	数学	谢国宏	第三小学	自治区教育厅	三等奖
比例的意义	视频课例	小学	数学	张红霞	红寺堡中心小学	自治区教育厅	三等奖
色彩的魅力	视频课例	初中	美术	王　伟	回民中学	自治区教育厅	三等奖
生物链	视频课例	初中	生物	田玉红	回民中学	自治区教育厅	三等奖
学会合理消费	视频课例	初中	思想品德	马晓峰	回民中学	自治区教育厅	三等奖
做诚信的人	视频课例	初中	思想品德	赵雅维	第三中学	自治区教育厅	三等奖
做个会倾听的孩子	视频课例	小学	心理健康	马小娟	回民小学	自治区教育厅	一等奖
大小多少	视频课例	小学	语文	王嘉欣	第一小学	自治区教育厅	一等奖
拉罗纳	视频课例	小学	语文	刘春燕	第三小学	自治区教育厅	一等奖
Unit 4 We love animals	视频课例	小学	英语	王海霞	上源小学	自治区教育厅	一等奖
光的直线传播	视频课例	初中	物理	马海东	回民中学	自治区教育厅	一等奖

续表 11-11

作品名称	类别	学段	学科	作者	单位	评选单位	等次
诫子书	视频课例	初中	语文	虎彩霞	回民中学	自治区教育厅	二等奖
诫子书	视频课例	初中	语文	马立娟	第二中学	自治区教育厅	二等奖
直线与圆的位置关系(第2课时)	视频课例	初中	数学	张荣花	第二中学	自治区教育厅	二等奖
看图作文——胜似亲人	视频课例	小学	语文	李彦兰	回民小学	自治区教育厅	三等奖
依法参与政治生活	视频课例	初中	思想品德	马金智	回民中学	自治区教育厅	三等奖
耳的结构和功能	微课	初中	生物	尤晓玲	第二中学	自治区教育厅	一等奖
细胞的分裂	微课	初中	生物	王学莲	第三中学	自治区教育厅	一等奖
角的大小比较	微课	小学	数学	苏　彦	第一小学	自治区教育厅	一等奖
湖心亭看雪	微课	初中	语文	邵　蕊	第二中学	自治区教育厅	二等奖
Look at me	微课	小学	英语	尤萍燕	第一小学	自治区教育厅	二等奖
同类项	微课	初中	数学	刘永海	第四中学	自治区教育厅	二等奖
化学式的计算	微课	初中	化学	王彦彦	第三中学	自治区教育厅	二等奖
线段、直线、射线	微课	小学	数学	姬彦迪	白墩小学	自治区教育厅	二等奖
角的初步认识	微课	小学	数学	郭　冰	红寺堡中心小学	自治区教育厅	三等奖
古诗文中的借代	微课	小学	语文	赵宏存	第四中学	自治区教育厅	三等奖
自然之道	微课	小学	语文	马　军	上源小学	自治区教育厅	三等奖
的、地、得	微课	小学	语文	张　强	新庄集中心小学	自治区教育厅	三等奖
人物外貌描写	微课	小学	语文	王晓艳	回民小学	自治区教育厅	三等奖
识字六	微课	小学	语文	王安红	红寺堡中心小学	自治区教育厅	三等奖
学习查字典	微课	小学	语文	肖伏香	第一小学	自治区教育厅	三等奖
黄河流经的地形区和省	微课	初中	地理	赵拿英	第三中学	自治区教育厅	三等奖
美国	微课	初中	地理	李　梦	第三中学	自治区教育厅	三等奖

2015—2016年红寺堡区教师“国培计划”项目优质论文、成长故事获奖情况表

表11-12

作品名称	类别	作者	单位	评选单位	等次
红寺堡区2016年国培项目实施的现状调查与研究	论文	魏耀峰	教培中心	自治区教育厅	一等奖
让跟进式培训成为“国培”向纵深延伸的纽带	论文	魏耀峰	教培中心	自治区教育厅	一等奖
在经典诵读的课堂上培养学生认真读书的好习惯	论文	李彦兰	回民小学	自治区教育厅	一等奖
乡村美术教学存在的问题及对策	论文	文晓惠 王晓龙	教培中心 第三中学	自治区教育厅	一等奖
浅谈应用信息技术手段优化数学课堂教学	论文	喜文玉	第一小学	自治区教育厅	二等奖
对“分层走班教学”的一些思考	论文	白振国	教培中心	自治区教育厅	二等奖
浅谈幼儿园一日活动中过渡环节的优化组织	论文	马会荣	第二幼儿园	自治区教育厅	二等奖
试论新课改视野下的小学数学课堂教学生活	论文	张彦雄	教培中心	自治区教育厅	二等奖
追忆“一堂别开生面的思品复习课”	论文	张定月	教培中心	自治区教育厅	二等奖
多媒体在小学语文教学中的应用	论文	殷秀萍	第二小学	自治区教育厅	二等奖
运用信息技术手段提高小学语文教学时效性	论文	杨生花	第二小学	自治区教育厅	二等奖
对“国培”项目研修交流汇报的几点思考	论文	蒙小荣	教培中心	自治区教育厅	三等奖
沐浴阳光——我在“国培”下成长	成长故事	杨贝娜	回民小学	自治区教育厅	一等奖
“国培”路上风光无限	成长故事	蒙小荣	教培中心	自治区教育厅	一等奖
最真的心，最美的情——“国培”伴我成长	成长故事	刘新巧	第二小学	自治区教育厅	二等奖
站在巨人的肩膀上一路前行	成长故事	田进万	第三小学	自治区教育厅	二等奖
教育在路上	成长故事	瞿玲霞	回民中学	自治区教育厅	二等奖
“国培计划”——让我们一直走在成长的路上	成长故事	马晓峰	回民中学	自治区教育厅	二等奖
学习着、快乐着、感悟着、进步着——赴福建学习感言	成长故事	穆世军	回民小学	自治区教育厅	二等奖

续表 11-12

作品名称	类别	作者	单位	评选单位	等次
听君一席话，胜读十年书	成长故事	张德勋	第三小学	自治区教育厅	二等奖
送教下乡培训感言	成长故事	张玉蓉	燕宝小学	自治区教育厅	二等奖
在成长中成熟	成长故事	马晓琴	回民小学	自治区教育厅	三等奖
研修路上，风景独好	成长故事	魏　丽	东泉小学	自治区教育厅	三等奖
学无止境、教无定法，永远在路上	成长故事	李志忠	大河中心小学	自治区教育厅	三等奖
信息时代学校教育教学的重构——培训感言	成长故事	尤萍燕	第一小学	自治区教育厅	三等奖

七、其他成果

红寺堡教师其他教研成果情况表

表 11-13

作品名称	作者	所在单位	获奖时间	评选（竞赛）项目名称	组织单位	获奖等次
保护有益的动物教学设计	田进万	红寺堡开发区教学研究室	2004年11月	自治区小学语文口语交际、习作和综合性学习教学设计评比	自治区教育厅教研室	一等奖
二氧化碳的实验室制法	徐继军	第二小学	2005年10月	吴忠市中小学教师课堂教学设计评比	吴忠市教育局	一等奖
平行线的性质	杨思斌	红寺堡中学	2007年6月	2007年中国教育系统优秀教案评选	中国教育教学研究会	二等奖
你怎么知道的	张　芳	回民小学	2008年8月	吴忠市小学优秀教学设计评选活动	吴忠市教育局	一等奖
大气的受热过程	马艳霞	红寺堡中学	2009年4月	自治区中学地理“同课异构”优秀教学设计评选	自治区教育厅教研室	二等奖
在高中数学教学中指导学生学习策略浅析	马生钦	红寺堡中学	2009年8月	课改十年——讲述我的教育故事	自治区教育厅教研室	二等奖
从点点滴滴做起教书育人	马兴福	红寺堡中学	2009年8月	课改十年——讲述我的教育故事	自治区教育厅教研室	一等奖
如何提高化学课堂的有效性	王　成	红寺堡中学	2009年8月	课改十年——讲述我的教育故事	自治区教育厅教研室	二等奖

续表 11-13

作品名称	作者	所在单位	获奖时间	评选（竞赛）项目名称	组织单位	获奖等次
对人体吸入的空气和呼出的气体的探究	张旭升	回民中学	2009年8月	自治区化学实验仪器创新成果	自治区教育厅教研室	三等奖
刻骨铭心的一个耳光	哈学娟	红寺堡中学	2009年12月	课改十年——讲述我的教育故事	自治区教育厅教研室	三等奖
透过“透镜”看学生	李　季	红寺堡中学	2009年12月	课改十年——讲述我的教育故事	自治区教育厅教研室	二等奖
“模型”对学习的影响	刘会琴	红寺堡中学	2009年12月	课改十年——讲述我的教育故事	自治区教育厅教研室	三等奖
幼儿园如何做好小班入园适应工作	徐　芳	幼教中心	2009年12月	自治区幼儿园优秀教研案例网上评选	自治区教育厅教研室	三等奖
我在小学语文教学中成长	杨生花	第二小学	2009年12月	自治区小学语文学科“我的教研故事”网上评选	自治区教育厅教研室	三等奖
为他竖起大拇指	赵素玲	红寺堡中学	2009年12月	课改十年——讲述我的教育故事	自治区教育厅教研室	二等奖
代入法解二元一次方程组	宁林平	第二中学	2011年11月	自治区优秀教学设计评选	自治区教育厅	三等奖
代入法解二元一次方程组	尚万富	第一中学	2011年12月	吴忠市优秀教学设计评选展示活动	吴忠市教育局	二等奖
等差数列的前n项和	高雪萍	第一中学	2012年2月	全国中学教学设计创意大赛	教育部基础教育课程教材发展中心	二等奖
对数函数及其性质	马　荣	第一中学	2012年2月	全国中学教学设计创意大赛	教育部基础教育课程教材发展中心	二等奖
《东南亚》说课稿	解晓杰	第二中学	2013年4月	2013年全区市域片区“提高学生自主学习地理能力”专题教学成果评选活动	自治区教育厅教研室	一等奖
让有效校本教研成为提高课堂教学质量的助推器	惠　楠	第三小学	2013年9月	吴忠市2013年校长·教务主任论坛活动	吴忠市教育局	一等奖
切实加强教研活动，努力提高教学质量	海生贵	第二小学	2013年9月	吴忠市教育征文	吴忠市教育局	二等奖
“国培”——教育航程上的灯塔	虎永祥	第三中学	2013年9月	吴忠市教育征文	吴忠市教育局	一等奖
班级管理中的“人际关系”	勉海龙	大河第一小学	2013年9月	吴忠市教育征文	吴忠市教育局	二等奖

续表11-13

作品名称	作者	所在单位	获奖时间	评选(竞赛)项目名称	组织单位	获奖等次
如何搞好班主任工作	薛　艳	回民小学	2013年9月	吴忠市教育征文	吴忠市教育局	二等奖
强化教育科研，打造教师团队，提升教学质量	张保平	第二中学	2013年9月	吴忠市教育征文	吴忠市教育局	一等奖
师生关系对课堂教学的调研	张喜桂	第二中学	2013年9月	吴忠市教育征文	吴忠市教育局	二等奖
传染病的传播及预防教学设计	马秀梅	第二中学	2013年11月	宁夏中小学教师教学设计评比活动	宁夏电化教育中心 宁夏电化教育协会	二等奖
阿基米德原理演示器	海　贵	第二中学	2014年8月	第四届全区中学物理创新实验设计评选活动	自治区教育厅教研室	二等奖
摩擦力演示器	马玉明	第二中学	2014年8月	第四届全区中学物理创新实验设计评选活动	自治区教育厅教研室	一等奖
自制定性及定量探究影响电磁铁磁性强弱因素	陈有亮	回民中学	2014年9月	全国中学物理创新教具交流	中国教育学会物理教学专业委员会	二等奖
探究种子萌发的外界条件	尤晓玲	第二中学	2014年11月	自治区中学生物课堂实验教学设计网上评选活动	自治区教育厅教研室	一等奖
教师能力展示	李　艳	回民小学	2014年12月	第六届全国小学英语教师教学技能大赛	国家基础教育实验外语教育研究中心	二等奖
分式方程	高军明	第二中学	2015年9月	2011版课标教材教学设计交流评选活动	宁夏教育学会中学数学教学研究室	二等奖
等腰三角形的性质	李瑞霞	第三中学	2015年9月	2011版课标教材教学设计交流评选活动	宁夏教育学会中学数学教学研究会	一等奖
相反数	马伏会	第三中学	2015年9月	2011版课标教材教学设计交流评选活动	宁夏教育学会中学数学教学研究会	二等奖
Unit 4 Where is my car? Part B	姚　佳	第三小学	2015年9月	吴忠市信息技术与小学英语课堂教学深度融合模拟说课活动	吴忠市教育局	二等奖
预设显匠心，生成绽精彩	海　芳	第一中学	2015年11月	第四届全国高中语文教师教学基本功展评暨教学观摩研讨会	自治区教育厅教研室	二等奖
微课《清政府割地赔款收复伊犁的原因》	尹　荣	第三中学	2016年2月	全国中小学教育教学研究成果征集活动	全国中小学教师继续教育网	一等奖
仿古编钟	代巧梅	第三中学	2016年4月	全区第九届优秀自制教具评比	自治区教育厅教研室	三等奖

续表11-13

作品名称	作者	所在单位	获奖时间	评选(竞赛)项目名称	组织单位	获奖等次
内燃机工作原理演示	虎永祥	第三中学	2016年4月	全区第九届优秀自制教具评比	自治区教育厅教研室	一等奖
光的反射演示仪	马生仁 罗彩虹	回民中学	2016年4月	全区第九届优秀自制教具评比	自治区教育厅教研室	二等奖
内燃机工作原理演示	妥贵东	第三中学	2016年4月	全区第九届优秀自制教具评比	自治区教育厅教研室	一等奖
眼球形成过程和近视、远视形成原因及矫正演示仪	吴永峰	第二中学	2016年4月	全区第九届优秀自制教具评比	自治区教育厅教研室	二等奖
三角形内角和演示	张宏慧	第三小学	2016年4月	全区第九届优秀自制教具评比	自治区教育厅教研室	二等奖
注射器减压快速过滤装置	张旭升	回民中学	2016年4月	全区第九届优秀自制教具评比	自治区教育厅教研室	三等奖
探究种子萌发的外界条件	景彦峰	第二中学	2016年11月	2016年全区中学生物学科实验教学设计评选活动	自治区教育厅教研室	二等奖
远离毒品，关爱生命	李　季	第一中学	2017年5月	吴忠市毒品预防教育优秀课件	吴忠市教育局	三等奖
趣味筒	郭晓艳	第一幼儿园	2018年4月	全市幼儿园优秀自制玩教具展评活动	吴忠市教育局	一等奖
中国民族资本主义的曲折发展	何斯玙	第一中学	2018年8月	“宁夏中学历史学科主题实践研修”优秀教学设计和课件评选活动	自治区教育厅教研室	一等奖
俄国十月革命的胜利	雷风敏	第一中学	2018年8月	“宁夏中学历史学科主题实践研修”优秀教学设计和课件评选活动	自治区教育厅教研室	三等奖
资本主义世界市场的形成与发展	李　莉	第一中学	2018年8月	“宁夏中学历史学科主题实践研修”优秀教学设计和课件评选活动	自治区教育厅教研室	三等奖
对外开放格局的初步形成	李晓成	第一中学	2018年8月	“宁夏中学历史学科主题实践研修”优秀教学设计和课件评选活动	自治区教育厅教研室	三等奖
开创外交新局面	马文梅	第一中学	2018年8月	“宁夏中学历史学科主题实践研修”优秀教学设计和课件评选活动	自治区教育厅教研室	三等奖
空前严重的资本主义经济危机	宋晓绘	第一中学	2018年8月	“宁夏中学历史学科主题实践研修”优秀教学设计和课件评选活动	自治区教育厅教研室	二等奖

第十二章 教育信息化

随着早期电化教育工作的开展，在上级教育主管部门和社会各界的大力支持下，红寺堡不断加大教育信息化投入，通过“农村中小学现代远程教育工程”（简称“农远工程”）“农村义务教育薄弱学校改造计划”（简称“薄改计划”）“百所回民中小学标准化建设工程”（简称“百标工程”）“宽带网络校校通”“教学点数字资源全覆盖”等重大项目工程的实施，以及“创强”“普高”“均衡”等工作的推进，红寺堡教育信息化工作取得了长足发展。学校信息化基础设施不断完善，数字化教育资源不断丰富；信息化教学应用不断拓展，教师信息技术应用水平不断提高，学生信息素养不断提升；部分信息化教育管理平台和业务系统投入使用，教育管理信息化取得一定进展。

第一节 发展概况

一、发展初期

2000年8月，随着红寺堡开发区各乡镇中学的建成及教育教学工作的正常开展，幻灯机、录音机被广泛运用于课堂教学中。幻灯机主要在物理、化学、生物等学科教学中用于展示图片，录音机主要在语文学科教学中用于课文范读、配乐朗诵，在英语学科教学中用于课文朗读和听力训练。“普九”期间，录音机更是音乐器材配备标准之一，用以解决学校音乐教师不足音乐课程开设不齐不全的困境。

2001年2月，香港21世纪通公司和李扬公司联合赠送宁夏100套现代远程教育设备（包括钢板无线、卫星电视接收机、彩色电视机、VCD录放机），自治区教育厅分配给红寺堡镇中学、大河三小、沙泉中学各一套。该套设备是山区和边远地区学校开展中小学信息技术教育的重要设备，也是“十五”期间宁夏实施“校校通”

工程的重要手段。

2003年11月，驻宁部队为红寺堡开发区教育系统捐赠一批旧电脑，教育文体广电局分配给乡镇中心学校每校2台，给农村完全小学每校1台。由于当时会操作计算机的教师极少，分配给学校的电脑大多都被闲置，既没有用于办公，也没能用于教学。

2004年5月，买河九年制学校自购针式打印机一台，开始将计算机用于"普九"档案建设，提高了工作效率，减轻了教师负担。随之，这一经验在各校逐步推广，计算机逐步被各校用于办公，进而推动了计算机在教学中的应用。

二、"农远"时期

经国务院批准，从2003年开始，教育部、国家发展和改革委员会、财政部共同实施农村中小学现代远程教育工程。工程计划用5年左右构建遍及全国农村的远程教育网络，使农村中小学和教学点拥有教学光盘播放设备和成套教学光盘(模式一)，农村小学具备卫星教学收视点(模式二)，农村初中基本具备计算机教室(模式三)，初步形成农村教育信息化环境，实现优质教育资源共享。

2004年8月，红寺堡开发区开始实施"农远工程"。为保质保量完成工程建设任务，红寺堡开发区管委会成立"红寺堡开发区农村中小学现代远程教育工程领导小组"，统筹协调工程的组织实施、规划管理、评估使用。为充分发挥工程设备在教育教学应用、农村党员干部现代远程教育和"三农"服务中的效用，领导小组制定一系列规章制度。红寺堡开发区管委会落实项目配套资金14万元，筹措18万元用于项目教室装修，购置计算机桌凳、教学光盘柜、电视机柜等。并根据三种模式(模式一每校每年500元，模式二每校每年3000元，模式三每校每年8000元)的运转和维护费用及当地实际情况，从财政转移支付资金中划出一部分，确保学校信息技术设备正常运转。

2005年12月，自治区教育厅、发改委、财政厅组织专家验收组对红寺堡开发区的"农远工程"进行验收，听取红寺堡开发区管委会关于"农远工程"建设方面的情况汇报，实地检查验收涉及三种模式的中小学校28所(模式一4所，模式二17所，模式三7所)。验收组每到一处均详细检查"农远工程"实施的相关文档和原始记录，实地考察三种模式的建设和应用情况。验收组认为红寺堡开发区管委会对"农远工程"高度重视、组织精心、措施得力、制度完善，各项应用已初见成效，项目达到自治区级验收标准，通过自治区级验收，同意报请国家验收。在此次验收中，专家组认定大河中学、回民小学在远程教育方面“校长重视、认识到位、理念清楚、管理规范，教师应用资源的热情高涨，应用效果明显，各方面工作做得非常突出”。同时，专家组对红寺堡开发区的“农远工程”提出5点希望和建议：一是加强工作队伍建设，二是提高教师远程资源应用水平，三是大力开展光盘教学的普及，四是抓亮点树典型促进现代远程教育的应用和推广，五是发挥“一网多用”的功能。

随着区划调整和学校布局调整，教育体育局对撤并学校的远程教育设备进行二次调整分配。截至2008年年底，按照“农远工程”三种模式建设的要求，红寺堡开发区共建设19个教学光盘播放点，配备电视机、DVD播放机和教学点各年级的教学光盘，通过播放教学光盘对学生授课和辅导，配备对象主要是农村教学点，平均每点投资概算3000元；建设57个卫星教学收视点，配备卫星接收系统、计算机、电视机、DVD播放机和一至六年级所需的教学光盘，1间多媒体教室，通过中国教育卫星宽带传输网接收优质教育资源，同时具有教学光盘播放点的功能，配备对象为乡（镇）中心小学和村级完全小学，平均每点投资概算1.6万元；建设8个农村初中计算机教室，配备卫星接收系统、教学光盘播放设备及教学光盘，装备一间30台终端的计算机教室，一间多媒体教室，配备对象为农村初中，平均每点投资概算15万元。“农远工程”覆盖红寺堡开发区所有农村中小学校。

2007年红寺堡开发区现代远程教育工作安排表

表12-1

月份	具体工作	责任部门
1月	成立运用现代远程教育资源领导小组	“农远工程”项目学校
	选调现代远程教育管理人员	“农远工程”项目学校
	检查现代远程教育设备存放情况	“农远工程”项目学校
	制订2007年现代远程教育工作计划	“农远工程”项目学校
	建立健全规章制度，制定工作职责、考核评估细则	“农远工程”项目学校
	建立红寺堡开发区运用现代远程教育“两支队伍”	信息技术教育与项目办公室
2月	确定专用教室，设备摆放到位	“农远工程”项目学校
	教师运用现代远程教育资源开展校本培训	“农远工程”项目学校
	检查并上报现代远程教育设备问题	“农远工程”项目学校
	整理登记光盘资源内容，分类建立IP资源	“农远工程”项目学校

续表12-1

月份	具体工作	责任部门
3月	教师熟悉光盘资源内容	“农远工程”项目学校
	安排现代远程教育课程表	“农远工程”项目学校
	现代远程教育开学准备工作检查并处理问题设备	信息技术教育与项目办公室
	利用光盘资源进行教学	“农远工程”项目学校
	教师熟悉IP资源,并开展教学活动	“农远工程”项目学校
	开展现代远程教育资源应用交流活动	信息技术教育与项目办公室
	学校围绕现代远程教育开展教研活动	“农远工程”项目学校
	开展远程教育资源应用示范课送教活动	信息技术教育与项目办公室
4月	创建红寺堡开发区远程教育资源应用示范学校	信息技术教育与项目办公室
	建设红寺堡开发区教育信息网	信息技术教育与项目办公室
5月	开展基于现代远程教育资源应用的公开课活动	“农远工程”项目学校
	开展现代远程教育资源应用的教学设计比赛	信息技术教育与项目办公室
6月	开展现代远程教育教学活动	“农远工程”项目学校
7月	现代远程教育应用情况检查评比	信息技术教育与项目办公室
8月	利用现代远程教育为农服务	“农远工程”项目学校
9月	开展现代远程教育教学活动	“农远工程”项目学校
	组织现代远程教育工作观摩活动	信息技术教育与项目办公室
10月	开展现代远程教育资源应用的优质课竞赛活动	信息技术教育与项目办公室
11月	开展远程教育资源应用优质课送教活动	“农远工程”项目学校
12月	现代远程教育资源应用评比	信息技术教育与项目办公室
	召开现代远程教育工作表彰会	信息技术教育与项目办公室
	制订下一年现代远程教育工作计划	“农远工程”项目学校

三、“创强”时期

2010年是红寺堡区创建教育强区的验收年,根据“创强”验收指标,红寺堡区加大教育信息化投入。是年4月,经红寺堡区委、区政府积极争取,驻宁部队为红寺堡区学校捐赠电脑230台,自治区教育厅、宣传部共捐助电脑170台,吴忠市教育局为红寺堡小学捐助电脑165台。5月,红寺堡区扶贫办为学校捐助电脑200台,自治区慈善服务中心为学校捐助电脑65台。8月,红寺堡区教师开始尝试使用宁夏数字化教育资源公共服务平台服务教学。10月,教育局自筹资金469万元,为学校装备电脑1334台。是年,通过58个红寺堡区直部门和驻红寺堡单位的大力支持，落实帮扶资金102万元，为学校配备多媒体教室323个、电子备课室8个；红寺堡区财政投入资金168万元，为学校购置交互式电子白板87套；教育局争取电信、移动公司支持，为40所中小学校接入4兆以上光纤，对偏远的23所村级小学采取无线网卡方式接入互联网，学校网络覆盖率达97%；教育局借助中国现代教育网（www.30edu.com）平台建立并开通红寺堡区教育信息网和9个教育局直属中小学校园网站。

四、"均衡"时期

2012年5月，红寺堡区开启推进"义务教育均衡发展"工作。6月，红寺堡区依托"薄改计划"的实施，按照"均衡"指标，为中小学校新建计算机教室，增配学生用计算机，为教师配备信息化终端。是时，红寺堡区各学校共有计算机2838台，有计算机网络教室66间。9月，全国教育信息化工作电视电话会议确定基于"三通两平台"（宽带网络校校通、优质资源班班通、网络学习空间人人通，建设教育资源公共服务平台和教育管理公共服务平台）模式的教育信息化发展导向，红寺堡区的教育信息化开始进入"三通"建设及"两平台"应用时段。是月，教育局要求辖区所有专任教师在学校网站上注册"教师空间"，并督促教师利用中国现代教育网平台提供的资源和工具开展教育教学，运用教师空间开展网络教研和教学交流。

2013年3月，红寺堡区加快推进"宽带网络校校通"工程实施，对已接入互联网的学校逐年进行网络带宽提升和网络结构优化改造。6月，红寺堡区300人以上的学校均通过光纤接入互联网。8月，第一中学和第一小学在所有教学班安装交互式电子白板，并构建相对完善的校园网，基本实现"班班通"。11月，教育局为市级及以上骨干教师125人每人配发一台价值3992元的宏碁Aspire EC-471G笔记本电脑。

2014年1月，教育局遵循"实用、够用、好用"的原则，实施"优质资源班班通"工程，采用多种模式为学校建设多媒体教室。教学点以"教学点数字资源全覆盖项目"为依托，采取"电视机+计算机"的模式；各村级小学采取"电子白板+计算机"的模式；直属中小学、乡镇中心小学逐步配备"触控一体机"。3月，红寺堡区开始应用"全国中小学生学籍信息管理系统"对学生学籍进行统一管理。

2015年4月，红寺堡区所有中小学校、公办幼儿园通过不同方式均接入互联网，除9所教学点外，所有学校的接入带宽都在4兆以上。同时，教育局倡导各校构筑高速可靠、绿色安全、开放共享、持续发展的网络基础环境。8月,教育局组织各校信息化管理员和教务主任就“宁夏教育资源公共服务平台”(宁夏教育云)的管理应用进行培训,要求学校督促教师注册“人人通”空间,努力探索网络学习空间上教师研修、资源共享、互动教学、教学管理等方面的应用。是年,所有专任教师及初中、高中学生实名制注册“网络学习空间”。

2016年3月,红寺堡区开始应用“宁夏学校安全教育信息化平台”开展师生常态化安全教育。8月,红寺堡区除教学点外各校都建有计算机网络教室,共建有计算机网络教室101间,配备有学生用机4551台,生机比高中10.8∶1、初中10.2∶1、小学7.7∶1。同期,城区中小学及乡镇中心小学在教学班配备多媒体设备及资源,组建校园网络,实现“班班通”。9月,借助教师信息技术应用能力测评的契机,红寺堡区所有中小学(含幼儿园)教师全部实名制注册“网络学习空间”,并强化教师“人人通”空间的应用。10月,按照教育局的要求,红寺堡区中小学校全部为学生开通“人人通”空间,同时自动生成学生家长的“人人通”空间。

2017年3月,红寺堡区开始应用“全国教师管理信息系统(宁夏)”对教师相关信息进行管理。8月,红寺堡区配备有教师用机2287台,师机比0.9∶1,实现教师“人手一机”。同期,除教学点外,红寺堡区所有中小学校在所有教学班配备多媒体设备及资源,组建校园网络,实现“班班通”。9月,红寺堡区开始应用“全国青少年毒品预防教育数字化平台”对五年级以上学生进行毒品预防教育工作。

2018年4月,红寺堡区开始应用“宁夏回族自治区事业单位人事综合管理平台”进行教师人事业务经办。是年11月,宁夏正式启动“互联网+教育”示范区建设,计划5年建设期内在教育资源共享、创新素养教育、教师队伍建设、学校党建思政、现代教育治理等五个方面引领示范,形成一批可复制可推广的“互联网+教育”模式。红寺堡区的教育信息化随之进入“互联网+教育”探索时期。

第二节 信息化建设

一、基础建设

2002年9月,马士基希望小学自购教师机2台、学生机64台,组建红寺堡第一间计算机网络教室。2003年8月,红寺堡中学争取项目资金100万元,装备计算机网络教室4间、多媒体教室2间、电子备课室1间。12月，红寺堡中学成为“千乡万才”（“千乡万才”计划是台湾英业达集团董事长温世仁倡议并发起的，旨在用网络科技改善西部贫困地区教育）项目会员学校，该项目配备20台电脑，学校组建“一网通”计算机网络教室1间。2004年8月，红寺堡中学又自购方正电脑50台、联想电脑50台，新建计算机网络教室2间。

2005年10月，“百标”工程为红寺堡小学配备台式电脑11台，笔记本电脑1台、服务器1台、电容话筒1套、多媒体液晶投影仪1台、银幕1幅、交换机1台、扫描仪1台、数码摄像机1台、便携式视频演示仪1套。红寺堡小学依托“百标”项目，组建50台电脑的计算机网络教室1间、语音室1间、软件资料室1间。

截至2006年年底，红寺堡开发区依托“农远工程”项目，为7所中学（含九年制学校初中部）各配备1间30台终端（无盘工作站，硬盘和主机分离，无盘工作站只执行操作不执行存储）的微机室和1间“银幕+投影仪+电脑”的多媒体教室，为64所中小学校各配备2台电视机、1台DVD，为19个教学点各配备1台电视机、1台DVD。

2006年红寺堡开发区“农远工程”配备信息化设备情况表

表12-2

序号	学校名称	计算机教室（间）	多媒体教室（间）	光盘播放室（间）	服务器（台）	教师机（台）	学生机（台）	卫星站点（个）	投影机（台）	电视机（台）	DVD（台）
1	红寺堡中学	1	1	1	1	2	30	1	1	2	1
2	第二中学	1	1	1	1	2	30	1	1	2	1
3	大河中学	1	1	1	1	2	30	1	1	2	1
4	新庄集中学	1	1	1	1	2	30	1	1	2	1
5	石炭沟中学	1	1	1	1	2	30	1	1	2	1
6	沙泉中学	1	1	1	1	2	30	1	1	2	1
7	买河中学	1	1	1	1	2	30	1	1	2	1
8	红寺堡小学			1		1		1		2	1
9	第二小学			1		1		1		2	1
10	大河二小			1		1		1		2	1
11	大河乡中心小学			1		1		1		2	1
12	大河四小			1		1		1		2	1
13	大河乡开元小学			1		1		1		2	1
14	大河乡红河小学			1		1		1		2	1

续表12-2

序号	学校名称	计算机教室(间)	多媒体教室(间)	光盘播放室(间)	服务器(台)	教师机(台)	学生机(台)	卫星站点(个)	投影机(台)	电视机(台)	DVD(台)
15	大河七小			1		1		1		2	1
16	大河八小			1		1		1		2	1
17	大河九小			1		1		1		2	1
18	大河十小			1		1		1		2	1
19	石炭沟中心小学			1		1		1		2	1
20	大河乡官店小学			1		1		1		2	1
21	大河乡平岭子小学			1		1		1		2	1
22	大河乡石坡子小学			1		1		1		2	1
23	红寺堡镇一小			1		1		1		2	1
24	红寺堡镇二小			1		1		1		2	1
25	红寺堡镇三小			1		1		1		2	1
26	红寺堡镇回小			1		1		1		2	1
27	红寺堡镇中心小学			1		1		1		2	1
28	红寺堡镇七小			1		1		1		2	1
29	红寺堡镇八小			1		1		1		2	1
30	红寺堡镇光彩小学			1		1		1		2	1
31	红寺堡镇玉池小学			1		1		1		2	1
32	红寺堡镇中圈塘小学			1		1		1		2	1
33	红寺堡镇朝阳小学			1		1		1		2	1
34	红寺堡镇富康小学			1		1		1		2	1
35	南川乡沙草墩小学			1		1		1		2	1
36	南川乡南角湾小学			1		1		1		2	1
37	红寺堡镇上源小学			1		1		1		2	1
38	红寺堡镇东源小学			1		1		1		2	1
39	南川乡白墩小学			1		1		1		2	1
40	南川乡双台小学			1		1		1		2	1
41	南川乡康庄小学			1		1		1		2	1
42	南川乡南川小学			1		1		1		2	1
43	南川乡新庄集小学			1		1		1		2	1
44	南川乡新台小学			1		1		1		2	1
45	南川乡红阳小学			1		1		1		2	1
46	南川乡杨柳小学			1		1		1		2	1
47	南川乡中川小学			1		1		1		2	1

续表 12-2

序号	学校名称	计算机教室（间）	多媒体教室（间）	光盘播放室（间）	服务器（台）	教师机（台）	学生机（台）	卫星站点（个）	投影机（台）	电视机（台）	DVD（台）
48	南川乡东川小学			1		1		1		2	1
49	太阳山镇甜水河小学			1		1		1		2	1
50	太阳山镇中心小学			1		1		1		2	1
51	太阳山镇买河中心小学			1		1		1		2	1
52	太阳山镇旧城学校			1		1		1		2	1
53	太阳山镇中泉小学			1		1		1		2	1
54	太阳山镇柳泉小学			1		1		1		2	1
55	太阳山镇新泉小学			1		1		1		2	1
56	太阳山镇永泉小学			1		1		1		2	1
57	太阳山镇东泉小学			1		1		1		2	1
58	太阳山镇红塔小学			1		1		1		2	1
59	太阳山镇豹子滩小学			1		1		1		2	1
60	太阳山镇西泉小学			1		1		1		2	1
61	太阳山镇黄羊滩小学			1		1		1		2	1
62	太阳山镇红崖湾小学			1		1		1		2	1
63	太阳山镇羊坊滩小学			1		1		1		2	1
64	太阳山镇周新小学			1		1		1		2	1
65	大河一小			1						1	1
66	南川乡田圈小学			1						1	1
67	南川乡龚家岭小学			1						1	1
68	南川乡火龙沟小学			1						1	1
69	南川乡细沟子小学			1						1	1
70	南川乡青山小学			1						1	1
71	南川乡马段头小学			1						1	1
72	南川乡姬家沟小学			1						1	1
73	南川乡张台小学			1						1	1
74	南川乡马渠小学			1						1	1
75	南川乡沈家井小学			1						1	1
76	南川乡常家洼小学			1						1	1
77	南川乡文庄子小学			1						1	1
78	南川乡施家塘小学			1						1	1
79	太阳山镇何庄小学			1						1	1
80	太阳山镇蔡庄小学			1						1	1

续表12-2

序号	学校名称	计算机教室(间)	多媒体教室(间)	光盘播放室(间)	服务器(台)	教师机(台)	学生机(台)	卫星站点(个)	投影机(台)	电视机(台)	DVD(台)
81	太阳山镇买河小学			1						1	1
82	太阳山镇红沟窑小学			1						1	1
83	太阳山镇水套西小学			1						1	1
合　计		7	7	83	7	71	210	64	7	147	83

2008—2010年“创强”期间，在社会各界的资助下，红寺堡加大信息化投入和建设力度。依据“创强”信息化建设方面的指标要求，结合学校上机学生人数，除教学点外，为每一所学校配备10～60台电脑数量不等的计算机网络教室，部分学校采取“一拖二”和“一拖三”的形式组建计算机网络教室，“拖机”统一由“Green Appear云终端+KTCT70105液晶显示器+双飞燕键盘鼠标”构成。在此期间，红寺堡主要采取“电磁感应式交互式电子白板+电脑”和“电视+电脑”两种模式组建多媒体教室，同时继续保留“银幕+投影仪+电脑”的多媒体教室和“电视+DVD/EVD”的光盘播放室。

2010年红寺堡区中小学校计算机教室建设情况表

表12-3

学校名称	计算机教室(间)	标准(台)	主机数(台)	拖机数(套)	组建时间	电脑主要来源	教育局增补数(台)
第二中学	1	50	50		2010年4月	教育局配发	
回民中学	2	50	100		2010年4月	教育局配发	
第三中学	1	50	50		2010年4月	教育局配发	
第二小学	1	60	15	45	2010年4月	教育局配发	
大河乡第八小学	1	30	8	22	2010年4月	宁夏军区捐赠	3
大河乡第二小学	1	15	3	12	2010年5月	红寺堡区扶贫办捐赠	
		46	3	12	2010年5月	红寺堡区民政局捐赠	
		10	10	0	2010年7月	红寺堡区民政局捐赠	
大河乡官店小学	1	46	3	12	2010年5月	红寺堡区民政局捐赠	
		15	3	12	2010年5月	红寺堡区扶贫办捐赠	
大河乡第九小学	1	30	8	22	2010年4月	宁夏军区捐赠	3
大河乡第六小学	1	15	3	12	2010年5月	红寺堡区扶贫办捐赠	
		46	3	12	2010年5月	红寺堡区民政局捐赠	
		10	10	0	2010年7月	红寺堡区民政局捐赠	

续表12-3

学校名称	计算机教室（间）	标准（台）	主机数（台）	拖机数（套）	组建时间	电脑主要来源	教育局增补数(台)
大河乡平岭子小学	1	30	10	20	2010年4月	宁夏军区捐赠	
大河乡第七小学	1	30	8	22	2010年4月	宁夏军区捐赠	3
大河乡第十小学	1	30	8	22	2010年4月	宁夏军区捐赠	3
大河乡石坡子小学	1	30	10	20	2010年4月	宁夏军区捐赠	
大河乡第四小学	1	15	3	12	2010年5月	红寺堡区扶贫办捐赠	
大河乡乌沙塘小学	1	15	3	12	2010年5月	红寺堡区扶贫办捐赠	
		46	3	12	2010年5月	红寺堡区民政局捐赠	
大河乡第一小学	1	30	8	22	2010年4月	宁夏军区捐赠	3
大河乡中心小学	1	30	8	22	2010年4月	宁夏军区捐赠	3
红寺堡镇第八小学	1	30	10	20	2010年4月	宁夏军区捐赠	
红寺堡镇朝阳小学	1	45	12	33	2010年4月	宁夏军区捐赠	7
红寺堡镇东源小学	1	30	8	22	2010年4月	宁夏军区捐赠	3
红寺堡镇第二小学	1	15	3	12	2010年5月	红寺堡区扶贫办捐赠	
		46	3	12	2010年5月	红寺堡区民政局捐赠	
		10	10	0	2010年7月	红寺堡区民政局捐赠	
红寺堡镇富康小学	1	15	3	12	2010年5月	红寺堡区扶贫办捐赠	
		46	3	12	2010年5月	红寺堡区民政局捐赠	
		10	10	0	2010年7月	红寺堡区民政局捐赠	
红寺堡镇光彩小学	1	30	10	20	2010年4月	宁夏军区捐赠	
红寺堡镇回民小学	1	60	15	45	2010年4月	教育局配发	
红寺堡镇第七小学	1	46	4	16	2010年5月	红寺堡区民政局捐赠	
红寺堡镇第三小学	1	15	3	12	2010年5月	红寺堡区扶贫办捐赠	
		46	3	12	2010年5月	红寺堡区民政局捐赠	
红寺堡镇上源小学	1	30	8	22	2010年4月	宁夏军区捐赠	3
红寺堡镇第一小学	1	15	3	12	2010年5月	红寺堡区扶贫办捐赠	
红寺堡镇玉池小学	1	30	8	22	2010年4月	宁夏军区捐赠	3
红寺堡镇中圈塘小学	1	30	10	20	2010年4月	宁夏军区捐赠	
红寺堡镇中心小学	1	60	30	30	2010年4月	宁夏军区捐赠	
南川乡白墩小学	1	30	8	22	2010年4月	宁夏军区捐赠	3
南川乡东川小学	1	15	3	12	2010年5月	红寺堡区扶贫办捐赠	
		46	3	12	2010年5月	红寺堡区民政局捐赠	
南川乡高口小学	1	15	3	12	2010年5月	红寺堡区扶贫办捐赠	
		46	4	16	2010年5月	红寺堡区民政局捐赠	

续表12-3

学校名称	计算机教室(间)	标准(台)	主机数(台)	拖机数(套)	组建时间	电脑主要来源	教育局增补数(台)
南川乡红阳小学	1	30	8	22	2010年4月	宁夏军区捐赠	3
南川乡洪沟滩小学	1	30	8	22	2010年4月	宁夏军区捐赠	3
南川乡康庄小学	1	30	10	20	2010年4月	宁夏军区捐赠	
南川乡南角湾小学	1	30	10	20	2010年4月	宁夏军区捐赠	
南川乡沙草墩小学	1	15	3	12	2010年5月	红寺堡区扶贫办捐赠	
		46	3	12	2010年5月	红寺堡区民政局捐赠	
南川乡双台小学	1	15	3	12	2010年5月	红寺堡区扶贫办捐赠	
		10	10	0	2010年7月	红寺堡区民政局捐赠	
		46	3	12	2010年5月	红寺堡区民政局捐赠	
南川乡西川小学	1	15	3	12	2010年5月	红寺堡区扶贫办捐赠	
		10	10	0	2010年7月	红寺堡区民政局捐赠	
		46	3	12	2010年5月	红寺堡区民政局捐赠	
南川乡新台小学	1	30	8	22	2010年4月	宁夏军区捐赠	3
南川乡杨柳小学	1	15	3	12	2010年5月	红寺堡区扶贫办捐赠	
		46	3	12	2010年5月	红寺堡区民政局捐赠	
南川乡奕龙小学	1	45	12	33	2010年4月	宁夏军区捐赠	7
南川乡中川小学	1	30	8	22	2010年4月	宁夏军区捐赠	3
太阳山镇灌区第二小学	1	46	3	12	2010年5月	红寺堡区民政局捐赠	
太阳山镇豹子滩小学	1	30	8	22	2010年4月	宁夏军区捐赠	3
太阳山镇东泉小学	1	30	8	22	2010年4月	宁夏军区捐赠	3
太阳山镇红崖湾小学	1	15	3	12	2010年5月	红寺堡区扶贫办捐赠	
		46	3	12	2010年5月	红寺堡区民政局捐赠	
		10	10	0	2010年7月	红寺堡区民政局捐赠	
太阳山镇黄羊滩小学	1	30	8	22	2010年4月	宁夏军区捐赠	3
太阳山镇旧城小学	1	15	3	12	2010年5月	红寺堡区扶贫办捐赠	
		46	3	12	2010年5月	红寺堡区民政局捐赠	
太阳山镇李敬中小学	1	15	3	12	2010年5月	红寺堡区扶贫办捐赠	
		46	3	12	2010年5月	红寺堡区民政局捐赠	
太阳山镇柳泉小学	1	30	10	20	2010年4月	宁夏军区捐赠	
太阳山镇甜水河小学	1	30	10	20	2010年4月	宁夏军区捐赠	
太阳山镇新泉小学	1	30	8	22	2010年4月	教育局配发	

续表12-3

学校名称	计算机教室（间）	标准（台）	主机数（台）	拖机数（套）	组建时间	电脑主要来源	教育局增补数（台）
太阳山镇羊坊滩小学	1	15	3	12	2010年5月	红寺堡区扶贫办捐赠	
		46	3	12	2010年5月	红寺堡区民政局捐赠	
		10	10	0	2010年7月	红寺堡区民政局捐赠	
太阳山镇永泉小学	1	30	10	20	2010年4月	宁夏军区捐赠	
太阳山镇裕华第二小学	1	15	3	12	2010年5月	红寺堡区扶贫办捐赠	
		46	4	16	2010年5月	红寺堡区民政局捐赠	
		15	3	12	2010年5月	红寺堡区扶贫办捐赠	
太阳山镇中心小学	1	30	8	22	2010年4月	宁夏军区捐赠	3

2010年红寺堡区中小学校电子白板多媒体教室建设情况表

表12-4

学校	数量（套）	单价（元）	总价（元）	学校	数量（套）	单价（元）	总价（元）
第一中学	7	18890	132230	红寺堡镇中心学校	7	18890	132230
第二中学	4	18890	75560	大河乡中心学校	8	18890	151120
回民中学	4	18890	75560	太阳山镇中心学校	9	18890	170010
第一小学	11	18890	207790	南川乡中心学校	8	18890	151120
第二小学	4	18890	75560	合计	62		1171180

2011年8月，教育局以乡镇为单位对村级小学的计算机教室进行整合调整，为学校配发部分电脑主机，淘汰“创强”时期配备的“云终端”。同期，各学校开始装配“红外感应式电子白板+电脑”的多媒体教室。

2012年12月，教育部、财政部全面启动“教学点数字教育资源全覆盖”项目，旨在帮助农村边远地区开齐开好国家规定课程，满足适龄儿童就近接受良好教育的基本要求。2013年5月，教育局为大河乡第四小学、第五小学，太阳山镇灌区第三小学、塘坊梁小学、红沙窝小学、泉子湾小学、白塔水小学、巴庄小学，柳泉乡红塔小学等9个教学点先后配备数字资源接收和播放设备，主要有：清华同方超越E500计算机1套（3900元）、清华同方超越E500计算机主机1台（无显示器3000元）；创维42E30SW平板电视1台（3300元）、创维58E560S平板电视1台（6000元），卫星接收设施1套（5160元），内置计算机机顶盒1台、摄像头1个、2G无线通信模块1套、管理软件1套。

2014年3月,教育局在第一小学建设红寺堡区第一间录播教室。是年,教育局依托“薄改计划”,逐步为教师配备办公用机。2015年8月,各学校开始装配“触控一体机”,逐步淘汰“电视+电脑”“银幕+投影仪+电脑”的多媒体教室和光盘播放室。2016年,教育局为直属中小学、乡镇中心小学各建设一间多功能录播教室。2017年6月,第三小学新建“互动课堂”多功能录播教室1间。2018年8月,第四小学和职业技术学校各教室均装配“纳米黑板教学一体机”。

2018年红寺堡区中小学校教育信息化一览表

表12-5

所属区域	学校名称	计算机网络教室数(间)	录播教室数(间)	多媒体教室数(间)	互动式多媒体教室数(间)	展示型多媒体教室数(间)	教师用机数(台)	师用笔记本电脑数(台)	学生用机数(台)	生用平板电脑数(台)
局直属	职业技术学校	3	1	19	19	0	4	1	150	0
	第一中学	6	1	60	60	0	227	32	334	0
	第二中学	5	1	46	46	0	178	9	300	0
	第三中学	6	1	68	68	0	228	68	366	0
	第四中学	5	1	44	44	0	163	13	356	0
	回民中学	6	1	60	60	0	209	4	316	0
	第一小学	3	1	36	36	0	116	0	183	0
	第二小学	4	1	41	41	0	99	29	284	36
	第三小学	2	2	30	30	0	141	5	124	24
	第四小学	3	1	30	30	0	83	0	150	0
	回民小学	2	1	21	21	0	50	0	134	28
	燕宝小学	3	1	21	21	0	62	0	148	0
	马渠小学	1	1	7	7	0	15	0	47	0
大河乡	中心小学	1	1	12	12	0	27	0	56	0
	第八小学	1	0	6	6	0	13	0	51	0
	第二小学	1	0	1	1	0	1	0	0	0
	第九小学	1	0	12	12	0	22	0	50	0
	第六小学	1	0	6	6	0	8	0	41	0
	第七小学	1	0	6	6	0	11	0	41	0
	第十小学	1	0	8	8	0	19	0	50	0

续表12-5

所属区域	学校名称	计算机网络教室数（间）	录播教室数（间）	多媒体教室数（间）	互动式多媒体教室数（间）	展示型多媒体教室数（间）	教师用机数（台）	师用笔记本电脑数（台）	学生用机数（台）	生用平板电脑数（台）
大河乡	第十一小学	1	0	7	7	0	12	0	46	0
	第一小学	1	0	12	12	0	20	0	31	0
	官店小学	1	0	6	6	0	11	0	31	0
	平岭子小学	1	0	6	6	0	11	0	40	0
	石坡子小学	1	0	6	6	0	11	0	31	0
	石炭沟小学	1	0	6	6	0	12	0	41	0
	乌沙塘小学	1	0	9	9	0	10	0	41	0
	第四小学	0	0	1	0	1	1	0	0	0
	第五小学	0	0	1	1	0	2	0	0	0
红寺堡镇	中心小学	2	1	21	18	3	39	0	122	0
	朝阳小学	1	0	8	4	4	21	0	45	0
	东源小学	1	0	11	11	0	23	0	51	0
	富康小学	1	0	6	6	0	12	0	47	0
	光彩小学	1	0	6	5	1	12	0	46	0
	河水小学	1	0	6	6	0	12	0	41	0
	红兴小学	1	0	2	1	1	13	0	40	0
	梨花小学	1	0	6	6	0	11	0	31	0
	上源小学	1	0	11	11	0	18	0	47	0
	兴旺小学	1	0	6	6	0	13	0	47	0
	幸福小学	1	0	6	6	0	11	0	41	0
	玉池小学	1	0	6	6	0	12	0	45	0
	中圈塘小学	1	0	6	0	6	12	0	32	0
	弘德二小	1	0	8	8	0	12	0	46	0
柳泉乡	中心小学	2	1	18	18	0	32	0	174	80
	豹子滩小学	1	0	6	6	0	11	0	47	0
	东泉小学	1	0	9	9	0	16	0	16	0
	红崖湾小学	1	0	4	4	0	1	0	36	0
	甜水河小学	1	0	6	6	0	11	0	36	0
	旧城小学	1	0	6	6	0	11	0	11	0
	黄羊滩小学	1	0	6	6	0	2	0	47	0
	买河小学	1	0	7	7	0	14	0	47	0
	新泉小学	1	0	1	1	0	11	0	50	0

续表 12-5

所属区域	学校名称	计算机网络教室数(间)	录播教室数(间)	多媒体教室数(间)	互动式多媒体教室数(间)	展示型多媒体教室数(间)	教师用机数(台)	师用笔记本电脑数(台)	学生用机数(台)	生用平板电脑数(台)
柳泉乡	柳泉小学	1	0	6	6	0	17	0	46	0
	羊坊滩小学	1	0	6	6	0	13	0	45	0
	永泉小学	1	0	7	6	1	1	0	46	0
	红塔小学	0	0	1	0	1	3	0	0	0
新庄集乡	中心小学	1	0	18	18	0	12	0	42	0
	白墩小学	1	0	9	9	0	12	0	46	0
	东川小学	1	0	6	6	0	8	0	36	0
	红阳小学	1	0	12	12	0	25	0	40	0
	洪沟滩小学	1	0	6	6	0	10	0	30	0
	康庄小学	1	0	7	6	1	13	0	46	0
	南角湾小学	1	0	6	6	0	11	0	46	0
	沙草墩小学	1	0	6	6	0	10	0	41	0
	双台小学	1	0	9	6	3	11	0	40	0
	西川小学	1	0	6	6	0	13	0	40	0
	高口小学	1	0	6	6	0	11	0	41	0
	新台小学	1	0	6	6	0	11	0	40	0
	杨柳小学	1	0	6	6	0	11	0	40	0
	中川小学	1	0	6	6	0	11	0	50	0
	新一村小学	1	0	6	6	0	10	0	30	0
	新一支教学点	0	0	2	2	0	3	0	0	0
	新集教学点	0	0	2	2	0	3	0	0	0
太阳山镇	中心小学	1	1	0	0	0	23	0	50	0
	李敬中小学	1	0	5	4	1	11	0	41	0
	裕华第一小学	1	0	6	6	0	11	0	40	0
	裕华第二小学	1	0	5	2	3	10	1	47	0
	第二小学	1	0	5	5	0	8	0	11	0
	巴庄小学	0	0	1	0	1	2	0	0	0
	太阳山第三小学	0	0	2	2	0	3	0	0	0
	红沙窝小学	0	0	1	0	1	2	0	0	0
	泉子湾小学	0	0	1	0	1	4	0	0	0

续表12-5

所属区域	学校名称	计算机网络教室数（间）	录播教室数（间）	多媒体教室数（间）	互动式多媒体教室数（间）	展示型多媒体教室数（间）	教师用机数（台）	师用笔记本电脑数（台）	学生用机数（台）	生用平板电脑数（台）
太阳山镇	田原小学	0	0	2	2	0	3	0	0	0
合计		111	18	927	898	29	2428	162	5521	168

二、网络建设

2002年1月，教育文体广电局以1兆带宽通过ADSL方式接入互联网。2003年9月，红寺堡中学组建校园局域网。2004年8月，红寺堡中学以2兆带宽通过ADSL方式接入互联网。2006年8月，第二中学、红寺堡小学、第二小学3所城区中小学校先后以ADSL方式接入互联网，接入带宽均为512KB。

2008年8月，红寺堡中学率先通过光纤接入互联网，接入带宽为10兆；第二中学、红寺堡小学、第二小学将ADSL接入互联网带宽提升为2兆，红寺堡镇、太阳山镇、南川乡、大河乡4所乡镇中心小学以ADSL方式接入互联网，接入带宽为2兆；同期，红寺堡镇七小、回民小学及太阳山镇黄羊滩小学也以ADSL方式接入互联网，接入带宽为1兆。

2010年4月，自治区教育信息化管理中心在红寺堡镇的第一小学、第二小学、第三小学、第七小学、朝阳小学、富康小学开展3G无线宽带上网试点工作。电信公司为6所试点学校免费提供3G无线上网终端设备（3G无线数据卡一张、3G上网卡终端华为AC1261一个），并现场调通网络，现场培训学校网络管理老师。

2013年10月，红寺堡区300人以上的45所学校均通过光纤接入互联网，除太阳山开发区中心小学接入带宽为4兆（资费4800元/年）外，其余44所学校接入带宽均为10兆（资费8000元/年）。是年，第一中学和第一小学构建了相对完善的校园网。

2015年4月，除部分教学点外，红寺堡区其他中小学校均接入互联网，其中3所初级中学的接入带宽均为100兆，城区小学的接入带宽均在30兆以上，乡镇中心小学及200人以上村级小学接入带宽均为10兆，其余村级小学接入带宽均为4兆。9个教学点均有卫星接入，其中有2个教学点同时以光纤接入互联网。

2017年8月，除教学点外，红寺堡区所有中小学均建立较为完善的校园网。是年，第三中学借助自治区教育厅信息化示范校建设项目组建校园无线局域网，实现校园内Wi-Fi信号全覆盖。

截至2018年12月，红寺堡区83所学校（含教学点）和3所公办幼儿园全部通过光纤接入互联网，其中，出口带宽100兆的学校5所，50兆的学校5所，20兆的学校18所，10兆的学校45所，4兆的学校10所。

三、资源建设

2005年10月，“百标工程”为红寺堡小学配备教育资源库一套，资源主要为小学各年级语文、数学教学课例。

“农远工程”实施期间，教育体育局要求各项目学校做好“远教”资源的接收管理——及时开机接收，定期整理刻录。当时要求分年级、分学科、分类别整理的远程教育资源主要有课程资源、教师发展、专题教育、学习指导、科学人生、世纪讲坛、少年文化、为农服务、小小律师等。乡镇中心学校负责将分类整理好的资源分发给辖区村级小学，以备教师上课应用。“远教”资源的分类整理工作，随着“校校通”工作的推进而逐步停止。同时，“农远工程”为红寺堡开发区所有中小学免费发放以小班教学为主的教学光盘资源，资源覆盖小学所有年级和学科，并为初中提供名师名课、示范课、教学实验、教学素材等教学光盘。

2008年4月，教育体育局根据《自治区教育厅办公室关于开展数字化教育教学资源汇集工作的通知》要求，开展红寺堡开发区数字化教育教学资源汇集工作，各乡镇中心学校、直属学校建立“教育教学资源库”，汇集教学公共素材和课程资源，公共素材汇集各学科、各年级可共同使用的文本、图片、音频、视频、动画等数字化资源；课程资源汇集各年级、各学科、不同版本教材的章、节或课的相关媒体资源（图片、音频、视频、动画、课件）、教学示例（教学设计、教学案例、评价案例、课堂实录等）、拓展资料、评价测试（习题、试卷）等。

2009年8月，红寺堡开发区所有完全小学每校以4960元的价格采购教学资源库，该资源以PPT教学课件和Flash视频课件为主，覆盖小学所有年级所有学科。10月，教育局直属中小学、乡镇中心学校购买中国现代教育网的网校平台服务，教师完成注册即可开通“百万教学资源”库，该资源库分为试题资源库、课件资源库、教案资源库、素材资源库、论文资源库、课堂实录馆、教育影视馆、教育图书馆等八大体系；包含小学、初中、高中三个学段，囊括语文、数学、英语、物理、化学、历史、地理、政治、生物、体育、美术、科学、音乐、信息技术、思想品德等科目；资源类型包含教案、试题、论文、课件、图片、视频、音频、动画、其他文本类资源。

2015年3月，教育局开展首届“一师一优课、一课一名师”活动，要求各学校以“晒课”为契机，结合教师信息技术应用能力测评活动，加快校本数字化资源库建设。教培中心要求各学校鼓励广大教师自主开发题材广泛、内容丰富、种类齐全、形式多样的符合教学实际的本土化教学资源。支持学校建设学科齐全、内容丰富、优质好用的数字化教育资源库。各中小学校按照自建、共建、购建相结合的工作思路，积极建设具有校本特色的优质教育教学资源库，开展优秀教案、学案、课件、微课、课例等教学资源的评选交流活动，不断充实校本资源库，教育局发挥信息化示范学校和乡镇中心校的辐射带动作用，建立优质教育资源共建、共享的工作机制，并加大投入，购置、开发优质教育资源，不断充实丰富学校教学资源库。

第三节　信息化管理

一、组织机构

(一)教育信息化相关工作领导小组

2005年7月，为保质保量完成“农远工程”建设任务，红寺堡开发区成立以工委副书记、纪工委书记陈任新为组长，教育文体广电局局长、管委会办公室主任、组织部副部长为副组长，各相关部门主要领导为成员的红寺堡开发区农村中小学现代远程教育工程领导小组，统筹协调工程的组织实施、规划管理、使用评估。

2008年8月，教育体育局成立以局长为组长、副局长为副组长、各股室主任为成员的现代远程教育应用工作领导小组和教育信息化领导小组，负责“远教”工作的管理应用和教育信息化工作的规划实施。2010年4月，由于人事变动，教育局调整现代远程教育应用工作领导小组和教育信息化领导小组，鄢钰任组长，李荣国、刘鹏跃任副组长，各股室主任为成员。领导小组下设办公室，办公室设在信息化资源管理中心，叶占林兼任办公室主任。

2011年9月，为了加强红寺堡区教育系统互联网管理工作，教育局成立以局长鄢钰为组长、党委书记李荣国和教育局副局长刘鹏跃为副组长，各股室主任和乡镇中心学校校长、直属学校校长为成员的红寺堡区教育系统互联网管理领导小组，总体负责对教育系统互联网宣传及教育信息网工作实施组织领导。领导小组办公室设在信息化资源管理中心,具体负责教育信息网的建设和信息维护管理工作。

2012年4月,为贯彻落实国家、自治区和吴忠市有关网络信息安全的规定,加强对教育网络信息安全工作的领导及教育信息网运行情况的督查,教育局成立以党委书记李荣国为组长,副主任科员张学仁为副组长,各股室主任和各乡镇中心学校校长、直属学校校长为成员的教育网络信息安全工作领导小组,同期成立副主任科员张学仁为组长,综合办公室主任柯强、信息化资源管理中心主任叶占林、干事王耀成和基础教育办公室主任王耀斌为成员的教育信息网运行督查领导小组。教育网络信息安全工作领导小组负责对教育系统网络信息安全进行监督、检查和常规管理;及时掌握和解决影响网络安全运行方面出现或存在的问题,组织力量对突发事件进行应急处理,最大限度防止或降低网络信息安全事件的发生,确保教育系统网络信息安全。领导小组下设办公室,办公室设在信息化资源管理中心。教育信息网运行督查领导小组负责督查红寺堡区教育系统各个网站的运行,统计并公布各个网站内容的更新情况,组织人员对各校(园)网站的运行情况进行考核评比。

2013年6月,为了有效推进教育信息化工作,进一步加强对教育信息化工作的领导,统筹协调教育信息化建设、应用与管理工作。教育局成立教育信息化推进工作领导小组,全面负责教育信息化推进工作;成立教育信息化建设工作小组,负责教育信息化建设方案的制订和实施、教育信息化项目工程建设、信息化设备的维护和管理;成立教育信息化应用工作小组,负责制订教师信息技术应用提高培训方案并组织实施,指导教师有效利用数字资源进行课堂教学,组织各学科开展信息技术应用研究,探索基于网络的教研活动;成立教育信息化督导、考核评估工作小组,负责制定红寺堡区教育信息化发展规划,审核学校教育信息化工作计划,督促、指导学校教育信息化的管理与应用,组织对学校教育信息化工作考核评估;成立教育信息化安全工作小组,负责组建学校教育信息化安全工作小组、制定安全工作实施办法、教育信息网及学校网站的信息安全监控和排查。

此后,红寺堡区除变更教育信息化相关工作领导小组成员外,再无新增信息化工作领导机构。

(二)教育行政部门教育信息化管理

2003年4月,教育文体广电局成立财务项目室,马奋山任主任,财务项目室除负责项目建设和财务管理工作外,还负责教育信息化相关工作。2004年9月,教育文体广电局内设项目办公室，红寺堡中学教师王普荣调入项目办公室，主要负责“中小学远程教育”（简称“远教”）相关工作。2006年8月，教育体育局和教育事务管理中心内设机构调整，成立信息技术教育与项目办公室，主要负责信息化设备配备及项目管理工作，王普荣任主任，马奋山任副主任。2008年2月，教育体育局调整信息技术教育与项目办公室为项目管理办公室，原信息技术与项目办公室干事王耀成调入教学研究室担任信息技术教研员，实际负责“远教”相关工作。2010年3月，教育局内设信息化资源管理中心，主要负责教育装备配备与应用和教育信息化相关工作，叶占林任副主任。2012年4月，叶占林任信息化资源管理中心主任，同期王耀成从教培中心调入信息化资源管理中心，主要负责教育信息化相关工作。2014年8月，信息化资源管理中心撤并，教育信息化工作实际由教培中心蒙小荣负责。10月，白振国从柳泉中心学校调入教培中心，负责教育信息化工作，同时兼任信息技术学科教研员。2018年2月，教育局内设信息化管理办公室，专门负责教育信息化工作，王耀成任主任。

（三）学校教育信息化管理

2000年8月至2004年7月，红寺堡开发区城区学校的信息化管理工作主要由学校信息技术教研组负责，乡镇中心学校（学区）的信息化工作主要由教研员兼职负责，村级小学的信息化相关工作主要由学校教务处负责。

2004年8月，红寺堡开发区开始实施“农远工程”，各项目学校均成立“农村中小学现代远程教育工作小组”，全面负责“农远工程”的组织实施；设“远教管理员”1名，由具备一定信息素养和信息技术能力的教师兼任，具体负责“农远工程”设备的安装调试、管理维护，“远教”资源的接收整理、分类存档，教师应用的技能培训、使用登记等工作。

2009年3月，随着红寺堡开发区“创强”工作的推进，教育行政部门加大信息化设备配备和工作力度。因实际工作需要，各乡镇中心学校先后设“教育信息化管理员”，专门负责辖区学校的教育信息化工作。各学校的“远教管理员”逐渐过渡成为“教育信息化管理员”，在工作职能上逐步脱离“远程教育”，开始向教育信息化管理转变。

2012年5月，红寺堡区开始推进“义务教育均衡发展”工作，教育局进一步加大信息化投入，强化教育信息化相关工作。部分直属学校和乡镇中心学校开始设立“信息化管理办公室”（信息办），主要负责学校教育信息化发展规划与建设、工作计划制订与落实、信息化设备管理与维护、信息化相关数据统计、学校网站(空间)管理、校园网络安全运维、教师信息技能培训等工作。

二、管理制度

2004年8月,为加快推进红寺堡开发区"农远工程"实施,根据上级有关文件精神,结合实际情况,红寺堡开发区"农远工程"领导小组制定《红寺堡开发区农村中小学现代远程教育工程实施方案》《红寺堡开发区农村中小学现代远程教育管理办法》《红寺堡开发区农村中小学现代远程教育工程评估方案》《红寺堡开发区农村中小学现代这程教育工程评估细则》。2006年9月,为加强"农远工程"设备管理,提高设备与资源利用效率,教育体育局根据"农远工程"实施的三种模式,分别制定"现代远程教育项目设备与资源管理系列制度"和"现代远程教育项目设备管理与资源应用系列制度"等3类共45项。

2006年红寺堡开发区"远教"模式三管理制度一览表

表12-6

序号	制度名称	序号	制度名称
1	"远教"项目学校校长工作职责	10	"远教"档案管理制度
2	"远教"项目学校管理员工作职责	11	"远教"学校工作小组职责
3	"远教"项目设备管理制度	12	"远教"项目管理服务制度
4	"远教"项目设备使用制度	13	"远教"教师培训制度
5	"远教"资源下载和软件装入监管制度	14	"远教"经费保障制度
6	"远教"项目光盘播放点管理制度	15	"远教"工程项目评估制度
7	"远教"项目多媒体教室管理制度	16	"远教"资源接收制度
8	"远教"项目计算机机房管理制度	17	"远教"资源使用登记制度
9	"远教"项目卫星接收点管理制度		

2007年2月,教育体育局为推进"农远工程"实施,印发《红寺堡开发区2007年现代远程教育工作指导意见》《红寺堡开发区现代远程教育应用年活动实施方案》。

2012年8月,教育局信息化资源管理中心对原有的"远教"制度进行统一修订,要求学校采用自治区教育厅统一制定的功能室管理制度,并要求学校各功能室必须悬挂《功能室管理制度》和《功能室管理员工作职责》,配套相对完善的功能室设备登记册和设备使用登记册。

2014年12月，教育局制定《吴忠市红寺堡区教育信息化发展规划（2015—2020年）》，确定红寺堡区教育信息化发展思路：以推动和服务红寺堡区教育跨越式发展为总目标，以深化改革为动力，以推进教育均衡发展、促进教育公平、提高教育质量为出发点和落脚点，以信息技术应用普及为突破口，以“打基础、改观念、抓应用、促发展”为方针，以“宽带网络校校通”建设为基础，以“优质资源班班通”建设为重点，以“网络学习空间人人通”建设为终极目标，以高效课堂建设为依托，以创新学习方式和教育模式为核心，以规章制度和信息化人才队伍建设为保障，推进信息技术与教育教学深度融合，推进红寺堡区教育信息化进程，实现依托信息化促进教育现代化、科学化的建设目标。

三、示范校建设

（一）第一小学——教育部第一批中小学教育信息化试点单位

2012年11月，第一小学被教育部正式确定为第一批中小学教育信息化试点单位，试点内容是“绿色数字化校园建设与可持续发展机制探索”，旨在以数字化信息和网络为基础，通过实现从环境（包括设备，教室等）、资源（如图书、讲义、课件等）到应用（包括教学、管理、服务、办公等）的全部数字化，在传统校园的基础上构建一个数字空间，以拓展现实校园的时间和空间维度，提升传统校园的运行效率，扩展传统校园的业务功能，最终实现教育过程的全面信息化，从而达到提高管理水平和效率的目的。同年12月，第一小学制订的试点工作实施方案，经自治区教育厅审批后开始执行。

在李军庆、杨克虎、马炜三任校长及其教师团队的共同努力下，第一小学逐步建立了比较完善的信息化管理制度，形成可行的信息化运行模式，部分教师撰写信息化相关课题研究论文，学校完成课题研究结题报告。

2016年3月，教育局局长孙冲召集基础教育办公室、教培中心、第一小学相关负责人专题研究教育信息化试点校迎验相关事项。会议要求第一小学结合自身实际，根据试点内容和主题，突出绿色数字化校园“提质、增效、节能”的特点，形成具体的汇报材料。为鼓励、支持试点建设工作，教育局下拨第一小学教育信息化试点建设配套资金10万元。是年6月，自治区教育厅受教育部委托，组织专家对第一小学教育信息化试点工作完成情况进行验收评估，验收结论为“合格”。

(二)第三中学——自治区教育厅第二批信息化应用示范校

2015年10月,第三中学申请自治区教育厅第二批义务教育学校信息化应用示范校项目。2016年4月,自治区教育厅组织专家团队对第三中学进行实地考察,查看学校信息化基础建设情况,听取校长信息化工作思路和教师信息化应用介绍。是年10月,第三中学信息化应用示范校项目建设方案获得自治区教育厅通过。为了使该项目顺利实施,学校又向教育局申请项目配套资金140万元,对学校基础网络进行彻底改造。

第三中学信息化示范校项目内容主要有五个方面:一是教育云应用工具,即运用宁夏教育云应用工具,为学校教师提供课前导学、同步备课、在线测评、课后作业等功能模块及资源,实现信息技术在日常教学的普遍应用,进一步提高学校教育教学质量;二是数字化校园综合管理平台建设,即依托宁夏教育云平台,围绕学校教学管理、教师应用、学生学习,实行集约式管理,构建数字办公及网络教研平台;三是校园广播升级改造,即基于学校已有硬件设备及信息化应用基础,结合宁夏教育云平台校园安全综合防控系统建设,优化学校校园广播系统;四是校园"一卡通"建设,即依托宁夏教育云平台,建设校园"一卡通"系统,实现教师与学生的无线考勤、校内图书借阅、食堂消费等一体化管理;五是校园安全综合防控系统建设,即采用物联网、移动互联网技术,将学校的广播设备和监控设备进行联网升级,实现多终端接入查询,安全隐患实时采集、及时发现,进行安全管理、数据查看、信息发布等。

第三中学的信息化示范校项目建设,基于学校已有的硬件设备及信息化应用基础,进一步完善学校教育信息化建设。在校园安全方面,实现对学生出入校门及在校园内的实时监管,确保学生安全,实现集学生食堂管理、门禁出入、图书借阅于一体的一卡通管理功能;在教学方面,实现老师无纸化备课、授课,提高教学质量及教学效率;在学校管理方面,实现集校务、教学、资源等于一体的数字化管理,为学校管理人员减负增效。旨在最终实现学校信息化建设新格局。

(三)第三小学——自治区教育厅第二批信息化应用示范校

2014年10月,第三小学申请自治区教育厅第一批义务教育学校信息化应用示范校项目,在实地考察阶段未能通过。2015年10月,第三小学再次申请自治区教育厅第二批义务教育学校信息化应用示范校项目。2016年4月,自治区教育厅组织专家团队对第三小学进行实地考察,查看学校信息化基础建设情况,听取校长信息化工作思路和教师信息化应用介绍。是年10月，第三小学信息化应用示范校项目建设方案获得自治区教育厅通过。

第三小学信息化示范校项目内容主要有三个方面：一是校园安全综合防控系统，即利用物联网技术，使校园安全管理无死角，并对接公安部门，形成报警联动机制，加强学校周边区域安全防范，打造平安校园；二是智慧学习教室系统，即建设一套以开展网上集体备课、交流研讨、异地互动教学为核心业务，以学科学段和总站门户为基础的综合教研管理系统；三是建设大观课教室，即集高清录播教室与智慧学习教室以及视频会议中心于一体的智慧型多功能教室。

第三小学的信息化示范校建设项目旨在提高教育教学现代化应用能力和教育信息化水平，让学校上联上级教育主管部门，下联学校各办公室及家庭，构建互联互通的教育安全防控体系；实现跨区域远程互动教育和课室间互动教学，为校际均衡发展提供助力；为区域内教师的日常教学教研、协作交流、资源建设、专业发展等提供信息化支撑手段，促进日常教学、教研活动与区域资源建设有机结合，从而全面提升区域教、学、研水平，促进区域教育信息化深入发展。

（四）第二中学——自治区教育厅第三批信息化应用示范校

2017年4月，第二中学申报自治区教育厅第三批义务教育学校信息化应用示范校项目。5月，自治区教育厅专家组通过实地考察学校教育信息化建设情况，并听取校长关于学校进行教育信息化建设发展思路以及规划方面的报告，基本同意第二中学的申请。6月，学校开始对项目建设方案重新研究、整理、完善，7月确定方案上报至自治区教育厅并参加自治区教育厅组织的信息化应用示范校建设方案答辩会议，在听取了自治区教育厅专家的指导和建议后，再次修改方案上报至自治区教育厅，并获得通过。是年10月，项目开始招标，2018年3月项目完工。

第二中学教育信息化应用示范校项目建设主要有两个方面的内容：一是建设“一拖三”式的在线互动课堂，即建设一间主讲教室、三间听课教室，可以进行骨干教师示范课、区域教研共同体在线互动课、学科大教研（与其他学校进行可视化在线互动教研）等教育教学活动；二是建设创客教育实践基地，包括机器人编程、3D打印、日常生活工具应用等。

第二中学教育信息化应用示范校建设旨在促进优质教育资源的均衡，探索加强具有学生创新素养培养的教育教学体系建设，促进教师信息技术应用水平的发展和学生信息素养的提高，从而促进学生的全面发展。

第四节　教育管理信息化

一、区(县)级教育管理信息化

1999—2011年，红寺堡县级层面的教育管理信息化建设与应用基本空白。2012年，红寺堡区的教育管理信息化开始根据国家统一要求，按照“两级建设、五级应用”的模式，教育行政机构主要以应用国家和自治区建设的管理信息系统为主。

2012年2月，为了提升办公效率，利用信息化手段实现教育系统内批、下发文件等业务的无纸化办公，教育局组织局机关所有工作人员、直属学校和乡镇中心学校的校长对红寺堡区电子政务OA办公系统进行培训，随后正式运用电子政务系统。在平台的诸多功能中，教育系统主要应用于公文流转。

2013年12月，红寺堡区各学校开始应用“教育信息化工作进展地理信息系统”上报教学点数字资源全覆盖项目和“三通”工程有关进展数据。该系统由教育部统一组织建设，各级教育管理部门分级使用与管理。系统在县(区)一级设巡视员和管理员两类账户，赋予不同权限，学校只设管理员。系统数据主要由学校填报，教育局教育信息化相关部门负责填报工作的部署与督促、学校信息的核准、数据真实性的审查。

2014年3月，自治区教育厅印发《宁夏中小学生学籍管理办法实施细则(试行)》，学籍管理实行由自治区教育厅宏观管理下的自治区级统筹、分级负责、属地管理、学校实施的管理体制。是月，红寺堡区开始应用“全国中小学生学籍信息管理系统”，按照“一人一号，终身不变”的原则，开展学生学籍注册、转学、休学、复学、退学、毕业等日常管理工作。各中小学负责采集、汇总、校验、审核、上报学生学籍信息；教育局基础教育办公室具体负责辖区中小学学生学籍信息的汇总、审核和问题学籍处理，并定期向吴忠市教育局上报学生学籍信息变更情况。教育局利用学籍系统开展数据统计、政策制定、控辍保学等相关工作。

2015年10月，教育局开始应用“宁夏学校安全教育信息化平台”开展师生常态化安全教育。平台主要有课程中心(各年级安全课程资源)、技能中心(各年级技能训练短片)、专题中心(重点热点安全专题教育资源)、活动中心(相关活动汇总)、管理系统(账号管理、数据统计分析、督查通报)等几个主要栏目。安全平台的使用旨在实现学校安全教育的常态化和信息化,全面落实学校安全教育主体责任,有效提升安全教育整体工作水平。教育局综合治理办公室负责辖区学校账号的开通和管理,对辖区学校的安全教育情况进行动态管理和量化考核,并对安全教育情况进行督查和通报。学校政教处负责师生账号开通和管理,对班级的安全教育情况进行动态管理、量化考核、督查通报。

2017年3月,红寺堡区开始使用"全国教师管理信息系统(宁夏)"全面推进教师管理信息化。教师管理信息系统应用的核心任务包括三项:一是采集各级各类教师基础信息,实现联网运行,为每一名教师建立电子档案,确保教师"一人一号";二是推动教师信息动态更新,确保信息准确有效;三是实现基础信息管理、业务管理与教师工作的深度融合。该系统设置系统管理员、信息管理员、信息查询员三类账号,赋予不同的权限,教育局人事职改办公室负责该系统的管理维护及应用。

2017年9月,红寺堡区各学校开始运用"全国青少年毒品预防教育数字化平台"对小学五年级及以上年级的学生开展青少年毒品预防教育。该平台建立常态化、科学化、标准化、信息化的安全教育课程体系及有效的专项活动体系、数据化管理评价体系及有效的家校互动机制,具备"教、学、考、评"功能,把宣传教育、课堂教学、评估考核、互动体验融于一体。教育局综合治理办公室负责该系统的信息维护及应用管理。

2018年4月,红寺堡区教育系统开始应用"宁夏回族自治区事业单位人事综合管理平台"对教师进行岗位设置、聘任管理、聘期考核、年度考核、公开招聘、奖励管理、处分管理、政策查询等业务办理。该系统运用互联网、大数据手段,旨在建立统一的事业单位人员基础数据库和人事管理平台,推进事业单位人事管理工作信息化、规范化、科学化,规范事业单位人事管理工作流程。教育局人事职改办公室负责该系统的信息维护及应用管理。

二、学校教育管理信息化

红寺堡各学校除应用国家和自治区建设的管理信息系统外,部分学校还购买了一些教育教学管理软件。

2003年12月,红寺堡中学作为"千乡万才"项目会员学校,按照项目的要求,在项目指定服务器上搭建学校网站，通过网页形式向世界介绍家乡，同时项目还鼓励学生创建个人博客并撰写博文，积极参与“西部故事”评选。项目对评选出的优秀“博主”及会员学校品学兼优、家境贫寒的学生给予一定资助。

2005年8月，红寺堡小学率先用正达智能排课系统排课，设置排课条件，运用软件自动排课、辅以手动调课，并查询搜索班级、老师、学科的课程表，查看排课过程日志记录，进行数据库的备份与还原、各种数字统计报告及课表打印。软件具有界面美观简洁，使用方便等特点。使用该排课软件大大减轻了排课的工作强度，提高了工作效率，很快在红寺堡开发区各学校推广。

2007年8月，红寺堡中学教师考勤开始实行指纹签到，网上管理。指纹签到时间由电脑自动记录，避免人工登记出现的代签、补签现象；考勤数据由电脑自动生成，简化汇总统计，减轻值班人员负担。由于指纹签到具有科学准确、工作高效、管理规范、节约纸张等特点，很快在红寺堡开发区教育系统推广。

是年9月，红寺堡开发区各学校开始将移动公司开发的即时通信软件——飞信(Fetion)用于办公，飞信支持手机和电脑的多终端登录，以及应用时的任意切换，可进行手机语聊、信息交互和发送文件，曾经一段时间备受青睐，直至红寺堡各校全部接入互联网，飞信才逐步被QQ和微信代替。这一阶段，也有学校和教师采用邮箱来交流沟通、发布通知、收发文件。

2008年3月，红寺堡小学租赁银川市第五中学服务器建设学校网站，利用网站进行信息发布、网络教研、论坛交流、资源共享。随后，第二中学及部分乡镇学校也开始利用网络上提供的免费空间搭建较为简单的学校网站，网站的功能仅限于信息发布，但网站存在信息更新滞后、商业广告植入、管理维护不便等诸多问题。

2010年10月，教育局印发《关于加强学校网站建设与管理工作的意见》(红教发〔2010〕147号)，要求红寺堡中学、第二中学、回民中学、红寺堡小学、第二小学、红寺堡镇中心学校、太阳山镇中心学校、大河乡中心学校、南川乡中心学校等9所学校借助“中国现代教育网”平台搭建学校门户网站。由教育局负责申请，学校自主建设。教师、学生、家长可在学校网站注册，开通自己的空间(教师office办公系统)，进行办公交流，也可上传视频、图像资料。所有资料存放于“中国现代教育网”服务器上。教育局倡导学校依托网站进行教育教学管理，开展电子政务，组织网络教研。

2015年9月，教育局指导各中小学校管理维护“宁夏教育资源公共服务平台”（宁夏教育云）提供的学校空间（学校网站），所有教师注册开通“人人通”空间，利用学校空间、教师空间和平台提供的其他教学工具探索网络环境下教师研修、资源共享、互动教学、教学管理等方面的应用，以期提高学校的管理信息化水平和能力。

2018年8月，在教育局的倡导下，学校开始尝试利用宁夏教育资源公共服务平台同步的App——“云校家”进行家校沟通、教师管理、班级管理、考勤管理、信息发布等教育教学日常管理。

第五节　教学信息化

一、英特尔®未来教育项目培训

2003年6月，红寺堡开发区开始组织“英特尔®未来教育核心课程项目”培训，教育文体广电局利用暑假在红寺堡中学分批次对所有专任教师（包括新入职教师）进行项目培训。培训以计算机实践操作为主，旨在帮助教师有效地将信息技术融入课堂教学，学会将教学内容整理成有层次的框架问题。为保证培训质量，提高培训者的教学能力和应用水平，教育文体广电局先后选派陶春铎、王志刚、谢继杰、刘文学、牛百宝5名教师参加由自治区教育厅组织的英特尔®未来教育项目主讲教师高级研修班。2009年8月，红寺堡开发区最后一批该项目培训的25名教师顺利结业，“英特尔®未来教育核心课程项目”在红寺堡随之终止，该项目共计为红寺堡培训教师650人次。

二、教育技术能力提升培训

2006年8月，为提高红寺堡开发区教师教育技术应用能力和水平，教育体育局印发《红寺堡开发区中小学教师教育技术能力建设计划实施方案（2006—2010年）》，将教师教育技术等级证书与教师资格认定、职务聘任、评优评先等挂钩，以期形成教师自主提高教育技术的动力机制。计划用5年时间，利用多种途径和手段，按照教育部印发的《中小学教学人员（初级、中级、高级）教育技术能力培训大纲》内容和标准，组织红寺堡开发区中小学教师完成初、中、高级每个级别不低于50学时的教育技术培训，并使绝大多数教师通过参加教育部考试中心组织的统一考试，获得相应等级的教育技术能力水平证书。截至2010年12月，红寺堡教师通过参加教育部考试中心组织的统一考试，共有86%的教师获得初级以上等级证书。

三、教师信息技术应用能力提升工程

2013年3月，教育局根据上级部门有关教师信息技术应用能力提升工程的文件精神，先后制订《红寺堡区中小学教师信息技术应用能力提升工程实施方案》《红寺堡区中小学教师信息技术应用能力测评实施方案》《中小学(幼儿园)教师信息技术应用能力测评红寺堡区级实施办法》，安排部署教师信息技术应用能力提升工作。此后，红寺堡区以“国培计划”为引领，以混合式培训为主要方式，以校长和骨干教师培训、培训者培训为突破口，以区(县)、乡(镇)、校三级培训为主体，分年度、分层次、分类别组织开展中小学教师信息技术应用能力提升全员培训，并要求教师积极参与校本研修，开展岗位实践。2016年3月开始，红寺堡区根据教师队伍建设和教育信息化建设现状，以课堂教学应用为主，以促进教师专业发展为本，对中小学和幼儿园2017年以前不够退休条件的教师(包括在职在编教师、特岗教师、事业编教师、控制编教师)逐步实施信息技术应用能力测评。2017年11月，经各学校教师信息技术应用能力测评工作领导小组全员测评和红寺堡区教师信息技术应用能力测评领导小组抽样测评，红寺堡区2173名专任教师信息技术应用能力全部达标，其中优秀240人，良好972人，合格961人，同期提请自治区教育厅进行测评验收。是年12月，自治区教育厅师资处组织专家对第一中学、回民中学、回民小学、第二幼儿园等4所学校(园)的教师信息应用能力提升工作进行抽样测评，被抽测教师信息技术应用能力全部合格，红寺堡区教师信息技术应用能力提升工程顺利通过验收。

红寺堡区教师信息技术应用能力测评成绩登记样表

表12-7

<table>
<tr><td>培训测评30%</td><td colspan="4">发展测评70%</td><td rowspan="3">总成绩</td><td rowspan="3">认定等次</td></tr>
<tr><td rowspan="2">网络研修30%</td><td colspan="3">实践操作30%</td><td rowspan="2">课堂应用40%</td></tr>
<tr><td>白板应用20%</td><td>空间应用5%</td><td>软件操作5%</td></tr>
</table>

四、教师数字教育资源应用

2007年、2009年，教育体育局先后开展红寺堡开发区远程教育资源应用优质课评选活动，并选派教师参加吴忠市教育局和自治区教育厅组织的远程教育资源应用优质课评选活动，获吴忠市一等奖6人，二等奖16人，三等奖10人；获自治区一等奖1人，二等奖1人，三等奖3人；2010年12月，红寺堡区共有14名教师参加自治区教育厅组织的远程教育资源应用优秀论文评选活动，其中一等奖2篇，二等奖8篇，三等奖4篇。

2007—2010年红寺堡教师"远程教育"资源应用获奖情况表

表12-8

时间	参赛教师	学校	学段	学科	题目	类别	组织单位	等级
2007年12月	强巧霞	第二小学	小学	思想品德	孝敬父母长辈	优质课评选	吴忠市教育局	一等奖
2007年12月	张玉英	回民小学	小学	语文	三峡之秋	优质课评选	吴忠市教育局	一等奖
2007年12月	张定月	红寺堡中学	初中	政治	两代人的对话	优质课评选	吴忠市教育局	一等奖
2007年12月	王　莹	第二小学	小学	语文	他是我的朋友	优质课评选	吴忠市教育局	二等奖
2007年12月	周学梅	红寺堡镇中心小学	小学	数学	统计	优质课评选	吴忠市教育局	二等奖
2007年12月	马爱喜	第二小学	小学	英语	We have Christmas in England	优质课评选	吴忠市教育局	二等奖
2007年12月	李玉平	第二中学	初中	语文	伟大的悲剧	优质课评选	吴忠市教育局	二等奖
2007年12月	郭一鸣	第二中学	初中	英语	How was your weekend?	优质课评选	吴忠市教育局	二等奖
2008年1月	张定月	红寺堡中学	初中	政治	两代人的对话	优质课评选	自治区教育厅	二等奖
2008年1月	强巧霞	第二小学	小学	思想品德	孝敬父母长辈	优质课评选	自治区教育厅	一等奖
2009年12月	党进龙	红寺堡中学	初中	化学	复分解反应及发生的条件	优质课评选	吴忠市教育局	一等奖
2009年12月	程贵军	第二中学	初中	英语	Where did you go on vacation?	优质课评选	吴忠市教育局	一等奖
2009年12月	朱晓晖	太阳山镇中心学校	小学	语文	古诗——游园不值	优质课评选	吴忠市教育局	一等奖
2009年12月	李长龙	第二中学	初中	数学	等腰梯形判定定理	优质课评选	吴忠市教育局	二等奖
2009年12月	李永萍	红寺堡中学	初中	英语	What does he look like?	优质课评选	吴忠市教育局	二等奖
2009年12月	苏红霞	红寺堡中学	初中	语文	水调歌头	优质课评选	吴忠市教育局	二等奖

续表 12-8

时间	参赛教师	学校	学段	学科	题目	类别	组织单位	等级
2009年12月	马宗楠	第二中学	初中	语文	罗布泊，消逝的仙湖	优质课评选	吴忠市教育局	二等奖
2009年12月	杨丽华	第二中学	初中	物理	电功率	优质课评选	吴忠市教育局	二等奖
2009年12月	罗建权	红寺堡小学	小学	数学	三角形三边之间的关系	优质课评选	吴忠市教育局	二等奖
2009年12月	张　艳	红寺堡镇中心学校	小学	思品	交通安全要注意	优质课评选	吴忠市教育局	二等奖
2009年12月	张风梅	第二小学	小学	思品	让家乡环境更美好	优质课评选	吴忠市教育局	二等奖
2009年12月	张康乐	第二小学	小学	音乐	风车依呀呀	优质课评选	吴忠市教育局	二等奖
2009年12月	施晓霞	回民小学	小学	英语	At the zoo	优质课评选	吴忠市教育局	二等奖
2009年12月	丁晓梅	红寺堡小学	小学	语文	写自己成功的一件事	优质课评选	吴忠市教育局	二等奖
2009年12月	丁红珍	红寺堡中学	初中	地理	俄罗斯	优质课评选	吴忠市教育局	三等奖
2009年12月	马兴瑞	红寺堡中学	初中	数学	镶嵌	优质课评选	吴忠市教育局	三等奖
2009年12月	田硕果	第二中学	初中	思品	人生难免有挫折	优质课评选	吴忠市教育局	三等奖
2009年12月	马自萍	回民小学	小学	数学	长方体和正方体的体积	优质课评选	吴忠市教育局	三等奖
2009年12月	郝　萍	太阳山镇中心学校	小学	数学	小数加法	优质课评选	吴忠市教育局	三等奖
2009年12月	殷菊珍	第二小学	小学	数学	面积和面积单位	优质课评选	吴忠市教育局	三等奖
2009年12月	马　芸	红寺堡小学	小学	音乐	木瓜恰恰恰	优质课评选	吴忠市教育局	三等奖
2009年12月	张晓霞	红寺堡小学	小学	英语	At the zoo	优质课评选	吴忠市教育局	三等奖
2009年12月	贾雪燕	第二小学	小学	语文	穷人	优质课评选	吴忠市教育局	三等奖
2009年12月	马骞晶	回民小学	小学	语文	太阳是大家的	优质课评选	吴忠市教育局	三等奖
2009年12月	党进龙	红寺堡中学	初中	化学	复分解反应及发生的条件	优质课评选	自治区教育厅	三等奖
2009年12月	程贵军	第二中学	初中	英语	Where did you go on vacation?	优质课评选	自治区教育厅	三等奖
2009年12月	朱晓晖	太阳山镇中心学校	小学	语文	古诗游园不值	优质课评选	自治区教育厅	三等奖
2010年12月	马晓莲	红寺堡中学	初中	思想品德	浅谈农村远程教育资源在思想品德教学中的运用	优秀论文评选	自治区教育厅办公室	一等奖
2010年12月	王　帆	大河乡中心学校	小学	英语	远程教育在中小学教学中的应用研究	优秀论文评选	自治区教育厅办公室	一等奖

续表 12-8

时间	参赛教师	学校	学段	学科	题目	类别	组织单位	等级
2010年12月	胡进华	回民中学	初中	英语	运用多媒体辅助英语教学	优秀论文评选	自治区教育厅办公室	二等奖
2010年12月	郭玉芳	第二中学	初中	物理	略见多媒体在物理教学中的几处优点	优秀论文评选	自治区教育厅办公室	二等奖
2010年12月	马立业 马秉菊	红寺堡中学	初中	体育	利用多媒体技术优化体育课堂教学	优秀论文评选	自治区教育厅办公室	二等奖
2010年12月	苏　彦	第二小学	小学	数学	发挥多媒体优势，激活小学课堂	优秀论文评选	自治区教育厅办公室	二等奖
2010年12月	喜文玉 殷秀萍	第二小学	小学	数学	合理应用远程教育资源优化数学教学课堂	优秀论文评选	自治区教育厅办公室	二等奖
2010年12月	明小军 马晓英	第二小学	小学	综合类	浅谈“农远”资源下的集体备课	优秀论文评选	自治区教育厅办公室	二等奖
2010年12月	马成祥	甜水河小学	小学	综合类	对我区农村中小学远程教育工程实施的一点看法	优秀论文评选	自治区教育厅办公室	二等奖
2010年12月	王耀成 海贵莲	教育局教研室 第二中学	中学	综合类	借远教之东风，促教育跨越式发展	优秀论文评选	自治区教育厅办公室	二等奖
2010年12月	田云平	回民中学	初中	语文	浅谈语文教学中利用远程教育资源的优势	优秀论文评选	自治区教育厅办公室	三等奖
2010年12月	马兴伟 马　霞	教育局教研室	初中	化学	运用“光盘教学”优化初中化学课堂	优秀论文评选	自治区教育厅办公室	三等奖
2010年12月	马文梅	红寺堡中学	初中	历史	浅谈远程教育资源在历史教学中的应用	优秀论文评选	自治区教育厅办公室	三等奖
2010年12月	孔德翊 南治广	红寺堡中学 大河乡中心学校	初中	历史	农村远程教育资源环境下教学方法的运用——以历史学科为例	优秀论文评选	自治区教育厅办公室	三等奖

2015年3月，为推动信息技术和数字教育资源在中小学课堂教学中的合理有效应用和深度融合，根据上级教育部门有关文件精神，教育局决定在红寺堡区各中小学校开展“一师一优课、一课一名师”（简称“名师优课”）活动，力争使红寺堡区每位教师能够利用信息技术至少上好一堂课，使每堂课至少有一位优秀教师能够利用信息技术进行教学。是月，教育局成立红寺堡区“名师优课”活动工作领导小组，召开“名师优课”启动培训会，并组建“名师优课”专家指导团队，开展“晒课”活动。截至2018年年底，红寺堡区共组织教师参加了四届“名师优课”活动，共有5479人次参与“晒课”，获评县级“优课”339人次，获评市级“优课”145人次，获评省级“优课”33人次，获评部级“优课”15人次。

2014—2018年红寺堡区教师“名师优课”活动情况表

表12-9　　　　单位:人

学年	参与“晒课”人数	获县级“优课”人数	获市级“优课”人数	获省级“优课”人数	获部级“优课”人数
2014—2015	522	98	60	2	0
2015—2016	1491	95	24	14	8
2016—2017	1929	104	30	12	6
2017—2018	1537	42	31	5	1

2014—2018年红寺堡区“名师优课”活动“优课”情况表

表12-10

学年	作者	所在单位	年级	学科	课题	组织单位	获奖等次
2014—2015	张红霞	红寺堡中心小学	六年级	数学	比例的意义	自治区教育厅	二等奖
2014—2015	妥夏琰	第一中学	高二	语文	张承志《汉家寨》	自治区教育厅	二等奖
2014—2015	刘　睿	柳泉中心小学	五年级	英语	Unit2 A Let's talk	吴忠市教育局	一等奖
2014—2015	杨　南	回民中学	九年级	数学	26.1.2反比例函数的图像和性质	吴忠市教育局	一等奖
2014—2015	文引弟	甜水河小学	五年级	品德与社会	第三单元7走上黄土高坡	吴忠市教育局	一等奖
2014—2015	曹玉珍	第一中学	高二	数学	选修1—2 2.2.2直接证明	吴忠市教育局	一等奖
2014—2015	王彦彦	第三中学	九年级	化学	化学式	吴忠市教育局	一等奖
2014—2015	施兴玲	第二中学	七年级	思想品德	挫折面前也从容	吴忠市教育局	一等奖
2014—2015	赵富萍	第二小学	三年级	语文	语文园地三 口语交际 说说我自己	吴忠市教育局	一等奖
2014—2015	张红霞	红寺堡中心小学	六年级	数学	比例的意义	吴忠市教育局	一等奖
2014—2015	张佳雯	第一中学	高二	英语	选修八 Inventors and inventions—warming up and reading	吴忠市教育局	一等奖
2014—2015	王丽萍	第二中学	七年级	音乐	凤阳花鼓	吴忠市教育局	一等奖
2014—2015	刘金霞	第二小学	五年级	体育	凳子游戏	吴忠市教育局	一等奖
2014—2015	妥夏琰	第一中学	高二	语文	张承志《汉家寨》	吴忠市教育局	一等奖
2014—2015	苏小宁	回民中学	九年级	英语	Unit1 How can we become good learners? Section A	吴忠市教育局	二等奖
2014—2015	尹　荣	第三中学	八年级	历史	最可爱的人	吴忠市教育局	二等奖
2014—2015	张　翔	第二中学	七年级	英语	Unit6 It's raining！ SectionA（1A—1C）	吴忠市教育局	二等奖
2014—2015	万瑞妮	第三小学	三年级	语文	夸父追日	吴忠市教育局	二等奖

续表 12-10

学年	作者	所在单位	年级	学科	课题	组织单位	获奖等次
2014—2015	田　艳	回民中学	九年级	数学	29.2 三视图	吴忠市教育局	二等奖
2014—2015	张潇励	第一小学	二年级	品德与生活	1. 做好朋友	吴忠市教育局	二等奖
2014—2015	王　伟	回民中学	七年级	美术	第二单元 第一课时 色彩的魅力	吴忠市教育局	二等奖
2014—2015	余　兰	回民中学	八年级	音乐	神州音韵(四)	吴忠市教育局	二等奖
2014—2015	殷爱岑	回民中学	七年级	语文	安塞腰鼓	吴忠市教育局	二等奖
2014—2015	殷菊珍	第三小学	五年级	数学	2 和 5 的倍数的特征	吴忠市教育局	二等奖
2014—2015	杨宏瑜	第一小学	四年级	语文	11. 蝙蝠与雷达	吴忠市教育局	二等奖
2014—2015	马自萍	第二小学	四年级	数学	数学广角——鸡兔同笼	吴忠市教育局	二等奖
2014—2015	张晓霞	第一小学	三年级	英语	第五单元 Do you like pears partA Let's learn	吴忠市教育局	二等奖
2014—2015	马金凤	红寺堡 中心小学	五年级	语文	18 课《将相和》	吴忠市教育局	二等奖
2014—2015	焦小玲	中川小学	三年级	数学	年 月 日	吴忠市教育局	二等奖
2014—2015	马爱琴	第二小学	四年级	英语	Unit6 Shopping 5	吴忠市教育局	二等奖
2014—2015	马立娟	第二中学	八年级	语文	罗布泊，消失的仙湖	吴忠市教育局	二等奖
2014—2015	马晓峰	回民中学	九年级	思想品德	第七课第三框 《学会合理消费》	吴忠市教育局	二等奖
2014—2015	李银巧	第三小学	六年级	英语	How tall are you?	吴忠市教育局	二等奖
2014—2015	田　江	第二中学	八年级	物理	第十二章第二节　滑轮	吴忠市教育局	二等奖
2014—2015	余　林	第一中学	高一	化学	第一章 第三节 化学键	吴忠市教育局	二等奖
2014—2015	赵　静	大河中心 小学	六年级	科学	物质的变化——米饭、淀粉 和碘酒的变化	吴忠市教育局	二等奖
2014—2015	马文梅	第一中学	高一	历史	开辟新航路	吴忠市教育局	二等奖
2014—2015	贺小玲	第一中学	高一	语文	杜甫《登高》	吴忠市教育局	二等奖
2014—2015	赵治乾	第一中学	高一	数学	必修三第二章第二节 用样本 的频率分布估计总体分布	吴忠市教育局	二等奖
2014—2015	马小芮	大河中心 小学	六年级	数学	3. 圆柱的认识	吴忠市教育局	二等奖
2014—2015	马占有	第一中学	八年级	地理	中国的气候	吴忠市教育局	二等奖
2014—2015	李　季	第一中学	高一	物理	5.4　圆周运动	吴忠市教育局	二等奖
2014—2015	何玉红	永泉小学	六年级	语文	4. 顶碗少年	吴忠市教育局	二等奖
2014—2015	韩　莉	回民小学	二年级	美术	纸片插接	吴忠市教育局	二等奖
2014—2015	饶慧仙	第三中学	八年级	英语	Unit6 period3	吴忠市教育局	二等奖
2014—2015	峁彦迪	白墩小学	五年级	英语	My favourite season	吴忠市教育局	二等奖
2014—2015	杨淑霞	第三中学	八年级	英语	Unit1 period3	吴忠市教育局	二等奖
2014—2015	姚治国	第一小学	四年级	数学	带括号的四则运算	吴忠市教育局	二等奖

续表12-10

学年	作者	所在单位	年级	学科	课题	组织单位	获奖等次
2014—2015	张涛涛	柳泉中心小学	二年级	数学	小小设计师	吴忠市教育局	二等奖
2014—2015	辛国余	回民小学	五年级	数学	异分母分数加减法	吴忠市教育局	二等奖
2014—2015	叶晓青	回民中学	七年级	语文	华南虎	吴忠市教育局	二等奖
2014—2015	赵满强	燕宝小学	二年级	数学	平移	吴忠市教育局	二等奖
2014—2015	马赛晶	第二小学	三年级	语文	9.寓言两则：亡羊补牢　南辕北辙	吴忠市教育局	二等奖
2014—2015	肖伏香	第一小学	四年级	语文	一个中国孩子的呼声	吴忠市教育局	二等奖
2014—2015	张艳华	第二中学	七年级	数学	8.1二元一次方程组	吴忠市教育局	二等奖
2014—2015	李君霞	第三中学	八年级	语文	第4单元 端午的鸭蛋	吴忠市教育局	二等奖
2014—2015	明生艳	大河中心小学	四年级	英语	Unit 3 Weather(第六课时)	吴忠市教育局	二等奖
2014—2015	杨　旭	红阳小学	二年级	语文	23.三个儿子	吴忠市教育局	二等奖
2014—2015	李秀琴	红寺堡中心小学	五年级	语文	桥	吴忠市教育局	二等奖
2014—2015	尤红香	红寺堡中心小学	五年级	英语	Unit 3 My school calendar 第一课时	吴忠市教育局	二等奖
2014—2015	姬兰兰	大河中心小学	二年级	语文	葡萄沟	吴忠市教育局	二等奖
2014—2015	杨　艳	第三中学	八年级	数学	正方形	吴忠市教育局	二等奖
2015—2016	马灵军	第二中学	八年级	初中物理	第十章　浮力——第1节　浮力	中央电化教育馆	
2015—2016	尤晓玲	第二中学	七年级	初中生物	第五单元 环境中生物的多样性　——第12章 空中的生物——第2节 昆虫	中央电化教育馆	
2015—2016	刘春燕	第三小学	四年级	小学语文	第六组——23　卡罗纳	中央电化教育馆	
2015—2016	王凤兰	第三中学	七年级	初中英语	Unit 10　I'd like some noodles. Section B 1a-1d	中央电化教育馆	
2015—2016	李　欢	第三中学	八年级	初中音乐	第一单元 歌舞青春——唱歌——青春舞曲	中央电化教育馆	
2015—2016	何玲玲	第三中学	八年级	初中地理	第六章　北方地区——第三节　世界最大的黄土堆积区　黄土高原	中央电化教育馆	
2015—2016	张莉娜	第三中学	八年级	初中美术	第二单元　读书、爱书的情节——第4课　书间精灵——藏书票	中央电化教育馆	
2015—2016	安文选	回民中学	七年级	初中数学	第九章 不等式与不等式组——9.3 一元一次不等式组——一元一次不等式组	中央电化教育馆	
2015—2016	马立娟	第二中学	九年级	初中语文	第五单元——阅读——19 香菱学诗	自治区教育厅	
2015—2016	张宏慧	第三小学	五年级	小学数学	4 分数的意义和性质——分数的产生、意义	自治区教育厅	
2015—2016	邹小梅	第三中学	七年级	初中历史	第一单元　繁荣与开放的社会——第4课 科举制的创立	自治区教育厅	

续表 12-10

学年	作者	所在单位	年级	学科	课题	组织单位	获奖等次
2015—2016	薛　艳	回民小学	四年级	小学数学	5 三角形——三角形的内角和	自治区教育厅	
2015—2016	冯树山	回民中学	八年级	初中数学	第十三章　轴对称—13.4 课题学习　最短路径问题	自治区教育厅	
2015—2016	黑　兰	南角湾小学	三年级	小学英语	Unit 5 Do you like ears?—A	自治区教育厅	
2015—2016	万　丽	第二小学	四年级	小学科学	三、食物——食物中的营养	吴忠市教育局	
2015—2016	王少华	第一小学	六年级	小学语文	第三组——13 一夜的工作	吴忠市教育局	
2015—2016	陈吉宁	第一中学	必修2	高中物理	第六章　万有引力与航天——5. 宇宙航行	吴忠市教育局	
2015—2016	崔亚娜	第一中学	必修4	高中英语	Unit 4　Body language—Using LanguageI	吴忠市教育局	
2015—2016	马彩霞	第一中学	必修5	高中数学	第一章 解三角形——1.2 应用举例	吴忠市教育局	
2015—2016	马　瑞	朝阳小学	五年级	小学语文	第四组——14　再见了，亲人	吴忠市教育局	
2015—2016	张　艳	红寺堡中心小学	三年级	小学科学	二、动物——蜗牛（一）	吴忠市教育局	
2015—2016	张勇龙	回民中学	八年级	初中历史	第一单元　中华人民共和国的成立和巩固——第 3 课　土地改革	吴忠市教育局	
2015—2016	李晓娟	回民中学	七年级	初中英语	Unit 12 What did you do last weekend?SectionA 2d—3c	吴忠市教育局	
2016—2017	李　娜	第二中学	八年级	初中数学	第十七章　勾股定理——17.1 勾股定理——章前引言和勾股定理及其证明	中央电化教育馆	
2016—2017	郝　静	第二中学	八年级	初中物理	第五章　透镜及其应用——本章复习课	中央电化教育馆	
2016—2017	万瑞妮	第一小学	四年级	小学品德与社会	第二单元 做乐观向上的人——9. 怎样面对失败	中央电化教育馆	
2016—2017	张露露	第一小学	一年级	小学数学	三、100 以内数的认识——整理与复习——100 以内数的组成、读法、写法、大小比较	中央电化教育馆	
2016—2017	严文银	第三小学	五年级	小学语文	第三组——12 半截蜡烛	中央电化教育馆	
2016—2017	张　丽	第三小学	六年级	小学语文	第一组——回顾•拓展一	中央电化教育馆	
2016—2017	李　红	第二中学	八年级	初中地理	第一章　从世界看中国——第二节　人口、民族	自治区教育厅	
2016—2017	尹　荣	第三中学	七年级	初中历史	第三单元 明清时期：统一多民族国家的巩固与发展——第 17 课 明朝的灭亡	自治区教育厅	
2016—2017	吕艳玲	回民中学	七年级	初中英语	Unit 5 Why do you like pandas?Section A 1a—2c	自治区教育厅	
2016—2017	杨生花	第二小学	一年级	小学语文	课文——语文园地七——和大人一起读：孙悟空打妖怪	自治区教育厅	
2016—2017	张宏慧	第三小学	二年级	小学数学	4. 表内乘法（一）——乘法的初步认识	自治区教育厅	

续表12-10

学年	作者	所在单位	年级	学科	课题	组织单位	获奖等次
2016—2017	杨晓芸	第一中学	必修2	高中化学	第二章　化学反应与能量——第二节　化学能与电能	吴忠市教育局	
2016—2017	李　红	第二中学	八年级	初中地理	第一章　从世界看中国——第二节　人口、民族	吴忠市教育局	
2016—2017	李　娜	第二中学	八年级	初中数学	17.1.1勾股定理——章前引言和勾股定理及其证明	吴忠市教育局	
2016—2017	崔　正	第二中学	七年级	初中体育与健康	9.体操——鱼跃前滚翻	吴忠市教育局	
2016—2017	郝　静	第二中学	八年级	初中物理	第五章　透镜及其应用——本章复习课	吴忠市教育局	
2016—2017	尹　荣	第三中学	七年级	初中历史	第三单元 明清时期:统一多民族国家的巩固与发展——第17课 明朝的灭亡	吴忠市教育局	
2016—2017	王　娜	第三中学	八年级	初中语文	第四单元诗词诵读——武陵春	吴忠市教育局	
2016—2017	余　兰	回民中学	八年级	初中音乐	第三单元 歌剧之夜——欣赏歌剧《白毛女》选段	吴忠市教育局	
2016—2017	吕艳玲	回民中学	七年级	初中英语	Unit 5 Why do you like pandas? Section A 1a—2c	吴忠市教育局	
2016—2017	王彦彦	第三中学	九年级	初中化学	第四单元　自然界的水——课题4　化学式与化合价	吴忠市教育局	
2016—2017	张晓霞	第一小学	四年级	小学英语	Unit 1 My School　Section B	吴忠市教育局	
2016—2017	万瑞妮	第一小学	四年级	小学品德与社会	第二单元 做乐观向上的人——9.怎样面对失败	吴忠市教育局	
2016—2017	杨生花	第二小学	一年级	小学语文	课文——语文园地七——和大人一起读:孙悟空打妖怪	吴忠市教育局	
2016—2017	薛　艳	回民小学	三年级	小学数学	三、时间的初步认识(三)年、月、日	吴忠市教育局	
2016—2017	陈静萍	豹子滩小学	四年级	小学音乐	三、五十六朵花——唱歌久不唱歌忘记歌	吴忠市教育局	
2016—2017	张宏慧	第三小学	二年级	小学数学	4.表内乘法(一)——乘法的初步认识	吴忠市教育局	
2016—2017	张　丽	第三小学	六年级	小学语文	第一组——回顾•拓展一	吴忠市教育局	
2016—2017	王丽婷	康庄小学	五年级	小学语文	第二组——5　古诗词三首——清平乐•村居	吴忠市教育局	
2016—2017	路文银	新庄集中心小学	三年级	小学英语	Unit 5 Do you like pears? Section A	吴忠市教育局	
2016—2017	李　娟	第一中学	选修3	高中物理	第十六章　动量守恒定律——5　反冲运动　火箭	吴忠市教育局	
2016—2017	张任妹	第二中学	七年级	初中语文	第四单元——阅读——16 短文两篇——陋室铭	吴忠市教育局	
2016—2017	刘永海	第四中学	七年级	初中数学	第七章　平面直角坐标系——小结——构建知识体系	吴忠市教育局	
2016—2017	吴永峰	第四中学	七年级	初中生物	第四单元 环境中生物的统一性——第9章 生物体有相似的结构层次——第1节 植物体的组成	吴忠市教育局	

续表 12-10

学年	作者	所在单位	年级	学科	课题	组织单位	获奖等次
2016—2017	张露露	第一小学	一年级	小学数学	三、100以内数的认识——整理与复习——100以内数的组成、读法、写法、大小比较	吴忠市教育局	
2016—2017	蒙龙龙	乌沙塘小学	二年级	小学语文	第五组——18.雷雨	吴忠市教育局	
2016—2017	施建成	第一中学	全一册	高中体育与健康	第七章 选项学习的指导与提示——球类运动——5.乒乓球基本步法——其他技术	吴忠市教育局	
2016—2017	柴　娜	第一中学	必修3	高中英语	Unit 2 Healthy eating	吴忠市教育局	
2016—2017	姚　佳	第三小学	六年级	小学英语	Unit 6 How do you feel? Section A	吴忠市教育局	
2016—2017	殷艳秀	第四中学	七年级	初中英语	Unit 6 I'm watching TV. Section B 3a—3b Self check	吴忠市教育局	
2016—2017	严文银	第三小学	五年级	小学语文	第三组——12半截蜡烛	吴忠市教育局	
2017—2018	马艳红	第三中学	七年级	初中地理	第七章 第二节 中东	中央电化教育馆	
2017—2018	何玉红	第二小学	五年级	小学语文	选读课文——6　我们家的男子汉	自治区教育厅	
2017—2018	吴亚楠	第二小学	二年级	小学语文	11.我是一只小虫子	自治区教育厅	
2017—2018	张　芳	第三小学	二年级	小学语文	9.枫树上的喜鹊	自治区教育厅	
2017—2018	童小芳	第二中学	八年级	初中美术	第3课　方寸钤记——藏书印	自治区教育厅	
2017—2018	马晓娟	第二小学	五年级	小学科学	三 地球表面及其变化——探索土地被侵蚀的因素	吴忠市教育局	
2017—2018	李　艳	回民小学	四年级	小学英语	Unit 1　My School PartC	吴忠市教育局	
2017—2018	马秀琴	回民小学	三至六年级	小学综合实践活动	9.零食(或饮料)与健康	吴忠市教育局	
2017—2018	曹润娟	第三小学	一年级	小学音乐	唱歌　小小的船	吴忠市教育局	
2017—2018	王玲霞	第三小学	一年级	小学数学	8和9的加减法	吴忠市教育局	
2017—2018	韩　鹏	第三小学	四年级	小学音乐	第五单元　欢腾的节日——活动　欢腾的那达慕	吴忠市教育局	
2017—2018	石玉琴	第一小学	二年级	小学语文	14.我要的是葫芦	吴忠市教育局	
2017—2018	张露露	第一小学	一年级	小学美术	第11课　花儿寄深情	吴忠市教育局	
2017—2018	张涛涛	第一小学	二年级	小学数学	角的初步认识——信息窗二(锐角和钝角的认识)	吴忠市教育局	
2017—2018	胡　静	第一小学	三年级	小学英语	Unit 2 My family PartC	吴忠市教育局	
2017—2018	马希梅	第一小学	三年级	小学科学	9.有趣的不倒翁	吴忠市教育局	
2017—2018	韩　峰	第一小学	三年级	小学书法	准备课——1 文房四宝	吴忠市教育局	
2017—2018	殷菊珍	第一小学	五年级	小学数学	认识图形的旋转方向	吴忠市教育局	
2017—2018	杨　梅	第二中学	八年级上册	初中英语	Unit 5 What were you doing When the rainstorm came? Section B 1a—1d	吴忠市教育局	

续表12-10

学年	作者	所在单位	年级	学科	课题	组织单位	获奖等次
2017—2018	李　红	第二中学	七至九年级	初中综合实践活动	5 家乡的传统文化研究	吴忠市教育局	
2017—2018	施兴玲	第二中学	八年级	初中道德与法治	第二课 保障宪法实施——坚持依宪治国	吴忠市教育局	
2017—2018	朱　薇	第三中学	八年级	初中语文	综合性学习——以和为贵	吴忠市教育局	
2017—2018	胡海燕	第三中学	九年级	初中英语	Unit 8 It must belong to Carla. Section B 3a—3b Self check	吴忠市教育局	
2017—2018	郭田红	第三中学	八年级	初中生物	第23章 生物的进化——第3节 生物进化的原因	吴忠市教育局	
2017—2018	李　梦	第三中学	七至九年级	安全教育	预防和应对学校地震灾害自救	吴忠市教育局	
2017—2018	何玲玲	第三中学	七至九年级	安全教育	预防和应对影响学生安全的校园暴力事件发生	吴忠市教育局	
2017—2018	马　丽	第三中学	八年级	初中历史	第三单元 中国特色社会主义道路——第8课 经济体制改革	吴忠市教育局	
2017—2018	王小妮	第四中学	八年级	初中语文	12. 唐诗五首——使至塞上	吴忠市教育局	
2017—2018	夏家顺	第四中学	八年级	初中道德与法治	第五课 我国基本制度——基本政治制度	吴忠市教育局	
2017—2018	姬彦迪	第四中学	八年级	初中生物	第一章 动物的主要类群——第三节 软体动物和节肢动物	吴忠市教育局	
2017—2018	白如玉	第四中学	七至九年级	初中综合实践活动	社会服务活动——5. 参与禁毒宣传活动	吴忠市教育局	

说明：首届“名师优课”活动对“优课”评定等次，此后“优课”不再设置等次

五、信息化大奖赛

2006年6月，为响应宁夏电化教育中心举办的“宁夏第七届信息技术与课程整合优秀论文、优秀教学设计、优秀课件评选活动”(2008年更改为“中小学多媒体课件、电教论文评选活动”，2015年更改为“教育教学信息化大奖赛”)，教育体育局举办了红寺堡开发区第一届中小学(幼儿园)教师多媒体课件、课例、论文、教学设计大赛。此后，红寺堡教育行政部门便将教育技术论文评选、微课评选、网络空间评选等信息化赛事活动作为促进学校教育信息化建设的重要内容，提高教师教育技术综合应用能力的有效措施，以及推动信息技术教育普及和信息技术应用的重要载体，每年都组织教师积极参加，且每年都有教师作品获奖。

2006—2018年红寺堡教师信息化大赛获奖情况表

表12-11

年份	作品名称	作者	作者单位	评选单位	作品类型	等次
2006	趣味化学在课堂中的运用	蔡　娟	第二中学	宁夏电化教育中心	论文	二等奖
2006	平抛运动	马兴隆	第二中学	宁夏电化教育中心	课件	一等奖
2006	角的平分线的性质	周建军	第二中学	宁夏电化教育中心	课件	二等奖
2008	浅谈教学光盘与IP资源的使用	郝　萍	太阳山镇中心学校	宁夏电化教育中心	论文	一等奖
2008	浅谈多媒体与音乐教学	韩占祥	第二中学	宁夏电化教育中心	论文	一等奖
2008	《信息技术课程教学论》网络课程的设计与开发	陈海燕	大河乡中心学校	宁夏电化教育中心	论文	一等奖
2008	中华人民共和国国歌	韩占祥	第二中学	宁夏电化教育中心	课件	一等奖
2008	信息技术与英语学科整合	韩江华	第二中学	宁夏电化教育中心	论文	二等奖
2008	英语教学中应用多媒体教学的几点体会	马玉珍	第二中学	宁夏电化教育中心	论文	二等奖
2008	运用电教媒体,创新课堂教学	余学荣	红寺堡中学	宁夏电化教育中心	论文	二等奖
2008	信息技术与数学学科整合初探	年学斌	第二中学	宁夏电化教育中心	论文	三等奖
2008	我谈电教媒体在课堂教学中的应用	郭一鸣	第二中学	宁夏电化教育中心	论文	三等奖
2008	触动心灵的教育	李哲辉	第二中学	宁夏电化教育中心	论文	三等奖
2009	谈谈语文教学中的媒体运用策略	魏冰霞 李　明	大河乡中心学校	宁夏电化教育中心	论文	一等奖
2009	浅谈“课堂教学录像”与教师的专业成长	马玉明	第二中学	宁夏电化教育中心	论文	一等奖
2009	浅谈农村美术教学中的多媒体运用	童仲志	第二中学	宁夏电化教育中心	论文	一等奖
2009	英语教学中应让“远教之花”独放光彩	马玉珍	第二中学	宁夏电化教育中心	论文	二等奖
2009	浅谈语文教学中合理利用电化媒体的优势	田云平	第二中学	宁夏电化教育中心	论文	三等奖
2009	浅谈信息技术与数学课程的整合	年学斌	第二中学	宁夏电化教育中心	论文	三等奖
2009	多媒体技术在英语教学中的应用	韩江华	第二中学	宁夏电化教育中心	论文	三等奖
2009	浅谈运用现代教育技术优化语文课堂教学的几点启示	姚彩霞	第二中学	宁夏电化教育中心	论文	三等奖
2009	运用远程教育资源 优化数学课堂教学	寇灵茹	红寺堡中学	宁夏电化教育中心	论文	三等奖
2009	现代远程教育资源对课堂教学的影响	纪玉虎	红寺堡镇中心学校	宁夏电化教育中心	论文	三等奖
2009	信息技术在语文教学中的运用浅说	康北喜 牛兴荣	红寺堡镇中心学校	宁夏电化教育中心	论文	三等奖
2009	发挥远程教育资源优势 优化数学课堂教学	马建学	太阳山镇中心学校	宁夏电化教育中心	论文	三等奖
2009	藏书票的制作	童仲志	第二中学	宁夏电化教育中心	课件	二等奖

续表12-11

年份	作品名称	作者	作者单位	评选单位	作品类型	等次
2009	水调歌头	苏红霞	红寺堡中学	宁夏电化教育中心	课件	二等奖
2009	人体的免疫防线	哈学娟	红寺堡中学	宁夏电化教育中心	课件	二等奖
2009	复分解反应及发生的条件	党进龙	红寺堡中学	宁夏电化教育中心	教学设计	一等奖
2009	保护生物多样性	哈学娟	红寺堡中学	宁夏电化教育中心	教学设计	一等奖
2009	再塑生命	海　芳	红寺堡中学	宁夏电化教育中心	教学设计	一等奖
2009	罗布泊,消逝的仙湖	马奋岚	红寺堡中学	宁夏电化教育中心	教学设计	一等奖
2009	时代特点鲜明的明清文化(一)	马文梅	红寺堡中学	宁夏电化教育中心	教学设计	二等奖
2009	防患于未然	马晓莲	红寺堡中学	宁夏电化教育中心	教学设计	二等奖
2009	在VB中编制“绘制抛物线图像”的程序	车万霞	红寺堡中学	宁夏电化教育中心	软件	三等奖
2010	浅谈农村小学光盘教学资源的应用	张　艳 姚　峰	红寺堡镇中心小学	宁夏电化教育中心	论文	二等奖
2010	小数的加减法	张晓荣 薛　艳	回民小学	宁夏电化教育中心	教学设计	一等奖
2010	分数的意义	张亚琴	红寺堡镇中心小学	宁夏电化教育中心	教学设计	一等奖
2010	三峡之秋	张玉英 陶春铎	红寺堡镇中心小学	宁夏电化教育中心	课件	二等奖
2010	角的初步认识	周桂芳	红寺堡镇中心小学	宁夏电化教育中心	课件	二等奖
2010	合理运用农远资源,有效提高教学效果	周桂芳 胡永利	红寺堡镇中心小学	宁夏电化教育中心	论文	一等奖
2010	有效利用多媒体技术,提高语文课堂教学	张玉英	红寺堡镇中心小学	宁夏电化教育中心	论文	二等奖
2010	远程教育资源为学校插上腾飞的翅膀	张玉英	红寺堡镇中心小学	宁夏电化教育中心	教育叙事	二等奖
2010	跨越海峡的生命桥	田立峰	红寺堡镇中心小学	宁夏电化教育中心	教学设计	一等奖
2010	白杨	田立峰	红寺堡镇中心小学	宁夏电化教育中心	教学设计	二等奖
2010	蛋壳人造型	童小芳	第二中学	宁夏电化教育中心	课件	二等奖
2010	春之声	韩占祥	第二中学	宁夏电化教育中心	课件	二等奖
2010	How has your school trip?	韩江华	第二中学	宁夏电化教育中心	课件	二等奖
2010	多媒体在农村美术教学中的运用	童小芳	第二中学	宁夏电化教育中心	论文	一等奖
2010	现代教育技术在英语教学中的运用初探	韩江华	第二中学	宁夏电化教育中心	论文	二等奖
2010	浅谈数学课堂教学与现代教育技术的运用	兰海云	第二中学	宁夏电化教育中心	论文	二等奖
2010	信息技术与语文学科的整合	海贵莲	第二中学	宁夏电化教育中心	论文	二等奖
2010	浅谈语音室与远程教育的有机整合	马玉珍	第二中学	宁夏电化教育中心	论文	二等奖
2010	信息技术在数学教学中的运用	马文才	第二中学	宁夏电化教育中心	论文	二等奖

续表 12-11

年份	作品名称	作者	作者单位	评选单位	作品类型	等次
2010	让课堂真正成为孩子的学习天地	吴慧玲 南丽萍	红寺堡小学	宁夏电化教育中心	论文	二等奖
2010	赤壁之战	王耀成 张定月	教育局	宁夏电化教育中心	课件	二等奖
2010	浅析农村小学信息技术教育现状与对策	张勇龙	南川中心学校	宁夏电化教育中心	论文	二等奖
2010	匆匆	王国强 万瑞妮	红寺堡小学	宁夏电化教育中心	课件	二等奖
2010	草原	韩建荣 张红霞	红寺堡小学	宁夏电化教育中心	课件	一等奖
2010	Unit6 At the zoo	施晓霞 张晓荣	回民小学	宁夏电化教育中心	课件	二等奖
2010	浅谈小学数学中如何应用多媒体教学	张晓荣 常山红	回民小学	宁夏电化教育中心	论文	二等奖
2010	小数的产生和意义	常山红 张晓荣	回民小学	宁夏电化教育中心	教学设计与实践案例	一等奖
2010	分数的基本性质	马文燕 王晓英	回民小学	宁夏电化教育中心	教学设计与实践案例	一等奖
2010	直线、射线和角	王晓英 马文燕	回民小学	宁夏电化教育中心	教学设计与实践案例	二等奖
2010	Unit 6 At the zoo	施晓霞 张晓荣	回民小学	宁夏电化教育中心	教学设计与实践案例	二等奖
2010	水调歌头	姚彩霞	红寺堡二中	宁夏电化教育中心	教学设计与实践案例	二等奖
2010	吆喝	海贵莲	红寺堡二中	宁夏电化教育中心	教学设计与实践案例	二等奖
2011	三角形中位线定理	年学斌	第二中学	宁夏电化教育中心	课件	一等奖
2011	面具的设计与制作	童小芳	第二中学	宁夏电化教育中心	课件	一等奖
2011	小伙伴	李　艳	第二中学	宁夏电化教育中心	课件	一等奖
2011	多媒体技术在数学教学中的运用	年学斌	第二中学	宁夏电化教育中心	论文	一等奖
2011	现代教育技术在英语教学中的运用初探	韩江华	第二中学	宁夏电化教育中心	论文	一等奖
2011	习作书写——低段格式指导	张　晶	第二小学	宁夏电化教育中心	课件	二等奖
2011	语文教学中如何培养小学生的阅读能力	马　燕	第二小学	宁夏电化教育中心	论文	一等奖
2012	提高初中生学习化学兴趣的研究	马晓岚	第二中学	宁夏电化教育中心	论文	二等奖
2012	昆明的雨	马德虎	第二中学	宁夏电化教育中心	课件	二等奖
2012	生命只有一次	张玲霞	第二小学	宁夏电化教育中心	课件	二等奖
2012	在牛肚子里旅行	马　燕	第二小学	宁夏电化教育中心	课件	二等奖
2012	双引号的一般用法	王小燕 马骞晶	第二小学	宁夏电化教育中心	课件	三等奖
2013	新时代怎样做一名合格教师	施兴玲	第二中学	宁夏电化教育中心	论文	一等奖
2013	借助多媒体资源改善初中英语教学	程永锋 庞　娇	第三中学	宁夏电化教育中心	论文	一等奖

续表12-11

年份	作品名称	作者	作者单位	评选单位	作品类型	等次
2013	浅谈多媒体在语文教学中的作用	庞　娇 程永锋	第三中学	宁夏电化教育中心	论文	一等奖
2013	如何提高学生英语课堂交流的积极性	王　彦	第三中学	宁夏电化教育中心	论文	一等奖
2013	信息技术拨亮教师心中的灯	韩江华	第二中学	宁夏电化教育中心	论文	二等奖
2013	运用现代教育技术提高数学课堂教学实效	年学斌	第二中学	宁夏电化教育中心	论文	二等奖
2013	美术欣赏课中多媒体的运用	童小芳	第二中学	宁夏电化教育中心	论文	二等奖
2013	新课标下的农村美术教学	王　莉	第二中学	宁夏电化教育中心	论文	二等奖
2013	课堂实录在教师专业成长中的应用	尤晓玲	第二中学	宁夏电化教育中心	论文	二等奖
2013	信息化环境下英语教学运用与实践	张永勤	第二中学	宁夏电化教育中心	论文	二等奖
2013	信息技术与初中物理教学的有机整合	张玉生	第二中学	宁夏电化教育中心	论文	二等奖
2013	6.1.2平方根	李会忠	第三中学	宁夏电化教育中心	论文	二等奖
2013	农村中小学应合理利用多媒体资源改善课堂教学效果	白振国	柳泉乡中心学校	宁夏电化教育中心	论文	二等奖
2013	多媒体技术在英语教学中的应用	翟立群	第二中学	宁夏电化教育中心	论文	三等奖
2013	运用电教媒体提高课堂效率	马晓英	第一小学	宁夏电化教育中心	论文	三等奖
2013	有心插柳柳更荫——基于数学作业布置、批改的思考	田　艳	回民中学	宁夏电化教育中心	论文	三等奖
2013	小学信息技术课堂教学初探	王国强	回民中学	宁夏电化教育中心	论文	三等奖
2013	浅谈多媒体辅助教学在初中英语课堂中的运用	綦怀勇	第三中学	宁夏电化教育中心	论文	三等奖
2013	多媒体技术在中学语文教学中的应用	马建霞 马克福	第三中学	宁夏电化教育中心	论文	三等奖
2013	运用多媒体提高中小学美术教学效率	王萍萍	第三中学	宁夏电化教育中心	论文	三等奖
2013	浅谈多媒体技术辅助作文教学实践的几点收获	王小妮 夏家顺	第三中学	宁夏电化教育中心	论文	三等奖
2013	鸦片战争	张勇龙 樊慧宁	回民中学	宁夏电化教育中心	课件	一等奖
2013	阳关三叠	韩占祥	第二中学	宁夏电化教育中心	课件	一等奖
2013	26.1.2二次函数图像和性质	年学斌	第二中学	宁夏电化教育中心	课件	一等奖
2013	神州音韵	韩玉平	回民中学	宁夏电化教育中心	课件	二等奖
2013	液体的压强	张玉生	第二中学	宁夏电化教育中心	课件	二等奖
2013	力与力臂	冯雷祖	第三中学	宁夏电化教育中心	课件	二等奖
2013	VB语言的特点	车万霞	第一中学	宁夏电化教育中心	课件	二等奖
2013	杠杆	郝　静	第二中学	宁夏电化教育中心	课件	三等奖
2013	人体的神经调节	景彦峰	第二中学	宁夏电化教育中心	课件	三等奖

续表 12-11

年份	作品名称	作者	作者单位	评选单位	作品类型	等次
2013	装饰画	李 艳	第二中学	宁夏电化教育中心	课件	三等奖
2013	光沿直线传播	马玉明	第二中学	宁夏电化教育中心	课件	三等奖
2013	文字的修饰	潘春燕	第二中学	宁夏电化教育中心	课件	三等奖
2013	从百草园到三味书屋	唐文秀	第二中学	宁夏电化教育中心	课件	三等奖
2013	色彩的应用	童小芳	第二中学	宁夏电化教育中心	课件	三等奖
2013	Why don't you get her a scarf?	杨东旭	第二中学	宁夏电化教育中心	课件	三等奖
2013	直线与圆的位置关系	张春玲	第二中学	宁夏电化教育中心	课件	三等奖
2013	学当小医生	赵晓荣	第二中学	宁夏电化教育中心	课件	三等奖
2013	Unit 7 What's the highest mountain in the world Section B 1a-1d	李会忠	第三中学	宁夏电化教育中心	课件	三等奖
2013	化学方程式	王彦彦	第三中学	宁夏电化教育中心	课件	三等奖
2013	6.1.2 平方根	杨 艳	第三中学	宁夏电化教育中心	课件	三等奖
2013	平方根	周妍匣	第三中学	宁夏电化教育中心	课件	三等奖
2013	竞争•合作	周正海	第三中学	宁夏电化教育中心	课件	三等奖
2013	物体的浮沉条件及其应用	蔡菊玲	第二中学	宁夏电化教育中心	教学设计与实践案例	一等奖
2013	点、线、面、体	韩树立 哈学娟	第二中学	宁夏电化教育中心	教学设计与实践案例	一等奖
2013	中考历史复习策略	田菊花	第二中学	宁夏电化教育中心	教学设计与实践案例	一等奖
2013	三角形全等的条件	张荣花	第二中学	宁夏电化教育中心	教学设计与实践案例	一等奖
2013	矩形的性质	喜金荣	第三中学	宁夏电化教育中心	教学设计与实践案例	二等奖
2013	Unit 7 Will people have robots	吕桂香	第二中学	宁夏电化教育中心	教学设计与实践案例	二等奖
2013	生物的遗传	马秀梅	第二中学	宁夏电化教育中心	教学设计与实践案例	二等奖
2013	生物生存的家园——生物圈	尤晓玲	第二中学	宁夏电化教育中心	教学设计与实践案例	二等奖
2013	Unit5 I'm watching TV SectionA 1a	暴怀勇	第三中学	宁夏电化教育中心	教学设计与实践案例	二等奖
2013	人生难免有挫折	刘存莲	第三中学	宁夏电化教育中心	教学设计与实践案例	二等奖
2013	二次函数的解法	吴培刚	第三中学	宁夏电化教育中心	教学设计与实践案例	二等奖
2013	小孔成像	安思绪	第二中学	宁夏电化教育中心	教学设计与实践案例	三等奖
2013	岳阳楼记	韩 彪	第二中学	宁夏电化教育中心	教学设计与实践案例	三等奖
2013	沁园春•雪	姜海斌	第二中学	宁夏电化教育中心	教学设计与实践案例	三等奖

续表 12-11

年份	作品名称	作者	作者单位	评选单位	作品类型	等次
2013	诚信是金	施兴玲	第二中学	宁夏电化教育中心	教学设计与实践案例	三等奖
2013	牛顿第一定律	田　江	第二中学	宁夏电化教育中心	教学设计与实践案例	三等奖
2013	Why don't you get her a scarf?	杨东旭	第二中学	宁夏电化教育中心	教学设计与实践案例	三等奖
2013	二氧化碳的制取	杨伟海	第二中学	宁夏电化教育中心	教学设计与实践案例	三等奖
2013	制作表格、调整和修改表格	张桂梅	第二中学	宁夏电化教育中心	教学设计与实践案例	三等奖
2013	西风的话	余　兰	回民中学	宁夏电化教育中心	教学设计与实践案例	三等奖
2013	人体内物质的运输——血液循环	卢飞龙	第三中学	宁夏电化教育中心	教学设计与实践案例	三等奖
2013	有理数的乘法	马　云	第三中学	宁夏电化教育中心	教学设计与实践案例	三等奖
2013	Unit7 Teenagers should be allowed to choose their clothes	饶慧仙	第三中学	宁夏电化教育中心	教学设计与实践案例	三等奖
2013	简单结构的设计	吴亚莉	第一中学	宁夏电化教育中心	教学设计与实践案例	三等奖
2013	桥	石玉琴 王同春	第一小学	宁夏电化教育中心	教学设计与实践案例	三等奖
2013	利用多媒体技术创设教学情境提高英语课堂教学实效	韩江华	第二中学	宁夏电化教育中心	教育叙事	一等奖
2013	积极思考、不断创新，让实验变的更简单	蔡菊玲	第二中学	宁夏电化教育中心	教育叙事	三等奖
2013	有用有趣的物理实验	郝　静	第二中学	宁夏电化教育中心	教育叙事	三等奖
2013	让爱感化心灵	田菊花	第二中学	宁夏电化教育中心	教育叙事	三等奖
2013	生动有趣的历史课堂	王　莉	第二中学	宁夏电化教育中心	教育叙事	三等奖
2013	利用多媒体课件呈现教学内容激发学生兴趣	姚彩霞	第二中学	宁夏电化教育中心	教育叙事	三等奖
2014	红寺堡区农村小学交互式电子白板应用现状的调查研究	白振国	柳泉中心学校	宁夏电化教育中心	论文	一等奖
2014	浅谈实验与多媒体教学手段在物理教学中的相辅作用	田　江	第二中学	宁夏电化教育中心	论文	二等奖
2014	多媒体教学在历史课堂中的应用与实践	王　莉	第二中学	宁夏电化教育中心	论文	二等奖
2014	浅谈电话教学在英语教学中的优势	杨彦君	第二中学	宁夏电化教育中心	论文	二等奖
2014	走出多媒体课件使用的误区	李效兵	第三中学	宁夏电化教育中心	论文	二等奖
2014	红寺堡区小学信息技术教学情况调查报告	冶永国	柳泉中心小学	宁夏电化教育中心	论文	二等奖
2014	稻花香里说丰年，听取蛙声一片——浅谈多媒体技术引入语文教学的几点心得	王小妮 夏家顺	第三中学	宁夏电化教育中心	论文	二等奖
2014	音乐教学如何点燃学生这颗火种	韩占祥	第二中学	宁夏电化教育中心	论文	三等奖

续表 12-11

年份	作品名称	作者	作者单位	评选单位	作品类型	等次
2014	多媒体在语文教学中应用情况的调查报告	张步科	第三小学	宁夏电化教育中心	论文	三等奖
2014	浅谈多媒体技术走进农村幼儿园教学活动	马会荣 王建新	第二幼儿园 第三小学	宁夏电化教育中心	论文	三等奖
2014	牛顿第一定律	蔡菊玲	第二中学	宁夏电化教育中心	课件	二等奖
2014	液体的压强	马玉明	第二中学	宁夏电化教育中心	课件	二等奖
2014	月相的变化	赵满强	燕宝小学	宁夏电化教育中心	课件	二等奖
2014	Unit 9 Reading Have you ever been to Singapore?	韩江华	第二中学	宁夏电化教育中心	课件	三等奖
2014	三视图	韩树立	第二中学	宁夏电化教育中心	课件	三等奖
2014	春之声	韩占祥	第二中学	宁夏电化教育中心	课件	三等奖
2014	心脏	史大刚	第二中学	宁夏电化教育中心	课件	三等奖
2014	祖国宝岛——台湾	张永勤	第二中学	宁夏电化教育中心	课件	三等奖
2014	桃花源记	赵雯卓	第二中学	宁夏电化教育中心	课件	三等奖
2014	北京亮起来了	万瑞妮	第三小学	宁夏电化教育中心	课件	三等奖
2014	凸透镜成像规律	冯雷祖	第三中学	宁夏电化教育中心	课件	三等奖
2014	初中英语阅读教学案例与反思	魏　玲	第三中学	宁夏电化教育中心	课件	三等奖
2014	透镜及其应用	魏强强	第三中学	宁夏电化教育中心	课件	三等奖
2014	DNA 是主要物质的遗传	哈学娟	第一中学	宁夏电化教育中心	课件	三等奖
2014	圆	安文选	回民中学	宁夏电化教育中心	课件	三等奖
2014	青春舞曲	韩玉平	回民中学	宁夏电化教育中心	课件	三等奖
2014	秦王扫六合	张智渊	回民中学	宁夏电化教育中心	课件	三等奖
2014	分数的意义	张亚琴	红寺堡中心小学	宁夏电化教育中心	课件	三等奖
2014	电流和电路	蔡菊玲	第二中学	宁夏电化教育中心	教学设计与实践案例	一等奖
2014	尊重和维护隐私权	施兴玲	第二中学	宁夏电化教育中心	教学设计与实践案例	一等奖
2014	Unit 5 What does she do Section A	刘　睿	柳泉中心小学	宁夏电化教育中心	教学设计与实践案例	一等奖
2014	视频制作与动画设计	韩崇宗	大河中心小学	宁夏电化教育中心	教学设计与实践案例	二等奖
2014	改革开放	田菊花	第二中学	宁夏电化教育中心	教学设计与实践案例	二等奖
2014	鉴赏古代诗歌形象之事物形象	海　芳 贺小玲	第一中学	宁夏电化教育中心	教学设计与实践案例	二等奖
2014	植树问题	张红霞	红寺堡中心小学	宁夏电化教育中心	教学设计与实践案例	二等奖
2014	中心对称图形	顾占贤	第二中学	宁夏电化教育中心	教学设计与实践案例	三等奖
2014	植物的生长发育	景彦峰	第二中学	宁夏电化教育中心	教学设计与实践案例	三等奖

续表12-11

年份	作品名称	作者	作者单位	评选单位	作品类型	等次
2014	人体内废物的排出	马秀梅	第二中学	宁夏电化教育中心	教学设计与实践案例	三等奖
2014	消化系统	马学萍	第二中学	宁夏电化教育中心	教学设计与实践案例	三等奖
2014	Unit 8 Reading Why don't you learn to sing English songs?	锁　键	第二中学	宁夏电化教育中心	教学设计与实践案例	三等奖
2014	昆虫	尤晓玲	第二中学	宁夏电化教育中心	教学设计与实践案例	三等奖
2014	有理数的乘方	张喜桂	第二中学	宁夏电化教育中心	教学设计与实践案例	三等奖
2014	Unit 4 Making the news (Reading)	陈　艳	第一中学	宁夏电化教育中心	教学设计与实践案例	三等奖
2014	几何概型	马彩霞	第一中学	宁夏电化教育中心	教学设计与实践案例	三等奖
2014	在逆境中砺炼自己	施晓霞	回民小学	宁夏电化教育中心	教育叙事	一等奖
2014	美丽的谎言	张永勤	第二中学	宁夏电化教育中心	教育叙事	二等奖
2014	桃李无言，下自成蹊	贺小玲	第一中学	宁夏电化教育中心	教育叙事	二等奖
2014	扬起师爱的风帆	马爱琴	第二小学	宁夏电化教育中心	教育叙事	三等奖
2014	一次冲动后的思考	马学萍	第二中学	宁夏电化教育中心	教育叙事	三等奖
2014	让历史课堂充满趣味性	田菊花	第二中学	宁夏电化教育中心	教育叙事	三等奖
2014	触摸春天	刘彩燕	第二小学	自治区教育厅办公室	主题资源包	二等奖
2014	坐井观天	吴　娟	中圈塘小学	自治区教育厅办公室	主题资源包	二等奖
2014	富饶的西沙群岛	马晓英	第一小学	自治区教育厅办公室	主题资源包	二等奖
2014	后赤壁赋	妥夏琰	第一中学	自治区教育厅办公室	主题资源包	二等奖
2014	荷叶　母亲	姜海斌	第二中学	自治区教育厅办公室	主题资源包	二等奖
2014	Unit 9 My favorite subject is science	翟立群	第二中学	自治区教育厅办公室	主题资源包	二等奖
2014	Unit 4 Where's my schoolbag?	殷红琴	第二中学	自治区教育厅办公室	主题资源包	二等奖
2014	Unit 6 Reading：I've been studying history in China.	杨　芳	第二中学	自治区教育厅办公室	主题资源包	二等奖
2014	分子和原子	张　波	回民中学	自治区教育厅办公室	主题资源包	二等奖
2014	二氧化碳和一氧化碳	杨伟海	第二中学	自治区教育厅办公室	主题资源包	二等奖
2014	世界地形	丁洪珍	第一中学	自治区教育厅办公室	主题资源包	二等奖
2014	西风的话	余　兰	回民中学	自治区教育厅办公室	主题资源包	二等奖
2014	叶片的采集和分类	李燕娜	第二中学	自治区教育厅办公室	主题资源包	二等奖
2015	人体的运动	景彦峰	第二中学	宁夏电化教育中心	课件	二等奖
2015	物体的浮沉条件	潘春燕	第二中学	宁夏电化教育中心	课件	二等奖
2015	Unit 5 It's raining Period1	魏　玲	第二中学	宁夏电化教育中心	课件	二等奖
2015	动能和势能	张玉生	第二中学	宁夏电化教育中心	课件	二等奖

续表12-11

年份	作品名称	作者	作者单位	评选单位	作品类型	等次
2015	核舟记	李效兵	第三中学	宁夏电化教育中心	课件	二等奖
2015	逐帧动画	王国强	回民中学	宁夏电化教育中心	课件	二等奖
2015	网络技术的应用	关存芳 王小军	回民中学	宁夏电化教育中心	课件	二等奖
2015	一次函数的图像和性质	杨　南	回民中学	宁夏电化教育中心	课件	二等奖
2015	改革开放	张智渊	回民中学	宁夏电化教育中心	课件	二等奖
2015	圆的面积	苏厚娟	大河中心小学	宁夏电化教育中心	课件	三等奖
2015	透镜及其应用	郝　静	第二中学	宁夏电化教育中心	课件	三等奖
2015	方寸铃记——藏书印	童小芳	第二中学	宁夏电化教育中心	课件	三等奖
2015	君主专制制度的强化	王　莉	第二中学	宁夏电化教育中心	课件	三等奖
2015	匈奴的兴起与汉朝的和战	杨东旭 田菊花	第二中学	宁夏电化教育中心	课件	三等奖
2015	制取氧气	杨伟海	第二中学	宁夏电化教育中心	课件	三等奖
2015	Unit 10 Like some noodles	程永锋	第三中学	宁夏电化教育中心	课件	三等奖
2015	物体的浮沉条件	冯雷祖	第三中学	宁夏电化教育中心	课件	三等奖
2015	It is raining SectionA 1a-1d	李会忠	第三中学	宁夏电化教育中心	课件	三等奖
2015	Unit 6 Do you like bananas? Section A（1a-1e）	马海霞	第三中学	宁夏电化教育中心	课件	三等奖
2015	记承天寺夜游	王小妮	第三中学	宁夏电化教育中心	课件	三等奖
2015	撒哈拉以南的非洲	张童选	第三中学	宁夏电化教育中心	课件	三等奖
2015	Unit 6 When was it invented?	吕艳玲	回民中学	宁夏电化教育中心	课件	三等奖
2015	面具的设计与制作	郗　华	回民中学	宁夏电化教育中心	课件	三等奖
2015	化学式与化合价	王彦彦 王　彦	第三中学	宁夏电化教育中心	课例	一等奖
2015	三视图	田　艳	回民中学	宁夏电化教育中心	课例	二等奖
2015	统一多民族国家的巩固和发展	田菊花	第二中学	宁夏电化教育中心	课例	三等奖
2015	鸽巢问题	张宏慧	第三小学	宁夏电化教育中心	课例	三等奖
2015	Unit 7 Will people have robots？ Section A（2a-2d）	王凤兰	第三中学	宁夏电化教育中心	课例	三等奖
2015	元日	王同春 石玉琴	第一小学	宁夏电化教育中心	课例	三等奖
2015	夸父追日	万瑞妮	第三小学	宁夏电化教育中心	课例	三等奖
2015	氧化还原反应方程的配平	赵亮亮	第一中学	自治区教育厅	微课	一等奖
2015	批注式阅读——诗歌教学的另一扇窗	李鸿焕	第三中学	自治区教育厅	微课	二等奖
2015	few/a few/little/a little的区别	程　婧	第三中学	自治区教育厅	微课	二等奖
2015	高中化学教师个人空间	赵亮亮	第一中学	自治区教育厅	教师空间	二等奖
2015	初中英语教师个人空间	杨东旭	第二中学	自治区教育厅	教师空间	二等奖
2016	记叙文写作之情感具体化方法	马小霞	第三中学	宁夏电化教育中心	微课	一等奖

续表 12-11

年份	作品名称	作者	作者单位	评选单位	作品类型	等次
2016	电路电压电流电阻的类比引入	妥贵东	第三中学	宁夏电化教育中心	微课	一等奖
2016	书简精灵——藏书票	童晓芳	第二中学	宁夏电化教育中心	微课	二等奖
2016	武则天开创殿试	邹小梅	第三中学	宁夏电化教育中心	微课	二等奖
2016	湖心亭看雪	邵　蕊	第二中学	宁夏电化教育中心	微课	三等奖
2016	耳的结构和功能	尤晓玲	第二中学	宁夏电化教育中心	微课	三等奖
2016	too many,too much 和much too	李会忠	第三中学	宁夏电化教育中心	微课	三等奖
2016	探究一次函数图像平移问题	李瑞霞	第三中学	宁夏电化教育中心	微课	三等奖
2016	铺垫与伏笔的区别	朱培斯	第三中学	宁夏电化教育中心	微课	三等奖
2016	分数与除法	马　骁	回民小学	宁夏电化教育中心	微课	三等奖
2016	西气东输工程	乔　萍	回民中学	宁夏电化教育中心	微课	三等奖
2016	二泉映月	余　兰	回民中学	宁夏电化教育中心	微课	三等奖
2016	水在沸腾时气泡的变化	冯雷祖	第三中学	自治区教育厅办公室	微课	一等奖
2016	西气东输工程	乔　萍	回民中学	自治区教育厅办公室	微课	一等奖
2016	白描画山水,慧心品夜雪	邵　蕊	第二中学	自治区教育厅办公室	微课	二等奖
2016	实验探究造成黄土高原水土流失的自然原因	何玲玲	第三中学	自治区教育厅办公室	微课	二等奖
2017	Unit 5 Whose dog is it	李小琴	太阳山第二小学	自治区教育厅办公室	课件	三等奖
2017	浮力	冯雷祖	第三中学	自治区教育厅办公室	微课	一等奖
2017	小孔成像	陈有亮 贾治东	回民中学	自治区教育厅办公室	微课	一等奖
2017	耳的结构和功能	尤晓玲	第二中学	自治区教育厅办公室	微课	二等奖
2017	有理数乘方的概念	马丽琼	第三中学	自治区教育厅办公室	微课	三等奖
2017	除法的初步认识	姚治国 冶永国	第一小学	自治区教育厅办公室	微课	三等奖
2017	西气东输	乔　萍	回民中学	自治区教育厅办公室	微课	三等奖
2017	一般过去式	魏冰霞	回民中学	自治区教育厅办公室	微课	三等奖
2017	图形的平移	马　骁 饶慧仙	回民中学	吴忠市教育局	课件	一等奖
2017	空气	田　静	第二中学	吴忠市教育局	课件	二等奖
2017	I'm watching TV	殷艳秀	第四中学	吴忠市教育局	课件	二等奖
2017	综合性学习:孝亲敬老从我做起	丁茹燕	回民中学	吴忠市教育局	课件	二等奖
2017	Unit 5 Whose dog is it	李小琴	太阳山第二小学	吴忠市教育局	课件	二等奖
2017	透镜及其应用	郝　静	第二中学	吴忠市教育局	课件	三等奖

续表 12-11

年份	作品名称	作者	作者单位	评选单位	作品类型	等次
2017	三角形内角和	兰永峰 苏　彦	第一小学	吴忠市教育局	课件	三等奖
2017	反冲运动——火箭	李　娟	第一中学	吴忠市教育局	课件	三等奖
2017	黄河的治理和开发	何玲玲	第三中学	吴忠市教育局	课例	二等奖
2017	利用半瓶矿泉水理解压强公式	蔡菊玲	第二中学	吴忠市教育局	微课	一等奖
2017	化学能与电能	海正霞	第一中学	吴忠市教育局	微课	一等奖
2017	耳的结构和功能	尤晓玲	第二中学	吴忠市教育局	微课	二等奖
2017	浮力	冯雷祖	第三中学	吴忠市教育局	微课	二等奖
2017	语言的表达方式	赵宏存	第四中学	吴忠市教育局	微课	二等奖
2017	角的大小比较	兰永峰 苏　彦	第一小学	吴忠市教育局	微课	二等奖
2017	利用三视图还原空间几何体	曹玉珍	第一中学	吴忠市教育局	微课	二等奖
2017	功率的概念	杨明明	回民中学	吴忠市教育局	微课	二等奖
2017	词汇辨析	李会忠	第三中学	吴忠市教育局	微课	三等奖
2017	有理数乘方的概念	马丽琼	第三中学	吴忠市教育局	微课	三等奖
2017	中东为何成为世界焦点	马玉明	第三中学	吴忠市教育局	微课	三等奖
2017	异性交往的意义	赵雅维	第三中学	吴忠市教育局	微课	三等奖
2017	一元一次不等式组的概念和解法	李小萍 姬全旺	第四中学	吴忠市教育局	微课	三等奖
2017	乒乓球反手推档技术	马晓东	第四中学	吴忠市教育局	微课	三等奖
2017	有趣的对联	王小妮	第四中学	吴忠市教育局	微课	三等奖
2017	我熟悉的一个人	王　花 马长青	第一小学	吴忠市教育局	微课	三等奖
2017	Unit 4 I have a pen	王小莉 马长青	第一小学	吴忠市教育局	微课	三等奖
2017	除法的初步认识	姚治国 冶永国	第一小学	吴忠市教育局	微课	三等奖
2017	加速度和速度的区别和关系	何彩莲	第一中学	吴忠市教育局	微课	三等奖
2017	简单的线性规划——网格法寻找整点最优解	马彩霞	第一中学	吴忠市教育局	微课	三等奖
2017	烷烃同分异构体的书写	赵亮亮	第一中学	吴忠市教育局	微课	三等奖
2017	小孔成像	陈有亮 贾治东	回民中学	吴忠市教育局	微课	三等奖
2017	西气东输	乔　萍	回民中学	吴忠市教育局	微课	三等奖
2017	一般过去时	魏冰霞	回民中学	吴忠市教育局	微课	三等奖
2018	宁夏信息技术中考复习策略	关存芳	回民中学	自治区教育厅办公室	课件	二等奖
2018	曲边梯形的面积	马　荣	第一中学	自治区教育厅办公室	课件	三等奖
2018	二泉映月	余　兰 罗　宁	第四中学	自治区教育厅办公室	微课	二等奖

续表 12-11

年份	作品名称	作者	作者单位	评选单位	作品类型	等次
2018	视力的纠正	郝　静	第二中学	自治区教育厅办公室	微课	三等奖
2018	商的变化规律	马希梅 马银凤	第一小学	自治区教育厅办公室	微课	三等奖
2018	探究影响重力势能的因素	丁志政 陈有亮	回民中学	自治区教育厅办公室	微课	三等奖
2018	浮力的方向	刘　伟 陈有亮	回民中学	自治区教育厅办公室	微课	三等奖
2018	一般过去时	魏冰霞	回民中学	自治区教育厅办公室	微课	三等奖
2018	告别小学时代	马晓英	第一小学	吴忠市教育局	课件	二等奖
2018	角平分线性质	高军明	第二中学	吴忠市教育局	课件	二等奖
2018	Unit 7 What's the highest mountain in the world? Section B(1a-1d)	马慧霞	回民中学	吴忠市教育局	课件	二等奖
2018	锐角和钝角的认识	张涛涛	第一小学	吴忠市教育局	课件	三等奖
2018	凤阳花鼓	余　兰 罗　宁	第四中学	吴忠市教育局	课件	一等奖
2018	八年级下册第二单元语法课	田进芬	第四中学	吴忠市教育局	课件	三等奖
2018	校园的早晨	王淑媛	第四中学	吴忠市教育局	课件	三等奖
2018	Unit 6 I'm watching TV	殷艳秀	第四中学	吴忠市教育局	课件	三等奖
2018	交际中的语言运用	李　娟	第一中学	吴忠市教育局	课件	三等奖
2018	藏书票	童小芳	第二中学	吴忠市教育局	微课	一等奖
2018	反冲运动	李　娟	第一中学	吴忠市教育局	微课	一等奖
2018	称象	肖伏香	第一小学	吴忠市教育局	微课	二等奖
2018	“空心法”增大可利用浮力的应用	何治贵 万　军	回民中学	吴忠市教育局	微课	二等奖
2018	认识结构	刘　艳	第一中学	吴忠市教育局	微课	二等奖
2018	动物游戏之谜	海　芳	第一中学	吴忠市教育局	微课	二等奖
2018	认识周长	张　蕾 姚治国	第一小学	吴忠市教育局	微课	三等奖
2018	Unit 4 I have a penpal	王小莉 冶永国	第一小学	吴忠市教育局	微课	三等奖
2018	两位数减一位数不退位、整十数	海　鸿	第一小学	吴忠市教育局	微课	三等奖
2018	形近字区分	吴学芳	朝阳小学	吴忠市教育局	微课	三等奖
2018	学写人物对话中的提示语	曹润娟	第三小学	吴忠市教育局	微课	三等奖
2018	j q x 与 ü 的相拼规律	马　军	上源小学	吴忠市教育局	微课	三等奖
2018	浅谈“五 W”思维导图在中考信息技术复习中的应用	关存芳	回民中学	宁夏电化教育中心	论文(和)	一等奖
2018	借“国培网络研修”平台促进教师专业发展	李　红	第三中学	宁夏电化教育中心	论文(和)	二等奖

续表12-11

年份	作品名称	作者	作者单位	评选单位	作品类型	等次
2018	多媒体教学在历史课堂中的应用与实践	王　莉	第四中学	宁夏电化教育中心	论文（和）	三等奖
2018	定滑轮和动滑轮	白　冰	太阳山中心小学	自治区教育厅办公室	教学课例	二等奖
2018	“人人通”融合应用	张绒江	羊坊滩小学	自治区教育厅办公室	教师空间	一等奖
2018	“人人通”融合应用	李　娟	第一中学	自治区教育厅办公室	教师空间	二等奖

说明:“和”指“中国移动‘和教育’杯”全区教育技术论文活动评选

六、信息技术学科教学

(一)课程教学

2002年10月,马士基希望小学开始在三年级以上班级开设信息技术课,每班每周一节,当时没有固定的教材,学生没有课本,信息技术教师马长青自主选择计算机类书籍用作教学参考书。2003年8月,红寺堡中学开始在初中三个年级和高一、高二两个年级开设信息技术课,每班每周一节,学校信息技术教研组组长王普荣带领组内教师编撰简易的校本教材,用于教师课堂教学参考。

2006年3月,“农远工程”为红寺堡开发区模式三项目学校配备的计算机网络教室安装完成,第二中学、第二小学、大河九年制学校、太阳山九年制学校、买河九年制学校、石炭沟九年制学校、南川奕龙小学从三年级起每班每周开设一节信息技术课程。是年开始,红寺堡开发区义务教育阶段学校开始使用自治区教育厅中小学教材审查委员会审定的信息技术教材。

2007年8月,红寺堡中学高中部开始采用广东出版社的《信息技术基础》和《多媒体技术》作为统一的信息技术教材,高一年级每班每周开设1节信息技术课,高二年级每班每周开设2节信息技术课。信息技术课堂教学以上机操作为主。

2008年9月,随着红寺堡开发区“创强”工作的推进和各学校微机室的逐步配备,除教学点外,各学校从三年级起开始开设信息技术课程,依据生机比的不同,大部分学校每班每周开设2节,极少数计算机数量少的学校每班每周开设1节。由于信息技术专业教师的缺乏和计算机数量的不足,大多数学校的信息技术课程均达不到教育部《中小学信息技术课程指导纲要(试行)》的开设要求。直至2016年8月,红寺堡区所有学校均配备了标准的计算机网络教室,信息技术学科的教学才逐步走向规范。

2007—2018年红寺堡教师信息技术优质课获奖情况表

表12-12

时间	课题	教师	学校	类别与形式	获奖等次
2007年1月	走进计算机	刘占荣	第二中学	优质课	三等奖
2007年1月	初识多媒体	马小琴	红寺堡中学	优质课	三等奖
2007年6月	《设置幻灯片的背景》教学设计	王国强	红寺堡小学	录像课	一等奖
2007年6月	《认识写字板》教学设计	沙玉海	回民小学	录像课	三等奖
2009年12月	逐帧动画(一)	王国强	红寺堡小学	录像课	一等奖
2009年12月	绘图工具	冯　娜	第二小学	录像课	二等奖
2009年12月	认识键盘	马长青	红寺堡小学	录像课	三等奖
2009年12月	制作表格	马俊琴	红寺堡中学	录像课	二等奖
2009年12月	制作表格(第一课时)	张桂梅	第二中学	录像课	二等奖
2009年12月	使用"计时器"控件编制"时钟日历"	车万霞	红寺堡中学	录像课	三等奖
2012年10月	获取和处理信息	冶永国	柳泉乡 中心学校	上机测试+说课	三等奖
2014年6月	被冤枉的"小老鼠"	纪学平	第三小学	上机测试+说课	二等奖
2014年6月	认识、使用键盘	冶永国	柳泉乡 中心学校	上机测试+说课	三等奖
2015年10月	修饰工作表	马小荣	回民中学	上机测试+说课	三等奖
2015年10月	在工作表中输入数据	马　冬	第三中学	上机测试+说课	三等奖
2015年10月	修饰文字	潘春燕	第二中学	上机测试+说课	三等奖
2016年7月	报刊类文本信息的加工与表达	王艳芳	第一中学	上机测试+说课	三等奖
2016年7月	算法的描述	马俊琴	第一中学	上机测试+说课	三等奖
2016年7月	音频信息的采集与加工	杨　婷	第一中学	上机测试+说课	三等奖

说明:信息技术优质课的组织单位均为自治区教育厅教学研究室

(二)教师配备

2000年,各移民迁出县选派至红寺堡开发区的59名教师中,无计算机教师。2003年7月,红寺堡开发区通过考试招聘3名计算机教师。2006年8月,红寺堡开发区通过"特岗计划"招聘5名信息技术教师。2007—2016年红寺堡每年都通过"特岗计划"招聘信息技术教师。

2004—2018年红寺堡专职信息技术教师人数情况表

表12-13　　单位：人

年份	人数	年份	人数	年份	人数	年份	人数	年份	人数
2004	15	2007	35	2010	59	2013	95	2016	116
2005	16	2008	40	2011	54	2014	110	2017	140
2006	26	2009	31	2012	56	2015	121	2018	144

（三）电脑制作活动

2006年10月，教育体育局组织师生首次参加第七届“全国中小学电脑制作活动”（简称“电脑制作活动”），要求各学校信息技术教师鼓励、指导学生结合学习生活与实践活动，积极探索，勇于创新，运用信息技术手段设计、创作电脑作品，以培养学生发现问题、分析问题和解决问题的能力。此后，红寺堡教育行政部门每年均组织师生参加“电脑制作活动”，且每年均有作品获奖。

2006—2018年红寺堡中小学电脑制作活动学生作品获奖情况表

表12-14

年份	组别	项目	作品名称	作者姓名	所在学校	指导教师	获奖等级	组织单位
2006	初中	电脑绘画	嫦娥奔月	王一帆	第二中学	马惠尧	二等奖	吴忠市教育局
2006	高中	网页制作	奥运之风	尹　聘	红寺堡中学	胡彦俊	二等奖	吴忠市教育局
2006	初中	电脑绘画	收获	马晓娟	第二中学	马惠尧	三等奖	吴忠市教育局
2006	初中	电子报刊	中学生梦之旅	刘　超	第二中学	马惠尧	三等奖	吴忠市教育局
2008	小学	电脑绘画	月光之景	肖丽丽 冯庆伟	第二小学	虎永祥	三等奖	吴忠市教育局
2008	小学	电子报刊	向往奥运	马　田 徐雅楠	第二小学	虎永祥	三等奖	吴忠市教育局
2008	初中	电脑绘画	给点水喝	冯燕舒	第二中学	张玉生	三等奖	吴忠市教育局
2008	初中	电子报刊	心系奥运	蒙瑞宁	太阳山镇九年制学校	关存芳	二等奖	吴忠市教育局
2008	初中	网页制作	奔向2008北京奥运会	张　卓	太阳山镇九年制学校	关存芳	三等奖	吴忠市教育局
2008	高中	电脑动画	我的新年梦	何晓琴	红寺堡中学	马小琴	三等奖	吴忠市教育局
2009	初中	电子报刊	我们身边的故事	卜　昊	太阳山镇九年制学校	关存芳	二等奖	吴忠市教育局
2009	小学	电脑绘画	种太阳	马　田	第二小学	虎永祥	优秀奖	吴忠市教育局
2009	高中	电脑动画	放大自己的优点	杜　芳	红寺堡中学	冯海燕	优秀奖	吴忠市教育局

续表12-14

年份	组别	项目	作品名称	作者姓名	所在学校	指导教师	获奖等级	组织单位
2009	高中	电脑艺术设计	清浊之间	常旭东	红寺堡中学	吴亚莉	优秀奖	吴忠市教育局
2009	高中	电脑艺术设计	同一片天空下的色彩	马海林	红寺堡中学	吴亚莉	优秀奖	吴忠市教育局
2010	高中	电子报刊	快乐圣诞	杨　磊 马星云	红寺堡中学	马小琴	一等奖	宁夏电化教育中心
2010	小学	电子报刊	美丽的校园我的家	祁幸幸	第二小学	何银平	三等奖	宁夏电化教育中心
2011	高中	电脑动画	饮水思源	伏　健	红寺堡中学	冯海燕	一等奖	吴忠市教育局
2011	初中	电脑动画	都是电视惹的祸	杨　英 黑正花	第二中学	王耀成	二等奖	吴忠市教育局
2011	初中	电子期刊	我的主场秀	马慧萍	红寺堡中学	杨　婷	二等奖	吴忠市教育局
2011	高中	电脑艺术设计	同在蓝天下共有一个家	王小军	红寺堡中学	冯海燕	二等奖	吴忠市教育局
2011	小学	电子报刊	动物世界	何　龙	第二小学	余忠诚	三等奖	吴忠市教育局
2011	初中	电脑绘画	烟的本来面目	马晓春	第二中学	田彦海	三等奖	吴忠市教育局
2011	初中	电脑绘画	人与自然	马伊莎	第二中学	张玉生	三等奖	吴忠市教育局
2011	初中	电子期刊	我与母校一同成长	关　霞	回民中学	关存芳	三等奖	吴忠市教育局
2011	高中	电脑动画	饮水思源	伏　健	红寺堡中学	冯海燕	一等奖	宁夏电化教育中心
2011	高中	电脑艺术设计	同在蓝天下，共有一个家	王小军	红寺堡中学	冯海燕	一等奖	宁夏电化教育中心
2011	初中	电脑动画	都是电视惹的祸	杨　英 黑正花	第二中学	王耀成	二等奖	宁夏电化教育中心
2011	高中	电子期刊	我的主场秀	马慧萍	红寺堡中学	杨　婷	三等奖	宁夏电化教育中心
2011	小学	电脑绘画	架起沟通的桥梁	魏若华	红寺堡镇中心小学	尹　静	三等奖	宁夏电化教育中心
2012	小学	电脑绘画	守望	张建军	东泉小学	谢国宏	一等奖	吴忠市教育局
2012	小学	电脑动画	道德乘车	杨彦财	柳泉乡中心小学	田　鑫	二等奖	吴忠市教育局
2012	高中	电脑艺术设计	呼唤低碳医治地球	赵　全	第一中学	车万霞	三等奖	吴忠市教育局
2012	小学	电脑绘画	守望	张建军	东泉小学	谢国宏	二等奖	宁夏电化教育中心
2012	小学	电脑动画	道德乘车	杨彦财	柳泉乡中心小学	田　鑫	二等奖	宁夏电化教育中心
2014	小学	电脑绘画	不想让你们走	伍小云	柳泉中心小学	田　鑫	二等奖	宁夏电化教育中心
2014	小学	电脑动画	草场球赛	马云兰	永泉小学	曹　青	二等奖	宁夏电化教育中心
2014	小学	电脑绘画	公园定向运动	马　萌	柳泉中心小学	田　鑫	二等奖	宁夏电化教育中心
2014	小学	电脑绘画	春天来了	马福成	买河小学	吴小芳	二等奖	宁夏电化教育中心

续表 12-14

年份	组别	项目	作品名称	作者姓名	所在学校	指导教师	获奖等级	组织单位
2014	高中	电脑艺术设计	美丽的校园	马海玉	第一中学	刘 艳	二等奖	宁夏电化教育中心
2014	小学	电脑绘画	国旗在我心中	张桠楠	大河中心小学	雷芳弟	三等奖	宁夏电化教育中心
2014	小学	电脑绘画	姜太公钓鱼	张 杰	东泉小学	谢国宏	三等奖	宁夏电化教育中心
2014	小学	电脑绘画	天下真的有免费午餐	王姝文	东泉小学	张 丽	三等奖	宁夏电化教育中心
2014	高中	电脑绘画	空巢老人与留守儿童	刘彦财	第一中学	车万霞	三等奖	宁夏电化教育中心
2014	高中	电脑绘画	实现梦想从我做起	吴彦鹏	第一中学	车万霞	三等奖	宁夏电化教育中心
2015	小学	电脑绘画	水井	马海洋	回民小学	涂志刚	二等奖	宁夏电化教育中心
2015	小学	电脑绘画	风的絮语	海浩翔	回民小学	王 莹	三等奖	宁夏电化教育中心
2015	小学	电脑绘画	罗山我的第二故乡	马娅婷	回民小学	马天宏	三等奖	宁夏电化教育中心
2015	初中	电脑绘画	不能遗忘历史	刘伟业	第二中学	潘春燕	一等奖	中央电化教育馆
2015	小学	电脑绘画	水井	马海洋	回民小学	涂志刚	二等奖	中央电化教育馆
2015	小学	电脑绘画	风的絮语	海浩翔	回民小学	王 莹	三等奖	中央电化教育馆
2015	小学	电脑绘画	罗山我的第二故乡	马娅婷	回民小学	马天宏	三等奖	中央电化教育馆
2015	小学	电脑绘画	水井	马海洋	回民小学	涂志刚	二等奖	吴忠市教育局
2015	小学	电脑绘画	最后一滴水	马彩萍	回民小学	马 骁	二等奖	吴忠市教育局
2015	初中	电脑动画	不能遗忘历史	刘伟业	第二中学	潘春燕	二等奖	吴忠市教育局
2015	小学	电脑绘画	春天来了	韩宇晨	第二小学	马骞晶	三等奖	吴忠市教育局
2015	小学	电脑绘画	快乐的童年	雷 晓	第二小学	马凤兰	三等奖	吴忠市教育局
2015	小学	电脑绘画	罗山我的第二故乡	马娅婷	第二小学	马天宏	三等奖	吴忠市教育局
2015	小学	电脑绘画	我爱放风筝	黑娜萍	第二小学	马骞晶	三等奖	吴忠市教育局
2015	小学	电子报刊	风的絮语	海浩翔	回民小学	王 莹	三等奖	吴忠市教育局
2015	初中	电脑艺术设计	风景这边独好	杨涣涣	第二中学	潘春燕	三等奖	吴忠市教育局
2016	小学	电脑绘画	灯光铺满回家的路	李 萱	第二小学	余忠诚	一等奖	吴忠市教育局
2016	小学	电脑绘画	家乡梦	马佳玲	红寺堡中心小学	田艳艳	一等奖	吴忠市教育局
2016	小学	电脑绘画	秋收	蔡文瑞	红寺堡中心小学	田艳艳	一等奖	吴忠市教育局
2016	小学	电脑绘画	夜空	任 婷	红寺堡中心小学	李 婷	一等奖	吴忠市教育局

续表 12-14

年份	组别	项目	作品名称	作者姓名	所在学校	指导教师	获奖等级	组织单位
2016	初中	电脑动画	学校毒品预防工作宣传片	马向阳 李兴芳	第二中学	马碧玉	一等奖	吴忠市教育局
2016	小学	电脑绘画	春暖花开雁归来	祁　璇	第二小学	马骞晶	二等奖	吴忠市教育局
2016	小学	电脑绘画	放风筝	雷　晓	第二小学	马凤兰	二等奖	吴忠市教育局
2016	小学	电脑绘画	美丽的家乡	田沛泽	第二小学	马骞晶	二等奖	吴忠市教育局
2016	小学	电脑绘画	家的变化	马林秀	回民小学	金　毅	二等奖	吴忠市教育局
2016	小学	电脑绘画	春天到了	何　磊	回民小学	穆世军	二等奖	吴忠市教育局
2016	小学	电脑绘画	美丽的家	陈　静	红寺堡中心小学	李　婷	二等奖	吴忠市教育局
2016	小学	电脑绘画	家乡的春天	何　梅	红寺堡中心小学	李秀琴	二等奖	吴忠市教育局
2016	小学	电脑绘画	飞向太空	张　磊	红寺堡中心小学	李　婷	二等奖	吴忠市教育局
2016	小学	电脑绘画（和）	天空	海浩润	回民小学	杨贝娜	二等奖	吴忠市教育局
2016	小学	电脑绘画（和）	鱼儿去哪里了	马　芳	回民小学	李佩佩	二等奖	吴忠市教育局
2016	小学	电脑绘画（和）	天天锻炼身体好	白丽娜	回民小学	薛　艳	二等奖	吴忠市教育局
2016	小学	电脑绘画（和）	我的家在哪里	马　琴	回民小学	周宏文	二等奖	吴忠市教育局
2016	小学	电脑绘画（和）	打针	马小梅	回民小学	杨贝娜	二等奖	吴忠市教育局
2016	初中	电脑艺术设计	吴银粮油公司商业标识(logo)	李兴芳	第二中学	马碧玉	二等奖	吴忠市教育局
2016	高中	电脑艺术设计	弘扬中华优秀文化做有德青少年	马清俊	第一中学	刘　艳	二等奖	吴忠市教育局
2016	小学	电脑动画	时间流逝	马　浩	回民小学		三等奖	吴忠市教育局
2016	小学	电脑绘画	我的爸爸	马彩萍	回民小学		三等奖	吴忠市教育局
2016	小学	电脑绘画	冬趣	马　杰	回民小学		三等奖	吴忠市教育局
2016	小学	电脑绘画	奇思妙想	张金宝	回民小学		三等奖	吴忠市教育局
2016	小学	电脑绘画	储蓄	马晓琴 毛维清	永泉小学		三等奖	吴忠市教育局
2016	小学	电脑绘画	爱	马欣荣	红寺堡中心小学		三等奖	吴忠市教育局
2016	小学	电脑绘画	船	王凯超	红寺堡中心小学		三等奖	吴忠市教育局
2016	小学	电脑绘画	谁来陪我	杨丽霞	红寺堡中心小学		三等奖	吴忠市教育局
2016	小学	电脑绘画	和平梦	潘靖宇	红寺堡中心小学		三等奖	吴忠市教育局
2016	小学	电脑绘画	遨游太空	白云旺	红寺堡中心小学		三等奖	吴忠市教育局
2016	小学	电脑绘画	珍惜妈妈的眼泪吧	乔　珲	红寺堡中心小学		三等奖	吴忠市教育局

续表 12-14

年份	组别	项目	作品名称	作者姓名	所在学校	指导教师	获奖等级	组织单位
2016	小学	电脑绘画	美丽的家园	姚浩伟	红寺堡中心小学		三等奖	吴忠市教育局
2016	小学	电脑绘画	春来了	白云鹤	红寺堡中心小学		三等奖	吴忠市教育局
2016	小学	电脑绘画（和）	森林在哭泣	马晓梅	回民小学		三等奖	吴忠市教育局
2016	小学	电脑绘画（和）	小学生的一天	王　力	回民小学		三等奖	吴忠市教育局
2016	初中	电脑艺术设计	百善孝为先	张暕博	第二中学		三等奖	吴忠市教育局
2016	小学	电脑绘画	保护环境从我做起	韩诗怡	第二小学	杨晓燕	二等奖	宁夏电化教育中心
2016	小学	电脑绘画	我们喜爱的足球	马贞慧	第二小学	余忠诚	二等奖	宁夏电化教育中心
2016	初中	电脑艺术设计	吴银粮油公司商业标识（logo）	李兴芳	第二中学	马碧玉	二等奖	宁夏电化教育中心
2016	小学	电子报刊	信息技术小报	康佳雪	回民小学	李成军	二等奖	宁夏电化教育中心
2016	小学	电脑绘画	跷跷板	马佳玲	红寺堡中心小学	纪玉虎	二等奖	宁夏电化教育中心
2016	小学	电脑绘画	春暖花开雁归来	祁　璇	第二小学		三等奖	宁夏电化教育中心
2016	小学	电脑绘画	认识大气污染	王小梅	第二小学		三等奖	宁夏电化教育中心
2016	初中	电脑艺术设计	百善孝为先	张暕博	第二中学		三等奖	宁夏电化教育中心
2016	小学	电脑绘画	运动快乐健康成长	袁林霞	永泉小学		三等奖	宁夏电化教育中心
2016	小学	电脑绘画	珍惜妈妈的眼泪吧！	乔　珲	红寺堡中心小学		三等奖	宁夏电化教育中心
2017	初中	电脑绘画	小猫咪	麻东晓	回民中学	田学梅	一等奖	吴忠市教育局
2017	小学	电脑绘画	两只乌鸦口渴了	张文浩	回民小学	马　骁	一等奖	吴忠市教育局
2017	小学	电脑绘画	快乐包粽子	兰　雪	回民小学	王海霞	一等奖	吴忠市教育局
2017	小学	电脑绘画	蚂蚁过河	马锦涛	第一小学	马长青	一等奖	吴忠市教育局
2017	小学	电脑绘画	向快乐出发	方美美	第一小学	冶永国	一等奖	吴忠市教育局
2017	小学	电脑绘画	彩虹桥	张　钊	第三小学	纪学平	一等奖	吴忠市教育局
2017	小学	电脑绘画	争做爱心好少年	田思齐 李梦星	第二小学	杨晓燕	一等奖	吴忠市教育局
2017	初中	电脑绘画	天台秘密	摆义花	第四中学	吴　雪	一等奖	吴忠市教育局
2017	初中	电脑绘画	蜗牛与黄鹂鸟	李　慧	第四中学	吴　雪	一等奖	吴忠市教育局
2017	小学	电脑动画	红绿灯	马忠凯	燕宝小学	兰正德	一等奖	吴忠市教育局
2017	小学	电脑绘画	航空旅游节	马　晶	燕宝小学	沙玉海	二等奖	吴忠市教育局

续表 12-14

年份	组别	项目	作品名称	作者姓名	所在学校	指导教师	获奖等级	组织单位
2017	小学	电脑绘画	我爱冬雪	马　杰	回民小学	李廷明	二等奖	吴忠市教育局
2017	小学	电脑绘画	冬季将至春天不远	何　磊	回民小学	穆世军	二等奖	吴忠市教育局
2017	小学	电子板报	读书小报	马　丽	回民小学	南治广	二等奖	吴忠市教育局
2017	小学	网页设计	书香校园	白丽娜	回民小学	王海霞	二等奖	吴忠市教育局
2017	小学	微视频	班级风采	罗　云	平岭子小学	李　银	二等奖	吴忠市教育局
2017	小学	电脑绘画	生病的树	马小梅	回民小学	王小玲	二等奖	吴忠市教育局
2017	小学	电脑绘画	校园我的家	张明敏	回民小学	王晓艳	二等奖	吴忠市教育局
2017	小学	电脑绘画	运动小乐趣	马　东	回民小学	薛　艳	二等奖	吴忠市教育局
2017	小学	电脑绘画	小桥流水人家	马月月	回民小学	杨贝娜	二等奖	吴忠市教育局
2017	小学	电脑绘画	友谊之伞	石敏慧	第一小学	马长青	二等奖	吴忠市教育局
2017	小学	电脑绘画	鸭子的视野	张雅玲	第一小学	冶永国	二等奖	吴忠市教育局
2017	初中	电脑绘画	海上的家	麻东晓	回民中学	田学梅	二等奖	吴忠市教育局
2017	初中	电脑绘画	乡间	陈会亮	回民中学	田学梅	二等奖	吴忠市教育局
2017	初中	电脑绘画	绿茵足球	海玉琴	第四中学	吴　雪	二等奖	吴忠市教育局
2017	初中	电脑动画	都是电视惹的祸	何元元	第二中学	海贵莲	二等奖	吴忠市教育局
2017	初中	电脑艺术设计	落日下的思索	买小芳	第二中学	兰海云	二等奖	吴忠市教育局
2017	小学	电脑绘画	美丽的家园	马　龙	燕宝小学		三等奖	吴忠市教育局
2017	小学	电脑动画	燕宝小学卷轴	郑彦飞	燕宝小学		三等奖	吴忠市教育局
2017	小学	电脑绘画	公共汽车	杨晓花	燕宝小学		三等奖	吴忠市教育局
2017	初中	电脑动画	我运动 我健康 我快乐	吕　航	回民中学		三等奖	吴忠市教育局
2017	初中	电脑动画	自由飞翔	杨　力 马　幸	回民中学		三等奖	吴忠市教育局
2017	初中	电脑绘画	海底世界	陈会亮	回民中学		三等奖	吴忠市教育局
2017	初中	电脑绘画	蘑菇小屋	马俊杰	回民中学		三等奖	吴忠市教育局
2017	初中	电脑绘画	莫拿生命赌明天	曹　凤	回民中学		三等奖	吴忠市教育局
2017	初中	电脑绘画	圣诞节	马效宵	回民中学		三等奖	吴忠市教育局
2017	初中	电脑绘画	喜羊羊	杨雪荣	回民中学		三等奖	吴忠市教育局
2017	初中	电脑绘画	小兔子	马　倩	回民中学		三等奖	吴忠市教育局
2017	小学	电脑绘画	我的一天生活	王　力	回民小学		三等奖	吴忠市教育局
2017	小学	电脑绘画	家乡的变化	马林秀	回民小学		三等奖	吴忠市教育局
2017	小学	电脑绘画	父亲	马彩萍	回民小学		三等奖	吴忠市教育局
2017	小学	电脑绘画	蝴蝶飞飞	马　宁	回民小学		三等奖	吴忠市教育局

续表 12-14

年份	组别	项目	作品名称	作者姓名	所在学校	指导教师	获奖等级	组织单位
2017	小学	电脑绘画	绿色家园	马　龙	回民小学		三等奖	吴忠市教育局
2017	小学	电脑绘画	我想做你的手机	买　超	回民小学		三等奖	吴忠市教育局
2017	小学	电脑绘画	小小宇航员	李　莹	回民小学		三等奖	吴忠市教育局
2017	小学	电子报刊	安全电子小报	张淼淼	回民小学		三等奖	吴忠市教育局
2017	小学	电子报刊	珍爱生命 远离毒品	顾雅芳	回民小学		三等奖	吴忠市教育局
2017	小学	电脑绘画	我爱春天	康智强	回民小学		三等奖	吴忠市教育局
2017	小学	电脑绘画	保护环境	马　翔	第一小学		三等奖	吴忠市教育局
2017	小学	电脑绘画	墨梅图	杨小雪	第一小学		三等奖	吴忠市教育局
2017	小学	电脑绘画	未来的房子	田景浩	第一小学		三等奖	吴忠市教育局
2017	小学	电脑绘画	自信小鹿	马锦涛	第一小学		三等奖	吴忠市教育局
2017	小学	电脑绘画	节日夜景	李海霞	第一小学		三等奖	吴忠市教育局
2017	小学	电脑绘画	梦中的红寺堡	杨甜甜	第一小学		三等奖	吴忠市教育局
2017	小学	电脑绘画	民族建筑清真寺	张荣荣	第一小学		三等奖	吴忠市教育局
2017	初中	电脑绘画	踏青	毛石榴	第四中学		三等奖	吴忠市教育局
2017	初中	电脑绘画	足球对决	马国校	第四中学		三等奖	吴忠市教育局
2017	初中	电脑艺术设计	百善孝为先	马丽娜	第二中学		三等奖	吴忠市教育局
2017	小学	电脑绘画	开心的小蜜蜂	马博鑫	第二小学		三等奖	吴忠市教育局
2017	小学	电脑绘画	沙漠变绿洲 平地起高楼	张婧钰	第二小学		三等奖	吴忠市教育局
2017	小学	电脑绘画	乡村真美	韩诗怡	第二小学		三等奖	吴忠市教育局
2017	小学	电脑绘画	春暖花开雁北飞	马春芳 方　珩	第二小学		三等奖	吴忠市教育局
2017	小学	电脑绘画	城市一角	李冰凝	第二小学		三等奖	吴忠市教育局
2017	小学	电脑绘画	我爱放风筝	黑娜萍	第二小学		三等奖	吴忠市教育局
2017	小学	电脑绘画	和谐与关爱	赵　铭	第二小学		三等奖	吴忠市教育局
2017	小学	网页设计	书香校园	白丽娜	回民小学	王海霞	二等奖	自治区教育厅办公室
2018	小学	电脑绘画	不归路	任嘉琦	第一小学	冶永国	一等奖	吴忠市教育局
2018	小学	电脑绘画	感恩	马小双	回民小学	谢得本	一等奖	吴忠市教育局
2018	小学	电脑绘画	多彩校园	杨琪瑞	回民小学	马晓佳	二等奖	吴忠市教育局
2018	小学	电脑绘画	祝福祖国	马丽苹	回民小学	王晓艳	二等奖	吴忠市教育局
2018	小学	电子板报	爱护家园	马序珍	回民小学	金　霞	二等奖	吴忠市教育局
2018	小学	网页设计	我们的传统节日	马　鑫	回民小学	马　骁	二等奖	吴忠市教育局
2018	初中	电脑绘画	缅怀先烈	何成红	回民中学	关存芳	二等奖	吴忠市教育局
2018	小学	电脑绘画	美丽下毒的罪恶	李佳慧	第一小学		三等奖	吴忠市教育局

续表12-14

年份	组别	项目	作品名称	作者姓名	所在学校	指导教师	获奖等级	组织单位
2018	小学	电脑绘画	醉酒驾车入狱	贺明珠	第一小学		三等奖	吴忠市教育局
2018	小学	电脑绘画	机器人灭灾	李　慧	朝阳小学		三等奖	吴忠市教育局
2018	小学	电脑绘画	我们一起来画爱	马海蕊	回民小学		三等奖	吴忠市教育局
2018	小学	电脑绘画	学,不亦乐乎	薛嘉利	回民小学		三等奖	吴忠市教育局
2018	小学	电脑绘画	欢乐大课间	李　蓉	燕宝小学		三等奖	吴忠市教育局
2018	初中	电脑绘画	绿化机器人	陈会亮	回民中学		三等奖	吴忠市教育局
2018	小学	网页设计	我们的传统节日	马　鑫	回民小学	马　骁	一等奖	宁夏电化教育中心
2018	小学	电脑绘画	感恩	马小双	回民小学	谢得本	一等奖	宁夏电化教育中心
2018	小学	电脑绘画	多彩校园	杨琪瑞	回民小学	马晓佳	二等奖	宁夏电化教育中心
2018	小学	电脑绘画	祝福祖国	马丽苹	回民小学	王晓艳	二等奖	宁夏电化教育中心
2018	小学	电脑绘画	不归路	任嘉琦	第一小学		三等奖	宁夏电化教育中心
2018	小学	电脑绘画	美丽下毒的罪恶	李佳慧	第一小学		三等奖	宁夏电化教育中心
2018	小学	电脑绘画	我们一起来画爱	马海蕊	回民小学		三等奖	宁夏电化教育中心
2018	小学	电脑绘画	欢乐大课间	李　蓉	燕宝小学		三等奖	宁夏电化教育中心
2018	初中	电脑绘画	绿化机器人	陈会亮	回民中学		三等奖	宁夏电化教育中心
2018	初中	电脑绘画	缅怀先烈	何成红	回民中学		三等奖	宁夏电化教育中心
2018	小学	网页设计	我们的传统节日	马　鑫	回民小学	马　骁	三等奖	中央电化教育馆

说明:1.“和”指的是“和教育”专项;

2.2016年开始宁夏电化教育中心和吴忠市教育局不再为三等奖作品设“指导教师”奖。

第十三章 教育经费

红寺堡的教育经费主要是指中央和地方的财政预算中实际用于教育的经费，包括教育事业费（各级各类学校的人员经费和公用经费）和教育基本建设投资（建筑校舍和购置大型教学设备的费用）等。教育经费是教育事业发展的前提条件，是坚持教育优先发展和“科教兴区”战略的重要保障，也是各级各类学校提高教育教学质量必不可少的财力条件。此章记载红寺堡教育经费的筹措与管理概况，重点记述2009年红寺堡建区后教育经费的投入、支出和管理，详列中小学（幼儿园）项目建设、教学设备采购具体情况。简述教育经费管理机构设置、制度建设及财务管理状况。

第一节 教育经费投入

一、开发区时期的教育经费

红寺堡开发初期的教育经费，主要投入有三个方面：一是国家拨款（预算内）；二是收缴学杂费；三是社会和个人赞助、捐助。

1998—2000年，红寺堡开发区各类学校所需教育经费由各移民迁出县扬黄指挥部统筹解决，各学校自行管理使用。

2001—2003年，红寺堡开发区各类学校所需教育经费除财政拨款外，学校还收取学杂费，每生标准为高中200元/学期、初中30元/学期、小学6元/ 学期。

2004年春季开始，红寺堡开发区义务教育阶段学生实行“一费制”，每生收费标准为小学160元/年、初中260元/年、高中400元/年。

2005年春季开始，农村义务教育经费保障机制正式实施。红寺堡开发区义务教育阶段学生实行“两免一补”政策，免收学杂费，国家按农村小学生均148元/年、初中生均220元/年，县镇小学生均240元/年、初中生均300元/年的标准保障义务教育公用经费，免费提供教科书。贫困家庭寄宿学生生活费每生补助1元/天，每年按280天计算，所需资金由中央和自治区财政按8:2的比例分担。除住宿费外，义务教育阶段学校不再向学生收取任何费用。

2006年秋季开始，红寺堡开发区义务教育阶段享受“两免一补”的学生由自治区教育厅免费提供一套教辅材料，将“两免一补”扩展为“三免一补”。

2007年秋季，红寺堡开发区义务教育阶段学校农村家庭经济困难的寄宿学生、城市低保家庭的学生提高生活补助标准，将原来的贫困家庭寄宿生生活费每生1元/天，调整为小学每生2元/天，初中每生3元/天，将每年在校天数由280天调整为250天。

2008年，红寺堡开发区义务教育阶段公用经费调整为：农村小学生均254元/年、初中生均390元/年，县镇小学生均320元/年、初中生均460元/年。

2009年春季开始，红寺堡开发区免收义务教育阶段寄宿制学生住宿费，学校不再向学生收取任何费用。

二、红寺堡建区后的教育经费

2009年9月，红寺堡区正式设立，教育经费投入增加了地方政府配套资金，主要用于基础设施建设。义务教育阶段生均公用经费标准提高到小学生均300元/年，初中生均500元/年。

2013年红寺堡区高中学杂费调整为每生400元/学期。

2016年春季学期开始，红寺堡区统一城乡义务教育学校生均公用经费，小学生均600元/年、初中生均800元/年。寄宿制学校按照寄宿生生均200元/年的标准增加公用经费补助，义务教育学校取暖费按生均100元/年予以补助；义务教育阶段随班就读残疾学生按生均6000元/年的标准补助公用经费；寄宿生全部享受生活费补助。

2017年春季学期开始，红寺堡区统一城乡义务教育学生“三免一补”政策。在继续落实好农村学生“三免一补”和城区学生免除学杂费政策的同时，向城区学生免费提供教科书，并推行部分教科书循环使用制度，免费提供自治区教育厅统一的教辅资料。

三、捐资助学

1998—2018年，红寺堡有一部分教育经费来源于社会企业和个人的捐助，主要用于校园建设、办学条件改善、困难学生救助等方面。

2001—2018年红寺堡教育经费投入情况表

表13-1　单位：万元

年份＼项目	国家财政性教育经费	公共财政预算安排的教育经费	公共财政教育经费
2001	214.07	167.98	69.36
2002	741.68	177.10	72.92
2003	983.80	932.30	871.70
2004	1863.90	1863.90	1796.00
2005	3383.50	3368.00	3067.30
2006	4539.00	4485.00	4055.00
2007	5647.00	5096.00	5058.00
2008	7253.00	7222.00	7184.00
2009	14280.00	14251.00	14034.00
2010	11077.00	10734.00	10236.00
2011	18794.00	18505.00	17053.00
2012	25277.00	25787.00	23737.00
2013	29387.00	28947.00	27104.00
2014	31774.00	29479.00	27400.00
2015	37919.00	37456.00	34496.00
2016	45439.00	44848.00	42134.00
2017	68423.00	67700.00	62648.00
2018	73576.00	71710.00	64206.00

2002—2018年红寺堡高中生均每学期收费标准一览表

表13-2

年份	学费(元)	住宿费(元)	执行文件
2002—2012	200	100	宁价费发〔2002〕132号
2013—2018	400	180	宁价费发〔2009〕4号

2005—2018年红寺堡幼儿园生均每学期收费标准一览表

表13-3

年份	一类幼儿园收费标准		二类幼儿园收费标准		三类幼儿园收费标准	
	办园性质	保教费(元)	办园性质	保教费(元)	办园性质	保教费(元)
2005			民办	400		
2006			民办	400		
2007			民办	700		
2008			民办	700		
2009			民办	800		
2010			民办	800		
2011			民办	880		
2012			民办	900	民办	900
2013			民办	900	民办	900
2014	公办	810	民办	1000	民办	900
2015	公办	810	民办	1150	民办	900
2016	公办	810	民办	1480	民办	900
2017	公办	810	民办	1480	民办	1200
2018	公办	810	民办	1480	民办	1200

第二节　教育经费支出

一、概况

红寺堡教育经费支出由教育行政部门负责，主要对辖区中小学(幼儿园)教育经费进行年度预算、年终决算，收缴学杂费，核拨教职工工资、公用经费、基本建设费等专项资金，缴纳医疗保险、住房公积金。

1999年3月至2000年4月，红寺堡开发区借调教师的工资由派出县原单位按月以现金形式发放。2000年5—12月，红寺堡开发区教职工的工资由社会事业二局以现金形式发放。2001年1月开始，红寺堡开发区教职工的工资由财政统一发放，经银行转账直接进入教职工个人工资专用账户。

2002—2018年，红寺堡教育公用经费由教育行政部门依据各学校年度统计报表中的学生人数上报财政局，财政局将公用经费直接核拨到各中小学、幼儿园。

经费实行重要事项开支议事申报制度。教育行政部门根据各校(园)的实际情况，确定不同数额经费的开支审批权限。各学校(幼儿园)经费使用须经会议研究后按规定程序支出。教育经费达到“三个”增长。

2001—2018年红寺堡教育经费支出情况表

表13-4　单位:万元

项目 年份	支出总计	教育事业费支出			基本建设支出
		合计	人员经费	公用经费	
2001	175.60	89.27	67.69	21.58	86.33
2002	718.79	242.79	72.92	169.87	476.00
2003	1093.70	798.60	392.00	406.60	295.10
2004	2135.20	1327.20	942.40	384.80	808.00
2005	4491.60	2713.20	1540.00	1173.20	1778.40
2006	3836.00	2970.00	1726.00	1244.00	866.00
2007	4557.00	3668.00	2967.00	701.00	889.00
2008	8558.00	3944.00	2031.00	1913.00	4614.00
2009	12177.00	6387.00	4490.00	1897.00	5790.00
2010	13917.00	7624.00	5190.00	2434.00	6293.00
2011	19329.00	9483.00	6613.00	2870.00	9846.00
2012	28004.00	12246.00	7710.00	4536.00	15758.00
2013	29766.00	14847.00	9577.00	5270.00	14919.00
2014	34290.00	15948.00	10014.00	5934.00	18342.00
2015	40345.00	18658.00	12166.00	6492.00	21687.00
2016	46391.00	21791.00	13864.00	7927.00	24600.00
2017	63575.00	25826.00	18231.00	7595.00	37749.00
2018	72539.00	35573.00	26368.00	9205.00	36966.00

二、专项经费

(一)基础设施建设

1998—2018年，红寺堡的学校(幼儿园)基础设施基本由国家和自治区项目投资建设。建设项目主要有宁夏扶贫扬黄灌溉工程、明德小学工程、校舍加固工程、校安工程、国家农村寄宿制学校建设工程、初中校舍改造工程、高中校舍改造计划、农村中小学供暖改造工程、农村中小学体育运动场改造工程、农村薄弱学校改造工程、农村边远艰苦地区教师周转宿舍建设工程、新建幼儿园工程、职业技术学校建设工程等新建和改扩建项目,项目建设总投资99814.97万元。

红寺堡开发建设阶段,“1236”指挥部承建的宁夏扶贫扬黄灌溉工程项目为红寺堡开发区建设63所中小学,后经红寺堡二轮学校布局调整,先后撤并10所,对剩余53所学校全部进行加固和扩建。为了满足红寺堡教育的发展需求,先后又新建各级各类学校48所,其中职业技术学校1所,普通高中1所,初级中学4所(第二中学、第三中学、第四中学、回民中学),小学8所(第二小学、第三小学、第四小学、马渠小学、马渠二小、燕宝小学、弘德第二小学、大河节灌站小学),幼儿园33所。

2001—2018年红寺堡各类学校基础设施建设情况表

表13-5

年份	项目学校	项目名称	建筑规模(平方米)	投资金额(万元)	开工时间	竣工时间
2001	白墩小学	宁夏扶贫扬黄灌溉工程	558	50.00	2001年6月	2001年1月
2002	红寺堡中学	新建办公、实验楼及400米炉渣跑道(一期)工程	10600	1028.46	2002年8月	2003年5月
2004	红寺堡中学	学生宿舍楼、多功能厅(二期)	4915	774.10	2014年3月	2006年8月
2004	第二小学	新建	11873	617.39	2014年4月	2014年9月
2004	第二中学	新建	17798	925.49	2014年4月	2014年9月
2008	红寺堡中学	教学楼、宿舍楼及附属(三期)	6296	897.78	2008年3月	2008年9月
2008	南川奕龙小学	明德工程	1668.6	127.00	2008年5月	2008年8月
2008	第二中学	学生宿舍楼、学生食堂	6150	545.00	2008年3月	2008年8月
2008	中川小学	校安工程	70.8	293.00	2008年5月	2008年8月
2008	西川小学	校安工程	70.8			
2008	双台小学	校安工程	70.8			
2008	康庄小学	校安工程	70.8			
2008	杨柳小学	校安工程	70.8			
2008	甜水河小学	校安工程	868.8	152.00	2008年5月	2008年8月
2009	大河中学	学生宿舍、食堂	2900	370.00	2009年3月	2009年8月
2009	买河九年制学校	学生宿舍	1500	190.00	2009年3月	2009年8月
2009	红寺堡中学	学生宿舍	3785	500.00	2009年3月	2009年8月
2009	回民中学	新建(一期)	24000	3593.00	2009年4月	2009年8月
2009	红寺堡中学	扩建	12216	4357.00	2009年11月	2010年4月
2010	第三中学	新建(一期)	15961	675.00	2010年3月	2010年1月

续表 13-5

年份	项目学校	项目名称	建筑规模（平方米）	投资金额（万元）	开工时间	竣工时间
2010	回民小学	明德教学楼	1577	120.00	2010年6月	2010年8月
2010	红寺堡中学	校舍加固项目	11240	1712.00	2010年7月	2010年8月
2010	第二中学	校舍加固项目	17798		2010年7月	2010年8月
2010	红寺堡小学	校舍加固项目	5197	330.00	2010年7月	2010年8月
2010	太阳山中心小学	校舍加固项目	3252		2010年7月	2010年8月
2010	大河中心小学	校舍加固项目	2289		2010年7月	2010年8月
2011	回民中学	学生宿舍楼	2950	500.00	2011年4月	2011年8月
2011	太阳山中心小学	学生食堂	900	145.00	2011年4月	2011年8月
2011	第三中学	扩建（二期）	13448	2125.00	2011年11月	2012年8月
2011	大河七小	教学楼（校安工程）	830	125.00	2011年5月	2011年8月
2011	大河一小	教学楼、办公楼（校安工程）	1700	255.00	2011年9月	2012年6月
2011	鲁家窑幼儿园	新建	2158	502.00	2011年3月	2011年9月
2012	大河一小、二小、石炭沟、平岭子、上源、梨花、康庄、南角湾、红镇八小、二小等小学	供暖设施改造		205.00	2012年1月	2012年11月
2012	第三小学	新建	10284.6	2498.56	2012年4月	2013年11月
2012	第一幼儿园	新建	3088.6	477.00	2012年9月	2013年5月
2012	太阳山镇中心幼儿园	新建	2300	544.00	2012年8月	2013年10月
2012	红寺堡镇第一小学	教学楼（校安工程）	900	134.82	2012年4月	2012年11月
2012	幸福小学	教学楼（校安工程）	900	134.82	2012年4月	2012年12月
2012	河水小学	教学楼（校安工程）	703	105.22	2012年4月	2012年12月
2012	光彩小学	教学楼（校安工程）	900	134.82	2012年4月	2012年12月
2012	红寺堡镇中心小学	新建（校安工程）	4421	661.70	2012年4月	2012年12月
2012	大河二小	教学楼（校安工程）	1500	225.26	2012年4月	2012年8月
2012	大河六小	教学楼（校安工程）	1500	225.26	2012年4月	2012年8月
2012	官店小学	教学楼（校安工程）	900.8	134.82	2012年3月	2012年8月
2012	平岭子小学	教学楼（校安工程）	1500	225.26	2012年3月	2012年8月
2012	康庄小学	教学楼（校安工程）	1497	224.88	2012年3月	2012年8月
2013	太阳山镇中心小学	供暖设施改造	7240	240.00	2013年9月	2013年12月
2013	大河中心小学	供暖设施改造	5104		2013年9月	2013年12月
2013	奕龙小学	供暖设施改造	4311		2013年9月	2013年12月
2013	回民小学	供暖设施改造	2693		2013年9月	2013年12月
2013	第三中学	体育运动场（看台1800平方米，操场18700平方米）	20500	1112.40	2013年2月	2013年5月

续表13-5

年份	项目学校	项目名称	建筑规模(平方米)	投资金额(万元)	开工时间	竣工时间
2013	大河中心小学	运动场改造	6002	169.00	2013年9月	2013年12月
2013	弘德燕宝小学	运动场改造	3676	149.00	2013年7月	2013年1月
2013	第二中学	宿舍楼、餐厅浴室(初中校舍改造)	6000	1200.00	2013年9月	2014年1月
2013	第一小学	综合楼项目	2460	486.64	2013年8月	2014年6月
2013	回民小学	综合楼项目	2487	491.98	2013年8月	2014年6月
2013	马渠小学	新建	6500	1650.00	2013年6月	2014年7月
2013	马渠一幼、二幼	新建	1800	784.00	2013年6月	2014年7月
2013	第二幼儿园	新建	4752	890.00	2013年1月	2014年6月
2013	大河第一幼儿园	新建	3168	580.00	2013年9月	2014年7月
2013	南川中心幼儿园	新建	2400	560.00	2013年8月	2014年8月
2014	东源、红兴、中圈塘、玉池、富康、朝阳等小学	供暖设施改造	10673	1085.62	2014年7月	2014年10月
2014	柳泉、旧城、永泉、东泉、红崖湾、羊坊滩、新泉等小学	供暖设施改造	11660		2014年7月	2014年10月
2014	大河八小、九小、十小、石坡子、官店等小学	供暖设施改造	9115		2014年7月	2014年10月
2014	双台、新台、杨柳、西川、中川、东川、红阳、高口等小学	供暖设施改造	12413		2014年7月	2014年10月
2014	柳泉、大河九小、太阳山镇中心等小学	农村中小学体育运动场改造工程(标准运动场)	15650	289.00	2014年8月	2014年10月
2014	东源、奕龙、高口等小学	农村中小学体育运动场改造工程(标准运动场)	17380	313.00	2014年8月	2014年10月
2014	红寺堡镇第一幼儿园	新建	3168	691.00	2014年7月	2015年6月
2014	第一中学	扩建综合楼项目	3500	707.00	2014年7月	2015年6月
2014	第四中学	新建一期工程(初中校舍改造)	9600	3502.40	2014年8月	2015年8月
2015	大河七小、白墩、洪沟滩、沙草墩、豹子滩、黄羊滩、买河、甜水河、兴旺、光彩、李敬中、裕华一小、裕华二小等小学	供暖设施改造	20968	419.00	2015年7月	2015年9月
2015	大河九小、十小及甜水河、东源、回民等小学	2014年"薄改"项目	3504	1049.00	2015年9月	2016年3月
2015	奕龙、红阳、柳泉、太阳山中心等小学	2014年"薄改"项目	6520	1003.00	2015年9月	2016年3月

续表13-5

年份	项目学校	项目名称	建筑规模（平方米）	投资金额（万元）	开工时间	竣工时间
2015	大河六小、七小、官店、乌沙塘、新一村、裕华二小等小学	2015年“薄改”项目	4158	915.00	2015年9月	2015年12月
2015	大河一小、裕华一小、永泉、李敬中、兴旺、白墩、河水、羊坊滩等小学	2015年“薄改”项目	4080	925.00	2015年9月	2015年12月
2015	第三中学	扩建学生宿舍楼项目	3500	700.10	2015年5月	2016年5月
2015	回民中学	新建学生宿舍楼、餐厅浴室	6100	1104.00	2015年9月	2016年3月
2015	第四中学	新建二期工程“薄改”项目	9822.4	1771.40	2015年7月	2016年6月
2015	第三幼儿园	新建	4752	980.00	2015年9月	2016年3月
2015	柳泉第二幼儿园	新建	2400	620.00	2015年9月	2016年3月
2015	周新幼儿园	新建	2400	620.00	2015年1月	2016年2月
2015	第一中学	扩建学生宿舍楼、餐厅浴室项目	6100	1227.00	2015年1月	2016年2月
2015	大河节灌站小学	扩建项目	886	164.00	2015年5月	2015年9月
2016	白墩小学、中圈塘小学	“薄改”项目——运动场改造	11396	161.00	2016年5月	2016年8月
2016	买河小学、东泉小学	“薄改”项目——运动场改造	12576	176.00	2016年5月	2016年8月
2016	朝阳小学、富康小学	“薄改”项目	6896	110.00	2016年5月	2016年8月
2016	豹子滩小学、黄羊滩小学	“薄改”项目——运动场改造	8202	124.00	2016年5月	2016年8月
2016	大河二小、六小	“薄改”项目	11396	170.00	2016年5月	2016年8月
2016	李敬中、裕华二小、双台等小学	“薄改”项目	16182	137.00	2016年5月	2016年8月
2016	红寺堡镇中心小学	“薄改”项目——运动场改造	5394	66.00	2016年5月	2016年8月
2016	兴旺小学、河水小学	“薄改”项目——运动场改造	10788	188.00	2016年5月	2016年8月
2016	光彩小学、玉池小学	“薄改”项目——运动场改造	6610	91.00	2016年5月	2016年8月
2016	上源小学、东川小学	“薄改”项目——运动场改造	9858	119.00	2016年5月	2016年8月
2016	节灌站小学、大河一小	“薄改”项目——运动场改造	6288	92.00	2016年5月	2016年8月
2016	西川小学、杨柳小学	“薄改”项目——运动场改造	10180	148.00	2016年5月	2016年8月
2016	旧城小学、新泉小学	“薄改”项目——运动场改造	4786	58.00	2016年5月	2016年8月
2016	南角湾小学、新一支小学	“薄改”项目——运动场改造	3970	141.00	2016年5月	2016年8月
2016	大河七小、八小	“薄改”项目——运动场改造（附加140米围墙）	11396	175.00	2016年5月	2016年8月
2016	红崖湾、羊坊滩、灌区二小等小学	“薄改”项目——运动场改造	13750	207.00	2016年5月	2016年8月
2016	买河小学、羊坊滩小学	“薄改”项目——校舍扩建项目	1780	392.00	2016年5月	2016年8月
2016	朝阳小学、中圈塘小学	“薄改”项目——校舍扩建项目	1888	409.00	2016年5月	2016年8月

续表13-5

年份	项目学校	项目名称	建筑规模（平方米）	投资金额（万元）	开工时间	竣工时间
2016	富康小学、玉池小学	“薄改”项目——校舍扩建项目	1738	377.00	2016年5月	2016年8月
2016	东泉小学、红崖湾小学	“薄改”项目——校舍扩建项目	1725	381.00	2016年5月	2016年8月
2016	西川小学、杨柳小学	“薄改”项目——校舍扩建项目	1790	385.00	2016年5月	2016年8月
2016	新台小学、双台小学	“薄改”项目——校舍扩建项目	2110	459.00	2016年5月	2016年8月
2016	大河八小	“薄改”项目——校舍扩建项目	1200	260.00	2016年5月	2016年8月
2016	太阳山灌区二小	“薄改”项目——校舍扩建项目	600	131.00	2016年5月	2016年8月
2016	旧城小学、新泉小学	“薄改”项目——校舍扩建项目	1279	298.00	2016年5月	2016年8月
2016	石坡子小学	“薄改”项目——校舍扩建项目	1800	321.00	2016年5月	2016年8月
2016	马渠小学	扩建综合楼	1130	319.00	2016年5月	2016年8月
2016	第四小学	新建教学楼、实验楼项目	7200	1800.00	2016年1月	2017年3月
2016	第一中学	扩建教学楼、餐厅浴室、宿舍楼项目	15000	3750.00	2017年4月	2017年9月
2016	第四幼儿园	新建	4752	993.00	2016年6月	2016年11月
2016	大河第二幼儿园	新建	1584	590.00	2016年6月	2016年11月
2017	红寺堡区职业教育中心	新建	31122	12600.00	2017年8月	2017年12月
2017	中川小学	扩建综合楼（“改薄”项目）	940	399.80	2017年6月	2017年9月
2017	洪沟滩小学	综合楼（“改薄”项目）	570	131.10	2017年6月	2017年9月
2017	红兴小学	扩建综合楼	710	286.00	2017年6月	2017年9月
2017	东川幼儿园	新建	2049	522.96	2017年4月	2017年12月
2017	中圈塘幼儿园	新建	2049	550.76	2017年4月	2017年12月
2017	朝阳幼儿园	新建	4243	1111.30	2017年4月	2017年12月
2017	大河第三幼儿园	新建	3253	843.84	2017年4月	2017年12月
2017	羊坊滩幼儿园	新建	2048.44	549.59	2017年4月	2017年12月
2017	买河幼儿园	新建	2048.44	545.06	2017年4月	2017年12月
2017	周圈幼儿园	新建	2048.44	545.06	2017年4月	2017年12月
2017	田原幼儿园	新建	2047.44	547.82	2017年4月	2017年12月
2017	新台幼儿园	新建	2104	549.23	2017年4月	2017年12月
2017	新泉幼儿园	新建	3100	761.09	2017年4月	2017年12月
2017	红崖幼儿园	新建	3142	864.21	2017年4月	2017年12月
2017	龙泉幼儿园	新建	3094	846.82	2017年4月	2017年12月
2017	杨柳幼儿园	新建	3088	796.70	2017年4月	2017年12月
2017	红关幼儿园	新建	3112	833.12	2017年4月	2017年12月
2017	第四中学	扩建餐厅浴室项目	2600	650.00	2017年9月	2018年5月
2017	第二小学	扩建综合楼	3500	875.00	2017年8月	2017年12月

续表13-5

年份	项目学校	项目名称	建筑规模（平方米）	投资金额（万元）	开工时间	竣工时间
2018	第五小学	新建教学楼项目	5000	1400.00	2018年7月	2019年1月
2018	第四中学	扩建综合楼项目	3500	980.00	2018年6月	2018年12月
2018	第二中学	扩建综合楼	3500	980.00	2018年6月	2018年12月
2018	沙草墩小学	扩建综合楼（“改薄”项目）	578	143.96	2018年6月	2018年12月
2018	甜水河小学	甜扩建综合楼（“改薄”项目）	1800	454.55	2018年6月	2018年12月
2018	黄羊滩小学	扩建综合楼（“改薄”项目）	600	149.97	2018年6月	2018年12月
2018	大河二小	扩建综合楼	600	149.97	2018年6月	2018年12月
2018	第四小学	二期及附属（“改薄”项目）	3540	1920.00	2018年6月	
2018	大河幼儿园	新建	2022.84	698.87	2018年9月	
2018	西源幼儿园	新建	1053.73	380.05	2018年9月	
2018	河西幼儿园	新建	1000.54	362.91	2018年9月	
2018	龙兴幼儿园	新建	1011.72	370.96	2018年9月	
2018	裕华幼儿园	新建	1031.2	372.80	2018年9月	
2018	石坡子幼儿园	新建	977.48	374.30	2018年9月	

（二）教学设备采购

2000—2008年，红寺堡开发区学校教学设备基本由教育行政部门集中采购，极少需要补充的教学设备由学校自行采购。2009年4月，红寺堡开发区根据《宁夏回族自治区招标投标管理办法》，成立政府采购工作领导小组，开始负责各部门、各单位工程项目、办公设备的招标投标、采购工作的组织领导。同期，将学校教学仪器设备、电子产品纳入政府集中采购范围。2009年5月，教育体育局成立教学设备采购工作领导小组，全面负责各级各类学校教育教学设备采购事宜，工作领导小组下设办公室，办公室设在财务室，具体负责教育系统教育教学设备政府采购相关业务。

2009—2018年红寺堡学校（幼儿园）教学设备集中采购投入情况表

表13-6

年份	学段	项目名称	采购数量（件/套）	投资金额（万元）	采购时间
2009	高中	设备配备	23854	71.00	2009年9月
2010	高中	设备配备	15632	63.16	2010年8月

续表13-6

年份	学段	项目名称	采购数量(件/套)	投资金额(万元)	采购时间
2011	中小学	设备配备	45822	61.69	2011年7月
2012	中小学	设备配备	370223	1030.29	2012年5月
2013	中小学	设备配备	189926	901.62	2013年3月
2014	中小学、幼儿园	设备配备	58690	423.95	2014年7月
2015	中小学、幼儿园	设备配备	291070	3737.02	2015年4月
2016	中小学、幼儿园	设备配备	560328	7775.39	2016年8月
2017	中小学、幼儿园	设备配备	198765	1020.64	2017年6月
2018	中小学、幼儿园	设备配备	605671	7842.82	2018年1月

(三)义务教育专项经费

1.补助公用经费专项资金。2005—2018年,红寺堡义务教育阶段学校共落实补助公用经费26235万元。其中,中央财政资金20988万元,自治区财政资金5247万元。

2005—2018年红寺堡补助公用经费专项资金落实情况表

表13-7

项目 年份	总计补助资金(万元)		小学		初中	
	中央补助资金	自治区补助资金	补助人数(人)	补助标准(元/生)	补助人数(人)	补助标准(元/生)
2005	173	43	17458	148	3056	220
2006	309	77	20009	188	4419	280
2007	309	77	21589	188	5255	280
2008	861	215	23030	188	7533	280
2009	956	239	23002	188	8104	280
2010	1345	336	24005	225	9014	316
2011	1710	428	26081	266	9669	429
2012	1710	428	25413	284	10044	480
2013	2110	527	25451	670	10044	520
2014	2016	504	24327	670	10064	520
2015	2268	567	23588	670	10832	520
2016	2378	595	23441	700	11039	900
2017	2435	609	23308	700	11372	900
2018	2408	602	22899	700	12295	900

2. 贫困家庭寄宿生生活费补助专项资金。2005—2018年，红寺堡共下达贫困家庭寄宿生生活费补助专项资金6288万元。其中，中央和自治区财政资金6220万元，红寺堡本级财政资金68万元。

2005—2018年红寺堡贫困家庭寄宿生生活费补助专项资金落实情况表

表13-8

项目 年份	总计补助资金（万元）			小学		初中	
	中央 补助资金	自治区 补助资金	本级财政 补助资金	补助人数 （人）	补助标准 （元/生）	补助人数 （人）	补助标准 （元/生）
2005	8	8	31	60	0.5	1294	0.5
2006	17	17	31	59	0.5	2358	1.2
2007	18	18	6			1713	1.2
2008	77	77				2040	3.8
2009	76	76				2035	3.8
2010	106	106		698	2.5	2348	5.0
2011	227	227		779	2.5	4260	5.0
2012	298	298		858	2.5	6410	5.0
2013	407	407		698	2.5	7690	5.0
2014	370	370		688	2.5	7056	5.0
2015	145	145		441	2.0	8445	3.3
2016	428	428		41	4.0	8856	5.0
2017	437	437		43	4.0	9290	5.0
2018	496	496		39	4.0	10097	5.0

3. 免费教科书、免费教辅资料发放情况。2007—2018年，红寺堡共发放义务教育阶段学生免费教科书、教辅资料633751套，投入资金6332.45万元。

2007—2018年红寺堡发放免费教科书、教辅资料情况表

表13-9

项目 年份	总计投入 资金（元）	免费教科 书（套）	免费教辅 资料（套）	项目 年份	总计投入 资金（元）	免费教科 书（套）	免费教辅 资料（套）
2007	3155032	55168	55168	2010	3501106	67755	67755
2008	3349021	59159	59159	2011	3628128	68327	68327
2009	3059540	61669	61669	2012	4035862	69286	69286

续表 13-9

项目 年份	总计投入资金（元）	免费教科书（套）	免费教辅资料（套）	项目 年份	总计投入资金（元）	免费教科书（套）	免费教辅资料（套）
2013	13897059	78789	78789	2016	5208726	34709	34709
2014	6276255	34358	34358	2017	6359251	34850	34850
2015	3973305	34420	34420	2018	6881248	35261	35261

4. 义务教育“营养改善计划”专项资金。2012年2月开始，红寺堡区实施农村义务教育阶段学生营养改善计划，早餐标准为每生0.6元/天，午餐标准为每生5元/天。3月，红寺堡区成立由区长任组长，政府相关部门主要负责人为成员的营养改善计划领导小组，明确16个成员单位工作职责，编制《红寺堡区农村义务教育学生营养改善计划管理手册》，制订相应的精细化实施方案、监督考核办法和应急预案，并层层签订目标管理责任书。将所有“营养早餐”和“免费午餐”委托红寺堡区粮食购销公司组织实施。将资金分为专项补助资金和服务费，直接拨付到教育局账户中。专项补助资金由教育局根据各学校核实的农村义务教育营养改善计划学生数，每月按标准将资金核拨到粮食购销公司账户；服务费按照385万元/学期的标准，由教育局根据营养改善计划监督考核情况，每学期分5个月，按月拨付到红寺堡区粮食购销公司，用于配送服务的水电费、燃煤费、燃油费、车辆维修维护费、人员工资、加工点的设施设备的维修及更换等各项开支。2018年春季，根据《自治区教育厅、自治区财政厅关于农村义务教育学校附设学前班实施营养改善计划的通知》，为辖区内学校附设学前班的幼儿提供学生营养餐，每生5.60元/天，全年预计在校时间按200天计算。截至2018年年底，红寺堡区农村义务教育阶段学生营养改善计划享受营养早餐194033人，享受免费午餐131060人，投入资金12627.07万元。

2012—2018年红寺堡区学生营养改善计划投入情况表

表13-10

项目 年份	总计投入资金（万元）	营养早餐投入资金（万元）	营养午餐投入资金（万元）
2012	1776.37	300.37	1476.00
2013	1915.39	330.17	1585.22
2014	1756.29	307.48	1448.81
2015	1771.46	287.18	1484.28

续表13-10

年份＼项目	总计投入资金（万元）	营养早餐投入资金（万元）	营养午餐投入资金（万元）
2016	1860.54	278.13	1582.41
2017	1800.61	276.81	1523.80
2018	1746.41	277.33	1469.07

（四）高中助学

2009年春季，红寺堡开始发放普通高中助学金，生均标准1500～2000元/年，用于资助家庭经济困难学生，受资助学生占在校学生的30%。2017年扩大资助覆盖面，受资助学生占在校学生的40%，资助标准调整为每生2000元/年以上。截至2018年秋季累计资助学生19221名，拨付资助资金1675.74万元。

2009—2018年红寺堡普通高中助学资金投入情况表

表13-11 单位：万元

年份	2009	2010	2011	2012	2013	2014	2015	2016	2017	2018	合计
金额	16.7	74.01	58.12	168.97	145.01	147.57	266.80	268.00	257.20	173.60	1675.74

（五）中职免学费和助学

2018年9月开始，凡在红寺堡区职业技术学校就读的在籍（一年级至三年级）学生，学费全免，一、二年级学生均享受国家助学金每生2000元/年。同时红寺堡区户籍一、二年级学生不但免除教科书费、住宿费，而且每生可获得1000元/年的生活补助费。红寺堡区户籍“建档立卡”学生还可享受“红寺堡区教育扶贫基金”，最高每生可达6000元/年。另外，学校设立奖学金，对在校就读期间品学兼优的学生予以奖励。

2018年红寺堡区中职助学专项资金和免学费情况表

表13-12

年份	助学金			免学费		
	投入资金（万元）	受资助人数（人）	资助标准（元/人）	免费资金（万元）	免学费人数（人）	免费标准（元/人）
2018	11.2	1123	1000	30	300	1000

第三节　教育经费管理

一、红寺堡开发区时期

1998—2000年,红寺堡开发区各类学校所需教育经费由各移民迁出县扬黄指挥部统筹,各学校自行管理使用。

2001年3月开始,红寺堡开发区学校收取的学杂费实行收支两条线,教育主管部门统一收缴至开发区财政专户管理,学校进行年度预算安排,然后由开发区财政核拨至教育行政部门账户,再返还学校使用。

2003年4月,教育文体广电局内设财务项目办公室,负责教育系统财务管理、项目建设、教学仪器设备配备等工作。8月,红寺堡开发区乡镇中心学校设置银行专户统一管理辖区学校经费,直属学校独立设置银行账户管理本校经费,乡镇中心学校、直属学校各配备1名专职财会人员,负责办理学校财务相关业务。

2004年9月,自治区教育厅、物价局、财政厅联合印发《关于在全区义务教育阶段学校实行"一费制"收费方法的通知》,红寺堡开发区义务教育阶段学校开始全部实行"一费制"。是月,教育文体广电局内设机构调整,单设财务室,专门负责教育系统财务管理工作。同期教育文体广电局建立治理乱收费机制,规范中小学校收费行为。

2006年3月,教育体育局制定《红寺堡开发区教育系统财务管理制度》《红寺堡开发区教育体育局财务管理办法》等有关教育经费管理的制度文件。各学校(园)在严格执行教育行政部门经费管理制度的基础上,制订符合学校(园)实际的配套制度并付诸实施。

2008年12月,教育部、财政部联合下发《关于进一步加强中小学财务管理工作的意见》,并修订了《中小学财务管理制度》。根据文件精神,红寺堡开发区教育体育局、财政局联合印发《关于加强红寺堡开发区学校财务管理工作的实施意见》,进一步规范学校财务管理工作。

二、红寺堡区设立以后

2010年6月,红寺堡区成立"吴忠市红寺堡区三财中心"(简称"三财中心"),

为二级独立核算单位，财务人员集中办公，乡镇中心学校和直属学校等9个二级预算单位统归“三财中心”管理，实行财政集中核算。二级预算单位设报账员1名，负责本单位经费报销、工资报送、社保缴纳等业务工作。学校财务开支按规定标准和程序经由校委会理财小组研究、财务负责人报签、经办人报账、报账员初审、中心稽核、会计复核六步程序运行。“三财中心”通过以上六步报账审批程序的同时，必须经由三级公示（即学校公示、中心学校公示、“三财中心”公示），接受群众的公开监督。

是年，教育局加强对学校服务性收费和代收费的管理，学校的服务性收费坚持学生自愿和非营利原则，各学校按照要求办理收费许可证，全面实行收费公示制。

2011年3月，教育局印发《红寺堡区中小学（幼儿园）固定资产管理制度》《红寺堡区中小学实验室、图书室（馆）及功能教室管理与使用办法》，明确教育局财务室确定专人负责固定资产管理，教育局设总负责人，各校设分管人员（多由学校报账员兼任）。学校内部细化资产管理，每室确定1名管理员，设实验室管理员、图书管理员、科学室管理员、美术室管理员、音乐室管理员、体育器材室管理员等。功能室建立教学仪器设备“两账一册”，教育局、学校每学期对固定资产予以核查。是年5月，吴忠市机构编制委员会事业单位登记管理局年检核准，红寺堡区每个乡镇只设中心小学一个财务账户，辖区各小学通过乡镇中心小学财务账户支付各项费用，乡镇中心学校财务账户注销。

2014年9月，教育局根据自治区党委办公厅印发的《宁夏回族自治区党政机关区内公务接待管理办法》（宁党办〔2014〕47号）精神，制定《红寺堡区教育局机关公务接待管理办法》，严格公务接待费报销管理，对公务接待陪餐人数、用餐标准、住宿标准以及自行用餐的伙食补助标准、报销方式做了明确规定。

2015年1月，红寺堡区各学校开始执行《吴忠市红寺堡区教育收费公示制度》，制度明确学校所有的教育收费（包括助学捐资）均应实行公示，公示的主要内容包括收费项目、收费标准、收费依据（批准机关及文号）、收费范围、计价单位、投诉电话等。并对公示分类时长、范围对象、文件格式、载体标准均做了明确要求。

是年3月，教育局制定《红寺堡区教育局项目专项资金管理（暂行）规定》，明确教育局是教育系统基础设施建设主体单位，项目办公室负责各类学校（幼儿园）基础设施建设。基础设施建设专项资金，实行专款专用，按合同约定和工程进度拨款。完成基础施工并验收合格,拨付工程款的30%;完成主体施工并验收合格,拨付工程款的30%;完成安装工程并验收合格,拨付工程款的15%;完成审计结算并交还施工资料,拨付工程款的20%;工程质保到期,无质量问题,拨付工程款的5%。

是年9月,教育局开始实施"13521"权力公开运行监督机制,规定大额资金开支必须经过"一报告"(向教育局党委报告)、"三会议"(校委会、支委会、教代会)、"五透明"(程序、结果、形式、内容、地点透明)、"两监督"(教育局纪委、学校监督委员会监督)、"一签字"(所有经办人员一律签字)的运行程序。

2016年3月开始,红寺堡区按照《自治区人民政府关于进一步完善城乡义务教育经费保障的通知》精神,对偏远、规模小的学校给予经费倾斜,不足100人的学校按照100人核拨经费。

是年12月,教育局印发新修订的《红寺堡区教育局机关财务管理制度》《红寺堡区教育局机关公务用车管理办法》《红寺堡区教育局机关公务接待管理制度》《红寺堡区教育系统工作人员差旅费管理实施细则的补充规定》等规章制度,对教育局机关财务管理、公务用车、公务接待、差旅报销等进行更为细致明确地规定。并规定教育局每月15—20日召开财务支出(报销)专项会议,研究本月发生的各项支出费用,形成专题会议纪要,根据会议纪要签字审批支付;规定教育局机关购置办公用品及设备,须经局领导审批后,成立询价组,实行询价采购。

2017年4月,教育局制定《红寺堡区中小学财务管理制度》,对直属中学(职业技术学校)、直属小学(幼儿园)、乡镇学校公用经费管理作出明确规定,各学校每学期、每笔经费使用须提出使用计划。经费支出(直属中学在3万元以内,直属小学在2万元以内),须经校务会、教代会、支委会研究实施;经费支出(直属中学在3万元以上,直属小学在2万元以上)须经会议研究报教育局审批同意后方可组织实施;村级小学经费使用先由学校提出使用计划或方案提交校务会、教师大会研究后报乡镇中心学校会议研究后实施,经费支出在1万元以内的,由乡镇中心学校经校务会、支委会研究后实施;经费支出在1万元以上的经乡镇中心学校会议研究后报教育局审批,经教育局同意后学校方可组织实施。同期,教育局印发《红寺堡区教育系统教学设备采购管理办法》,规定小额教育系统零星采购限额标准:编制人数在100人(含100人)以内的,月定额标准为30万元;101～300人(含300人)的,月定额标准为50万元;超过300人的,月定额标准为100万元。定额标准不结转、不累计,当月有效。各类电脑、打印机、传真机、复印机、速印机、多功能一体机等电子设备不论大小和价格一律报教育局备案按照政府采购办公室批复意见组织采购。同期，教育局出台《红寺堡区中小学校长经济责任内部审计制度》，对直属学校校长、乡镇中心学校校长、幼儿园园长离任进行经济审计。

2018年6月，教育局根据《吴忠市红寺堡区财政局关于取消会计人员财政委派制的通知》（红财发〔2018〕101号）精神，按照新修订的《中华人民共和国会计法》的有关规定，结合教育系统的财务实际情况，成立教育核算中心，委托银川天际恒财务咨询有限公司负责各学校及幼儿园的记账工作和内部审计工作，所需服务费按照合同约定，从学校（园）公用经费中支出。核算中心设总会计1名，主要负责审核各校（园）财务支出、记账会计培训、各校内审及财务数据审核、汇总、报送；设记账会计3名，主要负责直属中小学、乡镇学校、公办幼儿园的预决算、教育经费统计、经费支出审核记账、内部审计等财务相关工作。各直属中小学、乡镇中心学校、幼儿园设报账员1名，主要负责各校（园）的日常财务支出报账工作，协助记账会计做好本校（园）的财务管理工作。是时，教育局下设20个二级独立预算单位，分别为：职业技术学校、第一中学、第二中学、第三中学、第四中学、回民中学、大河中心小学、柳泉中心小学、新庄集中心小学、红寺堡中心小学、太阳山中心小学、第一小学、第二小学、第三小学、第四小学、燕宝小学、回民小学、第一幼儿园、第二幼儿园、柳泉中心幼儿园。

是年7月，红寺堡区财政局印发《吴忠市红寺堡区党政机关差旅费管理办法（暂行）》，教育局按照要求，严格差旅费报销管理，对红寺堡区境内出差的交通补助和伙食补助进行细化。规定工作人员在红寺堡区内（不含市区内）出差交通费按出差自然（日历）天数计算，实行定额补助，包干使用。出差到太阳山镇、大河乡石炭沟片区的交通费补助每人不得超过40元/天；出差到柳泉乡、新庄集乡及大河乡部分学校的交通费补助每人不得超过30元/天；出差到红寺堡镇各学校的交通费补助每人不得超过20元/天。

是年10月，为进一步规范红寺堡区中小学（幼儿园）财务行为，严肃财经纪律，加强财务管理和监督，教育局党委印发《红寺堡区中小学（幼儿园）财务管理“十不准”》，即不准唯亲任用财务人员，不准随意开支、滥开支教育经费，不准随意大额开支，不准私设“小金库”，不准设立招待费，不准私自选派教师外出培训，不准私自搞大型修缮工程，不准举债，不准私自报废固定资产，不准用教育经费给教师发放补助、奖金。

第十四章　捐资助学

红寺堡是全国最大的易地生态移民集中安置区，建区时间短，经济底子薄，教育起步晚，贫困人口多。国家、自治区、吴忠市、红寺堡各级党委、政府制定一系列资助政策，中国宋庆龄基金会、宁夏陈逢干大学生助学基金会、燕宝基金、壹基金、金秋助学、春蕾助学等基金会开展一系列助学活动，爱心企业、社会各界人士也积极参与到捐资助学事业中，他们主动承担社会责任，弘扬正能量，改善红寺堡学校办学条件，帮助家庭经济困难的学生，助力红寺堡教育事业发展。2017年红寺堡区设立教育扶贫基金，对建档立卡贫困家庭高中、中职、高职、本科在校学生分别给予资助。20年同心奋进，红寺堡逐步建立起政府主导，学校协调，社会团体、机关单位及各界爱心人士积极参与的学生资助体系。

第一节　国家资助

一、高等教育资助

2007年9月，红寺堡开发区成立学生资助办公室（2010年11月更名为“学生资助管理中心”），全面负责学生资助工作。2008年，红寺堡开发区遵循应贷尽贷的原则，按照每生每年最高8000元的标准开始对红寺堡籍全日制本专科（含第二学士学位、高职学生）及预科生中家庭经济困难的学生进行生源地信用助学贷款。截至2018年年底，教育局学生资助管理中心共贷款资助学生22179人次，发放贷款13022.73万元。

2008—2018年红寺堡生源地助学贷款情况表

表14-1

年份	贷款金额(万元)	贷款人次(人次)	年份	贷款金额(万元)	贷款人次(人次)
2008	8.70	22	2014	1472.10	2631
2009	113.50	236	2015	1868.50	3117
2010	291.30	581	2016	2231.45	3593
2011	500.50	1002	2017	2304.22	3685
2012	761.90	1487	2018	2423.36	3804
2013	1047.20	2021			

二、普通高中资助

2009年春季，红寺堡开发区开始实施普通高中助学金，标准为每生每年1500～2000元，助学对象为残疾学生、农村特困救助供养学生、“低保”家庭学生、孤儿、烈士子女、父母丧失劳动力的学生、单亲家庭经济困难学生、因病或因灾造成家庭经济困难的学生、“建档立卡”家庭经济困难学生。2017年，资助“扩面提档”，受助学生约占在校生总数的40%，平均资助标准提高至每生每年2000元以上，结合实际分档发放。截至2018年年底，累计资助学生19221名，发放金额1675.74万元。

2009—2018年红寺堡高中国家助学金发放情况表

表14-2

年份	学期	人数(人)	金额(万元)	年份	学期	人数(人)	金额(万元)
2009	春季	444	6.74	2014	春季	1342	83.05
	秋季	401	9.76		秋季	1005	64.52
2010	春季	314	56.29	2015	春季	1379	152.00
	秋季	320	17.72		秋季	1379	114.80
2011	春季	358	14.88	2016	春季	1346	134.60
	秋季	511	43.24		秋季	1346	133.40
2012	春季	287	28.78	2017	春季	1346	134.45
	秋季	1516	140.19		秋季	1207	122.75
2013	春季	1148	88.72	2018	春季	1344	134.40
	秋季	817	56.29		秋季	1411	139.20

三、职业教育资助

2015年,红寺堡区开始实施“雨露计划”,“雨露计划”是国家专门针对农村贫困人口而实施的一项劳动力转移培训就业脱贫工程,由各级扶贫部门负责组织实施。红寺堡区“雨露计划”由红寺堡区扶贫开发办公室具体负责,教育局协调配合,对建档立卡家庭职业教育阶段学生实施覆盖式资助,资助标准为每生每年3000元。截至2018年年底,红寺堡区共资助学生5978人次,资助金额达到810.77万元。

2015—2018年红寺堡区“雨露计划”国家专项扶贫项目情况表

表14-3

资助年份	春季批次资助人数(人)	春季批次资助金额(万元)	秋季批次资助人数(人)	秋季批次资助金额(万元)	全年资助人次合计(人次)	全年资助金额合计(万元)
2015	535	42.80	606	42.42	1141	85.22
2016	614	92.10	696	104.40	1310	196.50
2017	555	83.25	587	88.05	1142	171.30
2018	1170	175.50	1215	182.25	2385	357.75
合计	2874	393.65	3104	417.12	5978	810.77

2018年秋季,红寺堡区职业技术学校开始招生,职业教育国家免学费、国家助学金、“9+3”职业教育基金等资助政策是年施行。国家免学费政策对学校正式学籍在校学生每年免除2000元学费;国家助学金对学校正式学籍在校一、二年级涉农专业和非涉农专业家庭经济困难学生(在校生人数的20%),以及六盘山区等11个集中连片特殊困难地区农村学生(不含县城)给予每生每年2000元补助;“9+3”职业教育资助对宁夏山区九县中职学校一、二年级在校学生免除每生每年800元住宿费、每生每年400元书本费,并增补每生每年500元生活费。

2018年,红寺堡区职业技术学校有299人享受国家免学费政策,资助资金29.9万元;108人享受国家助学金,资助资金10.8万元;299人享受“9+3”职业教育基金,资助资金25.42万元。

四、义务教育学生资助

2006年9月,红寺堡开发区开始执行义务教育阶段“三免一补”政策。免除义务教育阶段学生学杂费，免费提供教科书，免费提供自治区统一的教辅资料（2013年开始免费为小学一年级新生提供《新华字典》）；实行寄宿生生活补贴，小学每生每年800元，初中每生每年1000元）。2012年2月，根据国务院办公厅印发《关于实施农村义务教育学生营养改善计划的意见》，红寺堡区开始实施农村义务教育阶段学生营养改善计划，截至2018年年底，总计投入资金12627.07万元。

2012—2018年红寺堡区农村义务教育阶段学生营养改善计划投入情况表

表14-4

项目 年份	总计投入资金（万元）	早餐享受人数（人）	早餐投入资金（万元）	午餐享受人数（人）	午餐投入资金（万元）
2012	1776.37	30042	300.37	21091	1476.00
2013	1915.39	28657	330.17	19818	1585.22
2014	1756.29	27606	307.48	19161	1448.81
2015	1771.46	26888	287.18	18482	1484.28
2016	1860.54	26786	278.13	17942	1582.41
2017	1800.61	26804	276.81	17494	1523.80
2018	1746.41	27250	277.33	17072	1469.07

五、学前教育资助

2012年秋季，红寺堡区开始落实学前一年资助政策，对公办幼儿园及教育局审批设立的普惠性民办幼儿园的学前一年在园孤儿、残疾儿童、城乡低保家庭中的儿童或其他原因造成家庭经济特别困难的儿童，给予每生每学期500元保教费补助。其中，90%的资金由自治区财政承担，10%来自地方政府配套资金。2015年秋季，红寺堡区全面落实学前两年资助政策。2017年，红寺堡区对在园建档立卡家庭贫困户适龄儿童（含农村非建档立卡贫困户经济困难残疾儿童）实施“一免一补”政策，免除每生每学期1200元的保教费、政府补助伙食费。截至2018年年底，红寺堡区资助学前教育幼儿17917人次，发放资金1294.78万元。

2012—2018年红寺堡区学前教育资助情况表

表14-5

项目 年份	学期	资助标准(元/人)	资助人数(人)	资金(万元)	资助对象	金额总计(万元)
2012	秋季	500	315	15.75	学前一年在园幼儿	15.75
2013	春季	500	515	25.75	学前一年在园幼儿	40.60
	秋季	500	297	14.85	学前一年在园幼儿	
2014	春季	500	602	30.10	学前一年在园幼儿	49.10
	秋季	500	380	19.00	学前一年在园幼儿	
2015	春季	500	681	34.05	学前一年在园幼儿	108.80
	秋季	500	1495	74.75	学前二年在园幼儿	
2016	春季	500	1824	91.20	学前二年在园幼儿	188.40
	秋季	500	1944	97.20	学前二年在园幼儿	
2017	春季	500	1315	65.75	学前二年在园幼儿	396.61
		1200	933	111.96	建档立卡、残疾在园幼儿	
	秋季	500	922	46.10	学前二年在园幼儿	
		1200	1440	172.80	建档立卡、残疾在园幼儿	
2018	春季	500	890	44.50	学前二年在园幼儿	495.52
		1200	1830	219.60	建档立卡、残疾在园幼儿	
	秋季	500	1038	51.90	学前二年在园幼儿	
		1200	1496	179.52	建档立卡、残疾在园幼儿	

第二节 社会团体资助

一、高等教育

2008—2018年红寺堡大学生接受社会团体资助情况表

表14-6

资助项目	资助年份	资助人数(人)	资助金额(万元)	资助年份	资助人数(人)	资助金额(万元)
宁夏陈逢干大学生助学基金会	2008	16	5.00	2011	10	4.00
	2009	18	4.50	2012	13	5.20
	2010	12	4.80			

续表 14-6

资助项目	资助年份	资助人数(人)	资助金额(万元)	资助年份	资助人数(人)	资助金额(万元)
宁夏燕宝慈善基金会大学一、二本以上新生资助	2013	337	134.80	2016	448	179.2
	2014	701	280.40	2017	419	167.6
	2015	1045	418.00	2018	375	150
金秋助学	2012	52	6.60	2016	39	10.20
	2013	123	22.10	2017	27	7.80
	2014	40	9.90	2018	13	3.40
	2015	54	11.30			
壹基金	2014	272	2.72	2017	278	2.78
	2015	385	3.85	2018	292	2.92
	2016	467	4.67			

二、高中教育

2007—2018 年红寺堡高中学生接受社会团体资助情况表

表 14-7

资助项目	资助年份	资助人数(人)	资助金额(万元)	资助年份	资助人数(人)	资助金额(万元)
滋蕙计划助学金	2007	48	4.80	2013	58	11.60
	2008	105	10.50	2014	50	10.00
	2009	53	5.30	2016	78	15.60
	2010	73	7.30	2018	74	14.80
宋庆龄基金	2008	160	12.00	2013	480	80.00
	2009	200	20.00	2014	500	92.00
	2010	200	20.00	2015	520	104.00
	2011	320	36.00	2016	180	36.00
	2012	480	60.00	2017	170	34.00
春蕾计划助学金	2012	70	2.80	2014	70	3.08
	2013	70	2.80	2018	145	11.60
燕宝奖学金	2011	160	32.00	2015	180	36.00
	2012	160	32.00	2016	180	36.00
	2013	180	36.00	2017	170	34.00
	2014	160	32.00	2018	170	34.00

续表14-7

资助项目	资助年份	资助人数(人)	资助金额(万元)	资助年份	资助人数(人)	资助金额(万元)
中央专项彩票公益金	2009	105	10.50	2011	73	7.30
	2010	56	5.60			
路伏国高中助学金	2011	25	2.00			
香港小平基金会	2013	100	10.00	2015	100	10.00
	2014	100	10.00	2016	100	10.00
香港盛承慧基金会	2013	70	3.50	2014	130	13.00
香港慈恩基金会	2013	70	7.00			
福建晋江市奖学金	2013	90	4.50	2016	90	4.50
福建晋江班助学金	2016	150	24.00			
自治区工会班助学金	2014	50	9.00	2016	100	18.00
	2015	100	18.00	2017	50	9.00
红寺堡镇“携手青春•共筑梦想”奖学金	2014	40	2.00			
自治区关工委安琪基金会	2014	20	3.00			
宁夏银行共青团班助学金	2016	50	6.00			
宁夏“蒲公英”山窝窝助学圆梦行动助学金	2017	24	19.20	2018	12	0.60
菩提教育助学金	2016	21	1.68	2018	72	5.76
	2017	51	4.08			
海外交流基金会	2018	70	5.60			
华福证券新长城高中自强班助学金	2018	50	4.50			

三、义务教育

2008—2018年红寺堡义务教育阶段学生接受社会团体资助情况表

表14-8

资助项目	资助年份	资助人数(人)	资助金额(万元)	资助年份	资助人数(人)	资助金额(万元)
宋庆龄基金	2008	58(小学)	2.32	2009	35(初中)	2.1
		49(初中)	2.94	2010	50(初中)	1.8
上海美声	2012	105	3.55	2016	134	7.76
	2013	153	6.36	2017	125	7.76
	2014	184	7.85	2018	117	8.06
	2015	150	7.56			
春蕾助学	2017	105	10.5	2018	112	7.46

第三节　红寺堡地方资助

一、教育扶贫基金

2016年8月，红寺堡区委、区政府研究出台《红寺堡区教育精准扶贫行动方案》。2017年3月，红寺堡区教育扶贫基金设立，计划每年筹措资金不少于1000万元，整合雨露计划、燕宝基金等资助项目，对建档立卡贫困家庭高中、中职、高职、本科在校学生分别给予每生每年2000元、5000元、6000元、7000元的资助。截至2018年年底，红寺堡区累计资助学生17197人次，发放资助金2332.67万元。

2017—2018年红寺堡区教育扶贫基金资助情况表

表14-9

年份	资金来源	项目名称	资助人数（人）	资助金额（万元）	合计（万元）
2017	整合项目资金	燕宝慈善基金会大学资助	419	167.60	1208.96
		雨露计划（中高职）	1142	171.30	
		国酒茅台项目	209	52.50	
		工会金秋助学项目	39	10.20	
		团委壹元基金项目	279	27.90	
		上海美声资助项目	134	7.76	
	地方财政	红寺堡区教育扶贫基金	7560	771.70	
2018	整合项目资金	燕宝慈善基金会大学资助	375	150.00	1123.71
		雨露计划（中高职）	2385	357.75	
		工会金秋助学项目	13	3.40	
		团委壹元基金项目	293	30.20	
		上海美声资助项目	117	8.06	
	地方财政	红寺堡区教育扶贫基金	4232	574.30	

2017年红寺堡区教育扶贫基金筹设时企业、个人捐款情况表

表14-10

序号	单位(个人)	捐助金额(元)
1	宁夏中贺葡萄酒业有限公司	10000
2	中国自动化集团有限公司	1400000
3	宁夏嘉泽集团	120000
4	宁夏青龙管业股份有限公司	100000
5	红寺堡区百瑞源枸杞产业发展有限公司	100000
6	宁夏谊坤商业经营管理有限公司	2000
7	宁夏大唐国际新能源有限公司王资涵	1225
8	宁夏德惠道路资源再生利用有限公司	10000
9	宁夏白浪包装股份有限公司	10000
10	宁夏益生源生物有限公司	10000
11	红寺堡区英才图书超市马映海	5000
12	宁夏昊澎广告文化传媒有限公司	5000
13	宁夏鑫泉房地产开发有限责任公司杜铁军	10000
14	吴忠市利通房地产开发有限公司红寺堡区分公司	10000
15	宁夏博大房地产开发有限公司	10000
16	宁夏汇达阳光生态酒庄有限责任公司	10000
17	宁夏江洲建筑工程有限公司	5000
18	宁夏红粉佳荣科技有限公司	10000
19	宁夏东方裕兴房地产开发有限公司	10000
20	宁夏红寺堡京能源深光伏发展有限公司	5000
21	楼笑含	3000
22	宁夏弘鑫达塑料工业有限公司	5000
23	宁夏东方盛达管业有限公司	10000
24	宁夏昌红农牧业发展有限公司	5000
25	宁夏中自新能源有限公司	50000
合计		1916225

二、马渠移民点幼儿资助

2016年秋季,红寺堡区实施马渠移民点幼儿免费入园政策。马渠第一幼儿园、马渠第二幼儿园的在园幼儿在享受自治区"一免一补"等政策的基础上,红寺堡区财政给予每生每学期1475元的资助。2017年秋季,按照每生每学期2260元的资助标准，兜底免除马渠移民点所有学前适龄儿童保教费及生活费，免费入园。

2016—2018年马渠移民点学前幼儿接受资助情况表

表14-11

年份	学期	资助标准（元）	资助人数（人）	总计（万元）
2016	秋季	1475	85	12.54
2017	春季	1475	111	16.37
	秋季	2260	111	25.09
2018	春季	2260	155	35.03
	秋季	2260	216	48.82

第四节　其他资助

一、基础设施资助

2002—2018年，丹麦马士基公司、台塑集团董事长王永庆、中国银河证券股份有限公司、阳光人寿保险股份有限公司、宁夏宝丰集团董事长党彦宝等爱心企业和爱心人士对红寺堡学校基础设施建设进行投入，援建了马士基希望小学、太阳山李敬中小学、燕宝小学、康庄小学等多所学校。

2002—2018年红寺堡学校基础设施建设受援情况表

表14-12

时间	资助单位（个人）	资助项目(用途)	资助金额（万元）
2002年1月	山东省烟台市检察院	援建大河三小综合楼	20.00
2002年8月	丹麦马士基公司	援建马士基希望小学教学楼	50.00
2004年8月	宁夏青少年发展基金会	援建沙泉乡中心小学西教学楼	15.00
2004年8月	宁夏青少年发展基金会	援建白墩小学教学楼	15.00
2004年11月	宁夏青少年发展基金会	援建奕龙小学教学楼	20.00
2005年8月	台塑集团董事长王永庆	援建新泉小学明德楼1栋	41.00
2005年8月	台塑集团董事长工永庆	援建朝阳小学明德楼1栋	41.00
2005年8月	台塑集团董事长王永庆	援建石炭沟小学明德楼1栋	41.00
2005年9月	山东天泰集团	援建柳泉小学南教学楼1栋	15.00

续表14-12

时间	资助单位(个人)	资助项目(用途)	资助金额(万元)
2006年12月	香港爱心人士李念弘	援建李敬中小学、裕华第一小学、裕华第二小学	74.50
2008年8月	台塑集团董事长王永庆	援建奕龙小学明德楼1栋	41.00
2010年8月	台塑集团董事长王永庆	援建回民小学明德楼1栋	41.00
2011年6月	上海市青少年发展基金会	援建洪沟滩小学综合楼	40.00
2011年9月	宁夏江苏商会	援建第一中学计算机网络教室1间	20.00
2012年8月	中国银河证券股份有限公司郭晓光	援建红寺堡镇中心小学教学楼1栋	100.00
2012年8月	宁夏宝丰集团董事长党燕宝	援建燕宝小学	1300.00
2012年9月	美国箭牌基金会	援建康庄小学教学楼	36.00
2013年1月	日电通讯有限公司	援建南角湾小学教学楼	36.00
2014年4月	北京银行	援建东川小学教学楼	50.00
2014年4月	北京银行	援建东源小学教学楼	50.00
2015年3月	福建省晋江市深沪镇	援建第一中学教学楼	100.00
2015年9月	北京籍爱心人士王爱芹	援建柳泉小学实验楼	40.00
2016年8月	三星(中国)投资有限公司	援建红阳小学三星智能教室1间	40.00
2017年4月	阳光人寿保险股份有限公司李杰	援建第二小学综合楼	23.00
2018年4月	宁夏军区(处长)王继亮	援建马渠小学国防教育教室1间	6.00

二、条件装备资助

为了促进教育公平,改善红寺堡中小学校办学条件,为学生提供优质的教育资源,驻红寺堡各单位、红寺堡各乡镇、各机关单位对学校条件装备给予资助。

2008—2010年红寺堡各部门帮扶学校装备多媒体教室情况表

表14-13

被帮扶学校	帮扶单位	装备多媒体教室数(间)	帮扶单位	装备多媒体教室数(间)
太阳山镇中心学校	环保分局	4	城乡规划分局	4
大河乡中心学校	公安分局	3	国土分局	3
南川乡中心学校	安监分局	5	检察院	3
	法　院	3	司法局	3
	工　会	1	妇　联	1
红寺堡镇中心学校	财政局	5	文化体育旅游局	5
	园林管理局	5	卫生与人口计划生育局	5

续表 14-13

被帮扶学校	帮扶单位	装备多媒体教室数（间）	帮扶单位	装备多媒体教室数（间）
红寺堡镇中心学校	水务局	6	民政局	5
	科技和农牧局	5	交通建设运输局	5
	区委办公室	3	宣传部	3
	组织部	2	统战部	2
	监察局	2	团　委	1
	政府办公室	3	城乡环卫综合管理局	3
	劳动和社会保障局	3		

说明：总计帮扶装备模式二多媒体教室93间，每间教室投入标准为8000元

2008—2010年驻红寺堡单位帮扶学校装备多媒体教室情况表

表 14-14

被帮扶学校	帮扶单位	装备多媒体教室（间）		帮扶单位	装备多媒体教室（间）	
		模式二	模式一		模式二	模式一
太阳山镇中心学校	邮政局	2	1	工商局	2	1
	国税局	2	1	农　行	2	1
	信用社	2	1	人寿保险公司	2	1
	财产保险公司	2	1			
大河乡中心学校	烟草公司	1	1	移动公司	1	1
	联通公司	1	1	罗山林业管理处	2	1
	供销社	2	1			

说明：总计帮扶装备模式二多媒体教室21间，模式一多媒体教室12间，模式二多媒体教室每间投入标准为8000元，模式一多媒体教室每间投入标准为2500元

三、福建援教

2004年8月，福建省选派7名教师首次到红寺堡中学支教。2005年4月，福建省云霄县教育局捐赠红寺堡中学钢琴1架、电子琴1架、现金0.5万元。此后，通过福建援宁支教教师的倡议与推动，福建省诸多县（市、区）政府部门、企事业单位、学校师生、普通群众捐资捐物，援助红寺堡教育事业，资助红寺堡家庭贫困学生。截至2018年年底，据不完全统计，福建帮扶红寺堡学校、学生物资逾千万元，先后选派至红寺堡支教教师14批68名。

2005—2011年红寺堡中学接受福建省资助情况表

表14-15

项目 年份	捐助物品			现金(万元)	合计(万元)
	援助学校	援助学生	折合资金(元)		
2005	钢琴1架、电子琴1架、图书7000册	衣服6000件、文具200件	110650	60350	171000
2007	图书1500册	衣服1500件、复读机90部	65000	70000	135000
2008	投影仪1台、图书2000册、笔记本电脑4台	读书卡130张、书包2000个	215000	85000	300000
2009	图书2100册	衣服2200件	73000	147000	220000
2010	笔记本电脑6台、图书150册	衣服350件	50000	160000	210000
2011	图书485册		46500	140000	186500
总计			560150	662350	1222500

2012—2018年红寺堡区第三中学接受福建省资助情况表

表14-16

年份	援助单位	援助物资	合计(元)
2012	晋江市人民政府	操场建设资金	4000000
	晋江市人民政府	石碑1座	300000
	永安市教育局	10000元	10000
	永安市第三中学	10000元	10000
	清流县第一中学	20000元	20000
	莆田市第七中学	20000元	20000
	福安市第十中学	39000元	39000
	福鼎市慈济中学	70000元	70000
2013	晋江市人民政府	电子屏及系统设施	600000
	将乐县水南中学	20000元	20000
	明溪县第一中学	5000元	5000
	明溪县教育局	5000元	5000
	宁德市教育局	50000元	50000
	宁德市教育局	10名贫困学生23500元	23500
	宁德市教育局	衣物	1500
	宁德市教育局	手机3部	1800
	宁德市教育局	碗具40套	1200
	宁德市教育局	呼啦圈25个	500

续表 14-16

年份	援助单位	援助物资	合计(元)
2014	三明市永安市教育局	500元/生,捐款10000元,服装667公斤约1000套	20500
	三明市宁化县教育局	1000元/生,20名学生	20000
	宁德市古田县教育局	25000	25000
	宁德市霞浦县教育局	25000	25000
	宁德市古田县玉田中学	14292	14292
2015	宁德市寿宁县教育局	10000元	10000
	宁德市寿宁县第二中学	8000元	8000
	宁德市蕉城区教育局	10000元	10000
	宁德市第二中学	5000元	5000
	宁德市教育局	50000元	50000
2016	支教教师王晨曦、许忠向	10名贫困学生,每生200元;书包10个、上衣10件、鞋子10双,总计6000元;书吧茶具2套7500元	15500
2017	泉州市德化县第三中学	10000元	10000
	泉州市安溪县第十二中学	10000元	10000
2018	漳州市龙海市港尾中学	30000元	30000
	漳州市龙海市教育系统	50000元	50000
	泉州市德化县第六中学	10000元	10000
总计			5490792

2015年福建省晋江市民营企业为红寺堡区农村小学捐赠课桌凳情况表

表 14-17

序号	学校名称	课桌数量(套)	序号	学校名称	课桌数量(套)
1	大河第十小学	160	6	甜水河小学	80
2	石坡子小学	60	7	东泉小学	130
3	高口小学	60	8	永泉小学	130
4	中川小学	40	9	红阳小学	100
5	新台小学	30	合计		790

说明:同时为表列各学校捐赠篮球架1副,篮球5个;写生画板50块;教师用电子琴1架,小锣、大锣、小堂鼓、小钹、小军鼓、大军鼓等打击乐器各1套

四、部队援教

2001年10月,宁夏军区与红寺堡开发区工委、管委会专门召开"宁夏军区驻宁部队援建红寺堡'希望小学'协调会",会议确定驻宁部队27个建制团以上单位

集中力量在红寺堡开发区援助27所希望小学。2006年5月，驻宁部队再次组织42个建制团以上单位与红寺堡开发区42个行政村的42所小学签订长期帮扶协议，红寺堡开发区部队援助“希望小学”增至69所。2010年4月，为协助推进红寺堡区创建教育强区(县)工作，宁夏军区号召驻宁部队向红寺堡区对口援助学校捐赠计算机。是月月底，宁夏军区和驻宁部队捐赠红寺堡区教育系统计算机276台，帮助红寺堡区45所农村小学装备45间微机教室。二十年持续援教，据不完全统计，宁夏军区和驻宁部队为红寺堡学校、学生捐款捐物折合资金150多万元，拉运烤火煤800多吨，捐赠电视机30多台、电脑300多台、桌凳3000多套、文体器材4000多件、学习用品20000多件、图书50000余册。

五、清华大学智力扶贫

2016年4月，红寺堡区人民政府与清华大学研究生工作部和教育扶贫办公室实施“1+5”人才智力推动精准扶贫项目，即建立清华大学教育扶贫人才智力对口扶贫攻坚基地1个，实施人才智力助推教育、医疗、慈善、文化、产业5大领域精准扶贫模式。确定红寺堡区教育局与清华大学教育扶贫办、清华大学附属中学建立长期合作帮扶关系，开展各类帮扶活动，助推红寺堡区教育事业发展。根据清华大学教育扶贫专项培训项目设置实际情况，红寺堡区计划每年选派一批优秀校长、优秀班主任、骨干教师、心理健康教师、特长教师到清华大学进行短期研修；依托清华大学远程教育优势，在红寺堡区第一中学建设远程教育接收站点，通过远程直播的方式，组织高中各学科教师和学生参与远程高考指导，帮助学校更好地复习备考。

六、资助教师

2014年3月，红寺堡区开始实施“励耕计划”(是经国务院批准，财政部、教育部委托中国教育基金会，由中央财政从中央彩票公益金中安排专项资金开展教育助学的项目，资助标准为每人每年1万元)。按照计划要求，教育局采取逐年申请、逐级申报的方式遴选资助对象(公办小学、初中、普通高中以及中职学校家庭经济特别困难的教师)，重点资助因遭受自然灾害、突发事故或重大疾病等原因造成家庭经济特别困难的教师。同期，红寺堡区通过“润雨计划”对幼儿园教师进行资助，资助标准为每人每年1万元。2014年、2016年、2018年，“励耕计划”分别资助红寺堡区中小学教师25人、20人、19人；2014年、2018年“润雨计划”分别资助幼儿教师3人、1人。

第十五章　艺　文

红寺堡开发建设之初，学校教育重在文化教育，在课程设置上也以语文、数学、英语为主。随着红寺堡教育的发展，素质教育逐步推进，艺术教育逐渐得到学校、学生及家长的重视。2010年5月，红寺堡区举办了第一届校园文化艺术节，随后每隔两年举办一届。在校园文化艺术节举办的过程中，涌现出了许多优秀的文艺作品。红寺堡教育系统在艺术方面的成就主要集中在书法、美术、剪纸、摄影、歌舞等领域，很多书法、美术作品在国家、省、市级比赛中获奖展出，许多歌舞在各级各类比赛中和文艺舞台上展演。红寺堡教育系统中有大量的文学爱好者，创作出了一些讴歌新时代、唱响改革颂、记录移民史、书写教育情的作品，并曾在国内各级各类报纸、杂志上发表。部分学校先后创作了体现学校特色、树立学校形象、激励师生进取、鼓舞师生斗志的校歌。

第一节　艺　术

一、协会会员

2004—2018年红寺堡教师参加各级各类协会情况表

表15-1

姓名	性别	民族	所在单位	协会名称及职务	入会时间
牛　海	男	汉	回民中学	固原市美术家协会会员	2004年6月
赵凯峰	男	汉	回民中学	固原市书法家协会会员	2005年12月
张世铎	男	汉	第一中学	宁夏美术家协会会员 吴忠市美术家协会理事	2010年10月
牛兴荣	男	汉	光彩小学	宁夏书法家协会会员	2012年12月
朱晓亮	男	汉	第三中学	中国荒诞画派肖像艺术联盟成员	2013年12月
王晓龙	男	汉	第一中学	宁夏美术家协会会员 吴忠市美术家协会副主席	2013年8月

续表15-1

姓名	性别	民族	所在单位	协会名称及职务	入会时间
文晓惠	女	汉	教培中心	宁夏美术家协会会员	2013年8月
单牡丹	女	回	第一中学	宁夏美术家协会会员	2013年8月
张治乾	男	回	第三中学	中国少数民族作家学会会员 吴忠市作家协会副主席	2014年1月
王萍萍	女	汉	第三中学	宁夏美术家协会会员	2014年3月
张莉娜	女	汉	第三中学	宁夏美术家协会会员	2014年3月
杨立中	男	汉	第一中学	宁夏作家协会会员	2015年3月
祁伟隆	男	汉	第四中学	宁夏音乐家协会会员	2015年5月
张　慧	女	汉	第三中学	宁夏教育书法家协会会员	2015年6月
田进万	男	回	回民小学	宁夏作家协会会员	2017年3月
朱冠先	男	汉	第四中学	宁夏作家协会会员	2017年5月
魏留红	男	汉	教育局	中国硬笔书法家协会会员	2017年6月
李立东	男	汉	第一中学	宁夏作家协会会员	2017年8月
马灵雁	女	回	光彩小学	宁夏民间文艺家协会会员	2017年12月
海生江	男	回	回民小学	吴忠市书法家协会会员	2018年1月
张　发	男	汉	第四中学	宁夏作家协会会员	2018年5月
陈飞龙	男	汉	第四中学	吴忠市书法家协会会员	2018年11月
马守林	男	回	第三小学	宁夏硬笔书法家协会会员	2018年12月
苏亚灵	男	回	太阳山 中心小学	宁夏书法家协会会员	2017年12月
邱云飞	男	汉	第四中学	宁夏硬笔书法家协会会员	2018年12月
白玉昌	男	回	上源小学	固原市艺术摄影家协会会员	2018年12月

二、获奖作品

2005—2018年红寺堡师生艺术作品获奖情况表

表15-2

作品名称	类型	作者	所在单位	获奖时间	评选(竞赛)项目名称	组织单位	获奖等次
《花开富贵》	绘画	牛　海	回民中学	2005年12月	庆祝宁夏自学教育考试十周年	宁夏自学教育考试委员会	优秀奖
《春色》	摄影	李　艳	第二中学	2015年3月	吴忠市职工书法美术摄影大赛	吴忠市总工会	二等奖
《流水人家》	绘画	张建军	第二中学	2015年8月	“美声杯”绘画比赛	红寺堡区妇女联合会	一等奖
《深秋》	绘画	王晓龙	第一中学	2016年9月	书法临创暨美术作品展	吴忠市文联	其他

续表15-2

作品名称	类型	作者	所在单位	获奖时间	评选(竞赛)项目名称	组织单位	获奖等次
《岳阳楼记》	书法	牛兴荣	光彩小学	2016年10月	中国(宁夏)国际旅游博览会书法大赛	国际旅游博览会组委会	三等奖
《游包山集》	书法	魏留红	教育局	2017年1月	第二届全国书法艺术网络大赛	中国硬笔书法协会	佳作奖
《毛泽东诗词八首》	书法	魏留红	教育局	2017年7月	第三届“和平颂•中华情”全国美术书法名家邀请展	平北抗日战争纪念馆、世纪百家国际文化发展中心	二等奖
《雷锋精神永放光芒》	剪纸	马灵雁	光彩小学	2017年12月	“雷锋杯”全国校园剪纸邀请赛	中华文化促进会	一等奖
《补手套》《过生日》	摄影	王国强	教育局	2018年2月	“最美中国人”各族群众笑脸照片征集展示活动	中国摄影家协会	优秀奖
《今兮往兮》	绘画	张　兰	第三小学	2018年2月	第四届迎新春全区群众书法绘画摄影大赛	自治区文化厅	其他
《写意梅花》	绘画	张世铎	第一中学	2018年5月	红寺堡杯全区书画比赛	宁夏美术家协会	二等奖
《星球世界》	绘画	张　梦	第三小学	2018年6月	第33届宁夏青少年科技创新大赛	吴忠市科学技术协会	三等奖
《清如菊花何妨瘦》	书法	陈东宁	第三小学	2018年6月	“清风进校园、廉花朵朵开”系列作品评比活动	吴忠市教育局	二等奖
《云中屋》	绘画	张　园	第三小学	2018年6月	第33届宁夏青少年科技创新大赛	吴忠市科学技术协会	三等奖
《烟云罗山》	绘画	王　伟	回民中学	2018年9月	“红寺堡杯”书法绘画大赛	宁夏文联	入围
《红寺堡抒怀》	书法	陈飞龙	第四中学	2018年9月	“红寺堡杯”书法美术作品展	红寺堡区人民政府	其他
《已亥杂诗》	书法	曹润娟	第三小学	2018年9月	“清风校园”创建活动	自治区教育厅	优秀
《春曲》	绘画	童小芳	第二中学	2018年9月	庆祝自治区成立60周年全区美术教师主题绘画评比	自治区教育厅教研室	一等奖
《楹联》	书法	郗　华	回民中学	2018年10月	宁夏中小学美术书法作品展示	自治区教育厅教研室	二等奖

第二节　文　学

一、发表文学作品

2006—2018年红寺堡师生文学作品发表情况表

表15-3

作品名称	类型	作者	所在单位	发表时间	所发刊物及期数
《红苹果》	小说	杨立中	第一中学	2006年3月	《六盘山》第2期

续表15-3

作品名称	类型	作者	所在单位	发表时间	所发刊物及期数
《诗三首》	诗歌	张治乾	第三中学	2012年3月	《中国当代诗人词家代表作大观》(第四卷)
《日出(外三首)》	诗歌	张治乾	第三中学	2012年7月	《当代精英诗人三百家》中国文联出版社
《那些红尘里的旧时光》	散文	李　红	第三中学	2013年3月	《小龙人》学习报
《旅行》《吹向远方》等九篇	诗歌	王　娟	第四中学	2014年3月	《诗潮》总第213期
《喜看红寺堡新变化》	诗歌	田进万	回民小学	2018年12月	《罗山文苑》第28期

二、获奖文学作品

2006—2018年红寺堡师生文学作品获奖情况表

表15-4

作品名称	类型	作者	所在单位	获奖时间	评选(竞赛)项目名称	组织单位
《一枚“绿宝石”》	散文	刘　水	红寺堡中学	2004年4月	“大眼睛看宁夏”征文比赛	自治区团委
《我自豪我是一名教师》	其他	马金凤	红寺堡中心小学	2004年10月	吴忠市教育系统首届文化艺术节	吴忠市教育局
《“羊圈”的见证》	散文	马崇龙	第四中学	2012年7月	特岗故事征文比赛	教育部教师工作司
《无法拒绝的爱》	散文	朱冠先	第四中学	2016年5月	第十一届全国青少年冰心文学大赛	全国青少年冰心文学大赛组委会
《红寺堡风风雨雨十八年》	散文	纪　敏	第一小学	2017年12月	红寺堡区成立18年征文比赛	红寺堡区文化体育局
楹联	其他	王国军	第一中学	2017年12月	喜迎十九大	宁夏楹联学会
《小城今年一十八》	散文	李立东	第一中学	2018年1月	深入贯彻十九大精神,建设美丽幸福红寺堡	红寺堡区委宣传部
《红寺堡变奏曲(四首)》	诗歌	王国军	第一中学	2018年1月	深入贯彻十九大精神,建设美丽幸福红寺堡	红寺堡区委宣传部
《祸在一瞬,防在平时》	其他	白　慧	红寺堡中心小学	2018年7月	第二届儿童消防绘画作文征集活动	吴忠市公安消防支队吴忠市教育局
《发扬延安精神,做好本职工作》	散文	李立东	第一中学	2018年12月	庆祝改革开放40周年暨自治区成立60周年	宁夏延安精神研究会

第三节　校　歌

一、第一中学校歌

扬帆远航

1＝F $\frac{2}{4}$

惊醒速度 激昂豪迈的

杨立中 词
田艳龙 曲

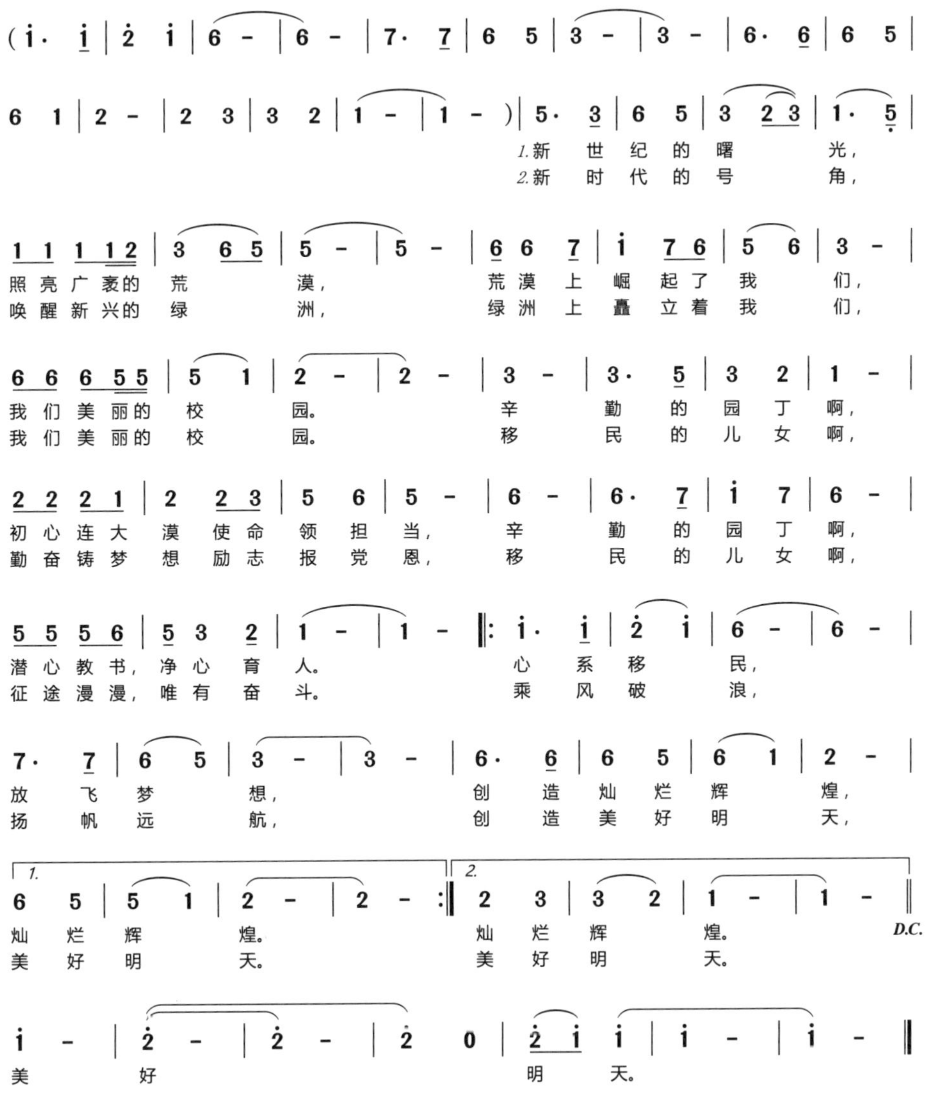

二、第一小学校歌

让生命自由绽放

1=B $\frac{4}{4}$

李 婷 词
马青天 曲

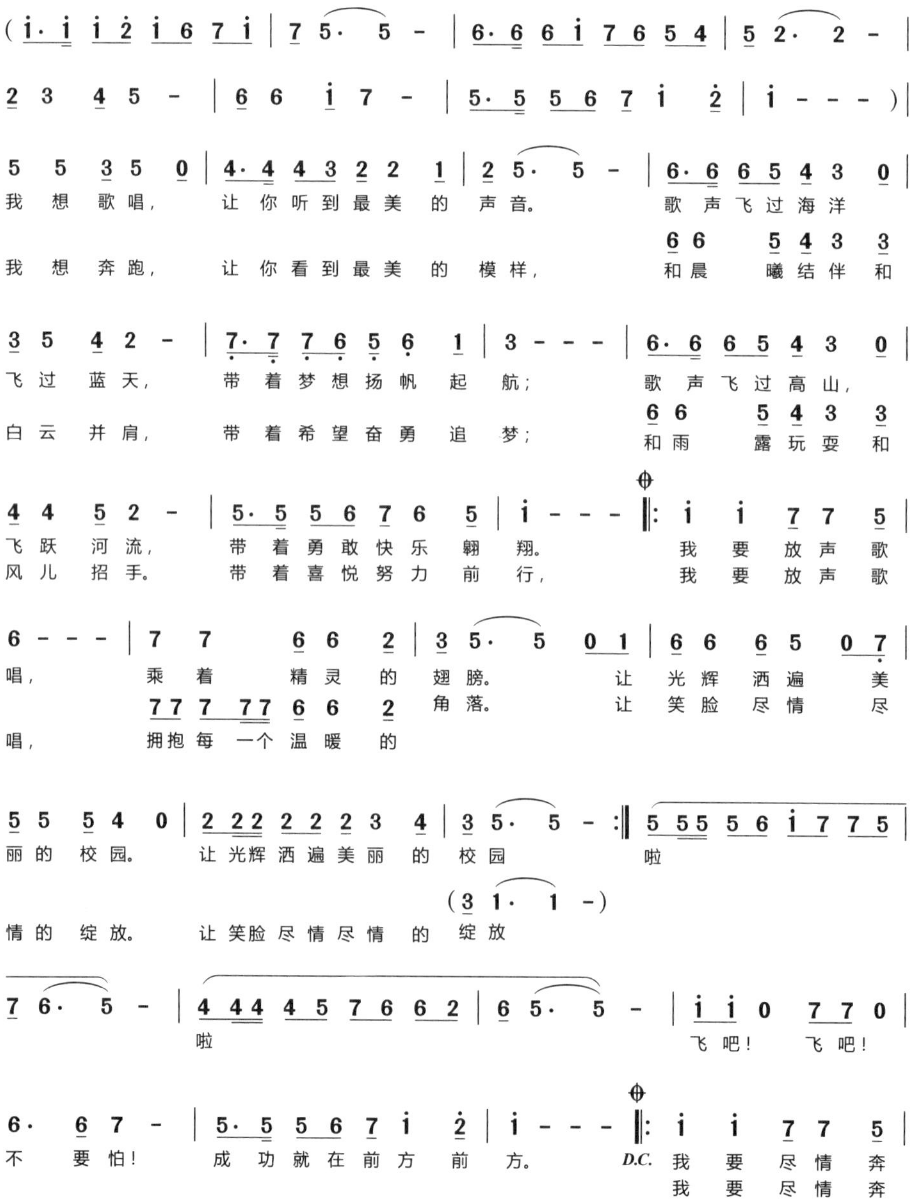

三、上源小学校歌

美丽上源

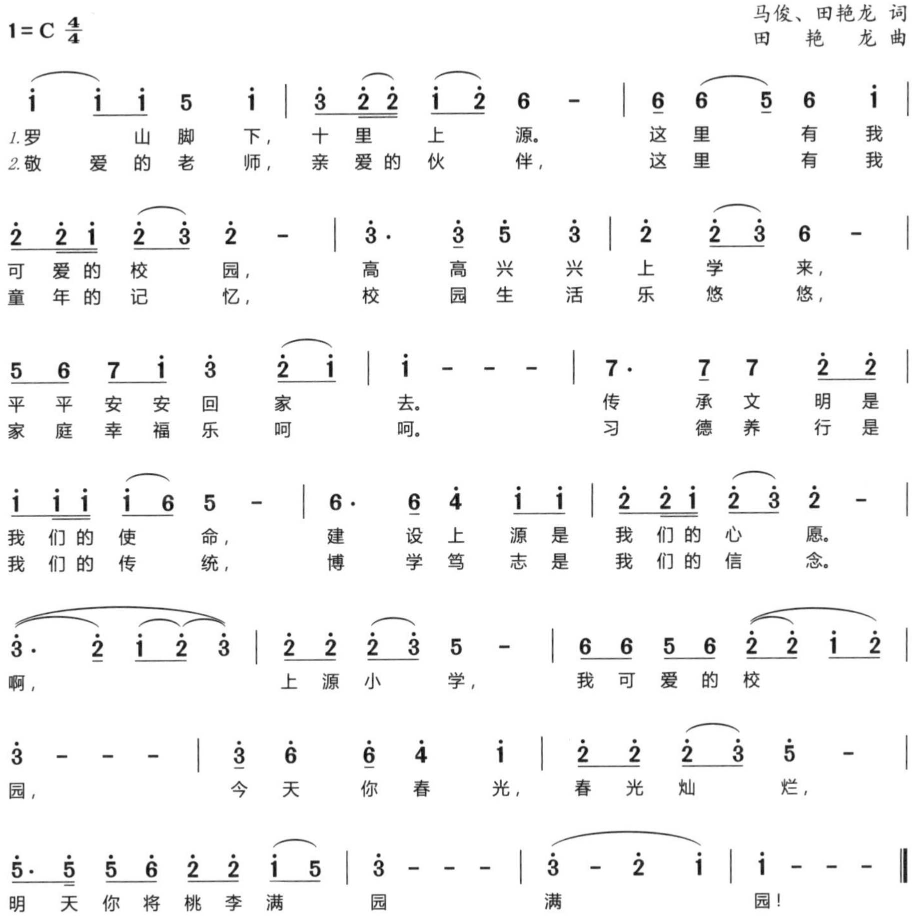

四、回民中学校歌

尚美回中

赵凯峰 词
田艳龙 曲

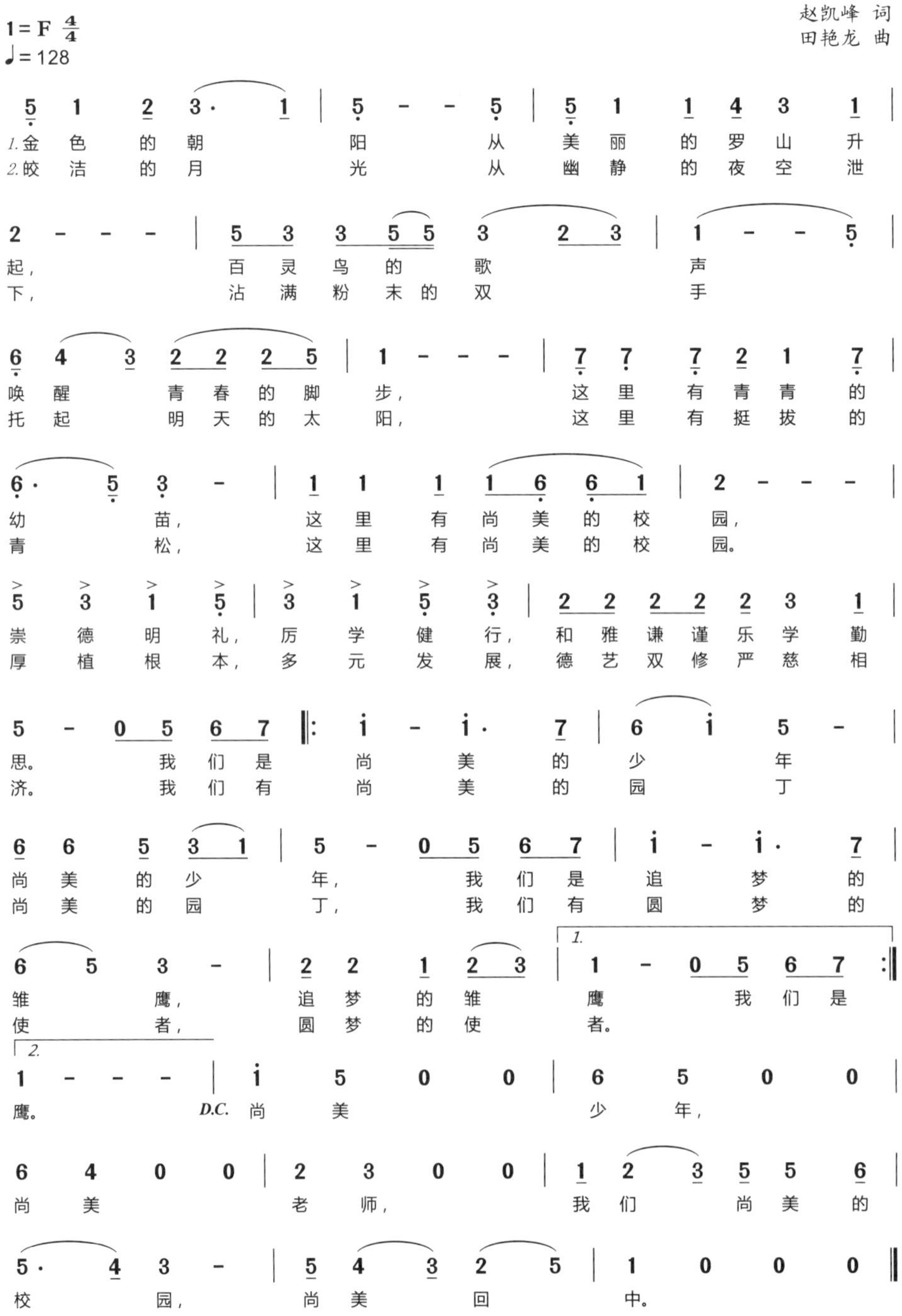

五、第二小学校歌

静雅二小

1=D $\frac{4}{4}$
♩=120 欢快、热烈地

马炜、黄静雯、罗秀、韩鹏 词
韩鹏、田艳龙 曲

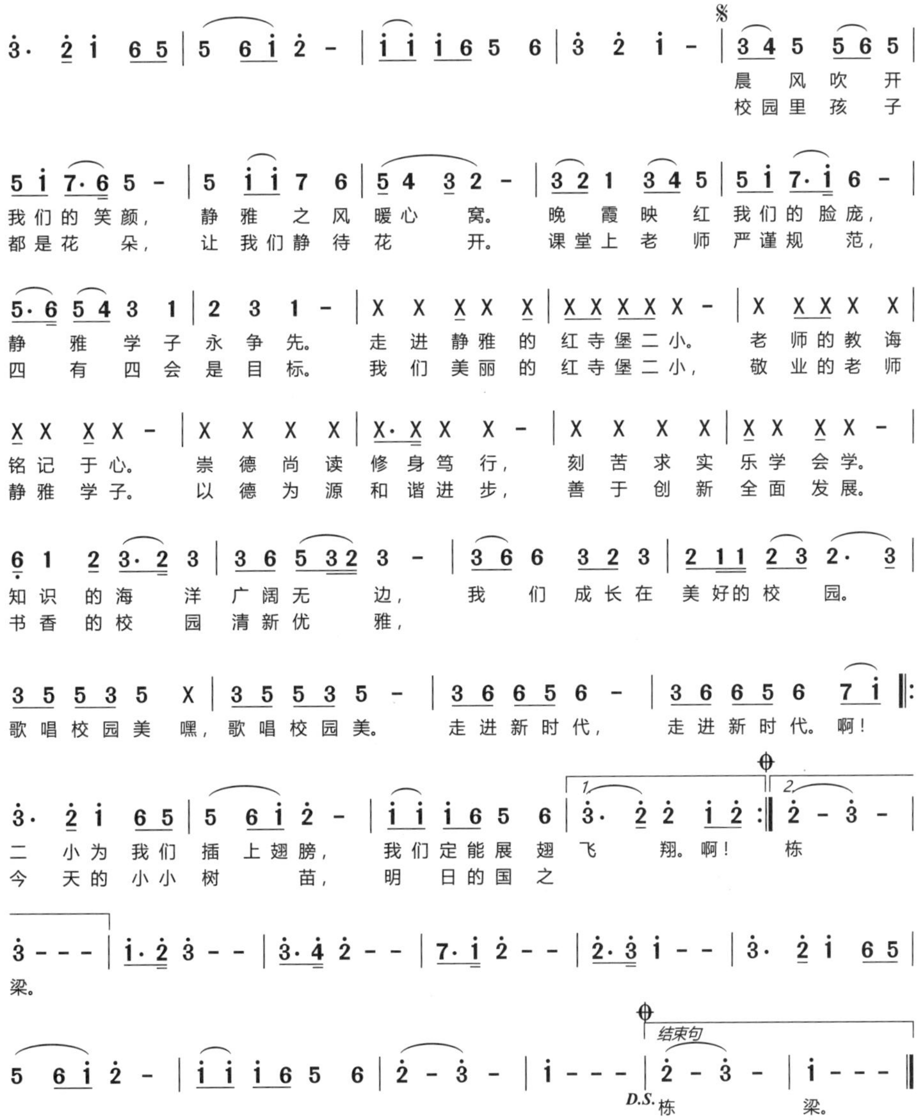

第四节　作品选介

一、美术作品

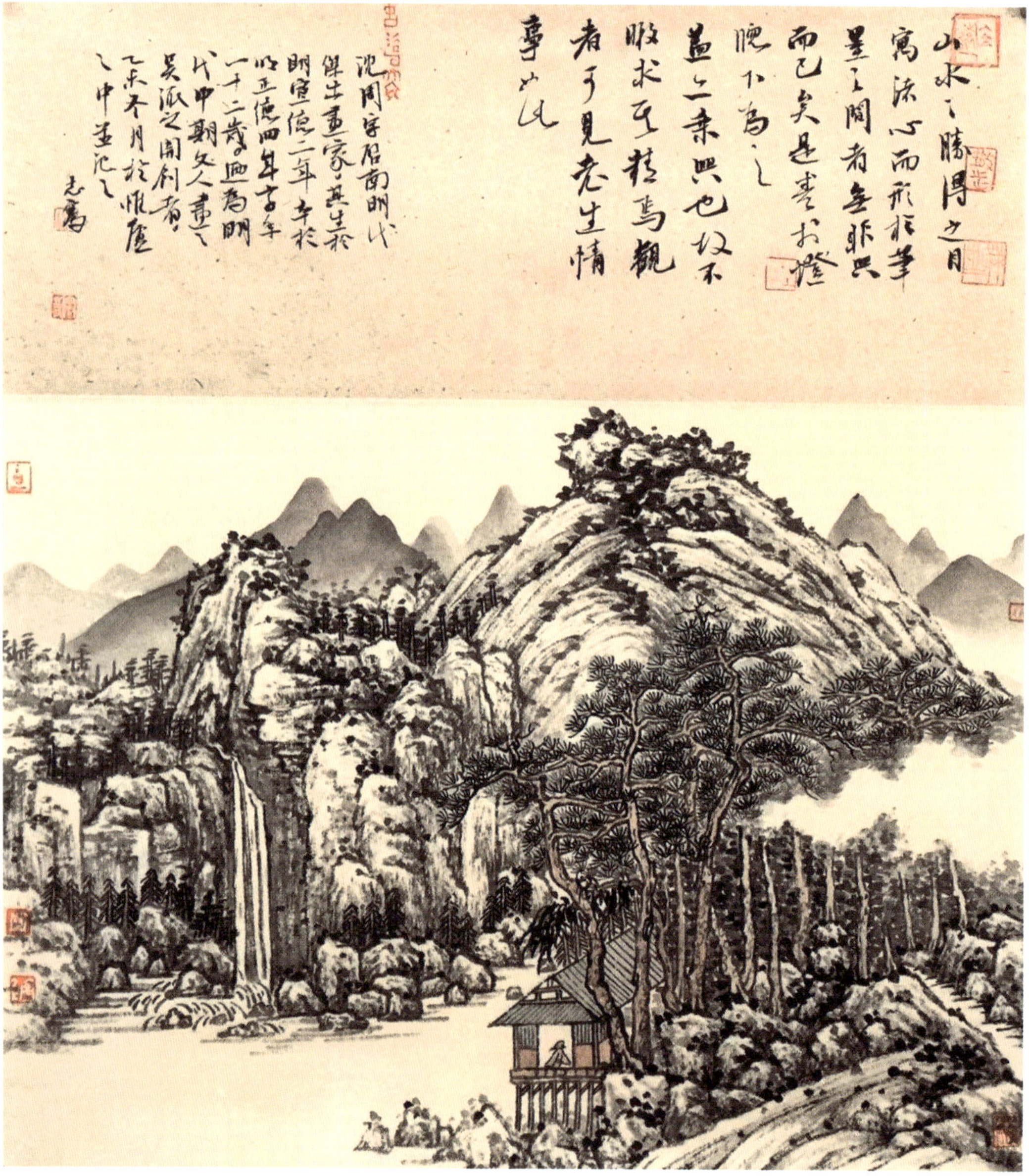

李怀仁,第四中学美术教师。作品《观瀑图》树树皆秋色,山山唯清寒,渺渺有人家,寂寂无归雁,用笔精练,构局洒脱,远处留白悠远,遐思无限,中间山木错综,偶有人家,观远山瀑布,尽显晚秋寂寥。

张世铎，第一中学美术教师。作品《和谐花开》在《共产党人》第16期发表，用写意手法，以梅花傲雪耐寒的高尚品格，表达红寺堡开发区23万移民奋斗创业的精神。红寺堡开发建设20年，23万名移民在党的惠农政策照耀下，实现了『搬出一方人民，恢复一方生态，开发一片土地，再造一片绿洲，安置一批移民，造福一方百姓』之承诺。

杨国繁，教育局学生资助管理中心干事，擅长山水、牡丹等国画和烙画。作品《牡丹四条屏》造型写实，笔墨写意，水墨淋漓苍润，画中牡丹明艳动人，色彩丰富饱满，姿态优雅大方。作品葫芦烙画《鸟语花香》线条匀称流畅，层次色调明利，千变万化的烙痕勾勒出一幅意趣盎然的图画，具有独特的艺术魅力。

王晓龙，第一中学校长、吴忠市美协副主席，擅长工笔画。作品《天香国色》用笔工丽细致，敷色温润柔和，刻画仔细生动，画中牡丹老干遒劲、枝繁叶茂，花朵娇艳饱满，花瓣尽情舒展，花形结构优美，造型雍容华贵。

文晓惠，教育局教研教培中心教研员，擅长工笔画。作品《荷》笔法生动有致，格调优雅脱俗，设色艳丽浓厚。画中荷叶千姿百态，荷花白粉交加，一幅“接天莲叶无穷碧”的荷塘美景跃然纸上。

张莉娜，第三中学美术教师，擅长山水画。作品《沧溪图》是临摹明代书画家文徵明之作，画面层山叠翠，青松烟柳，杂树繁茂，小桥流水，屋舍茅棚，作品布局精巧，笔意纵逸苍劲，粗简中表现出层次和韵味。

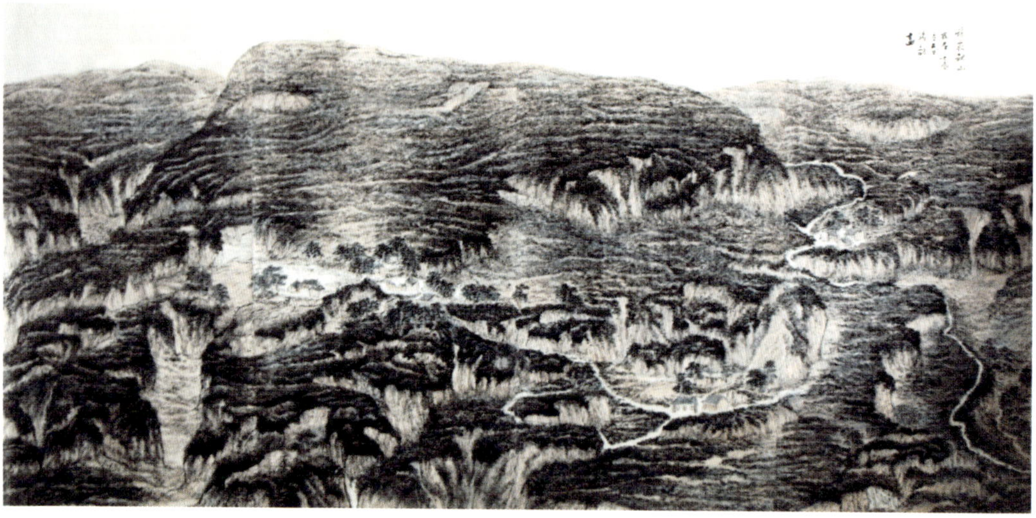

陈飞龙，第四中学美术教师。作品《雨余青山图》以大西北黄土高原风物为相，大有“皇天厚土大河长，沟壑纵横风雨狂，千古轩辕昂首柏，青筋傲骨立苍莽”之意，描绘出一段历史的变迁，倾诉着这块神秘大地所展现的魅力。

童小芳,第二中学美术教师。作品《心扉呓语》技法上采用勾线、没骨、分染、着色、丝毛的手法,笔法严谨洒脱,画面清新淡雅,具有大自然的蓬勃生机,给人一种朴实亲近之感。

牛海，回民中学美术教师。作品《湖天春色图》用墨明洁苍润，意境闲散柔和，勾线空灵，苔点细密，干湿浓淡映衬，皴擦点染兼用。几株松树结疤古拙、高拔，苍苍莽莽，溪水村舍，树丛浓郁，树下丛丛青草、片片绿荫，近岸的湖面上燕雀争鸣，一片大地复苏、生机勃勃的春日景象。

王伟，回民中学美术教师。此图临摹吴镇《渔父图》，是描绘渔民生活的一幅图画。作者用图画直观地刻画了渔民生活，从简单的四行诗中，约略可以看到一位不论春夏秋冬、不分东西南北、活跃在波涛中的渔夫形象。

秦雅云,第二中学美术教师。作品《硕果累累》技法上采用层次画法,用颜色多层次塑造,暗部画得较薄,中间调子和亮部则层层厚涂,或盖或留,形成色块对比,显出色彩丰富的韵意与肌理。整幅作品色彩冲击力强,通过景物描绘侧重表现秋日丰收后的喜悦之情。

朱晓亮，第三中学美术教师，擅长人物肖像漫画、素描。作品《毕加索漫画像》技法上采用写实手法，对毕加索人物形象进行了大胆的取舍与夸张。画面前面一部分隐约可见的具有毕加索绘画风格的图形符号与手背上的人体，与人物社会身份不谋而合。整幅作品构思巧妙、形象夸张，构成了一个和谐的整体。

林海芳,回民中学美术教师。掇绣作品《京韵》在构思上将青花瓷与中国京剧脸谱艺术相结合。在媒介材料上运用油画框,技法上结合民间传统掇绣工艺,中西结合,相得益彰。作品清新淡雅,使民间传统掇绣工艺焕发出新的活力。

二、书法作品

王耀斌，大河中心学校责任区督学。2018年9月，他的书法作品获宁夏文联举办的首届“红寺堡杯”全区书法作品入展奖。作品《古诗四首》笔法为“二王”一系，方圆并用，处理精妙。章法上借鉴古人尺牍写法，巧妙布局，达到古意横生的艺术效果。

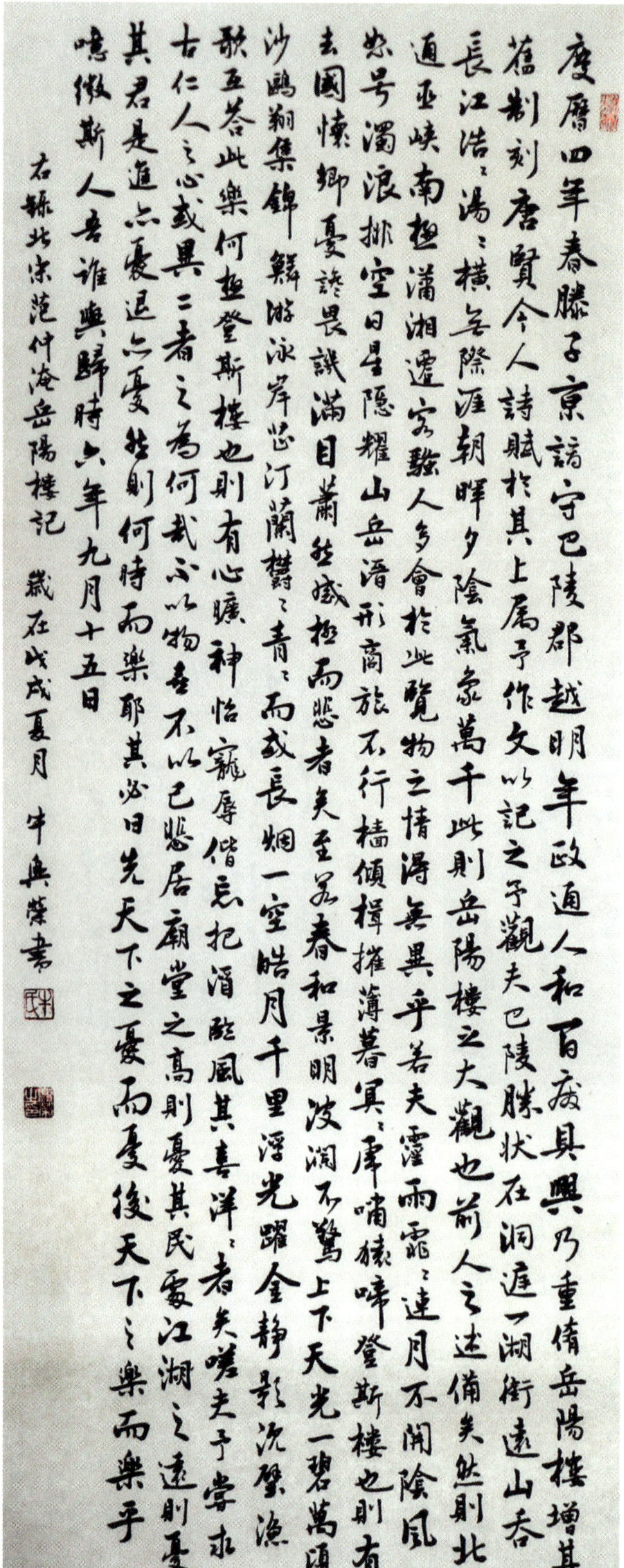

牛兴荣，光彩小学语文教师。从小酷爱书法艺术，以『二王』书风为主，字体隽秀工整，灵动活泼，刚柔并济。作品《岳阳楼记》以行书笔法书写并合理安排章法布局，整幅作品美观大方，体现了『二王』书风。

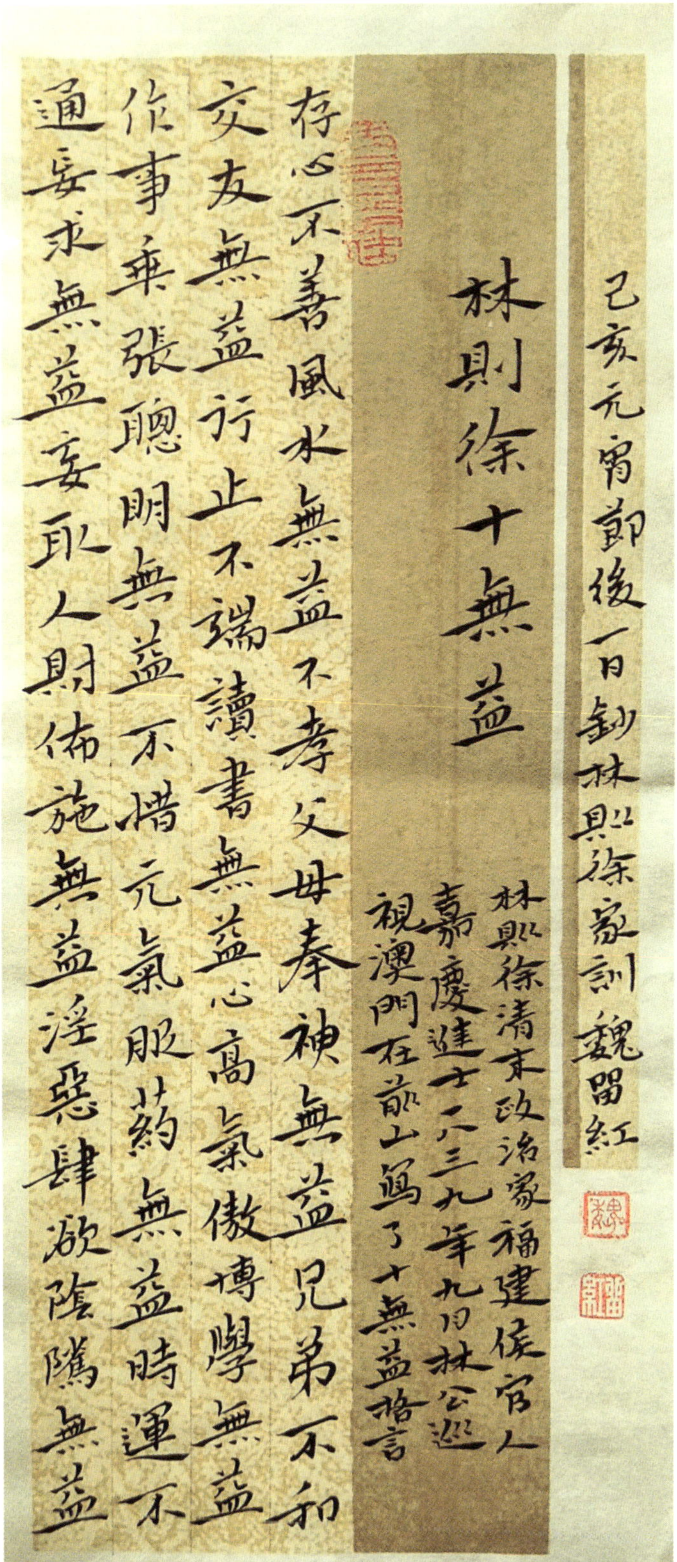

魏留红，教育局基础教育办公室干事。2016年参加中国教育学会、中国书法家协会联合举办的『翰墨传薪全国中小学书法教师培训项目』。作品《林则徐十无益格言》，借鉴钟繇《贺捷表》的疏朗、恬然、儒雅之特点，结体扁方，带有行书笔意，灵活多变，达到端庄内敛之美。

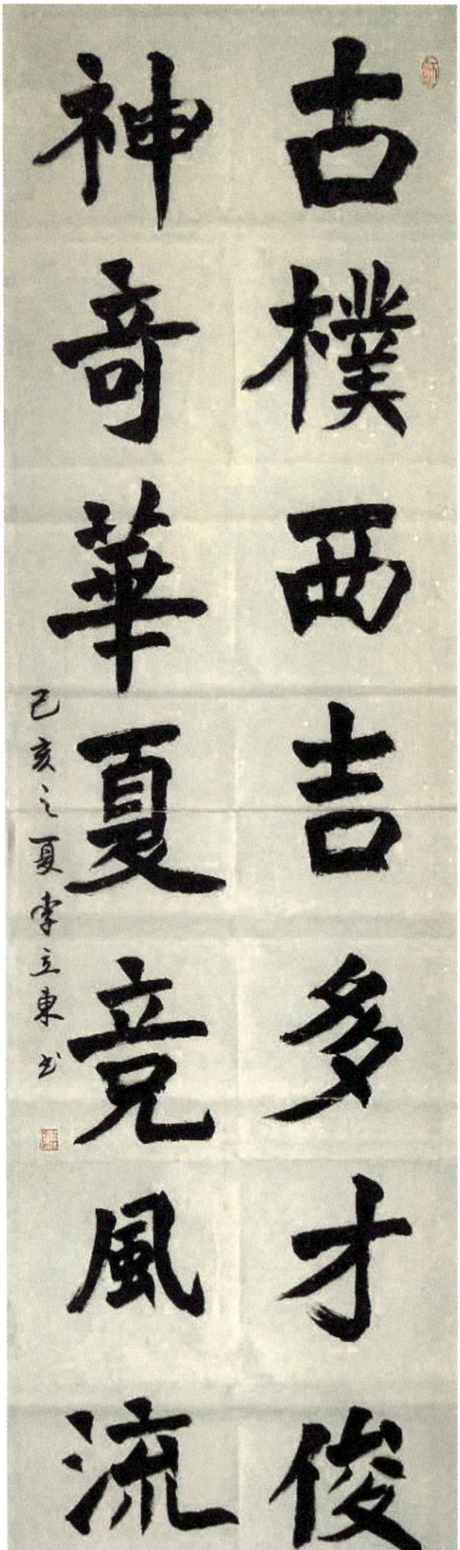

李立东，第一中学语文教师。自幼酷爱书法、笔耕不辍。作品笔力遒劲，结字稳健，墨色丰裕，布局大方。

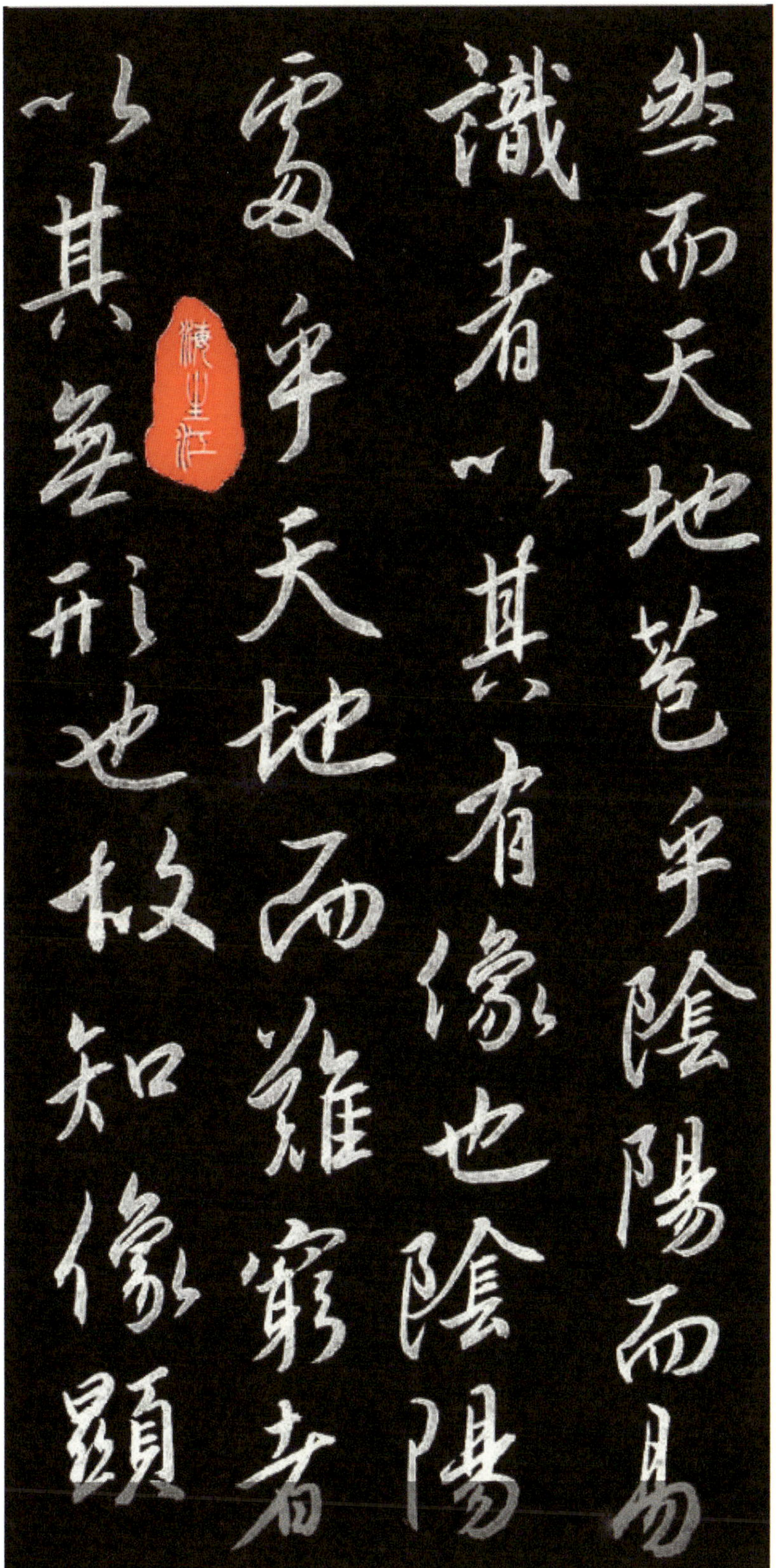

海生江，回民小学教师，酷爱书法，注重传统，精心临摹『二王』碑帖，在书学艺术的道路上，勤学苦练，默默耕耘。此作品以创作形式节临《圣教序》，行草兼顾，动静结合，整体平稳，章法上与原帖稍有变化，单字字形接近原帖，用笔熟练，点画准确，线条干净，提按使转应用自如，牵丝映带上下联系，欹正相依，开合有度，显出俊秀之气。

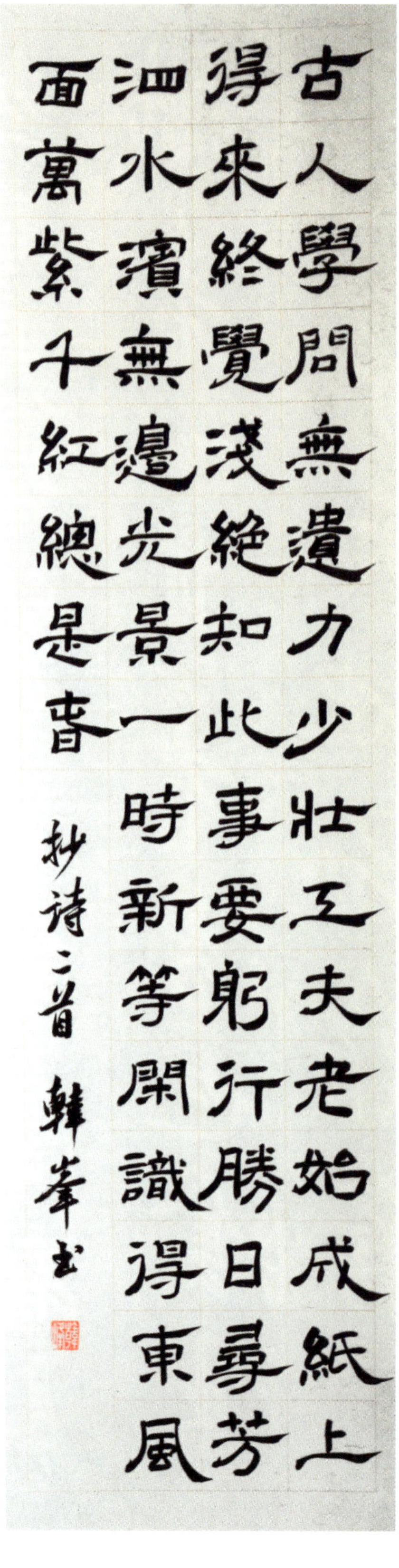

韩峰，第四小学教师。其作品分别在首届、第二届全国中小学书法节教师组入展，在红寺堡区首届职工书画、摄影展中获一等奖，在宁夏第十届书法篆刻临摹展入展，在首届“红寺堡杯”自治区书法美术展览中入展。擅长行书、隶书，书法作品全面继承“二王”的用笔方法，笔笔精到，字形大小错落。

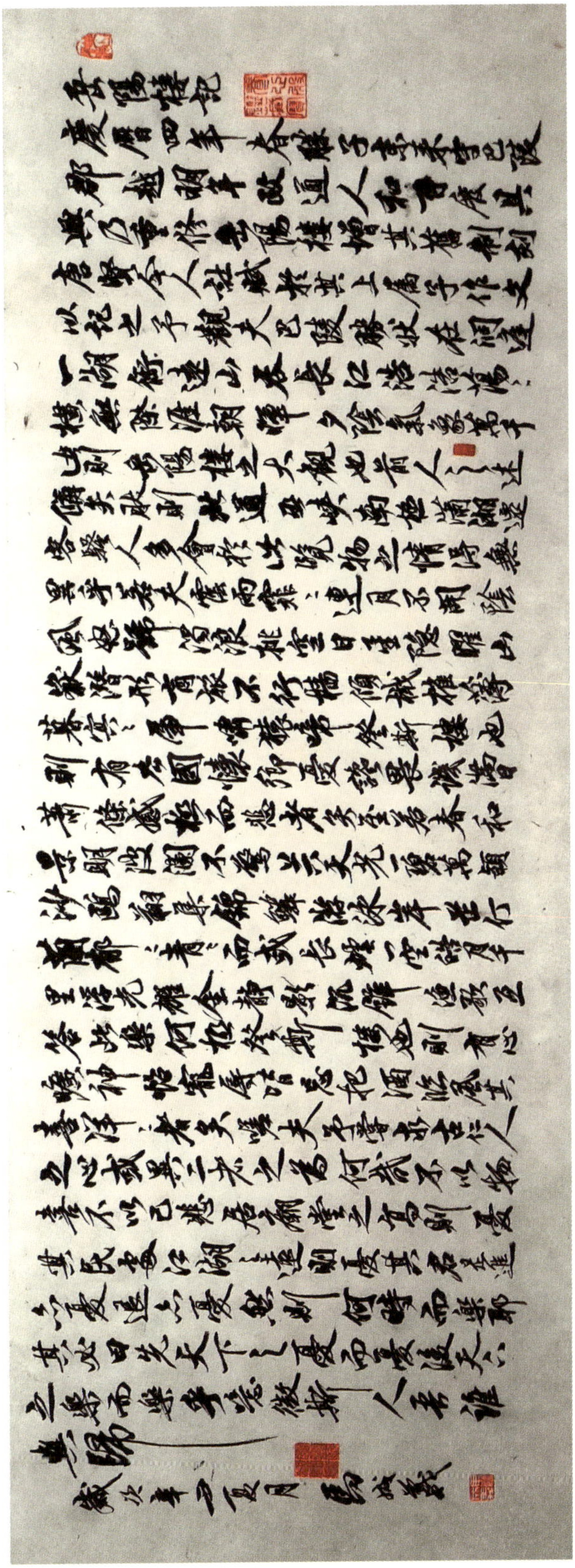

马成义，退休教师。书法作品用笔流畅、刚健有力、浓墨有骨、结构严谨、端庄古朴，章法和谐雅致。

三、剪纸作品

王萍萍，第三中学美术教师，吴忠市级非物质文化遗产(剪纸)代表性传承人，擅长工笔花鸟、剪纸。作品《家》以地方特色为主题，整体构图以红寺堡地图为主要形态，巍巍罗山象征着红寺堡人民坚强不屈，积极向上的精神；大片葡萄园是红寺堡人民勤劳朴实的结晶，也是红寺堡特色产业的形象代表；红寺堡的产业离不开以黄河为水源的扬黄灌溉工程，她哺育一方水土，养育一方人民。

陈小兰，第三中学美术教师，擅长工笔花鸟、剪纸等。作品《绿水青山》体现了“绿水青山就是金山银山”的主题思想。作品中山和水的融合，是动和静的搭配；单调与精彩的结合，组成了最美的、最和谐的风景。

马灵雁，光彩小学教师，吴忠市级非物质文化遗产（剪纸）传承人。2017年12月，作品《雷锋精神永放光芒》获“雷锋杯”全国校园剪纸邀请赛特等奖。

张慧，第三中学美术教师，擅长写意山水、剪纸。作品《家》以『爱』为主题，突显『天下之本在国，国之本在家』的主题思想，体现家与国你中有我、我中有你的关系。

四、摄影作品

王国强，教育考试中心干事，摄影爱好者。2017年作品《补手套》在中宣部宣教局主办的“最美中国人”各族群众笑脸照片征集展示活动中被评为优秀作品，并参展在北京展览馆举行的“砥砺奋进的五年”大型成就展。作品通过近景拍摄，重点突出人物面部表情，表现乐观向上的心情。“勤俭持家远，耕读继世长”，眼前的老大爷正是中华民族勤俭持家精神的写照。

白玉昌,上源小学教师,摄影爱好者。摄影作品多次被《宁夏日报》、《固原日报》、人民网等媒体采用。作品《罗山日出》视角独特,光影效果别具一格,画面让人充满想象,在2016年“晴彩宁夏”摄影大赛中获三等奖。

朱晓亮,第三中学美术教师,摄影爱好者。作品《甜水河》用简单的构图、简约的影调、质朴的风格、浪漫的情趣,将移民点附近的“小山小水”定格为山水相依的秀丽景色,在2014年吴忠市摄影比赛中获优秀奖。

五、文学作品

黄河西部来

先人后辈的念想
把深入乡土地的热情
融入黄沙新河
以脉络的姿态
拥抱着绵绵长长的眷恋
一如母亲温馨的胸脯
总让人
泛起感恩持久的缠绵

大支哗哗小支汩汩
搜寻一方宝地风水
扬黄在流淌里升级
用水文化的写意
渲染着斑斑驳驳的村落
追溯从南部走来的往事
哪一件
不醒着动人心扉的内涵?

这座方圆
盛产红枸杞神话
奇迹经过每一寸土地
把丰收的指数

记录在歪歪斜斜的家长里短
宽宽窄窄的小巷擅长讲述
关于黄河水甜的真谛
以经营城市的理念
谋划山乡巨变

从一部创业史中翻开
她的昨天部分
一半是大漠孤烟的苍茫
一半是激情燃烧的澎湃
那是黄河到中部来的跋涉呀

那些吃山芋蛋长大的故事
和那些瘦瘦弱弱的日子
曾经怎样
困惑了昨天的梦想
又是如何
搁浅了往日的企盼

渐行渐远的记忆
横亘于这方大地上的残垣秃堡
和消失在山岩河坡的羊圈
以及散落于沙丘与沙丘之间的传说
咋也激不起让人怀旧的美感
曾经莎草墩和甘草根下的杂乱荒芜
张扬着灰头土脸的尴尬
那么委屈着过活的体面
……

终于，在一个复苏的春天
伴随一个坚定的手势
黄河从西部来
这块运足底气的土地
用吃奶的干劲
吮吸再吮吸
以破茧化蝶的神奇
连连开创荒漠绿洲的率先

（作者为第一中学教师王国军，该文刊登于《见证——红寺堡开发建设之路》纪实文集）

风　云

千年荒漠，万代沙滩，兵戎相见地，是非争端处；行人难驻足，鸟雀不留影；春去夏来还如冬，四季唯吾独尊。

宁夏小版图，汝恰居中。南来北往客，闻君绕道行。小小罗山奈吾何，孤掌难鸣；几株小草无所用，万里飞蓬。飞沙走砾者，吾之唯一长项，逆来顺受者，汝之不二法门。吾叫飞沙如彤云，谁敢狼嚎放悲声？仁人志士来此地，摇头叹惋；有意商贾一打听，谈风色变。

吾之骄横，肆虐着春秋冬夏；汝之屈辱，延伸到一九九八。

几辆破皮卡，一行忠厚人，铁心擎河水，盟誓锁黄风。吾威，吾怒，吾哀，吾号，吾歇斯底里，精疲力竭；他说，他笑，他思，他干，他淡定自若，百折不挠。十年冲撞，千百磨合，他们是伟丈夫，我做了小女人。

吾之初，性本顺。发威施淫，只为无人问津；持家护本，亦属返璞归真。呼彷徨于田间小道，唤迷茫于花圃凉亭。轻轻擦汗水于农人笑脸，幽幽送芳香于万众心田。春来吾吹绿麦苗，夏到吾招呼葡萄，秋天吾巡营放哨于田间地头，冬日吾推

“大风扇”于山坡荒郊;来也默默,去也悄悄;偶尔摇树叶哗哗一响,那是吾假意发发牢骚。

吾怒,源于爱;吾喜,源于爱。

(作者为第一中学教师李立东,该文刊登于《罗山文苑》2016年第3期,后收录于《宁夏散文诗选》)

高考情

第一次参加高考,那年我刚满18周岁。那时候,母亲身体安康,尚能自主行动,母亲从老家赶赴县城前来陪我高考。

母亲是一名地道的农村妇女,穿着朴素,头上围着乡下女人出门时惯围的围巾。可以看得出,母亲头上的围巾是专门用来进城或者走访亲戚时才围的那条,平日里母亲的围巾,由于整日在田间劳作,在太阳的炙晒下,都早已是破旧泛白的。

或许是母亲的形象过于土气,以致我在那个不成熟的年龄多少有点嫌弃母亲,生怕母亲的出现让我在同学面前失面子。所以,对于母亲前来陪考,我从心底是不情愿的,但是母亲执意要来,我也只好顺从了。

我所就读的高中,距县城还有大约五公里的路途,当时学校条件差,没有专门的学生宿舍,我只好与同学合伙租住在学校附近的农户家。高考期间,家里条件较好的同学都随同父母去县城中,选择离考点较近的宾馆住宿。母亲见此情状,也执意要带我去县城中找旅社居住。

母亲含笑地摸了摸自己的口袋说:“钱够呢,别疼钱,咱们今年收成好着呢!”

我终究没有同意母亲的想法。

母亲带有几丝无奈,又带有几丝难过地默许了我的想法。

第一次高考,是人生第一场梦的开始。我和母亲住在了我的宿舍,我做了一个说不出故事的梦,母亲却彻夜未眠……

高考当天早上,母亲起得很早,她的一举一动都是那么地小心翼翼,生怕弄出丁点响声惊扰到我，又怕因疏忽大意而耽误了考试时间，她几乎是直盯着墙上的那块破表，默数着秒针跳动的节奏。起床时间到了，母亲走到我的头前，准备唤醒我。其实，我早已是虚睡，母亲的举动都已呈现在我半掩的眼角中。

在时间的催赶下，我和母亲乘坐了一辆“三马子”(当地一种三轮带篷的摩托出租车)来到了我的考点。

天空凝滞着几片乌云，镶嵌在蓝色的苍穹中，街道涌动着尽是学生和家长的身影，学校四周的几条街已经被戴着墨镜、穿着制服的交警用警戒线死死封锁，所有机动车辆已无法靠近考点，我和母亲只好下车徒步朝考点的方向走去，考点门口被家长和学生围得更是水泄不通，学校门口站着两名武警战士，威严而又肃穆。

母亲半辈子没出过远门，没见过什么世面，因此在这种严肃而正式的氛围下变得紧张起来也是情有可原。纵使如此，她依然强装笑颜不断地鼓励我，她喃喃地自言自语道:“还是要考大学呢，光看这阵势还了得呢!”

第一场语文顺利结束，虽说是两个半小时的考试时间，但对于考生来说只是落笔起笔的两个瞬间。语文考得不错，我迫不及待地冲向校门外，在涌动的人群中我寻觅着母亲的面庞。

映入我眼帘的是一位在人群中踮脚张望的母亲，她就是我的母亲啊！母亲的脸在正午太阳的炙烤下微微泛黑，额头的汗珠已浸湿了那围巾的边缘，她用力地向我招手……

我的心湿润了。

母亲不间歇地陪伴，让两天的考试不再孤单，每次走出考场，街区都装满了一种力量，那力量是一种神秘的诉说。在诉说与倾听中，我人生的第一次高考失败了。我恨我自己，失败的降临一定与我平日里的努力程度是密不可分的。高考成绩公布的那一刻，所有的隐痛、无助、不知所措，都是对一个学生三年来在欢笑中偷懒，在教师的教导中麻木的最好惩罚。

天空皱紧着眉头，时而有一缕微风拂过，正值六月炎日，大地的呼吸中夹杂着一股让人疲乏的热浪。母校的校园里往来着表情各异的学子。那时候，尚未实行网上填志愿，上录取资格线的同学会由班主任发给一张纸质志愿表，而像我这类落榜的失败者，连领取那张志愿表的资格都已失去。人生固残酷，或许剥夺那张志愿表的领取资格就是刺向我生命中第一把残酷的利刃。

我像个丢了东西的孩子，站在手持志愿表的同学身后，站在比我成绩低很多却手持志愿表的同学身边。人生的无奈与残酷往往就体现在那一瞬间的细节中，那种无奈与遗憾是种钻心的痛。

第一场没有硝烟的战争，我一败涂地。但失败让我蓄积了一种力量，恰是这种力量一直砥砺着我到现在。

咬紧牙关，在复读的教室搏战一年。那一年，所有的心思都很具体，失败带给我的创伤将热血汇集，挥洒在复读生活的每一个角落。

失败有时候真是一件好事。它可以让一个人清醒，让一个人成熟，让一个人驻足自省。感谢第一次高考的失败，一来给了我后来取得成功的力量；二来也帮我铭刻了父亲陪我高考的感人记忆。

在我第二次踏入高考考场的时候，父亲没有跟我商量，在高考的头一天早上就来到了县城。父亲是个老实人，忠厚善良了半辈子，勤俭持家了半辈子，平日几乎没出过远门。

这一次，父亲一定要来，眼神里透露出一种不服输的犟劲。父亲是个爱说话的人，在高考的头天晚上，仍旧不忘讲述平日里常给我讲的那几则他上小学时考试取得成功的故事。

在与父亲的闲聊和父亲的“专利”故事中入睡，算是解决了高考前夜所有考生最头疼的一个问题，我很幸运。

第二天一大早，我和父亲径直向考点走去。

“我想今年你肯定就考上了，不然还真就奇怪了。”父亲走在我的身边，边走边喃喃地说着。

我沉默不语，满脑子想的是语文试卷上的那每一种题型。

“不管咋样，你不要紧张，把心态放好。”父亲继续语重心长地安顿着、叮咛着。

熟悉的场景重现在了眼前。父亲和大多数父亲一样，簇拥着，张望着……

我一回身，父亲不知什么时候不见了，我急切地在人群中搜视，始终不见人影。

不一会儿，我回头一看，父亲从远处小跑着朝我过来。他手里攥着一瓶红牛饮料，走到我跟前，递给我说：“听说这个饮料提神，你待会儿喝上，好好考！”

父亲是个花钱很细疏的人，在平日里，父亲从不乱花一分钱，今天却为我买了他半辈子都未曾舍得买过的一瓶饮料。

我的内心抽搐了一下，难受极了。

那夺人的一幕，让我忽然感受到了一种无形的鞭策，我的心里有种难以启齿的痛苦，这种痛苦准确地说是种幸福的悲伤、感动的落寞。我揣着那瓶红牛饮料走进了考场，从未觉得一瓶饮料竟是那么的沉重。还好，我没有辜负父亲那份厚重的期望。

那年，我考中了。

高考成绩出来的那天，父亲早上刚到地里准备给牲口割草，当得知我的分数超过了一本分数线时，父亲激动得忘记了手里的活，跑回到了家中；母亲喜极而泣，流下了慈祥的眼泪；哥哥闻喜讯而不知所措，跑到理发店刮了光头以泄兴奋。

我的高考总算结束了。有人问，高考对于我意味着什么？我说，意味着命运，意味着体验与感受。

高考的确改变了我的命运，这无可厚非，但高考同样馈赠给了我对于人生中成败得失的体验，馈赠给了我对于父母那种朴实、平凡、伟大之爱的感受。一种踮脚张望的神情，一瓶红牛饮料折射的感动，无论多少岁月流逝，都将永远沉淀在我记忆的港湾。

前段时间，我和妻子回老家，妻子执意给父亲买了一箱红牛饮料，回到家中，我拿了一瓶，恭敬地递到了父亲的手中，父亲微笑着接过那瓶饮料，没说什么，眼圈微微泛红。

是啊！回报的确是个抽象的概念，只有感恩才是永恒的回馈。这么多年过去了，如今每当我走进高考监考的考点时，脑海中总会重现出曾经那刺心的一幕幕，仿佛就在昨天……

（作者为第一中学教师葸天霆，该文刊登于《罗山文苑》2017年第4期）

就这样坐着

就喜欢这样坐着
在乡下的老院

有月光,有蝉吟
有晚归农人惊醒的犬吠

年迈的老羊
守望篱笆
听着一树繁叶的脆响
咀嚼月光
风从他乡而来
打斜指缝的烟丝
依着老屋温热的身子
觅寻年久失修的诗意

就这样坐着
在乡下的老院
用几根锈迹斑斑的文字
缝补乡愁

(作者为回民中学教师赵凯峰,该文刊登于《罗山文苑》2018年第4期)

和温暖坐一会(五章)

一滴晨露

挨过贫寒,饱腹的日子很快到来。

许多饥肠辘辘的场景,像游不出河水的暗影,它拼命拔高。

云片走得很快,暗藏冷的季节,以一株株玉立的粮食递向季末。

我试图用生命耕种一片土地,再穷尽生命走完一条坚定的道路。

一滴露水，凝结光的透明，落入肥沃的泥土。

经历狂风，雷霆，承接前进的压力，种子还尚在地底，寒冷或饥饿都将缴械投降。

向贫寒捎去庄稼丰收的讯息，将辽阔和深远的贫瘠覆盖，树木撑起了天空的另一个角度。在风帆行经之后，我运用露水的体温，温暖一切悲情的思想。

微　醒

初生的雏鸟睁开眼睛。

整个世界都在它的眼里，清晰。溪流是潺潺的，跑着的牛羊，飞着的昆虫是自由的。

每个事物都露出最原始的模样，山野开满了鲜花，低语着花朵的秘密。

我摘下其中一朵，和好的消息放在一块，坡上的植物又开出了新的颜色。飞鸟回到故乡，我跟着飞鸟的影迹，与羊群相遇，把一草一木装进视线。风光很暖，比如一片树叶，一只蝴蝶，一粒石头。它们在我炽热的心跳声里汇成一条水量充沛的河流，让乡音变得馥郁。

根深处

站在荒草滩上，看到落入山谷的春天。

它一点一点从深谷抬高，直到把悬崖边的野花暖开。

根茎的内心，遭遇孤独，当根茎开始长高，长出绿叶，孤独散去。

根深处，大地把春天当作出口，严寒穿过青山，所有属于云端的飞鸟，纷纷在途中找到同伴。

梦境渐渐，与一片枫树林相互吸引，埋在根深处的那段凝固的时间作别冬天。

铆在晨曦头顶的阳光，正从远方照过来。

触及冷

不迟疑，高举信念。

触及刀锋，割去身体滋生病痛的部分。

健康，从破冰的斧子流淌出来，渗入每一条河流以及河流经过的每一座村庄。

啄木鸟作为大自然的医生,它既会治疗头痛,还会治愈炎症。

等到玉兰长大,稻谷成熟,我伸出一只手,获得植物内心蓄积的能量。

许多叫不出名字的花草,编织着向暖的信仰。

向山丘挺进,我选择一条布满荆棘的前程,决定在触及坎坷触及疼痛或冷之后,并见识风雨,雷电,感受善良,丑恶。在仰望微光的同时,我将决心从热爱每一粒泥土开始。

傍　晚

进入傍晚,多了些交流的声音。

露珠和鸟雀谈论时好时坏的气候,萤火虫和星辰讨论新生的动物,猜测它们的长相模样。

影响空气的汽笛声离城区越来越远,傍晚在马路的额头刻上思念的秘密。

我想到往事里恼人的那一段,突然又无从记起曾和我同行过的伙伴。

我把熟悉的事情罗列,躁动或者不安已经抵达布谷笙歌的地方。

我在傍晚的夜空下散步,拔掉与思念不相干的想法。

一阵鸟鸣而过,我把年华安放在一块富有重量的岩石,考量过往。

(作者为第四中学教师王娟,该文发表于《诗潮》2015年第3期)

逐心而行——“野荷谷”短聚

是否这可算作是千年前的一个约定,今天才得以兑现的承诺,走近你的时候,除了欣喜,除了欢畅,还有久违的激动。宝玉说,好似旧时相识,此刻我也有这种感觉。

自走进“野荷谷”脑子里的一切意念都被净化了,只剩下宁静和清新。天空中烟雨迷蒙,在细雨的黄昏中看景别有一番风味。也许是被都市的水泥丛林禁锢得太久，忽然踏进这满目流翠泻玉的山谷中，竟忘记了我自己，像一只初入林中的幼鸟兴奋之情无以言表。

“野荷谷”并不像她的名字，一点都不野，与奇秀的桂林，尊贵的黄山相比，她更像一位秀丽端庄的小家碧玉，没有那些名胜古迹的遐迩声誉却有着它们所不能及的幽雅宁静。

细雨将通往谷中的小道洗得清亮，纤尘不染，让人不忍踩上去，怕玷污它的纯洁。道两边是古藤攀援、绿树林立的断臂悬崖，虽是悬崖却一点都不盛气凌人，温和得像一位伟岸的父亲。山林中时不时地会窜出一两只兔子或冷不丁地飞出几只野鸡来给我们助兴，我更愿意相信它们是禁不住这美妙景色的诱惑跑出来宣泄内心的激动。林鸟啁啾，松柏苍翠，和着空气中湿润的雾气浣濯内心的杂乱，让我们负荷的心变得纯净轻柔。真想静静地驻足其间，久久的倾听鸟鸣。

一条潺潺的小溪一路伴我们同行，说是小溪但我很少看见流水，叮咚的声音是从连连的荷叶丛中传出来的，那荷叶如恋人的双臂，温柔而宽厚，拥着流水一路前行，不舍得让她受到任何外来的狎亵或玷污，并没见到荷花，我固执地认为水才是叶的热恋情人，因为有了荷叶溪水不再孤独，才可流淌得时而温情脉脉，时而抑扬顿挫，无论怎样都是内心欢喜的宣泄。

可惜我没有更多的时间流连于此，只是匆匆的来去，满怀的怅然如林中氤氲的雾霭挥散不去，只在小憩候车的空儿，赶紧移步林中，脚下软软的，像踩着棉垫。清新的花草，悄悄地散发着迷人的香气；静默在雨中的苍松，像安详的老人倾听虫鸟清唱；潺潺的溪水闪着晶莹的光……这一切都像童话故事里公主的梦幻花园里一样迷人。

有轻风袭来，雨拂过面，拂过心，那份内敛的清寂，那份恣意的倾情让心再次释然。原来，千山万水的跋涉寻觅，只为了这一刻彼此意会里的静默相对。看来喜欢一个地方，亦如喜欢一个人，简单到山长水远的想念之后，遇见，便如刹那般的一见如故。

（作者为第三中学教师李红，该文发表于《宁夏教育》2012年第Z1期）

童谣(一)

我们都是好娃娃，
学习认真有方法，
诚实守信无谎话，
讲究卫生为大家，
尊老爱幼人人夸，
同学都爱跟我耍，
奖状年年墙上挂。

童谣(二)

乡里娃，梦想大，
练能力，学文化。
我们盼望快长大，
长大致富自己家，
出力建设大宁夏，
更要复兴我中华。

(作者为柳泉中心小学教师齐刚，
该文获自治区文明办2013年度童谣征集评选二等奖)

蜡　笔

小小蜡笔真好看，
红色画太阳，
一个圆圈圈。
蓝色画小河，
三道弯弯线。
绿色画三角，
那是一座山。
各种颜色一起画，
画出祖国好河山。

(作者为永泉小学学生马家瑞，该文获
自治区文明办2013年度童谣征集评选一等奖)

第十六章　人　物

寒来暑往，春华秋实。风雨二十载，红寺堡的教育事业从无到有，一步步发展壮大，办学条件逐步改善，办学规模不断扩大，师资力量逐年提高，教学质量稳步提升，取得了学前教育、基础教育、高中教育、职业教育协同发展的喜人局面。在红寺堡教育事业的发展进程中，涌现出一批爱岗敬业、无私奉献、倾情教育、锐意进取的教育人物，他们为推进红寺堡教育均衡、优质、和谐发展做出了巨大贡献。此章分别以简介、表录和名录的形式记载红寺堡教育人物。

第一节　人物简介

一、省部级荣誉获得者（除陈真、沙渊聪外，其余人物按出生年月排序）

陈　真

陈　真　男，汉族，生于1987年5月，隆德县上梁乡人，共青团员，生前系大河中学初三(2)班学生。2003年6月19日，他与同班同学朱小龙等4人在扬黄灌溉三干渠315斗口采取手拉手的方式营救素不相识的落水青年，因体力不支滑入渠中，献出了年仅16岁的宝贵生命。红寺堡开发区各学校开展了“学陈真、找差距、做贡献”主题教育，红寺堡开发区、吴忠市、自治区先后分别追授陈真“见义勇为少年”“优秀共青团员”称号。

沙渊聪

沙渊聪　男，回族，生于1996年7月，西吉县沙沟乡人，生前系红寺堡中学七年级(4)班学生。2010年7月5日下午，沙渊聪在红寺堡城北生态园区蓄水池中救助滑落水中的同学，终因力气耗尽，被池水无情吞噬。2010年8月，红寺堡区委、区政府授予沙渊聪“舍己救人好少年”称号，自治区团委、少工委追授沙渊聪为“全区优秀少先队员”。2011年2月沙渊聪被评为“感动宁夏2010年度人物”，2011年3月入选“中国好人榜”，2016年6月被自治区人民政府追授为烈士。

吴风虎

吴风虎　男，汉族，1961年2月出生，同心县下马关乡人，中共党员，本科学历，中学语文高级教师。1982年7月参加工作，2000年9月从同心县红城水中学调入红寺堡。曾任红寺堡中学党支部书记、副校长，第二中学、回民中学、第一中学校长，教育局督导室主任。2009年9月被教育部授予“全国优秀教育工作者”称号，2012年6月被自治区党委授予“2010—2012年全区创先争优优秀共产党员”称号。

李树林

李树林　男，汉族，1963年1月出生，西吉县新营乡人，本科学历，中学语文高级教师。1981年9月参加工作，1999年9月从西吉县白城中学调入红寺堡，先后在大河中学、红寺堡开发区工委组织部、教研室、红寺堡中学、第二中学工作。2002年2月被自治区人民政府评为“先进工作者”，2005年10月被中央教科所评为“全国优秀教研员”。

宋兴珍

宋兴珍　男，汉族，1963年5月出生，同心县新庄集乡人，中共党员，本科学历，中学思政高级教师。1984年7月参加工作，2002年4月随同心县新庄集乡整体划归调入红寺堡。曾任南川乡中心学校副校长、红寺堡镇中心学校校长、新庄集中心学校校长、红寺堡区青少年活动中心主任。2007年9月被自治区人民政府评为“优秀教师”。

糟成荣

糟成荣　男，回族，1964年8月出生，海原县李俊乡人，中共党员，大专学历，中学数学高级教师。1985年7月参加工作，2000年3月从海原县月牙湖吊庄学区调入红寺堡，先后在新泉小学、买河小学、沙泉中心小学任教并担任校长，曾任太阳山镇中心小学校长、柳泉中心学校党支部书记。2005年4月被自治区党委、人民政府评为“先进工作者”，2009年5月获自治区“五一劳动奖章”。

张治乾

张治乾　男，回族，1964年9月出生，彭阳县沟口乡人，中共党员，本科学历，中学语文高级教师，红寺堡区延安精神研究会秘书长，吴忠市作家协会副主席。1983年7月参加工作，2003年9月从彭阳县沟口中学调入红寺堡，先后在红寺堡中学、教育文体广电局、第二中学、第三中学工作，曾任教育文体广电局办公室主任，第二中学党支部书记、副校长。2011年6月被自治区党委授予“优秀共产党员”称号。

海生江

海生江　男，回族，1965年11月出生，彭阳县王洼乡人，大专学历，小学数学高级教师。1983年6月参加工作，2006年7月从彭阳县王洼镇花芦小学调入红寺堡，先后在光彩小学、回民小学任教。2000年9月被自治区人民政府、福建省教育委员会评为“贫困地区优秀中小学校长”。

赵吉玲

赵吉玲　女，汉族，1966年3月出生，同心县新庄集乡人，中共党员，大专学历，小学语文高级教师，吴忠市名师，自治区级骨干教师。1987年7月参加工作，2000年10月从同心县新庄集学区调入红寺堡镇中心小学任教，曾任红寺堡镇中心学校常务副校长，第一小学副校长、党支部书记。2003年8月被自治区人民政府评为“优秀教师”，2012年2月被自治区人民政府授予“小学语文特级教师”称号。

马　莉

马　莉　女，回族，1969年5月出生，同心县韦州镇人，本科学历，小学语文高级教师，吴忠市名师，自治区级骨干教师，教育部课程教材研究所优秀教研员。2002年2月从同心县韦州中心学校调入红寺堡，先后在红寺堡镇中心小学、红寺堡小学、回民小学、教培中心、第三小学工作。曾任回民小学副校长、教培中心副主任、第三小学校长。2018年11月被自治区党委、自治区人民政府评为“教书育人楷模”。

余学荣

余学荣　女，汉族，1970年4月出生，青铜峡市小坝镇人，本科学历，中学英语高级教师，吴忠市名师，自治区级骨干教师。1993年7月参加工作，2005年5月从青铜峡水泥厂子弟学校调入红寺堡中学任教。2009年9月被自治区人民政府评为“优秀教师”。

吴梅章

吴梅章　女，汉族，1970年8月出生，盐池县青山乡人，大专学历，小学美术高级教师。1990年8月参加工作，2009年9月随行政区划调整调入红寺堡，一直在太阳山第三小学(原盐池县惠安堡灌区第三小学)任教。2018年11月被自治区党委、自治区人民政府评为“教书育人楷模”。

卡世明

卡世明　男，回族，1971年5月出生，海原县贾塘乡人，中师学历，小学数学高级教师。1991年7月参加工作，2001年10月从海原县贾塘学区调入红寺堡，先后在幸福小学、河水小学、东源小学任教。曾任河水小学、东源小学校长。2015年1月获中国青少年发展基金会“中国名师联盟·希望工程园丁奖”。

马彦霞

马彦霞　女，回族，1971年8月出生，同心县马高庄乡人，大专学历，小学数学教师。1991年7月参加工作，2014年10月从同心县第一幼儿园调入红寺堡，先后在豹子滩小学、新庄集中心小学、幸福小学任教。2001年9月获中国中小学幼儿教师奖励基金会“陈香梅教育基金会第三届优秀教师奖”。

刘新巧

刘新巧　女，汉族，1972年12月出生，隆德县凤岭乡人，中共党员，本科学历，中学语文高级教师，吴忠市名师，自治区级骨干教师。1992年7月参加工作，2002年10月从隆德县沙塘镇中心小学调入红寺堡，先后在红寺堡小学、第二小学任教。曾任红寺堡小学副校长，第二小学党支部书记、副校长。2012年2月被自治区人民政府授予“小学语文特级教师”称号。

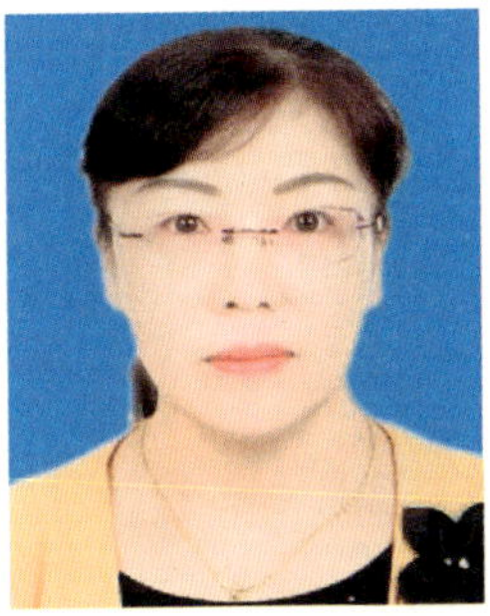
年玉玲

年玉玲　女，汉族，1972年12月出生，同心县韦州镇人，大专学历，小学语文高级教师。1992年7月参加工作，2006年8月从同心县韦州镇中心学校调入红寺堡，先后在柳泉小学、第一小学任教。2014年9月被自治区人民政府评为“优秀教师”。

周宏文

周宏文　男，回族，1973年9月出生，海原县蒿川乡人，中共党员，本科学历，小学数学教师。1995年7月参加工作，2001年10月从海原县关桥乡贺堡小学调入红寺堡，先后在红寺堡镇中心学校、回民小学任教。2018年11月被自治区党委、自治区人民政府授予“师德标兵”称号。

金忠礼

金忠礼　男，回族，1974年2月出生，同心县韦州镇人，中共党员，本科学历，中学思政高级教师。1999年8月参加工作，2000年8月从同心县新庄集中学调入红寺堡。先后在红寺堡镇中学、红寺堡中学、第二中学、回民中学、第四中学任教，曾任回民中学副校长，第四中学党支部书记，第二中学党支部书记、校长。2007年9月被教育部评为“全国中小学优秀班主任”，2009年9月被教育部评为“全国优秀教师”。

郭一鸣

郭一鸣　男,汉族,1974年2月出生,彭阳县白阳镇人,中共党员,本科学历,中学英语高级教师,吴忠市名师,自治区级骨干教师。1998年7月参加工作,2006年5月从国营长山头机械化农场中学调入红寺堡。先后在第二中学、教培中心、教育局综合办公室、党建办公室、第三中学工作,曾任教育局综合办公室副主任、党建办公室主任、第三中学党支部书记。2014年12月、2015年3月先后被国家基础教育实验中心外语教育研究中心和中国教师发展基金会评为“第三届全国中小学外语教师教学能手”和“第三届全国中小学外语教学名师”。

冶　岚

冶　岚　女,回族,1974年10月出生,西吉县兴隆镇人,大专学历,小学语文高级教师。1995年8月参加工作,1999年3月从西吉县兴隆镇玉桥小学调入红寺堡,先后在大河三小、第一小学、柳泉中心小学任教。2018年11月被自治区党委、自治区人民政府评为“教书育人楷模”。

马千里

马千里　男,回族,1977年12月出生,彭阳县新集乡人,中共党员,大专学历,小学数学高级教师,自治区级骨干教师。1997年7月参加工作,2003年4月从彭阳县新集中心学校调入红寺堡,先后在红寺堡镇二小、东源小学、上源小学、燕宝小学、大河中心小学任教。曾任燕宝小学校长,大河中心学校党支部书记、校长。2014年9月被自治区人民政府评为“优秀教师”。

周学梅

周学梅　女,汉族,1980年5月出生,同心县新庄集乡人,本科学历,小学数学教师,吴忠市名师,自治区级骨干教师。2000年8月参加工作,2002年4月随同心县新庄集乡整体划归调入红寺堡,先后在红寺堡镇中心学校、第二小学、第三小学任教,曾任第三小学副校长,2018年9月始任第三小学校长。2011年2月被自治区人民政府授予“优秀教师”称号。

石金海

石金海　男，汉族，1981年12月出生，盐池县青山乡人，本科学历，中学物理教师，自治区级骨干教师。2003年8月参加工作。历任第一中学理化生教研组组长、教务处干事、教务主任，2018年9月始任第一中学副校长。2009年5月获自治区“五一劳动奖章”。

惠　楠

惠　楠　女，汉族，1982年7月出生，彭阳县草庙乡人，中共党员，本科学历，小学语文教师。2003年8月参加工作，先后在红寺堡小学、太阳山镇中心学校、第三小学、大河中心小学任教，曾任第三小学副校长、大河中心小学校长。2018年11月被自治区党委、自治区人民政府授予“师德标兵”称号。

秦雅云

秦雅云　女，汉族，1982年12月出生，固原县七营乡人，中共党员，本科学历，中学美术教师。2004年8月参加工作，先后在太阳山镇中心学校、第二中学任教。2018年6月被国家禁毒委员会评为“全国青少年毒品预防教育‘6·27’工程优秀教师”，2018年11月被自治区党委、自治区人民政府授予“师德标兵”称号。

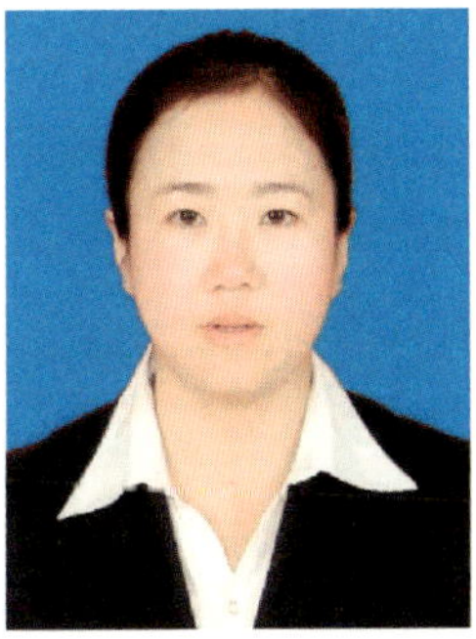
李晓娟

李晓娟　女，汉族，1984年2月出生，隆德县城关镇人，中共党员，本科学历，中学英语教师，自治区高层次人才，吴忠市优秀人才，自治区优秀后备拔尖人才。2004年8月参加工作，先后在第二中学、回民中学任教。2014年9月被教育部授予“全国优秀教师”称号，2013年9月获“全国身边的张丽莉最美女教师”称号，曾受到中国教育频道、宁夏电视台等多家媒体的宣传报道。

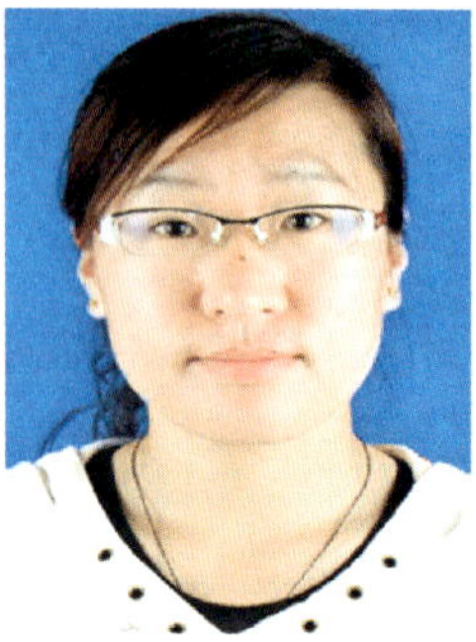
姜　宁

姜　宁　女,汉族,1984年6月出生,辽宁省朝阳市喀左县人,中共党员,本科学历,中学语文教师。2008年8月参加工作,先后在豹子滩小学、回民中学任教。她和患有强直性脊柱炎的回族男友马晓强恋爱并走进了婚姻的殿堂。“十几年来,她既倾心于教育教学,又悉心照料患病的丈夫,对爱情坚贞不渝,对事业执着追求”。先后获评“吴忠好青年”“最美吴忠人”“宁夏好人”,并获“宁夏民族团结进步人物提名奖”,曾被《宁夏日报》《中国青年报》、中央电视台财经频道等多家媒体报道。

陈　艳

陈　艳　女,汉族,1984年7月出生,平罗县陶乐镇人,本科学历,中学英语教师,吴忠市名师,自治区级骨干教师。2004年8月参加工作,先后在第一中学、职业技术学校任教。2011年2月被自治区人民政府授予“优秀教师”称号。

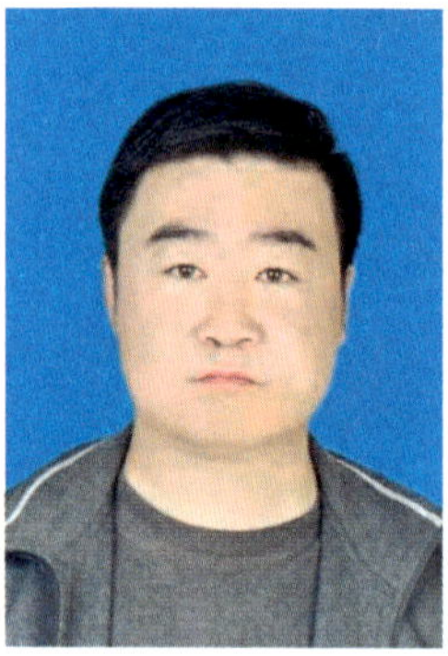
赵凯峰

赵凯峰　男,汉族,1984年11月出生,西吉县田坪乡人,本科学历,中学语文教师。2008年8月参加工作,先后在南川乡中心小学、回民中学任教。2012年9月,因勇救落水儿童被红寺堡区人民政府评为“见义勇为先进个人”,2013年11月获“首届吴忠好青年”称号,同年11月入选“中国好人榜”,2015年7月被自治区精神文明建设指导委员会授予“第四届自治区道德模范”称号。曾被吴忠电视台、《宁夏日报》等多家媒体报道。

二、最美乡村教师(按出生年月排序)

马玉武

马玉武　男,回族,1959年7月出生,同心县新庄集乡人,中共党员,大专学历,小学语文高级教师。1978年3月参加工作,2000年9月从同心县新庄集乡李寨科小学调入红寺堡,先后在中圈塘小学、红阳小学、中川小学任教,曾任中川小学校长。扎根乡村教育39年,2017年9月被自治区政协办公厅、自治区教育厅评为“最美乡村教师”。

王万林

王万林　男，汉族，1960年6月出生，彭阳县古城乡人，大专学历，小学语文高级教师。1978年7月参加工作，1999年8月从彭阳县古城镇中川小学调入红寺堡，先后在大河四小、大河六小、大河七小任教，曾任大河四小校长。扎根乡村教育38年，2016年9月被自治区政协办公厅、自治区教育厅评为“最美乡村教师”。

李海元

李海元　男，汉族，1962年5月出生，同心县新庄集乡人，中共党员，中专学历，小学数学高级教师。1989年4月参加工作，2000年8月从同心县新庄集乡火龙沟学校调入红寺堡，一直在红寺堡中心小学任教。扎根乡村教育28年，2017年9月被自治区政协办公厅、自治区教育厅评为“最美乡村教师”。

杨　平

杨　平　男，汉族，1963年7月出生，隆德县好水乡人，大专学历，小学数学高级教师。1983年7月参加工作，2001年2月从隆德县好水学区崖联小学调入红寺堡，先后在梨花小学、沙草墩小学、双台小学、南角湾小学任教。扎根乡村教育32年，2016年9月被自治区政协办公厅、自治区教育厅评为“最美乡村教师”。

蒙国正

蒙国正　男，汉族，1964年11月出生，隆德县温堡乡人，大专学历，小学语文高级教师。1985年7月参加工作，2000年9月从泾源县兴盛学校调入红寺堡，先后在中泉小学、豹子滩小学、柳泉中心小学、甜水河小学任教。扎根乡村教育30年，2015年9月被自治区政协办公厅、自治区教育厅评为“最美乡村教师”。

赵宗林

赵宗林　男,汉族,1965年2月出生,隆德县好水乡人,大专学历,小学语文高级教师。1986年7月参加工作,2002年1月从隆德县好水学区中台小学调入红寺堡,先后在沙草墩小学、东川小学、白墩小学、西川小学任教。扎根乡村教育32年,2015年9月被自治区政协办公厅、自治区教育厅评为“最美乡村教师”。

张世明

张世明　男,汉族,1965年7月出生,隆德县联财镇人,大专学历,小学语文高级教师。1987年7月参加工作,2000年9月从隆德县联财东光小学调入红寺堡,一直在沙泉小学(柳泉中心小学)任教,扎根乡村教育30年,2017年8月被自治区政协办公厅、自治区教育厅评为“最美乡村教师”。

李志芳

李志芳　女,回族,1966年4月出生,彭阳县新集乡人,中专学历,小学语文高级教师。1990年7月参加工作,2006年5月从彭阳县新集乡中心小学调入红寺堡,先后在中川小学、大河四小、大河中心小学、大河六小、大河五小任教。扎根乡村教育24年,2015年9月被自治区政协办公厅、自治区教育厅评为“最美乡村教师”。

张有贵

张有贵　男,汉族,1966年4月出生,隆德县杨沟乡人,大专学历,小学数学高级教师。1987年7月参加工作,2000年9月从隆德县杨沟乡学区调入红寺堡,先后在东泉小学、柳泉中心小学任教。扎根乡村教育31年,2018年9月被自治区政协办公厅、自治区教育厅评为“最美乡村教师”。

马天魏

马天魏 男，汉族，1967年3月出生，海原县罗川乡人，大专学历，小学数学高级教师。1987年9月参加工作，1999年2月从海原县罗川学区调入红寺堡，先后在大河一小、大河六小、大河十一小、大河九小任教。扎根乡村教育30年，2017年8月被自治区政协办公厅、自治区教育厅评为“最美乡村教师”。

马有贵

马有贵 男，回族，1968年4月出生，彭阳县古城乡人，大专学历，小学语文高级教师。1991年3月参加工作，2003年9月从彭阳县古城镇挂马沟小学调入红寺堡，先后在黄羊滩小学、东源小学、朝阳小学任教。扎根乡村教育28年，2018年9月被自治区政协办公厅、自治区教育厅评为“最美乡村教师”。

虎久娥

虎久娥 女，汉族，1968年6月出生，彭阳县冯庄乡人，大专学历，小学数学高级教师。1985年7月参加工作，2001年12月从彭阳县冯庄乡上岔小学调入红寺堡，先后在白墩小学、河水小学任教。扎根乡村教育30年，2015年9月被自治区政协办公厅、自治区教育厅评为“最美乡村教师”。

张树俭

张树俭 男，汉族，1968年7月出生，同心县张家塬乡人，中共党员，大专学历，小学数学高级教师。1987年9月参加工作，2006年3月从同心县张家塬中心学校调入红寺堡，一直在太阳山中心小学任教。曾任太阳山中心小学校长，太阳山中心学校党支部书记。扎根乡村教育30年，2017年7月被自治区政协办公厅、自治区教育厅评为“最美乡村教师”。

马清贵

马清贵 男,回族,1968年8月出生,隆德县张程乡人,大专学历,小学数学高级教师。1989年7月参加工作,2000年10月从泾源县兴盛乡上金小学调入红寺堡,先后在沙泉二小、富康小学任教,2003年9月始任富康小学校长。扎根乡村教育29年,2016年9月被自治区政协办公厅、自治区教育厅评为“最美乡村教师”。

王新科

王新科 男,汉族,1968年12月出生,隆德县陈靳乡人,大专学历,小学数学高级教师,1989年7月参加工作,2006年4月从隆德县山河学区石碑小学调入红寺堡,先后在杨柳小学、高口小学、沙草墩小学任教,曾任沙草墩小学校长。扎根乡村教育29年,2018年9月被自治区政协办公厅、自治区教育厅评为“最美乡村教师”。

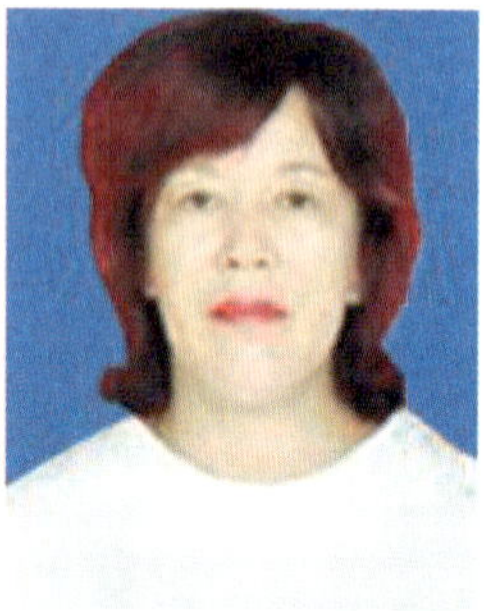
王丽霞

王丽霞 女,汉族,1969年7月出生,泾源县蒿店乡人,大专学历,小学语文高级教师。1989年9月参加工作,2003年从泾源县白面镇冶家小学调入红寺堡,先后在大河二小、大河七小、大河八小、大河六小任教。扎根乡村教育29年,2018年9月被自治区政协办公厅、自治区教育厅评为“最美乡村教师”。

马建学

马建学 男,回族,1971年11月出生,海原县九彩乡人,中共党员,本科学历,小学数学高级教师。1989年7月参加工作,2000年9月从海原县九彩学区调入红寺堡,先后在沙泉中学、柳泉小学、新泉小学、柳泉中心小学任教。1999年4月被自治区人民政府、福建省教育委员会评为“贫困地区优秀中小学班主任”。扎根乡村教育27年,2016年9月被自治区政协办公厅、自治区教育厅评为“最美乡村教师”。

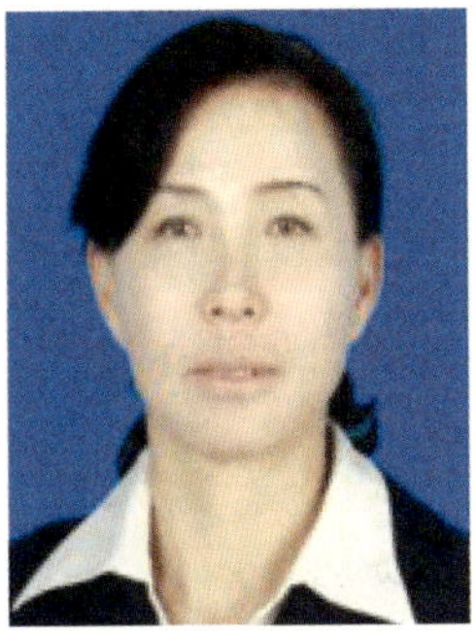
江金凤

江金风　女，汉族，1972年1月出生，同心县韦州镇人，大专学历，小学语文教师。1992年3月参加工作，2014年9月从同心县韦州镇新庄小学调入红寺堡区太阳山中心小学任教。扎根乡村教育23年，2015年9月被自治区政协办公厅、自治区教育厅评为“最美乡村教师”。

李廷明

李廷明　男，回族，1972年12月出生，彭阳县新集乡人，大专学历，小学语文高级教师。1993年7月参加工作，2006年5月从中宁县大战场马家梁学校调入红寺堡，先后在红寺堡镇中心学校、回民小学任教。1998年2月被自治区人民政府、福建省教育委员会评为“贫困地区优秀中小学教师”。扎根乡村教育25年，2018年9月被自治区政协办公厅、自治区教育厅评为“最美乡村教师”。

张小娟

张小娟　女，汉族，1973年12月出生，同心县下马关乡人，大专学历，小学语文教师。1996年9月参加工作，一直在太阳山红沙窝教学点任教。扎根乡村教育19年，2015年9月被自治区政协办公厅、自治区教育厅评为“最美乡村教师”。

马少军

马少军　男，汉族，1973年12月出生，海原县关庄乡人，大专学历，小学数学高级教师。1993年7月参加工作，2001年3月从海原县关庄学区调入红寺堡，先后在新泉小学、柳泉小学任教。扎根乡村教育22年，2015年9月被自治区政协办公厅、自治区教育厅评为“最美乡村教师”。

张　芳

张　芳　女，汉族，1974年3月出生，同心县韦州镇人，本科学历，小学语文高级教师。1993年7月参加工作，2006年7月从同心县韦州镇巴庄小学调入太阳山中心小学任教。扎根乡村教育25年，2018年9月被自治区政协办公厅、自治区教育厅评为“最美乡村教师”。

秦　辉

秦　辉　男，回族，1974年10月出生，彭阳县新集乡人，大专学历，小学语文高级教师。1992年7月参加工作，2003年9月从彭阳县新集乡上蔡学校调入红寺堡，先后在朝阳小学、燕宝小学任教。扎根乡村教育26年，2018年9月被自治区政协办公厅、自治区教育厅评为“最美乡村教师”。

杨占成

杨占成　男，回族，1975年10月出生，彭阳县交岔乡人，大专学历，小学数学高级教师。1997年7月参加工作，2006年5月从彭阳县王洼学区调入红寺堡，先后在大河一小、大河中心小学、大河九小、大河十小任教。扎根乡村教育18年，2015年9月被自治区政协办公厅、自治区教育厅评为“最美乡村教师”。

三、教育行政人物(按在红寺堡任教育行政职务时间先后排序)

滑志敏

滑志敏　男，汉族，1968年2月出生，同心县下马关乡人，中共党员，中央党校研究生学历。1991年7月参加工作，1998年12月从同心县调入红寺堡，1999年1—5月在社会事业局工作，1999年5—11月担任社会事业局副局长，1999年11月至2002年3月担任社会事业局局长。

杨存葆

杨存葆 男，回族，1962年5月出生，灵武市郝家桥乡人，中共党员，本科学历。1978年7月参加工作。2000年3月从灵武市调入红寺堡，2000年5月至2001年8月任社会事业局党支部书记兼任社会事业二局局长。在职期间，主持了红寺堡开发区各乡(镇)中小学校接收和教育教学启动工作，通过建章立制，理顺管理体制，使红寺堡教育教学工作步入正轨。

李富英

李富英 男，汉族，1969年8月出生，隆德县桃园乡人，中共党员，大专学历。1990年7月参加工作，1999年4月从隆德县人口与计划生育局调入红寺堡。2001年3月至2002年1月任社会事业二局副局长。在职期间，主要负责教师调动，教师职称评审，教学装备配备，教学常规管理，曾组织红寺堡开发区第二期“国家贫困地区义务教育工程”项目的申报与实施。

鄢 钰

鄢 钰 男，回族，1963年8月出生，同心县喊叫水乡人，中共党员，中央民族大学研究生学历，中学数学高级教师。1981年9月参加工作，2001年8月从同心县调入红寺堡开发区社会事业局任党支部书记兼社会事业二局局长，2002年3月至2003年2月任教育文体广电局局长。2010年1月至2014年3月任教育局局长。在职期间，实现了红寺堡教育“创强”和“普高”目标，启动了“校园文化艺术节”，实施了“校安工程”，强化了教育信息化设备配备。

黎晓芳

黎晓芳 女，汉族，1964年7月出生，中宁县枣园乡人，中共党员，本科学历。1985年7月参加工作，2001年2月从海原县调入红寺堡。2002年3—12月，任教育文体广电局副局长，分管小学教育、广播电视工作。2003年3月至2005年12月任教育文体广电局党总支书记、局长。在职期间，实现了红寺堡教育“两基”目标，争取项目改扩建学校40所，实施了远程教育“校校通”工程。

张耀忠

张耀忠　男，汉族，1966年7月出生，西吉县马建乡人，中共党员，本科学历，中学语文高级教师。1986年7月参加工作，2001年3月从西吉县调入红寺堡镇中学，先后任红寺堡开发区高级中学校长、红寺堡中学校长。2002年6月至2003年8月任教育文体广电局副局长，分管文化、体育、中学教育工作，负责编制《红寺堡开发区教育发展规划(2003—2007年)》。2005年1月任红寺堡开发区管委会正科级督学，2005年12月至2006年8月任教育事务管理中心主任，指导建立教师培训机制。

张伏荣

张伏荣　男，汉族，1966年9月出生，灵武市新华桥乡人，中共党员，大专学历。1988年7月参加工作，2000年8月从灵武市调入红寺堡。2003年3月至2008年1月任教育文体广电局(教育体育局)副局长，曾分管基础教育、教学研究、教师培训、远程教育、招生考试、职称评审、综治安全工作。

周　刚

周　刚　男，回族，1970年8月出生，同心县纪家乡人，中共党员，本科学历。1989年7月参加工作，2001年9月从同心县河东学区调入红寺堡，历任教育文体广电局小教干事、白墩乡教育领导小组副组长，2003年4月至2005年11月任教育文体广电局副局长，曾分管“两基”、教育督导、综治安全、人事职改、学前教育、体卫艺工作。

杨进才

杨进才　男，回族，1966年5月出生，彭阳县新集乡人，中共党员，本科学历。1990年7月参加工作，1999年5月从彭阳县调入红寺堡。2006年1—3月任教育体育局党总支书记、局长，在职期间，确定开展教育系统“质量管理年”活动，组织了“整顿校风、端正学风、全面提高教育教学质量大讨论”活动。

杨金花

杨金花　女，回族，1973年8月出生，西吉县火石寨乡人，中共党员，宁夏党校研究生学历。1995年7月参加工作，2000年3月从海原县调入红寺堡，2000年3月至2002年3月在红寺堡镇七小任教，2006年1月至2010年1月任教育体育局副局长，分管教师职称评审、体卫艺、办公室工作，2017年1月始任教育局党委书记、局长。在职期间，实现了红寺堡区义务教育基本均衡发展目标，实施教育教学改革，争取政府支持提高校长、书记、班主任及三级骨干教师待遇，完善教育系统人事管理、人才选拔培养、评先选优等制度。

马建明

马建明　男，汉族，1957年3月出生，同心县马高庄乡人，中共党员，中专学历。1976年1月参加工作，2002年4月随同心县新庄集乡整体划归调入红寺堡，2006年1月调入教育事务管理中心任主任科员。2008年9月至2017年2月任红寺堡开发区（红寺堡区）关心下一代工作委员会专职副主任，兼教育体育局（教育局）关工委办公室主任，2017年3月退休。

魏国喆

魏国喆　男，汉族，1972年3月出生，彭阳县孟塬乡人，中共党员，本科学历。1992年7月参加工作，2001年11月从彭阳县冯庄中学调入红寺堡，先后在朝阳小学、红寺堡中学、第二中学任教。曾借调至“红寺堡开发区保持共产党员先进性教育活动领导小组办公室”“科学发展观领导小组办公室”、发改局等部门工作。2006年2月至2009年10月任教育事务管理中心副主任，2012年2月始任教育考试中心主任。曾分管基础教育、职业教育、条件装备、教育考试、学生资助、体卫艺及群团工作。

苏宗荣

苏宗荣　男，回族，1962年4月出生，同心县韦州镇人，中共党员，本科学历。1978年10月开始在兰州军区服役，1984年1月参加工作，2002年4月随同心县新庄集乡整体划归调入红寺堡。2006年3月至2009年12月任教育体育局（教育局）局长。在职期间，实施教学、人事、财务等系列改革，推行教师、校长“空岗竞聘”制度，组织开展“学科教研进课堂活动”，对学校布局进行优化调整。

刘鹏跃

刘鹏跃　男,汉族,1963年9月出生,隆德县凤岭乡人,大专学历。1983年7月参加工作,1999年2月从泾源县第二中学调入红寺堡,先后在大河六小、大河三小(附设初中班)任教。2000年8月至2002年2月在社会事业局工作,2006年8月至2009年10月任教育事务管理中心主任,负责制订了红寺堡最早的教育教学管理制度。2006年8月至2017年1月任教育体育局(教育局)副局长,2017年2月始任教育局主任科员,曾分管教研培训、财务管理、教育资助工作。

李荣国

李荣国　男,汉族,1963年3月出生,同心县新庄集乡人,中共党员,本科学历。1981年10月参加工作,2000年10月从同心县调入红寺堡。2007年5月至2014年8月任教育体育局(教育局)党委书记,主抓党建和党风廉政建设工作。曾分管教育宣传、人事管理、干部教育、群团工作。任职期间,理顺教育系统党组织关系,完善教育系统党的建设制度,建立教育系统党内监督机制。

王　举

王　举　男,回族,1971年2月出生,固原县红庄乡人,大专学历。1994年8月参加工作,2000年9月从固原县红庄中学调入红寺堡镇中学任教,2004年1月调出教育系统。2008年2月至2009年10月任教育事务管理中心副主任,2010年2月至2012年1月任教育局副主任科员,曾分管教育宣传、综治安全、体卫艺及群团工作。

伏建军

伏建军　男,汉族,1970年6月出生,西吉县苏堡乡人,中共党员,大专学历,小学语文高级教师。1990年7月参加工作,2001年2月从西吉县三合乡庙坪小学调入红寺堡,先后在沙泉中心学校、教育文体广电局工作。2008年2月至2009年10月任教育体育局党委委员、教育事务管理中心副主任,2012年2月始任红寺堡区人民政府教育督导室主任,2015年7月至2017年2月兼任教育局党委纪委书记。曾分管基础教育、精神文明建设、教育宣传工作。

张学仁

张学仁　男，汉族，1966年2月出生，彭阳县孟塬乡人，中共党员，本科学历。1988年7月参加工作，2000年10月从彭阳县刘塬乡人民政府调入红寺堡。2012年2月始任教育局副主任科员，曾分管人事调动、教师职称评定、教师资格认定、职业教育、成人教育及群团工作。

锁金银

锁金银　男，回族，1981年12月出生，彭阳县古城乡人，本科学历，中共党员。2003年7月参加工作，先后在红沟窑小学、红崖湾小学任教，2007年7月调出教育系统。2012年6月至2017年10月任教育局党委委员、副局长，2012年7月至2013年4月兼任第一中学校长。曾分管学前教育、基础教育、综治安全、项目建设工作。

孙　冲

孙　冲　男，汉族，1970年12月出生，彭阳县小岔乡人，中共党员，本科学历。1991年7月参加工作，2001年3月调入红寺堡镇中学任教，2002年11月调入教育文体广电局工作，曾任综合办公室主任、局机关党支部书记，2014年3月至2017年1月任教育局党委书记、局长。在职期间，推行实施"高效课堂"，争取学校基础建设项目，推进义务教育均衡发展，对学校布局进行优化调整。

童仲志

童仲志　男，汉族，1985年2月出生，同心县韦州镇人，中共党员，本科学历。2005年7月参加工作，先后在太阳山镇九年制学校、第二中学任教，2010年12月调出教育系统。2017年10月始任教育局副局长，分管综治安全、信访维稳、项目建设、营养改善、校园风险防范等工作。

冯进海

冯进海 男，回族，1981年3月出生，海原县关桥乡人，中共党员，本科学历。2005年7月参加工作，先后在石炭沟九年制学校、大河九年制学校、红寺堡中学任教，2010年12月调出教育系统。2018年2月始任教育局党委委员、副局长，分管学前教育、基础教育、民办教育、特殊教育、财务装备、教研培训、教育信息化、教育扶贫、学生资助等工作。

第二节　人物表录

一、市厅级及以上荣誉获得者(按表彰文件及时间先后排序)

2001—2018年红寺堡教育系统市厅级及以上荣誉获得者一览表

表16-1

姓　名	性别	民族	工作单位	荣誉名称	获得时间	颁发单位
杜宏宇	男	汉族	红寺堡镇中学	自治区优秀教师	2001年8月	自治区教育厅、人事厅
张志斌	男	汉族	大河四小	全区中小学教研工作先进个人	2002年2月	自治区教育厅
赵　祥	男	汉族	红寺堡镇五小	全区中小学教研工作先进个人	2002年2月	自治区教育厅
杨国繁	男	汉族	大河三小	基础教育先进个人	2002年8月	吴忠市人民政府
马永建	男	回族	红寺堡镇教委	基础教育先进个人	2002年8月	吴忠市人民政府
马　莉	女	回族	红寺堡镇五小	小学语文学科优秀教师	2002年9月	吴忠市人民政府
杨　芳	女	汉族	马士基希望小学	小学数学学科优秀教师	2002年9月	吴忠市人民政府
冶　岚	女	回族	马士基希望小学	全市文化教育工作先进个人	2003年1月	吴忠市人民政府
张振红	女	汉族	马士基希望小学	全市文化教育工作先进个人	2003年1月	吴忠市人民政府
吴殿荣	男	汉族	红寺堡中学	全市文化教育工作先进个人	2003年1月	吴忠市人民政府
赵吉玲	女	汉族	红寺堡小学	贫困地区地市级以上中小学骨干教师	2003年7月	福建省教育厅 自治区教育厅
任世伟	男	回族	红寺堡中学	贫困地区地市级以上中小学骨干教师	2003年7月	福建省教育厅 自治区教育厅
汪佩军	男	汉族	红寺堡中学	贫困地区地市级以上中小学骨干教师	2003年7月	福建省教育厅 自治区教育厅
吴凤虎	男	汉族	红寺堡中学	“九一〇教育奖章”获得者	2003年9月	自治区总工会、教育厅
杨克虎	男	回族	红寺堡小学	全区中小学教师继续教育先进工作者	2004年4月	自治区教育厅
马奋山	男	回族	教育文体广电局	全区中小学教师继续教育先进工作者	2004年4月	自治区教育厅
马英选	男	回族	石炭沟开发区中心学校	贫困地区中小学优秀班主任	2004年9月	自治区教育厅 福建省教育厅
王小玲	女	汉族	西川小学	贫困地区中小学优秀班主任	2004年9月	自治区教育厅 福建省教育厅
李玉平	男	回族	大河乡中心学校	贫困地区中小学优秀班主任	2004年9月	自治区教育厅 福建省教育厅
喜文忠	男	回族	太阳山镇中心学校	贫困地区中小学优秀班主任	2004年9月	自治区教育厅 福建省教育厅
马吉炯	男	回族	红寺堡镇中心学校	贫困地区中小学优秀班主任	2004年9月	自治区教育厅 福建省教育厅

续表 16-1

姓　名	性别	民族	工作单位	荣誉名称	获得时间	颁发单位
庞彩珍	女	汉族	红寺堡小学	贫困地区中小学优秀班主任	2004年9月	自治区教育厅 福建省教育厅
海　军	男	回族	红寺堡镇中心学校	教育工作先进个人	2004年12月	吴忠市人民政府
马兴中	男	回族	南川乡中心学校	教育工作先进个人	2004年12月	吴忠市人民政府
糟成荣	男	回族	太阳山镇中心学校	教育工作先进个人	2004年12月	吴忠市人民政府
李志忠	男	回族	石炭沟开发区中心学校	教育工作先进个人	2004年12月	吴忠市人民政府
李军庆	男	汉族	大河乡中心学校	教育工作先进个人	2004年12月	吴忠市人民政府
魏耀峰	男	汉族	红寺堡中学	教育工作先进个人	2004年12月	吴忠市人民政府
吴克斌	男	汉族	红寺堡小学	全区体育工作先进个人	2004年12月	自治区教育厅
瞿庆玲	女	汉族	红寺堡镇中心小学	全区艺术工作先进个人	2004年12月	自治区教育厅
李树林	男	汉族	教育文体广电局	全区中小学教师继续教育先进工作者	2005年3月	自治区教育厅
徐应科	男	汉族	红寺堡小学	全区中小学教师继续教育先进工作者	2005年3月	自治区教育厅
惠　楠	女	汉族	红寺堡小学	全区优秀少先队辅导员	2005年5月	自治区团委、教育厅、少工委、宁夏电视台
田进福	男	回族	第二中学	师德建设年师德先进个人	2005年8月	自治区教育工委、教育厅
马　龙	男	回族	第二小学	师德建设年师德先进个人	2005年8月	自治区教育工委、教育厅
丁晓芳	女	回族	石坡子小学	师德建设年师德先进个人	2005年8月	自治区教育工委、教育厅
苏　筱	女	回族	红寺堡镇中心学校	师德建设年优秀班主任	2005年8月	自治区教育工委、教育厅
涂志刚	男	汉族	红寺堡小学	师德建设年优秀班主任	2005年8月	自治区教育工委、教育厅
王东君	男	汉族	红寺堡中学	贫困地区优秀班主任	2005年8月	福建省教育厅 自治区教育厅
马志福	男	回族	红寺堡中学	贫困地区优秀班主任	2005年8月	福建省教育厅 自治区教育厅
陆玉科	男	汉族	太阳山镇中心学校	贫困地区优秀班主任	2005年8月	福建省教育厅 自治区教育厅
刘宗良	男	汉族	买河九年制学校	贫困地区优秀班主任	2005年8月	福建省教育厅 自治区教育厅
姚冠军	男	汉族	南川乡中心学校	贫困地区优秀班主任	2005年8月	福建省教育厅 自治区教育厅
李红艳	女	汉族	第二中学	贫困地区优秀班主任	2005年8月	福建省教育厅 自治区教育厅
胡永辉	男	汉族	第二小学	贫困地区优秀班主任	2005年8月	福建省教育厅 自治区教育厅
吴慧玲	女	汉族	红寺堡小学	贫困地区优秀班主任	2005年8月	福建省教育厅 自治区教育厅
李晓东	男	回族	石炭沟开发区中心学校	贫困地区优秀班主任	2005年8月	福建省教育厅 自治区教育厅

续表16-1

姓 名	性别	民族	工作单位	荣誉名称	获得时间	颁发单位
杨福德	男	回族	开元小学	贫困地区优秀班主任	2005年8月	福建省教育厅 自治区教育厅
王凯国	男	汉族	红寺堡镇中心学校	贫困地区优秀班主任	2005年8月	福建省教育厅 自治区教育厅
张 龙	男	汉族	太阳山镇中心学校	自治区治理乱收费先进个人	2006年2月	自治区教育工委、教育厅
马生成	男	回族	石坡子小学	自治区教育系统优秀共产党员	2006年6月	自治区教育工委、教育厅党组
高俊新	男	汉族	教育督导室	优秀教育督导工作者	2007年1月	自治区教育厅、人民政府教育督导室
王耀成	男	回族	教育体育局	远程教育工作先进个人	2008年1月	自治区教育厅
苏宗荣	男	回族	教育体育局	毕业生就业先进工作者	2008年3月	自治区党委组织部、教育厅、人事厅、劳动和社会保障厅、团委
闵万宏	男	回族	教育体育局	全区优秀毕业生	2008年3月	自治区党委组织部、教育厅、人事厅、劳动和社会保障厅、团委
周 雨	男	汉族	第二中学	全区优秀毕业生	2008年3月	自治区党委组织部、教育厅、人事厅、劳动和社会保障厅、团委
马晓峰	男	回族	大河乡中心学校	全区优秀毕业生	2008年3月	自治区党委组织部、教育厅、人事厅、劳动和社会保障厅、团委
何晓莉	女	汉族	教育体育局	2007年全区优秀支教专干	2008年8月	自治区支教领导小组
李哲辉	男	汉族	第二中学	“两基”迎国检先进个人	2008年9月	吴忠市委、市政府
杨占成	男	回族	大河九年制学校	“两基”迎国检先进个人	2008年9月	吴忠市委、市政府
马俊文	男	回族	新台小学	“两基”迎国检先进个人	2008年9月	吴忠市委、市政府
白 杰	男	汉族	教育体育局基教办	“两基”迎国检先进个人	2008年9月	吴忠市委、市政府
王海萍	女	汉族	教育体育局财务室	“两基”迎国检先进个人	2008年9月	吴忠市委、市政府
张有贵	男	汉族	太阳山镇中心学校	“两基”迎国检先进个人	2008年9月	自治区教育厅
马泽明	男	回族	红寺堡中学	优秀教师	2008年9月	吴忠市委、市政府
吴风虎	男	汉族	第二中学	优秀教师	2008年9月	吴忠市委、市政府
赵吉玲	女	汉族	红寺堡小学	优秀教师	2008年9月	吴忠市委、市政府
杨 芳	女	汉族	第二小学	优秀教师	2008年9月	吴忠市委、市政府
张玉英	女	汉族	回民小学	优秀教师	2008年9月	吴忠市委、市政府
周宏文	男	回族	红寺堡镇七小	优秀教师	2008年9月	吴忠市委、市政府

续表16-1

姓　名	性别	民族	工作单位	荣誉名称	获得时间	颁发单位
李怀银	男	汉族	红崖湾小学	优秀教师	2008年9月	吴忠市委、市政府
唐文忠	男	汉族	柳泉小学	优秀教师	2008年9月	吴忠市委、市政府
马明虎	男	回族	石坡子小学	优秀教师	2008年9月	吴忠市委、市政府
马兴华	男	回族	大河七小	优秀教师	2008年9月	吴忠市委、市政府
张　平	男	汉族	南川奕龙小学	优秀教师	2008年9月	吴忠市委、市政府
张勇龙	男	汉族	西川小学	优秀教师	2008年9月	吴忠市委、市政府
马成义	男	回族	教育体育局督导室	教学奉献奖	2008年9月	吴忠市委、市政府
苏宗荣	男	回族	教育体育局	全区“两基”国检先进工作者	2008年10月	自治区“两基”迎国检工作领导小组
伏建军	男	汉族	教育事务管理中心	全区“两基”国检先进工作者	2008年10月	自治区“两基”迎国检工作领导小组
宋兴珍	男	汉族	红寺堡镇中心学校	全区“两基”国检先进工作者	2008年10月	自治区“两基”迎国检工作领导小组
胡彦俊	男	汉族	红寺堡中学	全区“两基”国检先进工作者	2008年10月	自治区“两基”迎国检工作领导小组
张有贵	男	汉族	太阳山镇中心学校	全区“两基”国检先进工作者	2008年10月	自治区“两基”迎国检工作领导小组
张定月	女	汉族	红寺堡中学	优秀教师	2009年9月	吴忠市委、市政府
魏月英	女	汉族	红寺堡中学	优秀教师	2009年9月	吴忠市委、市政府
王东君	男	汉族	红寺堡中学	优秀教师	2009年9月	吴忠市委、市政府
陈　艳	女	汉族	红寺堡中学	优秀教师	2009年9月	吴忠市委、市政府
赵吉玲	女	汉族	红寺堡小学	优秀教师	2009年9月	吴忠市委、市政府
蒙小荣	女	汉族	红寺堡小学	优秀教师	2009年9月	吴忠市委、市政府
李学香	女	汉族	红寺堡小学	优秀教师	2009年9月	吴忠市委、市政府
刘新巧	女	汉族	第二小学	优秀教师	2009年9月	吴忠市委、市政府
宋兴珍	男	汉族	红寺堡镇中心学校	优秀教师	2009年9月	吴忠市委、市政府
魏耀峰	男	汉族	教研室	优秀教师	2009年9月	吴忠市委、市政府
吴风虎	男	汉族	第二中学	优秀校长	2009年9月	吴忠市委、市政府
冯　娜	女	汉族	第二小学	全区教育宣传先进工作者	2009年11月	自治区教育厅
赵巧霞	女	汉族	红寺堡小学	全区教育宣传先进工作者	2009年11月	自治区教育厅
蒋　珂	男	汉族	南川乡中心学校	全区教育宣传先进工作者	2009年11月	自治区教育厅
柯　强	男	汉族	教育局	全区教育宣传先进工作者	2009年11月	自治区教育厅

续表16-1

姓 名	性别	民族	工作单位	荣誉名称	获得时间	颁发单位
拓生海	男	汉族	教育局	自治区和谐平安校园活动先进个人	2009年12月	自治区教育厅
党立军	男	汉族	回民中学	自治区和谐平安校园活动先进个人	2009年12月	自治区教育厅
母全智	男	回族	南川乡中心学校	自治区和谐平安校园活动先进个人	2009年12月	自治区教育厅
尚晓凤	女	汉族	第二小学	自治区和谐平安校园活动先进个人	2009年12月	自治区教育厅
马占军	男	回族	大河乡中心学校	自治区和谐平安校园活动先进个人	2009年12月	自治区教育厅
吴风虎	男	汉族	回民中学	突出贡献奖	2010年9月	自治区教育厅
吕怀春	男	汉族	教育局	自治区中考工作先进个人	2010年9月	自治区教育厅
马金发	男	回族	教育局	自治区中考工作先进个人	2010年9月	自治区教育厅
马宗楠	男	回族	第二中学	优秀共产党员	2011年6月	自治区教育工委、教育厅党组
马 燕	女	回族	回民中学	优秀共产党员	2011年6月	自治区教育工委、教育厅党组
惠 楠	女	汉族	红寺堡小学	优秀共产党员	2011年6月	自治区教育工委、教育厅党组
杜宏宇	男	汉族	红寺堡中学	优秀党务工作者	2011年6月	自治区教育工委、教育厅党组
马成祥	男	回族	甜水河小学	优秀共产党员	2011年6月	吴忠市委
李 娜	女	回族	教育局	支教工作先进个人	2011年11月	自治区支援基层教育工作领导小组
杨玉玺	男	回族	第一中学	优秀共产党员	2012年6月	自治区教育工委、教育厅党组
马英选	男	回族	红寺堡镇中心学校	优秀共产党员	2012年6月	自治区教育工委、教育厅党组
牛晓霞	女	汉族	第二小学	优秀共产党员	2012年6月	自治区教育工委、教育厅党组
马 炜	男	回族	教育局	优秀党务工作者	2012年6月	自治区教育工委、教育厅党组
杨菊花	女	回族	回民中学	优秀党务工作者	2012年6月	自治区教育工委、教育厅党组
李 娜	女	回族	教育局	全区优秀少先队志愿辅导员	2013年8月	自治区团委、教育厅、少队委
惠路明	男	汉族	红寺堡镇中心学校	全区优秀少先队大队辅导员	2013年8月	自治区团委、教育厅、少队委
胡彦俊	男	汉族	第一中学	全区“普高”工作先进个人	2013年12月	自治区教育厅
吕怀春	男	汉族	教育局	全区生源地信用助学贷款先进个人	2013年12月	自治区教育厅
吕怀春	男	汉族	教育局	全区生源地信用助学贷款先进个人	2014年12月	自治区教育厅
杨国繁	男	汉族	教育局	全区民族团结先进个人	2014年12月	自治区教育厅
王晓龙	男	汉族	第三中学	全区民族团结先进个人	2014年12月	自治区教育厅

续表16-1

姓　名	性别	民族	工作单位	荣誉名称	获得时间	颁发单位
魏耀峰	男	汉族	教培中心	“国培计划”项目先进工作者	2015年9月	自治区教育厅
张定月	女	汉族	教培中心	“国培计划”项目先进工作者	2015年9月	自治区教育厅
李　成	男	汉族	红寺堡中心小学	“国培计划”项目先进工作者	2015年9月	自治区教育厅
李　娜	女	回族	教育局	全区优秀少先队志愿辅导员	2015年10月	自治区团委、教育厅、少队委
吕怀春	男	汉族	教育局	全区生源地信用助学贷款先进个人	2015年12月	自治区教育厅
田仲国	男	回族	大河中心学校	优秀共产党员	2016年7月	自治区教育工委、教育厅党组
杨东旭	男	回族	第二中学	优秀共产党员	2016年7月	自治区教育工委、教育厅党组
米占郡	男	汉族	第一中学	优秀共产党员	2016年7月	自治区教育工委、教育厅党组
锁红霞	女	回族	第三中学	优秀共产党员	2016年7月	自治区教育工委、教育厅党组
张秉成	男	汉族	教育局	优秀党务工作者	2016年7月	自治区教育工委、教育厅党组
肖　伟	男	汉族	第一小学	优秀党务工作者	2016年7月	自治区教育工委、教育厅党组
杨国繁	男	汉族	教育局	全区民族团结宣传教育先进个人	2016年9月	自治区教育厅
任世伟	男	回族	回民中学	全区民族团结宣传教育先进个人	2016年9月	自治区教育厅
马　龙	男	回族	柳泉中心学校	全区民族团结宣传教育先进个人	2016年9月	自治区教育厅
王学义	男	汉族	教育局	全区生源地信用助学贷款先进个人	2016年12月	自治区教育厅
田　江	男	汉族	第二中学	自治区优秀青年后备骨干	2017年5月	自治区党委组织部、人社厅
张晓霞	女	汉族	第一小学	优秀教师	2017年8月	自治区教育工委、教育厅
李文权	男	汉族	第三小学	优秀教师	2017年8月	自治区教育工委、教育厅
王建新	男	汉族	第三小学	优秀教师	2017年8月	自治区教育工委、教育厅
杨彦君	女	汉族	第二中学	优秀教师	2017年8月	自治区教育工委、教育厅
张　澍	男	汉族	第三中学	优秀教师	2017年8月	自治区教育工委、教育厅
赵凯峰	男	汉族	回民中学	优秀教师	2017年8月	自治区教育工委、教育厅
王晓龙	男	汉族	第三中学	优秀教育工作者	2017年8月	自治区教育工委、教育厅
李晓娟	女	汉族	回民中学	自治区优秀青年后备骨干	2017年12月	自治区党委组织部、人社厅
郝　静	女	汉族	第二中学	自治区优秀青年后备骨干	2018年11月	自治区党委组织部、人社厅

二、自治区骨干教师（按认定文件及时间先后排序）

2008—2018年红寺堡自治区级骨干教师一览表

表16-2

姓名	性别	民族	工作单位	学段	学科	认定时间
马　莉	女	回族	教育体育局教研室	小学	语文	2008年8月
蒙小荣	女	汉族	红寺堡小学	小学	语文	2008年8月
杨　芳	女	汉族	第二小学	小学	数学	2008年8月
李学宝	男	汉族	红寺堡中学	中学	数学	2009年12月
马　兰	女	回族	红寺堡小学	小学	思想品德	2009年12月
魏耀峰	男	汉族	红寺堡中学	中学	语文	2009年12月
魏月英	女	汉族	红寺堡中学	中学	音乐	2009年12月
赵吉玲	女	汉族	红寺堡镇中心学校	小学	语文	2009年12月
韩占祥	男	汉族	第二中学	初中	音乐	2011年12月
贺秀凤	女	回族	第一小学	小学	数学	2011年12月
黑正苍	男	回族	教培中心	初中	物理	2011年12月
李学芳	女	汉族	红寺堡镇中心学校	小学	综合	2011年12月
刘新巧	女	汉族	第二小学	小学	语文	2011年12月
罗亚丽	女	汉族	第一小学	初中	数学	2011年12月
任世伟	男	回族	太阳山镇中心学校	初中	数学	2011年12月
童　芳	女	汉族	红寺堡镇中心学校	小学	语文	2011年12月
王东君	男	汉族	第一中学	高中	英语	2011年12月
张金海	男	回族	南川乡中心学校	小学	语文	2011年12月
郭一鸣	男	汉族	教培中心	初中	英语	2012年12月
贾正龙	男	汉族	第二中学	初中	数学	2012年12月
李如峰	男	汉族	第一小学	小学	数学	2012年12月
马　花	女	回族	红寺堡镇中心学校	小学	语文	2012年12月
吴小云	女	汉族	红寺堡镇中心学校	小学	语文	2012年12月
喜文玉	男	回族	第二小学	小学	数学	2012年12月
余学荣	女	汉族	第一中学	高中	英语	2012年12月
张淑琼	女	汉族	南川乡中心学校	小学	数学	2012年12月
李学香	女	汉族	第一小学	小学	语文	2013年12月
刘明辉	男	汉族	大河乡中心学校	初中	语文	2013年12月
张定月	女	汉族	教培中心	初中	思想品德	2013年12月
张喜桂	女	汉族	第二中学	初中	数学	2013年12月

续表16-2

姓名	性别	民族	工作单位	学段	学科	认定时间
周学梅	女	汉族	红寺堡镇中心学校	小学	数学	2013年12月
摆世忠	男	回族	第二中学	初中	体育	2014年12月
曹正文	男	汉族	第二中学	小学	英语	2014年12月
车燕飞	女	汉族	回民中学	初中	语文	2014年12月
陈　艳	女	汉族	第一中学	高中	英语	2014年12月
董晓丽	女	汉族	幼教中心	学前	幼儿教育	2014年12月
韩　彪	男	汉族	第二中学	初中	语文	2014年12月
雷爱红	女	汉族	第二小学	小学	音乐	2014年12月
李　红	女	汉族	第一小学	初中	语文	2014年12月
马千里	男	回族	大河中心学校	小学	数学	2014年12月
马　燕	女	回族	回民中学	初中	英语	2014年12月
南治广	男	汉族	大河中心小学	小学	英语	2014年12月
孙　雨	男	汉族	第一小学	小学	体育	2014年12月
田云平	男	汉族	第二中学	初中	语文	2014年12月
王少华	女	回族	第一小学	小学	语文	2014年12月
王晓龙	男	汉族	第三中学	初中	美术	2014年12月
文晓惠	女	汉族	教培中心	小学	美术	2014年12月
吴慧玲	女	汉族	第一小学	小学	语文	2014年12月
吴润林	女	汉族	回民中学	初中	英语	2014年12月
闫兴华	男	汉族	第一中学	高中	地理	2014年12月
张　财	男	回族	第二中学	初中	数学	2014年12月
张晓荣	女	汉族	回民中学	初中	音乐	2014年12月
张彦雄	男	回族	教培中心	小学	数学	2014年12月
张艳华	女	汉族	第二中学	初中	数学	2014年12月
赵　洁	女	汉族	教培中心	学前	幼儿教育	2014年12月
白俊兰	女	回族	第二小学	小学	语文	2015年12月
暴怀勇	男	汉族	第三中学	初中	英语	2015年12月
冯　娜	女	汉族	第三小学	小学	数学	2015年12月
郝　静	女	汉族	第二中学	初中	物理	2015年12月
贾治东	男	汉族	回民中学	初中	物理	2015年12月
马爱喜	女	回族	第一小学	小学	语文	2015年12月
马汉兰	女	回族	第二小学	小学	数学	2015年12月
马会荣	女	汉族	幼教中心	学前	幼儿教育	2015年12月
马建学	男	汉族	柳泉中心学校	小学	数学	2015年12月

续表16-2

姓名	性别	民族	工作单位	学段	学科	认定时间
马灵雁	女	回族	幼教中心	学前	幼儿教育	2015年12月
马晓岚	女	回族	第三中学	初中	化学	2015年12月
石金海	男	汉族	第一中学	高中	物理	2015年12月
苏国才	男	回族	回民中学	初中	政史	2015年12月
田　江	男	汉族	第二中学	初中	物理	2015年12月
王彦彦	女	汉族	第三中学	初中	化学	2015年12月
吴桂萍	女	汉族	新庄集中心小学	小学	语文	2015年12月
谢得本	男	汉族	第三小学	小学	语文	2015年12月
杨菊花	女	回族	回民中学	初中	政史	2015年12月
张淑梅	女	汉族	幼教中心	学前	幼儿教育	2015年12月
张旭升	男	汉族	回民中学	初中	化学	2015年12月
张玉英	女	汉族	红寺堡中心小学	小学	小学数学	2015年12月

说明：自治区骨干教师的认定单位均为自治区教育厅

三、市（厅）级名师、名校长（按认定文件及时间先后排序）

2009—2018年红寺堡市（厅）级名师、名校长情况表

表16-3

姓名	性别	民族	工作单位	荣誉名称	获得时间	认定单位
吴风虎	男	汉族	第二中学	吴忠市名校长	2009年9月	吴忠市委、市政府
张定月	女	汉族	教研室	吴忠市名师	2009年9月	吴忠市委、市政府
魏月英	女	汉族	红寺堡中学	吴忠市名师	2009年9月	吴忠市委、市政府
王东君	男	汉族	红寺堡中学	吴忠市名师	2009年9月	吴忠市委、市政府
陈　艳	女	汉族	红寺堡中学	吴忠市名师	2009年9月	吴忠市委、市政府
蒙小荣	女	汉族	红寺堡小学	吴忠市名师	2009年9月	吴忠市委、市政府
刘新巧	女	汉族	第二小学	吴忠市名师	2009年9月	吴忠市委、市政府
魏耀峰	男	汉族	教研室	吴忠市名师	2009年9月	吴忠市委、市政府
赵吉玲	女	汉族	红寺堡小学	吴忠市名师	2009年9月	吴忠市委、市政府
李学香	女	汉族	红寺堡小学	吴忠市名师	2009年9月	吴忠市委、市政府
宋兴珍	男	汉族	红寺堡镇中心学校	吴忠市名师	2009年9月	吴忠市委、市政府
杨克虎	男	回族	第二小学	吴忠市名校长	2010年9月	吴忠市委、市政府
余学荣	女	汉族	红寺堡中学	吴忠市名师	2010年9月	吴忠市委、市政府
刘明辉	男	汉族	红寺堡中学	吴忠市名师	2010年9月	吴忠市委、市政府
任秀娟	女	汉族	红寺堡中学	吴忠市名师	2010年9月	吴忠市委、市政府

续表16-3

姓名	性别	民族	工作单位	荣誉名称	获得时间	认定单位
马兴伟	男	回族	教研室	吴忠市名师	2010年9月	吴忠市委、市政府
张春玲	女	汉族	第二中学	吴忠市名师	2010年9月	吴忠市委、市政府
蔡　平	男	汉族	红寺堡镇中心学校	吴忠市名师	2010年9月	吴忠市委、市政府
周学梅	女	汉族	红寺堡镇中心学校	吴忠市名师	2010年9月	吴忠市委、市政府
马　莉	女	回族	教研室	吴忠市名师	2010年9月	吴忠市委、市政府
王小娟	女	汉族	第二小学	吴忠市名师	2010年9月	吴忠市委、市政府
李如峰	男	汉族	红寺堡小学	吴忠市名师	2010年9月	吴忠市委、市政府
吴慧玲	女	汉族	红寺堡小学	吴忠市名师	2010年9月	吴忠市委、市政府
杨　芳	女	汉族	红寺堡小学	吴忠市名师	2010年9月	吴忠市委、市政府
车燕飞	女	汉族	回民中学	吴忠市名师	2010年9月	吴忠市委、市政府
李军庆	男	汉族	第一小学	吴忠市名校长	2011年9月	吴忠市委、市政府
张振霞	女	汉族	第一小学	吴忠市名师	2011年9月	吴忠市委、市政府
郭一鸣	男	汉族	教培中心	吴忠市名师	2011年9月	吴忠市委、市政府
文晓惠	女	汉族	第一小学	吴忠市名师	2011年9月	吴忠市委、市政府
田进万	男	回族	第一小学	吴忠市名师	2011年9月	吴忠市委、市政府
张红霞	女	汉族	红寺堡镇中心学校	吴忠市名师	2011年9月	吴忠市委、市政府
王国军	男	汉族	第一中学	吴忠市名师	2011年9月	吴忠市委、市政府
李学宝	男	汉族	第一中学	吴忠市名师	2011年9月	吴忠市委、市政府
马汉兰	女	回族	回民小学	吴忠市名师	2011年9月	吴忠市委、市政府
张志宏	女	汉族	第一中学	吴忠市名师	2011年9月	吴忠市委、市政府
何晓莉	女	汉族	教育局	吴忠市名师	2011年9月	吴忠市委、市政府
田云平	男	汉族	回民中学	吴忠市名师	2011年9月	吴忠市委、市政府
白俊兰	女	回族	第二小学	吴忠市名师	2011年9月	吴忠市委、市政府
齐　刚	男	汉族	柳泉乡中心学校	吴忠市名校长	2014年9月	吴忠市委、市政府
暴怀勇	男	汉族	第三中学	吴忠市名师	2014年9月	吴忠市委、市政府
马爱喜	女	回族	第一小学	吴忠市名师	2014年9月	吴忠市委、市政府
喜文玉	男	回族	第三小学	吴忠市名师	2014年9月	吴忠市委、市政府
张玉英	女	汉族	红寺堡镇中心学校	吴忠市名师	2014年9月	吴忠市委、市政府
王　莹	女	回族	回民小学	吴忠市名师	2014年9月	吴忠市委、市政府
涂志刚	男	汉族	第一小学	吴忠市名师	2014年9月	吴忠市委、市政府
赵　洁	女	汉族	教培中心	吴忠市名师	2014年9月	吴忠市委、市政府
李晓娟	女	汉族	回民中学	吴忠市名师	2014年9月	吴忠市委、市政府
何凤玲	女	汉族	第一中学	吴忠市名师	2014年9月	吴忠市委、市政府
田　江	男	汉族	第二中学	吴忠市名师	2014年9月	吴忠市委、市政府

续表16-3

姓名	性别	民族	工作单位	荣誉名称	获得时间	认定单位
唐文秀	女	汉族	第二中学	吴忠市名师	2014年9月	吴忠市委、市政府
王彦彦	女	汉族	第三中学	吴忠市名师	2014年9月	吴忠市委、市政府
马灵军	男	回族	第二中学	信息技术教学应用名师	2017年2月	自治区教育厅
尤晓玲	女	汉族	第二中学	信息技术教学应用名师	2017年2月	自治区教育厅
刘春燕	女	汉族	第三小学	信息技术教学应用名师	2017年2月	自治区教育厅
王凤兰	女	汉族	第三中学	信息技术教学应用名师	2017年2月	自治区教育厅
李　欢	女	汉族	第三中学	信息技术教学应用名师	2017年2月	自治区教育厅
何玲玲	女	汉族	第三中学	信息技术教学应用名师	2017年2月	自治区教育厅
张莉娜	女	汉族	第三中学	信息技术教学应用名师	2017年2月	自治区教育厅
安文选	男	汉族	回民中学	信息技术教学应用名师	2017年2月	自治区教育厅
车燕飞	女	汉族	回民小学	自治区乡村教学名师	2017年8月	自治区教育厅
王东君	男	汉族	教培中心	自治区塞上名师	2017年12月	自治区人社厅、财政厅、教育厅
李　娜	女	汉族	第二中学	信息技术教学应用名师	2018年2月	自治区教育厅
郝　静	女	汉族	第二中学	信息技术教学应用名师	2018年2月	自治区教育厅
万瑞妮	女	汉族	第一小学	信息技术教学应用名师	2018年2月	自治区教育厅
张露露	女	汉族	第一小学	信息技术教学应用名师	2018年2月	自治区教育厅
严文银	女	汉族	第三小学	信息技术教学应用名师	2018年2月	自治区教育厅
张　丽	女	汉族	第三小学	信息技术教学应用名师	2018年2月	自治区教育厅

四、转行教师(按离岗时间先后排序)

2000—2018年红寺堡转行教师一览表

表16-4

姓名	性别	民族	红寺堡任教时间	离岗时间	离岗时所在学校	任职情况
刘鹏跃	男	汉族	1999年2月	2000年10月	大河中学	红寺堡区教育局副局长、一级主任科员
禹小平	男	回族	1999年3月	2001年2月	大河六小	吴忠市广电局副局长
杨　云	男	汉族	2001年3月	2002年1月	红寺堡中学	红寺堡区太阳山镇党委书记
杨金花	女	回族	2000年3月	2002年3月	红寺堡镇七小	红寺堡区政协副主席、教育工委书记、教育局局长
何　明	男	汉族	2001年3月	2002年3月	红寺堡镇中心小学	红寺堡区民政局党组书记、局长
海　琴	女	回族	2000年9月	2002年3月	红寺堡镇中心小学	红寺堡区残联理事长
苏达志	男	回族	2002年3月	2002年8月	白墩小学	红寺堡区委常委、宣传部部长
高爱国	男	汉族	2001年9月	2002年8月	红寺堡镇中心小学	红寺堡区卫健局局长
马奋山	男	回族	2000年9月	2003年3月	马士基希望小学	红寺堡区政法委第一副书记
马文虎	男	回族	2002年3月	2003年5月	沙泉中学	红寺堡区招商局局长
郑慧玲	女	汉族	2002年3月	2003年5月	白墩小学	红寺堡镇党委书记
袁安莉	女	汉族	2001年12月	2003年5月	沙泉中学	红寺堡区统计局局长
周　刚	男	回族	2001年9月	2003年9月	白墩小学	红寺堡区水务局局长
马杰君	男	回族	2001年3月	2003年9月	红寺堡镇七小	红寺堡区柳泉乡党委书记
王　举	男	回族	2000年9月	2004年1月	红寺堡中学	红寺堡区审计局副局长
马　瑞	男	回族	2002年2月	2004年4月	红寺堡中学	正红国有资本运营集团有限公司党委书记、总经理
周国宁	男	汉族	2001年9月	2004年8月	太阳山镇心学校	自治区党委政研室经济综合处处长
田进明	男	回族	2003年9月	2004年8月	第二中学	红寺堡区太阳山镇党委委员、副镇长
虎治亮	男	汉族	2004年9月	2004年9月	红寺堡中学	红寺堡区林业局党组书记、局长
王普荣	男	汉族	1999年8月	2004年9月	红寺堡中学	宁夏总工会干部学校高级工程师
马宏志	男	汉族	2002年10月	2004年10月	红寺堡中学	红寺堡区文化馆馆长
李　吉	男	汉族	2001年9月	2004年10月	太阳山镇中心学校	红寺堡区农业农村局副局长
何　君	男	回族	2004年8月	2004年10月	石炭沟开发区中心学校	红寺堡区财经中心主任
张耀忠	男	汉族	2001年4月	2005年3月	红寺堡中学	红寺堡区文化体育旅游局党组书记、局长
马　群	男	回族	2003年9月	2005年2月	黄羊滩小学	自治区党委组织部组织一处副处长
田彦祥	男	回族	2003年9月	2005年3月	第二中学	红寺堡区文化体育旅游广电局副局长
陈贵兴	男	回族	2004年8月	2005年5月	第二中学	自治区博览局会务处副处长

续表16-4

姓名	性别	民族	红寺堡任教时间	离岗时间	离岗时所在学校	任职情况
黑晓军	男	回族	2003年9月	2005年6月	第二中学	红寺堡区审计局局长
马　军	男	回族	2004年8月	2005年8月	第二中学	红寺堡区人大办公室科员
马广智	男	回族	2004年8月	2005年9月	第二中学	红寺堡区融媒体中心副主任
赵　婧	女	汉族	2003年9月	2005年10月	红寺堡小学	吴忠市党校讲师
李　君	男	汉族	2003年9月	2005年10月	康庄小学	红寺堡区纪委委员、常委、监委委员
温丽娟	女	汉族	2003年9月	2005年12月	东泉小学	吴忠利通区区委常委、组织部部长
海生虎	男	回族	2003年9月	2005年12月	红寺堡小学	红寺堡区水务局监管中心主任
陈永康	男	汉族	2000年11月	2006年3月	红寺堡中学	红寺堡区档案史志馆馆长
吴克智	男	汉族	2004年8月	2006年3月	第二中学	红寺堡区审批服务管理局四级主任科员
刘立诚	男	汉族	2003年9月	2006年4月	羊坊滩小学	自治区人民政府督查室副主任
王海萍	女	汉族	2003年1月	2006年5月	红寺堡中学	自治区教育厅核算中心会计
李军保	男	汉族	2003年3月	2006年10月	白墩中学	红寺堡区发展和改革局局长
高文辉	男	汉族	2003年9月	2006年10月	红寺堡小学	红寺堡区建设与交通局副局长
杨　华	女	回族	2005年11月	2006年12月	回民小学	红寺堡区政府办公室副主任
锁金银	男	回族	2003年7月	2007年7月	红崖湾小学	红寺堡区新庄集乡党委副书记、政法委员
王志刚	男	汉族	2001年12月	2007年12月	红寺堡中学	红寺堡区就业创业和人才服务局局长
刘正刚	男	回族	2005年9月	2008年3月	第二中学	红寺堡区应急管理局保障中心主任
闵万宏	男	汉族	2006年8月	2008年9月	教育体育局	中卫市海原县公安分局刑侦科科长
常　刚	男	汉族	2001年5月	2008年10月	红寺堡中学	自治区文化厅执法大队大队长
毛晓东	女	回族	2003年8月	2008年12月	红寺堡镇中心学校	红寺堡区审计局经济责任、财政审计股股长
石东来	男	汉族	2002年9月	2009年3月	大河乡石炭沟小学	红寺堡区医疗保障局信息室主任
滕国军	男	汉族	2005年9月	2009年9月	第二中学	红寺堡区财政局国库中心主任
王文举	男	回族	2003年9月	2009年11月	第二小学	吴忠市医保中心办公室主任
海小花	女	回族	2003年9月	2009年11月	红寺堡中学	红寺堡区民政局副局长
杨　丽	女	汉族	2006年8月	2009年12月	第二中学	银川市兴庆分局富宁街市场监管所所长
王耀林	男	回族	2003年9月	2010年3月	大河七小	吴忠市利通区教育局副局长
吴克斌	男	汉族	2000年3月	2010年3月	红寺堡镇中心学校	红寺堡区柳泉乡党委委员、副书记
周　静	女	回族	2003年9月	2010年7月	黄羊滩小学	吴忠市团委副书记
谢继杰	男	汉族	2003年8月	2010年7月	红寺堡中学	红寺堡区政府办公室副主任
马玉龙	男	回族	2003年8月	2010年7月	太阳山镇中心学校	银川市西夏区公安分局副主任科员

续表16-4

姓名	性别	民族	红寺堡任教时间	离岗时间	离岗时所在学校	任职情况
韩　明	男	汉族	2007年8月	2010年8月	第二中学	红寺堡区组织部常务副部长
哈小军	男	回族	2005年8月	2010年8月	第二中学	红寺堡区政府办公室主任
白占玉	男	回族	2004年8月	2010年8月	第二中学	红寺堡区红寺堡镇镇长
戴　婷	女	汉族	2006年8月	2010年8月	第二中学	红寺堡区公安分局四级警长
周治强	男	回族	2003年7月	2010年8月	第二小学	红寺堡区审计局副局长
兰怒海	男	回族	2003年9月	2010年10月	红寺堡中学	吴忠市纪委纪检监察干部监督室主任
马继平	男	回族	2003年8月	2010年10月	裕华第二小学	红寺堡区综合执法局新民执法队队长
张进宝	男	汉族	2006年5月	2010年11月	红寺堡中学	红寺堡区自然资源局副局长
童仲志	男	汉族	2005年7月	2010年12月	第二中学	红寺堡区大河乡乡长
冯进海	男	回族	2005年9月	2010年12月	红寺堡中学	红寺堡区教育局副局长
任秀娟	女	汉族	2003年3月	2010年12月	红寺堡中学	红寺堡区人社局四级主任科员
刘占荣	男	汉族	2006年5月	2010年12月	第二中学	贺兰县洪广镇党委委员、副镇长
涂志强	男	汉族	2005年10月	2010年12月	第二中学	红寺堡区红寺堡镇人民政府副镇长
焦　慧	女	汉族	2005年9月	2010年12月	第二中学	红寺堡区纪委监委四级主任科员
李金凤	女	回族	2005年10月	2010年12月	第二中学	红寺堡区水务局副局长
徐应科	男	汉族	2001年9月	2011年1月	红寺堡小学	自治区党委政研室改革协调处副处长
黑茂森	男	回族	2002年3月	2011年1月	大河乡中心学校	红寺堡区综合执法局局长
李玉平	男	回族	2005年12月	2011年1月	第二中学	红寺堡区工业信息化和商务局局长
杨文广	男	回族	2003年9月	2011年1月	南川乡中心学校	红寺堡区人民法院党组成员、政治部主任
李海富	男	回族	2003年9月	2011年1月	石坡子小学	红寺堡区红寺堡镇副镇长
马　蛟	男	回族	2005年8月	2011年1月	第二中学	红寺堡区红寺堡镇政府纪委书记
田兴龙	男	回族	2003年8月	2011年3月	红寺堡中学	红寺堡区纪委委员、常委
陈维良	男	汉族	2000年11月	2011年3月	红寺堡中学	红寺堡区图书馆馆长
冶长斌	男	回族	2005年10月	2011年3月	第二中学	红寺堡区扶贫办副主任
张　辉	男	汉族	2003年8月	2011年10月	红寺堡中学	红寺堡区综合执法局副局长
韩春雨	男	汉族	2003年7月	2011年12月	第一小学	红寺堡区社保局副局长
高　阳	男	汉族	2004年8月	2012年6月	红寺堡镇中心学校	红寺堡区宁夏移民博物馆馆长
孔维达	男	汉族	2009年8月	2012年10月	第一中学	自治区党委政法委三级科员
杨瑛萍	女	回族	2006年8月	2013年1月	第二中学	红寺堡区分局四级警长
年　波	男	汉族	2003年8月	2013年10月	第一小学	红寺堡区公路管理段段长
王志平	男	汉族	2004年8月	2014年8月	第二中学	红寺堡区财政局会计股股长

续表16-4

姓名	性别	民族	红寺堡任教时间	离岗时间	离岗时所在学校	任职情况
钱广银	男	汉族	2003年8月	2014年8月	大河乡中心学校	红寺堡区财政局乡镇财管中心主任
瞿庆玲	女	汉族	2000年8月	2015年2月	第一小学	红寺堡区新民街道办事处公用事业服务中心主任
蔡　平	男	汉族	2002年2月	2015年6月	柳泉中心小学	吴忠市总工会办公室主任
海丕军	男	回族	2003年8月	2016年9月	第二小学	红寺堡区机关事务局副局长
杨春娟	女	汉族	2010年9月	2016年9月	第二中学	红寺堡区税务局税政股股长

说明：此表属不完全统计

第三节　人物名录

一、教师节获红寺堡区委（开发区工委）、区政府（管委会）表彰者

2001年（24人）

优秀教师（24人）

杨克虎　杨　平　鲁自敬　马成豹　赵　祥　田仲国　吴克斌　宋玉萍
党军堂　吴殿荣　马成云　虎治亮　马成义　马志贵　王　熙　王生成
马玉清　罗成荣　马玉珍　张有贵　糟成荣　王文学　张晓玲　朱跟社

2002年（34人）

1.优秀校长（8人）

马永建　杜宏宇　马成豹　马志贵　买德海　李效兵　庄　贵　杨　明

2.优秀教师（26人）

汪佩军　马兴华　金　义　乔保强　苏　筱　虎久娥　何　明　虎　东
王凯国　刘新成　兰正梅　李炳仁　吴小云　陆玉科　虎久泽　张世明
胡万雄　代振军　王效华　杨宝厅　陈志昕　康　鹏　马国民　胡永辉
胡永宁　王忠文

2003年（25人）

1.优秀校长（3人）

马靖平　丁永虎　张　龙

2. 优秀教师(22人)

马爱喜　何　军　田进万　田桂花　殷秀萍　马杰君　虎久娥　谢得本
蒙继荣　王国海　马彦祥　田云平　吴玖瑛　王绍玉　陈玉华　马正良
吴润林　马会军　杨兴林　郑会平　王　举　孙　冲

2004年(26人)

1. 优秀校长(4人)

韩　彪　齐　刚　马天宏　张进忠

2. 优秀教师(22人)

叶占林　苏学礼　罗建权　张世明　白占发　周玉国　韩小霞　曹正文
马步云　施兴玲　胡万雄　党立军　惠路明　喜文玉　于文有　李学芳
纪玉虎　马文龙　马生杰　白启儒　石来东　孔德龙

2005年(36人)

1. 优秀党员(1人)

虎久泽

2. 优秀教师(4人)

闫兴华　王广林　郑会平　曹正文

3. 优秀学科带头人(1人)

暴怀勇

4. 优秀班主任(4人)

马小霞　刘宗良　张振霞　胡永辉

5. 农村中小学现代远程教育先进工作者(1人)　周建军

6. 优秀教育工作者(1人)　齐　刚

7."两基"先进个人(24人)

伏建军　王晓龙　马永建　齐　刚　马学军　刘彩玲　兰宝学　马文龙
马安山　郭长德　童晓芳　徐应举　朱晓晖　田进福　罗　秀　刘彩玲
李海元　惠路明　郭长德　海　军　罗克忠　朱世明　周宏文　兰保学

2006年(76人)

1. 优秀教师(50人)

王惠良　陈　艳　杨思斌　魏耀峰　赵建贤　闫兴华　田云平　冶自荣
杨彦君　田硕果　肖伏海　李光明　赵　洁　董晓丽　马长青　李　慧

周月霞　张凤春　马文燕　赵金萍　张天佐　马千里　肖　伟　于秀琴
杨晓平　马学秀　马文军　杨进良　虎　东　母养省　褚丽萍　白启儒
马明虎　杨　旭　张金燕　马俊文　李　成　田进明　饶慧仙　马　旭
谢得本　石显宏　马莲霞　马兴瑞　周　静　马虎奇　丁雪琴　柯　强
蒙志莲　石　淼

2.先进教育工作者（26人）

杜宏宇　郭　波　刘新巧　张成裕　马廷贵　田仲国　蔡　平　周学梅
海飞龙　赵国强　李　娜　柳玉琴　田兴龙　陈东宁　张　平　马步云
庄　贵　马成祥　陈世忠　田春明　徐　芳　伏建军　贾庭洲　孔德龙
马永建　马　莉

2007年（62人）

1.优秀校长(2人)

孔进生　马成祥

2.优秀教育工作者(10人)

魏耀峰　刘新巧　惠路明　刘正刚　毛晓东　马建学　肖建军　马兴华
杨金花　孔德龙

3.优秀班主任(15人)

马成云　王国军　李学香　马学娅　王小娟　李　慧　张　财　谢得本
朱晓晖　马天魏　宋宝元　冯庆虎　何进全　杨海玲　吴小云

4.优秀教师(22人)

杨思斌　单牡丹　文晓惠　吴玉娟　胡进华　杨菊花　高红丽　杨　慧
张风梅　张风春　马明虎　杨敏忠　马小林　张勇龙　沙桂莲　张金海
张　艳　周自存　马有贵　海　贵　张旭升　柳生燕

5.优秀支教队员(8人)

李学斌　陈　丽　余　渊　肖彦珍　梁亚玲　宋长文　邵海鱼　张晓娜

6.优秀支教教师(5人)

邱力勇　游建丽　韦艳增　薛彦斌　杨为斌

2008年(110人)

1.优秀教育工作者(10人)

马　云　马步云　南治广　殷　鼎　李学宝　郑会平　何　军　明小军

马靖平　何晓莉

2. 优秀德育工作者(20人)

张月兰　马　骁　高有良　王国海　何　洁　高玉发　康　鹏　李成玉
韩　庆　马梅俊　赵国强　马晓峰　冯万里　罗亚丽　姬全旺　石金海
贺晓瑞　杨东旭　田　丽　程贵军

3. 优秀教师(40人)

肖平伏　周晓萍　韩小霞　周学梅　李志荣　田学梅　马生海　周国良
罗　秀　黑茂森　韩　锋　姬凤花　马　旭　万仙红　肖建军　张世明
马智广　蒙国正　郝　萍　陈德琪　张淑梅　马会荣　海生贵　马爱琴
张凤梅　李青峰　王江海　年玉玲　张晓霞　张　蕾　李德生　余学荣
刘　斌　张世铎　张风金　张春玲　殷红琴　田　江　丁永才　胡进华

4. 优秀学科带头人(10人)

张前军　魏永芝　张旭升　何　琴　蒙小荣　何学娟　张喜桂　景彦峰
暴怀勇　余慧强

5. 教坛新秀(10人)

尤红香　李海福　魏留红　白振国　周国娟　马莲霞　张隽武　白丽娟
马立娟　杨彦君

6. 优秀支教教师(20人)

曹　燕　庄彩琴　高文辉　马晓英　马英俊　牛晓霞　林裕荣　张永峰
胡艳芳　张　云　赵永恒　戴荣华　童　辉　黄　辉　黄雪华　吕德强
林　洋　雍　芳　杨粉花　乔艳绚　贾　楠

2009年(176人)

1. 优秀校长(10人)

吴风虎　杨玉玺　杨　芳　马天宏　宋兴珍　马　俊　王　铭　马建学
齐　刚　马兴中

2. 优秀教育工作者(10人)

陈志昕　肖伏海　涂志刚　喜文玉　海飞龙　马俊文　徐应科　王普荣
魏耀峰　马靖平

3. 优秀德育工作者(20人)

马飞海　李永萍　锁　键　马　燕　施兴明　年　波　马学军　李秉慧

王文海 张亚琴 张前军 张建军 王 峰 罗成荣 谢国宏 杨风文
丁玉才 张晓荣 姬凤花 苏小宁

4.优秀教师(40人)

田 萍 哈学娟 吴殿荣 王惠良 姜海斌 田硕果 马 忠 周 雨
李 红 文晓惠 张晓霞 瞿庆玲 李青峰 殷菊珍 马生仁 海丕军
李秀琴 何玉红 冯松强 兰保学 顾彦成 党晓斌 党军堂 张旭升
王建新 周玉国 马崇龙 杨 林 王小军 高雪萍 杨占林 李廷辅
夏晓峰 王耀林 赵宗林 母全智 蒋 珂 万仙红 孙潇钰 段惠蓉

5.优秀学科带头人(10人)

单牡丹 冯进海 乔得鹏 白占玉 韩建荣 海生贵 李 滋 陈德琪
宋宝元 康 鹏

6.教坛新秀(10人)

张俊清 杨 萍 史大刚 石玉琴 强巧霞 马金凤 张 颖 喜文忠
李淑彩 王 莉

7.优秀支教教师(20人)

惠 楠 肖伏东 董晓丽 杨 茹 李 琳 李 艳 苏涛涛 刘海霞
张涛涛 徐常婷 王 雪 韩 卉 赵凯峰 刘金霞 马慧琴 王 茹
张 瑞 徐清华 王晓娟 周妍匣

8.高考成绩优秀班主任(2人)

余学荣 马文茂

9.高考成绩先进个人(15人)

谢继杰 李立东 余慧强 马彩霞 陈 艳 余学荣 马绍平 闫兴华
李 敏 石金海 杜智明 赵建贤 施建成 马晓鹏 张世铎

10.中考成绩优秀班主任(4人)

马文才 路秉国 马建鹏 吕桂香

11.中考成绩单科优秀率前两名教师(14人)

张风金 胡万雄 张喜桂 马文才 马慧娥 闫俊蕊 王彦彦 丁永才
魏强强 海银国 吴小英 李 琴 韩建国 张丽霞

12.中考成绩单科均分开发区前三名教师(21人)

海小花 王 伟 李玉平 马文才 张喜桂 高军明 杨东旭 杨 静

闫俊蕊　哈小军　田　江　海银国　余　林　马晓岚　杨伟海　马晓峰
张志宏　施兴玲　张丽霞　田　合　王志璐

2010年(152人)

1.优秀校长(10人)

孙　彦　刘新巧　南治广　贾庭洲　糟成荣　赵　祥　马登俊　马兴中
赵吉玲　米占郡

2.优秀教育工作者(10人)

钱广银　王志勇　王国海　蒋　珂　马淑琴　徐志军　马永建　吕怀春
郭一鸣　马正虎

3.优秀教师(50人)

尤晓玲　李金凤　韩树立　张新成　郝　静　马　倩　蒙志莲　曹云燕
石海兵　虎永祥　马爱琴　李青峰　殷菊珍　朱世明　丁玉才　王学珍
苏炳旺　宋宝元　张建军　李晓娟　桂　红　马晓峰　暴怀勇　张晓霞
韩建荣　苏洪霞　田　静　马虎奇　寇灵茹　王彦彦　张志燕　马占有
薛雨晴　肖　伟　王文海　毛治海　纪玉虎　马梅娟　张　芳　党军堂
喜文忠　姚　锋　郑　涛　陈世忠　白占发　马俊文　张金海　杨文广
石　千　马步云

4.优秀德育工作者(10人)

涂志强　王同春　赵　彤　施兴明　王晓龙　张克卿　马千里　黄晓彦
李　强　李晓东

5.优秀班主任(50人)

冶自荣　丁　丁　郭俊成　马宗楠　马　芸　白俊兰　张康乐　周治强
马天魏　马正全　丁　辉　何　琴　夏晓峰　周　英　马生杰　年玉玲
年　波　吴慧玲　何凤玲　刘会琴　余慧强　胡万雄　姬全旺　马耀琴
魏冰霞　关向娟　冯树山　何玉红　马　骁　于秀清　窦东豹　马月英
马　云　李　琳　马自萍　郭立群　周玉国　柳生燕　马和祥　于文有
张步科　石显宏　何　勇　马克福　马　旭　李　刚　史德才　何进全
焦世玺　王　婧

6.优秀支教教师(10人)

田　海　张海彦　武　莉　董晓丽　王金莲　马彦艳　余　雷　张淑燕

刘 辉 马金凤

7.高考成绩优秀班主任(2人)

刘小霞 马成云

8.高考成绩优秀学科教师(10人)

马若龙 马彩霞 贺小瑞 马泽明 陈志昕 王维虎 刘 斌 马绍平 相治虎 单牡丹

2011年(133人)

1.优秀校长(18人)

杨玉玺 孙 彦 吴风虎 李军庆 杨克虎 王新科 马清贵 赵 祥 马成祥 南治广 鲁自敬 马俊文 马廷贵 焦世玺 杨小平 马 旭 丁玉才 李晓东

2.优秀教育工作者(10人)

谢国宏 赵国强 孙 静 金光耀 党晓斌 李如峰 杨国繁 张 财 王海萍 张彦雄

3.优秀德育工作者(10人)

马学秀 海春涛 姬 静 张淑梅 黄 奎 马 忠 马 云 涂志刚 张凤梅 郭玉芳

4.优秀班主任(20人)

马月英 马金凤 丁琛南 张步科 杨 其 李 龙 马步云 王小玲 尚万富 李 季 周 雨 杨东旭 张保平 李广奇 瞿玲霞 尤萍燕 施兴明 苏 彦 海 舸 马会荣

5.优秀教师(50人)

张玉英 马汉兰 卡世明 李廷明 丁彩虹 张红霞 张丽娜 撒如山 张旭鹏 马碧玉 金 铃 何爱红 韩 莉 陈显凤 马彦秀 白启儒 兰永峰 靳兴旺 姬凤花 杨 旭 魏留红 母全智 马俊文 董秀兰 冯军应 海 芳 张利平 李 琴 年 谱 闫俊蕊 海 贵 摆世忠 马秀梅 张春玲 张 波 张嘉炜 乔得鹏 马秀珍 董文丽 胡永利 马金花 张宏慧 张潇励 张 蕾 马爱琴 殷菊珍 雷燕玲 何学娟 石海兵 蒙志莲

6.优秀支教教师(10人)

余思刚　李　丽　毛富强　周　艳　马金凤　马　倩　王春华　黄惠娟
吴　莉　王海平

7.高考成绩优秀班主任(3人)

余学荣　李　敏　刘会琴

8.高考成绩优秀学科教师(12人)

王惠良　吴晓燕　张隽武　叶延娇　田丽艳　马占军　闫兴华　田玲燕
杜智明　石金海　马校鹏　张世铎

2012年(143人)

1.优秀校长(18人)

杨玉玺　孙　彦　吴风虎　李军庆　赵　祥　马成祥　杨克虎　马廷贵
焦世玺　马天宏　马清贵　鲁自敬　白启儒　魏留红　李晓东　糟成荣
丁玉才　母全智

2.优秀教育工作者(10人)

米占郡　喜文玉　马廷贵　母全智　王毅超　南治广　何晓莉　马兴伟
王海萍　张定月

3.优秀德育工作者(10人)

吴亚莉　吴永峰　马金萍　涂志刚　谢得本　张成裕　罗　秀　浦浩庚
杨占成　雍晓薇

4.优秀班主任(20人)

杨　武　丁晓芳　杨生选　高军明　李会忠　金梅兰　路亚媛　吴慧玲
年玉玲　苏　彦　杨生花　吴桂萍　施晓霞　刘春燕　张明龙　唐文忠
海　波　田进梅　丁　辉　朱蕾霞

5.优秀教师(50人)

马　荣　薛雨晴　贾正有　马泽民　杨　婷　马玉珍　张喜桂　马玉明
马立娟　蔡菊玲　周淑韬　雅金琴　褚丽萍　张童选　张嘉炜　史娜娜
李世强　张春燕　罗彩虹　吕艳玲　陆海福　年　波　尤萍燕　韩建荣
王同春　王　熙　常　芳　高晓燕　张红霞　吴　娟　马应选　禹彩虹
黑占英　李　刚　姚　香　杨　旭　樊慧宁　王文艳　马　霞　杨振绩
喜文忠　赵京莲　杨占林　哈小娟　李　龙　李廷辅　王小莉　张治国

拓伯丽　丁慧芬

6.优秀支教教师(10人)

李　丽　贝晶晶　王　如　王海红　吴文武　冯仲强　张　娜　牛立倩
魏利军　杨晓玲

7.高考成绩优秀班主任(4人)

余慧强　李德生　马若龙　马建鹏

8.高考成绩学科优秀教师(15人)

张志燕　李颖红　高雪萍　寇灵茹　魏　臻　张翻萍　赵素玲　王　成
赵建贤　张仓龙　杨　萍　马艳霞　施建成　马成云　马文梅

9.中考成绩学科优秀教师(6人)

胡万雄　余慧军　张　翔　马玉明　王彦彦　丁　丁

2013年(121人)

1.优秀管理人员(21人)

毛伟东　金忠礼　郭　波　赵　祥　王　铭　鲁自敬　李小东　杨克虎
李志荣　李军庆　马　旭　张　平　丁玉才　焦世玺　田仲国　周金林
王新科　杨　其　马成祥　南治广　马清贵

2.优秀教师(40人)

马爱喜　罗建权　张晓霞　王　熙　刘彩燕　马晓娟　兰永峰　张海丰
夏晓峰　马志会　张晓芸　王小明　王　伟　李燕娜　马学萍　剡　红
夏　军　马　睿　王小军　殷爱岑　马　萍　马生海　杨占成　田学梅
马明虎　张　颖　周连鹏　李志新　陈兆祥　陈连昭　马希梅　张彩琴
张淑琼　马步云　焦世玺　谢国宏　李怀银　柳雪晶　吴小芳　常　宏

3.优秀班主任(40人)

年玉玲　沙桂莲　王少华　张凤梅　马骞晶　赵富萍　雷艳玲　张前军
何玉红　张小平　赵亮亮　相治虎　任瑞勇　胡彦鹏　翟立群　王冬华
王学智　李永萍　余慧军　马　燕　姬全旺　张　杰　姬彦迪　李成梅
紫　娟　王敏雄　田进梅　吴　雪　马继花　贺彦文　高登莲　李秀琴
李成军　康北喜　秦　辉　党军堂　于文有　曹　青　海　波　陈昌凤

4.先进教育工作者(20人)

何　军　贾雪燕　马　斌　贺小瑞　李哲辉　杨万福　张旭升　张明龙

拓佰丽　兰保学　李廷辅　马　刚　徐　芳　孔德龙　马金发　张　财
白　杰　戴孟雄　李永钊　马兴伟

2014年（172人）

1.优秀教师（80人）

张秉成　张　武　马　荣　杨占成　马生杰　靳兴旺　王　萍　赵宗林
张淑梅　马彦艳　张淑琼　胡永宁　王　婧　张聪林　杨振绩　马　刚
贺彦文　王希兰　王　琴　冶自荣　丁晓萍　张　翔　顾占贤　杨晓华
邱云飞　李　鹤　王少华　姚治国　张晓霞　马爱琴　赵富萍　顾丽娟
罗　秀　王小莉　何玉红　李永红　张　芳　海生江　李彦兰　刘桂芬
高有良　马成祥　丁慧芬　祁　涛　史艳春　刘小霞　赵治乾　哈学娟
李晓东　俞　丽　胡彦俊　赵丽花　徐海鹏　李海平　罗克忠　虎久娥
杨晓平　禹万有　吴　娟　马和祥　张涛涛　喜文忠　党　军　李元真
文引弟　马珍虎　马晓岚　李会忠　周丽蓉　姚鹏飞　李文霞　黑小婷
李　英　马瑞玲　田　艳　张春梅　何治贵　全新文　马思菊　吴建军

2.优秀班主任（50人）

苏炳旺　朱世明　祁伟娟　苏雪红　苏国雄　刘　静　李成贵　王绍唐
王　炯　张　芳　吴梅章　李小琴　杨彦君　韩树立　张荣花　丁　丁
吴小云　冶　岚　何　军　王　熙　段军淑　刘金霞　姚　锋　马桂花
宋宝元　薛　艳　赵满强　马建兵　余学荣　曹玉珍　马得兰　丁彩虹
李志新　康北喜　王文海　马彦祥　李怀银　王亚兰　李　伟　陈小兰
张　丽　马小霞　虎永祥　孟玉银　王小妮　谢姣娥　张　斌　安文选
赵凯峰　李志芳

3.先进教育工作者（20人）

李廷辅　石　千　张树俭　秦玉芳　王晓英　马吉军　于　娟　周宏文
车燕飞　王耀成　王学义　杨会娟　明小军　蒙小荣　马　炜　马泽明
高艳霞　党军堂　锁红霞　苏国才

4.后勤管理先进工作者（10人）

李明霞　贾　艳　高效花　贺　斌　蔺怀玉　马　芳　马玉德　马　宁
马　斌　张　财

5.福建优秀支教教师(11人)

郭俊灏　谢连福　黄小炜　张友庚　喻荔萍　缪兰清　黄忠贤　韦蕴珊
邱辉常　吴学能　吴光东

6.学前教育事业发展突出贡献奖(1人)　马九虎

2015年(195人)

1.优秀教师(60人)

韩建荣　吴艳艳　张天佐　朱雷霞　马爱琴　马秀珍　孙玲霞　瞿玲霞
魏冰霞　乔得鹏　王金林　叶晓青　张　颖　马　刚　李彦秀　卢飞龙
周妍匣　朱晓晖　马文瑞　饶慧仙　马玉杰　马继花　苏厚娟　杨晓娟
王敏雄　谈建忠　马文才　梁凤玲　马玉明　杨春娟　李永红　海　舸
张晓霞　魏留红　王小莉　马灵雁　王海霞　樊小霞　巩鹏程　杨丽红
杨　旭　王绍唐　石　千　马英选　马安山　马凤莲　马锦霖　袁敏科
禹万有　文引弟　马珍虎　罗　媛　柳廷彦　王瑞霞　张晓芸　薛雨晴
张冬梅　王　宁　金　振　车万霞

2.优秀班主任(80人)

赵小玲　杨文燕　杨　沐　丁　茹　常　红　赵富萍　丁雪琴　刘彩燕
王小娟　马凤兰　杨　雪　李世强　田会学　吕艳玲　白丽娟　杨艳萍
李小琴　吴梅章　胡　娜　刘莉莉　马　云　胡海燕　陶永福　马金萍
马生海　白启儒　白明国　张安宁　杨凤文　丁　辉　韩冬梅　马小芮
杨东旭　党东旭　马　昕　锁　健　殷红琴　吴小云　沙桂莲　李　鹤
马金莲　张　卓　马桂花　马彦秀　严文银　丁钰娟　庄彩琴　辛国余
李艳荣　白国文　马永清　王如意　宋晓萍　马靖娟　苏小虎　杜　艳
毛建国　张聪林　张　瑞　吕智忠　陈玉华　康有元　吴　娟　周学荣
周晓萍　杨晓平　顾维义　何立栋　王红霞　陈静萍　王亚兰　杨媛媛
张　丽　陈小兰　王　洁　张小平　马兴福　刘会琴　李晓成　马志福

3.先进教育工作者(25人)

王晓龙　武金城　张红红　马汉兰　马晓峰　贺彦文　马成祥　杨　其
李　艳　何　军　马　斌　王玉芳　李廷明　丁玉才　马奋岚　冯松强
马智广　杜智明　杨克虎　马靖平　赵文斌　吴亚莉　刘矿洲　郭晓艳
王丽辉

4.最美乡村教师(16人)

陆玉科　王万林　丁琛南　任进会　周兴英　马自宝　张天佐　周学荣
王彦荣　张彦学　王凯国　海生江　马凤莲　康有元　崔建礼　张伏强

5.福建优秀支教教师(4人)

兰淋海　叶惠梅　黄清华　冯振富

6.综治安全暨平安建设工作先进个人(10人)

张志荣　祁学成　陈学东　康有学　张成宗　邵兴云　宋　军　马瑞芳
金瑞智　海银成

2016年(152人)

1.优秀校长(8人)

吴风虎　王晓龙　宁林平　柯　强　马　龙　张玉英　张淑琼　王　莹

2.优秀教师(80人)

刘智强　柯　平　刘　刚　杨　旭　刘　省　王　菥　柳　霄　马建鹏
陈　艳　丁洪珍　张爱萍　党进龙　冯海燕　马锦霖　王自英　杨晓平
张自平　雷　兵　李　艳　周文华　马万江　杨彩霞　田进蕊　苏　彦
马金花　买德海　马自萍　王小娟　刘永红　李文权　张彩虹　马文清
李廷辅　李正龙　兰志高　李　海　周　强　黑正龙　沙玉海　王慧云
赵永芳　马彦秀　张继才　严文银　姚耀华　苏洪霞　赵珍宝　金　芮
杨文燕　涂志刚　马正福　张旭鹏　李润梅　马和祥　马玉清　喜文忠
王秀番　张保平　李长龙　闫俊蕊　尤晓玲　田菊花　高来虎　姚冠军
马艳丽　海元梅　佘慧军　罗　宁　李金凤　马　韶　马　娟　王国兴
杨　艳　梁　晶　高登莲　叶晓红　拓佰丽　翟彦昌　李丽丽　李存芳

3.优秀班主任(50人)

陈梅俏　刘　勇　王　婧　张淑梅　苏小虎　马　旭　曹治全　张　孝
马艳刚　杨万栋　白　云　李玉嘉　吴桂萍　李志新　海　军　于秀琴
李学香　年玉玲　海生贵　刘彩玲　马骞晶　徐园园　杨敏忠　马艳慧
王鸿霞　施晓霞　马桂花　马海荣　孙　静　马小娟　吴艳艳　李军鹏
胡志成　王文学　魏　丽　李小南　海　贵　海银国　唐文秀　吕桂香
殷爱岑　柳　茹　王和平　路亚媛　马晓岚　马银峰　苏小艳　马海霞
马金花　蒙志莲

4.先进教育工作者(12人)

赵国强　张明龙　罗建权　马继花　张治国　惠　楠　段惠蓉　牛　海
胡永利　赵巧霞　赵文斌　王玉芳

5.福建优秀支教教师(2人)

涂淑团　李昭文

2017年(202人)

1.优秀校长(10人)

米占郡　柯　强　马　炜　海春涛　张治国　杨风文　焦世玺　段惠蓉
涂志刚　顾维义

2.优秀教师(100人)

殷秀萍　马爱琴　贾雪燕　马自萍　田　洁　张玲霞　姬凤花　李晓敏
马凤娟　张宏慧　田志娇　丁娟梨　杨贝娜　薛　艳　马汉茂　张　艳
周桂芳　马　娟　马建辉　李志荣　于秀琴　马向霞　李炳仁　李志忠
杨晓娟　哈小娟　朱文博　周　强　李　龙　马学鹏　撒冬梅　张　亚
石　千　巩鹏程　李成梅　李　慧　陈飞龙　金丽娟　石　义　孔伟娥
贾小莉　李红叶　马耀晨　孙　婷　张风金　海　贵　王广林　郝　静
赵晓荣　施兴玲　潘春燕　李　雪　胡海燕　庞　娇　伏建新　周正海
郭鸿飞　柯　建　闫兴玲　马建龙　殷艳秀　勉海龙　张　斌　王　洁
张红红　杨　雪　海　芳　张银萍　乔晓玲　张鹏静　王　琴　张莉萍
张焕东　杨淑霞　张海荣　杨　梅　臧莉莉　杨　燕　金玉智　马晓燕
马和祥　李怀银　王秀番　马　彪　魏留红　白振国　张　英　张志燕
沙桂莲　肖伏香　苏　彦　殷菊珍　杨宏瑜　吕春梅　谢晓杰　车怀兰
马海东　全新文　闫　鹏　田学梅

3.优秀班主任(70人)

王江海　马　花　刘彩玲　马维林　赵　彤　高有良　岳红霞　马晓琴
苏洪霞　徐海鹏　王会侠　朱小亚　韩晓霞　白玉昌　安玉玲　白忠信
勉生秀　李　磊　马艳丽　靳兴旺　韩冬梅　张　丽　魏永芳　王进金
王丽婷　马文清　黑　兰　张晓霞　张明秀　叶惠琴　黑小妍　苏春燕
王　琴　徐应举　韩树立　赵雯卓　朱晓晖　雅金琴　土彦彦　马玉霞
苏满张　李文霞　余小艳　王　娟　王文霞　张学林　李存芳　曹　燕

张淑梅　王　宁　石金海　张　斌　殷　玲　马占有　海耀春　杨永福
王亚兰　曹　蕾　刘晓燕　王文艳　喜文忠　兰永峰　童　芳　姚治国
邵　辉　李　强　褚晓润　董文丽　李成玉　邢存福

4.先进教育工作者(20人)

马汉兰　宋宝元　周宏文　田立峰　马成云　康　虔　马　鹏　秦玉芳
陶永福　王淑媛　马生杰　张世铎　石海兵　李　娜　张成裕　明小军
黑占英　毛富强　张勇龙　何立栋

5.优秀支教教师(2人)

王晨曦　许忠向

2018年(202人)

1.好校长(10人)

张玉英　丁玉才　罗克忠　海　军　海春涛　毛伟东　马　鹏　涂志刚
喜文忠　谭万军

2.好老师(100人)

沙桂莲　丁晓梅　马金莲　苏　筱　王如意　马自萍　姬爱霞　马玉群
王瑞玲　严文银　李银巧　马春梅　明生艳　司马大　锁红霞　杨　其
李　海　周国良　黑保福　王晓燕　马喜民　卢维旭　洪志峰　兰正德
安玉玲　马建辉　李志新　张亚琴　马金凤　郝　萍　李元真　马文清
毛建国　马步云　张　静　杜向鹏　张潇励　韩雪宁　苏玉花　马建彬
赵珍宝　杨东旭　马文才　闫俊蕊　马玉明　张金燕　杨晓华　马秀梅
李　艳　马艳红　王志雯　禹彩虹　韩　莉　马智广　王学珍　马志贵
冯军龙　李亚娟　余　林　妥夏琰　马建兵　李玉嘉　海玉梅　张小兰
金　玲　马　芸　李　季　杜宏明　马小林　姚冠军　李淑彩　安文选
吴　岳　李玉才　李　洁　姜　宁　马春芳　马　萍　李　娜　吴永峰
白如玉　谢国宏　朱雷霞　陈昌凤　李存芳　许　静　周丽蓉　李彦秀
朱晓亮　马　云　马桂兰　虎永祥　马　盼　马小霞　杨　艳　张　昕
张振霞　张童选　王　燕　沙万宝

3.优秀班主任(70人)

苏　彦　杨　瑞　李晓燕　雷爱红　马莲霞　马骞晶　王娅萍　张晓梅
哈小娟　周晓辉　浦浩鹏　姜小伟　李　磊　徐小婷　马　平　朱冠先

王 花 吴学芳 李炳仁 白富荣 刘振东 锁社飞 杨 成 尤萍燕
秦 帆 武鸿喜 李 霞 王 芳 王绍唐 刘 省 柯 平 马红俊
马永清 谢得本 周宏文 南海霞 丁永财 冶自荣 丁晓萍 李志荣
伍平芳 肖建军 李怀银 冯郭园 李润梅 罗 媛 杨 燕 杨建芳
马建俊 薛雨晴 刘 艳 赵国斌 赵丽花 王小明 李彩霞 叶晓青
苏彦信 李晓娟 张成汉 顾彦成 杨治昌 李俊莲 白慧慧 王 芳
黄 莹 马慧萍 饶慧仙 马金萍 周妍匣 李永萍

4. 先进教育工作者(20 人)

牛晓霞 冯 娜 吴玉娟 李志忠 田立峰 李 刚 马 骁 顾占贤
张玉蓉 杜军亮 马克虎 张建军 马明虎 杨艳萍 周自存 张志燕
赵文斌 马 琼 魏留红 王 维

5. 优秀支教教师(2 人)

吴志强 吴全发

二、教师节获吴忠市教育工委(吴忠市教育局党委)、吴忠市教育局表彰者

2005 年(9 人)

1. 优秀教师 李 敏 毛晓东

2. 优秀教育工作者 齐 刚 王耀斌

3. 师德标兵 马吉军 金忠礼 海明荣

2006 年(5 人)

优秀教育工作先进个人 李晓娟 庞彩珍 杨 芳 喜文忠 田进明

2007 年(8 人)

1. 优秀教师 刘淑霞 田云平 王 熙 罗彩虹 赵吉玲 宋宁德

2. 优秀教育工作者 伏建军 马永建

2013 年(6 人)

1. 优秀教师 李晓娟 李长龙 王彦彦 马建学 李 成

2. 优秀教育工作者 张小龙

2015 年(11 人)

1. 最美教师 孙 雨

2.最美教师提名奖	陶永福　瞿玲霞　李　季
3.师德标兵	朱世明　陈德琪　赵宗林　贾雪燕　李秀琴 惠　楠　杨　芳

2016年(10人)

1.最美乡村教师	杨艳萍　代振军
2.优秀教师	姬全旺　李文权　王海霞　马泽明
3.师德标兵	于　娟　何秋妮　李海元　王　花

2017年(19人)

1.最美乡村教师	石显宏
2.师德标兵	罗克忠　赵永芳　师艳春　张聪林　陈东亚 马文燕
3.好校长	马天宏　郭　波
4.好老师	冯万里　郭俊成　纪玉虎　夏晓晶　王凤梅 丁晓芳　马守林　苏亚灵
5.好干部	锁金银　魏国喆

2018年(28人)

1.教书育人楷模	马兴福
2.最美乡村教师	刘智强　王毅超
3.师德标兵	张秉成　石海兵　田进芬　马　燕　张步科 马昭君
4.优秀青年教师	姬全禧　张涛涛　李　娜　金　霞　赵满强
5.好老师	苏厚娟　张俊清　黑小妍　李文权　张前军 马虎兰　陈　岳　韩建荣　姬全旺　张继才 朱培斯
6.好校长	马泽明　马　俊
7.好干部	童仲志

三、六一儿童节获吴忠市教育局表彰者

2005年(12人)

1.优秀德育工作者	刘明辉　陈兆祥　拓生海　王　铭

2.优秀班主任	李晓娟　张振霞　赵富萍　路亚媛　李学金 王小娟　马月英　肖建军

2006年(12人)

1.优秀德育工作者	李富杰　杨　静　孔进生　马　旭
2.优秀班主任	杨伟海　张春玲　张海丰　张凤梅　王小平 丁彩虹　李文霞　张金海

2008年(10人)

1.优秀德育工作者	马海东　毛伟东
2.优秀班主任	苏满张　万仙红　王　彤　马金凤　贾雪燕 田兴龙　杨东旭　胡万雄

2009年(10人)

1.优秀德育工作者	张晓荣　丁晓芳
2.优秀班主任	李浩鹏　董文丽　安小平　吴桂萍　田红秀 王学珍　贾雪燕　张　辉

2010年(14人)

1.先进德育工作者	张晓荣　马文燕　赵金萍　马天宏
2.优秀班主任	尚万福　苏小宁　张兆坤　丁彩虹　年玉玲 贾雪燕　王　伟　王敏雄　朱晓晖　冯庆虎

2011年(8人)

1.先进德育工作者	涂志刚　张　平
2.优秀班主任	冶　岚　白俊兰　王新科　马金凤　兰长利 李志忠

2012年(13人)

1.先进德育工作者	杨　慧　田进福　尚晓风
2.优秀班主任	吴玉娟　苏　筱　吴梅章　暴怀勇　苏小宁 赵国强　李　季　魏永芝　吴桂萍　唐文忠

2013年(13人)

1.先进德育工作者	张克卿　张晓荣　李永钊
2.优秀班主任	李学香　丁莉伟　李廷辅　冯松强　薛　艳 杨振绩　马新明　刘春燕　刘　静　杨晓玲

2014年（15人）

1. 先进德育工作者	田会学　穆世军　赵文斌
2. 优秀班主任	王　花　张彩荣　马骞晶　刘彩燕　李亚屏　魏学芳　张　芳　明生艳　武金成　马金凤　李　刚　杨艳萍

2015年（15人）

1. 先进德育工作者	张克卿　张永宏　马明虎
2. 优秀班主任	海春涛　张晶晶　张艳华　李　伟　海　舸　李文春　王文海　雷燕玲　苏佳薇　李金凤　段军淑　刘志亮

2016年（15人）

1. 先进德育工作者	马伏会　刘彩燕　于文有
2. 优秀班主任	魏燕燕　杨俊才　杨志娟　禹彩虹　丁琛南　江金凤　李永红　马春梅　马金凤　马　灵　秦　辉　王　熙

2017年（15人）

1. 先进德育工作者	张明龙　冯　娜　张海丰
2. 优秀班主任	张金海　王晓艳　牛兴荣　王瑞霞　浦浩鹏　李　季　任瑞勇　马　灵　韩　琴　李瑞霞　王小军　李丽丽

2018年（15人）

1. 先进德育工作者	于　娟　党东旭　张海丰
2. 优秀班主任	苏建礼　赵国强　马建奎　张淑梅　马　昕　梁晓丽　冯树山　杨玉珍　张凤梅　王　峰　韩冬梅　张　平

四、七一建党节获红寺堡区委（开发区工委）表彰者

2001年（1人）

优秀共产党员	高俊新

2002年(2人)

优秀共产党员　　张　发　杨治贵

2003年(3人)

优秀共产党员　　孙　冲　马杰君　马靖平

2004年(4人)

优秀共产党员　　张伏荣　张耀忠　王耀斌　拓生海

2005年(9人)

1.优秀共产党员　　孔德龙　虎久泽　杨菊花　刘　刚　冯　娜　吕怀玉　李如峰　马志贵

2.优秀党务工作者　　黎晓芳

2006年(3人)

优秀共产党员　　高俊新　杜小同　马　龙

2009年(7人)

1.优秀党务工作者　　杨菊花

2.优秀共产党员　　白天祥　马成云　张嘉炜　冯　娜　魏　丹　石　淼

2010年(6人)

1.优秀共产党员　　赵　祥　王耀林

2.学习实践科学发展观先进个人　　柯　强　路亚媛　段惠蓉　魏国喆

2011年(7人)

优秀共产党员　　冯　娜　吴亚莉　田进福　肖伏东　马俊文　徐占堂　马继平

2012年(4人)

优秀共产党员　　王冬华　周宏文　马永建　牛晓霞

2016年(4人)

优秀共产党员　　韩建荣　党晓斌

五、七一建党节获吴忠市教育工委(吴忠市教育局党委)表彰者

2011年(5人)

1.优秀共产党员　　黄静雯　任世伟　马志会

2. 优秀党务工作者　柯　强　车燕飞

2012年(5人)

1. 优秀共产党员　糟成荣　张聪林　马兴中　孙　雨

2. 优秀党务工作者　杜宏宇

2013年(7人)

1. 优秀共产党员　张聪林　夏海波　韩建荣　马志会　冯　娜

2. 优秀党务工作者　关存芳　董晓丽

2014年(7人)

1. 优秀共产党员　万　丽　刘会琴　兰海云　李志荣　马　龙

2. 优秀党务工作者　马建学　牛晓霞

2015年(7人)

1. 优秀共产党员　锁金银　张步科　王晓龙　马　龙　李广奇

2. 优秀党务工作者　马英俊　张聪林

2016年(13人)

1. 优秀共产党员　肖建军　李如峰　关存芳　马英俊　张步科
田　瑞　车燕飞　唐文忠　赵永芳

2. 优秀党务工作者　蒽天霆　赵国强　马建学　姬兰兰

2017年(13人)

1. 优秀共产党员　吴汉东　汪　珺　周国娟　张宏慧　南治广
张红红　杨强霞　兰保学　慕彦强

2. 优秀党务工作者　张旭斌　张聪林　锁红霞　田进万

2018年(14人)

1. 优秀共产党员　田仲国　马　炜　张露露　蒽天霆　王晓艳
李志荣　张树俭　张聪林　王忠文　陈东亚

2. 优秀党务工作者　张桂梅　张旭斌　张　龙　杨菊花

六、其他县处级荣誉获得者

2004年1月吴忠市教育局表彰课堂教学质量工程先进个人(7人)

金光耀　马莲霞　陈永康　任秀娟　李学宝　杨　芳　马　莉

2005年9月红寺堡开发区工委、管委会表彰"两基"攻坚先进个人(129人)

周　刚　高俊新　马永建　李震宇　伏建军　王学义　李军庆　王　义
金忠礼　田进福　杨菊花　童小芳　童仲志　马惠尧　马宗楠　李哲辉
王健宁　赵　祥　马小军　田　海　海丕军　马英俊　高正武　李青峰
张　龙　糟成荣　金玉智　朱晓晖　张　辉　马少军　马学军　马新明
锁金银　黄静雯　马成祥　马虎奇　齐　刚　孔进生　刘明辉　钱广银
张旭峰　宋志贤　张永宏　马校鹏　赵　彤　罗　秀　李廷辅　乔保强
虎　东　朱世明　任瑞勇　温丽娟　高玉发　马玉明　李富杰　张有贵
柯　强　马海东　蒙国正　刘立铖　白建国　马建学　宋兴珍　蒋永岗
王　铭　肖建军　戴孟雄　李　刚　马吉军　张巧霞　马步云　张　平
韩　庆　马吉贺　黑茂森　宋宝元　杨进良　马兴华　杨风祥　王　茂
金录成　李志忠　马生成　王耀林　张童选　马兴中　周宏文　徐应举
马清贵　海　军　张建军　郭长德　罗克忠　马安山　兰保学　任世伟
毛伟东　王志刚　陈东宁　杨国诚　刘彩玲　马靖平　李如峰　徐海鹏
马千里　马玉明　马文龙　马登俊　李效兵　马文燕　马汉兰　赵吉玲
李海元　田仲国　胡万雄　路秉国　王晓龙　范自智　胡彦俊　杜兴成
冯海燕　刘　刚　马　芸　何　军　魏　丹　惠路明　徐应科　陈永宁
张彦雄

2006年5月自治区教育厅师资处、教研室表彰英特尔®未来教育项目先进个人(4人)

王普荣　陶春铎　王志刚　谢继杰

2006年9月吴忠市教育局表彰教育行风建设先进个人(2人)

肖建军　纪玉虎

2008年2月吴忠市教育局表彰和谐平安年建设先进个人(5人)

李效兵　马俊文　范学珍　马　龙　马泽明

2009年2月吴忠市教育局表彰和谐平安校园建设先进个人(6人)

拓生海　党立军　母全智　尚晓凤　马占军　海正龙

2009年3月红寺堡开发区工委表彰政法综治工作先进个人(3人)

毛晓东　涂志刚　徐　芳

2009年4月吴忠市教育局表彰2008年度中考工作先进个人(2人)

孔德龙　马金发

2009年9月红寺堡开发区工委表彰10年建设突出贡献奖(10人)

苏宗荣　吴凤虎　王普荣　庞彩珍　王东君　贾正龙　韩　峰　张凤梅　马成祥　刘明辉

2011年4月吴忠市教育局表彰2010年度中考工作先进个人(2人)

吕怀春　马金发

2011年11月自治区教育厅办公室表彰数字化教育资源建设与应用先进个人(5人)

韩江华　马骞晶　年学斌　殷秀萍　李军庆

2011年12月自治区教育厅基教处表彰"五五"普法先进个人(4人)

赵　祥　孙　彦　石海兵　张有贵

2013年4月吴忠市教育局表彰2012年度中考工作先进个人(2人)

魏国喆　吕怀春

2016年10月吴忠市教育局表彰学籍管理先进个人(11人)

张永勤　杨万福　姚治国　周宏文　兰宝学　惠路明　马俊文　邵志琦　马志贵　郑　平　贺自高

2016年12月吴忠市教育局表彰"扎根乡村优秀教师"(4人)

撒如山　苏建礼　白启儒　胡永宁

2018年9月红寺堡区委、区政府表彰"教育均衡"先进个人(111人)

徐继军　张永勤　沙红兰　卢飞龙　夏　军　肖伏东　张旭升　谢国宏　陈俊玲　瞿玲霞　刘　伟　郗　华　马虎奇　姚治国　马学军　黄静雯　徐海鹏　陈　耿　穆世军　黄晓彦　李永红　赵国强　肖建军　党军堂　马少军　王　峰　涂志刚　马新明　喜文忠　李怀银　马智广　马晓燕　马珍虎　王毅超　李军鹏　马小兰　陈玉华　马伏花　李　瑞　马锦霖　张　艳　赵　婷　马万江　马　瑞　王龙生　康北喜　马　军　张自平　惠　楠　海飞龙　马兆虎　马　越　白明国　马　平　杨占成　罗克忠　苏厚娟　郑　平　丁　辉　杨风文　杨　其　王彦平　田风福　徐应杰　白国文　刘　静　焦世玺　刘享男　刘　省　母全智　杨　旭　温碧桃　马步云　毛建国　马　旭　焦文昌　何进全　张树俭　王　亮　马　鹏

孙　婷　马月美　杨　芳　马建学　兰保学　马千里　张明龙　贺自高
党晓斌　马奋岚　胡永利　拓生海　蒋　珂　刘　刚　张永宏　姜海斌
明小军　魏留红　马宗利　王耀成　李哲辉　马成云　郭艳红　贾庭洲
张治乾　马　琼　黑占英　马金发　王学义　张秉成　李建华

七、市级骨干教师

2004年(4人)

马　莉　杨　芳　任世伟　汪佩君

2012年(77人)

马志会　杨　玲　车燕飞　马彩霞　余慧强　何凤玲　余学荣　陈　艳
刘晓霞　刘　斌　贾正有　马文梅　史荣军　石金海　王　成　单牡丹
马立业　胡彦俊　吴亚莉　王　娟　马立娟　瞿玲霞　戴孟雄　苏满张
宁林平　李晓娟　暴怀勇　杨菊花　张志宏　张定月　苏国才　张新成
马艳霞　何彩莲　李　季　田　江　马晓岚　马兴伟　哈学娟　雍晓薇
张晓荣　秦晓燕　倪正喜　摆世忠　张桂梅　马爱喜　杨生花　雷爱红
蔡　平　万瑞妮　马骞晶　李　红　王　莹　喜文忠　马　兰　李晓东
殷菊珍　马汉兰　马千里　苏　彦　张彦雄　马　云　唐文忠　张玉英
赵　洁　于　娟　杨金霞　南治广　魏　玲　伏建军　石显宏　马靖平
瞿庆玲　马淑琴　王小娟　文晓惠　张秉成

2014年(15人)

郭玉芳　柯　强　海生贵　唐文秀　张艳华　惠　楠　吴慧玲　张晓霞
海　芳　张晓芸　吕艳玲　马会荣　李彦兰　马灵雁　倪廷瑞(中卫市认定)

2016年(13人)

王瑞玲　石玉琴　高有良　刘金霞　海　舸　雷燕玲　海　鸿　张风金
朱晓晖　姬全旺　张荣花　杨东旭　赵宏存

2018年(13人)

马晓峰　吴　娟　陈显凤　李秀琴　李　艳　张　颖　马晓东　马明虎
朱培斯　高燕霞　殷爱岑　马耀琴　南海霞

附　　录

一、文献辑录

宁夏回族自治区红寺堡开发区管委会文件

（红管发〔2003〕28号）

红寺堡开发区关于加快基础教育改革与发展的决定

红寺堡开发区自1998年成立以来，在自治区党委、政府的关心和正确领导下，在广大干部职工和移民群众共同努力下，基础教育取得了较大成就，基本扫除青壮年文盲和基本普及初等义务教育的“两基”工作得到重视，素质教育不断推进。为了认真贯彻落实《自治区人民政府关于加快基础教育改革与发展的决定》、《自治区党委教育工作领导小组关于加快我区教育改革与发展的意见》和全区基础教育工作会议精神，进一步加快开发区基础教育改革与发展，努力提高人口素质，为开发区经济和社会快速发展提供有力的智力支撑和人力支持，结合开发区基础教育工作实际，特做出如下决定。

一、牢固树立基础教育优先发展的战略地位

1. 基础教育是“科教兴国”的奠基工程，对提高全民族素质，培养各类合格人才，促进社会主义现代化建设具有全局性、基础性和先导性作用。实现新世纪开发区经济社会发展的宏伟目标,必须坚持教育适度超前发展,必须把基础教育摆在重要地位,作为基础设施建设和教育事业发展的重点领域,切实予以保障。

2. 开发区基础教育工作要高举邓小平理论伟大旗帜,以邓小平“三个面向”和江泽民“三个代表”重要思想为指导,全面贯彻党的十六大精神,坚持教育必须为社会主义现代化建设服务,为人民服务,必须与生产劳动和社会实践相结合,培养德智体美等全面发展的社会主义建设者和接班人。

3. 加快基础教育改革与发展,要以实施义务教育和素质教育为核心,围绕西部大开发战略和开发区经济社会发展的总体规划和部署,保持教育适度超前发展,坚持普及义务教育重中之重地位,促进基础教育、职业教育和成人教育的协调发展。大力发展民族教育,加快教育基础设施和师资队伍建设,扎实推进素质教育,全面提高教育质量。加快教育信息化进程,为开发区经济发展和社会进步奠定坚实的基础。

4.“十五”期间,开发区基础教育要积极发展小学教育和学前教育,大力发展初中教育,适度发展高中教育,使学校布局结构趋于合理,办学条件得到较大改善,教育信息化水平不断提高,深化教育改革,扎实推进素质教育,把基础教育质量和办学效益提高到一个新的水平。

二、突出重点,分步推进,提高基础教育的整体水平

5. 积极发展小学教育,打好“普初”攻坚战。要按照“就近入学、扩大规模、因地制宜、合理规划”的原则,适当调整小学布局,撤并一批布局不合理、规模小、质量差的学校,初步实现办学规模、效益。要不断巩固提高“普初”成果,全面推进素质教育,努力提高初等义务教育质量。努力加大扩建续建小学校舍力度,提高普及程度,全面完成普及初等义务教育的各项指标任务。加强示范性学校建设,力争马士基希望小学进入吴忠市级示范小学,红寺堡镇回小、红寺堡镇中心学校、沙泉朝阳小学创办为开发区级示范小学。调整和规范开发区义务教育学制,2004年小学入学率达96%以上,毕业率为98%,辍学率控制在2%以内,力争红寺堡镇、大河乡、石炭沟乡普及初等义务教育,2005年全开发区实现“普九”目标。

6. 大力发展初中教育,积极推进普及九年义务教育进程。加快对薄弱的初级中学改造和示范性初级中学建设,精心组织实施国家“二期义教工程”项目,合理规划,狠抓配套资金落实,努力办好现有初级中学。红寺堡镇(县城)争取再建一

所中学,尽力满足初中学龄人口高峰期的就学要求,逐步实现办学条件标准化。到2005年力争红寺堡中学进入吴忠市级示范中学,大河中心学校为开发区级示范性初中。2006年开发区初中入学率达到85%以上,毕业率达90%以上,升学率达70%以上,辍学率控制在5%以内,力争使红寺堡镇、大河乡普及九年义务教育,2007年初中入学率达到90%以上,全开发区基本普及九年义务教育,人口覆盖率达到80%以上。

7. 适度发展高中教育,解决高中教育师资与设备匮乏问题。进一步扩大普通高中办学规模,充分利用和挖掘现有教育资源,对完全中学进行扩建、充实、提高,增强开发区普通高中招生能力。创办一所以农村职业技术教育为主的综合性高中,大力发展初中后职业培训,坚持农科教育和基础教育、职业教育相结合,促进农村经济和社会发展。正确处理高中教育规模扩大与提高质量效益的关系,积极推进完全中学初、高中分离办学,不断提升普通高中办学水平,在确保教学质量、提高学生素质的基础上,推行高中招生"三限"政策,逐步扩大办学规模。到2006年全开发区初中毕业生升入高中阶段的升学率力争达到70%,高中阶段入学率力争达到60%,到2007年全开发区基本满足社会对高中教育的需求。

8. 巩固扩大扫除文盲成果,提高农民文化科技素质。办好农民文化技术学校,坚持政治、文化、技术相结合的原则,拓宽扫盲内容,广泛开展实用技术、政策法律、卫生健康、家庭教育、环境保护等知识技能培训,提高扫盲教育的质量和效益。到2005年城区的乡镇以行政村为单位,将青壮年非文盲率提高到95%以上,其他乡提高到90%以上。杜绝新文盲的产生,对15周岁以下包括15周岁文盲,由所在地中小学负责,进行补偿教育。对35岁以下的文盲,坚持有一个扫一个。

9. 加强民族教育发展,努力提高民族教育质量。认真贯彻落实《宁夏回族自治区民族教育条例》,继续坚持对民族教育实行优惠政策,把提高民族教育的管理水平、教育质量摆在突出位置。以全区实施的"百所回民中小学标准化建设工程"和"百名教师支教工程"为契机,争取在办学条件、师资水平、教育质量和学校管理等方面达到先进水平的学校创办回民中学、回民小学各1所。2005年,回族小学学龄儿童入学率达到93%以上,初中学龄少年入学率达到85%以上。到2007年,全开发区小学回族学龄儿童全部入学,初中回族学龄少年入学率达到95%以上。

10. 重视和发展学前教育,为义务教育奠定基础。积极创造条件,提高全开发区学前幼儿(班)率,到2005年马士基希望小学,各乡(镇)中心小学学前幼儿入班率达到80%，农村学学前幼儿入班率达到60%。各乡（镇）中心小学和完全小学均要开设一年制学前班，有条件的可开设两年制学前班。农村要因地制宜，积极发展半日制、计时制幼儿活动中心、季节班、周末班等灵活多样的早期教育形式，尽可能多地为农村儿童提供受教育的机会。制定优惠政策，支持社会力量依法兴办幼儿园。加强幼儿教育培养、培训，提高学前班教育质量，逐步实行幼儿园园长、教师资格认定制度，坚持学前班教师培训持证上岗制度。

11. 积极发展特殊教育，充分体现公民受教育的平等权利。提高残疾儿童入学率，使残疾儿童受到应有的教育。要在乡（镇）中心小学和有特殊需求儿童的村中心小学普遍开展随班就读，合理适量地开设特教班。到2007年，全开发区残疾儿童入学率力争达到50%。

12. 大力普及信息技术教育，以信息化带动教育的现代化。充分利用国家"校校通"工程和自治区"教育信息化建设工程"等项目，结合中小学教师继续教育工程，立足现状，着眼未来，转变观念，克服困难，抓好信息技术教育工程实施，实现开发区基础教育的跨越式发展。从2003年起，县城学校都要开设信息技术必修课，并对小学教师进行信息技术的达标培训。到2005年，乡镇初中和中心小学全部开设信息技术课，所有中学及乡镇中心小学建立远程教育接收站，通过中国教育卫星宽带网接收优秀和丰富的课程教材，使学生享受高质量的基础教育。同时，有条件的县城中小学要建成校园局域网。2007年，力争所有行政村中心小学开设信息技术课，配备多媒体教学设备和教育教学资源；县城建成城域网，使远程教育网、校园网，城域网联通，实现普及信息技术教育的目标。

13. 大力发展民办教育。落实发展民办教育的政策措施，支持社会力量多种形式办学。积极鼓励社会力量创办幼儿园和高中。实行"优质优价，优教优酬"。独立设置的民办学校，实行自主收费，报物价部门备案。对民办教育机构在招生、教研活动、表彰奖励等方面，与公办学校一视同仁。对办学成绩显著者要予以表彰奖励。教育行政部门要加强对民办中小学、幼儿园教育教学的指导和监督，规范其办学行为，保证其全面贯彻党的教育方针。积极鼓励企业、社会团体和公民个人对基础教育的捐赠，捐赠者享受国家有关优惠政策。

二、扎实推进素质教育，全面提高教育质量

14. 实施素质教育，必须全面贯彻党的教育方针，认真落实《中共中央国务院关于深化教育改革,全面推进素质教育的决定》,端正教育思想,体现时代要求,促进学生德、智、体、美等全面发展。使学生具有爱国主义、集体主义精神,热爱社会主义、继承中华民族的优秀传统;具有社会主义民主法治意识,遵守国家法律和社会公德;逐步形成正确的世界观、人生观和价值观;具有社会责任感,努力为人民服务;具有初步的创新精神、实践能力、科学和人文素养以及环境意识;具有适应终身学习的基础知识、基本技能和方法;具有健壮的体魄和良好的心理素质,养成健康的审美情趣和生活方式,成为有理想,有道德、有文化、有纪律的一代新人。

15. 树立育人为本的教育思想,切实增强德育工作的针对性、实效性和主动性。正确把握德育工作的主要和基本原则,坚持用正确的思想和科学的理论武装学生、教育学生,坚持把德育贯穿于教育的全过程,主动适应新形势的需要,调整和充实德育内容,不断研究新情况、新问题,积极探索德育工作的有效途径。小学从养成行为习惯入手,重点进行社会公德教育,进行爱祖国、爱人民、爱劳动、爱科学、爱社会议教育,联系实际对学生进行热爱家乡、热爱集体以及社会、生活常识教育。初中应加强国情教育、法制教育、纪律教育的品格修养。高中阶段注重进行马列主义、毛泽东思想和邓小平理论基本观点教育。认真贯彻落实《公民道德建设实施纲要》,对中学生进行正确的世界观、人生观、价值观的教育和民族团结教育,加强中小学生心理健康教育。要以丰富多彩的教育活动和社会实践活动作为中小学德育的重要载体,加强校园文化建设,建设青少年校园活动场所,重视家庭教育,开展家庭教育指导,加强学校教师与学生家长的经常性联系,形成学校、家庭、社会三结合教育网络。

16. 积极推进课程改革,实施新课程方案。全面贯彻落实教育部《基础教育课程改革纲要》和《幼儿教育指导纲要》,按照优化课程结构,调整课程门类,更新课程内容的要求,小学加强综合课程,初中分科课程与综合课程相结合,高中以分科课程为主。小学逐步按城、乡不同地区,2005年统一开设英语课,增设中小学信息技术教育课和综合实践活动课,开发适应本开发区、本校的地方课程和校本课程。2003年全开发区基本完成义务教育阶段新课程的实施,并实行幼儿教育和普通高中新的课程方案。同时,要不断吸收全国新课程方案实验区的成功经验,认真做好开发区实施新课程方案的师资培训工作,使广大中小学教师尽快适应新课程方案的教学工作。

17. 实施中小学"课堂教学质量工程",发挥课堂教学在实施素质教育中的主渠道作用。提高课堂教学质量是中小学扎实推进素质教育的战略性措施，要树立正确的教育观念，科学把握全面推进素质教育的时代要求，按照以点带面，分层推进的原则，积极改革课堂教学方法，提高课堂教育质量和水平。要建立和完善课堂教育评价管理体系，面向全体学生，有利于学生主动学习和思考，重视培养学生创新精神和实践能力，切实减轻学生的课业负担。要加强教学常规管理，全面落实课程计划，开足开齐课程，保证教学质量。要加强教育教学科研工作，建立基础教育教学改革和优秀教育科研成果评审奖励制度，积极鼓励广大教师和教育科研人员，开展多形式的研究和实验。深入开展课堂教学改革，推广教学改革成果，积极探索符合素质教育要求的课堂教学模式。

18. 贯彻“健康第一”的思想，切实加强中小学体育卫生和艺术教育工作。按规定开设体育和艺术教育课程，保证课时，保证学生文体活动时间，开展经常性的形式多样的学生体育比赛和艺术活动，培养学生的团队精神、顽强意志和艺术修养。加强传染病预防工作和学校饮食卫生管理，防止传染病流行和食物中毒事件发生。

19. 深化招生考试和评价制度改革。改革考试内容和方法，逐步实行小学毕业免试升学制度，进一步改革中考制度。2003年起，初中毕业生可直接进入各类中等职业学校。加强普通高中会考工作，使学生不断适应高考制度的改革。逐步使高考报名与学生所在学校脱钩，学校和教师不得公布学生考试成绩和按考试结果公开排队。

四、加强师资队伍建设，提高教师整体素质

20. 加强教师队伍建设，健全教师管理制度。要依法加强对教师队伍的管理，狠抓师德建设，重视教师思想政治工作，提高教师职业道德水平，增强广大教师实施素质教育的自觉性和责任感。大力加强骨干教师队伍建设，继续做好骨干教师的培养培训工作。进一步加强和改进教师继续教育工作，要以转变教育观念、提高职业道德和教育教学水平为重点，紧密结合素质教育和基础教育课程改革，加强全开发区中小学教师继续教育工作。要采取在岗培训的方式，力争在“十五”期间用不同方式对现有中小学校长、专任教师进行全员再培训和再教育，完成国家规定的新一轮中小学教师全员培训工作。加快中小学计算机和小学英语教师的培训，使教师尽快适应教育现代化的需要。

21. 全面实行教师资格制度,严把教师入口关。按有关程序优先选调师范院校毕业生到开发区学校任教。推行教师聘任制,建立“能进能出、能上能下”的教师任用新机制。根据中小学教师的职业特点,逐步实现教师职务聘任和岗位聘任的统一。健全和完善考核制度,建立激励机制,培训、转岗或辞退不能履行岗位的不合格教师。

22. 改革中小学校长的选拔任用和管理制度。完全中学及直属中小学校长,由工委组织部会同教育行政部门考察推荐,报工委研究决定,由管委会任命或聘任,其他中小学校长由开发区教育行政部门选拔任用并归口管理。积极推行中小学校长聘任制,明确校长任职资格,逐步建立校长公开招聘、竞争上岗的机制。完善校长负责制、岗位培训制和持证上岗制,逐步推行校长聘任制。

五、实施“科教兴区”的战略,建立和完善基础教育健康发展的保障体系

23. 加强农村义务教育是涉及农村经济社会发展全局性的一项战略任务,农村义务教育工作量大面广、基础薄弱、任务重、难度大,是实施义务教育的重点和难点。各级党政组织要牢固树立实施科教兴区战略必须首先落实到义务教育上来的思想,大力发展农村义务教育,提高劳动者的整体素质,为实现农村经济社会全面发展奠定基础。

24. 进一步完善农村义务教育的管理体制。按照“积极进取、实事求是、分区规范、分类指导”的原则,继续实行“地方负责,分级管理,以开发区为主”的义务教育管理体制。管委会全面负责中小学的规划、布局、调整、建设和管理,统一发放教职工工资,负责中小学校长、教师的管理,指导学校教育教学工作。乡(镇)、村都有维护学校的治安和安全、动员适龄儿童入学等责任,乡(镇)政府要参与农村义务教育的办学,筹措教育经费,改善办学条件,提高教师待遇。要充分发挥村民自治组织在实施义务教育中的重要作用。

25. 依法确保教育经费“三个增长”,充分发挥政府对教育投入的主渠道作用。基础教育特别是义务教育必须坚持以政府投入为主,多渠道筹措经费,建立和完善稳定持续的义务教育投入机制,依法确保教育经费的“三个增长”。积极争取国家教育专项投入,不断拓宽教育经费来源,鼓励和支持民办教育,广泛吸纳社会各方面的资金发展教育事业。在税费改革前,按原来政策,继续做好农村教育费附加征收和管理工作。农村实行税费改革后,要确保农村义务教育投入不低于改革前的水平。要确保中小学教师工资按月足额发放，继续实行中小学教师工资由开发区财政统一发放和管理，并由管委会财政部门根据核定编制和统一规定的工资项目及标准，通过银行直接拨入教师在银行开设的个人账户中。新建扩建农村中小学要减免相应税费，所需土地应由乡村无偿划拨。凡属农村中小学危房改造，可以进行教育集资，提倡农民通过义务劳动支持农村中小学危房改造。加强教育经费监管，严禁挤占、挪用、截留、平调学校公用经费，严禁中小学校利用收取学生的杂费发放教师福利、津贴等，提高教育经费使用效益，确保农村中小学的正常运转。

26. 改善办学条件，坚决制止中小学乱收费。合理使用国家对开发区的义务教育专项资金，加强教育对外交流与使用合作，组织实施好“东西部地区学校对口支援工程”等项目努力使中小学办学条件符合义务教育的标准要求。根据国家规定，做好对家庭经济困难的中小学生免费提供教科书，并适当减免杂费，完善并落实中小学生助学金制度。坚决制止中小学乱收费，严格执行中小学收费标准，实行“一费制”收费制度，切实减轻学生家长负担。进一步加强监管和检查，加强预算外资金管理，坚持收支两条线，执行校务公开制度，加强财务管理，努力提高经费使用效益。

六、切实加强领导，努力开创开发区基础教育工作新局面

27. 各级党政组织要努力实践“三个代表”重要思想，进一步提高对基础教育重要意义的认识，增强责任感和紧迫感，采取有力措施，大力推进基础教育发展。要将基础教育工作列入重要议事日程，及时研究基础教育和教育工作的重大问题及突出困难。各级领导和教育行政主管部门要经常深入学校，了解新情况、解决新问题。实行基础教育工作考核制度，把基础教育工作发展的状况，作为考核各级领导工作水平和业绩的重要内容。各有关部门、社会各方面要认真履行各自发展基础教育的责任，按照有利于基础教育改革与发展的要求，努力为基础教育的健康持续发展创造有利条件，提供有力支持。积极开展“四个一”支教助学活动，即：开发区级领导每人指导一个乡（镇）的教育工作并具体联系一所学校；工委、管委会各部门（单位）实行一个部门（单位）帮扶一所学校；教育行政部门每名干部抓好一个乡的基础教育工作；条件相对好的学校与薄弱学校开展“一帮一”教育强区、教育强乡的创建活动，努力开创基础教育工作的新局面。

28. 坚持依法治教,保障基础教育健康发展。各乡(镇)党委、政府及有关部门要增强依法治教、依法促教、依法行政的意识,依法履行职责,加大行政执法监督力度,依法保护学校、教师和学生的合法权益。要将依法治教与以德治教结合起来,加强师德建设,提高教师的职业道德素养,增强广大教育工作者教书育人、管理育人、服务育人和环境育人的自觉性,把学校建设成为社会主义精神文明的重要阵地。

29. 切实加强学校安全工作。牢固树立“安全第一”的思想,进一步建立健全确保师生安全的各项规章制度。落实学校安全工作责任制、安全事故责任追究制和重大安全事故报告制度。严格管理,加强安全预防工作,重点防范危及师生安全的危房倒塌、食物中毒、交通、火灾、溺水等事故。

重视和加强对师生的安全教育,增强安全防范意识和自我保护能力,确保师生人身安全和学校教育教学活动的正常进行。

30. 加强和完善教育督导制度,发挥教育督导工作在推进“两基”和实施素质教育中的保障作用。要选派思想政治业务素质高的专兼职人员,充实督导队伍,坚持督政与督学相结合,继续坚持和完善“两基”评估验收和复查制度。建立“两基”工作监测制度,完善“两基”工作奖励机制,积极开展对基础教育热点难点问题的专项督导检查,建立实施素质教育的督导评估体系,组织对实施素质教育水平的督导评估。

31. 努力创造有利于基础教育改革发展的良好社会环境。各级党委、政府及有关部门要解放思想、更新观念,为基础教育的健康发展创造有利的政策环境、舆论环境和社会环境。宣传、广播电视等部门要进一步加强对实施科教兴区战略和基础教育改革与发展的宣传力度,注意及时宣传报道实施素质教育的新经验、新典型、宣传支持教育发展的先进事迹,动员社会各方面发挥各自优势,共同关心支持基础教育工作,为基础教育健康发展创造良好的社会舆论环境。

红寺堡开发区管委会

2003年4月5日

中国共产党宁夏回族自治区红寺堡开发区工作委员会文件

（红工委发〔2009〕7号）

红寺堡开发区关于振兴教育事业加快教育发展实施意见

党的十七大明确提出要“优先发展教育，建设人力资源强国”，红寺堡开发区工委、管委会提出了“全面落实科学发展观，坚持教育优先发展战略，实现红寺堡跨越式发展”的宏伟目标，对开发区的教育事业提出了新的更高的要求。经过十年的不懈努力，教育事业得到长足发展。学校基础设施进一步夯实，办学条件有效改善，用人机制初步完善，学校管理日趋规范，教学质量逐年提高，形成了相对完善且具一定规模的基础教育体系，移民子女有学上的问题及基础教育数量和规模的问题基本得到解决。但财力薄弱，教育投入不足，重教氛围不浓，校长队伍素质整体不高，常规管理水平相对滞后，教师总量短缺且敬业精神不强。执教能力偏低，特别是高中优秀教师紧缺、优质生源严重流失的问题已成为当前移民子女上好学和提高开发区教育教学质量的突出矛盾。因此，探索教育发展途径，加大教育投入，解决突出矛盾，强化学校管理，全面提高教育教学质量已成为新时期教育的中心工作。为此，结合开发区教育实际，特制定开发区振兴教育事业加快教育发展实施意见（以下简称“意见”）。

一、指导思想

以党的十七大精神为指导，贯彻落实开发区2008年工作会议关于跨越式发展的部署，用科学发展观统领教育发展的全局，以办人民满意的教育为宗旨，通过政府抓投入、教育行政部门抓管理学校抓质量、相关职能部门通力协作的工作机制，形成全社会共同办学的良好氛围，全面提高教育教学质量。

二、主要目标

政府行为进一步强化,教育事业齐抓共管的工作格局逐步形成;学校布局更加合理,区域内义务教育发展水平基本均衡;教育教学考评制度更加健全,形成完善的运行机制,各类学校管理实现规范化;基础教育的执行力、教科研能力和课程实施能力明显增强;教师队伍、教科研队伍、管理队伍的专业水平明显提高;开发区教育教学质量整体提升。

三、主要内容

(一)合理调整学校布局,优化资源配置,均衡城乡义务教育发展水平

——以自治区第二轮中小学布局调整为契机,加快农村初中学校布局调整步伐,进一步实施开发区农村初中学校改造项目,扩大城区寄宿制中学办学规模。十一五末,撤销乡镇初中,完成红寺堡回中、红寺堡三中的建设;同时,为每个乡镇建设好一所标准化寄宿制中心小学,在城区建设红寺堡回民小学。一深化学校内部管理体制和人事制度改革,精简学校领导职数,进一步核定各学校编制数,根据学科结构实行教师定编定员,均衡在编教师和支教教师。

——实施自治区“百校牵手”行动计划,大力推进开发区城乡教师轮岗支教,提高城区学校和农村薄弱学校优质资源共享效益。

(二)完善学校工作制度,强化学校管理

——实施中小学分级管理,分类考核,制定学校目标管理责任书和相应的考核细则,健全过程性考核、终结性考核相结合的评估运行机制。

——严格执行国家和区、市课程计划,加强课程管理;完善国家、地方、校本三级课程管理体系。

——建立规范的学校常规管理工作制度,完善质量管理的评估方法,科学设置各种定性和定量指标,采取过程评价与终端评价相结合,引入“相对进步量”进行评估;改革教学质量检测形式,建立义务教育各学科的学年统测制度,提高每一所学校的教学质量。

——实行办学质量承诺制,逐层制订相应的承诺条款,实现义务教育阶段学生学业合格率城区学校达到80%以上,农村学校达到70%以上,中考成绩、高考本科上线率逐年提高。

（三）加强校长队伍建设，提高管理水平

——实施校长公开竞聘上岗制和任用制。按照管理权限，对规模在400人以上的中小学校长实行公开竞聘上岗，400人以下的农村学校校长由乡镇中心学校根据校长任用资格直接选拔任用。

——严格校长任用程序，形成“优胜劣汰”的选人用人机制。

——设立“以奖代补”资金，激励校长工作积极性。地方财政采取“以奖代补”的形式每年拿出10万元，专项用于各级各类学校校长学年度工作业绩考核奖金。

——制定科学的学校考核评估办法，严格学校领导任课制，把校长的定性定量考核结果与其以奖代补资金、年终奖金相挂钩，实行校长目标管理责任制和实绩奖惩制。

——实施校长培训提高工程。每学年开发区所有中小学校长至少培训一次；校长每学期必须深入听课20节以上，参加学校教研活动10次以上；中小学校长每学年都要订阅一本教育专业杂志、研读2部教育专著，提高校长队伍的专业化水平。

（四）加强教职工队伍建设与管理，着力提高教学质量

——根据高中薄弱学科教师需求，高薪聘请区内优秀教师来红寺堡任教，优化高中教师队伍结构，打造“名师工程”，提高高中阶段教学水平。

——建立骨干教师实绩奖励制度，降低优秀教师外流率。管委会每年从地方财政中拿出20万元单列，用于各级骨干教师的奖励。通过考核，对成绩突出的区级骨干教师、市级学科带头人、县级骨干教师给予奖励。

——设立“突出贡献奖”。地方财政中每年拿出30万元，教育行政部门负责制定享受办法，对受到国家级、省部级奖励的教师和省级（含省级）以上且教学成绩特别突出的骨干教师给予重奖，使其成为吸引人才、留住人才的重要举措。

——制定青年教师培养方案，形成学科带头人和区、市、县三级骨干教师梯队建设的培养机制。

——制定《红寺堡开发区中小学教师管理暂行规定》，加大教师管理力度，强化教师作风建设，严格执行师德师风考核一票否决制，凡师德考核不合格者，不准评优选先、晋升职称和提拔使用。

——制定奖惩办法和边远学校教师岗位履职奖励制度。管委会每年从地

方财政中拿出60万元单列,由教育主管部门制定管理办法及奖惩细则,用于教育教学成绩、教育科研成果奖励,并且对农村边远学校教师实行岗位履职奖励。

一是设立奖励基金,重奖在教育科研(学科教研)方面有一定建树的教师。

二是设立教学成绩奖和学科竞赛奖,对高考成绩、中考成绩、学科统考成绩突出,辅导学生在国家奥林匹克等学科竞赛取得奖项的教师和学校予以奖励。

三是建立健全配套的惩戒制度,对师德缺失、业绩平平的教师给予相应的惩罚,以促进教育教学。

四是将教职工年终奖励工资归口教育财务统一管理,建立教职工业务考核和奖惩机制。坚持细化量化、便于操作的原则,制定科学合理的教职工考核标准和办法,坚持平时量化与学年度实绩相结合,对教职工进行全面考核。教育行政主管部门根据学校对教师的考核情况兑现奖金。对执教水平极差的教师,要求其个人出资到专业院校进修学习。

五是实行教职工岗位绩效工资制度,在保证教师工资统一发放的同时,在自治区政策允许的范围内,妥善处理好工资统一发放与按实际贡献拉开收入差距的关系,建立与聘用制度相适应,能够体现教职工岗位职责、工作绩效和实际贡献的工资保障和激励机制。(1) 根据岗位绩效考核,进行二次分配,合理拉开收入差距,实现按劳分配、优劳优酬。(2) 制定绩效工资和津贴的发放办法。在制定发放办法时,根据国家有关规定结合工作实际,坚持按劳分配、效率优先、兼顾公平的分配原则,建立重能力、重实绩、重贡献的分配激励机制。向骨干教师和关键岗位倾斜的分配政策,实行基本工资部分不动,拉大岗位分配差距,发挥岗位分配的杠杆制衡作用,创设人尽其才、才尽其用、物尽其管的良性用人氛围。(3)对距城区15公里以外的农村偏远学校教师实行岗位履职奖励制度。根据其年终考核结果,对能够完成年初工作承诺的农村偏远学校教师给予一定数额的奖励,经费从农村转移支付中列支,由教育局统一安排发放。

(五)构建规范的研训体系,着力提高教师执教能力

——坚持择优录取的原则,选拔聘任一批业务精湛、经验丰富、水平专业的优秀教师担任开发区教研员,建立科学合理的教师专业化水平提升研修机制,实施教师培训工程。

——认真落实《自治区教育厅 教育教学课题研究过程管理办法》,把城区

学校、乡镇中心小学建成课程改革和校本研训的基地，引导和组织广大农村学校开展校际合作与交流，建立联片教研、对口帮扶、网上研修等机制，大力开展网络教研。

——建立健全校本教研制度，深入实施自治区“课堂教学质量工程”和开发区“学科教研进课堂活动”。教师每学年参加的集体研修活动不低于40课时，承担公开教学不少于2课时，听课30节以上。对特岗教师、支教教师的岗前培训不低于40学时。

——建立教研员和各级骨干教师讲座制度，每学期教研员和区、市骨干教师举办县级培训讲座不少于一次，县级骨干教师举办校本培训讲座不少于一次。

(六)加强义务教育经费管理，提高资金使用效益

——成立教育会计核算中心，撤销学校会计岗位，制定规范的管理制度，实行校财局管，严格执行财务预算、决算规定。

——建立健全经费使用制度，合理安排各项支出，形成高效节俭，运转顺畅的使用管理体系。

(七)采取资助措施，引进生源，提高高中办学水平

从2009年秋季开始，每年在高中办一至两个“品学兼优贫困生资助班”，通过免除学杂费，政府补贴生活费(每生每年2000元)等措施，来留住部分优质生源，通过打造高中“名师工程”和奖励高考重点大学生，吸引部分优质生源，使高中教学质量逐步走出低谷。

(八)大力发展职业教育和学前教育

——争取项目资金，建设开发区职业教育中心；结合“3211”工程，每年输送一定数量的中职、高职学生赴区内外职业技术学校学习。

——规范民办幼儿教育管理，鼓励有条件的农村学校设置学前班，进一步夯实学前教育基础。

四、职责任务

(一)开发区工委、管委会负责意见实施情况的规划、指导、评估，年终组织对各乡镇、各部门实施情况进行考核，将考核结果作为乡镇、部门年度工作的评价依据之一。

(二)乡镇政府、发改、财政、人事、公安、司法、卫生等单位要各尽其职，通力协

作,兴办教育。

乡镇政府、公安、司法、卫生等单位要密切配合教育部门,依法巩固“普九”成果,治理校园周边环境,强化学校食品卫生安全监督,加大对民办幼儿园的整顿力度。

发改部门要认真实施“五个一工程”项目,每年将教育建设工程优先列入开发区项目发展规划,进一步调整学校布局结构,争取工程项目,采取措施解决“大班额”问题。

财政部门要依法保障教育经费投入,对本意见涉及的奖励资金执行预算,单独列支。

人事编制部门负责争取教师编制问题,根据上级相关政策做好编外教师及特岗教师的纳编工作,逐年清理挤占教师编制人员。同时,严把教师入口关,真正实现教师结构优质化。

教育行政部门负责制定提高教学质量的实施办法,审定学校实施细则,组织学校实施本意见,建立对学校的考核办法,完善各项管理规章制度,加强对教育教学质量监测和反馈,组织开展校长和教师培训,加强校长和师资队伍建设,改善学校办学条件,建立制度化的意见实施过程中的监督、检查机制,严格规范学校的办学行为,办好每一所学校,提高学校管理水平和教育教学质量。

(三)明确学校在发展教育中的主要责任。学校要切实树立“质量立校”意识,把工作重心转移到抓管理、抓质量上来,按照意见要求,要对本学校(幼儿园)的办学质量和水平做出准确的诊断和目标定位,制定出既符合统一要求,又有突出学校特色和便于操作的实施细则,建立健全学校质量管理的制度体系,深入推进课程改革,实施素质教育,保障全体学生接受合格而完整的教育,建立科学全面的教育教学和教师工作评价制度促进教师专业发展,培养学生的综合素质,全面提高教育教学质量。

五、加强领导,提供组织保障

各乡镇、各部门、各学校一定要站在事关开发区教育振兴的高度,加强组织领导,建立和完善加大教育投入的保障机制,进一步改善学校办学条件,努力提高学校教育教学装备水平;要按照城乡教育一体化的目标,积极争取项目支持,采取切实措施解决“大班额”问题;加大政策与经费扶持力度,优化中小学教师队伍结构,加快高中教育、职业教育发展步伐。特别是教育主管部门要成立一把手任组长的改革领导小组，建立领导联系点制度，负责对中小学贯彻落实意见的联系和指导，分阶段、分项目细化目标责任，加大推进力度，切实推动开发区办学质量和水平的逐年提高。

中共红寺堡开发区工委

红寺堡开发区管委会

2009年2月18日

中共吴忠市红寺堡区委员会办公室文件

(红党办发〔2017〕117号)

关于印发《红寺堡区加快教育发展推进脱贫攻坚实施意见》的通知

各乡镇(街道)党(工)委、人民政府(办事处),区委各部委,区直各部门,各分局,各人民团体、直属事业单位,区属驻红各单位:

《红寺堡区加快教育发展推进脱贫攻坚实施意见》已经三届区委2017年第12次常委会议研究通过,现印发给你们,请认真抓好落实。

中共吴忠市红寺堡区委办公室
吴忠市红寺堡区人民政府办公室
2017年9月5日

附:

红寺堡区加快教育发展推进脱贫攻坚实施意见

教育是民生之基,是促进人的全面发展、阻断贫困代际传递、实现红寺堡区脱贫致富的重要途径。为加大教育改革发展力度,推动全区教育事业全面、协调、可持续发展,更好地发挥教育在脱贫攻坚中的重要作用,制定如下意见。

一、总体要求

(一)指导思想

坚持以党的十八大、十八届三中、四中、五中、六中全会精神为指导，坚持教育优先发展战略，全面贯彻党的教育方针，以办好人民满意教育为宗旨，坚持“教育扶贫，育人为本；精准发力，补齐短板；改革发展，提高质量”，充分发挥教育脱贫的人才、智力优势，统筹推进学前教育、基础教育、职业教育、民族教育、继续教育全面发展，加快推进教育现代化，努力提升人口基本素质，提高贫困家庭自主脱贫能力，为红寺堡区打赢脱贫攻坚战和全面建成小康社会奠定基础。

（二）总体目标

到2020年，各类教育发展体系更加完备、结构更加合理，支撑经济社会发展的能力切实增强，教育现代化取得重要进展，努力打造教育强区、科技强区。

——各类教育全面普及。学前教育实现普及和规范发展，学前三年毛入园率达到85%以上；义务教育实现基本均衡，学龄人口全部入学，小学六年巩固率达到95%以上，初中三年巩固率达到95%以上；高中教育实现优质特色发展，高中阶段毛入学率达到91%以上；职业教育办学水平逐步提升，特殊教育得到有效保障，残疾儿童入学率达到90%以上。各类教育普及程度接近或达到全国平均水平。

——教育资源全面优化。城乡共建成幼儿园63所，实现1500人以上行政村幼儿园全覆盖；完成义务教育阶段薄弱学校改造81所，改善义务教育阶段学校办学条件，争取在城区建设五小、六小，合理规划布局城区小学。建成一中分校、职教中心，争取红寺堡区第一中学进入优质普通高中行列。建成更加丰富的优质教育资源供给体系。

——师资队伍全面加强。基本实现幼儿教师专业化、小学教师专科化、中学教师本科化，高中教师研究生学历达到5%以上，职业教育“双师型”教师比例达到30%以上。完成中小学、幼儿园教师轮训一遍的任务，建立各级各类名师、骨干教师工作室，打造红寺堡区优质师资高地。

——教育公平全面惠及。全面推进教育扶贫基金，健全“国家政策、社会资助、政府兜底”的家庭困难学生资助政策体系，实现建档立卡户家庭困难子女各学段教育资助全覆盖，实现建档立卡学生技能全员培训，稳定实现教育脱贫一批，为每一位学生提供公平优质的教育。

——教育质量全面提升。城乡、校际教育差距明显缩小，优质教育资源总量逐步扩大，素质教育实施水平显著提升，职业教育发展体系基本建成，教育扶贫能力显著增强，形成基础教育质量提升，高中教育优质发展，职业教育助推精准脱贫,提升红寺堡区教育的吸引力和影响力。

二、重点任务

(一)学前教育普惠化

加快发展公办幼儿园。坚持公益性和普惠性相结合,把幼儿园建设纳入城镇化建设和美丽村庄建设总体规划,城区改造优先满足学前教育发展用地,加快一幼、二幼、柳泉中心公办幼儿园标准化建设。加快三幼、四幼规范化运营,争取建设五幼。探索发展优质示范幼儿园举办分园或合作办园。在1500人以上的行政村独立建园,小村设幼儿看护点,完善区、乡、村学前教育网络。

支持发展民办幼儿园。坚持公办、民办并举,动员鼓励社会力量出资、捐资办园,落实土地优惠、税费减免、政府购买服务等政策,通过公建民营、民建公助等运营方式,吸引区内外资金和优质教育资源举办幼儿园,鼓励企业进行连锁办园,推行公派园长和公办园骨干教师定期帮教机制,依法取缔各类非法民办园和城区违规设立的学前班。

落实民办幼儿园奖补制度。对城区新建规模分别达到6班180人、9班270人、12班360人以上,农村新建规模分别达到3班90人、6班180人、9班270人以上的民办幼儿园,从其园舍建设竣工且达到申办标准的当年起,按相应规模一次性分别给予3万元、5万元、10万元的补助,并对评估认定的普惠性民办幼儿园通过以奖代补等方式进行办园支持。

稳定壮大幼教队伍。加强对外协作,建立学前教育人才培养、专业发展实践基地,落实幼儿园教师工资待遇相关规定,对公办幼儿园聘用的具有相应教师资格连续任教三年以上的教师给予单位应缴社会保险补贴,教师工资和社会保险列入财政预算。进一步加大幼儿教师培训力度,将幼儿园(含民办园)教师继续教育纳入“中小学教师培训计划”,有计划、分层次地开展幼儿园教师培训,每年举办园长和骨干教师培训,鼓励幼儿园教师进行高学历进修,切实提高幼儿园保教保育水平。

(二)义务教育均衡化

加快义务教育学校标准化建设。扩大城镇优质资源,消除城区学校“大班额”和“大校额”情况。按照“缺什么,补什么”的原则,加快改造薄弱学校,优先解决农村学校办学条件。进一步完善义务教育学校办学标准,教育行政部门统一调配区域内教育资源，实现学校校舍、教学设备和教师配置均等化。实现（区）域内义务教育优质均衡发展目标。

实行城乡校长教师交流制度。城乡校长教师轮岗交流按双向交流的方式每2年进行1次，交流的校长不得低于领导班子人数的20%，教师不得低于专任教师总数的10%，交流人员服务期2年，校长由教育局考核，教师由服务学校和派出学校双向考核。交流校长和教师享受服务学校相应津贴待遇，同时不再享受原学校相关待遇。城镇学校教师评聘中级或高级职称要有一学年以上在农村学校或薄弱学校任教经历。

（三）普通高中优质化

实施普通高中提升计划。建设红寺堡区第一中学分校，并争取创建自治区示范性普通高中，聘请区内外有经验校长来红任职，与区内外自治区示范性高中建立对口帮扶关系，提升高中教育教学水平和质量，支持普通高中与高校开展多种形式的合作办学，培养特色创新人才。

加快普通高中特色化创建。主动适应高考改革新形势，建立适应普通高中多样化发展的科学质量评价体系，扩大特长生招生计划和特色项目，从特长生培养、特色项目等方面选择突破口，集中力量办学，自主推进普通高中特色发展、竞争发展，提升普通高中办学水平。

（四）职业教育现代化

提升职业教育基础能力。以中等职业教育建设为重点，加大普及高中阶段教育力度。完成职教中心建设并投入使用，建成2～3个特色实训基地，打造葡萄与葡萄酒加工、汽车维修、计算机、电子商务、酒店管理与服务、现代农业等品牌专业和重点学科，着力培养适应当前经济社会发展的创新创业人才和培育符合现代农业的新型职业农民。

完善校（校）企合作共赢机制。建立校企合作办学机制，鼓励职业技术学院、社会企业与职教中心联合办学，建立校校联合、校企合作培养机制，使人才培养融入企业生产服务流程和价值创造过程。推动专业设置与产业需求对接，课程内容与职业标准对接，教学过程与生产过程对接，推动学校把实训基地建在企业，企业把人才培养培训基地建在学校，促进校企双赢发展。探索引厂进校等校企一体化的合作模式。

完善“双师型”教师培养制度。争取职教中心教师编制，招聘和引进有实践经验的专业教师。依托企业和高校,建设职业教育教师培养培训基地,形成教师理论研修与企业实践并重,教师资格和企业资格并举的“双师型”教师培养培训体系。完善职业学校教师多元考核评价机制,全面开展中职学校教师技能竞赛,不断提高中职教师专业能力、实践教学能力和综合素质。到2020年,有实践经验的“双师型”专兼职教师所占比例达到30%以上。

(五)民办教育规范化

依法规范办学。建立民办学校办学风险评估和预警机制,完善民办教育进入与退出机制,依法规范民办学校管理。加强民办学校(幼儿园)党的建设,健全党组织设置,选好配强党组织负责人,更好地发挥党组织在办学治校中的作用,完善工会和教职工代表大会制度,保障教职工参与学校民主管理和监督,推行校务公开。

(六)民族教育常态化

深入贯彻落实《国务院关于加快发展民族教育的决定》,坚持不懈开展爱国主义教育,深入推进民族团结教育进学校、进课堂,在小学高年级和初中开设民族团结教育专题课,在普通高中思想政治课程中强化民族团结教育内容,在职业学校开设党的民族理论与政策课程,发挥教育在各民族文化交融创新中的基础性作用,把中华优秀传统文化融入课堂教学,挖掘民族优秀文化资源,开展民族优秀传统文化传承活动,促进各族学生交往交流交融。

(七)继续教育终身化

形成教师终身学习机制。到2020年,确保我区国培、省培和县培三级师资培训网络全覆盖,确保每位在编在岗教师每五年不少于国家规定的360个培训学时,平均每年完成不少于72学时的培训。利用信息化手段加快继续教育信息化基础设施建设,构建以互联网、广播电视网、移动通信网、卫星通信等为主要载体的覆盖城乡、开放便捷的教师终身学习公共服务平台体系。

(八)教育扶贫精准化

精准资助家庭贫困学生。整合财政、扶贫、燕宝基金、雨露计划、壹基金等资金,深入推进教育扶贫基金,实现建档立卡户学前三年幼儿、普通高中生、中职生、高职生、本科生教育扶贫全覆盖。对继续攻读研究生的每生每学年提供12000元以内的生源地信用助学贷款,学生在校期间的利息由中央财政贴息。落实中职学生奖学金制度,财政按中职全日制在校生人数年生均100元标准安排经费，对中职学校品学兼优的学生给予奖励。对建档立卡大学生给予创业贷款优惠政策，对积极接纳中高职毕业生就业的企业给予奖励支持。

解决残疾儿童就近入学问题。财政落实好义务教育阶段随班就读残疾学生按每生每年6000元标准公用经费，保障残疾学生接受公平教育和优质教育的权利。鼓励家长及时送残疾儿童入学接受相关教育和康复训练。将残疾学生纳入各学段学生资助政策范围，优先予以资助。对随班就读轻度残疾学生，学校要积极探索适合残疾儿童活动的多种形式，对重度残疾儿童实施送教上门，让他们在活动中增强成就感。

建立健全留守儿童关爱服务体系。在每个学校建设留守儿童之家，开设亲情电话、电脑网络视频，开展"生活引导、学业辅导、心理疏导"。简化随迁子女入学流程、证件要求，为每一位符合条件的随迁子女提供平等入学升学机会。充分发挥"四点半学校"作用，完善家庭、学校、基层组织、政府和社会力量相衔接的留守儿童关爱服务网络，对贫困家庭留守儿童跟踪接力帮扶。加强农村留守儿童管理，更加注重心理健康教育和亲情关爱，共同促进留守儿童健康快乐成长。

三、保障措施

（一）实施乡村教师支持计划

提高乡村教师待遇。认真落实国家、自治区乡村教师支持计划及红寺堡区《乡村教师支持计划实施细则（2015—2020年）》，落实乡村教师生活补助，依据学校艰苦边远程度，实行乡村任教5年、10年、15年、20年差别化补贴，形成"越往基层，越是艰苦，待遇越高"的激励机制。坚持职称评聘、评优树模向乡村教师倾斜，对符合相应评审条件，仍在乡村任教15年以上和25年以上者，且历年年度考核合格以上，可不受相应专业技术岗位职数限制，分别晋升中级职务和高级职务。提高控制编教师待遇，使控制编教师与正式在编教师享受同等待遇。在培养学科带头人、骨干教师，评选表彰教育系统先进个人时，乡村教师应占相应的比例。

健全乡村教师补充机制。按照公平竞争、择优聘用的原则，有计划补充教师，新招聘引进的特岗教师优先满足农村学校和薄弱学校需求。对村小和教学点综合采取"生师比"和"班师比"的方式，核定教师补充计划。对自愿到乡村学校支教的退休教师，经支教学校所属学校审核、公示，报教育行政部门复核后，由财政按照每人每年2万元标准予以补助。

提升乡村教师能力素质。加强乡村教师思想政治和师德教育,不断提高理论素养和思想政治素质,形成教育、宣传、考核监督与奖惩相结合的师德建设长效机制。继续实施农村教师能力提升计划,财政每年按每人不低于1000元的标准安排专项经费,通过开展集中培训、区域研讨、考察学习等方式,全面提高农村教师素质。重视加强乡村学校音体美教师和英语、科学、综合实践等薄弱学科教师培训,培养"一专多能"教师。

建立乡村教师荣誉制度。对在乡村学校长期从教的教师予以相应表彰,坚持每2年开展一次"最美乡村教师"评选表彰活动,表彰"最美乡村教师"30名,每人奖励5000元,并优先推荐自治区组织的疗养。对乡村学校从教15年以上的教师发放荣誉证书,激励教师扎根乡村,长期从教。每年由区委、区政府表彰奖励一批全区优秀教师和教育工作者。

(二)深化教育教学改革

深化办学模式改革,以"均衡、优质、共享、共进"为主题,发挥优质学校辐射带动作用,通过城区优秀校长、优秀教师到农村轮岗交流的方式,以强带弱、以城带乡,不断提升优质教育覆盖面,提升教育质量和办学水平。

推进课堂教学改革。以立德树人为育人根本目标,以各学科"核心素养"为课程改革政策依据,以探索和解决适合我区各级各类学校教育发展的现实问题为基本路径,以信息化与课堂教学深度融合为依托,到2020年,使我区城乡各级各类学校完全实现适合本土特色的多元化"有效课堂"教学模式,打造红寺堡区教育品牌。

启动新一轮高中阶段教育教学改革。根据《宁夏回族自治区深化考试招生制度改革实施方案》(宁政办发〔2016〕33号),到2019年启动实施我区高中考试招生综合改革工作,建立基于统一高考和学业水平考试成绩、参考综合素质评价的"两依据一参考"的多元录取机制,到2020年初步完善我区高中学校符合教育规律和人才成长规律的学生课程选择机制,探索实施"走班制"教学模式,以适应新的分类考试、综合评价、多元录取的高等学校考试招生制度。

完善教育质量监测体系。尝试管办评分离改革,对全区中小学进行统一的教学质量监测,以学生的全面发展检验评价学校、教师工作业绩。探索委托专门教育组织机构对全区基础教育综合质量进行评估,全面了解家长、社会公众对教育质量的意见,形成学校、教研机构和社会力量多方参与的教育质量科学评价机制,把学生的全面发展作为检验评价学校、教师工作业绩的主要依据之一，提升教育教学的科学性和有效性。

推进教育信息化建设。深入推进“三通两平台”建设与应用，到2020年，实现宽带网络全接入、学习空间全开通、多媒体教室全覆盖，形成互联互通的教育云服务体系。大力推进“互联网+教育扶贫”模式，不断扩大“在线课堂”开设规模，将优质教育资源输送到农村学校，确保开齐开足课程，全面提升教育教学质量。

（三）实施全员教师提升行动

实施师德师魂师风提升行动。强化思想政治教育，全面提升各学校（含民办）党组织建设水平，推动学校在教师培养培训工作中切实加强思想政治教育，把争做“四有”老师作为教师应当奉行的准则，贯穿于教书育人全过程。加强师德师风建设，坚持把师德师魂师风建设摆在教师队伍建设的首位，持续开展师德教育活动，认真落实《师德建设考核管理办法》，将师德师风建设作为教师考核评价的必要条件和学校办学水平评估的重要指标，与教师职务评聘、评先选优、绩效工资发放、校长任免等挂钩，实行师德考核“一票否决”制。设立师德建设专项经费5万元，旗帜鲜明地奖励师德师风先进典型。

实施名校长培养提升行动。严格落实《义务教育学校校长专业标准（试行）》《幼儿园园长专业标准》和《普通高中校长专业标准（试行）》及《中小学校校长管理暂行办法》，通过竞争上岗、公开遴选等方式选拔校长。对校长实行目标考核管理，每两年对年终效能目标考核一等奖学校的校长，可授予红寺堡区“名校长”荣誉称号，奖励工作经费10万元。到2020年，选拔培养吴忠市名校长3名，红寺堡区名校长10名。设立“名校长”专项培训经费10万元，每年安排一定数量的“名校长”到教育发达省市考察学习、学术交流、跟岗锻炼等。

实施名师培养提升行动。认真落实自治区级培训任务，创新区、市级及红寺堡区级培训，强化校级培训，逐年提高各级教师培训专项经费，教师培训费不低于学校公用经费预算的5%，打造一批师德优秀、业务精湛的名师。培训经费提高到200万，每年拿出20万对校本培训效果明显的学校进行奖励补助。发挥名师的示范辐射作用，建设1个“塞上名师”工作室，2个自治区级“乡村教学名师”工作室和20个红寺堡区级“骨干教师与名师工作室”。

实施各级骨干教师培养行动。开展骨干教师专业素质大练兵，深入实施基础教育和职业教育骨干教师培育工程。到2020年，培养出自治区级骨干教师、市级骨干教师、红寺堡区级骨干教师700名，使骨干教师的总数达到教师总数的30%左右。

实施教育领军人才培养行动。依据《红寺堡区骨干教师选拔培养和使用管理办法》，到2020年，培养240名红寺堡区级中小学、幼儿园学科带头人，力争使各学段各学科带头人数达到教师总数的10%左右，从中评选产生30名教坛新秀。选拔培养“享受国家和自治区、吴忠市特殊津贴人选”、自治区313人才、自治区塞上名师(校长)、自治区青年拔尖人才和吴忠市高层次人才5名。

(四)完善教育保障机制

健全教育投入机制。健全以政府投入为主、多渠道筹措教育经费的体制，依法确保教育经费“三个增长”。建立健全各级各类教育生均拨款制度，按照每生每年1500元标准，补助红寺堡区职业教育中心学生生活费、课本费和住宿费，地方教育附加费用于职业教育的比例不低于30%。从2017年秋季开学起，按照每年800元/生的标准，免除高中学生学费；安排高中阶段学校生均公用经费原则上不少于400元/生、公办幼儿园生均公用经费不少于300元/生、义务教育阶段小学生均公用经费不少于80元/生，初中生均公用经费不少于100元/生。充分调动社会资本投入教育的积极性，满足群众多层次、多样性、个性化教育需求。

完善教育激励机制。建立教育发展基金，用于加大各类优秀校长及教师的培养培训、教学研究、激励保障，充分激活教师队伍的原动力。加大教学成果奖励力度。每年安排不少于130万元，用于奖励基础教育阶段取得突出教学成绩的学校和教师。加大教科研成果奖励力度。每年安排20万元教科研奖补资金，鼓励教师积极开展教学研讨和学术交流活动。

完善待遇保障机制。按照校长(书记)每人每月1000元，班主任每人每月500元的标准核定校长、班主任待遇，列入财政预算，不再从教师绩效工资中提取；按照自治区级骨干教师每人每月400元，吴忠市级骨干教师每人每月300元，红寺堡区级骨干教师每人每月200元的标准核定三级骨干教师待遇，列入财政预算；按照30元/节的标准核定高中教师超课时费用，列入财政预算。每年为45岁以上教师免费体检一次，组织从教30年及以上的优秀在职教师到区外参加培训疗养。对遭遇重大变故、患重大疾病或特别困难的教师给予一次性不低于5000元的救助。采取政府购买服务方式保障解决学校阶段性教师短缺问题。

实施教育人才引进机制。每年由教育部门牵头，会同人社等部门，面向全国重点师范院校招聘一定数额的本科以上学历应届毕业生。对于引进的国家重点师范院校毕业生以及免(公)费师范生,服务期满10年,财政按隶属关系一次性给予5万元奖励。对于引进的市级以上骨干教师、学科带头人、特级教师,服务期满10年,经教育行政部门考核,财政一次性给予5万元奖励;对免(公)费师范生第一次在我区购房,由财政给予1万元的安家补助。对选聘的外市县名师,财政部门一次性给予1万元至3万元的安家补助。

四、组织领导

(一)强化组织领导。财政、教育、人社等部门要把加快教育发展作为打赢脱贫攻坚战、促进经济社会发展的重要任务,健全工作机制和协调机制,切实履行部门职责,落实区、乡、村"党政线"和教育部门、学校、教师"教育线""双线"联动机制,强化乡镇和村委会两级在动员辖区内儿童少年入学返学的职责,加大控辍保学力度,巩固提升教育普及成果。

(二)健全工作机制。建立健全政府各部门、学校、社会力量权责明确、分工协作、高效有序的工作机制,形成强大工作合力。积极引导各类企业、社会团体和有关组织主动参与到推动教育事业改革发展上来,鼓励工会、团委、妇联和各类社会团体有序组织志愿者到农村扶贫支教、培训当地技术技能人才,帮扶指导贫困家庭毕业生就业创业。

(三)加大宣传引导。各有关部门、学校要加大宣传力度,创新宣传方式,提升宣传实效,着力宣传加快教育发展助推精准扶贫的政策措施,着力宣传推进教育精准扶贫中的先进典型,进一步凝聚力量、激发热情,形成人人知晓、人人参与的良好社会环境和舆论氛围。

(四)加强党的建设。进一步加强中小学党的建设和思想政治工作,健全民办学校党组织。加强学校基层党组织和党员队伍建设,深入开展教育系统"两学一做"学习教育,切实发挥党组织在教育管理、教育教学工作中的战斗堡垒和党员先锋模范作用。扎实开展教育系统党风廉政建设和行风建设,强化责任意识,筑牢拒腐防变思想防线。

中共吴忠市红寺堡区委员会办公室文件

(红党办发〔2017〕129号)

关于印发《红寺堡区教育扶贫基金管理办法(试行)》的通知

各乡镇(街道)党(工)委、人民政府(办事处),区委各部委,区直各部门,各分局,各人民团体、直属事业单位,区属驻红各单位:

《红寺堡区教育扶贫基金管理办法(试行)》已经三届区委2017年第13次常委会议研究通过,现印发给你们,请认真抓好落实。

中共吴忠市红寺堡区委办公室
吴忠市红寺堡区人民政府办公室
2017年9月30日

附:

红寺堡区教育扶贫基金管理办法(试行)

为有效落实教育扶贫资助政策,实现资助工作规范化、科学化、精细化,发挥资助效益,保障资金安全,根据《红寺堡区教育扶贫基金实施方案》(红党办发〔2017〕46号)及财务有关规定,特制定本办法。

第一条　基金设立。“十三五”期间,计划每年筹措不少于1000万元的资金,设立教育扶贫基金,专项用于建档立卡家庭子女及非建档立卡家庭困难大学新生的资助,力争形成覆盖全区、措施得力、长期有效的教育扶贫帮扶机制,防止因学致贫、因学返贫。

第二条 基金来源。区政府每年从财政收入中预算100万元;从扶贫专项资金中安排500万元;整合教育部门为高中阶段建档立卡学生补贴130万元;整合"雨露计划"专项扶持资金、燕宝基金、红寺堡区壹元基金等各类助学金及社会募集资金。

第三条 资助对象。具有红寺堡户籍的建档立卡家庭经济困难高中、中职、高职、全日制本科在校学生;农村非建档立卡残疾、低保、特困、五保等家庭经济困难二本及以上大学生。

第四条 资助标准。按照《红寺堡区教育扶贫基金实施方案》执行。

第五条 基金管理

1. 成立基金管理领导小组。成立由分管教育的副区长任组长,财政、监察、教育、审计、扶贫、人社、工会、团委、妇联等部门主要负责人为成员的教育扶贫基金领导小组。领导小组下设办公室,办公室设在教育局,局长担任办公室主任,具体负责资金年度使用计划制定、资金审批发放、基金统计和信息公开、日常管理等工作;领导小组下设联络部,联络部部长由扶贫办分管副主任担任,具体负责基金筹集、监管等工作。

2. 设立基金专管账户。在红寺堡区希望公益服务中心下设立教育扶贫基金专用账户,专账管理、专款专用。

3. 建立基金审批制度。按照"一申请、两审核、一评议、一公示"的工作流程进行审批,申请人首先向村委会提交书面申请及相应资料,乡镇对申请人条件审核确认后,报教育扶贫基金领导小组办公室,由教育局和扶贫办分别核查学籍、前期受助情况和审核是否是建档立卡户,经核实无误后,教育扶贫基金领导小组会议评定资助金额,整体公示后,发放资助金。

(1)申请。每学年秋季学期开学后1个月,符合资助条件的学生携带建档立卡证明材料、农村非建档立卡相关贫困证明材料、《红寺堡区教育扶贫基金申请表》、学生本人社保卡复印件到所辖乡镇自愿提出申请。

(2)初审。乡镇对学生提供的建档立卡信息进行识别,与"全国扶贫开发信息系统业务管理子系统"信息一致的纳入资助范围;对农村非建档立卡应届二本及以上大学新生提供的低保、残疾等贫困证明材料进行识别,具有相关证件或相关单位开具证明的纳入救助范围;对《红寺堡区教育扶贫基金申请表》进行审核,初审合格的于每年10月30日前填写《红寺堡区学年教育扶贫基金资助学生汇总表》,公示后报送扶贫办。

(3)复审。扶贫办在接到乡镇报送材料的10个工作日内,复审学生建档立卡情况及农村非建档立卡应届大学生贫困证明材料后报送教育局;教育局在接到扶贫办报送资料的10个工作日内,复审学生在校情况后报送团委;团委在接到教育局报送资料的10个工作日内,复审资助标准并进行公示。

(4)评议。召开教育扶贫基金领导小组会议,研究确定当年受助学生及发放标准。

(5)公示发放。按照教育扶贫基金领导小组会议确定的受助学生及标准于每年11月30日前委托代理银行通过社保卡一次性发放给学生。

第六条　基金监管。由审计局牵头,财政、教育、扶贫等部门配合,每年对教育扶贫基金使用情况检查一次,发现有申请人或有关单位弄虚作假、套取教育扶贫基金或有挤占、挪用教育扶贫基金的行为,按照法律程序收回并追究相关责任。

第七条　本办法由教育扶贫基金领导小组办公室负责解释。

第八条　本办法自印发之日起施行。

红寺堡区教育局
红寺堡区财政局
红寺堡区人力资源和社会保障局 文件

（红教发〔2018〕394号）

关于印发《吴忠市红寺堡区农村学校教师补贴发放方案》的通知

各乡镇中心学校、直属学校、幼儿园：

现将《吴忠市红寺堡区农村学校教师补贴发放方案》，印发给你们，请遵照执行。

吴忠市红寺堡区教育局
吴忠市红寺堡区财政局
吴忠市红寺堡区人力资源和社会保障局
2018年9月7日

附：

红寺堡区农村学校教师补贴发放方案

根据宁夏回族自治区人力资源和社会保障厅、财政厅、教育厅关于印发《宁夏回族自治区义务教育阶段农村学校教师补贴实施意见的通知》（宁人社发〔2013〕

164号)、宁夏回族自治区人民政府办公厅关于印发《宁夏回族自治区乡村教师支持计划(2015—2020年)实施办法的通知》(宁政办发〔2015〕183号)和《红寺堡区乡村教师支持计划(2015—2020年)》(红政发〔2016〕90号),为切实加强农村义务教育,促进城乡教育均衡发展,充分调动广大农村教师工作积极性,激励教师下得去、留得住、教得好,结合红寺堡区农村学校实际,特制定如下方案:

一、实施范围

按国家规定执行事业单位岗位绩效工资制度的乡(镇)以下义务教育阶段农村学校在编在岗教师、特岗教师(不含编外教师、支教教师和病事假不在岗教职工)。

二、总量核定

义务教育阶段农村学校教师补贴总量,以区为单位统筹核定。由红寺堡区财政局、教育局按照农村学校在编在岗教师、特岗教师的人数,按月人均500元的标准核定。

三、类区划分

根据乡镇农村学校距离县城远近、交通条件、地理位置、环境艰苦程度等因素,将全区乡镇及以下学校(含公办幼儿园)划分为四个类区,具体类区如下:

红寺堡区义务教育阶段农村学校按类区划分一览表

表1

类区	学校及幼儿园名称
一类区	柳泉甜水河小学、柳泉旧城小学、回民小学、大河第四小学、大河第六小学、红寺堡幸福小学、红寺堡红兴小学、红寺堡兴旺小学、红寺堡河水小学、红寺堡中心小学、红寺堡光彩小学、红寺堡朝阳小学、新庄集白墩小学
二类区	柳泉小学、柳泉中心小学、柳泉新泉小学、柳泉永泉小学、柳泉东泉小学、柳泉红塔小学、柳泉买河小学、燕宝小学、弘德二小、大河中心小学、大河第一小学、大河第二小学、大河第五小学、大河第七小学、大河第八小学、大河第九小学、大河第十一小学、大河乌沙塘小学、红寺堡梨花小学、红寺堡玉池小学、红寺堡富康小学、红寺堡东源小学、红寺堡上源小学、红寺堡中圈塘小学、柳泉幼儿园、新庄集东川小学、新庄集中川小学、新庄集西川小学、新庄集杨柳小学、新庄集南角湾小学、新庄集红阳小学、新庄集康庄小学、新庄集新台小学、新庄集沙草墩小学、新庄集双台小学、新庄集中心小学、新庄集新一村小学、新庄集洪沟滩小学、新庄集新一支教学点
三类区	马渠小学、新庄集新集小学、柳泉豹子滩小学、柳泉黄羊滩小学、柳泉红崖湾小学、柳泉羊坊滩小学、大河第十小学、新庄集高口小学、太阳山裕华二小、太阳山裕华一小、太阳山李敬中小学、新庄集田原小学、太阳山巴庄教学点

续表1

类区	学校及幼儿园名称
四类区	大河石炭沟小学、大河官店小学、大河石坡子小学、大河平岭子小学、太阳山中心小学、太阳山红沙窝小学、太阳山泉子湾小学、太阳山灌区二小、太阳山灌区三小、太阳山白塔水教学点

说明：1.乡镇中心学校工作人员参照办公驻地学校标准执行
2.此后新设立的学校参照表格中类别相近的学校标准执行

四、补贴标准

实行“差异化补助标准化计发”，一类地区每人每月不低于260元标准，四类地区每人每月不低于860元标准，中间两类区根据实际人数及预算金额按类区差额200元的标准核发。

五、相关政策

1. 调离、调入乡镇及以下农村学校教职工工作岗位人员，从调动次月起执行农村学校教师补贴。

2. 由非实施农村学校教师补贴的学校派到实施农村学校教师补贴的学校支教人员，在支教期间，享受农村学校教师补贴。

3. 福建来宁支教教师按照支教时间每人每月500元标准发放。

六、经费保障

义务教育阶段农村学校教师补贴所需经费，按照自治区财政和县级财政分级负担的原则，自治区财政按90%的比例予以补助，其他经费及控制编经费由县级财政负担。

七、组织实施

各学校要高度重视，建立健全有效考核分配机制，确保农村学校教师补贴平稳实施，教育局将加强管理、监督、检查，督促学校严格执行农村学校教师补贴有关政策，保障教师补贴落实到位。

本办法从2018年9月1日起实施。由红寺堡区人力资源和社会保障局、红寺堡区财政局、红寺堡区教育局负责解释。

二、媒体报道

统筹兼顾促和谐　科教兴区破难题

——红寺堡开发区“两基”工作综述

“一条腿长一条腿短，一定会跌跤”。构建社会主义和谐社会，政府在履行经济调节、市场监管职能的同时，更要注重履行社会管理和公共服务的职能，实现经济社会协调发展，协调前进，才能更好地抵御风险。1998年9月，为了贯彻落实国家“八七”扶贫攻坚计划，从根本上解决宁南山区贫困群众的脱贫问题，红寺堡开发区诞生了！短短7年间，开发区的区域面积已达1999.1平方公里，先后从海原、西吉等县(区)搬迁贫困人口17.2万人，业已形成两镇(红寺堡镇、太阳山镇)两乡(大河乡、南川乡)一个乡级开发区(石炭沟开发区)和41个行政村的规模。

经济社会的全面进步，更应关注“短腿”。基本普及九年义务教育和基本扫除青壮年文盲(简称“两基”)，是全面推进素质教育的基础；落实农村义务教育“两免一补”——对贫困家庭的学生免杂费、免书本费、补助寄宿生生活费，就是要让越来越多的农家娃走进校园、拿起书本，在蓝天下成长和进步。2003年，红寺堡开发区管委会曾向自治区人民政府庄严承诺：开发区将在2005年实现“两基”目标！2005年，红寺堡开发区管委会的承诺即将变为现实，因为这片沉睡了千年的亘古荒原，正在掀起“两基”攻坚的滚滚春潮。

从没信心到指挥到位

对于一个刚刚成立不到七年，且没有经过“普初”的移民新区来说，实现“两基”达标是一项充满希望而又荆棘满途的创举，因为这好似一场没有硝烟的战争，要想打赢，不仅需要魄力、胆量和勇气，更需要付出加倍的心血和汗水。为了实现庄严承诺，红寺堡开发区工委、管委会按照“扶贫先扶智，治穷先治愚”的工作理念，紧紧抓住各种机遇，加快教育改革步伐，加强教育基础设施建设。为了使“两基”攻坚战顺利进行，吴忠市委常委、红寺堡开发区工委书记、管委会主任何国攀当起了“两基”攻坚指挥部的总指挥，工委、管委会其他领导出任副总指挥，下设“一室四组”(办公室、经费筹措组、宣传联络组、档案组、执法组)，工作人员各司其职地忙碌着“两基”的规划、组织和实施。一有时间，工委、管委会领导便深入各乡镇摸家底、找问题，搞调查研究，并多次召开教育工作专题会议，研究制定“两基”工作规划，出台《红寺堡开发区关于加快教育改革和发展的决 定》《红寺堡开发区普及九年义务教育规划》《红寺堡开发区普及义务教育实施意见》《红寺堡开发区关于扫盲和补偿教育工作实施方案》《红寺堡开发区改善办学条件基金筹措办法》《红寺堡开发区关于制止中小学生辍学的暂行规定》等一系列文件，合理调整学校布局，撤并一些办学条件差的学校，重点优化配置以城镇为中心的教育资源。自从提出5个乡镇“两基”工作分步走的方案后，开发区、各乡镇、各村逐级签订了责任书，并用“两基”目标和“双线”承包责任制具体落实工作目标、工作责任和奖罚措施，做到了领导、规划、宣传、经费、措施“五到位”，人员、期限、检查、任务“四落实”，保证了“两基”工作依法顺利实施，确保了“两基”工作不断向前推进。

在“一穷二白”的基础上实现“两基”目标，困难大，任务重，时间短，各级领导的心不由得被牵动了。自治区领导陈建国、马启智、韩茂华、余今晓，刘仲、金晓昀等多次来到开发区，实地调研，解决“两基”攻坚中遇到的困难。自治区发改委、财政厅、教育厅等厅局主要领导陶源、蔡国英、靳伟才多次来到开发区解决“两基”项目资金、设备和技术等问题。吴忠市党政领导肖云刚、吴玉才、郑歌平、李彦凯、何国攀、赵紫霞等亲临“攻坚”现场，指导督促“两基”工作的顺利开展。正因为有了各级党委政府的关怀支持，有了各部门的关心帮助，开发区广大干部群众才能群策群力，负重拼搏。

要让千家万户知晓“两基”

为了提高全社会对“两基”工作的认识，红寺堡开发区坚持以舆论宣传为先导，狠抓教育宣传不放松。每次在开发区召开的“两基”宣传工作会议上强调“两基”攻坚的紧迫性和责任感成了各级领导的发言主旨；“经济要发展，教育要先行”的思想观念，无不在各级干部的脑海中牢固树立。通过宣传联络组的统一组织，各部门、各乡镇、各学校群策群力，举办教育法律知识讲座和“两基”知识培训班，刷写标语，制作展板，编发“两基”信息，编排文艺节目，开辟电视专栏，印发宣传材料。一时间，事关“两基”宣传的《中华人民共和国义务教育法》《中华人民共和国未成年人保护法》《教师法》和《宁夏回族自治区〈义务教育育法〉实施条例》等法规，多形式、深层次、全方位地展现在了群众面前。“两基”宣传形成了“电视有图像、广播有声音、报刊有文字、沿途有标语、街道有专栏、农户有手册”的良好氛围。公安、司法、工商、教育、卫生等部门组成教育执法组,对开发区劳务市场、文化市场及校园周边环境进行有效整顿,少年儿童的合法权益得到了保护,育人环境得到了净化,“两基”攻坚的浓浓氛围得以营造。当“再穷不能穷教育,再苦不能苦孩子”“穷不办教育,穷根难除;富不办教育,富不长久”的标语爬上农家墙头的时候,人们看到的是开发区上上下下暂时咬紧牙关,勒紧裤腰带,最终为积贫积弱的家乡实现教育振兴梦想的美好将来。

机会从来青睐有准备的人

3月5日,国务院总理温家宝作《政府工作报告》时表示:从今年起,免除国家扶贫开发工作重点县农村义务教育阶段贫困学生的书本费、杂费,并补助寄宿学生生活费。好的政策就是好的机遇。实施“两免一补”,就是从根本上解决家庭困难学生入学难问题的最佳途径。2005年春季开学,红寺堡开发区“两免一补”政策受益率高达98%以上;秋季开学,开发区20514名学生享受到了这项政策的惠泽。“希望工程”、“结对子,心连心”……紧紧抓住一项项助学活动的手,大批失学儿童得到了有效救助。

提高普及程度,是开发区“两基”工作的重中之重。各乡镇、各学校围绕适龄儿童入学、辍学和15周岁人口初等教育完成情况等重点,突出解决女童教育和民族教育两个难点。为了全力开展“控辍保学”工作,开发区工委、管委会特别出台了《红寺堡开发区制止中小学辍学学生管理暂行规定》,强化依法治教力度,并加大《义务教育法》宣传力度,使每个监护人都明白:适龄儿童依法接受规定年限的义务教育,既是一项权利,也是一项义务。通过建立乡村干部包校包人、教师包班的“控辍保学”责任制,坚持实施定期排查摸底制度和辍学报告制度,学生一旦出现辍学现象,立即就会有人上门查清情况,动员返校;对无正当理由拒不入学的,采取行政、法律和经济等手段,强制监护人送学生返校就读,不允许一名学生辍学。截至目前,红寺堡开发区7～12周岁适龄儿童入学率为99.6%,13～15周岁适龄少年入学率为95.7%,8～15周岁残疾儿童、少年入学率79.4%,15周岁初等义务教育完成率99.7%,17周岁初级中等义务教育完成率81.5%,在校学生辍学率小学控制在0.2%以内,初中控制在1.2%以内,15周岁人口中非文盲率为100%。

面对“普九”建档工作,红寺堡开发区克服正处在开发建没阶段人口流动性大,“两基”未经“普初”直接进入“普九”致使档案资料和建档经验十分缺乏等困难,动员教育系统广大教职员工主动放弃节假日,配合公安部门深入乡村农户,挨家挨户、逐户逐人的反复核对人员、户口,硬是摸清了人口状况和适龄儿童少年的总数情况,切实做到了底子清、情况明、数据准。与此同时,自治区教育厅、吴忠市教育局也多次派专家到红寺堡,举办“两基”工作培训班,指导建档工作,帮助相关人员掌握建档知识。当地也主动采取“走出去、请进来”的办法,请人教、向人学,工作人员恪尽职守、一丝不苟,“两基”档案归整工作达到了准确、规范、齐全的标准,确保了红寺堡“两基”工作的有序进行。

解决教育发展问题的金钥匙

学高为师,身正为范。振兴教育发展,关键取决于教师。为了创建一支高素质的教师队伍,红寺堡开发区以狠抓教师队伍建设为突破口,弘扬尊师重教风尚,坚持“教育创新、以人为本”思想,努力找寻着解决教育发展问题的金钥匙。

为了解决师资不足问题,红寺堡开发区工委、管委会根据实际需要,严格按照学历、职称、年龄、师德、工作业绩等要素,先后从移民迁出县选调了600多名教师,搭起了教师队伍结构的基本框架。遵从竞争、择优原则,从2003年开始,红寺堡工委、管委会坚持“凡进必考”,逐年公开、公平、公正地在大中专师范院校毕业生中招考教师400余名,既弥补了当地教师数量的不足,又优化了教师队伍结构。通过实行校长负责制和教师聘任制,学校领导班子建设得到了进一步加强,教育管理队伍和教师队伍的战斗力得以提高。通过加强师德教育,提高教师的思想政治素质和道德修养,广大教师“教书育人、服务于人”的意识日益增强,大家比学比干,求学上进。2001年以来,红寺堡开发区共有380多名教师通过自考、函授及电大学习等形式,完成了学历提高教育,进而为顺利实施“普九”提供了必要的人才保障。与此同时,通过邀请自治区内外教育专家及优秀教师到开发区做讲座,各学校的教学工作得到了有力促进,教师的五项基本功训练得以加强。截至目前,开发区专任教师学历合格率、专任教师任职资格率、新增专任教师学历合格率、中小学校长培训合格率均达到了100%,一批品学兼优的教师脱颖而出,他们不仅成为开发区教育教学和管理的骨干,而且有力推动了教育事业的蓬勃发展。2004—2005学年,红寺堡开发区初中、小学毕业率分别达到99.4%和100%。在2005年首届高考中,开发区有35名学生进入本科线,有4名学生进入重点线。

实施“课堂质量工程”，是力促红寺堡开发区教师向科研型转变的一招妙棋。开发区以实施新课程为契机，充分整合和利用教学资源，通过确立“向管理要质量，以教研促教改”的办学思路，不断加大教师和校长的培训力度，提高教师教科研能力和学校整体管理水平，使新的教学理念、管理理念、教学方法和课程资源走进了校园和课堂，学校的教学水平和教学质量逐年上升。得益于各种形式的教研活动的有序开展，教师的业务素质节节攀高。目前，红寺堡开发区有县级骨干教师60名，教师撰写的96篇教学论文在全国各级各类刊物上发表。师资队伍建设的不断加强，校内外文化体育活动和社会实践活动的日益丰富，使得学生的综合素质得到了大幅提高，学生动手动脑能力和吃苦耐劳的品质随之加强。各学校通过弘扬中华民族优秀文化，培养学生良好的道德品质和文明行为，一批像“舍已救人小英雄”陈真一样的优秀少年正在不断涌现。

贫穷挡不住知识的传播

“许多事情，不怕做不到，就怕想不到。从最初的没信心到上交满意答卷，红寺堡‘两基’建设的投资瓶颈，是在实践中破解的难题。”回顾2年来的天翻地覆，红寺堡开发区教育文体广播电视局局长黎晓芳如是说。

在荒漠上办教育，举步维艰，困难是可想而知的，但红寺堡开发区工委、管委会在财政十分困难的情况下，却努力做到了教育经费的“三个增长”。2004年，通过争取国家义务教育工程、国家寄宿制学校建设工程、世界银行贷款项目等资金，红寺堡开发区高质量、高标准地完成了第二中学、第二小学的建设，续建了红寺堡中学学生公寓、多功能厅和红寺堡小学综合楼等工程。2005年，红寺堡开发区再度扩建朝阳小学、石炭沟中心学校。2003—2005年，红寺堡开发区累计投资5209.5万元，扩建校舍总面积78万平方米，为红寺堡中学等6所中学和九年制学校配备了物理实验室、化学实验室、生物实验室，为开发区初级中学建成了模式三教室、完全小学建成了模式二教室、教学点建成了模式一教室，高标准完成“农远工程”项目建设。在保障资金投入的同时，红寺堡开发区针对资金筹措、学校用地、重点项目建设等关键环节，工委、管委会领导多次进行专题部署、现场办公，既加大了工作力度，又提高了工作效率。通过制定严格的评估制度，基本做到了平时有抽查有指导，年终有评审有总结。

众人拾柴火焰高。就在红寺堡开发区大力筹措资金的同时，自治区、吴忠市企事业单位和红堡开发区各部门、驻红寺堡各单位，也都积极响应政府帮扶学校的号召，热情伸出援助之手，全力投身到红寺堡开发区的“两基”攻坚之中。无论是各级领导，还是各部门的干部职工；无论是教师、学生，还是乡村干部、普通农民；无论是商人老板，还是孤寡老人……大家纷纷解囊，加入捐资助学活动的行列中来，为教育事业奉献着爱心。据统计，红寺堡累计收到帮扶资金123.9万元，得到各届捐赠的物品、图书资料折合人民币51.8万元。为了弥补教育经费不足，红寺堡开发区各学校师生牺牲节假日，积极投入学校硬化、绿化、美化、亮化等“四化”建设当中，通过自己动手平整校园、硬化路面、粉刷墙壁、种植花草树木、修理桌椅门窗，动手制作教具、学具、体育器材，在节约经费的同时，也感动了身边群众。许多乡、村两级干部，纷纷带领群众为学校义务修围墙、打水井、硬化校园，自力更生地改善办学条件。据统计，红寺堡开发区共节约教育经费180多万元。随着办学条件的逐步改善，校舍建筑面积小学生均达4.1平方米，初中生均达8.7平方米；图书小学生均6.2册，初中生均10.6册。

加大扫盲培训力度，塑造当代新型农民，这是红寺堡开发区关注“短腿”的又一举措。红寺堡坚持“一堵、二扫、三巩固、四提高”的原则，将“三教统筹”和“农科教”结合推进，采取农闲多学、农忙少学、大忙自学的培训方式和集中上课、分期辅导、送教上门的学习方法，受到越来越多的农民欢迎。扫盲工作有效做到脱盲生产两不误，使15～50周岁的青壮年文盲在进行补偿教育、科技培训和法律培训后，初步掌握了一定的科学文化知识和劳动技能，提高了自身素质，拓展了就业门路。农民收入的不断增加，进一步加快了红寺堡开发区脱贫致富奔小康的伟大进程。

罗山缘聚八方人，黄河水富万项田。当新的世纪翻开新的一页，红寺堡开发区工委、管委会按照“工贸强区、草畜富区、生态绿区、环境活区、科教兴区、依法治区”的总体思路，发展教育事业，扩大办学规模，提高办学效益，培养各行各业建设人才，为促进红寺堡可特续发展而奠定坚实的基础。

（《宁夏日报》 2005年9月22日）

宁夏提前三年实现县区义务教育均衡发展目标

宁夏回族自治区人民政府日前认定红寺堡区、同心县、西吉县等3县区实现了义务教育基本均衡发展目标，至此宁夏实现了县域内义务教育基本均衡发展，比国家规划提前3年，将进入优质化发展和更大范围内的均衡发展阶段。

据了解，宁夏党委、政府历来高度重视义务教育的均衡发展，始终将教育摆在优先发展的战略位置，采取切实有效的措施加以推进。经过努力在义务教育均衡发展方面取得了明显成效，一些做法和经验得到了教育部的肯定，被国家列为推进义务教育均衡发展试点省份。

宁夏近年来采取有效保障措施，合理配置城乡教育资源，统筹抓好办学条件优化，力促师生配置趋于均衡，全面提升教育质量，加快信息化建设，如期实现了义务教育均衡发展的各项目标任务。

（央广网记者 廉　军　2018年1月9日）

红寺堡教育扶贫资助实现全覆盖

近日，在教育扶贫基金公示名单上看到3个女儿的名字后，吴忠市红寺堡区大河乡龙泉村建档立卡贫困户王登勇如释重负。去年，他的女儿上学共获得1万多元的资助，他说："今年娃娃们上学费用又有着落了，家里的负担更轻了，感谢党的好政策。"

红寺堡区现有贫困人口16374户64583人，贫困学生达1万多名。该区建立了"357"（三大保障机制、五项资助模式、七项提升计划）教育扶贫模式，从改善贫困村办学条件、优化师资队伍、建立贫困生资助体系及贫困家庭结对帮扶等方面入手，精确面向教育最薄弱领域和最贫困群体，全力推进教育扶贫。去年投入资金3.6亿元，实施义务教育标准化项目建设，维修改造学校11所，实施职教中心建设、贫困村幼儿园全覆盖等项目，补齐教育短板，促进教育均衡发展。

2017年，红寺堡区设立教育扶贫基金，计划每年筹措不少于1000万元资金，对贫困生进行常态性资助，每人每年按就学阶段可获得1000元至7000元不等的资助，对建档立卡贫困户学生资助实现全覆盖，当年，6223名贫困生获得共计1593.6万元资助。该区还实施“交通补助计划”，按照每生每年120元的标准，为初中建档立卡贫困户寄宿学生补助交通费。建立“壹元基金”，财政每年固定注入资金不少于15万元，并积极动员干部职工及社会力量捐款，目前累计资助贫困学生2431人。

教育扶贫工作开展以来，红寺堡区整合“雨露计划”“燕宝基金”“普高资助”等助学资金2069.76万元，先后共有11660名贫困学生得到各种帮扶和资助。已初步建立了全面覆盖、应助尽助、精准资助、动态监管的资助政策体系，实现了家庭经济困难学生资助全覆盖、教育关爱全覆盖、结对帮扶全覆盖、责任落实全覆盖。

（《宁夏日报》记者 杨之汀 2018年4月1日）

吴忠打造盐同红连片贫困地区教育共同体

“《用估算解决问题》突出策略和方法，此课为学生学习三位数加减法估算做了铺垫。借助PPT课件和白板批画功能，能激发学生的求知欲……”日前，吴忠市盛元小学数学教研组组长马昂，召集红寺堡区太阳山中心学校数学教研组教师，开展教研“如何提问”，示范说课《笔算除法》。支教半年多来，马昂制定了两所学校的教研共同体规划，送教巴庄子等4所教学点，为贫困学生“开小灶”。去年，吴忠市打破地域界限下沉教育资源，确保优质资源“沉下去”，乡村教学质量“提上来”。

液体如何转化气体，晶体如何熔化再凝固？吴忠一中物理教师杨建斌带领同心韦州中学初二(1)班学生“探索”实验，提升学生理解和感知能力。去年9月11日，吴忠二中英语老师吴玲进驻盐池惠安堡中学后，作了一次摸底测试，学生阅读及格率不到20%。吴玲买来初中3年的英语教学资料，从初一的词汇补起，强化学生动口、动脑、动耳能力。利通区十二小学音乐老师强海英看到旱塬音乐教学“盲点”，主动申请到同心田老庄中心小学、李家山小学、五道岭小学“走教”。

盐池、同心、红寺堡集中连片贫困地区交界处13个乡镇有在校学生53967人，吴忠市制定“三先开路”教育扶贫战略，出台《盐同红集中连片贫困地区教育发展攻坚行动方案》，将连片贫困地区18所学校与市区优质学校组建城乡一体化教育均衡发展共同体。吴忠市教育局局长周少云介绍，市教育局将受援学校检测成绩与市区帮带学校捆绑考核，指派36名骨干教师到贫困地区支教。市区学校将在帮扶贫困学生、教师提升、校园文化等6个方面开展清单式帮扶，把连片贫困地区学校纳入全市教研共同体，让城市、乡村学生共享优质教育资源。

（《宁夏日报》　2018年4月8日）

宁夏确定2018年教育精准扶贫重点任务

自治区教育厅4月9日发布《2018年教育精准扶贫重点任务及分工方案》（以下简称《方案》）。根据《方案》，我区将把推进贫困人口脱贫与推动贫困地区教育事业发展紧密结合，努力提高贫困地区教育基本公共服务水平，2018年贫困地区学前教育毛入园率达到80%，小学六年巩固率达到93%，初中三年巩固率达到94%。

根据《方案》，我区将推动西吉县和吴忠市红寺堡区、同心县完成国家均衡发展评估验收，力争2018年全区所有县（市、区）通过国家义务教育基本均衡发展评估认定。切实加强控辍保学工作，组织开展义务教育辍学学生摸底排查、劝学复学工作，确保秋季开学前所有辍学学生返校读书。开展“千名教师进万家”活动，建立学习困难学生帮扶责任制度，全面摸清学习困难学生家庭情况、学习能力和心理状况，着力消除因学习困难或厌学而辍学的现象。同时，加强农村留守儿童关爱工作，以县、校为单位建立完善农村留守儿童信息。

《方案》指出，要加大贫困生资助力度。实施好学前教育和中职教育学生资助政策，落实好全区建档立卡户在园幼儿全部享受“一免一补”政策及贫困地区中职学生“9+3”减免学杂费政策。扩大营养改善计划覆盖范围，2018年春季学期起，将农村营养改善计划覆盖范围扩大到实施范围内义务教育阶段学校附设学前班幼儿。同时，建立特殊困难生资助“特殊通道”，一人一策，精准资助，确保建档立卡贫困家庭子女无一人因学费高、家庭负担重而不能顺利完成学业或产生新的贫困户。

《方案》还指出，要全面改善贫困地区学校办学条件。要科学规划建设深度贫困村学校，确保深度贫困村小学达到“20条底线要求”。按照中央和自治区部署安排，安排资金4亿元，实施幼儿园建设工程，进一步推进学前教育资源向贫困村延伸。实施改善贫困地区义务教育薄弱学校基本办学条件项目，推进义务教育学校标准化建设。安排资金5.6亿元，新建及维修改造校舍7.8万平方米，改造运动场13.5万平方米，购置桌椅、仪器、图书等设施设备116万台（套、件、册）。安排资金0.7亿元，用于贫困地区普通高中学校改善基本办学条件。

（《宁夏日报》 2018年4月11日）

红寺堡区教育掠影 | “咱这的娃学得一点也不差”

1999年，红寺堡迎来第一批移民。经过近20年的发展，20多万移民在这个曾被称“不适应人类居住”的地方扎根，并且这里的孩子享受到的教育资源几乎与城里孩子一样。对此，红寺堡区教育局局长杨金花说：“教育扶贫是一项管根本、管长远的利民措施。”

红寺堡区第三中学图书馆环境雅致，能让学生们彻底放松身心阅读

从土坯房到标准化校园

4月13日，走进红寺堡区柳泉乡中心学校时，孩子们正在操场上打球、跳绳、玩呼啦圈……享受他们的大课间活动。学校综治办主任马建学深有感触地说：“近20年了，红寺堡的教育发展不容易！”

马建学是2000年第二批移民搬迁户，当时他被分配到柳泉乡新泉小学担任校长。“那时条件艰苦，全校6个教学班200多名学生、3位老师，每人带两个年级。”马建学回忆，“学校只有几间土坯房，没有围墙。稍好一点的学校能有一栋教学楼，其他的硬件设施根本谈不上。”

经过这么多年的发展，校园里的土坯房不见了，如今不管是城镇学校还是乡村学校，都是统一的标准化校园。在红寺堡，农村只设立小学、幼儿园，初中全部集中在城区。这样做的目的只有一个，那就是集中优质教学资源，让农村孩子享受到更好的教育。

“我们学校的图书馆，藏书10万册，就连自治区有关领导都竖起大拇指，夸我们办得好！”红寺堡区第三中学校长马泽明颇为自豪地介绍。记者看到，该校综合楼一楼整体设置为图书馆、阅览室，可同时容纳四五百名学生，而且布置雅致，清新的壁纸，一个个用花布包裹的小矮凳，还有绿色植物。九年级学生徐双武告诉记者，相比家里的环境，他更喜欢学校，因为学校图书馆藏书丰富，可以随便看。在二楼美术创作区域，楼道里挂满学生们创作的脸谱及书画作品，课堂上制作的工艺品摆满一间房。“别看我们学校大部分都是农村考进来的学生，可他们想通过知识改变命运的想法非常强烈，这些艺术创作足以说明一切。”马泽明说。

建档立卡家庭学生上学不用愁

红寺堡区的财政收入几乎年年排在全区各县(市、区)末位，2017年财政收入仅1.7亿元。然而，再穷不能穷教育。虽然财政收入少，但今年当地政府依旧拿出1000万元用在教育上，再加上社会各种基金及捐助，全年有2000多万元资金用于发展教育、帮助贫困学生。据统计，红寺堡区还没有发生过因为贫困而导致建档立卡家庭学生失学或者辍学的事情。

家住柳泉乡沙泉村的王彪43岁，大女儿在江西读医学专业，今年已大学三年级。1999年从隆德县搬来后，王彪一家分到17亩地，但受自然条件限制，一家人的日子过得紧巴巴，2014年被列为建档立卡户。即便再困难，王彪也坚持让孩子们读书，他的想法非常朴实：“为的是让娃娃能出去见见世面，不受这份苦；为的是她走出去了，她的后代也能有好日子过。”2015年，大女儿王琪琪考上大学，王彪兴奋得几个晚上没有睡好觉。“学医的学费高，女娃娃在外也不能太寒酸。”就在王彪盘算着如何让女儿没有顾虑地去上学时，壹基金、燕宝基金伸出援手，再加上政府的奖励补贴，解了他的燃眉之急。

经济困难解决了，思想上的负担又该如何消除？红寺堡区的做法同样值得点赞

在柳泉乡中心学校，六年级的小凤、小香（均为化名）是对双胞胎。班主任程瑗瑗介绍："小香的学习成绩是全年级第一，小凤的强项是文娱项目。但由于父母离异，小香有了沉重的思想负担，学习成绩下滑不少。"鉴于这种情况，程瑗瑗主动找姐妹俩谈话，并将孩子的变化与其父亲沟通，不到两个星期，小香的情绪平稳，成绩也重回第一。

在红寺堡第三小学，心理干预室是该校一大特色。副校长周学梅告诉记者，该校处于城乡接合部，学生构成复杂、流动性大，留守儿童问题不容小觑。为了让孩子家长安心外出打工，也为了让这部分孩子能健康成长，学校的心理干预室发挥了良好的作用。五年级学生小纬（化名）的父母常年在外，家里的3个孩子全留给爷爷奶奶照顾。"小姑娘学习成绩还算不错，但总觉得父母不在身边，有些小情绪。"得知小纬的家庭情况后，班主任老师主动到家中与其爷爷奶奶沟通，并让班长、学习委员轮流给小纬有针对性地辅导功课。"虽然父母不在身边，但老师和同学对我特别照顾，现在我每次考试平均成绩都在85分以上，弟弟妹妹我也能帮着照顾了。"小纬说。

各种政策鼓励老师到乡村教学

作为一名老教育工作者，杨金花见证了红寺堡区教育这些年来的发展变化——从无到有，从落后到值得借鉴，从基础建设到教育均衡发展验收。杨金花说："连续4年，红寺堡区的中考成绩都名列吴忠市第一，教育水平一点也不差。"

红寺堡区缺老师是不争的事实，但为了及时补充教师力量，当地除带编制的老师外，特岗教师、"三支一扶"老师每年都在及时补充。为了能够使师资力量均衡化，教育局安排城区10%的骨干教师下乡支教，仅2017年就交流整体教师的10%进行教学互学互助。

如何利用好这10%的骨干教师资源？"我们采用高薪吸引老师。只要是支持农村教育的骨干教师，乡镇补贴、教师补贴、交通补贴等补贴能比平时多拿1000多元。"杨金花说，这一政策的实行，吸引了不少城区骨干教师到乡村交流。

年轻骨干教师禹彩虹从教7年，2017年从城区学校交流到柳泉乡中心学校教六年级。在这里一个多学期，她感触特别深："教育扶贫，这个词我一直都有些模

糊，不知道到底从哪儿下手，但经过一个多学期的教学，我真正体会到，作为骨干教师，我的任务不仅是要帮助农村学校提高教学水平，更重要的是从根本上帮助孩子们养成良好的学习习惯。”柳泉乡中心学校校长马龙说：“禹老师来了后，仅半个学期学生的语文成绩就得到了提高。一些新来的老师在教学方法上开了窍，孩子们放学回家后‘放羊’的情况也逐渐减少，最起码娃娃们都知道回家第一件事是写作业，也养成了课前预习的好习惯。”

“以往农村老师想尽办法往城区学校调动，可我们的政策出台后，不少城里老师争着想去农村教学。城里老师年年排队评职称也不一定能评上，只要在农村支教教龄满15年可直接评中级职称，满25年可直接评副高职称。”杨金花说，这一政策留住了不少优秀教师。

（《新消息报》 2018年4月23日）

不让一个孩子因贫辍学

“红寺堡开发建设20年，教育从无到有。发展到今天，让孩子有学上、能上学、上好学，我们决不让一个孩子因贫困而辍学！”提到红寺堡区教育扶贫的成就，该区教育局局长杨金花说。

红寺堡区财政收入在全区各县（区）中一直处于末位，虽然去年仅有1.7亿元，但“再穷不能穷教育、再苦不能苦孩子”，该区各级领导干部都有这样共同的认识。仍然从政策帮扶、社会关爱等多方面都不断加强，“政府+社会+贫困学生”的教育扶贫格局正在形成。

去年，该区专门设立教育扶贫基金，计划每年筹措不少于1000万元资金，对贫困生进行常态性资助，每人每年按就学阶段可获得1000元至7000元不等的资助，对建档立卡贫困户学生资助实现全覆盖；实施“交通补助计划”，按照每生每年120元的标准，为初中建档立卡贫困户寄宿学生补助交通费……据统计，去年有6223名贫困生获得教育扶贫基金资助1593.6万元，2431名贫困学生得到了“壹基金”帮扶，“雨露计划”“燕宝基金”等助学资金发放2069.76万元资助11660名贫困学生，实现了家庭经济困难学生资助全覆盖、教育关爱全覆盖、结对帮扶全覆盖、责任落实全覆盖。

政策资助让家长不为孩子上学而发愁

“俺们读书少，得让娃娃多学点知识，将来能有好出路!”该区柳泉乡沙泉村村民王彪虽只有初中文化，可对孩子的教育他很重视。1999年，王彪一家人从隆德县移民到沙泉村，成为第一批移民搬迁户。守着17亩农田，一家人的日子过得紧紧巴巴。2014年，被列为精准扶贫建档立卡户，在各项政策支持下，王彪购进6头基础母牛养殖，希望能早日脱贫致富。

2015年，女儿王琪琪考入江西南昌医科大学，王彪兴奋得几个晚上没有睡觉。“学医的各种学费这么高，大学读完得多少钱?”“娃娃争气，考上了大学，在外也不能太寒酸。”……高兴之余，王彪心里不断盘算着，开始为女儿上大学的费用犯愁。“还是国家政策好，娃娃录取通知书下来后，俺还在发愁时，政府送来了温暖，悬着的心一下子落了下来。”对于红寺堡区各种教育扶贫政策对他的帮助，王彪至今很感激。他数着指头给记者算了一下“教育扶贫”账：“壹基金”1000元、“燕宝基金”每年4000元、“教育扶贫基金”连续两年每年1500元……在女儿考上大学这三年间，已得到各项资助资金近2万元。

“有这么好的政策，咱老百姓供养娃娃上学还愁啥呢？再苦、再难，咱都得把娃娃教育成人，将来做对国家和社会有用的人，这样才对得起党和国家对咱这么大的帮助!”王彪说。如今，他的小女儿即将上一年级，王彪表示将来一定将小女儿也培养成大学生。

“一对一”帮扶让孩子学习更自信

“兰成香，学习成绩优异，但心思重，必须让她更自信、开朗、活泼；兰成凤，学习底子薄，但比较活泼，容易接受新事物，必须培养她认真做事的态度，调动学习积极性。”在柳泉乡中心小学建档立卡户学生帮扶记录表中，六(1)班班主任老师程瑗瑗给学生兰成香、兰成凤制订了“一对一”的帮扶计划。

兰成香、兰成凤是一对双胞胎姐妹，同在程瑗瑗老师班中学习。虽是同胞父母姐妹，但两个孩子的性格、学习特长各不相同：兰成香的学习成绩是全年级第一，比较文静；兰成凤学习底子薄，却在文娱方面有强项。今年，由于父母离异，两姐妹思想有了负担学习均有下滑，程瑗瑗通过制订帮扶计划，主动找兰成香、兰成凤姐妹谈话,并将孩子的变化与其父亲沟通,不到两个星期的时间,兰成香的情绪平稳成绩重回第一,兰成凤的学习成绩开始逐步攀升。

在红寺堡区每一个学校,正是有了像程瑗瑗老师这样对学生们的关爱与帮扶,才让孩子们在学习、生活中更健康、更阳光。

红寺堡第三小学是一所城乡接合部学校,全校1340名学生大多数来自在外务工或做小本生意家庭。据该校副校长周学梅介绍,由于学生构成复杂、流动性大,每年都有50多个留守儿童,人数最多时达80多人。为了让父母安心外出打工,让这部分孩子能健康的成长,该校专门建立留守儿童心理干预室,在学习、生活等方面给予引导和关爱。

该校五年级学生梁纬的父亲在延安务工,母亲在太阳山一企业做饭,每年除了春节回来,平时很少在家。梁纬弟妹三人的学习、生活都是爷爷奶奶照料。“这姑娘学习不错,可能父母不在身边的原因,有时会带些小情绪。”得知梁纬家庭情况后,班主任老师主动与她爷爷奶奶沟通,并让班里的班长、学习委员轮流给梁纬进行功课辅导,现在她每次考试平均成绩都在85分以上,名列全班前十名。

“目前,红寺堡还没有一例因贫困而导致学生失学或辍学的事。”对于红寺堡区党委、政府及社会各界对教育发展、贫困学生的高度关注,杨金花很欣慰。“今年,我们政府又拿出1000万元用于教育发展,加上社会各种基金及捐助,大概有2000多万元的资金发展教育,帮助贫困学生。”

(光明网 2018年5月18日)

红寺堡区职业教育 升起希望之星

4月26日上午,红寺堡区职业教育中心建设工地迎来了两拨“客人”。一拨是自治区检查组的工作人员;另一拨是该区总工会的慰问小组,目的是为工人们加油鼓劲,期盼工程如期顺利完成。

排列有序的5栋大楼已经拔地而起,外立面遮盖着绿色的防尘网。太阳当头照,工人们挥汗如雨,工地上一派忙碌景象。自治区检查组就发现的有关问题现场约谈工程项目经理,要求立即整改。该项目经理表示,一定不折不扣地执行,检查组下个月来检查时，这些问题将全部整改到位。

红寺堡区职业教育中心是自治区“60大庆”献礼工程，也是当地职业教育的希望所在。项目占地126亩，总建筑面积31122平方米。设置8个专业，设计规模30个教学班，在校生1500人全寄宿。

截至目前，该中心教学楼、宿舍楼、实训楼、餐厅、浴室等主体工程已经完工，其他附属工程正在紧张建设中，8月份将如期建成。届时，首批4个专业的300余名学生将在这里接受系统的中等职业教育。该中心每年将接纳近1500名移民子女就近接受中职教育，还与区内多所职业技术院校合作，开展“3+2”“3+4”高层次职业教育。

（《吴忠日报》记者 马中雪　2018年5月11日）

红寺堡区举办教育大讲堂密切家校合作

5月12日，红寺堡区教育局邀请杨玉英等5名家庭教育高级讲师，到红寺堡区10所中小学进行学校家庭教育巡回宣讲活动，旨在更新家长的教子观念，传授科学的教育方法，营造有利于青少年健康成长的家庭环境，有效预防青少年违法犯罪，推进落地式家庭教育城乡学校全覆盖，切实发挥家校合作教育大讲堂的引领作用。

活动中，杨玉英等5名讲师针对青少年学习、生活、心理问题及家庭婚姻等问题进行了深入细致的讲解，帮助家长树立正确的教育观，掌握科学的教育方法。家长们热情高涨，纷纷就教育孩子过程中遇到的困惑及忧虑向专家请教，讲师们耐心解答，指点迷津，家长们受益匪浅，充满信心。活动期间，通过请家长畅谈教育启示、读典型案例、邀请家长开展读书沙龙等形式的互动交流，将活动一次次推向高潮。

活动结束后，家长和老师们好评颇多，纷纷留下继续与各位讲师热切交流。家长们表示，将把本次活动中学到的知识应用于实践，使孩子播种好习惯，获得好品德，成就完美人生。据悉，此次活动帮助学生家长掌握了科学的家庭教育方法，提升了家长的家庭教育能力，切实解决了一些家长在家庭教育中面临的困难和问题,让家庭、学校教育形成更大的合力,为孩子营造一个快乐、和谐、健康的成长环境。

(《吴忠日报》记者 贾 丽 2018年5月16日)

书法教育进校园 翰墨飘香润课堂

——记吴忠市红寺堡区第四中学

寒意袭人,吴忠市红寺堡区第四中学却墨香馥郁,让人感受到这所中学书香墨韵下的浓浓暖意。

走进校园,抬头就可以看到教学主楼楼顶正面中央竖立着一枚设计独特的校徽:红白二色,用钢笔和毛笔设计出的浑然一体的图案。

进入学校二层教学楼的书法教室,眼前出现的是一张张古香古色的桌椅,桌子上铺放的是已经被水墨经常晕染的桌布,以及摆放整齐的毛笔架、砚台。这节正是书法课,该校9年级的学生们认真练习毛笔书法。

让学生感受书法魅力

红寺堡区第四中学始建于2014年5月,虽然是一所移民地区的中学,但在建校之初,学校就确立以创建“书法特色”学校的目标,在发扬传统文化的同时,让每一名学生的素质发展和生命品质得到提升。

齐石老人辅导孩子练习书法

“我很庆幸自己能上四中,在这里我开始认识和学习书法,在练习毛笔书法的时候,我感觉自己可以更静心,而且培养了我做事的专注和耐心。我还有姐姐和弟弟,他们现在也和我一样,课余时间会学习毛笔书法,我的父母也十分支持学校能开设书法课程。”王燕弟今年在四中上9年级,说起学习书法的心得,她这样讲道。因为真心的喜欢和刻苦的练习，2017年，王燕弟获得了吴忠市第四届青少年美术书法摄影大赛中学组优秀奖。

孩子们认真练习书法

有耕耘就有收获。近年来，学校在书法上取得了可喜可贺的成绩。在2017年吴忠市第四届青少年美术书法摄影大赛中，书法类有2人获二等奖，2人获三等奖，4人获优秀奖。在全区教育系统“清风校园”作品征集评选中，该校师生书法绘画作品均取得优异成绩。

2018年1月，学校被教育部列为第二批中小学优秀传统文化书法示范学校。

书法教师的传承和尽心

今年77岁的齐石，是红寺堡区四中一位德高望重的校外书法辅导教师。从学校建校开始，他就被聘为该校的书法老师。在书法教室的后排，有两排桌子上专门摆放着教师们用毛笔抄写的四大名著、名人论著等，其中，有齐石用小楷抄写的长篇论述，长长的书卷上，可以看到小楷字体隽秀中带着刚劲。

“对于那些刚开始接触书法的孩子，我会从最基本的笔画描红开始，书法的基本功很重要，一定要扎实。”谈起书法，齐石侃侃而谈：“我现在虽然年龄大，但是我最大的愿望还是能把书法的文化底蕴传承给孩子们，让更多的学生娃娃学习书法。书法是一门博大精深的艺术，能让孩子们把书法作为一辈子学习的爱好，更需要老师的引导。”

“用毛笔书写的过程中，可以让一个人的性情安静下来，精神愉悦起来。”邱云飞是四中另一位书法教师。谈起书法教学，他说：“我在教学中，不仅仅注重书法本身，更注重引导学生们体会精神上的充实，除去握笔姿势、气息这些基本功，我更注重德育的培养，让学生体会中华传统的书法带来的文化和精神魅力。”

为学生创造更多条件加入书法学习中

“虽然我校是一所移民学校，条件有限，但我们尽力营造好的学习环境，建设单独的书法教室,开辟书法课程,这些做法填补了书法传统文化在移民地区校园的空白。”该校副校长张旭升介绍,目前,书法已经融入该校3200多名学生的课程教学中。同时,学校秉承“当好老师、做好学生”的校训,逐步形成了“安全、卫生、文明、进取”的校风,“爱教、会教、教好”的教风和“爱学、会学、学好”的学风。学校在做好教育教学工作的同时,传统文化教育也是学校最为注重的。

据介绍,为了更好地形成浓厚的墨香味,学校积极开设书法兴趣小组。每周一课外活动、周三社团活动期间,在书法老师的引导下进行书法练习。书法社团活动和书法兴趣小组的开展,让学生在选择中发现自己的爱好和天赋,让学生在学习中陶冶情操,发展能力。

说起今后的工作,张旭升表示,学校将更加注重书法的普及,更加重视对书法特长学生的培养,更好地为书法教学提供良好的学习环境,而且学校也会积极创造条件,让更多的学生加入书法兴趣的行列中,一起感受传统文化的魅力。

(《华兴时报》记者 梁　静/文、来　蓉/图　2018年11月26日)

红寺堡区建成8所少先队活动室

近日,团红寺堡区委在该区燕宝小学举行“闽宁童行”少先队活动室落成授牌仪式,标志着8所少先队活动室正式运行。

此次建设的少先队活动室严格按照自治区《全区中小学少先队标准化队室建设方案》和《农村少先队鼓号队的组成与鼓乐配置》要求进行,活动室整体风格既大方美观,又充满童趣,彰显了少先队鲜明的红色文化特色。

今年以来,团红寺堡区委针对部分农村少先队活动阵地缺失问题,积极对接资源,协调闽宁协作驻红寺堡区办事处投资近30万元,为8所贫困小学建设了标准化少先队活动室,并配备了鼓号等必要设备。9月底,8所少先队活动室396套鼓号设备和办公设备全部招标并配套到位,活动室装修全部完成,项目已经通过验收。

(《新知讯报》记者 贾　丽　2018年11月1日)

红寺堡区：教育扶贫斩“穷根”

核心提示

吴忠市红寺堡区是个移民区，基础差，底子薄，贫困人口6万余人，其中贫困学生有1万余人。

教育扶贫是阻断贫困代际传递的重要途径。近年来，该区认真落实“教育发展脱贫一批”的攻坚举措，制定《红寺堡区教育精准扶贫行动方案（2016—2020年）》。近3年，该区投入2.4亿元，改善办学条件，优化师资配置，保障教育公平，促进内涵发展。尤其是通过改善农村薄弱中小学、幼儿园办学条件，实施义务教育学校标准化建设等措施，提高了贫困地区的办学水平，让贫困户子女上得起学，在家门口就能上好学校。

今年9月，红寺堡区在办学条件、校际间均衡、公众满意度等方面，高标准通过了国家义务教育发展基本均衡发展评估督导复验。

不让一个学生因贫失学

为了不让一个学生因贫失学、不让一个家庭因学致贫，红寺堡区探索建立以三大保障机制、五项资助模式、七项提升计划为主要内容的“357”教育扶贫模式，改善贫困村办学条件，建立贫困生资助体系面，面向最薄弱的领域和最贫困的群体，全力推进教育精准扶贫。

红寺堡区体育馆

2017年,红寺堡区在全区率先设立了首个教育扶贫基金,计划在“十三五”期间,每年筹措不少于1000万元资金,对贫困学生进行常态性资助。该基金主要针对幼儿园、高中、中职、高职、大学本科等阶段,建档立卡户学生及非建档立卡户二本以上家庭经济困难大学生,每人每年可获得1000元至7000元不等的资助。

该区实施“三年”资助计划,加大学前教育资助,在自治区学前两年教育资助政策的基础上,将学前两年延伸到学前三年,对建档立卡户幼儿的学前三年教育进行资助。每年筹措30万元,对马渠移民新村按照每生每学期1080元的标准免除保教费,按照每生每学期475元的标准补助生活费,这一举措使红寺堡幼儿园的入园率得到了有效提升。

特殊儿童的健康成长备受区委、区政府关注。该区把残疾儿童少年就学纳入地方发展规划,按照每生每年6000元的标准,对残疾儿童实行教师送教上门,确保适龄残疾少年儿童入学,残疾儿童入学率达到92.47%。1314名外来务工人员子女在义务教育阶段,全部在城区公办学校接受教育,入学率达100%,与本地学生享受同等待遇。同时,共建68所留守儿童之家,使794名留守儿童得到一对一的帮扶,营造了关爱留守儿童的浓厚氛围。

截至今年11月,红寺堡区整合“雨露计划”“燕宝基金”“壹基金”等助学资金3700余万元,先后有3万人次的贫困学生从中得到各种帮扶和资助。

乡村教师从“留不住”到“不想走”

乡村教师是促进农村小学均衡教育的主力军。

为吸引优秀教师到农村学校任教,红寺堡积极落实政策、采取一系列措施,提高农村教师待遇,将农村学校教师补贴标准由原来的人均每月200元提高到500元。今年9月,该区按照农村学校距离城区远近、艰苦程度,将农村教师补贴划分为4大类标准核发,最近的农村学校教师人均每月可享受260元,最远的学校教师人均每月可享受860元。

乡村学校的孩子们享用营养午餐

针对乡村教师总量不足的问题，该区招录“三支一扶”教师300名，并落实乡村教师补助资金585万元。培养县级骨干教师417名，市级骨干教师78名，自治区级骨干教师67名。2017年，有212名教师、25名小学校长从城镇交流到乡村，基本实现了城乡学校师资力量的均衡配置。3年安排资金290万元，用于奖励优秀学校和教师；每年为45岁以上教师免费体检一次。对遭遇重大变故、患重大疾病或特别困难的教师给予一次性不低于5000元的救助。

红寺堡区燕宝小学

治岚原是红寺堡一小的自治区级骨干教师，今年她申请和丈夫一起到柳泉乡任教，夫妻二人不仅享受乡镇补贴，还享受农村教师补贴，一年下来，比在城区收入高出几万元。两人把先进的教学理念带到乡村学校，提高了农村教学质量，深受广大农村学生和家长的欢迎。

“农村教师待遇的提高，不但留住了乡村教师，而且还吸引了不少城区教师到农村任教。目前，红寺堡区享受农村教师补贴人数共计820人，形成了越往基层、越是艰苦、待遇越高的激励机制。”红寺堡区教育局局长杨金花介绍，近3年的教学质量监测数据显示，红寺堡区乡村学校的教学质量与城区直属小学之间差距逐步缩小，综合成绩均分差距从2016年的26分缩减到2018年的18分。

新建成的红寺堡区职业教育学校

2016年至2018年，红寺堡区高考一、二本上线率名列山区九县第一，中考、高考成绩位列吴忠前列,实现了历史新突破。

职教扶贫　有“职”不贫

红寺堡镇团结村16岁的马东红初中毕业后在家务农,今年9月,他重返校园,进入红寺堡区职业技术学校电子商务班学习,成为红寺堡区大力发展职业教育的直接受益者。

近年来,红寺堡区每年初中毕业生人数都在3000名以上,有一半学生进一步接受中等职业教育。之前,红寺堡中职教育主要采取“走出去”的办法,多数初中毕业生都到银川、青铜峡、盐池等地的职校学习,但是异地就读往往享受不到教育扶贫政策。

今年9月,作为自治区成立60周年献礼工程,红寺堡区职业技术学校建成开学,该校配备38名教师,开设计算机应用、机电技术应用、电子商务、汽车运用与维修四个专业,招收了308名学生。该校填补了红寺堡区职业教育的空白,为初中毕业未升入高中的学生创造了上学的机会。

红寺堡区大力扶持职业教育,在职校就读的在籍学生均可享受自治区“9+3”项目资助政策。职校一、二年级在籍学生,均可享受每生每年2000元的国家助学金,对于红寺堡户籍学生,不但免教科书费、住宿费,每名学生每年还再享受1000元的生活补助。另外,红寺堡户籍建档立卡学生还可享受“教育扶贫基金”“壹基金”“雨露计划”的资助。同时,为减轻乡村学生到城区上学的交通费用负担,职校学生还享受红寺堡区“交通补助计划”,按照每生每年120元的标准,为建档立卡户寄宿学生补助交通费。

红寺堡区职业技术学校党支部书记米占郡算了一笔账,像马东红这样的在校贫困生,一年可享受种类资助共计6200元。而且,马东红学到了技术、实现了就业,全家脱贫就有了希望。

与此同时,红寺堡职业技术学校已与区内外多家职业技术学校达成合作办学协议,为学生中职毕业继续就读高职院校开设“直通车”。该校还与嘉泽、大唐、新疆特变电等大型企业及区外多家企业达成了学生输送协议,确保学生中职毕业后全部实现就业。

“要让每一位贫困学子上得了学,成得了才,就得了业,真正帮助他们斩断‘穷根’。”红寺堡区主要负责人表示。

(《宁夏日报》记者 杨之汀　2018年11月27日)

宁夏红寺堡:这对教师夫妻同调乡村学校

都说“人往高处走,水往低处流”,宁夏回族自治区吴忠市红寺堡区的一对夫妻教师,却主动申请从城区里的“名牌”中学、小学调往农村小学。

“我过去在红寺堡一小,2015年时有农村老师来学校轮岗,和他们交流后我就产生了调动想法。”曾获得自治区教书育人楷模荣誉称号的46岁语文教师冶岚说,农村学校翻天覆地的硬件变化以及相对薄弱的师资,让她有了挑战自己的想法。

“和丈夫商量后,我们决定,等孩子考上大学就调动。”今年秋天,冶岚调往柳泉中心小学,而她的丈夫——54岁的高级教师王志璐从红寺堡回民中学调到了新泉小学。

推开房门,记者看到,冬日暖阳透过两扇宽大洁净的窗户照入宿舍,屋子里液晶电视、衣柜、双人床等必要的生活设施一应俱全,写字台上整整齐齐地码放着各类教材、教案,方桌上摆放着水果和绿植。自调动以来,这间温馨简约的宿舍就成了冶岚夫妇的新家。

冶岚说:“下来时就打算扎扎实实住下来,刚开始做好了吃点苦的准备,根本没想到现在乡村学校住宿条件会这么好。”

“为农村教师提供一个温馨舒适的居住环境,是红寺堡区近年来平衡城乡教育资源,将优秀师资力量留在农村的诸多措施之一,从2011年到2017年,红寺堡区共完成了12所农村学校368套周转房建设。”红寺堡区教育局人事职改办主任金光耀说。

“农村孩子和城里孩子相比,家庭教育环境及学习基础肯定要差一些,比如让城里孩子预习后,一些生字词就不用反复教了。但农村孩子求知欲一点也不弱,只要多用用心,就不是什么大问题。”冶岚说。

对柳泉中心小学的年轻教师和学生而言,冶岚的到来帮了他们大忙。“冶岚老师来校后成了我的导师,让我对教育的理解上了一个新台阶。”柳泉中心小学28岁的年轻教师慕彦强说。

“我们村里的一些孩子被父母带去了城里上小学,我一直都在好奇,城里和我们这的学校上课到底有什么不同。”柳泉中心小学六年级一班班长伍建阳说,现在冶岚老师来了,我终于知道城里老师有啥不同了,冶岚老师会讲和课文相关的知识,拓展得更深更远。

(新华社　2018年12月7日)

三、教育印象

大风歌

大风起兮,尘飞扬。入我床兮,覆我床。大风起兮,沙无障。袭我脸兮,沾我裳。大风起兮,寒流猖。冰我手脚兮,生我疮。大风起兮,雪连霜。阻我路兮,冻我僵。大风起兮,课照上。西部希望兮,爱至尚。

(福建省援助红寺堡中学支教教师 王文宇　2004年9月)

情结红寺堡

第一次接触红寺堡是2001年5月,在班主任的组织下,我们到罗山去游玩时途经红寺堡。看到一排排整齐的楼房和宽广的街道,我们都说,“今后能在这个小城镇上班也不错。”

两年后,意想不到我真的来这里工作了,却发现这是一座“空城”,人少的可以在几分钟内数清,顿时有一种莫名的孤独涌上心头。更没想到的是,这个开发区够大,居然还有偏远的乡村,而我就被分到了距镇上30公里的村小任教。

刚报到的那天,是学校一位老师借了辆农用三轮车来中心学校接的我,从没有把三轮车看作是乘人交通工具的我一瞬间不知是该哭还是该笑。到了学校,空旷的校园中只有一座教学楼和并排的瓦房在杂乱的花草丛中矗立,显得格外孤独。“老师住哪?”这个问题久久地缠绕在我的脑海中。围观学生呜哩哇啦的说话声更让我失去了留下的勇气。可是，不在这儿工作，又能去哪里找一份稳定的工作呢?“唉！既来之，则安之吧！”在校领导的帮助下，我和同事在学校周边的村民家“定居”了下来，开始了我的教学生涯。

深秋的一天下起了大雨，我从雨中跑过，衣服晾干后，上面竟全是斑斑点点的沙土印，雨水中竟有沙土?！我无奈地摇摇头，将这件“新鲜事”告诉了办公室的老前辈。老前辈笑着说:“这没什么，等到了冬天，早晨起来，你会看见房门被沙土掩住半截的。”我愕然了，想把这一切告诉我的同学或爸妈，可是找不到打电话的地方，只好写信周末搭车上镇去寄信。但回信却迟迟不见踪影，到邮局一打听，才得知回信早已搁置了好多天，只是没有人往村里送而已。

近几年，由于各级政府的重视和“普九”工作的推进，红寺堡每年都在大力搞绿化、硬化等各项建设，红寺堡每天都有新的变化。镇上又多了几所学校，前来上学的学生络绎不绝;街道上的店铺一个接一个;市场上挤满了购物、买菜的人群，人渐渐多了，小镇变得热闹了，繁荣了。道路、村庄、学校所过之处都是一排排整齐的树木和花草，绿色多了，风景美了，风沙渐渐小了。车站停满了四面八方来的长途汽车和公交车，从进进出出的人群和售票员的叫喊声中可知交通便利了，而且偏远村庄的学校也实现了利用多媒体进行教学，学生的信息量大了，信息流通得也快了……

我目睹着红寺堡的变化，渐渐爱上了这片沙漠变成的绿洲，同时坚定了扎根红寺堡的信念。我坚信，在各级领导的正确带领下，在红寺堡人们的共同努力下，红寺堡的明天会更美好。

（第二小学教师 张艳华　2009年12月）

不该模糊的记忆

“你瞧，那就是新建的红沟窑小学，娃娃们在里面上学可高兴了。走，进去参观参观……”买老师话还没说完就热情地在我胳膊上拽了一把。买老师是我刚参加工作时的同事，我俩在红沟窑小学一起工作了一整年。虽然都在同一个县区工作，但我在城里，他在农村，已经好几年没见面了。去年八月的一天，我下乡途中，在他教书的那个村子遇上了。

已近傍晚,在他的引导下走进校门,只见足有三百米见方的校园正中两幢二层高的红色教学楼紧密地连接在一起,沐浴在夕阳下。教室窗户上一块块明亮的玻璃在晚霞的映照下折射出耀眼的光芒,千余棵松柏、国槐、白杨点缀于校园四周,围墙四壁上各式各样的图案与孩子们的嬉笑打闹声和书香味浑然一体,俨然一幅美丽的画卷。“新学校建成后,上面给咱学校分配来6个大学生,他们教各门课程都行。帮扶部门帮咱硬化了校园,配齐了电脑、文体器材和图书。教学质量好了,在外面借读的学生娃娃都陆续往回转呢。真得感谢上面这几年重视教育的好政策呀!”买老师意味深长地说。家住城里的小海接过了话茬,他说:“每天都有好几趟公交车,挺方便的,跟城里学校没多大差别。”

眼前的一切勾起了我对过去的回忆,那早已被时光磨钝了的记忆也变得清晰,心灵深处那扇封存往事的闸门瞬间被打开。那是2003年8月,刚刚走出大学校门的我顺利通过了红寺堡开发区第一批公开招聘教师考试。后来,被分配到太阳山镇买河村的红沟窑小学任教。记得,上班那天一大早我便兴冲冲地赶往镇中心学校报到,向往着那份属于我的工作。那天,在中心学校报到后,正是买老师找来一辆即将退役的“蓝驼牌”农用三轮车,颠簸了三个多小时后将我拉到学校。当时,刚一下车,我便傻眼了。三间低矮窄小的土坯房子,房子地上生长着一些不知名的杂草;二十多套破旧不堪的课桌凳子,东倒西歪地躺在地上;房子正前方是一口用来储水的窖,没有盖子,敞开着口;一根锈迹斑斑的红旗杆,在风中不停地摇晃。这些就是学校的全部资产。“难道这就是学校?”顿时,我心里像打翻了五味瓶一般。“你是大学生,好好干,用不了一年半载就调出去了。”买老师好像看出了我的窘态,他拍了拍我的肩膀,边安慰边介绍学校情况,“学校4个年级,63个学生,你先教他们吧,我尽力向上面给你要个伴儿。还没通上电,窖里也没盛水,中间的房子打扫了做办公室、宿舍、厨房用。旁边的两间房子做教室,方便管理”。临走,他又说:“我已经联系了村上,村支书家有五六块不用的木板。待会儿,会有人送到学校,他们会帮忙把床支起来。村子上有小卖部,买上几根蜡烛,几袋方便面暂时凑合凑合吧。”

夜晚,躺在用村支书家木板拼起来的“床”上。那是平生第一次独自面对完全陌生的环境,室内烛光暗淡,屋外漆黑一片。

那一夜,我翻来覆去。

那一夜，我辗转反侧。

那一夜，我彻夜无眠。

那一夜……

第二天一大早，老百姓听说村子里分配来了个大学生教师，都像赶集似的来学校瞅新鲜。听他们说，他们村子上祖祖辈辈只出了三个“人才”，两名大学生和一名高中生。当时，一个在邻近的县城教书，一个正在省内某所大学上学，那名高中生参军了，其他的大多数都没上过学。因地处偏远，村上根本没来过“脱产”教师，代课教师都是村上掏钱雇用的临时工，而且一年换几茬。学校的三间房子还是十年前村民们集资修建的。因条件差，教学质量不高，家境好点的孩子都到外地借读去了，大多数孩子在这所学校读完四年级便算“毕业”，他们有的回家务农，有的外出打工，有的甚至过不了多久就结了婚。

也许是因为年轻气盛，也许是出于一份莫名的感动和责任，我独自接收了这所学校。是我，我用“随身听”做教具，教四个年级六十三名学生第一次学唱《国歌》《学习雷锋好榜样》《让我们荡起双桨》等歌曲，让校园里、村子里有了歌声；是我，组织他们第一次举行升旗仪式，从此学校上空飘起了鲜艳的五星红旗；是我，带着他们第一次出早操，响亮的口哨声与整齐的脚步声响彻村庄；是我，第一次给他们开设体育课，尽管没有器材和运动场，但老鹰捉小鸡、丢沙包、丢手绢、滚铁环等项目还是给了孩子们无穷乐趣；是我，让他们第一次感受到“儿童节”带来的快乐……

那一年，每天清晨，我常常在清真寺里传来的“邦克”声中起床，备写教案，批改作业。那一年，无论严寒酷暑，我常常步行三十多公里，卷起裤管，蹚过苦水河，来到盐兴路畔搭乘过往车辆，赶往城里，购置生活用品。那一年，我常常被热情好客的乡亲们请到家中做客，真正尝到了“百家饭”。那一年，乡亲们家里亲戚来了书信，常常拿到学校请我这个“先生”读给他们听，然后，我再根据他们的意思帮忙写上回信。

一年后，因“普九”等工作的需要，我被调往另一所学校。近十年来，又几次更换工作岗位，再也没有回去过。只是听说，2006年，那里也搞了移民开发，政府将老百姓都进行了集中搬迁安置，还新建了一所学校，原来的那座小山村和学校都已经不复存在了。

“咱们那时候吃苦了，现在的老师和学生娃娃都享福了，老百姓也欢喜得很。”

买老师话语间流露着不可自抑的喜悦之情。

是啊,如今,路修通了,公交车每天跑几趟,私家车也进入寻常百姓家。

教师们再也不会为出行犯愁。学校有了气派的教学楼,教学设施一应俱全,孩子们用上了崭新的课桌凳,“三免一补”“营养午餐”等政策让乡亲们在教育上翻了身……

他们能不幸福吗,能不满心欢喜吗?我为他们深感庆幸。

于我而言,这段经历,本不该忘记;这段往事,应当清晰记忆。

(教育局副局长 锁金银　2014年4月)

漏船载酒忆当年

1999年6月,13岁的我在老家上了一学期初中就辍学回家,从海原老家来到了这个只有一面之缘的红寺堡开发区大河二村新家。当初最吸引我的是这里的学校离家近,而且听说还要开初中班,这让我心中泛起了一阵激动。我辍学不是因为不喜欢上学,而是老家一学期的寄宿生活让我对上学产生了恐惧心理,饥饿、寒冷、山路,成为折磨我的梦魇。为了让我能继续上学,父母把我带到了新家。

1999年8月的一天,母亲带着我走进了大河乡的一所学校,在外面就听到了朗朗书声,可知学校早已开学。见了面跟老师进行了短暂的说明后,我被接纳了,成为初中班里的一员。这是当时整个红寺堡唯一的初中班,因为学校没有建好,这个初中班就借用大河三村小学的一间教室,与小学生混杂在一起上课。

这个唯一的初中班里共有12名学生,5个男生,7个女生,分别来自大河开发区的各个移民村。同学们热情、淳朴,乐于助人,这是我第一次接触来自外县的学生的感觉,还听到了各种各样的方言。教师只有两名,只开设语文和数学两门课程。两个老师两种不同的风格,数学老师亲切、慈祥,多才多艺,一口洪亮的乡音拉近了与学生的距离;语文老师严肃、认真,一口标准的普通话再加上笔挺的西服,使学生肃然起敬,玩不得半点马虎。在新家上学,仿佛又回到了快乐的童年时代,不知不觉,一学期倏然而过。

2000年，大河中学落成。白色的楼房在满是昏黄的视觉下格外显眼，这是我第一次近距离接触楼房，也是第一次“上楼”学习。中学招收初一和初二的学生，这一年学生也多了，其中就有和我一个班的陈真，中考前的一天他因救落水之人而献出了年轻的生命，离开了这片他付出了辛劳却没有来得及感受幸福的热土，成为红寺堡的小英雄。老师也渐渐地多了，课程也齐全了，学校终于走上了正常的教学轨道。值得一提的是，来自惠农的4个支教老师在新学期来到了大河中学，他们原本可以在城里享受更好的生活，原本可以跟老婆孩子在一起享受天伦之乐，可他们为了我们这些移民的孩子，选择了艰苦，选择了别离，选择了荒芜，红寺堡的教育不应忘记他们——红寺堡最早的支教者。

在初中的三年中，我的学习不好也不坏，总是处于班里的中不溜，用在玩耍上的时间远远超过了用在学习上的时间。初中三年时间没有给我留下任何的不快，因为每天都可以回家，能吃上热饭、睡上热炕。在老家，这种待遇是没有的，这是我当年在老家辍学的根本原因。2002年7月，我中学毕业，以中等的成绩被红寺堡开发区高级中学录取，开启了我人生求学生涯中又一段艰苦岁月。

2002年8月，我拿着录取通知书来到教育文体广电局报到。当时的教育文体广电局租用创业小区旁边的一间营业房办公，来报到的学生络绎不绝，在家长的陪伴下，个个脸上笑容可掬，这些将是与我同窗奋斗的人。在报到中听一个老师说，红寺堡开发区高级中学还没有竣工，目前上学只能租借其他地方或者到农村去暂住，年底才能搬回来。听到这个消息后，每个人脸上都露出了一丝丝的不快。报到结束后，学生们在老师的带领下，排队跑步到正在建设中的学校门前听校长讲话。校长是一个瘦而精干的人，皮肤白净，话锋犀利。他对我们说，目前学校还处于建设中，预计年底才能竣工，让学生们做好在外借住的准备，发扬红寺堡人艰苦奋斗的作风，将这艰苦的三个月撑下来，他将和所有的老师与同学们一道体验生活，与学生共渡难关。听了校长的讲话，学生们激动不已，虽然还没有感受到即将到来的艰苦生活，心中反而感到了一丝温暖，校长的话给了我们接受挑战的勇气。讲话结束后，老师通知我们8月29日开学，让我们所有学生带上铺盖在创业小区门口集合，集体乘车去租借的学校——白墩乡学校。至此，学生们才知道，原来要去的地方是白墩，但对我来说，这也只是个听说过却没有去过的地方，不知道会是什么样子。

8月29日，天上下着蒙蒙细雨，仿佛上天也垂怜这帮离家求学的孩子们。上午，所有学生都齐聚创业小区门口，三五成群地凑在一起等着汽车，大包小包堆成了山。这是我第二次离家住校，想起了四年前第一次在老家住校又饿又冷的苦楚，我的眼泪夺眶而出。汽车行走了十分钟左右，我们来到了目的地，学校是一栋白色的二层楼房，跟大河中学差不多，下车后学生们忙着搬行李，转眼间这堆行李从一个地方到另一个地方又堆积起来。

高一共三个班，我被分到了一班，班主任跟我同姓同名，又是我的初中老师。轮到分宿舍了，因为学校没有足够的教室，也没有床铺供几百名学生住宿，于是将女生按班级分开住在了学校里面，将男生按班级分开住到了周围的村子里。学校已经在村子里租借了几间没有住人的大房子，学生队伍浩浩荡荡地进村入住，颇有一点知识青年下乡的感觉，虽然那时候我们并不是知识青年。

高一(1)班的男生分到了一间大房，房间空荡荡的，窗户没有玻璃，用砖块垒起来堵风，这是当时红寺堡移民村里的普遍景象，里面只有一个能够容纳三人睡觉的土炕，班里几个彪悍的学生抢了那个土炕，其余的人就只能打地铺了。有的同学陆续从家里搬来了床，睡在床上自然比地铺“高人一等”，从入住到搬走将近三个月的时间里，只有我和我邻铺的一个家境贫穷的同学始终是“地下工作者”。

女生虽然在学校住宿，但条件也不怎么好。三个大教室里各铺了厚厚的一层麦秸秆，麦秸秆上面铺着一层塑料篷布，篷布上面铺着被褥，宿舍中间留着一个通道，放着每个女生的洗漱用品。据校长说，2002年，红寺堡因为种小麦较少，找不到足够的麦秸秆，铺在女生宿舍的三车麦秸秆是他从临县中宁收购运过来的，可见当年办学的不容易。女生宿舍就在我们上课教室的旁边，平时下课都可以看到里面的情况，被褥叠放得整齐，脸盆、暖壶和洗漱用品摆得端正，地面干净整洁，在那样的环境下女生宿舍仍然给人一种温馨的感觉。

与女生宿舍的干净整洁相比，男生宿舍总是狼藉一片。没有铺砖的地面尘土飞扬，也没有麦秸秆可供地铺之用，有床的同学自然乐呵呵，没床的不得不习以为常。当时家里没有木床可拿，地面成了我天然的床板，睡着了都一样，我们都是穷人的孩子，应该理解家人的苦楚，也应该理解校长在这里办学的艰难。

老师们也在学校里住下了，和学生们同吃、同住、同学习，叫异地教育教学实践活动，陪伴学生度过这段艰难时期，当时的艰苦成为后来甜蜜的回忆。灶房在教学楼的后面，是两间砖砌的小房，里面安置着简单的灶具。学生们凭票吃饭，早上下午各一元，开饭的时候，学生们按班级不分男女排成一字长龙，插队是最常见的现象，那些身宽体胖的同学往往是最早吃上饭的，像我这样弱小的往往最后一个吃饭。那时候因为家里给钱少，除去车费外所剩的钱只够吃三天饭，其余两天只能靠从家里带来的馒头度日。

艰苦的环境往往锻炼人的意志，正是在那个艰苦的时间段，我全身心地投入了学习，养成了高中三年刻苦学习的习惯。记得一次校长在全校学生大会上的讲话给了我人生最初的醒悟，他说："现在你们已经是高中学生了，应该明白这个'高'字的含义，意味着你们已经不再是九年义务教育阶段的学生了，不会有人再逼着你们学习了，你们要为自己的前途谋划。同时，这三年是人生学习生涯中最重要的三年，也将会是改变一个人命运的三年，能否走进大学的校门，能否改变自己的命运，就看这三年之中你们付出了多少，希望你们每一个人都能学有所成，从这里走向你们想去的地方，你们的成功是对全体老师以及整个学校最好的奖赏。"校长的一席话使我如梦初醒，点醒了我那颗还在懵懵懂懂中徘徊的心灵，激发了我内心改变自己命运的渴望，也就从那时候起，我开始了每天早起晚睡的学习苦旅。

深秋的红寺堡，地里的玉米收割完毕，大地裸露出泛黄的本色，秋风瑟瑟，落木萧萧，季节的轮回让人猝不及防，寒冷悄悄来临。宿舍里没有电，也没有火，最让人难忘的就是半夜从地铺上冻醒，丝丝凉风从门缝、窗户中直灌进来渗入肌肤，让人感到从头到脚的冰凉，蜷在被窝里直打哆嗦，再次安睡几乎没有可能。夜晚的漫长与寒冷使一群无法再次入睡的人早早来到了教室，教室成了他们躲避寒冷的唯一港湾，同时还可以借助教室的灯光看书，一举两得。从那时起，校园里早早地就能听到同学们的朗朗书声，有同学在灯光的掩映下三三两两来回走动。对我来说，这是多么新鲜的事啊！从小学到初中我从没有这样起早过，也从没有这样学习过，同学们的学习热情极大地感染了我，使我学习的自信心暴涨，习惯了默默无闻的我认为自己完全有可能成为一个"好"学生。在这样的自我激励中，每天校园的朗朗书声中也有了我的声音，校园里的每个角落也留下了我的足迹。高一第一学期的期中考试我以全班第一、全校第三名的成绩被老师和同学所"重新认识"。

我们很久没有见到校长了，不知道校长能不能感受到学生们的苦楚。后来才知道，原来校长自我们在异地开学后，每天都在工地守候，催促施工方加紧施工，为的是早一天让我们进驻新学校从而结束在外"漂泊"的日子，他无时无刻不在想着他的老师和学生们,想着早一点让师生们走出困境,走上正常的教学轨道,想着让学生成为学校真正的主人。为此,校长每天到工地催促施工,并协调联系电、暖等辅助工程,没有电就无法正常开课,没有床就无法为学生提供住宿,这一切的困难都摆在校长面前。据校长后来说,他当时在供电、供水、供暖等相关部门来来回回不知道多少次,看人脸色,受人气,才将这些事情办妥。当时学校还缺少经费,无法采购供学生住宿的铁床,校长自己去跟厂家联系并做担保,将铁床以赊欠的方式采购回来,解决了学生住宿的燃眉之急,而作为学生的我们当时是无法体会到校长的困难的。

终于在11月18日的一天上午,学校开始了回迁,这是红寺堡开发区高级中学学生的回归之旅,我们结束了在外"漂泊"的日子。沿途载满铺盖的三轮车络绎不绝,学生们就像凯旋的战士在车上放声歌唱,也像久经流浪的孩子突然看见了故乡一样。而此时,我的心里却有那么一点落寞,不是我不愿意离开这个长睡地铺的地方,也不是愿意继续在瑟瑟寒风中度过不眠之夜,而是担心我在困难中养成的学习习惯就此中断,担心新环境的安逸会带来精神上的懈怠,对新环境的适应往往需要一个漫长的过程。

新学校只有一幢教学楼,三四层为教学楼,一二层分别为男生和女生宿舍,每个宿舍可住40人左右,叠床架屋,容纳了当时所有需要住宿的学生。新的环境有好有坏。好处是有床可以住,远离了潮湿的地铺;有电可以使,再也不用黑灯瞎火地起床了;最大的好处就是集中供暖,睡觉时不会再有凉风灌顶了。坏的地方是因为施工单位刚刚撤离,校园内外土石成山,垃圾遍地,没有一个相对清静的环境让学生自由学习。为此,学生搬来新学校的第一件事情就是同老师一起拉运垃圾,清理土石,有的学生开来了自家的农用车供学校运送土石,发扬了红寺堡移民互帮互助的精神,得到了全体师生的一致赞扬,此事成为学校的一段佳话曾广为流传。据统计,从那时开始到放寒假,全校师生共清运垃圾、土石10000多方,硬化道路3200平方米。

2003年元旦过后不久,红寺堡镇中学的学生和老师搬来学校,听说两所学校合并了,新学校的名字叫红寺堡中学。学校各项教学设施不断完善,有了实验室,也有了篮球场,师资队伍不断壮大,教学质量也日益提升。在老师们辛勤的操劳下,首届302名毕业生于2005年6月7日参加了高考,其中133名学生被全国高等院校录取。十年后的今天,他们有的走向全国各地创业,闯出了一片属于自己的天地；有的选择了回家，为新家园的建设出一份力。

作为红寺堡中学的首届学生，我们既是不幸者，也是幸运者。不幸的是我们遇上了新家园最困难的时刻，尝试过了个人求学生涯中的各种酸甜苦辣；幸运的是我们这一届见证了红寺堡中学在艰难困苦中走过的每一步，了解他如今繁荣背后的苍凉。虽然只是漏船载酒，虽然只是浮光掠影，但这些艰辛的经历，足以成为我们一生的记忆，虽然我们已经走过了当年的艰苦岁月，但是我们应该记住我们是怎样走过来的。

（红寺堡中学首届毕业生 马兴龙　2014年4月）

亮丽三中

我的母校是三中，罗山脚下美出名。校门雄伟路畅通，择善而从气势宏。校园西侧操场平，增强体质健身形。体育设备都俱应，双杠爬梯两旁停。跑道看台绿草坪，运动舒心有风景。公寓楼旁是餐厅，花园小亭流水声。团结友爱大家庭，遵规守纪讲文明。教师工作有热情，办公楼内脚步轻。升旗仪式神庄重，晨会肃立保安静。春暖花开草木盛，旗台四周玫瑰红。林中小道绿荫浓，杨柳桃槐松柏青。石桌小凳围凉亭，花园奇石有古风。教师个个是精英，组织活动有才能。爱岗敬业不放松，言传身教育学生。学子人人笑盈盈，校园处处读书声。学习信念永坚定，刻苦努力勤攀登。晚上星空亮晶晶，美好愿望抱憧憬。共创青春七彩梦，同奔未来好前程。

（第三中学七年级12班学生 马　霞　2014年4月）

感恩·遇见

时光荏苒，白驹过隙。转眼间，我和红寺堡这片土地已经一起经历了十五载风雨,我有幸成为这片土地沙漠变绿洲的见证者、建设者。记忆的车轮飞转,15年前的那个6月,我和所有大学生一样告别了校园,背上行囊,揣着一份憧憬,一份向往,踏上了这个我国最大的易地生态移民集中安置区——红寺堡开发区。

走进这片土地,我觉得应该用一句网络流行语来说:愿望是丰满的,现实是骨感的。这里没有“人间四月芳菲尽,山寺桃花始盛开”的美景,却独具“狂沙溅欲迷人眼,路上行人全武装”的壮观。我很“幸运”地被分到县城八十里外的石炭沟九年制学校,学校附近除了两个小卖部之外就是民房,没有吃饭的地方,要是您想洗个热水澡,非得坐一个小时的车去县城。我一个外乡人,独在异乡一个偏远的农村学校开始了我的漫漫工作路。我开始又经历了一些事,又多了一些很想感谢的人。

感恩学生

抱着随时准备离开的念头,我带着暴躁的情绪走进教室,没有目的地上课,胡乱地砸着教本、指责着学生。可那些纯真的孩子并没有计较这些,每天迎接我的都是灿烂的笑脸、清澈的眼眸。看着他们充满希冀的眼神,我凌乱的心稍有一丝慰藉,可能就是这群善良、质朴、纯真的孩子给了我最初留下来的理由吧。渐渐地,我开始认真对待每一节课,特别关注那些基础差的学生,给他们“吃偏食”,课后和学生谈笑风生,我还会教他们唱一首首老歌,给他们买些糖果、瓜子,慢慢地我越来越喜欢和他们在一起,喜欢和他们在一起无所顾忌的说、肆无忌惮的笑、重温儿时的游戏、轻吟儿时的歌谣……我似乎喜欢上了做一个“孩子王”。

很长的一段时间,我都是靠着学生们“养活着”。他们从家里给我带自己家树上结的果子,送自己家炸的油香、馓子,分自己心爱的零食……只要是他们喜欢吃的,他们都会带给我。

冬天了,要生炉子了。放学后我让班里几个男同学帮忙装了一袋子炭抬到我的宿舍,干完活,我给大家掺了热水让他们洗完手赶快回家。一个小男生磨磨蹭蹭地不肯离开,等其他同学都走了之后,他黑乎乎的小手从书包里掏出两个已经被压烂的橘子,举到我的眼前,紧张地吞咽着口水、结巴却坚定地说:“老师,给,给,给你,吃,吃橘子”。看着孩子被橘子汁液浸湿的衣襟,滴着黑水颤抖着的小手,害羞而又坚定的眼神,接过橘子的那一刻,很久以来我伪装的坚强彻底崩溃,我蒙着被子号啕大哭。

多年以后，我才意识到正是那两个“压烂的橘子”，将我的后半生“绑”在了红寺堡这块土地上。

感恩同事

印象最深刻的就是周末的闲暇时光。乡下的周末是单调的，也是欢乐的。

每到周末，家在县城的同事和家在学校附近的同事大多都回家了，偌大的校园就剩下我们几个“外乡人”。周末学校的厨师也回家了，温饱问题就成了我们最大的问题，大家就只能在旁边的小卖部买点方便面之类的凑合两天。不知道从哪个周末起，马老师就主动当起了我们的“饭大师”。

马老师，中文系高才生，说起话来文绉绉的，走起路来腰身一扭一扭的，很有“女人味”，大家都叫她“女人”，她的厨艺也是我们这堆人里最好的。我们四五个人走进厨房，她挽起袖子一边和面，一边还不忘指挥我们几个人给她打下手，她的面和好了，我们几个人把需要的菜也拣好、洗好了。马老师麻利地切菜、下锅、翻炒、下面，不一会儿，热气腾腾的面条出锅了。几个人围坐在宿舍的办公桌前，边吃饭边聊，饭后比较谁碗底的沙子少，谁洗碗。那样的时光平静而祥和，单调却快乐。吃完饭，几个人凑一起打扑克牌，边打边总结经验，你说我该这样出牌，我说你该那样出牌，时间就这样飞快地流逝着，黑夜降临，躺在被窝里，看着老旧的电视机里放着石老师从同心租来的光碟……不知什么时候进入了甜甜的梦乡。

后来，我们还会时不时地凑在马老师家里，追忆一番过去，只是碗底再怎么找，也数不出沙子来了。

感恩校长

在乡下的一年时光中，最感谢的人当属马校长了。

记得初去石炭沟时，是马校长开着一辆很旧的面包车，在炎炎烈日下，在吱吱嘎嘎声中，经过几次熄火、几次推搡，我们才最终到达了目的地。当时我是以语文老师的身份去的，却被分配代初中政治课和三年级的数学课，我是一百个不愿意，为此还和马校长争执了一番，我特别不高兴，心里的委屈却又无处可诉。下午放学，我一个人顺着校门口的马路毫无目的地一直向西走。不知道自己究竟走了多远，天慢慢黑了下来，忽然听见有人喊我“赵老师，天都黑了，你干啥去呢？”我回过头，原来是同事金老师骑着摩托车回家呢，我慢吞吞地说：“我就瞎遛达遛达。”金老师似乎发现了我的不对劲,立刻给马校长打了一个电话,在马校长的授意下,我被金老师骑着摩托车带到了马校长家,放下我之后,金老师回家了。我极不情愿地留下了,做好了受训的准备。“你这个丫头,你有啥想不开的跟我说,家那么远,父母都不在跟前,你说你一个人,天这么黑,要是出个啥事咋办?以后你要是有事,就来我家找我和你阿姨。”说完,他又让妻子给我做了一碗面。我眼泪吧嗒吧嗒情不自禁地往下掉,狼吞虎咽地吃完了面条。

暑假了,终于有时间回老家了,在家玩得正高兴呢,马校长打来电话:“你在哪儿呢,咋还不来学校,人家都去县城学校报到了,你赶紧来学校。”挂了电话,一头雾水的我,马上买票坐班车往学校赶。到学校了我才知道我被调到县城学校了,其他几个调动的老师都已经走了,就剩我一个了,看着快要黑下去的天,我坐在宿舍门槛上发呆。这个时候马校长来了,“丫头,赶紧收拾东西,我送你去报到。”听见这句话,我立马跳起来胡乱得把东西装好,马校长依然开着他的面包车,又在一路的吱吱嘎嘎声中,把我送到了县城。问我:“你分到哪个学校了?”“我也不知道!”我满脸疑惑地回答。无奈之下,马校长只好先带着我去一中咨询了一下,人家说没有这个老师,他又带着我去二中,当时二中全体老师正在开会,马校长陪着我在门口一直等到散会,找老师咨询了一下,人家也说没有这个老师,这下怎么办?马校长思索了一阵,又带着我去一中,直接去办公室咨询,才得到了肯定答案——分到一中了。走出办公楼,我本就忐忑不已的心又开始发愁了:天快黑了,我该何处安家呀?还没等我开口,马校长就说:“丫头,我四女儿家就在一中东门对面,夫妻两个一直在老家呢,院子一直空着,你先住着,慢慢再找可心的地方。”说完,他带着我直接去了那个院子,帮我把行李卸下来,又张罗着给我铺好床,打好水,甚至连厕所都带我看了一圈,安顿好之后已经是晚上九点多,他又佝偻着腰急匆匆地回乡下去了。

如今,徜徉在花园式校园中,漫步在林荫小道上,看着学生们热情洋溢的笑脸,倾听着校园广播“心理之音”的吟吟细语,不由让我想起了曾经慰藉我心灵,给予我帮助的那些可爱的孩子们,温柔能干的同事,还有那个叫着我“丫头”的老校长。

感恩,生命中的每一次遇见。

(第三中学教师 赵雅维　2018年3月)

我的红寺堡教育印象

我虽然没有在红寺堡出生，但是这个地方却已经深深融入了我的血脉里，这里现在就是我的“老家”。知识改变命运，我今天所拥有的一切少不了教育的功劳。请跟随我的记忆，感受红寺堡教育20年的沧桑巨变。

1998年跟随家人来到红寺堡的时候，我对这个天地一片黄色的地方生不出一点好感来，甚至想马上逃回老家山清水秀的小村庄去。六年级我转学到了红寺堡镇中心小学，刚去的一周连个板凳都没有，男同桌也不愿意与我分享“一席之地”。在整整站着上了一周课后，我终于有了一条破旧的木凳子，伴着它我走完了小学。

对初中的印象也没有多美，最大的感受就是一个字——“穷”。2001年我读初一的时候，学校穷得连个围墙都没有，中学和小学连在一起，我一直以为初中部是在小学借读的，后来才知道它们是两个完全独立的学校。初二快放寒假的时候，我们搬进了红寺堡中学，偌大的校园里只有一栋教学楼，一楼是宿舍，一间教室里高低床密密麻麻地住了二十来个人，那味道至今忘不了。二楼三楼中间是办公室，两侧是教室，所有的科目学习任务都在班级教室完成。校园“穷”得不成样子，到处都是沙子，学校“穷”得没有像样的操场，没有像样的餐厅，没有像样的厕所。学校“穷”得请不起工人，我和同学们顺理成章地成了第一批校园建设者：平整校园、栽种树木、搬动桌椅、摆放仪器……

唯一带给我慰藉的是体育课。红寺堡的沙子细细的，摸上去软软的，攥在手里跟流水一样一缕缕从指缝间流走，感受到手心从充实到空虚，就跟心情一样，多奇妙啊！怪不得叫流沙呢！这时的学校还没有水泥操场呢，教学楼后一大片沙滩任由我们追逐打闹。沙滩上球拍不起来，人也跑不动，所以仰面躺下看浮云、飞鸟，看金黄的阳光透过云层洒在沙子上，照得沙滩暖暖的，落在眼睛里，照得人也昏昏欲睡，真是无比惬意呀！对于一个不爱运动的胖女生来说，这是我对体育课最美的回忆。

说到操场，少不了要提一提操场200米外的厕所了。说是厕所，其实就是用砖头围起了几堵半人高的墙,一边是男厕,一边是女厕,留个豁口就是门,进去之后到处是污秽,让人无处下脚。夏天屎壳郎在里面成群结队,不时还有沙虎快速跑过。冬天要是下点儿雪,厕所里常常听到“啊……啊……”的惊叫声不绝于耳,有人哭,有人笑,很是热闹。最尴尬的是上完厕所站起来的时候,肩膀以上的部分完全没有遮挡,“教学楼上的同学肯定能看见,羞死人了,捂住脸,赶快跑!”每次上个厕所都这么惊心动魄,盼星星盼月亮盼着学校能尽快修建厕所。这种“穷困潦倒”的校园生活一直持续到2003年才有所改观。学校在这一年又修建了一座实验楼,物理和化学的实验课终于能正儿八经的体验了。对新鲜事物的好奇驱散了以往的憋屈,这才是真正的学校呀!

虽然学校基础设施不争气,可是一帮可爱的老师给我留下了难以磨灭的回忆,他们热爱工作,尽职尽责,关心学生,无怨无悔。吴风虎、党立军、常春梅、刘宗河……这些熟悉的名字,还有他们的一举一动我都记忆犹新,甚至我能成为老师与他们有着千丝万缕的联系,他们的人格魅力让我感受到了教师这个职业的魅力。

大学毕业后我又回到了红寺堡,身份从学生变成了老师,角色的转变,对学校、对教育事业又有了新的认识。当我再去红寺堡中学参观时,不得不赞叹:“忽如一夜春风来,千树万树梨花开”——校园文化独具内涵,功能室配备齐全,信息化设备随处可见,学生公寓干净整洁,塑胶跑道的风雨操场可容纳成千上万学生,尤其是独立卫生间再也不会让人上厕所感到窘迫……一边感叹教育发展之快,一边羡慕现在的学生,一边还在心心念念自己当年艰苦的中学生涯。

2011年通过“特岗招聘”,我被分配到了红寺堡中心小学任教。学校在村子中间,校园地面是砖砌的,冬天教室和办公室里都要烧炉子。我刚开始做一年级班主任,每天早早起来骑自行车从家赶到学校,为了让炉子里的火苗着起来费了不少劲。可除了将自己弄成个大花脸外,我是“一事无成”,就连学生都看不下去了。班长马娟特别能干,她把这个艰巨的任务包揽了过去,从那开始我再没因为烧炉子而发愁过。办公室里同事们自带蔬菜、汤锅,中午由巧手的姐姐在炉子上煮一锅火锅底料的烫菜,就着烤好的馒头饼子,七八个人围坐在一起,边吃边聊,肚子饱了,同事们的感情也深了。

每个班级都有电子白板,这对我来说不陌生,大学的时候老师都用它上课,我虽然没有亲手操作过,但是年轻人学习能力还是不错,倒腾了几下就能给学生播放演示文稿，里面再插入音频视频之类的，很能吸引学生的目光。有一次举行教师演讲比赛，马小荣老师用了演示文稿做背景，有声有色，形式新颖，瞬间让老师们赞叹不已，从那开始，学校举办了多媒体设备运用培训讲座，多媒体课件成了教师每节课必备的部分。

除了教学上的改变，学生也享受到了国家免费营养午餐政策的好处。2012年，通过专门的加工、配餐，每个学生都吃到了荤素搭配、营养均衡的免费午餐，甚至早餐也有免费的鸡蛋或者白面馒头，家长们十分高兴，有了营养午餐学生中午就不回家了，在外打工的家长们也不用再操心学生的午饭了。天底下哪有免费的午餐？不，天底下真的有免费的午餐，而且还是非常有营养的。营养午餐从刚开始的快餐盘保鲜膜包装，到后来改用保温桶配送学生自带饭盒，学生可根据自己的饭量决定打饭多少，要汤要菜，多肉少米，都能选择了，减少了浪费，学生吃得开心。有些一年级和二年级的小孩要吃两碗，看得人瞠目结舌，暗想这小子可真能吃啊！

八月份学校搬迁到了新校区，暗红色的三层双面教学楼矗立在校园北边，显得神圣肃穆，楼前是广阔的院子。楼里面粉刷得新鲜光亮，每间教室窗明几净，大到能容纳五六十人，崭新的多媒体设备安安静静地等着老师们去打开，功能室也安排妥当，办公室井然有序不再拥挤，办公桌焕然一新，每位老师还配备了新电脑。一切都是新的，就连天气都是晴朗的，就像我们的心情一样。

国家义务教育均衡发展推进工作使得学校办学条件得到大力改善，校容校貌大为改观，校园文化内涵大力提升。学校在原有功能室的基础上又配备了智慧教室、录播室，并且开足开齐各门课程，“音体美”课程配备了专业教师，铺设了全新的塑胶操场，乡村学校少年宫各项活动和兴趣小组开展得轰轰烈烈，农村孩子能够共享优质教育资源，为提高农村教育教学质量打下了坚实基础。除了学校硬件设施的改变，师资力量、教育教学各方面得到了实实在在的提升。

红寺堡的教育就像这块土地上的人民一样，稳步实现“脱贫致富”的历史性转变。我跟随父辈，从红寺堡开发之初到现在，见证了红寺堡的发展；从学生成为教师，更是亲身经历了红寺堡教育的发展。“共产党好，黄河水甜”，感谢党的好政策，感谢红寺堡教育人的辛勤耕耘，愿红寺堡的教育：潮平两岸阔，风正一帆悬。

（红寺堡中心小学教师 邵晓娟　2018年7月）

教育路上的一场修行

岁月不居,时节如流。不知不觉为人师已经六年多了。在这些年里,我不止一次地回想起自己走过的路,很多东西走着走着就淡了,抑或是散了,而教育却仿佛不曾缺席。

(一)

我感念着教育过我的地方、教育过我的人。

印象中进入校园时已经8岁了,即便走入校园,但对于打小在农村长大的我而言,心思依旧在外面,成天想着和姑姑一起放羊,想着陪奶奶去地里锄草,更想着和小伙伴们在田埂地头做个锅锅灶烧洋芋吃。但迫于父亲的威严,不得不背起用化肥袋子缝制的书包走进校园。

“斜王一个元,就是玩耍的玩”……在苟老师编的顺口溜、陈老师给的“五角星”里我们很快升到了三年级。班主任换成了杜老师,并且包班教学(那时候我们不学英语),他总是很严肃的样子,戴着个灰黑色的鸭舌帽,时常叼着一个烟锅,一身半新不旧的西装,走起路来很板(雍容雅步)。我们都很怕他,因为写不好字,他没少撕过我们的作业;因为粗心大意,没少挨过他的板子(戒尺)。他也是爱着我们的。十一过后,家家基本上都吃早饭,我们中午也就不回家了,饿了啃几嘴带来的馍馍,渴了喝几口灌在瓶子里的窖水,他看到后会每天换着喊学生吃他做的洋芋面。冬日里的每一个早晨,他总能早早到校,帮我们把教室里的火炉烧热,笑着看着我们跑进教室,开始一天的早读……小学五年的美好时光稍纵即逝,纵然有几多不舍,却还是走进了初中的大门。

由于父亲工作调动,2005年的夏天,我们举家搬到了红寺堡。初到这座小城,一股莫名的苍凉感袭上身来——漫天的黄沙、成片的沙丘都足以让人顿生不快。高声叫卖的小摊贩挤满道路两旁,街道上瓜皮纸屑随处可见,嘈杂的人群与车流,让初来乍到的我觉得心烦、焦躁。沙粒满地皆是,路面也是坑坑洼洼。更让人头疼的是只要一刮风,沙子怎么也挡不住。刮风前明明把窗子关得严严实实的,但是一阵风过后，屋子里面还是会落下很厚的一层沙子。生活在这里，多多少少还是会让人感到些许失落。离开故土，进入新的校园新的班级，总觉得自己格格不入，不论是学习还是生活。好在同学们很关照我，我们一起去学校后操场种树、浇水、挂写有自己名字的牌子。幸运的是遇到胡万雄、任秀娟、张定月等科任老师，他们对我关爱有加，鼓励我参加比赛，提高学习成绩。遗憾的是我未能考入理想的高中，在征得父亲的同意后，选择在第二中学复读。也正是在这里，我遇见了慈母一般的宋吉荣老师，她会叫我去办公室盯课文，她会把我的作文在班里读，她会在我情绪波动时给予关注开导。也是在这里，我遇到了上课特有范的姚冠军、哈小军、吴润林、杨伟海等老师，他们灵活有趣的教学方式让我羡慕，他们一丝不苟的敬业精神让我敬佩，心想以后也要成为像他们一样的人，做像他们一样的老师，用自己扎实的学识、独特的人格魅力吸引、教育学生。

后来，读高中时，远离父母，进入一个陌生的、繁华的城市。学校有丰富的文娱活动、先进的教学设备、知识渊博的老师、扎实求学的同学以及热情贴心的楼妈（宿管）……这一切都让我兴奋不已，奥运火炬传递的场景、校庆典礼的盛况也让我让我惊叹。我也有幸遇见了启迪我、鼓励我、帮助我的黄彦玲、吕建荣等老师。夜深人静的时候，我也会想我红寺堡的家，想昔日的同学，想以前的老师，不知不觉总会把他们和眼前的一切做比较。

进入大学校门，一切都是崭新的样子，一切都是美好的样子，图书馆填补了我的精神空虚，文科楼拓展了我的视野，运动场强健了我的体魄，林荫小道见证了我的爱情萌芽……我享受这美好的大学时光。每次寒暑假回家，我都会出去走走，去附近的学校看看，感受着这座小城的变迁，观察着教育教学的变化。想着日后自己也要成为一名幸福的教师，成全别人，充实自己，我往往会莫名地激动、兴奋。

我时常在想，在国家富强、教育发展的大背景下，我是一个幸运儿，一路走来，平平顺顺，感受到了我国教育事业突飞猛进的发展，感受到了党和国家对国民教育的重视，接触了许多新奇的事物，涉足了新的领域，学到了诸多全新的知识，遇到了很多可亲可敬的老师。有时候静下心来想想，在求学路上，身边的很多东西都发生了巨大变化，包括校园、包括设备、包括资源等，但唯一没变的是老师们根植于内心深处教书育人的伟大情怀和点亮学子们心灯的高尚品格。是他们，教育我成长、奉献、感恩。

(二)

我挂记着工作后我待过的地方、教过的学生。

毕业后,和媳妇顺利考上了红寺堡区2014年的特岗教师,短暂的岗前培训后,被分到一所村小,开始了我们的教学生涯。

可能是9月份吧,踏进校门,不免有些萧条。教师宿舍陈旧,墙皮剥落,窗户漏风;学校没有自来水,我们饮用的是含有泥沙的窖水;冬天没有暖气,室内安置着一个火炉;春天狂风卷着黄沙,肆意在天地间呼啸,就连上厕所都让人觉得不是一件容易的事情……一个风号怒吼的夜晚,我那岌岌可危的天花板也掉了下来。睡梦中的我以为地震袭来,慌乱不已。所幸人未受伤,挣扎起来,看了一眼地面上的残破碎片和弥漫在室内的尘土,拍照留念,倒头继续睡觉。艰苦的条件,已让我“百毒不侵”。后来,我们住进了新建的教师周转房,喝上了干净清澈的自来水,自己种了菜园,走在青砖铺过的校园里,和同事学生谈天说地,一切都显得那么美好……

在之后的岁月里,不知不觉中,一切都发生了很大的变化——和大门相对的二层教学楼宽敞明亮,红砖铺砌的校园平坦干净,新盖的教师宿舍温馨如家。这完全颠覆了我记忆中乡村小学校园的样貌。慢慢地,电子白板进入课堂,方便了师生的教育教学;功能室逐步开全,满足了学生的个性化发展;办公条件明显提升,学生桌凳焕然一新,暖气通了、火炉撤了,校园重新硬化、绿化,沙子跑道变成水泥跑道,又变成橡胶跑道……而这些变化仅仅是在三四年间发生的,不得不让人感激党的关怀、政府相关部门的照顾。感激之余,我们也将更多的汗水洒在了这方热土上。

这所学校总人数不到200人,和城里的孩子相比,他们成绩一般,相貌平平,可不得不承认,他们身上具备农村孩子该有的淳朴和憨厚,这让我觉得亲切,甚至温暖,我时常留心观察他们中的每一个个体。

有这样一个孩子让我很心疼:在教室里,他单人单桌,坐在最后面;体育课上,他总是一个人待在某个无人注意的角落,或坐着或躺着;临放学时,他偶尔会睡在站队的地方,以大地为床,以书包为枕,有着庄子的闲适。他的脸几乎从来没洗干净过,更别说衣服了。关于他,我问过班里的学生,他们说是他的后妈不心疼他,只心疼他弟弟;有的还说他是个傻子……因而我尝试着走近他,了解他,甚至陪他玩。在一节体育课上，我和他并排坐在一起，他想走，被我拉住，他的小手很糙、很冰。“你妈妈心疼你吗？”我握着他的手这样问他。“不心疼……”他的眼眶有些湿润，随即又赶紧抬起头，看了看天，说：“心疼。”我不知道在他的心里是如何定位这份模糊的母爱的，可当我看到他的难过、听到他的痛楚时，我的心还是被狠狠地刺了一下。之后，我经常给他送一些小吃的，也借此机会和他说说话。他是孤独的，在体育课上我会把他喊来和其他同学一起做游戏，让他感受到大家庭的温暖，后来我意外地发现他开朗了许多，也会和同学们玩耍，每每看到这样的场景，我突然觉得好幸福。

至今还记得刚接上三年级时，他们尚小，脸上依稀挂着天真，当他们围在我周围叽叽喳喳说个不停时，我有过不耐烦，但每当看到他们可爱的模样时，我仿佛又想起了小时候的自己，想到了杜老师的那些话，还是很快融入他们中间去了。我本以为他们的成绩会不错，直到第一次月考后，我才发觉形势似乎并不乐观——52.63的平均分、家长类似“我们这里条件不好，总是留不住老师，很多年轻人来没多长时间就走了，希望你们三个能好好地把这一届学生带出来”的期望一时间压得我喘不过气来，可这对于刚参加工作的我而言有些举手无措。“屋漏偏逢连夜雨”，教育局要对三年级学生在期末进行统测，我当时甚是紧张，很是不安。再三考虑后，决定用笨办法——在他们身上投入更多的时间，花费更大的精力。于是，当其他孩子还在贪玩时，我们朗朗的读书声已传出教室；当他们放学回家时，我们却围坐在门房周围复习巩固所学知识……终于，我们的付出得到了回报，结果待我们不薄，语文、数学、综合学科均为全乡第一名！英语学科全乡第二名！知道消息后他们欢呼雀跃，蹦得老高；家长一个劲地夸我们教得好，还保证说一定会大力支持我们的工作。作为班主任的我看在眼里、听在耳里、乐在心里。难道做一名乡村小学的老师不幸福吗？况且国家还给我们发乡镇补贴，地方政府发班主任费。也就是在那一刻，我决定放弃进城的机会，暗暗下定决心，一定不辜负党和国家对教育者特别是乡村教师的照顾和期望，竭尽所能把他们带出个样儿来！

后来，由于在镇上购房、哥哥姐姐读初中等原因，有几名同学先后转学了，可他们托朋友送来的书信我还保存着；根明在那个阴雨绵绵的早晨向我道别的情景我还记得；我给他们几个的叮嘱我也未曾忘记……再后来，我们班又转来了杨平平和刘鑫两名同学，班级学生人数最终定格在数字28。好记、吉祥！在那四年中，我始终努力着给他们留下一份美好，也确实如此做了，因为每个人的童年时光最为珍贵,也最为难忘！也因为我们都生在农村,长在农村！更因为我们都有着一个向往美好生活的梦！

时间恍如白驹过隙,四年时间很快就过去了。在最后的那段时间里,他们的确承担了太多并不属于这个年龄段应该承受的东西,我看到了他们脸上的倦意,但我们都不曾退缩。为了给他们、给家长交一份满意的答卷,也为了给我们的教育生涯涂上绚丽的一笔,数学老师家有幼女,尚未断奶,但为了他们从未迟到过的付出我没有忘记;英语老师怀孕八个多月,挺着大肚子依然坚持领着他们投入复习的坚守我没有忘记;几名班干部牺牲了自己的复习时间,带头帮助那些学困生的奉献我没有忘记……遇见他们,是我生命中最精彩的写意！

在我们班,有留守儿童,有残疾学生,还有学困生。我时常在“优异的成绩”和“健全的人格”两者间矛盾,不注重前者,这个看重成绩的社会将会把我谴责,不注重后者,我的良心有所不安,因为别人一个简单的动作他们都得吃力地完成。我很多次地问自己:我们的教育需要的到底是从一个模子里倒出来的产品,还是一个个具有健全人格、独立思想的人？我选择后者。在经过教育局组织的多次教师培训后,我更加坚定了自己的选择。专家讲座、送教下乡、名师引领、骨干示范等,这不仅仅是地方对教育的重视,更是国家对教育的大力支持,对教育者的殷切期望,因而我会努力把每一节课讲得精彩,他们情不自禁地傻笑便是对我的肯定;我会利用周边事物教他们一些为人处世的道理,他们不经意间的改变就是对我的安慰;我会留心关注他们每一个人,关心他们的生活、学习,他们的一声声“谢谢”便是对我最好的报答……

冰心说:“爱在左,情在右,在生命的两旁,随时撒种,随时开花,将这一径长途点缀得花香弥漫,使得穿花拂叶的行人,踏着荆棘,不觉痛苦,有泪可挥,不觉悲凉！”教育是一场需要爱、需要情的漫长修行,让我们守望相助,共同穿行这径途征程！

(第四中学教师 朱冠先　2018年10月)

限外辑要

2019年

1月1日 红寺堡区举行"'爱同行'孤残儿童成长计划营"项目助学金发放仪式，为23名孤残学生发放助学金共10300元。

1月2日 教育局印发《关于建立红寺堡区教育督导评估监测系统的通知》，宁夏教育督学评估监测管理系统在红寺堡区上线使用。

2月13日 宁夏教育考试院副院长李建到第一中学检查高考设备运行情况，教育局局长杨金花陪同，第一中学校长王晓龙做汇报。

3月25日 红寺堡区人民政府区长谭兴玲采取"不打招呼"的方式，突击检查红寺堡区校园安全工作。

3月26日 红寺堡区委撤销中国共产党吴忠市红寺堡区教育局委员会，设立中国共产党吴忠市红寺堡区教育工作委员会，为区委派出机构，与教育局合署办公，同时，设立中国共产党吴忠市红寺堡区教育局党组，原党委成员职务自然免除。

4月15日 红寺堡区委书记丁建成在教育局局长杨金花的陪同下调研第一中学异地扩建项目工程建设情况。

4月22日 红寺堡区人民政府区长谭兴玲深入新庄集乡、大河乡调研义务教育重点突出问题整治情况。

5月5日 红寺堡区教育系统停用政府电子政务系统，开始使用办公（OA）系统。

5月14日 红寺堡区委书记丁建成在公安分局局长尹保江、教育局局长杨金花的陪同下到第一中学调研学校禁毒工作和高考备考工作。

5月15日 "家家幸福安康工程"启动部署暨2019年度全国"最美家庭"揭晓

会在北京举行，回民中学教师姜宁家庭获全国“最美家庭”称号。

5月20日 自治区团委联合宁夏青联在杨柳小学开展以“青力扶贫，联创梦想”为主题的走基层服务活动。

5月28日 “自治区妇联家庭教育骨干讲师培训班(红寺堡区专场)”在第二小学举办开班仪式。

6月2日 教育局与红寺堡区妇联、团委等部门在青云湖公园开展以“蓝天碧水、美丽家园”为主题的亲子环保绘画比赛活动。

6月20日 宁夏大学党委书记李星、组织部副部长王宏伟、红寺堡区区委书记丁建成、团委书记贾舒君、教育局局长杨金花到回民中学看望宁夏大学第十六届研究生支教团成员，调研支教团工作生活情况。

6月24日 “体验科学——2019年中国流动科技馆”宁夏吴忠红寺堡区巡展活动在回民中学启动，红寺堡区委副书记宋喜参加。

7月9日 吴忠市教育局专家组一行到红寺堡区调研未成年人思想道德建设工作，红寺堡区委常委、宣传部部长杨志东陪同。

7月22—25日 第二小学代表队参加在山东省淄博市体育中心综合馆举办的“2019年度全国中小学信息技术创新与实践大赛总决赛”，学生马润泽、马祺、海嘉琪、李启睿获得“智能园艺家”项目决赛一等奖。

7月25日 自治区人民政府副主席杨培君带领调研组到红寺堡区调研教育工作。

8月6日 第一中学青云湖校区投入使用，首批1536名高三学生入驻新校区。

9月14日 “希望之光、精准帮扶”助学活动启动仪式在燕宝小学举行，红寺堡区委常委、统战部部长李海龙出席仪式。

9月18日 第一中学在青云湖校区举行以“十八而志、拼搏圆梦”为主题的十八岁成人宣誓仪式，全体高三学生及科任教师和家长代表参加，红寺堡区委副书记宋喜应邀出席。

10月14日 红寺堡区纪念少先队建队70周年“红领巾心向党，争做时代好队员”少先队鼓号队交流展示大赛在体育馆举行。

10月17日 宁夏希望工程“比翼行动”教育信息化公益项目捐赠启动仪式在第二小学举行，中国教育技术协会副会长兼秘书长丁新、自治区团委副书记王彦庚、红寺堡区委副书记宋喜等出席。

11月24日 吴忠市昊善社会工作发展服务中心、红寺堡区爱心志愿服务队在红寺堡图书馆举行“爱助成长”项目助学金发放仪式，为46名受助事实孤儿发放助学金11.4万元。

12月18日 福建省德化县职业技术学校与红寺堡区职业技术学校陶艺人才培养基地——陶艺大师工作室，在红寺堡区职业技术学校正式揭牌成立。

2020年

1月28日 教育局印发《红寺堡区教育系统新型冠状病毒感染的肺炎疫情防控工作应急预案》（红教发〔2020〕9号），部署教育系统新冠肺炎疫情防控工作。

2月17日 自治区教育厅“空中课堂”教学开播，教育局出台十项措施，保障“空中课堂”安全有序进行。

是日 四大通信运营公司为红寺堡区15000余户不具备光纤接入条件的学生家庭赠送“宁夏空中课堂”定向流量包，为900余户具备家庭光纤接入条件的家庭接入光纤网络。

2月28日 红寺堡区人民政府收购雨润幼儿园等12所乡镇公建民营幼儿园，将办园性质转为公办，隶属各乡镇中心学校管辖。

3月15日 为保障学校春季开学，教育系统在第一中学青云湖校区举行开学报名疫情防控培训、演练活动。

3月21日 红寺堡区委书记丁建成先后到第一中学、第三中学调研春季高三、初三年级开学复课及疫情防控工作，副区长张致强及相关部门负责人陪同。

3月27日 红寺堡区委副书记、区长谭兴玲先后到第一中学青云湖校区、第二中学、第三中学、回民中学调研春季开学复课工作，副区长张致强及卫生健康、市场监管、应急管理、消防等部门负责人陪同。

3月30日 教育局印发《红寺堡区教育系统干部人事档案专项审核工作实施方案》，成立红寺堡区教育系统干部人事档案专项审核工作领导小组，审核教育系统在编管理人员和专业技术人员的人事档案。

4月1日 由宁夏众智益商贸有限公司、宁夏阳光志愿者服务队等单位发起的“樱花消毒柜、师生保健康”公益捐赠活动在红寺堡区启动，向回民中学、第二小学、柳泉中心小学、大河中心小学等21所中小学、幼儿园捐赠价值共10万元的消毒柜50台,助力校园防疫。

4月20日　吴忠市人大常委会委员、妇联主席马晓红一行先后到起英教育培训机构、青少年活动中心、第四中学、第一中学青云湖校区调研红寺堡区未成年人思想道德建设工作。

5月8日　红寺堡区第六幼儿园开工建设。

5月30日　教育局联合人力资源和社会保障局、公安分局、卫生健康局、住房城乡建设和交通局、应急管理局、市场监督管理分局、财政局、民政局等9家单位,对辖区19所民办幼儿园和18家校外培训机构进行年度检查。

6月1日　红寺堡区委书记丁建成先后到第一小学、第三小学、红寺堡中心小学、新庄集中心小学调研小学开学复课工作,区委常委马青松,副区长尚自刚陪同调研。

6月10日　教育局组织教育系统全体干部职工集中收看中央电视台《新闻联播》,观看习近平总书记6月8—10日视察红寺堡区红寺堡镇弘德村及宁夏其他地方的情景。

6月19日　第一中学教师魏耀峰、第四中学教师张定月、第三小学教师马莉被自治区教育厅、财政厅、人力资源和社会保障厅授予"宁夏回族自治区特级教师"称号。

7月1日　教育系统开展庆祝建党99周年暨七一表彰大会,对在党支部建设、教育管理、疫情防控、复学复课等工作中表现突出的先进基层党组织、优秀共产党员、优秀党务工作者进行表彰。

7月2日　教育局召开2020年普通高校招生全国统一考试招生委员会协调会议,红寺堡区共有考生1831人,设第一中学本部和青云湖校区2个考点,72个考场,其中文史31个(考点设在青云湖校区),理工41个(考点设在第一中学本部)。

7月3日　红寺堡区第六小学开工建设。

7月19日　自治区人民政府教育督导室专职副主任李龙锦一行3人到第二中学、第三中学、回民中学3个中考考点,对红寺堡区2020年初中毕业暨高中阶段招生考试工作进行巡视。

7月28日　红寺堡区第七幼儿园开工建设。

7月29日　红寺堡区在第四中学召开创城工作推进会,吴忠市创城办驻红寺堡区督导组组长薛斌、副组长王刚,红寺堡区委副书记、政法委书记宋喜,人大常委会副主任伍洪亮，副区长尚自刚，文明办、创城办相关人员，教育局班子成员，各乡镇中心学校、直属学校、幼儿园校（园）长及党支部书记参加。

9月1日 红寺堡区第五小学正式招生，从城区小学分流一至六年级学生1200多名，选派教师76名，马千里任校长。

9月8日 自治区教育工委副书记龚雪飞一行先后到第一中学、第三中学、第四中学、第二小学专题调研红寺堡区校园治理工作，红寺堡区人民政府副区长尚自刚陪同调研。

9月18日 教育局召开“互联网+教育”工作推进座谈会，研究推进红寺堡区“互联网+教育”建设，有关企业代表、学校相关负责人及教育局班子成员参加会议。

9月21日 红寺堡区大河中心幼儿园、石坡子幼儿园、河西幼儿园、龙兴幼儿园、新庄集西源幼儿园、太阳山裕华幼儿园正式招生。

9月25日 红寺堡区第五中学开工建设。

9月30日 红寺堡区弘德希望小学开工建设。

10月14日 教育局召开教育工作大会，安排部署习近平新时代中国特色社会主义思想进教材进课堂进师生头脑“三进”工作、“互联网+教育”工作、体教融合工作、完善校园治理体系提高治理能力工作，会议以线上线下形式同步召开，主会场设在教育局会议室，各校（园）设立分会场。

10月19日 第一中学青云湖校区正式独立办学，命名为吴忠市红寺堡区高级中学，红寺堡区教育工委任命魏耀峰为校长。

10月22日 教育局组织各学校党支部书记、副书记，校（园）长，体育教师代表，组成百人学习考察团，先后到同心县同心中学、思源学校、职业技术学校观摩校园治理工作，到中宁县宽口井九年制学校、第三小学、第十小学观摩体育课程开展情况，学习借鉴体教融合工作经验和做法。

10月24日 红寺堡区教育工委举办学习宣传贯彻习近平新时代中国特色社会主义思想专题培训班，自治区党委讲师团办公室主任宋丽萍、吴忠市委党校教授杨红应邀授课。各学校班子成员、党员教师和局机关全体干部1600余人参加。

11月8日 第一中学学生马天泽、回民中学学生李雅琪、第一小学学生马扬代表红寺堡区青少年在宁夏电视台参加由自治区禁毒办、自治区教育厅联合举办的“青春无毒、健康成长——2020年全区青少年禁毒知识竞赛”总决赛，最终以510

分的成绩取得第四名,获二等奖。

11月13日 红寺堡区第五幼儿园开园招生,共招幼儿95名,李丽丽任园长。

12月1日 吴忠市普及高中阶段教育领导小组对红寺堡区普及高中阶段教育进行初验,红寺堡区人民政府副区长尚自刚陪同验收。

12月11日 国家督学、自治区教育厅一级巡视员李龙锦带领自治区人民政府教育督导委员会专家组对红寺堡区普及高中阶段教育进行评估验收。

12月24—25日 红寺堡区200名新入职事业编教师岗前培训活动在职业技术学校举行。

12月25日 红寺堡区2021年高考报名工作完成,报名考生共2171人,其中,普通高考考生1948人,中职分类考试考生223人。

12月29日 红寺堡区"千师百课"思政课一体化教研活动启动,教育工委成员、教研员、各中小学校校(园)长、主管教学和德育副校长、教务主任、名师骨干人才工作室主持人参加启动仪式。

2021

1月7日 "闽宁对口帮扶校服捐赠仪式"在燕宝小学举行,红寺堡区委常委、副区长赖有为一行将福建省泉州市人民政府捐赠的价值14万余元的校服赠予燕宝小学1013名学生。

2月22日 教育局决定对7所中学的11个食堂和实施营养改善计划的24个农村学校食堂由委托承包经营转为学校自主经营。

2月23日 红寺堡区教育工委2021年第四次会议研究决定教育局增设学生营养改善工作办公室。

3月1日 教育局印发《红寺堡区中小学幼儿园食堂服务人员考核细则(试行)》,推进中小学(幼儿园)食堂改革。

3月3日 自治区党委统战部副部长陈建龙一行10人在红寺堡区委常委、统战部部长李海龙,政协副主席、教育工委书记、教育局局长杨金花的陪同下先后到第三中学、第四小学调研民族团结教育工作。

3月6日 教育局局务会议研究决定从2020—2021学年度第二学期开始实施乡村教师走教计划。

3月8日 教育局委托红源人力资源公司分两批为辖区中小学招聘67名临聘教师。

3月18日 教育局联合财政局等8部门对已审批的21所民办幼儿园和25家校外培训机构进行年检。

3月29日 红寺堡区教育工委修订《吴忠市红寺堡区教育系统选人用人暂行规定》《吴忠市红寺堡区教育系统评先选优暂行规定》。

3月30日 红寺堡区人民政府召开基础教育质量提升工作座谈会，区委副书记、政府代区长王忠强，副区长尚自刚，红寺堡区编办、财政、人社等部门主要负责人，教育局班子成员、相关股室负责人，各校（园）长、骨干教师代表、班主任代表，新招录事业编教师代表参加座谈会。

3月31日 吴忠市政协副主席曹玉华一行12人在红寺堡区政协主席蔺保飞，政府副区长尚自刚及教育局负责人的陪同下，深入第四中学，对红寺堡区"加快推进体教融合进一步提高青少年素质"工作进行专题调研。

4月23日 红寺堡区人民政府办公室印发《吴忠市红寺堡区推进义务教育优质均衡发展实施方案》。

4月26日 红寺堡区教育系统党史学习教育暨庆祝中国共产党成立100周年"知党恩、颂党情、跟党走、展风采"系列活动之"践行新思想、开启新征程、谱写新篇章"主题演讲比赛在第三中学多功能厅举行，红寺堡区委常委、宣传部部长苏达志，红寺堡区政协副主席宋立忠，教育局党组全体成员观看比赛。

4月27日 教育局在自治区脱贫攻坚总结表彰大会上被自治区人民政府授予"脱贫攻坚先进集体"称号。

4月30日 红寺堡区教育系统党史学习教育知识竞赛总决赛在第三中学多功能厅举行，红寺堡区党史学习教育第五督导组组长、网信办主任姚一凡，宣传部副部长白桦，区委办公室副主任李明明，人社局副局长周鹏，教育工委副书记、教育局党组副书记、副局长金晶，教育系统各党支部负责人和学生代表约300人观看比赛。

5月14—18日 红寺堡区教育系统举办"为建党百年华诞献'六份大礼'"系列比赛活动，辖区中小学16支代表队3000多名师生参赛。

5月24—28日 红寺堡区教育系统开展"学生劳动教育宣传周"活动，组织职业技术学校和2所高中、4所初中学校近万名师生分批到实践基地进行劳动实践。

5月25—27日　红寺堡区举办第二届“体教融合杯”青少年及教职工球类联赛，联赛由红寺堡区教育局、文化旅游体育广播电视局主办，红寺堡区体育馆承办，中小学校18支代表队2000余名师生参与足球、篮球、排球、乒乓球等项目比赛。

5月26日　教育局在第三中学举办“学前教育创新素养成果展示大赛”，16所幼儿园进行项目活动展演，48名教师获辅导教师奖。

5月30日　红寺堡区举办“庆祝中国共产党成立100周年暨六一儿童节文艺汇演”活动，并对教育系统10个德育工作先进集体、50名先进德育工作者、100名优秀班主任、400名优秀学生进行表彰。区委副书记、政府代区长王忠强，区委常委、宣传部部长苏达志，区委常委慈小荣，区政协副主席、教育工委书记、教育局局长杨金花出席。

6月4日　红寺堡区政协副主席、教育工委书记、教育局局长杨金花带队，组织7所中学校长、分管食堂副校长、营养办主任、食堂管理者现场互观互学学校食堂自办自管改革先进经验。

6月9日　自治区人民政府教育督导室副主任督学马丽、自治区教育厅基础教育处处长姬元龙一行先后到第二小学、第三中学、第一中学、第五幼儿园、弘德幼儿园、燕宝小学调研红寺堡区基础教育质量提升工作。

7月1日　红寺堡区教育系统全体师生通过多种形式收看中共中央庆祝中国共产党成立100周年大会实况。

是日　红寺堡区教育系统第二届“重温红色经典”(课本剧)情景剧展演大赛在红寺堡区文体广场举办，教育系统20支代表队演出《长征路上》《刘胡兰》《小英雄雨来》等节目。

7月5日　宁夏大学继续教育学院红寺堡区函授站、宁夏高等教育自学考试宁夏大学助学点揭牌仪式在红寺堡区职业技术学校举行，宁夏大学党委常委、副校长周震一行9人，红寺堡区委书记丁建成，区委副书记、政府代区长王忠强，区委常委马青松，教育局主要负责人及各乡镇、相关部门和企业代表，职业技术学校全体师生参加仪式。

7月7日　教育局副局长牛虎山陪同同心县教育局副局长李素霞一行，到红寺堡区各中学参观学生食堂。

是日　教育局召开城区小学划片招生听证会，邀请红寺堡区政协委员、人大代表、学生家长代表参加。

7月12日 国家开发银行生源地信用助学贷款红寺堡区办理点(设在教育局学生资助管理中心)正式受理年度贷款业务。

7月16日 哈小军任红寺堡区教育工委书记、教育局党组书记、局长。

是日 新华社记者艾福梅以《校园餐:缺什么补什么》为题,在《半月谈》杂志第14期对红寺堡区学校食堂改革主要做法进行宣传报道。

7月22日 自治区教育工委书记、教育厅党组书记、厅长李秋玲一行先后到第一中学、回民中学、燕宝小学、弘德希望小学、弘德幼儿园调研红寺堡区基础教育质量提升工作。

7月29日 红寺堡区委办公室、区政府办公室印发《红寺堡区委办公室 人民政府办公室关于〈吴忠市红寺堡区基础教育质量提升行动实施方案〉的通知》(红党办发〔2021〕45号),启动红寺堡区基础教育质量提升行动工程。

是日 红寺堡区委宣传部联合红寺堡区教育工委,邀请吴忠市委宣讲团成员胡翔慧、马强、马云玲、罗小霞到回民中学开展"习近平总书记七一重要讲话精神走基层"宣讲活动。

主要参考文献

1. 宁夏通志编纂委员会编:《宁夏通志·教育卷》,方志出版社2009年版。

2. 红寺堡开发区志编纂委员会编:《红寺堡开发区志》,宁夏人民出版社2006年版。

3.《见证——红寺堡开发建设之路》编委会编:《见证——红寺堡开发建设之路》上中下卷,黄河出版传媒集团·宁夏人民出版社2014年版。

4.《红寺堡之光》编委会编:《红寺堡移民开发史》,宁夏人民出版社2009年版。

5. 红寺堡区年鉴编辑委员会编:《红寺堡区年鉴(2015)》,黄河出版传媒集团·宁夏人民出版社2015年版。

6. 红寺堡区年鉴编辑委员会编:《红寺堡区年鉴(2016)》,黄河出版传媒集团·宁夏人民出版社2016年版。

7. 吴忠市红寺堡区党史地方史编纂委员会编:《红寺堡年鉴(2017)》,黄河出版传媒集团·宁夏人民出版社2017年版。

8. 吴忠市红寺堡区党史地方史编纂委员会编:《红寺堡年鉴(2018)》,方志出版社2019年版。

修志始末

《红寺堡教育志（1998—2018）》是红寺堡教育发展史上的第一部专志，主要记载了红寺堡教育基本发展历程，记录了红寺堡的重大教育事件，记述了红寺堡主要教育人物，阐述了红寺堡教育发展壮大的基本经验，其上限始于1998年1月，下限截至2018年12月。编撰工作由红寺堡区教育局统一部署，成立红寺堡教育志编纂委员会组织编写。

2017年3月，红寺堡区委办公室印发《关于印发红寺堡区移民史、部门志和乡村志编纂工作方案的通知》（红党办发〔2017〕34号），要求有关部门编纂志书。2018年1月，教育局启动教育志编纂工作；3月初，教育局印发《教育志编纂方案》。4月底，伏建军、李军庆两位同志初步拟定志书纲目并完成了面向各股室和各学校的意见征求工作。5月初，白振国加入志书编写。10月底，伏建军、李军庆、白振国三位同志确定了教育志纲目及资料征集方案并呈送教育局领导审核。11月9日，教育局召开教育志编纂工作动员会，各校（园）长、各股室负责人参会；11月14日，教育局召开教育志编纂工作业务培训会，特邀宁夏地方志办公室副主任、副编审张明鹏到会指导，各校（园）长、各股室主任、全体资料员参会，同日正式确定教育志名称为《红寺堡教育志（1998—2018）》。2019年1月，教育局正式成立教育志编纂委员会，并确定兼职编辑9名：马靖平、王丽婷、王国强、田硕果、白振国、伏建军、李军庆、张艳艳、陈永琪，要求以上人员在做好本职工作的同时，兼职做好教育志编纂工作。5月，通过挂网招标，由方志出版社承担教育志的出版印刷。9月，编辑部编撰完成了教育志资料长编。此后，编辑人员对资料长编进行了反复的修改和完善。其间，田硕果、张艳艳、陈永琪因工作原因先后终止教育志编写，李军庆、马靖平因担任督学也曾中断教育志编撰。2021年2月，经红寺堡区教育工委会议研究，李军庆、马靖平、王耀斌、刘新巧四位督学兼职教育志编辑。4月，编辑部完成了《红寺堡教育志（1998—2018）》初稿，经总纂复审后，提交教育局领导定稿审改,完成送审稿。

5月初,编委会特邀自治区、吴忠市、红寺堡区史志专家霍丽娜、张明鹏、解光穆、胡建东、陈永康、王小玲等人以及见证了红寺堡教育事业发展的14名高级教师对《红寺堡教育志(1998—2018)》送审稿进行了审改。9月,方志出版社完成了《红寺堡教育志(1998—2018)》送审稿的审核。之后编辑部对志稿反复修改、精心雕琢,方志出版社三审三校,终成此书。

为了提高编写质量,按时完成任务,编纂人员既分工编写又合作修订,疑难之处共同讨论交流,体现了团结、互助、合作的团队精神。伏建军编纂了概述、党的建设、行政管理、教师,李军庆编纂了大事记、限外辑要,马靖平编纂了教育经费,王耀斌编纂了学前教育,刘新巧编纂了义务教育,白振国编纂了普通高中教育、中等职业教育、教育普及与提高、校外教育、成人教育、教育信息化、人物,王丽婷编纂了捐资助学、附录,王国强编纂了艺文、教学研究,并编排了志书的图照。

教育志编纂时,教育局领导大力支持,各股室密切配合,对确保编撰进程和编纂质量起了重要作用,再次表示诚挚的谢意。对慷慨提供资料,支持、帮助《红寺堡教育志(1998—2018)》编辑出版的自治区教育厅、吴忠市教育局及红寺堡区相关部门、各中小学(幼儿园)和各界人士表示衷心感谢。在《红寺堡教育志(1998—2018)》编纂中,编纂者参阅了许多出版的宁夏教育史志书籍和一些内部印发的文献资料,限于篇幅未能一一注明作者和出处,对原作者一并表示诚挚敬意。

红寺堡教育属移民教育,历史虽短,但行政区域和学校布局却历经多次调整,资料保存不全,加之编纂者水平有限,全书粗疏和遗漏之处在所难免,敬请各方人士不吝赐教,批评指正。

红寺堡教育志编纂委员会

2021年9月